U0861429

常德市国有资产管理志

（1991—2015）

常德市地方志编纂委员会
常德市国有资产管理委员会　编

方志出版社
Publishing House of Local Records

图书在版编目(CIP)数据

常德市国有资产管理志 ：1991—2015 / 常德市地方志编纂委员会，常德市国有资产管理委员会编. —北京 ：方志出版社，2021.12

ISBN 978-7-5144-5152-8

Ⅰ.①常… Ⅱ.①常… ②常… Ⅲ.①国有资产管理—概况—常德—1991—2015 Ⅳ.①F123.7

中国版本图书馆 CIP 数据核字(2021)第 275834 号

责任编辑：张健
责任校对：刘玉霞
责任印制：梅中英
出 版 者：方志出版社
地　　址：北京市朝阳区潘家园东里 9 号(国家方志馆 4 层)
邮　　编：100021
网　　址：http://www.zgfzcb.cn
发　　行：方志出版社图书营销中心(010—67110500)
印　　刷：常德市宏嘉印务有限公司
开　　本：787 毫米×1092 毫米　1/16
印　　张：40
字　　数：813 千字
版　　次：2021 年 12 月第 1 版
印　　次：2021 年 12 月第 1 次印刷
定　　价：567.00 元

· 版权所有 侵权必究 ·

(如有印装质量问题，请与我社图书营销中心联系)

常德市地方志编纂委员会

顾　　问：曹志强　陈　华　余怀民　黄清宇

主　　任：周振宇

副主任：徐永健　陈章杰　杨涤非

委　　员：向才焰　朱文红　陈爱喜　胡以军　鲁晓凤
陈志强　李宏岸　胡　文　张见明　辛春生
徐　苳　胡祖国　杨　帆　马　慧　卢　岳
曾　勇　龚美爱　王　鳌　杨天生　马业文
李宏秋　呙滨辰　刘兴华　龚霞波　胡世满
石玉林　曾　莉　杨　俊　王兴钊　张克武
王苠睿　张铁牛　陈彰波　董明辉　胡彬彬
李　芳　谢建平　周　胜　陈兆前　徐兴庭
关建锋　刘德平　郑文廷

《常德市国有资产管理志1991—2015》编修工作领导小组

第一届

组　　长　任克勤

常务副组长　王启武

副组长　陈建军　伍中福　王国军　张丽群　鄢辉霞
贵荣伟

成　　员　杨　宇　张平凡　聂焰鑫　崔吉成　梅　闻
曾亚斌

第　二　届

组　　　长　吴德新

常务副组长　余　俞

副　组　长　陈建军　伍中福　王国军　张丽群　鄢辉霞　贵荣伟

成　　　员　杨　宇　张平凡　聂焰鑫　崔吉成　梅　闻　曾亚斌

第　三　届

组　　　长　陈彰波

常务副组长　胡彬彬

副　组　长　陈建军　伍中福　王国军　张丽群　刘昌松　金三葵　赵一军　贵荣伟

成　　　员　杨　宇　张平凡　梅　闻　聂焰鑫　崔吉成　吕　俊　刘辉明　龚　越　曾亚斌

《常德市国有资产管理志 19991—2015》编修人员

总　　　纂　江时宜

撰　　　稿　丁　毅　王先全　王先兵　王　颖　代歌今　龙功杰　左文海　许亚兰　成德志　李红笠　张承军　张志雄　杨爱国　杨小燕　杨　辉　肖湘蓉　吴贤清　陈延龙　赵先奇　周宏骏　赵侗芳　徐正大　黄志中　曹志勇　曾志力　蒯大鹏　戴振春

序

三载寒暑，“一剑”磨成，首部《常德市国有资产管理志》付梓问世，甚喜可贺！

“居今识古，其载籍乎。”《常德市国有资产管理志》是人们从国有资产管理的视域认识常德、研究常德的重要史籍和载体。这部著述全面纂述了常德市国有资产形成、管理体制演变、国有资产监管、国有资产经营、人力资源管理的历程；真实反映了常德市国资人为管理经营国有资产，激活国有企业活力，确保国有资产保值增值而卧薪尝胆、砥砺奋进的精神风貌；辑录了18个文件，这些文件涉及国有企业改革、国有资产和企业领导人管理等诸方面内容，具有长远保存和参考价值。本志内容丰富、史料翔实，是一部难得的市情资料文献。

明末清初思想家王夫之说：“所贵乎史者，述往以为来者师也。”编者以简洁、流畅、朴实的语言，再现了常德市计划经济体制和市场经济体制下国有资产管理、国有企业改革、资产重组等重要历史事件。这段波澜壮阔的历史，是一部生动鲜活的教科书。在这一历史进程中，常德市既有成功的实践，又有探索中的困惑。“得可资，失亦可资也；同可资，异亦可资也”。“来者”可以从中总结经验，获得智慧，更好谋划当前，擘画未来。本志简介了45位先进模范人物的优秀事迹。这些人物，或忠于职守、爱岗敬业；或服务人民、乐于奉献；或身先士卒、率先垂范。“师其德业，可以治国字人；慕其风范，可以激贪厉俗。”本志的资治教化功能不可小觑。

经世致用，乃修志之要旨。全市国有资产管理系统，无论管理者,或是经营者,要细读深研。识其精髓,悟其精华。要把读志用志与法律法规政策的学习结合起来,与国资监管、资产经营的实践结合起来,提高国有资产管理新水平,开创国有资产管理新局面。

本志虽是一部资料性著述,但“看似寻常最奇崛,成如容易却艰辛”。编者为之焚膏继晷、殚精竭虑,付出了艰辛劳动。在此致以衷心问候和深深谢意!

谨为序。

常德市人民政府国有资产监督管理委员会主任、党委书记　陈彰波

2017 年 8 月 9 日

凡　例

一、本志以马克思列宁主义、毛泽东思想、邓小平理论、“三个代表”重要思想、科学发展观、习近平新时代中国特色社会主义思想为指导，坚持辩证唯物主义和历史唯物主义的立场、观点和方法，坚持历史与逻辑相统一，资料性、科学性、思想性相统一的原则，尊重历史，秉笔直书。

二、本志所记内容限指“经营性”国有资产（不含金融资产）；上限始于1991年，下限止于2015年。为了保证事物发展的连续性和大事记述的完整性，对个别重大事项的记载适当上溯、下延。

三、本志采用述、记、志、传、图、表、录等体裁。卷首列概述，为全志之纲；设大事记，为全志之径。正文分六章，为全志主体。设“人物简介”和“人物表”，简述其基本情况和主要工作实绩。

四、本志采用语体文、记述体。横分门类，依时纵述；概述采用史纲体；大事记采用编年体；正文在节或目之下运用编年法、本末法、阶段法记述。

五、人物仅收录1991—2015年市属国有企业的省以上“劳动模范”“三八红旗手”“五一劳动奖章”获得者及高级专业技术人员。

六、根据“专志贵专”的原则，本志主要记述国有资产、国有资产管理、国有资产经营、国有资产监督、人力资源管理等内容。市国资委内部的人、财、物管理从略；本志简述各县、市（区）国有资产管理。

七、常德行政区名称以1988年为界。1988年前常德行政区名称为“常德地区”，常德行政组织称“常德专署”或“常德行署”；1988年后，称“常德市”“常德市人民政府”。现“武陵区”“鼎城区”在1988年前分别称“常德市”“常德县”。

八、为节省篇幅,使志书语言更符合人们的表达习惯,中国共产党常德地区委员会(市委员会)缩写为地委(市委);常德市人民代表大会缩写为市人大,常德市人民代表大会常务委员会缩写为市人大常委会;常德地区行政公署缩写为地区行署,常德市人民政府缩写为市政府;常德市人民政府国有资产监督管理委员会缩写为市国资委。国务院国有资产管理机构在2003年前被称为“国家国资委”,之后被称为“国务院国资委”。

九、书中多次使用同一名称时,首次用全称,其后用简称。

十、本志体例和行文,均按《地方志书质量规定》《〈湖南省志〉编写行文通则》《常德市志书编纂工作细则》执行。

十一、组织机构和领导人职务,一律采用当时使用的称谓。

十二、本志在标点符号的书写上执行2012年6月1日公布的国标《标准号标点符号用法》;执行国家质量监督检验检疫局和国家标准化管理委员会颁布、2012年11月1日起的《标准号出版物上数字用法》。

十三、本书所用资料,多出于常德市档案馆、常德市国有资产监督管理委员会档案室、常德市方志办出版的有关书籍以及市财政局等部门提供的资料。编者已核实资料来源,不交待出处。

2005年6月24日，常德市人民政府国有资产监督管理委员会成立大会召开

白马湖公园

白马湖文化公园位于柳叶大道以南，滨湖路以北，龙港路以东，皂果路以西。园建有“三馆”（规划展示馆、文化馆、城建档案馆）、“三中心”（青少年活动中心妇女儿童活动中心、科学技术展示中心）两大市级公用建筑。该公园体现了自然性、放性、文化性和艺术性的特点，是穿紫河风光带上的中央景观节点。2010年7月正式开建设，2013年9月29日完工。项目总投资近4亿元。公园设计分南北两大主入口。该公园建成后为集休闲游憩、旅游观光、城市文化展示、娱乐健身一体，展现常德西区城市形象的开放式“城市中央公园”。公园占地面积625亩（其中水面278亩，“三馆”“三中心”用地面积78亩）。

丁玲公园

丁玲公园坐落于武陵区龙港路以东、皂果路以西、新河路以南、紫菱路以北。该公园是集历史名人纪念、名俗文化展示、休闲游乐、湿地景观保护为一体的大型综合性城市公园，体现了丁玲文学意境，反映了常德地域特色，提供城市景观绿地，同时服务于常德市民休闲娱乐。公园于2009年7月完成立项，2010年9月开始拆迁，2011年10月28日正式开工建设，建设历时975天，在2014年6月30日完工。总投资约3.2亿元。丁玲公园是常德市提出的“一城四区、一江两岸”的城市绿地景观系统的重要组成部分。规划总面积为452亩。

常德河街

常德河街位于姻缘河畔，总用地面积约13.28万平方米，总建筑面积约7.78万平方米，街区总长度约1500米，单体建筑211栋，商铺368间，地下停车位530个。该项目以民国32年（1943）老常德时期沅江边上的麻阳街、大河街和小河街为原型，依据历史故事、文化、雕塑和建筑，打造集旅游、商业、文化、历史于一身的常德记忆古街。常德河街以餐饮、文化、民俗休闲、住宿等为主。主要有鸳鸯走马楼、麻阳会馆、江西会馆、赵兴昌粮行、交通银行等建筑。

常德桃花源大桥

桃花源大桥是湖南省重点建设项目之一，也是常德市市区第三座沅江大桥，大桥位于沅江一大桥上游约5500米处，北起金丹路与竹叶路交会处，南接鼎城区武陵镇迎宾路与桃花源路交会处，大桥为双塔双索面斜拉桥，两个主桥墩高达110米，主桥跨度为528米。桃花源大桥的建成，对完善城市交通网络、缓解过江交通压力、均衡一江两岸协调发展、加快常德市西城新区整体开发，都发挥了巨大的推动作用。2009年12月29日该桥举行奠基仪式，2010年8月1日正式动工。2013年9月28日试运营通车，2014年1月21日完成工程竣工验收。投资约10亿；一桥三路，城市环线重要组成部分。项目全长2802.054米，其中桥梁部分全长2307.85米，江北接线道路长313.3米，江南接线道路长180.424米。桥面宽度25.5—32.5米，双向六车道；江北接线路幅总宽59米，江南接线路幅总宽25.5米。

穿紫河驳岸风光带

该工程西起白马湖桥，东抵常德大道，南至南硆，全长约16.3千米，总用地面积3139亩，其中水面1700亩、陆地1439亩。分三期实施：第一期，白马湖至长胜桥南北两岸；第二期，姻缘桥至长胜桥南北两岸（含柏园桥以北）；第三期，柏园桥至南硆东西两岸。

德国风情街

德国风情街项目的建设是常德市与德国汉诺威市友好往来的见证。街区总用地面积约2.15万平方米，总建筑面积约4.76万平方米，街区长约450米，宽约50米，单体建筑16栋，商铺138间，地下停车位351个。为确保德国风情街的原汁原味，在按照20世纪30年代北德小镇风格进行塑造的过程中，严格做好“四个德国”(德国设计师、德国材料、德国商户、德国产品)。该项目成为和德国汉诺威市进行友好交流的范例，展示了常德与国际友好城市的交流过程与成果，也是常德（湘西北地区）的外事活动交流中心。2015年10月，德国汉诺威市市长率团参加德国风情街汉诺威大街揭牌和常德中德友好协会授牌仪式；2016年10月，德国汉诺威市市长又率团参加德国风情街开街仪式。

湘雅常德医院

湘雅常德医院是常德市政府与中南大学湘雅医院合作项目，由常德市政府投资，中南大学湘雅医院负责日常营运。医院占地231亩。总建筑面积27万平方米，包括地下建筑面积8.5万平方米、地上建筑面积18.5万平方米。医院严格按照国家三级甲等医院的标准建造。医院有病床1500余张、手术室 38 间,配备PET-CT、MRI、DR等多种先进的医疗设备，每天能满足4500人次的就诊需求。建成后的医院绿化率将达50%以上，“春、夏、秋、冬”四园生机一片，休养环境优雅舒适，是常德市乃至湘西北地区规模最大、条件最好的综合性医院。

目 录

第三章　国有资产经营

第四章　投资与企业领导人员管理

第五章 国有资产监督

第六章 县市区国有资产管理

第七章 国有企业选介

人　物

丛　录

概　述

常德市国有资产管理历经60多年风风雨雨，走过了一条不平坦的道路。这期间既有凯歌行进，又有跌宕起伏；既遇“山重水复”，又逢“浴火重生”。从计划管理到市场调节，从体制内修补到战略性调整，从“九龙治水”到出资人“上岗”，常德市着力革故鼎新，全力推陈出新，不断创造国有资产管理新机制、国有资产经营新模式，使常德市国有资产管理逐步步入良性运行轨道。

（一）

1949年8月至1978年11月，是常德地区国有资产计划管理时期。1949年8月，常德地区和平解放。新组建的中共常澧区委、常澧专署迅速组织恢复经济，逐步建立国营工商业，保障全区工农业生产和人民生活需要。1953年至1957年，常澧地区通过开展对农业、手工业和资本主义工商业的社会主义改造，于第一个五年计划时期，建立起了社会主义计划经济体制；又通过和“工业学大庆”运动，兴建国营工商企业，初步形成纺织、机电、医药、化工、煤炭、冶金、食品加工、烟草等支柱产业，以及商品贸易、生活服务体系。在经济短缺年代，常德的计划经济体制在保障生产生活供给、稳定经济秩序方面，发挥了重要作用。

这一时期，常德地区行署对国有资产管理做了大量工作，突出体现在三个方面。

兴建国有企业，形成国有资产。1949年8月至1953年，常德地区新生人民政权，接收民国时期留下来的工矿企业，如湘西钨矿、华晶玻璃厂、常德县铁矿厂、西中钨业公司、滨湖水产公司等。同时，兴建了常德电厂、常德新湘卷烟厂、七一机械厂、裕民米厂、常德船舶厂等。1958年5月，常德区又建成一批国营企业，如常德棉纺厂、常德机械化纸板厂、六〇一矿、石门磷肥厂、滨湖印刷厂、洞庭制药厂等。1964年2月，中央号召全国工交系统开展“工业学大庆”运动。此后，中央作出“三线建设”的重大战略决策。中共常德地委(地革委)、常德专署团结带领常德人民开展"工业学大庆"、创建大庆式企业的活动,以国家"三线建设"为契机,改建、扩建和新建了一批工矿企业。如新建了常德纺织机械厂、石门磷肥厂、专区农药厂、常德轴承厂、桃源纺织印染厂、青峰煤矿、慈利电厂、桃源黄石水库电站等。至20世纪70年代末,常德地区初步形成纺织、机电、医药、化工、冶金、煤炭、卷烟、食品加工等支柱产业,也形成了雄厚的国有资产。国有资产和国有企业的形成和兴办,对保障常德地区工农业生产和人民生活供给发挥了重要作用。

清产核资,澄清家底。为恢复国民经济,进行大规模经济建设,国家组织开展清产核资工作,查清国有资产的状况、数量,摸清国有资产的"家底"。这个时期,常德地区行署组织开展了三次清产核资。第一次是1952年冬,核实国营工业企业年末流动资金占用额154万元。1962年,常德区专员公署组织开展第二次清产核资工作。清查国营企业229户,生产资料库存总值6292万元。第三次清产核资是1972年,对全区832户国营企业开展清仓查库,清出积压物4211万元,处理积压物资2912万元。通过清产核资、清仓查库,摸清了"家底",为进一步组织生产经营、防止国有资产流失、加强国有资产管理提供了依据。

调整、整顿国营企业。1958年5月,中共八届二次全会通过建设社会主义总路线。会后,全国各条站线掀起"大跃进"高潮。是年8月,中共中央政治局在北戴河举行扩大会议,会议决定在农村普遍建立人民公社。是时,常德专区同全国一样兴起"大跃进"运动和农村人民公社化运动,使得以高指标,瞎指挥、浮夸风和"共产风"为主要标志的左倾错误严重地泛滥,水灾、旱灾、风灾肆虐,常德专区工农业生产遭受重大损失。主要的失误在于生产计划指标过高,基本建设战线过长,国民经济各部门的比例严重失调。1961年1月,中共八届九中全会提出"调整、巩固、充实、提高"的"八字"方针。常德地委、专署贯彻执行中央八字方针,大幅调整工交企业。1961年,在保煤炭工业的前提下,压缩钢铁工业和机械制造企业。常德钢厂、桃源铁厂、冷家溪金矿、停弦渡铁矿、石门铁矿、澧县火连度铁厂,石门铁厂、石门磷肥厂、常德市化肥厂、常德市武陵油漆厂、常德棉纺厂等工矿企业被关停、压缩。通过调整充实,常德地区国民经济开始步入健康发展轨道,常德人民度过困难时期,人民生活有一定程度改善。

(二)

1978年12月至2005年7月,是常德地区(市)国有资产管理以市场化为取向的改革时期。1956年第一个五年计划完成,常德地区建立起了高度集中统一的计划经济体制。这种体制一直延续到20世纪70年代末期。计划体制的主要特征是高度集权,国营企业仅是政府机构的附属物，没有生产经营自主权，忽视价值规律的作用。因而国营企业的效益不高，产品质量差；国营企业员工端“铁饭碗”，吃平均主义大锅饭，没有生产积极性；产品由政府统购包销，企业不参与市场竞争。

“苟利于民，不必法古；苟周于事，不必循旧。”1978 年 12 月，中共召开十一届三中全会，作出了实行改革开放的战略决策。中共常德地委、常德地区行署，紧跟中共中央、国务院部署，对国营工交商企业管理体制进行了步步深入的、以市场化为取向的改革。这场改革是长期的、艰难的，大体经过了七个阶段。

第一阶段：扩权让利。1979 年 7 月，国务院发布《关于扩大国营企业经营管理自主权的若干规定》。1984 年 5 月，国务院又发出《关于进一步扩大国营工业企业自主权的暂行规定》。据此，中共常德地委、常德行署制定简政放权、扩大企业生产经营自主权的实施细则。规定国营企业有生产计划权、产权销售权、定价权、资金使用权、工资奖金分配权、劳动人事权等 6 项权利。国营企业有了经营自主权，企业生产积极性高涨，企业劳动生产率大幅提升。

第二阶段：推行经济责任制。扩大企业自主权，调动了企业积极性，激发了企业活力。但新的问题接踵而至：政府、企业和职工在利益分配上如何平衡，国家利益如何得到保证？企业有自主权，但缺乏相应的责任。扩权后需要厘清权利、利益、责任的关系，建立相应的约束机制实属必然。如 1983 年，常德地区在国营企业中推行经济责任制。其主要形式有：全额计件工资制、对企业管理人员实行联利联责浮动工资、单位产品工资含量包干、专项承包、岗位工资。经济责任制的推行，增强了企业的活力，进一步调动了企业和职工经营积极性。1987 年常德地区国有工业企业全员劳动生产率 12447 元，比 1981 年的 8255 元增长 51 个百分点。

第三阶段：利改税。常德地区试行“放水养鱼”措施，即改国营企业向国家上缴利润为上缴利润又上缴税收。推行经济责任制虽然克服了工资奖金分配中的平均主义问题，调动了企业和职工积极性，企业利益和职工报酬增加，但国家利益得不到保障的问题凸显。1983 年 4 月 24 日，国务院批转财政部《关于国营企业利改税试行办法》（国发〔1983〕75 号）。1983 年 4 月 26 日，常德地区经委、财政局联合发出《关于地直工交企业实行利改税的有关问题的通知》（〔1983〕常地经财联字第 05 号），就地区直属国营企业上缴利润调整、企业留利水平、暂不实行利改税的国营企业等有关问题作出规定。大中型企业实现利润部分按 55％的税率征收所得税，税后利润全部留给企业；8 户国营企业按税率纳税，入库税款超过调整后上缴利润部分，全部返给企业；3 户亏损企业实行扭亏包干，超亏不补，结余留用；4 户煤炭企业实行包干补贴。企业税后利润仍以各种形式在国家与企业之间进行分配，企业之间苦乐不均、鞭打快牛、吃大锅饭的问题依然存在。1984 年 10 月在国营企业中实行第二步“利改税”，即将国营企业应当上缴的利润改为按产品税、营业税、增值税、所得税、调节税等11个税种向国家缴税，由“税利并存”过渡到完全“以税代利”。

第四阶段：推行承包经营责任制。实行第二步利改税，由于国营企业上缴税费（如城市维护建设费、能源交通基金、教育附加费、国债等）项目多，加重了企业负担，没有达到“国家得大头、企业得中头、个人得小头”的效果。因此，承包经营责任制呼之欲出。承包经营就是在不改变国营企业所有权的前提下，由企业经营者与所有者的代表——政府主管部门签订合约，确定在约定的承包期限内上缴利税的基数，或按一定基数确定一个每年增长的幅度，企业完成上缴基数后，剩余部分可以由企业留存，用于扩大再生产和职工福利。常德地区（市）在国有工业企业中推行两轮承包经营责任制。1987年4月至1990年12月为第一轮承包。地区行署（市政府）根据企业不同情况，采取不同的承包形式。本轮承包的主要形式有租赁承包；上缴利润分年度包干、超收全留；定额上缴、超收分成；以盈补亏；亏损包干等。1991年1月至1993年12月为第二轮承包。该轮承包主要在桃源纺织印染厂、七一机械厂、常德通讯设备总公司、常德中心百货大楼等10家市直国营企业推行。承包方式为“两保一挂钩”（即保上缴、保资产增值、工效挂钩）、税利统算，先税后利、递增包干、超收全留。承包制实际上是把政府与企业之间的利益关系通过承包合同的方式固定下来，保证了政企双方利益，在一定程度上焕发出了企业生机和活力。

第五阶段：转换经营机制。1992年7月，国务院发布《全民所有制工业企业转换企业经营机制条例》；1992年11月，商业部、国务院经贸办、国家体改委联合出台《全民所有制商业企业转换经营机制实施办法》。省人民政府常务会议通过《湖南省全民所有制工业企业转换经营机制实施办法》。是年11月，中共常德市委，市人民政府在国有工商业企业中转换企业经营机制，即引进“三老企业”（老乡即乡镇企业、老特即特区企业、老外即外资企业）机制，打破“三铁一大”（铁饭碗、铁工资、铁交椅、大锅饭），给国营企业下放用工权、分配权、中层骨干任免权等14种权利。自是年5月始，常德市在国有商业企业中实行“四放开”改革，即“经营放开、价格放开、用工放开、分配放开”。对边、微、亏、小型商业国有企业，实行以租赁为主要内容的“国有民营”。推行承包制、转换企业经营机制，确立了企业的动力机制，实现了企业的市场导向。但这两种改革措施产权没有变，企业和职工的社会定位没有变，仍然是一种体制内的修修补补，国营企业的发展仍然步履蹒跚。

第六阶段：建立现代企业制度。鲁迅说：“不革新，是生存也为难的。”1993年11月，中共十四届三中全会作出《关于建立社会主义市场经济体制的决定》，明确国有企业改革的目标是建立“产权明晰、责权明确、政企分开、管理科学”的现代企业制度，自1992年9月，常德市开始对国有企业进行股份制改造试点，至1999年12月，常德一批国有企业被改造成有限责任公司和股份有限公司。工交企业有湖南七一机械股份有限公司、湖南雄黄化工股份有限公司、湖南石磷实业股份有限公司、湖南常德纸业股份有限公司、常德化晶玻璃有限公司、常德东麟经贸有限公司、常德市沅达酒精实业发展有限公司、湖南霸道特种水泥股份有限公司、常德滨湖印刷股份有限公司、湖南欣运集团股份有限公司等；商贸企业有常德宾馆有限责任公司、常德中心百货有限责任公司、常德新大陆商贸有限公司、常德钻石珠宝金饰有限责任公司、湖南金鼎锅炉有限公司、湖南金健米业有限公司等。

第七阶段：产权制度改革。常德市推行股份制改革，在一定程度上释放了企业活力。但企业仍然没有走出困境。国有企业亏损严重，很多企业处于停业半停产状。2001 年 1 月，市属 63 家国有工业企业，资产负债率大于 100％有 50 户，其中大于 200％的企业有 30 户；63 户企业的资产整体沉淀率达 50％。停产（停业）半停产的工商企业 121 户职工大量下岗。2000 年这一年，市政府为下岗职工发放生活费 1000 多万元，交付养老保险费 1100 万元，垫付养老保险金 4000 万元，市财政每年要为此支出 6300 万元。国有企业陷入困难的根本原因，在于产品技术含量低，没有市场竞争力；产业结构不合理；人员包袱重；改制不彻底。国有企业路在何方，这是摆在常德人面前十分严肃的课题。

市委、市政府在深入调查研究的基础上，遵照中央有所为有所不为、“抓大放小”的精神，审时度势，以壮士断腕之决心，以背水一战之气魄，对常德市国有工交、商贸企业实施“两个置换”的产权制度改革。即破产还债，置换产权，改变企业国有身份，使企业退出“国有”序列进入市场；量化资产，安置职工，解除职工国家身份，使职工由“国家人”变为市场人。“变化是痛苦的，但它往往是必要的。”① 以“两个置换”为核心的产权制度改革，盘活了国有资产，转换了经营机制，推动了常德市新型工业化加速发展。

（三）

2005 年 8 月至 2015 年 12 月，是常德市国有资产管理体制建立和完善时期。常德市国有工交、商贸流通企业在法理上属于全民所有，但在实践中由谁代表“全民”来具体行使出资人的权利却不清晰。在计划经济体制下，各个工业、商贸流通主管部门对所在行业的国有企业任命领导人员、下达生产经营指令、进行绩效考核，实质上是在履行所在行业国有企业出资人的权利。出资人的权利被分散到各个部门，呈现“九龙治水”的局面。20 世纪 90 年代，政府各工业部门、商业、外贸、物资等流通部门相继合并或撤销，出资人缺位的问题又凸显出来。建立统一的国有资产监管体制，统一行使对经营性国有资产进行监管

① 英国历史学家托·卡莱尔语。

的权利尤为必要。

第一,建组织,监管机构实现专门化。2002 年 11 月中共十六大明确深化国有资产管理体制改革的基本原则。这就是政企分开、政资分开,政府公共管理职能与国有资产出资人职能分离;管资产与管人、管事相结合,落实国有资产保值增值责任;坚持所有权与经营权分开,维护企业经营自主权与法人财产权;中央政府与地方政府分别代表国家履行出资人职责,分级代表、分级监管。中共常德市委、市人民政府贯彻落实中共十六大精神,于 2005 年 8 月组建专司经营性国有资产监管职能的政府特设机构——常德市人民政府国有资产监督管理委员会(简称"市国资委")。经过 10 多年国有资产管理体制的曲折探索,常德市终于有了独立的、统一的专司经营性国有资产监管的机构。市国资委根据市政府的授权,依照《中华人民共和国公司法》《企业国有资产监督暂行条例》等法律法规履行出资人职责。同时,市政府将市财政局承担的有关经营性国有资产(含经营服务类事业单位国有资产)的管理职能、市人力资源和社会保障局承担的拟定市属国有企业经营者收入分配政策、审核市属国有企业工资总额及企业负责人的工资标准的职责、市直有关单位承担的城市公用无形资产经营管理职能划入市国资委。市国资委的"出场",彻底改变了多头管理,而无人负责的尴尬局面。

第二,立规矩,监管制度实现体系化。"仁圣之本,在乎制度而已。"市政府以及作为出资人职责的市国资委为了强化对经营性国有资产的监管,确保国有资产保值增值,依据全国人大颁布的《中华人民共和国企业国有资产法》、国务院《企业国有资产监督管理暂行条例》、国务院国资委发布的各项规章,制定了一系列常德市地方性国有资产监管制度。市政府、市国资委先后出台《常德市国资委监管企业重大事项管理暂行办法》《常德市城市公用资产经营权管理暂行办法》《常德市市级国有资产经营预算试行办法》《关于进一步加强市属国有企业审计监督有关事项的通知》《常德市公共资源交易监督管理暂行办法》《常德市国资企业国有资产评估管理实施细则》《常德市国资委监管企业投资监督管理暂行办法》《常德市市属国有企业负责人薪酬管理办法》《常德市国资委监管企业资产损失责任追究暂行办法》《常德市国资委中介机构选聘管理暂行办法》《常德市国有企业监事会暂行办法》等。这些制度规范涉及产权转让、重大事项管理、城市公用资产经营权管理、投资和预算管理诸方面,厘清了出资人与国有企业的责任边界,实现了国有资产监管的全覆盖,使监管有章可循,有制可依,为依法监管奠定了制度基础。

第三,履职责,监管举措实现常态化。"一个行动胜过一打纲领。"作为代表政府履行出资人职责的组织机构,市国资委自组建之日起,就逐步落实监管职责,实施有效监管,使管理工作呈现常态化。一是强化产权管理。凡产权流动(转让、交易)均通过市国资委委托公共资源交易中心实施公开、公平交易;资产评估由行政管理的管理方式向出资人的产权管理的管理方式转变，凡国有资产重组、出让，均先公开选聘评估机构，然后实行评估，公布结果。二是强化业绩考核。市国资委对国有企业经营业绩，坚持全面考核和重点抽查相结合，年度考核与任期责任考核相结合，并依据考核落实奖惩。三是强化国企监督。市国资委建立外部监事会制度，向重点国有企业委派监事会主席和专职监事，外派监事会依法依规监督检查国有企业的决策、运行、资产经营情况，并向出资人提交检查报告。市国资委执行财务专项审计、任期责任审计、离任审计制度。健全了企业经营业绩快报制度，强化跟踪动态管理。预算、投资、担保都要依规由市国资委审核审批。市国资委履行职责严谨、严格，有效防止国有资产流失和风险的发生。

（四）

“甘瓜苦蒂，天下物无全美。”国有资产管理体制的建立、对经营性国有资产的有效管理，解决了长期以来所有者“缺位”“虚位”的问题。但国有资产管理体制由于建立的时间不长，还存在着不完善的方面和环节。一是监管范围不周全。粮油类加工流通企业、文化类国有企业、事业单位“非转经”国有资产等没有纳入市国资委的监管范围。二是监管体制不顺畅。对国资委归口管理的国有企业，除国资委监管外，还有财政、住建、监察、审计等多个部门的监督，因以上部门职责分工不同，监督目标多元化，不可避免地出现政出多门、重复监督的情况，企业无所适从，对国资委依法履行出资人职责造成一定干扰，使监督效益低下，监督成本增大。三是监管机制不完善。部分国有企业，仍归原主管部门管理，管人、管事、管资产的职能被肢解；派驻国有企业的监事、董事因为兼职而职责履行不到位。此外，常德市国有企业中，融资类、金融类、房地产类、交通运输类企业居多，而体现现代化、信息化、智能化高科技工业类国有制造企业存在“短板”。常德市国有资产管理体制机制、国有企业改革发展的路还很长，任务还很艰巨。

“路漫漫其修远兮，吾将上下而求索。”常德市要紧紧围绕全面建成小康社会、实现中华民族伟大复兴中国梦这个大目标，全面贯彻落实中共中央、国务院《关于深化国有企业改革的指导意见》、国务院《关于改革和完善国有资产管理体制的若干意见》、国务院《关于国有企业发展混合所有制经济的意见》、国务院办公厅《关于加强和改进企业国有资产监督防止国有资产流失的意见》，以提高国有资本效率、增强国有企业活力为中心，强化国有资产监管，做大做优做强国有企业，确保国有资产保值增值。今后一个时期内要重点做好以下工作：

第一，完善国有资产监管体制。这是对国有资产实施有效、严格管理的前提和基础。要以管资本为主推进经营性国有资产集中统一监管。要将党政机关、事业单位所属“非转经"资产纳入市国资委统一管理和运营。政府部门所属国有企业，如财政、交通运输、城建、粮食、水利水电、林业、商务等部门国有企业，纳入市国有资产监管机构，统一监管，将对这些国有企业的管人、管事、管资产职能统一由国有资产监管机构行使，原主管部门对其进行业务指导。要整合监管力量。纪检监察、政府审计、财政、住建等部门协调行动，避免政出多门和监管职能的"碎片化"、分散化、多元化。外派监事、董事要专业化、职业化，切实解决外派董事、监事形同虚设、有名无实、监管不到位的问题。要厘清国有资产监管机构与国有资本投资、运营公司的责任边界。国有资产监管机构依法对国有资本投资、运营公司履行出资人职责。按照"一企一策"原则，明确对国有资本投资、运营公司授权的内容、范围和方式，落实被授权的资本投资运营公司董事会职权，国有资本投资、运营公司依法开展国有资本运作，对所出资企业行使股东职责，维护股东合法权益。

第二，落实国有资产监督责任。对市属国有企业、企业国有资产实施监管是市国资委的主要职能。市国资委要积极履责，"种好责任田"，落实监管责任。要加强产权管理。适时开展清产核资，澄清"家底"；规范产权流动管理，国有产权（含股权）交易要进入公共资源交易中心，公开透明交易，严防暗箱操作；加强产权登记、产权界定工作。强化国有资产监督。落实经营预算制度，加强投资方向审批管理，严防国有企业投资风险；出资人财务审计监督要经常化，健全企业经营业绩快报制度，强化动态管理跟踪。监事会监督要到岗到位。组织监事会主席提交专项检查报告，促进国有企业规范运作和健康运行。要加强对国有企业绩效评价、企业领导人的业绩考核，按国有企业薪酬管理规定合理完善奖惩，强化激励。监督管理是一场"持久战"，要坚持不懈，持之以恒，须臾不可放松。

第三，发展混合所有制经济。"天下之治，有因有革，期于趋时适治。"要坚定不移推行国有企业改革，适时发展混合所有制经济，科学配置国有资本布局。要引入非国有资本参与国有企业改革。在资源开发，公用事业等领域引入民营资本，促进国有企业经营机制转换。鼓励国有企业以多种形式入股民营企业。发挥国有资本融资平台、资本运营公司的作用，通过市场化方式，以公共服务、高新技术、生态环保、生物能源为重点领域，使民营企业投资入股，与民营企业进行股权合作、资源整合。鼓励经营管理人员、科技人员，企业业务骨干在国有企业持股。员工持股可采取增资扩股、出资新设等方式。

第四，发展国有制造业实体经济。制造业是国民经济的主体，是立国之本、兴国之器、强国之基。2015 年 5 月 8 日，国务院发布《中国制造 2025》，强调要放眼全球，加紧战略部署，着眼建设制造强国，抢占制造业新一轮竞争制高点。市委、市政府也提出"开放强市、产业立市"的战略。市国资委要按照中央、省委、市委的战略部署，在发展第一、三产业的同时，鼓励市国有融资平台、资本运营公司投资先进制造业，打造国有工业企业。要优化国有资本投资方向和领域，推动国有资本向关系国民经济命脉、国计民生的重要行业、关键领域集中，向节能环保产业、信息技术产业、生物产业、高端装备制造业、新能源产业、新材料产业、新能源汽车产业等前瞻性、战略性产业集中。重点发展几家制造业工业企业。投资发展制造业，要坚持市场化运作。规范公司治理结构，实现经理层、劳动用工、薪酬分配100%市场化。通过发展制造业，改善投资结构和资本布局。

“天行健，君子以自强不息。”市国资委要在市委、市政府的坚强领导下，贯彻中共十九大精神，厉兵秣马，励精图治，创新机制，强化监管，确保国有资本结构优化，国有资产保值增值，国有经济实力增强增厚。

这个目标一定要达到，这个目标一定能够达到！

大事记

1991年

1月7—10日 市政协一届十一次常委会在芷园宾馆召开。会议听取了市农经委、经委、建委等部门的工作情况汇报。与会人员还考察了常德卷烟厂、常德大区酒厂等企业。

2月8日 市编委批复成立常德市国有资产管理办公室。

3月18日 常德市扭亏增盈领导小组办公室出台《1991年工业企业扭亏增盈工作意见》,该意见明确了控股指标、扭亏工作的主要措施及激励办法。

4月13日 市经委召开全市纺织工业会议。市经委主任王逸时在会上作了《振奋精神,共渡难关,为稳步协调发展全市纺织工业而奋斗》的工作报告。

5月31日 市财政局印发《企业固定资产所有权界定暂行规定》。

8月2日 市财政局明确搞活企业的几项具体措施。

9月5日 市委、市政府召开全市扭亏增盈工作会议。副市长陈德铨作了工作报告。陈德铨要求,振奋精神,抓好扭亏增盈工作;实行分类指标,落实扭亏增盈工作任务;全方位出击,搞活“三项资金”(产品成品资金、发出商品、应收贷款);挖掘潜力,向管理要效益;实行“一厂一新”,增强企业后劲。

9月17日 副市长李江带领市经委、体改委、纺织局、审计局和工商银行的负责人到建民色织印染厂进行调查。

10月 常德中心百货大楼与常德宾馆合并,成立常德市中心商业大厦。

12月25日 常德市首座热电厂——津市市热电厂竣工。该厂安装35吨级煤粉锅炉2台,3000千瓦背压式汽轮发电机组2台。

是年 403队叶云树、臧鸣凤、孟德林对国内外规模最大、质量最好的石门雄黄矿床的成矿规律进行研究,按总结的成矿模式圈出9个预测区,并在石门枧桥找到一小型砷矿。该成果获 1994 年地矿部科技成果四等奖。

1992 年

2 月 28 日 市政协主席王大元率领驻城区部分省政协委员，到澧县纺织厂、七一机械厂、市轴承厂、桃源纺织印染厂、市针织厂等单位，着重就企业转换机制，发挥职工主人翁作用等问题，进行为期 6 天的考察。

6 月 9 日 市财政局、市国资处印发以“在机构改革中加强国有资产管理工作”为主题的通知。

6 月 18 日 市财政局印发《常德市国营商贸企业业务发展周转金管理办法》。

6 月 25 日 市财政局印发《市直商业企业目标管理及考核办法》。

是年 常德市开展产权登记工作。全年共登记全民企业和企业化管理事业单位 301 户，占登记户数的 100%，登记资产总额 24.93 亿元，其中，国有资产 8.36 亿元。

8 月 6 日 中共常德市工交工作委员会、常德市经济委员会提出《关于进一步转换职能简政放权的意见》(常工交〔1992〕28 号，简称《意见》)。《意见》指出，要抓好经委和各工业主管局的机构改革；要进一步下放企业生产经营权、项目审批和验收权、新产权监督权、干部管理权、人事管理权；切实转变机关职能。

9 月 15 日 市商业运输公司并入百货总公司。

9 月 17 日 常德市成立股份制改革试点领导小组。陈德铨任组长，俞斌龙、龙迪安、熊汉之、赵涌涛任副组长，黄定华、刘宗檀、屠家云、杨峰、赵湘舫为成员。领导小组下设办公室，赵涌涛兼任办公室主任(常政办函〔1992〕110 号)。

10 月 5 日 市政府印发《常德市股份改制试点工作意见》。

10 月 26 日 市人民政府批准成立“常德市粮油购销总公司”(常政人〔1992〕19 号文件)。陈长久任董事长兼总经理、车洪炎任副总经理。

10 月 28 日 常德历史上一次性投资最大的工业建设项目——常德锦纶厂一期工程建成投产，投资达 1.03 亿元。

11 月 7 日 召开全市贯彻企业转换经营机制条例动员大会。副市长陈德铨在大会上作工作报告。会议要求，转换企业经营机制，政府就要转换职能，下放权力，企业要放开手段，大胆走向市场。

1993 年

4 月 15 日 市委、市政府召开全市企业扭亏增盈工作会议。副市长杨万柱在会上发表讲话。会议总结了 1990—1992 年扭亏增盈工作情况，提出了 1993 年扭亏增盈工作的目标任务。会议指出，要深化改革、转换机制启动企业内部活力；加速改造、调整结构增强企业应变能力和发展后劲；强化管理、挖掘潜力、提高企业素质。

5 月 7 日 中共常德市委、市人民政府制定《关于进一步促进国有工业企业发展的若干规定》。该文件就“推进企业产权制度改革”、鼓励优势企业兼并 、租赁亏损企业、支持和鼓励企业招商引资等问题做出 20 条规定。

5 月 28 日—6 月 4 日 省人大常委会副主任沈瑞庭带领执法检查组到常德检查企业法、工业企业转换经营机制条例实施情况。市人大常委会主任、副主任何星甫陪同。

9 月 28 日—29 日 全市扭亏增盈及企业三项制度改革工作会议在桃林宾馆举行，吴定宪、陈德铨等领导出席了会议。

10 月 20 日 市委、市政府召开全市企业股份制改革工作会议。副市长李延生作了题为《提高认识，加强领导，大力推进常德市企业股份制改造工作》的工作报告。

11 月 19 日 常德市中心商业大厦更名为常德市中心商贸总公司。

1994 年

3 月 常德市成立清产核资领导小组，常务副市长钦时中任组长：下设办公室、兼祥政兼任办公室主任。4 月 1 日零时开始，全市开展第五次清产核资工作。

7 月 23 日 经常德市人民政府办公室(常政办函〔1994〕23 号)批准，成立常德市粮油商品交易所(后更名为湘西北粮食批发交易市场)，该所为市粮食局直属的服务型全民所有制法人，实行独立核算、自负盈亏。

9 月 9 日 全市扭亏增盈工作会议在桃林宾馆召开，吴定宪、钦时中、李会刚等领导到会讲话。

9 月 15 日 市经委印发文件同意合成纤维厂实施依法破产。

10 月 市委、市政府发出《关于常德市市级党政机关机构设置的通知》(常发〔1994〕17 号，简称《通知》)。《通知》明确：市食品工业办公室从 1995 年起转为市食品工业公司，属中一型工业企业；市物资局转体为市物资集团公司，加挂市物资行业管理办公室牌子，由市计委按企业集团进行管理；市纺织局、市轻工局、市二轻局、市化工局、市建材局、市商业局分别为行业管理办公室，为正处级事业单位。

12 月 市委、市政府发出《关于市直有关机构设置调整的通知》(常通字〔1994〕21号)。该通知明确，市矿产资源管理办公室与市冶金煤炭工业局合并，组建常德市地质矿产冶金煤炭局，行使地质矿产行政管理和冶金煤炭工业的行政管理职能。

12 月 28 日 市委批复：原“常德市国有资产管理处”更名为“常德市国有资产管理局”。归口市财政局管理。

是年 澧县艳州水电站建成投产。该电站总装机 12 台，总容量 23900 千瓦。

是年 市政府发出《关于收取国有资产占用费的通知》。该通知明确，以各企业 1993 年度占用国有资产的会计金额、决算和资产年检数为基数，按照年费率 3%—5%的标准(以后每年适当提高)，实行行业差别费率收取国有资产占用费。

1995 年

3 月 10 日 市财政局、市国资局、市清产核资领导小组印发《进一步加强清产核资工作和在全市行政事业、国有企业单位全面开展清产核资工作的通知》。

4 月 22 日 常德卷烟厂和香港贵联发展有限公司在常德卷烟厂正式签约成立常德金鹏凹版印刷有限公司，该项目总投资 7000 万元，其中常德卷烟厂占 51%的股份。副市长钦时中出席签约仪式。

5 月 7 日 市委、市政府出台《关于进一步促进国有工业企业发展的若干规定》(常发〔1995〕9 号)。规定要求积极稳妥推行企业产权制度改革、鼓励优势企业兼并和租赁亏损企业。推行厂长年薪制试点，提倡特困企业职工自谋职业。该规定共 20 条。

5 月 26 日 市经委印发《常德市市直工业企业经营者年薪制(试点)试行办法》(常经企〔1995〕15 号)。办法规定，企业经营者的年薪收入由基薪、奖金和风险收入三部分构成。该办法共五章二十条。

8 月 21 日 市政府召开全市工业发展专题会议，研究全市工业企业改革，培育支柱企业等问题。市长张昌平、常务副市长钦时中、副市长李会刚等出席会议。

8 月 29—30 日 市委、市政府召开全市工交经济工作会议，要求全市工交战线振奋精神，以扭亏增盈为中心，打一场工交生产攻坚战，全面和超额完成 1995 年各项工交生产计划，并为 1996 年工交生产做好准备。副市长李会刚作工作报告，市委书记吴定宪、市长张昌平分别讲话。

9 月 25 日 鼎城区以原河洑中心粮站为基础，链接河洑、南坪、丹洲、芦山等(四乡一镇)粮店，组建河洑粮食管理站，并加挂河洑粮油经营公司牌子，隶属市粮食局管理。

10 月 凌津滩水电站正式开工。该电站位于桃源县凌津滩镇凌津滩村沅水河上，是五强溪水电厂的反调节电站，总投资 35.2 亿元，总装机 9 台，总容量 27 万千瓦，计划年发电量 12.5 亿千瓦。

12 月 13 日 石门电厂首台 30 万千瓦机组并网发电，年发电量 36 亿千瓦时。

1996 年

3 月 30 日 市政府召开关于市啤酒厂、塑料一厂、经编厂、建民织布厂和市合成纤维厂，五家企业改革和生产问题的会议，会议由市长张昌平主持，常务副市长钦时中、副市长陈君文等出席。

3 月 历时 3 年的全市国有企业第五次清产核资工作结束。共清理国有企业 10012 户，占应清理企业总数的 97%，资产总额约 160.97 亿元，负债 108.40 亿元，资产负债率 67.34%。

4 月 6—8 日 国务院副总理邹家华来常德视察水电、火电建设情况。邹家华先后考察了凌津滩水电厂工地、石门火电厂生产设施现场以及常德市相关供电设施。

8 月 1 日 市委、市政府召开全市深化企业改革工作会议。市长张昌平在会议上讲话。会议提出 1996、1997 年企业改革的指导思想、目标以及改革的基本形式和任务。

8 月 2 日 常德市水电局向常德达门船舶有限公司订购 CI500S 型高效挖泥船合同签字仪式在芷园宾馆举行。这标志着中外合资企业常德达门船舶有限公司成为中国第一家生产进口替代型高效挖泥船的厂家。

8 月 23 日 市政府办印发《常德市国有企业厂长（经理）年薪制试行办法》（常政办〔1996〕40 号）。该办法规定，厂长（经理）年薪收入由基薪收入、国有资产保值增值收入、完成上缴税利收入三部分构成。厂长（经理）的年薪收入由工资改革领导小组与市国有资产管理局和企业主管部门考核、审批、兑现。

10 月 18 日 市经委印发《关于规范市直工交企业管理的若干规定》（常经企〔1996〕27 号）。该文件就企业资产管理、企业物资管理、企业资金管理、企业销售管理、企业分配管理等问题做出了 32 条规定。

10 月 25 日 市政府印发《关于市直国有企业破产若干问题的办法》（常政发〔1996〕18 号）。该文件就国有企业破产过程、企业破产后重组、失业职工安置等制定了诸办法。

11 月 16 日—12 月 6 日 以张昌平、彭孟芝为正、副团长的常德市政府代表团应邀访美国肯特郡、德国德威龙公司、豪居公司和荷兰达门公司，就合资生产挖泥船、卷烟机械、烟草包装机械等项目进行洽谈。

11月28日 “常德市资产评估协会”成立。

12月8日 恒安纸业有限公司落户德山经济技术开发区，市长张昌平、副市长钦时中和恒安集团总裁许连捷一行参加签字仪式并到厂址现场办公。该项目由恒安集团出资5亿元人民币建设，占地150亩，日生产能力100吨，年产值4亿元。

12月20日 省委书记王茂林、省委常委、副省长周伯华、省政协副主席范多富来常德市德山玻璃厂、二纺机等困难企业，听取职工代表和各方面对发展企业的意见和建议，研究解决困难企业职工生活问题的措施。市领导吴定宪、李会刚、陈君文陪同视察。

1997年

1月3日 市委、市政府召开全市企业解困工作会议，全面部署安排对全市困难企业、困难职工的解困工作。会议确定从各级财政预算等8个方面筹集解困资金，对那些无力谋生、年龄偏大、身患疾病、除了工资或退休金外无其他经济收入来源的困难职工给予重点扶持。

4月10日 中、荷合资企业常德达门船舶有限公司生产的第一艘辅助船建成下水。该船总长25.37米、宽9.5米、深3.85米，小巧精致，是具有国际先进水平的多功能、高效率工程船。

4月30日 市委、市政府出台《常德市国有企业产权制度改革的若干规定》(常发〔1997〕6号)，对企业资产评估和处置等情况进行了明确规定。

5月19日 湖南特种水泥厂扩建第三条大坝水泥生产线破土动工。该生产线总投资7744万元，设计年生产能力23.7万吨。

6月13日 常德恒安纸业有限公司开工典礼在德山开发区管委会会议室举行，市长张昌平、市委副书记李少甫，市人大常委会主任熊奇生，市委常委、副市长钦时中，市委常委、秘书长莫道宏，市政协副主席戴平安出席典礼并就造纸工程建设召开现场办公会。

7月1日 市重点建设项目——常德赤峰实业总公司方石坪煤矿正式投产。总投资5000万元。

12月17—19日 农业部国际合作司原司长、联合国粮食组织官员朱丕荣、国内贸易部科技局副局长黄木娇、国家粮食储备局购销管理司副司长任圣江、经济日报社农村部主任高以诺、主任记者李百祥等组成的专家组，专程来常德实地考察常德粮食产业化经营情况。专家组实地考察潇湘米业设在桃源浯溪河乡的“中香一号”优质稻基地，听取市委副书记、副市长洪明祥、市粮食局局长车世炎的汇报。

1998 年

1 月 6 日 常德滨湖印刷厂股份有限公司改造完成,并正式挂牌运作。该公司总股本 1368 万元,其中吸收法人、职工入股 1050 万元。

1 月 15 日 石门磷肥厂改制为湖南石磷实业股份有限公司的工作完成,并挂牌运作,总股本 1598 万元,其中吸收社会资金 970 万元。

2 月 15 日 湘西湘泉集团与湖南德山大曲酒业有限公司、常德武陵酒业有限公司合股经营合同签字仪式在常德芷园宾馆举行。市委书记吴定宪、常务副市长陈君文、湘西自治州副州长田家贵、湘泉集团董事长王锡炳及德山、武陵两公司、市直有关部门负责人参加签字仪式。

2 月 17 日 市领导张昌平、陈君文、李会刚召集市经委、计委等有关部门及常德棉纺厂、桃源纺织印染厂负责人会议,专题研究常德纺织行业压锭改造重组方案。

2 月 18 日 湖南雄黄矿进行股份公司改造完成,并正式挂牌为湖南雄黄化工股份有限公司,总股本 1598 万元,其中吸纳社会资金 1150 万元。

是日 湘西湘泉集团与湖南德山大曲酒业有限公司、常德武陵酒业有限公司合股经营合同签字仪式在芷园宾馆举行。

2 月 19 日 市政府召开全市工交工作会议。副市长李会刚、市经委主任刘克云在会议讲话、作工作报告。会议的主要议题:用三年左右时间,使大多数国有大中型亏损企业摆脱困境;使大多数大中型国有骨干企业初步建立起现代企业制度。

2 月 26 日 湖南湘泉集团兼并常德大曲酒业公司和武陵酒业公司,获购买式控股资金 3600 万元。同时,湘泉集团与洞庭药业公司兼并联合,使洞庭药业增资扩股 2000 万元。

3 月 15 日 常德七一机械厂改制完成,湖南七一机械厂股份有限公司挂牌运作,总股本 2922 万元,其中吸收社会资金 1242 万元。

4 月 8—10 日 中国粮食第一股、常德市第一支股票——“金健米业”通过网下发行的形式,成功地在常德和长沙两地发行 A 股 5000 万,募集资金 2.65 亿元。5 月 6 日,在上海证券交易所上市交易。

4 月 15 日 常德船舶厂研制的第一艘 750 型高效挖泥船通过国家经委、长江水利委、三峡工程开发总公司等单位专家现场演示验收,用于洞庭湖治理工程挖泥工作。该厂也从此列入国家百船计划重点生产企业。

4 月 22 日 金健米业股份有限公司召开 200 多人的股东代表大会,选举产生第一届董事会和监事会，车世炎任董事长，钟儒敏为监事会召集人，郑治文任总经理。金健米业股份有限公司创立诞生，成为中国粮食企业和常德市国有企业首家上市公司。

4月26日 湖南特种水泥厂改制为湖南坝道特种水泥股份有限公司的工作完成，并正式挂牌运作，总股本1733.7万元，其中吸收法人、职工入股933.7万元。

4月30日 临澧县水泥厂、澧州啤酒厂获省体改委批复，分别组建为临澧新夏建材股份有限公司，湖南国人啤酒股份有限公司。

5月18日 常德汽车运输总公司进行股份公司改造完成，改制为湖南常德欣运集团股份有限公司，并挂牌运作。总股本4855万元，其中吸收社会资金2740万元。

6月15日 市政府印发《关于常德市直国有企业扭亏增盈奖励办法》(常政办发〔1998〕27号)。该办法规定：扭亏增盈的企业，按上交企业所得税总额的1%给予奖励。盈利增加的企业，按上交企业所得税超过上年度部分的10%给予奖励。

7月 根据国务院有关深化粮食流通体制改革的精神和主辅分离的原则，武陵粮油管理站以出资人的身份组建粮食加工企业——金达粮油股份公司。该公司设董事长1名，经理1名、副经理若干名。

9月15—16日 国家经贸委副主任陈邦柱视察洪灾损失严重的安乡棉纺织厂以及常德卷烟厂、常纺赛尔毛巾厂、常德锦纶厂等工业企业，并在芷园宾馆望江楼听取常德市代市长程海波关于全市工业企业受灾损失情况及救灾补损情况的汇报。陈邦柱对常德市委、市政府及常德人民，特别是常德市经委战线干部职工抗灾救灾工作给予高度评价，对常德市工交企业迅速恢复生产所取得的成绩给予了充分肯定。

10月16日 常德市长丰化工农药有限公司由湖南化工研究院兼并举行签字仪式，激活存量资金5145万元，安置在职职工905人，退休职工439人。

10月23日 常德市邮电局根据国家有关机构改革的要求，正式分营，成立常德市电信局和常德市邮政局。电信局的主要职能是：经营和管理电话、移动通信、多媒体通信等；邮政局的主要职能是：经营信函、包裹、邮件运输、储汇、集邮、邮政礼仪等业务。第一任电信局局长龙建业；第一任邮政局局长唐志春。

11月 常德市经委发起成立“常德市企业法律顾问协会”，并根据《社会登记管理条例》由常德市民政局核准登记注册。协会理事会由32人组成，理事骨干单位有常德卷烟厂等19家企业。

11月1日 常德恒安纸业有限公司建成全国最先进、规模最大的高档卫生纸系列产品生产厂，项目投资6000万美元。首期兴建的年产3.4万吨生产线顺利完工，并投入试生产。

12月25日 凌津滩水电站1号机组(30000千瓦)并网发电，装机9台，总容量27万千瓦，年发电量12.3亿千瓦时。

是年 中共常德市委、市人民政府出台《关于国有企业实行股份合作制改革的暂行规定》（常发〔1998〕2号）。该规定共九章六十一条。市委、市政府就“企业改制设立”“股权设置与管理”“企业的组织机构”“用工制度”“收益分配”“变更清算”等问题作出了明确规定。

1999年

1月12日 经湖南省人民政府（湘政函〔1999〕26号）批准，由湖南德河西湖渔业总厂、安乡县珊珀湖渔场、常德弘鑫水殖有限公司、湖南省常德桥南市场开发总公司、中国水产科学研究院五家单位共同发起成立：湖南洞庭水殖股份有限公司。2000年6月12日，该公司在上海证券交易所上市，是全国唯一采用水面权益资本化方式上市的公司。

1月29日 德山电池厂股份合作制完成改造挂牌运作。

2月23日 常德市贺家山银丰优质棉加工有限责任公司工商注册成功，标志着占股份68%的常德市棉麻总公司与占股份32%的省贺家山原种场组成的严格按现代化企业管理制度运营的股份制企业改制完成。

5月 市委书记吴定宪、市长程海波、副市长杨光宏、市委巡视员王春阳、市政府巡视员钦时中，先后深入桃纺、海达化工农药厂、锦纶厂、沅达酒精实业公司等企业指导。

5月18日 有限通信集团改造完成，改制为常德通信有限公司，并挂牌成立。吸收职工入股股金188万元。

6月17日 市人民政府发出《关于重点抓好湖南雄黄矿、常德锦纶厂等60家企业污染治理的通知》，决定重点监控湖南雄黄矿、常德锦纶厂等60家企业的污染达标排放工作。

9月25日 樟木桥粮库扩建工程竣工。该工程总投资4339万元，库容12.5万吨，中转能力达50万吨。

10月8日 常德市财政局、中共常德市委组织部、常德市经济贸易委员会、常德市国有资产管理局联合印发《常德市1999年国有企业绩效评价工作试行方案》（常国资综字〔1999〕37号）。该方案规定了评价工作任务、评价对象、评价工作组织及工作要求等。

11月3日 临澧县新安粮库扩建工程竣工。该工程投资2507万元，仓容规模达46000吨。

11月18—24日 在全省特优新农副产品博览会上，常德市送展的金健米业公司珍珠强身米、万家炊烹调油、全营养葛粉和市米业公司广积牌猫牙王米，西湖食品总厂南方黑米酒系列，武陵酒业有限公司39度、52度新武陵酒、王牌武陵大曲荣获金奖。

11月23—24日 中国粮食经济学会会长白美清一行四人在省粮食局局长任正晓陪同下，考察金健米业公司。

11月 常德烟机厂易地技改项目落户德山经济技术开发区，该工程总投资1.7亿元，占地150亩。

12月12—13日 市长程海波主持召开人民政府第三次常务会议。会议主要研究市直部分企业变卖国有资产抵缴社会养老保险费、工商体制改革等问题，审议并原则通过《常德市人民政府关于加快我市城区电网建设与改造步伐的通知》。

12月21日 湖南辰星贸易公司控股兼并常有通信有限公司正式签订协议。

2000年

1月28日 金健粮食工业城精米制造中心建成投产。精米制造中心主机设备分别从日本、瑞士、意大利和韩国等几国大公司引进，生产能力10万吨。省长助理、省粮食局局长任正晓、市委书记吴定宪、市长程海波等领导参加投产庆典。

3月13日 国家粮食局常务副局长孔令鉴带领中央粮食企业改革调查组调研常德市粮改工作。孔令鉴一行实地考察金健粮食工业城、常德市米业公司，听取常德市粮食局局长车世炎关于全市粮食企业改革的汇报。省粮食局局长任正晓、常德市市长程海波、副市长龚建民陪同考察。

4月7日 市委、市政府召开市直国有企业体制改革动员大会。市长程海波提出在全市国有企业中全面推行以"两个置换"为主题内容的企业改革，即置换国有企业产权、置换国有企业职工身份。

5月9日 市政府办下发《关于成立常德市产权交易中心和常德市市直工交企业产权改革办公室等临时机构的通知》。该通知明确，成立"常德市产权交易中心"，常务副市长陈君文任主任，巡视员钦时中任常务副主任、黄显祥、刘建跃、赵湘舫、商淑华任副主任，办公地点设市国资局，成立"常德市市直工交企业产权改革办公室"。副市长杨光宏任主任，钦时中、唐必清、周国斌、刘克云、窦长清为副主任。市直工交企业产权改革办公室下设方案组、审核组、职工安置组、政策调研组、情况综合组，办公地点设在市经委。

5月13日 常德市人民政府印发《常德市置换工交企业国有产权及置换职工身份试行办法》(常政发〔2000〕9号)。该办法就"两个置换"中，产权处置、职工安置、债务处置、工作程序、企业重组等问题提出原则处理意见。

5月28日 常德烟草机械股份公司易地改造工程奠基仪式在武陵开发区举行，市长程海波、副市长陈君文前往祝贺。

6月12日 洞庭水殖股份有限公司4000万A股股票在上海证券交易所上市交易，成为常德市第二家上市公司。

7月28日 副市长杨光宏召开关于产权交易工作有关问题的会议，市政府巡视员钦时中出席会议并讲话。市经委、财办、农办、外经委、计委、建委、工商局及部分企业负责人列席会议。

7月30日 市财政局印发《关于进一步加强全市国有企业下岗职工基本生活保障城镇居民最低生活保障资金和企业离退休人员基本养老金使用管理问题的通知》。同日，市财政局下拨社会保障专项转移支付资金8957万元。

8月4日 常德棉纺厂破产。该厂为常德市国有大Ⅱ型企业，固定资产原值2.3亿元，干部职工7414人。该厂自1990—2000年总亏损额2.96亿元，负债率197.55%。常德市中级人民法院于2000年8月4日宣告该厂破产还债。

10月28日 常德机床厂在市国土局土地交易中心公开整体拍卖成功，成为常德市国有企业“两个置换”中公开拍卖第一家。市委顾问王春阳、市人大常委会副主任俞斌龙、市政府副市长杨光宏、市政协主席蒯定勋出席。

12月28日 凌津滩水电站9台机组全部并网发电。该电站是沅水干流梯级开发的最后一个梯级电站，总投资35.17亿元，总装机容量27万千瓦，年发电量12.3亿千瓦时。该电站于1994年动工兴建，1996年实现大江截流，1998年第一台机组发电。

是年 市内贸办成立“两个置换”领导班子，设立内贸企业改革办公室，抽调机关和企业干部342名，组成19个工作组和清算组，进驻企业开展“两个置换”工作。

2001年

3月 常德米业公司按照市政府转换企业国有产权及置换国有企业职工身份的改革要求，实施“两个置换”，即对米业公司国有产权量化置换，对所有职工国有身份置换。置换后按股份制模式对公司进行改制重组，米业公司被改制为“常德广积米业有限公司”。

4月11日 石门磷矿关闭。该矿属中Ⅰ型企业，地处湘鄂交界的清官渡边远山区。由于该矿采选的磷矿石品位低、运距远、成本高，难以销售，企业严重亏损，资不抵债，常德市中级人民法院于2001年4月11日以《〔2001〕常经破字第10—1号民事裁定书》裁定该矿破产清算。

5月31日 樟木桥粮库交接仪式在市粮食局举行。按照省计委等五部门《关于转发国家计委等五部门〈关于划转部分粮库为中国储备粮管理总公司直属库的通知〉的通知》

要求，交接双方：常德市粮食局、中国储备粮管理总公司长沙分公司，本着互惠互利、共同发展的原则，就樟木桥粮库的资产划转、土地界定及人、财、物交接等问题达成一致意见。省粮食局、市人民政府有关领导参加监交，市财政局、市农发行等有关部门负责人参加交接仪式。

6 月 20 日　市人民政府办公室关于同意成立常德市财经投资开发公司的批复：经市人民政府研究，同意成立常德市财经投资开发公司，归口市经委管理。原信托投资公司的所有债权债务由市财经投资开发公司承担。

12 月 29 日　国家烟草专卖局《国家烟草专卖局关于常德烟厂兼并祁东卷烟厂的批复》（国烟发〔2001〕820 号文件），批复常德卷烟厂对湖南祁东卷烟厂实施债务式整体兼并。

是年　常德市按照全省统一安排部署，开展企业国有资产产权登记年度检查。按照分级管理的原则，由县以上财政（国有资产管理）部门按产权隶属关系组织实施。

2002 年

4 月 26—27 日　全省企业产权制度改革工作座谈会在常德市召开。会议对做好湖南省企业产权制度改革工作提出了具体要求。副省长郑茂清出席会议，副市长陈文浩在会上作经验发言，程海波、陈君文、杨光宏参加会议。

8 月 28 日　湖南省十大旗舰工程之一常德卷烟联合工房全面投产。全国政协副主席毛致用，省领导孙载夫、颜永盛、陈彰嘉、黄明开以及市领导程海波、陈君文出席投产仪式。

是年　经市政府批准，组建常德市国有资产经营中心，其职能为负责国有资产的管理和经营，确保国有资产的保值增值。

2003 年

3 月　市国有资产经营管理公司开展对市直单位的清产核资工作。通过检查，共核增资产 2.02 亿元，核增“非转经”资产 1405.86 万元，核增“非转经”收益 228.01 万元，核增收入 258.84 万元，核实闲置资产 1742.27 万元。

4 月 17 日　中国华电集团公司与市政府在华天大酒店举行建设石门二电厂 4×60 万千瓦合作协议签字仪式。中国华电集团公司副总经理程念高、市长陈君文分别代表华电集团和常德市政府签字。

6月17日 中国纺织机械集团董事长、总经理张杰一行来常德市考察,并就中纺集团与常德纺织机械厂合作的有关事宜与市政府洽谈。市领导程海波、陈君文、陈文浩、宋冬春陪同考察。

7月 全国最大的摇架、经编机生产企业即常德纺织机械有限公司获得中国质量协会保证中心颁发的质量管理体系认证证书。该证书表明,常德纺织公司的质量管理体系符合GB/T19001—2000和ISO9001:2000标准,适用于各类经编机械、棉精梳机械、摇架等产品。

7月8—10日 中国华电集团公司在石门召开第一次董事会、监事会会议,成立项目领导班子。8月13日,湖南华电石门发电有限公司正式挂牌办公。石门电厂工期工程总投资21亿元,装机2×30万千瓦,由中国华电集团公司投资建设。

10月22日 中国华电集团石门电厂二期工程在石门县奠基,华电集团总经理贺恭、副省长郑茂清及常德市市长陈君文等参加。

12月28日 常德卷烟厂四平卷烟分厂正式挂牌成立,顺利实现与四平卷烟厂合作。市委常委、常务副市长陈文浩出席挂牌仪式并讲话。国家烟草专卖局副局长杨传德、吉林省副省长矫正中,湖南、吉林两省烟草公司主要领导及四平市委书记张元富、市长粟振国等出席仪式。

是年 常德市在全市范围内开展棉花企业的清产核资。清理核实全市棉花企业1999年9月1日至2002年12月31日的资产、负债、所有者权益总量及构成。

是年 常德市规划建筑设计院取得建筑工程甲级资质,成为湘西北地区第一家拥有甲级资质的设计单位。

2004年

1月6日 常德卷烟厂对零陵卷烟厂实行整体兼并。副省长杨泰波,市委常委、常务副市长陈文浩,湖南中烟工业公司、省国税局及永州市委、市政府的领导参加了常烟零陵分厂挂牌仪式。

2月10日 省委副书记、常务副省长于幼军率省国资委、省经贸委、省企业工委等部门负责人,来常德市进行国企改革专题调研。市长陈君文代表市委、市政府就常德市企业改革工作作专题汇报,市领导戴军勇、曹儒国、莫道宏、刘春林、李平、宋冬春参加汇报会。

2月13日 常德市与重庆啤酒集团公司举行项目签约仪式。市长陈君文代表市政府与重庆啤酒集团公司董事长华正兴正式签约。重啤投资1.5亿元人民币,新建年产10万吨的啤酒生产企业。

5月13日 市财政局下达《关于全市行政事业单位非转经营性资产转作经营性资产征收资产占用费的意见》，该意见共7条。

5月28日 中联集团常德灌溪工业园挂牌。市委书记程海波和中联集团董事长詹纯新为工业园揭牌。市领导陈君文、刘春林、刘明、李平、刘克云出席揭牌仪式。

8月31日 湖南重庆啤酒国人有限公司10万吨新厂奠基开工仪式在市城区隆重举行。市领导陈君文、戴军勇、刘春林、陈文浩、刘明、李学林、宋冬春、徐超文，重庆啤酒集团董事长华正兴参加仪式。

12月 常德市完成以置换人员身份为重点的国有粮食企业改革任务，并全面进入国有粮食企业产权制度改革阶段。全市应置换国有粮食企业职工身份14748人，已置换职工身份14263人，共支付补偿金3.2亿元。

2005年

1月 市委、市政府对政府机构进行新一轮改革。撤销市经济贸易委员会，组建市经济委员会、组建市商务局；撤销市机电建材行业管理办公室、市轻工纺织行业管理办公室，其行业管理职责由市经委承担。

1月 根据市委常通字〔2005〕2号文组建常德市人民政府国有资产监督管理委员会。常德市国资委机构架构成形。

3月29日 湖北省副省长韩忠学考察常德市广积米业、金健米业等企业。

6月24日 常德市人民政府国有资产监督管理委员会成立暨工作会议在华天大酒店召开，市委书记程海波、市人大常委会主任莫道宏、市政协主席刘春林、常务副市长陈文浩等市领导、省国资委党委书记周政坤出席授牌仪式，市人大常委会主任莫道宏和市政协主席刘春林给市国资委授牌。常德市国资委正式开始履职。

6月28日 长沙—常德天然气管道工程在常德市皇木关末站举行开工典礼。副省长贺同新，市领导程海波、周用金、刘春林、陈文浩、何佑铭、张启祥、刘剑英及中国石油天然气集团公司、中国华油集团公司相关负责人参加开工典礼。

8月 常德市人民政府办公室印发《常德市人民政府国有资产监督管理委员会职能配置、内设机构和人员编制规定》（常政办发〔2005〕18号），组建常德市人民政府国有资产监督管理委员会（简称市国资委），为常德市人民政府直属的正处级特设机构。市国资委根据市政府授权，履行国有资产出资人职责。赵先桃为第一任主任。

12月7日 常德市开始实施企业年检免检制度。首批包括常德卷烟厂、常德烟草机械有限责任公司、常德自来水公司等在内的44家企业获2005年年检免检资格。

12 月 13 日 全市企业国有资产产权管理工作会议在芷园会堂召开,市国资委主任赵先桃在会上做重要讲话。

是年 市政府用粮油总公司所持金健米业股份公司 9506 万元国有法人股,解决金健米业历史遗留问题。

是年 市国资委牵头对湖南欣运集团资产进行评估,评估机构为湖南新融达评估有限责任公司,评估基准日为 2005 年 3 月 31 日。市国资委以常国资〔2005〕文件 71 号批复,并核准评估结果。

是年 市国资委对常德芷兰教育担保公司试行薪酬制度改革。对企业负责人采取基薪+绩效工资相结合的办法,年初对该公司下达详细经济指标,年终严格考核。

2006 年

3 月 15 日 在市国资委机关会议室召开市国资委系统 2005 年总结表彰大会。会上市国资委主任赵先桃总结了 2005 年工作,重点对 2006 年工作进行了安排部署。

4 月 11 日 湖南华电常德发电有限公司成立仪式在华天大酒店举行。省长助理郭开朗,中国华电集团公司党组书记、总经理贺恭,市领导武吉海、曹儒国、莫道宏、陈文浩、刘明等出席仪式。

4 月 12 日 省粮食局局长王伯林一行来常德调研,实地考察金健米业股份公司、澧县盈成油脂厂、洞庭春米业等企业。

6 月 15 日 省粮食局副局长皮祖玉来常德市调研粮食产业化经营,先后到桃源县湘鲁万福、鼎城区白鹤山粮站和广积米业公司调查了解情况。

7 月 8 日 常德农欣融资担保公司开业。副市长李爱国参加开业座谈会。该公司的开业标志着湖南省首家政府主导的涉农担保公司成立。

7 月 15—16 日 省政协主席胡彪一行来常德市考察工作,考察鼎城区灌溪工业园、常德烟机厂、常德卷烟厂,听取了市委书记武吉海、市长陈君文、市政协主席刘春林的汇报。

8 月 22 日 市政府办印发《关于公布常德市国有资产监督管理委员会履行出资人职责企业名单的通知》(常政办发〔2006〕20 号),明确了市国资委监管企业,为市国资委全面履行出资人职责创造条件。

10 月 8 日 市国资委对市人民政府授权市国资委履行出资人职责的第一批企业开展全面调研。市国资委班子成员赵先桃、任克勤、黎星兵、鄢炳成、周德福、胡庭清分别带队,调研了赤峰煤矿、市房地产开发公司、临岗公路建设公司、市建设工程交易中心、市民用爆破器公司、市经济适用住房开发中心等企业。

10月27日 常德烟机厂生产的卷烟机组销往德国 HAUNI 公司，实现了中国中高速卷烟机械的首次出口。

11月16日 常德卷烟厂与长沙卷烟厂成功实现合并重组，组建“湖南中烟工业公司”。

11月28日 “芙蓉王”卷烟生产技术改造工程在常德卷烟厂奠基。代省长周强以及陈德铨、袁建尧、陈叔红、武吉海、陈君文等出席。

12月中旬 市政府召集市粮食、国资委、财政等部门负责人，专题研究原常德市粮油总公司（该公司2003年由市政府直管）所属企业国有资产的授权管理问题。会议决定将原常德市粮油总公司所属科雄饲料公司、广积米业公司的国有资产授权市粮食局监管。至此，常德市及县（市）粮食行政管理部门全面接管所属粮食企业的国有资产。

12月21日 市政协主席刘春林、秘书长马耀舫一行来到市国资委调研。在座谈会上，市国资委主任赵先桃、副主任黎星兵分别就国资委成立一年多来的运行情况、工作中存在的问题、2007年的工作思路和常德市城市公用无形资产经营现状及发展前景等，向刘主席一行汇报。刘春林主席肯定了市国资委的工作成效，并要求市国资委要利用契机抓好城市公共资源的监管与营运，为常德市的经济发展寻求新的增长点。

12月28日 “芙蓉王”卷烟生产线技术改造工程在湖南中烟公司常德卷烟厂奠基。省委副书记、代省长周强，省政府党组成员、经济顾问陈德铨，省政府秘书长袁建尧、副秘书长刘庆选，省发改委主任陈叔红，省纪委副书记赵均田，国家烟草专卖局计划发展司司长赵顺，市领导武吉海、陈君文、曹儒国、陈文浩、宋冬春等出席奠基仪式。

2007年

2月6日 市国资委出台《常德市属企业资产损失核销管理暂行规定》（常国资〔2007〕7号）。该规定共十八条。

2月26日 常德市新组建成立中达国有资产经营管理公司，搭建国资委—国有资产经营平台—国有企业三层管理框架。

3月7日 在市国资委机关会议室召开市国资委系统2006年总结表彰大会，副主任任克勤同志在会上做了主题报告，对市国资委系统2006年工作进行了认真回顾，并对2007年工作进行了安排部署。

3月28日 在芷园会堂召开2007年国资监管工作会议，市委常委、秘书长刘明和市委常委、常务副市长陈文浩出席会议并做重要讲话。

4 月 12 日 市委书记武济海到湖南华南光电（集团）有限公司、常德烟草机械有限公司、常德金鹏凹版印刷有限公司、湖南中烟工业公司常德卷烟厂考察企业技改项目并召开现场办公会议。市领导莫道宏、刘春林、陈文浩、刘明、宋冬春出席。

4 月 15 日 市国资委向市政协第四届第 45 次主席会议专题汇报工作情况，受到市政协高度重视。

4 月 16—18 日 省委副书记梅克保率省直有关部门负责人到常德考察推进新型工业化工作。梅克保一行先后考察了湖南重庆国人啤酒有限公司、常德烟机、金鹏凹印、湖南中烟工业公司常德卷烟厂等亿元以上工业企业和创元工业园、鼎城灌溪工业园及德山经济开发区的部分企业。市领导刘本之、刘春林、胡宗清、刘明、覃清香、彭安沙、宋冬春、万善志、朱晓平陪同考察。

4 月 19 日 市委书记武吉海考察达门船舶、德力西电气、恒安纸业、常德纺机、云锦纺织、洞庭药业、三金制药、金健米业等企业技改现场，并召开现场办公会。市领导莫道宏、刘春林、陈文浩、刘明、宋冬春、朱晓平等出席。

6 月 6 日 中联重科常德灌溪工业园技改扩建工程奠定仪式在鼎城区灌溪镇举行。市领导卿渐伟、莫道宏、刘春林、陈文浩、彭安沙及中联重科董事长詹纯新等出席奠基仪式。

6 月 18 日 海螺水泥有限公司日产 5000 吨熟料水泥生产线主体工程奠基仪式在石门县新关镇举行。市领导武吉海、陈文浩、覃清香、刘剑英、朱晓平、曹佳中等出席奠基仪式。

8 月 31 日 在芷园会堂召开常德市市属经营性国有资产清产核资工作会议，安排部署市属经营性国有资产清产核资工作；所有市属国有独资、控股、参股企业参加会议；分管副市长曹佳中在会上做重要讲话。

是年 开展市属经营性国有资产清产核资工作。共清理 71 家单位和企业，其中履行出资人职责的单位 33 家，暂未履行出资人职责的企业 10 家，自收自支单位 21 家，国有参股企业 7 家。共清查出国有资产及国有控股企业经营性资产 68.1 亿元，净资产 22.7 亿元，经中介机构签证或审核认定资产损失额为 1.96 亿元。

12 月 19 日 市国资委召开财务监督暨 2007 年度财务决算工作会议。

12 月 25 日 中建材集团与鼎城区政府签订水泥项目合作框架协议。

2008 年

1 月 4 日 市国资委接待中国通用集团来常考察。

1月29日 市国资委主任赵先桃陪同曹佳中副市长到公交公司和自来水公司现场勘查冰雪灾情并看望慰问一线员工。

3月26日 市国资委系统举办新《企业会计准则》调训班。参训对象为市国资委监管企业及其下属公司的总会计师(财务总监)、财务科长、主管会计。

4月1日 市委常委、副市长宋冬春,副市长曹佳中到市国资委座谈融资平台建设。

4月8日 湖南省规模最大的投资担保公司常德财鑫投资担保有限公司挂牌成立。常德财鑫投资担保有限公司是经市人民政府批准设立的国有独资公司,注册资本2.1亿元人民币。公司主要为常德市中小企业、农业产业化龙头企业、民办教育及开发区的发展提供融资担保。

5月7日 市委组织部部长李平来市国资委座谈融资平台建设。市委组织部副部长李娥煌,市国资委主任、党委书记赵先桃,市国资委副主任、党委副书记任克勤,市国资委副主任、党委副书记罗先贵等参加。

5月18日 冀东水泥集团投资14亿元在临澧县新建年产400万吨新型干法生产线及低温余热发电项目奠基动工。

5月20日 市国资委召开全市国有资产监管工作会议,分管副市长曹佳中出席并讲话。

5月23日 市国资委召开市城建投、市经建投融资平台建设及改制工作动员大会。市国资委主任赵先桃作动员讲话。

6月30日 市国资委完成市直行政事业单位6家酒店、宾馆资产的移交工作:常德华天大酒店、常德国际大酒店、佳和大酒店及门面、金沙大酒店、凯悦大酒店、八运村宾馆由有关行政部门移交给市国资委,市国资委将6家酒店、宾馆划拨给市城建投公司具体经营管理。

8月8日 中共常德市国资委直属机关委员会第一次代表大会召开,监管企业35名党代表参加。

8月21—29日 市国资委开展科级职位竞争上岗。竞争步骤为宣传发动,组织报名;资格审查;竞岗演讲,民主推荐;组织考察、党委确定人选并公示、任命。通过竞岗,杨宇任办公室主任、聂焰鑫任监察室主任、张平凡任财务统计科科长。

8月 湘澧盐矿投资4600万元的7号炉、3号机新建工程正式投入生产运行,在满足生产所需热负荷的供应的同时,实现了污染物达标排放,吨盐综合能耗下降4.3%,每年可节约原煤3万吨,减少烟气排放2.4亿标方,减少灰渣排放1.1万吨,减少氮氧化物排放14吨。

10月13日 常德市与湖南天心集团产业对接洽谈会召开。

11 月 15 日 湖州市国资委来常德考察交流，市国资委领导班子予以热情接待。

12 月 24 日 市国资委出台《关于理顺市城市建设投资集团有限公司、市经济建设投资集团有限公司与所属项目公司管理关系的意见（试行）》（常国资〔2008〕96 号）。该意见就职责划分、建设项目管理、财务管理、人员薪酬、考核奖惩等内容做出具体规定。

12 月 26 日 常德市第一个以 BT 建设方式建设的市政工程——朗州路北延及下穿铁路框架桥工程正式开工。朗州路北延工程南起常德大道，北到占天湖大堤，全长 5000 多米，宽 36 米。所有管线设计在道路两侧入地，沥青混凝土路面，总投资约 1.7 亿元。

同日 常德中材牛力水泥有限公司年产 100 万吨新型干法水泥生产线在桃源县热市镇正式投产。该项目采用国内先进的纯低温余热发电技术，余热发电量最大可达到生产用量的 30%以上，吨成本可降低 10—12 元。副省长刘力伟以及市领导陈文浩、曹儒国、刘本之、曹桂中、张新民、魏立刚出席投产仪式。

是年 中石化常德石油分公司对所属成品油批发库进行优化调整，关闭了桃源陬市、澧县黄沙湾、安乡长岭洲三座油库，保留了德山、石门荷花两座油库。同时，投资近 4000 万元，对德山油库进行了现代化改造，运用新的设备工艺流程，提高了运行效率，节省了成本油入库、出库时间，库容量由原来 19200 立方米扩增到 28000 立方米，成为湘西北地区最主要的成本油中转库。

是年 市国资委为加强常德市融资平台建设，组织实施对市农欣担保公司、市芷兰教育担保公司、市中小企业担保公司进行了清产核资和经济审计工作，并出具审计报告。

2009 年

2 月 10 日 市国资委在机关会议室召开国资委机关 2008 年总结表彰暨推进行政效能建设动员会。

3 月 4 日 市直煤矿企业经营业绩考核调度会。

3 月 5 日 市直房产企业经营业绩考核调度会。

3 月 12 日 市城建投、市经建投融资平台建设工作调度会。

3 月 23 日 全市国资监管工作会在芷园会堂召开，分管副市长曹佳中作大会主题报告。

3 月 24 日 在市国资委机关会议室召开市国资委深入学习实践科学发展观活动动员大会，各归口管理企业领导班子成员、党务（政工）工作者，市国资委机关全体党员干部共 60 余人参加，市政府副市长曹佳中、市委指导检查组第十八组组长王光出席会议并作了重要讲话。市国资委主任、党委书记、市国资委深入学习实践科学发展观活动领导小组组长赵先桃在会上作动员报告。

4月15日 在市委常委扩大会议室召开常德市国有企业党风廉政建设工作座谈会，市直有关单位负责人、纪检组长，三十多家市属及中央、省属在常企业负责人和纪委书记共80余人参加了会议。会议由市纪委副书记李正才主持，市委常委、市纪委书记刘剑英，市政府副市长徐超文、曹佳中等领导出席会议并讲话。

5月21日 经国家工商总局批准，“湖南洞庭水殖股份有限公司”被更名为“大湖水殖股份有限公司”(简称“大湖股份”)。

5月21日—22日 市国资委系统企业党建工作座谈会暨党务知识培训会在汉寿清水湖召开，市国资委党委副书记、副主任任克勤，市国资委直属机关党委书记、副主任陈建军出席会议，各归口管理企业分管领导及党务、政工人事部门负责人参加了会议。会后，市国资委直属机关党委邀请市直机关工委副调研员童成立为与会人员作党务知识培训授课。

6月26日 常德市召开与省属企业和“长株潭”企业对接合作洽谈会，市领导卿渐伟、陈文浩、刘本之、刘明、朱晓平、石谋军、韦绍斌与省属企业和“长株潭”企业的老总参加。座谈会后，举行了对接项目的签约仪式，10个总投资62亿元的项目当场签约。

6月30日 在市国资委机关会议室召开市国资委工作汇报会，分管副市长石谋军听取工作汇报并作重要讲话。

7月17日 在国际大酒店3楼多功能会议厅召开市国资委监管企业上半年经济运行调度会，分管副市长石谋军在会上做重要讲话。

7月30日 湘澧盐矿成功收购津市丰莲食品公司房地产。为统一规划仓储，降低装卸费用，挖掘现代物流这一“第三利润源泉”，湘澧盐矿投入258万元，成功收购津市丰莲食品公司房地产，并对丰莲食品房产、地产实物进行现场交换。

8月6日 澧县生物质发电厂正式并网发电，成为湖南省及中部地区首家投产的生物质发电厂。开启了常德市“绿色电力”的先河。该发电厂由湖南理昂再生能源电力有限公司投资4亿元建设，每年可消耗秸秆、稻壳约40万吨。设计面发电量为2亿千瓦时。

9月3日 大湖股份与新疆福海县签订协议，正式收购新疆乌伦古湖123万亩水面养殖使用权。该公司的养殖水面由50万亩增至173万亩。

9月17日 总投资4.3亿元的石门海螺水泥二期日产4500吨新型干法水泥生产线暨纯低温余热发电项目正式开工。

9月18日 市国资委系统迎国庆60周年“公交杯”拔河比赛在市公交总公司院内隆重举行。市国资委机关(含中达公司)、市城市建设投资集团有限公司、市经济建设投资集团有限公司、常德欣运集团股份有限公司、市公交总公司、市自来水公司6支参赛代表队经过激烈角逐,最终常德欣运集团股份有限公司代表队一举夺取比赛桂冠,市自来水公司荣获第二名,市城建投资集团有限公司荣获第三名。拔河比赛取得圆满成功。

9月25日 湖南海利公司万吨氨基甲酸酯工程技术改造项目开工奠基典礼在德山开发区举行。副省长陈肇雄,市领导陈文浩、刘本之、刘春林、刘小明、徐超文、朱晓平出席。

10月28日 为深入贯彻落实《中华人民共和国企业国有资产法》,市国资委开展了机关工作人员学法用法知识测试活动。为增强学习效果,市国资委将测试成绩作为年终考核的参考内容。活动自7月底部署以来,机关干部职工认真自学,做到了学习工作“两不误、两促进”。活动中,市国资委还特地从省国资委购买了一批《企业经营管理人员学法用法200问》,向部分企业进行了发放。

11月11日 在市国资委机关会议室召开加强和改进监事会工作座谈会。

12月22日 在市国资委机关会议室召开国有企业领导人述职述廉大会。

同日 在市国资委机关会议室召开企业负责人座谈会。

12月29日 在城西江边举行沅江西大桥开工奠基仪式。市委书记卿渐伟,市委副书记、市长陈文浩,市人大常委会主任刘本之,市政协主席刘春林,常德军分区司令员董正武等市领导和市国资委主任赵先桃、承建方中冶南方集团董事长项明武、建设方市城建投资集团董事长赵国平、市西城新区投资公司董事长罗先贵等领导出席了开工奠基仪式。市长陈文浩在开工奠基仪式上作重要讲话。

12月 中央企业葛洲坝集团易普力湖南二化民爆有限公司与常德市民爆公司成功对接,完成并购重组工作。

2010年

1月11日 中联重科汉寿工业园正式奠基开工。该工业园总用地面积68.2公顷,总投资7.5亿元。省人大常委会原主任庞道沐、省高级人民法院原院长詹顺初莅临奠基开工仪式;中联重科董事长詹纯新,中联重科监事会主席龙国建,中联重科高级总裁张建国、殷正富出席奠基仪式;市领导卿渐伟、陈文浩、刘本之、刘春林、刘明、胡子达、杨新辉等到场祝贺。

1月18日 常德市交通建设投资有限公司成立。公司直属市政府,归口市财政局管理,是继经建投、城建投后成立的又一大型国有公司。市委副书记、市长陈文浩向公司董事长谢志坚授牌。市领导刘小明、徐超文出席授牌仪式并讲话。

1月28日 常德市与中国电信湖南公司在长沙正式签订推进“十大信息化工程”建

设战略合作协议。中国电信湖南公司将围绕全市各级政府、社会公共领域、各类企业和农村的信息化要求，在未来3年内投入不少于5亿元资金，提供全面完备的基础网络服务、信息应用服务和运营保障。

2月3日 交通银行常德分行隆重举行开业庆典。交通银行总行副行长于亚利，交通银行湖南省分行行长唐玲，省长助理、省财政厅厅长李友志，市领导卿渐伟、曹儒国、刘本之、刘明、刘小明等出席开业庆典。

3月12—18日 常德市经济建设投资集团有限公司公开发行15亿元10年期公司债券，主要投向柳叶湖国家马拉松赛道项目、朗州路北延及罗湾大桥项目、紫缘路项目和万金障水利综合整治工程项目。

3月26日 市城市建设投资集团公司与国家开发银行湖南省分行在长沙成功签订了9亿元城建贷款投资合同。贷款期限10年，执行人民银行基本利率。这笔9亿元的贷款将用于市城区道路、给排水等城市公共基础设施建设。

5月6日 浙江大学—洞庭湖药业神经精神疾病药物研发基地在湖南洞庭药业股份有限公司正式揭牌。该基地将以促进科技成果转化、增强企业竞争力为主要目的，实现浙江大学与洞庭药业的强强联合。

7月2日 国家开发银行湖南省分行行长王学东一行来到常德，就常德市城市基础设施项目投资建设情况、地方政府融资平台建设管理等有关问题进行调研。市委副书记、市长陈文浩出席调研座谈会，市委常委、副市长宋冬春参加调研活动。

9月1日 总额15亿元的2010年常德市城市建设投资集团有限公司10年期无担保公司债券面向社会发行。这次募集的15亿元资金，将用于常德市城市快速环线工程以及白马湖区域环境综合治理项目的建设。

10月8日 石门海螺水泥公司二期工程点火投产。该县已形成日产水泥熟料13200吨的生产能力，成为湖南水泥生产第一县。

11月4日 省电力公司与市政府电网建设会商会在长沙召开。双方就常德城区电网建设相关事项达成框架协议。省电力公司总经理李维建，市委副书记、市长陈文浩，市委常委、常务副市长刘小明，副市长徐超文等出席会商会。

11月18日 常德日报传媒集团顺应文化体制改革的要求，以升级、创新本土传统曲艺精品为竞争手段的商演平台——桃花源剧场精彩启航。这是常德日报传媒集团实现多元化战略、参与文化市场运作所迈出的第一步。

12月14日 常德市经济建设投资有限公司与中南大学湘雅医学院举行签字仪式。主要内容为在市北部新城建一座投资10亿元综合性的三级甲等医院。市委常委、常务副市长刘小明出席签字仪式。

2011年

1月11日 由市人民政府投入4000万元引导资金，授权市经济技术投资公司与中科招商投资管理公司合作，发起成立的常德中科芙蓉创业投资有限公司正式揭牌。该公司的成立填补了常德市创业基金的空白。市委书记卿渐伟和中科招商公司董事长单祥双共同揭牌，市领导刘明、刘小明、徐超文、市政府秘书长周代惠等出席揭牌仪式。

1月14日 市国资委召开监管企业新任职领导人员集体谈话会。市国资委主任、党委副书记赵先桃出席会议并讲话，市国资委党委书记、副主任任克勤主持会议并宣读任职通知，市国资委副主任陈建军组织学习《国有企业领导人员廉洁从业若干规定》和《常德市国资委监管企业重大事项管理办法》。常德市国资委领导，新提拔重用的33名企业领导人员，城建投集团、经建投集团党建工作分管领导及人力资源部部长参加了会议。

1月21日 以7家市直国有房产企业为基础，整体改制重组的经致远土地整理开发有限公司、天润土地开发经营有限公司、经泽建设开发有限公司、天源住房建设有限公司相继挂牌成立。

1月26—27日 市领导卿渐伟、陈文浩、曹儒国、刘春林、董正武等赴广州、深圳，分别与在穗、在深的部分常德籍知名人士、常德客商欢集一堂，互致新年问候，共谋家乡发展。在深圳联谊会议前，卿渐伟一行专程拜访了中国广东核电集团、贵联控股有限公司、香港豪德集团等战略投资商。市领导刘明、李爱国、朱晓平、杨新辉、何广辉、黎建平参加了上述活动。

3月18日 由常德市国资委承办的市州国资委财务快报工作布置会议在常德市共和酒店顺利召开，市政府副市长刘进能到会致辞，省国资委党委委员、副主任樊建军到会并讲话。

3月28日 市人民政府副市长刘进能、市国资委主任赵先桃、市国资委副主任王国军、市经建投集团公司董事长刘凡荣等，在共和大酒店与到常德参加第二届中国桃花源游园节的中国新时代控股集团公司健康家园筹委会秘书长端木芳，新时代置业有限公司总经理刘国贞、副总经理郑仲强等央企客商进行会谈。

3月29日 常德日报传媒集团正式挂牌成立。新华社湖南分社党组书记、社长邹云，湖南省新闻出版局副局长谭大双，湖南日报报业集团党委委员、副总编辑盛忠，市领导曹儒国、覃清香、董正武、文承保、万成贞、张新民、朱传宏、魏立刚、邬文生、陈海波、曾祥永等应邀出席了庆典。

5月4日 常德市城区停车收费管理正式施行，经营主体为常德市城市公用资产经营管理有限公司。

6月24日 副市长刘进能率领市国资委主任赵先桃、副主任王国军，市城市建设投资集团公司董事长赵国平，天源住房建设有限公司董事长方际三等人赴武汉考察中冶南方工程技术有限公司总部及武汉市棚改示范街汉正街。

7月19日 市委副书记、市长陈文浩，市委常委欧运崇，市委常委、常务副市长刘小明，市政府副秘书长张国政等领导在相关委办负责人陪同下，考察了泉水桥安置小区工地，并听取了集团公司刘凡荣董事长、梁明华总经理、泰达公司熊卫宏董事长的工作情况汇报。

9月2日 常德纺织机械有限公司经编新区破土动工。市委副书记、市长陈文浩，市政协主席刘春林，市委常委、统战部部长李爱国，副市长徐超文，市委副巡视员、常德经济技术开发区工委第一书记魏立刚，工委书记周运来，工委副书记、管委会主任向绪彦等出席项目开工仪式。

9月28日 湖南省湘澧盐矿改制更名湖南湘澧盐化有限责任公司揭牌仪式隆重举行。湖南省轻工业盐业集团有限责任公司董事长王新松，总经理郭剑萍，副市长徐超文及省国资委、津市市领导参加了揭牌庆典。

10月14—16日 市国资委主任赵先桃带领市经济建设投资集团公司总经理梁明华、市财鑫担保公司董事长何克明、市天源住房建设有限公司董事长方际三、市龙马建设项目管理有限公司董事长万桃清、市公交有限责任公司董事长陈昌中、市经泽建设开发有限公司董事长李大卫、市穿紫河建设开发有限公司董事长陈红文、市金柳置业有限公司董事长汪国平及市国资委机关办公室、资本合作科相关人员等11人考察成都市文化旅游集团。

11月4日 省委常委、常务副省长于来山一行在市委书记卿渐伟、市长陈文浩、城投集团公司董事长赵国平、龙马公司董事长万桃清及项目建设相关人员的陪同下，视察了城投龙马公司承建的市重点建设项目城建档案馆、群众艺术馆、规划展示馆（以下简称“三馆”）和青少年活动中心、妇女儿童中心、科技展示中心（以下简称“三中心”）。

12月10日 湖南航发重钢结构有限公司项目在常德经济技术开发区破土动工。该项目占地126亩，新建重型钢结构生产线3条、彩板生产线3条、C型钢生产线3条。投产后成为湘西北地区重型钢行业生产规模最大的企业。

12月24日 湖南省油脂集团成立大会及挂牌仪式在澧县工业园隆重举行。省人大常委会副主任陈叔红，市委副书记、市长陈文浩，市人大常委会主任曹儒国领导出席并为湖南油脂集团揭牌。

12月27日 总投资40亿元的中联重科鼎城中小吨位汽车起重机生产营地和首期

固定资产投产3.2亿元的中联重科德山工业园项目相继举行盛大的开工奠基仪式。市委书记卿渐伟,市委副书记、市长陈文浩,市领导刘春林、黄清宇、张元英、徐超文、魏立刚等出席开工奠基仪式,中联重科董事长詹纯新出席开工奠基仪式。

2012年

1月19日 市委常委、常务副市长刘小明率市国资委领导慰问市公交公司、欣运集团等企业的离退休老干部和企业困难职工。

2月15—17日 市国资委主任赵先桃、副主任王国军率领资本合作科赴北京考察中国国新控股集团、保利文化集团、东亚银行北京分行等企业。国新控股集团党委副书记、副总经理莫德旺,保利文化集团副总经理周游,北京东亚银行副行长闫青等企业高管会见并和赵先桃一行进行项目洽谈。

2月21日 市国资委召开重点监管企业负责人座谈会。市委常委、市人民政府常务副市长刘小明和市人民政府党组成员、正厅级干部徐万发出席会议。会议由市国资委主任赵先桃主持。市城建投集团、市经建投集团、欣运集团、市中达国有资产经营管理有限公司等18家市国资委重点监管企业的主要负责人参加了座谈会。

4月11日 全市国资监管工作会议在市经济建设投资集团有限公司4楼多功能厅召开。市委常委、常务副市长刘小明,市政府党组成员、湖南文理学院正院级督导员徐万发,市政府副秘书长、市政府办主任甘志敏出席会议。各县市区政府分管领导及国资管理机构负责人,市直有关部门、国资委监管企业负责人,部分中介机构代表,市国资委全体机关干部共200余人参加了此次会议。

5月16日 湖南中烟常德卷烟厂“十二五”异地技改项目奠基开工仪式隆重举行。该项目占地73.4公顷,投资规模43.5亿元。

6月20日 市国资委在国际大酒店多功能会议厅举办财务监督专题培训。培训会由市国资委党委书记任克勤主持,省国资委预算处汪学高处长、黄非副处长作专题培训。

7月 投资2亿多元的60万吨盐销联产技改项目竣工投产。先后完成卤水净化、盐销主体车间和河边物流三大子项目,实现新老系统对接及汽、卤、水、电相对平衡,达到质量提高、能耗降低、产能提升之目的,满足高端化工盐用户对盐质的要求。

是月 市政府第61次常务会议审议并印发《关于实施粮油深加工及物流产业工程的意见》,出台包括设立粮油产业发展专项引导资金等多项政策措施。

8月24日 市委副书记、市长陈文浩,市委常委、副市长卢武福在市政府秘书长周代惠、副秘书长关键峰及市城建投集团公司董事长赵国平、总经理黄健兵的陪同下对重点城建项目白马湖文化公园、丁玲公园、“三馆”、“三中心”、芙蓉北路、沅江西大桥进行实地调研。

9 月 19—21 日 市国资委在市委党校举办了企业党支部书记、纪检干部培训班。市国资委党委书记任克勤、市直工委副书记易建设、市委党校纪检组长文春初出席了培训班开班典礼。市国资委副主任、机关党委书记陈建军主持培训班开班典礼和结业典礼，并做了总结讲话。市国资委系统基层党支部书记、纪检干部共 60 多人参加了培训。

9 月 27 日 市国资委党委书记、副主任任克勤，副主任王国军带领资本合作科等科室人员考察长沙赛维能源科技有限公司，并与省有色金属管理局有关领导及湖南兴湘集团公司高层进行会谈。

2013 年

3 月 25—29 日 为贯彻落实建设廉洁常德工作部署，切实推进国有企业党风廉政建设，市国资委纪委和市纪委第三纪工委抽调专门人员组成联合调研小组，先后深入市城建投集团、市经建投集团、欣运集团、市公交公司、西城公司、天源公司、经泽公司、金柳公司等 8 家企业进行走访调研。调研期间，调研组分别与 8 家企业不同层面的人员进行了座谈，并发放调查问卷 110 多份，详细了解各企业党风廉政建设情况。

4 月 9 日 全市国资监管工作会议在国际大酒店 3 楼多功能厅召开。市委常委、常务副市长刘小明，市政府党组成员、湖南文理学院正院级督导员徐万发，市政府副秘书长李长春出席会议。各区县市政府分管副区县市长，国资监管机构负责人；常德经济技术开发区、柳叶湖旅游度假区、西湖管理区、西洞庭管理区、桃花源旅游管理区（筹）管委会分管负责人，国资监管机构负责人；市直和中央、省驻常有关单位负责人；市国资委监管企业董事长和财务负责人；市国资委全体机关干部参加了会议。

4 月 9 日 常德日报传媒集团获国家互联网出版许可证。至此，常德日报传媒集团成为全国首家获得许可证的地市级报业集团。

5 月 6 日 常德市盐关水运口岸获湖南省政府批准。这标志着湘西北首个入海大通道正式建立。盐关码头为湖南省继长沙霞凝港、岳阳城陵矶新港之后第三个水运口岸。

5 月 9—10 日 市国资委主任赵先桃、党委书记任克勤一行到市天源住房建设有限公司、市经致远土地整理开发公司调研，重点了解企业生产经营、重点项目建设、党风廉政建设及作风建设情况。天源公司董事长方际三作了工作情况汇报。

6 月 13 日 市国资委印发出台了《常德市市属国有直管住房管理暂行办法》（以下简称《办法》）。《办法》分总则、产权管理、租赁管理、使用管理、安全管理、法律责任等六章。

该《办法》的出台,为加强市属国有直管住房管理,保障出租人和承租人的合法权益,维护国有资产权益提供了有力依据。

7月2日 市委书记王群,市委副书记、市长周德睿带领市委常委、常务副市长赵应云,市委副巡视员、常德经开区党工委第一书记魏立刚,常德经开区管委会主任向绪彦,市政府秘书长周代惠,市国资委主任赵先桃、副主任王国军等赴长沙拜访了湖南有色金属管理局,洽谈局市战略合作共建湖南常德有色金属工业园及对接辽宁忠旺集团的相关事宜。

7月8—12日 市委副书记、市长周德睿赴北京、江苏南京、福建晋江等地,拜访国家发改委、国家能源局及中国华电集团、雨润控股集团、恒安国际集团等企业,市级领导沈习淼等陪同拜访。

8月6日 市委副书记、市长周德睿主持召开常德财鑫投资担保公司第二届理事会第一次会议。

8月15日 市政府与长沙银行总行政银企合作协议签订暨长沙银行常德科技支行开业仪式举行。市领导王群、周德睿、匡加才、杨新辉,长沙银行总行董事长张智勇参加。

8月27日 常德市国资委重点监管企业经济运行分析会在市国资委机关会议室召开。市委常委、常务副市长赵应云出席会议并作了重要讲话。市国资委主任赵先桃作了简要总结发言,会议由市政府副秘书长吴新涛主持。市国资委全体班子成员、科室负责人,市国资委重点监管企业主要负责人参加了会议。

9月4日 常德市与中国南车股份有限公司举行战略合作协议签字仪式。市领导王群、周德睿、宋冬春、刘明、赵应云、黄清宇、沈习淼、匡加才、魏立刚参加仪式。

9月9日 市委副书记、市长周德睿拜访省经信委、湘雅博爱医院和湖南科力远新能源股份有限公司、湖南晟通科技集团、湖南海利集团、湖南机场管理集团、湖南粮食集团等企业。市领导沈习淼、徐万发、魏立刚、市政府秘书长周代惠陪同拜访。

9月11日 常德市与中国农业发展银行湖南省分行举行战略合作暨政银企合作协议签字仪式。市领导王群、周德睿、匡加才参加仪式。

9月27日 市政府与中联重科在共和酒店签订战略合作协议。按照协议,双方将紧跟国内需求,坚持优势互补、双赢共进、协同发展的原则,共同推动发展高端装备制造业,促进城镇带建设,力争5年左右实现中联重科常德产业走廊产值过千亿目标,打造常德最大的装备制造产业集群,建成中联重科最大的生产基地,打造洞庭湖区产业、城镇、生态三者互动整合的新型化城镇化走廊,成为国家、省新型城镇化试点。

10月16日 市政府与中国工商银行湖南省分行战略合作协议签约仪式在共和酒店举行。副市长匡加才与工商银行湖南省分行副行长聂建国分别代表双方在协议上签字。在签字仪式上,工商银行常德分行还与常德市44家重点企业签订3196亿的融资合作协议。

11月18日 总投资30亿元的桃源水电站实现首台机组投产发电。湖南沅水桃源水电站是省政府与中国水电顾问集团合作的战略投资项目，也是桃源引进的最大单体投资项目。桃源水电站主体工程于2010年11月动工，截至2013年9月底，累计完成投资18.3亿元。工程全面建成后，将集水能发电、防洪减灾、河道治理、旅游开发、城市美化于一体，拉动常德经济发展。

12月2—5日 市委书记王群，市委副书记、市长周德睿率市党政代表团赴广州、深圳考察广东省广晟集团投资有限公司、中交集团第四航务工程局有限公司、深圳华侨城集团等大型国有企业，就如何开展城建项目合作进行洽谈，并与保利房地产(集团)股份有限公司就投资建设会展中心及月光水城休闲度假酒店签订合作框架协议。

12月25日 市政府六届十一次常务会议召开。会议听取了常德市财鑫担保有限公司经营改革和集团重组等情况的汇报，审议了《常德市级国有资本经营预算试行办法(草案)》等三个文件(草案)。

12月26日 常德财鑫科技担保有限公司成立，湖南省首家政策性非营利国有科技担保机构落户常德。

2014年

1月10日 市政府与中信银行长沙分行举行战略合作协议签订仪式。市领导王群、周德睿、匡加才参加仪式。

1月31日 位于常德经济技术开发区的湖南中锂新材料有限公司正式投产。该公司是国内规模最大的锂电池隔膜生产企业，项目总投资20亿元，全部建成后将形成2万平方米锂电池隔膜生产能力，年产值达20多亿元人民币。

3月10—11日 市委副书记、市长周德睿赴长沙银行、华融湘江银行、华夏银行长沙分行、交通银行湖南省分行、工商银行湖南省分行、建设银行湖南省分行、湖南海利化工股份有限公司、湖南湘投控股集团有限公司等国有企业及省有关部门衔接有关工作。市领导朱晓平、沈习淼、周运来、向绪彦，市政府秘书长周代惠参加活动。

3月13日 市委副书记、市长周德睿主持召开青峰煤矿治亏问题调度会。市领导卢武福、沈习淼、胡丘陵参加会议。

4月10日 市政府与浪潮集团举行智慧战略合作协议签约仪式。市领导王群、周德睿、赵应云、黄清宇参加。

4月13日 常德纺织机械有限公司被中国纺织机械器材工业协会确定为全国纺织

行业“高速经编机研发中心”。

4月17日 市委副书记、市长周德睿主持召开投融资体制改革和国企干部管理问题研究会。市委常委、市委组织部长朱水平,市政府秘书长周代惠参加会议。

5月7日上午9时 由湖南湘赣三峡燃气投资有限责任公司投资4.8亿元,陕西建工安装集团有限公司承建的常德“五县一市”天然气输配管道工程项目1标段,在柳叶湖旅游度假区白鹤山乡马巷子村破土动工。至此,该工程六个标段全线开工。常德“五县一市”天然气输配管道项目,起点为常德中石油昆仑燃气有限公司建设的长—常天然气输配管线末端皇木关,连接临澧、澧县、石门、津市、安乡、桃源,全长245.9千米,最大输气能力为4.42亿立方米。沿线设1座首站、1座末端、2座分输阀室、3座截断阀井和1座阴极保护站(与临澧分输站合建)。

5月9日 市现代农业科技园概念规划设计及农投公司组建工作汇报会召开。市委书记王群 ,市委副书记、市长周德睿出席并讲话。为推进常德市现代农业发展,市委六届七次全委(扩大)会议决定,在全市启动现代农业十大标志性工程,建设市现代农业科技园和组建市现代农业投资公司是其中重要的两大工程。

5月21日 市国资委主任任克勤召集欣运集团企业负责人专题研究了欣运集团产权界定相关工作。会议明确由欣运集团与市国资委相关科室紧密配合做好产权界定基础工作,为下阶段部门协调会打好基础。市国资委副主任伍中福、纪委书记鄢辉霞及相关科室负责人参加了会议。

5月23日 全市小额贷款公司、融资性担保机构发展调度会召开。常德市小额贷款公司、融资性担保行业发展质量在全省排名靠前,其中小额贷款公司机构数量居全省第4位,实现了小额贷款公司区县(市)全覆盖目标;融资性担保机构2013年年末在保余额与当年累计担保金额均稳居全省第二。

5月26日 湖南汉寿清水湖长龙国际旅游度假区项目正式签约。该项目以清水湖旅游度假区为基础,引进广州长隆经营模式,占地533.6万平方米,总投资40亿元,建设期为4年,力争打造中南地区规模最大的国际生态旅游度假区。项目全面建成运营后预计年营业额在40亿元以上,产生税收3亿元以上。

6月5日 市政府与上海股权托管交易中心举行战略合作座谈会。会上,常德财鑫集团与该中心签订了挂牌合作协议,常德桃花源食品公司、湖南大汉起重科技公司、常德嘉达摩擦材料公司也与该中心签订挂牌协议书。4家企业将通过与上海股交中心的合作,采取场外交易方式进入资本市场。

7月1日 市委副书记、市长周德睿主持召开青峰煤矿关停工作调度会。

7月4日 湖南友阿集团与武陵区政府在长沙签订了《常德友阿国际广场战略合作

框架协议》，这标志着常德友阿国际广场项目正式落地常德。

7月6—7日 全省推进新型城镇化工作会议在常召开。省委书记、省人大常委会主任徐守盛，省委副书记、省长杜家毫，省直相关部门主要负责人，各市州党政主要负责人，全省各区县市主要负责人，各市州住建、规划、城管局主要负责人300多人参加此次会议，并对常德部分中心城区部分城建亮点工程和亮化工程实地参观。对市城投集团投资的沅安路路改工程、天源星城棚改项目、丁玲公园、白马湖公园、常德大道地下管沟及BRT站台等项目进行了参观。市城投集团董事长赵国平、总经理方际三随同。

8月12日 市政府办印发《常德市市级国有资本经营预算试行办法》。该办法共七章二十四条，规定了市级国有资本经营预算应遵循的原则、收支范围、执行、监督等内容。

8月25日 市人大常委会副主任王孝山带领常委会预算工委、市人大财经委同志到市国资委调研和座谈，听取了市财政局和市国资委关于2015年国有资本经营预算编制有关情况的汇报。

11月17日 市国资委主任任克勤、副主任王国军率领资本合作科赴北京拜访中国国新控股集团、中国忠旺控股有限公司、中国医药集团等企业。中国国新集团总经理莫德旺等企业高管接见并进行项目洽谈。

11月18日 常德市与汉能控股集团就300兆瓦铜铟镓硒柔性薄膜太阳能电池生产项目正式签订合作协议。市级领导王群、周德睿、黄清宇、沈习森、陈华、周运来、向绪彦，市政府秘书长周代惠出席签约仪式。

11月25日 市国资委系统在德华宾馆举办了“学习贯彻《中国共产党发展党员工作细则》培训班”。市国资委副主任、直属机关党委书记张丽群同志作开班讲话，市委组织部基层办党员教育管理科科长陈崇国同志作专题辅导，国资委系统归口管理企业分管党建工作的领导、部门负责人、所属基层党组织书记及党务专干参加了培训。市国资委党委书记、主任任克勤同志到会并认真听取了辅导报告。

12月1日 常德市委书记王群在市委常委、市委秘书长黄清宇陪同下到常德市国资委开展调研。市国资委在家领导班子成员、科室负责人，市城投集团、市经投集团、市农业投、市工业投、市财鑫担保集团、市德源投资公司、市桃花源文化旅游投资公司董事长参加了座谈会。

12月8日 省政府口岸办、长沙海关、湖南出入境检验检疫局、湖南省地方海事局、湖南省公安边防总队负责人，经实体检查验收与评议，同意常德盐关水运口岸正式对外开放。常德由此迈入口岸城市序列，对外开放水平及城市品位将得到显著提升。市委副书记、市长周德睿，副市长陈华出席评审会。

2015 年

1 月 8—9 日 市国资委主任任克勤、副主任王国军率领资本合作科赴北京考察国务院国资委及中国国新控股集团、国家开发投资公司、凯必盛集团等企业。国务院国资委规划发展局局长邓志雄、国新集团总经理莫德旺、国家开发投资公司副总经理陈德春、凯必盛门业集团董事长石建立等与任克勤一行进行会谈。

1 月 16 日 市委常委、常务副市长朱水平一行到常德市国资委调研国资国企工作，听取了市国资委及市城投集团、市经投集团、市工业投、市农业投、市欣运集团、市交建投、市德源投资公司、市财鑫担保集团主要负责人的情况汇报。

3 月 2 日 全市国企改革暨国资监管工作会议在芷园宾馆芷园会堂召开。会议全面总结了 2014 年全市国资国企工作，并对 2015 年国资国企工作进行了安排部署。市委常委、市政府常务副市长朱水平出席会议并讲话。市国资委主任、党委书记任克勤做了题为“攻坚克难抓改革 凝心聚力促发展”的工作报告。

3 月 17 日 汉能常德 300 兆瓦铜铟镓硒柔性薄膜太阳能电池生产项目启动仪式举行。市领导王群、周德睿、朱水平、黄清宇、沈习森、周运来、向绪彦，市政府秘书长周代惠参加。

3 月 25 日 市人民政府与中科院广州生物院战略合作签约仪式举行。市委书记王群，市委副书记、市长周德睿，市政府副市长沈习森参加。

3 月 30 日 常德市委常委、副市长赵建国考察市城投集团智慧谷项目，并对该项目工程建设给予了高度肯定。

4 月 13 日 常德市委常委、副市长赵建国一行在市经投集团会议室听取国资国企工作情况汇报。汇报会由市政府办副主任苏逸主持。会上，国资委主任、党委书记吴德新向赵市长汇报了国资委基本情况、近年所做的主要工作、存在的突出问题和今年重点工作安排。各企业主要负责人就本企业职责定位、运行情况、存在的问题和建议作了汇报。

4 月 29 日 市委书记王群率各区县（市）长和相关部门主要负责人到忠旺项目现场进行调研。市委常委、市委秘书长黄清宇，副市长陈华，经开区党工委书记周运来，经开区工委副书记、管委会主任向绪彦陪同调研。

6 月 5 日 市政府办发出关于进一步加强市属国有企业审计监督有关事项的通知（常政办函〔2015〕30 号）。通知要求，所有市属国有独资和国有控股企业均纳入审计监督范围；市审计局主要负责市管干部的经济责任审计、企业财务报表质量审计等；市国资委开展内部审计，主要负责直接监管企业的经营绩效考核审计、按权限实施的内部经济责任审计等。

7月13日 驻常德的中央、省属国有企业办社会职能分离移交工作会议在市政府603会议室召开。市委常委、市政府副市长赵建国出席会议并讲话。会上，市国资委主任、党委书记吴德新就分离移交工作涉及的上级有关文件精神、前期所做的工作及下一步工作建议做了汇报。市国资委副主任、党委副书记王启武就《关于推进中央、省属驻常国有企业办社会职能分离移交工作的实施意见》（讨论稿）进行了解读。各有关参会单位在会上做了讨论发言。

8月10日 常德市委书记王群调研财鑫集团公司，市委常委、市委秘书长黄清宇、常德市财政局局长尹正锡、常德市国资委主任吴德新、市委政研室副处级纪检员吴兴国随行，财鑫集团党委书记、董事长何克明等全体班子成员及部分中层骨干参加了调研和座谈。

8月11日 市委书记王群深入市城投集团调研，市委常委、市委秘书长黄清宇、市财政局局长尹正锡、市国资委主任吴德新等陪同。

8月18日 经过艰苦细致的工作，常德青峰煤矿关闭清算安置工作组在市公共资源交易中心成功处置首批资产（原煤）。

9月12日 常德市政府与中国华电集团、中国恒天集团、中国建材集团、中国国新控股等央企举行战略合作洽谈并签订合作协议。常德市委书记王群致辞，市委副书记、市长周德睿主持战略合作洽谈会。

9月12日 中国国新控股有限责任公司副总经理孔繁新、国信基金管理公司董事张守平来常考察洽谈项目并与常德市签署战略合作协议。在市委常委、副市长赵建国，市政协副主席陈伟俊，市国资委主任吴德新等的陪同下，孔总一行考察了柳叶湖片区花山湿地公园项目、白石村高端养老项目（生命健康产业园项目）等，并与市经投集团、市文旅投集团等进行了项目洽谈。

10月9日 常德市国有企业经营管理人员培训班第二阶段外训开班仪式在复旦大学举行。黄莹代表学校向全体学员介绍了复旦大学的办学历程和理念并提出了学习要求。培训班第二阶段外训由市国资委与复旦大学联合主办，市国资委部分工作人员，市属国有企业高管、中层骨干等52人参加此次外训。

10月23日 张家界市国资委副主任李景尧带领法制科及张家界市湘运公司负责人一行到常德市国资委调研交流国资监管、国企改革尤其是汽车运输公司改革等工作。

10月26日 市国资委在德华宾馆九楼会议室召开重点监管企业三季度经济运行调度暨“一改四定”工作动员会。市委常委、市政府副市长赵建国出席会议并讲话。市国资委主任、党委书记吴德新在会上传达了全市三季度经济运行分析会精神，客观分析了监管企业三季度经济运行情况。要求各单位强化措施，确保全年工作目标任务在四季度圆满收官。

第一章 国有资产形成与管理体制

第一节 国有资产形成

1949年7月，常德地区和平解放。常德地区经营性国有资产开始形成。这个过程大体经历了五个阶段。

第一阶段：国民经济恢复和社会主义改造阶段(1949年8月至1956年9月)。

1949年7月29日，常德地区获得解放。同年8月4日，常澧区新政权领导班子和工作人员进驻常德，接管常澧区行政督察专员公署，行使新的权力和职能。28日，常澧专署改名为常德区行政专员公署。新生人民政权建立后，中共常德区委、常德区行政专员公署带领全区人民开展清匪剿匪、减租反霸、“三反”“五反”、镇压反革命、土地改革等系列政治经济措施，迅速恢复常德地区国民经济。这个时期，新生人民政权接收民国时期的工矿企业，开始形成国有资产。1950年到1952年，先后接收较大企业有湘西钨矿、常德市(1988年8月后称武陵区)华晶玻璃厂、常德县铁锅厂、西中乌业公司、滨湖水产公司等厂矿和企业公司。同时，积极发展地方国营企业。同期，全区新建扩建常德电厂、常德新湘卷烟厂七一机械厂裕民米厂、常德市公营裕民电机织染厂、常德船舶厂等11个较大厂矿。1950年9月13日，湖南省工业厅投资23万元，恢复慈利县界牌峪雄黄矿，开采雄黄，冶炼白砒。1951年5月，常德专员公署在接收常德市机器工人合作社的基础上，投资23万元，以中国共产党诞生纪念日“七一”命名，组建常德地区国营机械制造企业即“七一机械厂”。

1953年6月15日，中共中央政治局会议召开。会议提出党在过渡时期的总路线和总任务，即“要在一个相当长的时期内，基本完成国家工业化，逐步实现国家对农业、手工业和资本主义工商业的社会主义改造”。自此，中共常德区委、常德区行政专员公署按照党中央的要求，集中力量发展地方工业、商业，逐步改造手工业和资本主义工商业。1952年2月常德区实现资本主义工商业的公私合营。1954年11月石门县将位于和平乡的私营硫黄矿转为公私合营企业;1955 年 6 月该县投资 3.7 万元,对公私合营的合半硫黄矿进行改造,并转为国营石门县硫黄矿。1956 年常德市机器生产合作社和骆兴昌、刘玉兴、贺新发、周胜昌等 4 家私人机器点并入常德国营七一机械厂。是年,常德联兴、益兴、利众、民需等 4 家私营染织小厂合并组成第二染织生产合作社。此后,染织一社与染织二社合并组成国营常德市红旗染厂,有织布机 200 余台。

常德地区 1949—1956 年主要国营企业统计表

表 1-1-1　　　　单位:万元

企业类型	企业名称	地址	隶属关系	投产、关停年份	固定资产		主要产品
					原值	净值	
一、机电工业	常德七一机械厂	德山	区属	1951	1289.1	不详	包装机械
	津市市新华工厂	津市	市属	1943	267.5	不详	轧花机、耕田机
	津市船舶厂	津市洋湖口	省属	1956	225.9	不详	民用钢制船舶、拖轮、驳船
二、冶机工业	冷家溪金矿	桃源县牯牛山乡	县属	1950—1953	不详	不详	黄金
	黄土坡金矿	常德县钱家坪乡	县属	1956	不详	不详	黄金
	湘西金矿	沅陵县沃溪镇	部属	1950	不详	不详	黄金、锑
三、煤炭工业	羊耳山煤矿	澧县闸口金山中武三乡境内	地属	1955	不详	不详	煤炭
四、化学工业	湖南雄黄矿	石门县磺街	地属	1950.11	1650.3	1047	普钙 雄黄
	慈利县化工一厂	慈利县城关镇	县属	1951.4	486	381	酒精
	慈利县五里溪硫黄矿	慈利县人潮溪	县属	1956.4	不详	不详	硫黄
	石门县和平硫黄矿	石门县和平乡	县属	1956.5	不详	不详	硫黄
	常德县化工厂	常德市人民东路	县属	1956.8	154.5	105	碳酸钾
五、纺织工业	常德市建民织布厂	常德市武陵中路	市属	1951.8	10.24	698	色织布 印染布
	常德针织厂	—	市属	1956	595	454	袜子
六、商业贸易	常德市百货采购供应站	常德人民中路上南门	市属	1950.3	不详	不详	经营百货
	常德五交化采购供应站	—	市属	1954	不详	不详	五金 交电

第二阶段:十年社会主义建设阶段(1956年10月—1966年4月)。

1956年9月15日,中共第八次全国代表大会在北京召开。会议正确地分析了当时中国社会的主要矛盾,工作重心是经济建设;经济建设的方针为既反保守又反冒进,在综合平衡中稳步前进。1958年5月,中共八届二次会议提出“鼓足干劲、力争上游,多快好省地建设社会主义”的总路线。继而,在全国掀起轰轰烈烈的人民公社化和“大跃进”运动。是时,中共常德地委、常德专员公署贯彻中央精神,在全区开展“大跃进”和人民公社化运动。工业领域贯彻“以钢为纲”的工业发展方针,开展大炼钢铁运动。1958年9月,常德专署成立由孙云英、苑洪武、李钦武等10人组成的钢铁生产领导小组。常德地区“书记挂帅、全党动手、全民动员”,从厂矿到公社,生产大队、生产队,甚至机关、学校、街道,大炼钢铁。是年,共建“小洋炉”10座,小土炉8127座,产铁5.7万吨、钢1790吨。1960年扩建常德钢厂,新建炼铁高炉14座。1960年底,全区有铁厂9个、高炉29座、小土炉202个。

大炼钢铁运动带动了机械工业、煤炭工业、轻纺工业、化学工业等行业的“跃进”。1958年10月,常德地区新建石门董家湾煤矿,开辟露天煤矿10座、建成小煤窑1366座,炼焦炉567座。11月,常德地区开展“千台机床生产运动”,至12月底,共有县以上机械厂31个,生产铁制机床和混合机床1700台。“大跃进”运动也带动了轻工业的“跃进”。1958年以后新建常德棉纺厂、机化纸板厂、津市螺丝厂等企业。下半年,又新建常德六〇一矿、常德德山冷库、津市蚊香厂、石门磷肥矿、石门磷肥厂、滨湖印刷厂等企业。自1958年开始的“工业生产大跃进”中常德地区共兴办20多家小型国营化工企业,如常德市兴建硫酸厂、烧碱厂、化肥厂、油漆厂;石门县兴建农药厂、硝厂;慈利县开办卓家山硫黄矿、化肥厂;常德县建设炼硝火药厂、红旗氮肥厂;澧县兴办化工厂、硫黄矿;临澧县兴建颗粒肥料厂;桃源开办硫化厂;津市兴办化工厂;湖南省重工业厅在石门县筹建磷肥厂。是时,常德地区投资6.60万元在常德德山新建湖南洞庭制药厂,该厂系综合性化学制药中型企业;建成湖南省六〇一矿、石门矽砂矿。石门、临澧、桃源、常德(市)、慈利、澧县均土法上马兴建水泥厂、生产水泥。

1958年下半年至1961年,在人民公社化和“大跃进”运动中,共产风、瞎指挥风、强迫命令风、浮夸风、干部特殊化风(史称“五风”)泛滥,工农业生产违背客观规律,国民经济比例严重失调。此间,常德专区又遭受严重自然灾害,三年中,水灾、旱灾、风灾、虫灾相继发生。这给常德专区工农业生产造成重大损失,全区国民经济处于严重困难时期。

1961年1月,中共八届九中全会召开。九中全会提出对整个国民经济实行“调整、巩固、充实、提高”的方针。地委、专署贯彻执行中央“八字方针”,对常德地区工农业生产大幅调整。在工业方面,1961年保煤炭工业,大幅压缩钢铁工业和机械工业制造部分。对全区 186 个地、县两级的工矿企业关停并转 36 个。其中,关闭企业 11 个,停产的企业 6 个,合并的企业 9 个,国营工业转手工业集体的企业有 10 个。1962 年全区压缩工矿企业 64 个,保留森工、石灰、机械工业的修理部分。同时,压缩技术不过关的化学工业及质量差价格高、原材料严重不足的轻工业。是年,常德棉纺厂被暂时关闭。1963 年,常德地委、专署继续调整工业。全区关闭 2 个织布厂、2 个煤矿,合并 2 个电厂,压缩纺织行业,充实直接为农业生产服务的企业。是年,将滨湖印刷厂改为专区滨湖印刷厂。

十年社会主义建设的探索阶段,常德地区主要国营工业企业建设投产及关停情况见表 1-1-2 —表 1-1-4。

常德地区 1956 年 10 月—1966 年 4 月主要国营企业统计表

表 1-1-2　　单位:万元

类型	企业名称	企业地址	隶属关系	建、关停时间	投资金额	主要产品
一、冶金工业	常德钢厂	德山新马路	市属	1958.9—1961.7	90.70	钢
	东风钢厂	常德市新东街	市属	1958—1958	不详	无
	火箭钢厂	常德市岩桥	市属	1958—1958	不详	无
	燎原铁厂	常德县河洑镇	县属	1958.10—1959	6.90	生铁
	黄土坡金矿	常德县钱家坪	县属	1958.6—1966.7	60.25	黄金
	冷家溪金矿	桃源县牯牛山乡	县属	1957.12—1962.9	130.31	黄金
	黄柏山铅矿	桃源县太平桥乡	县属	1957—1965	16.31	铅金属
	桃源铁厂	桃源陬市镇	县属	1960—1961	13.14	生铁
	金牛山金矿	汉寿县三和乡	县属	1958—1958	不详	黄金
	停弦渡铁厂	临澧县停弦渡	县属	1958.7—1961	30.70	生铁
	杨溪铁厂	慈利县南斗溪	县属	1958—1958.10	2.10	铁矿石
	石门县铁厂	石门县熊家岗	县属	1958.6—1961.5	248.99	生铁
	大寺湾铁矿	石门县大寺湾	县属	1960.10—1961.12	9.87	铁矿石
	火连坡铁厂	澧县火连坡	县属	1958.10—1961	82.04	生铁

续表 1-1-2

类型	企业名称	企业地址	隶属关系	建、关停时间	投资金额	主要产品
二、煤炭工业	九四煤矿	桃源县境内	县属	1958—1960	不详	煤
	叶家湾煤矿	临澧县官亭乡	县属	1958—1960	不详	煤
	鸡山煤矿	临澧县修梅乡	县属	1958—1960	不详	煤
	观山煤矿	临澧县杉板乡	县属	1959—1960	3.60	煤
	牛角垭煤矿	临澧县官亭乡	县属	1958—	18.05	煤
	向家溪煤矿	慈利县向市乡	县属	1959—1968	40.72	煤
	广福桥煤矿	慈利县石门厂	地属	1958—1963	不详	煤
	龙阳湾煤矿	慈利县苗市乡	县属	1958—	95.08	煤
三、化学工业	湖南石门磷肥厂	石门县城关镇	省属	1958.1—1961.8	101.50	脱氧磷肥、钙镁磷肥
	常德市骨粉厂	常德市东门外	市属	1958.5—1960.4	2.33	骨粉
	常德市硫酸厂	常德市大西门	市属	1958.6—1959.10	8.65	硫酸
	常德市烧碱厂	常德市东门外	市属	1958.7—1959.10	5.23	烧碱
	常德市化肥厂	常德市苏家渡	市属	1958.7—1961.6	不详	颗粒肥料
	常德市武陵油漆厂	常德市小西门	市属	1958.7—1962.5	不详	油漆
	常德市细菌肥料厂	常德市玛瑙巷	市属	1958.10—1960.4	3.44	细菌肥料
	石门县硝厂	石门县城关镇	县属	1958.7—1960.4	1.32	硝酸钾
	石门县泥市磷矿	石门县泥市镇	县属	1958.06—1960	不详	磷矿石
	石门县化工厂	石门县丁家坪	县属	1960.5—1961.7	10.71	硫酸、硝酸钾
	石门磷矿	石门县清关渡	地属	1965.10—	不详	磷矿石
	澧县化工厂	澧县王家厂镇	县属	1959.4—1962.4	6.80	硫酸
	澧县硫黄矿	澧县闸口泉当沟	县属	1959.10—1961.1	1.27	硫黄
	津市化工厂	津市洋油地	市属	1958.11—1962.5	3.00	硫酸、硫化碱
	安乡县化工厂	安乡县大鲸港	县属	1960.8—1961.6	不详	硫酸

常德地区 1956 年 10 月—1966 年 4 月主要国营机电企业统计表

表 1-1-3　　　　单位：万元

企业名称	企业地址	主管单位	开工年份	固定资产原值	主要产品
常德纺织机械厂	德山茅湾	中国纺织机械工业总公司	1965	6398	精梳机
常德第二纺织机械厂	德山	地区纺织工业公司	1964	1428	苎麻精纱机
常德汽车和修造厂	常德市三岔路	湖南省交通厅	1965	662	汽车板簧、专业改装车
常德地区船舶厂	常德市德山街	地区交通局	1960	288.3	民用钢制船舶
津市船舶厂	津市市洋湖口	省航运公司	1956	225.9	民用钢制船舶、拖轮、驳船
常德通用机械厂	常德县裴家码头	地区机械电子工业公司	1964	901.3	空气压缩机
常德市第一纺织机械厂	常德市三闾桥	常德市纺织工业公司	1960	410.7	纺织机械
常德市汽车配件厂	常德市北正街	常德市交通局	1961	77.2	汽车配件
常德市机电总厂	德山	常德市机电局	1958	842.5	电动机
常德中兴机械厂	常德县河洑镇	常德县经委	1956	521	液压榨油机
桃源县柴油机厂	桃源县城关镇	桃源县经委	1958	325.1	小型柴油机
汉寿县机械厂	汉寿县城关镇	汉寿县经委	1958	306.9	液压支柱
汉寿县水电设备厂	汉寿县城关镇	汉寿县水电局	1961	30	水轮发电机
临澧县机械厂	临澧县城关镇	临澧县经委	1958	125.1	磨粉机
慈利县水电设备厂	慈利县城关镇	慈利县经委	1958	118.1	水轮发电机组
石门县连杆厂	石门县城关镇	石门县经委	1958	297.7	连杆
津市市电机总厂	津市市文化路	津市市机电工业公司	1961	285.6	油泵电机
安乡县机械厂	安乡县城关镇	安乡县经委	1958	150.6	凡尔总成水利启闭机

常德地区 1956 年 10 月—1966 年 4 月主要国营纺织企业统计表

表 1-1-4　　单位:万元

企业名称	企业地址	主管单位	开工时间	固定资产		主要产品
				原值	净值	
常德棉织织厂	德山	地区纺织工业公司	1959.10	6533	4054	棉纱、棉布
常德市前进制带厂	不详	市民政局	1958	99	不详	布带、手套
常德市第一纺织机械厂	不详	市纺织工业公司	1965	411	256	并条机、纸管、纺织配件
澧县福利工厂	不详	县民政局	1958	35	不详	手套
津市市缫丝厂	不详	市纺织工业公司	1959	302	171	长丝
津市市丝绸总厂	不详	不详	1959.04	631	449	丝织品、化纤绸

第三阶段:工业学大庆和“三线建设”阶段(1966 年 5 月—1976 年 10 月)。

1964 年 2 月,中共中央发出通知,号召全国学习大庆油田经验。此后全国工交战线兴起学大庆运动。同时,中央做出“三线建设”的重大战略决策。常德地委(地革委)、专署领导开展“工业学大庆、创建大庆式企业”活动,以国家“三线建设”为契机,改造、新建和扩建了一批工矿企业,形成大批国有资产实体。1966 年,地委工交部部长杨明祥积极向纺织部争取,将拟内迁的纺织机械厂项目落户德山,并命名为“常德纺织机械厂”,于同年动工兴建。1966 年至 1968 年,完成常德棉纺厂大型改造任务,同时,建成石门磷肥矿、专区农药厂、常德市轴承厂、桃源纺织印染厂、青峰煤矿、慈利电厂、桃源黄石水库电站等 20 多个企业。1968 年,浦沅工程机械厂从上海迁至常德兴建,是国家“大三线”企业。1969 年 10 月,津市电子管厂(企业代号为国营八五三〇厂)建成投产,是由中央投资地方兴办的电子真空器件专业生产厂家,系国家四机部确定的湖南省“小三线”建设项目。按照“小三线”企业“靠山、隐蔽、分散”的选点原则,厂址选在津市南郊大同峪。1969 年,常德地区工业战线开展学习大庆艰苦创业精神,以自己的力量为主,兴建和扩建常德粮油工业锅炉厂、石门电厂、澧县织布厂、湘澧盐矿等 43 个企业;全区有氮肥、水泥、煤矿、砖瓦、回纺、机修等 28 个小型厂矿建成投产;常德电厂扩建 6000 千瓦机组一台。1970 年,兴建常德市钢厂、慈利县城关电厂、慈利铁厂、新安焦化厂、新安耐火材料厂;地革委重点扶持常德烟厂、常德酒厂的扩建和搬迁。地革委投资 56 万元,开办桃源县钢厂和石门县泥市钢矿。

1974年10月，地革委召开“工业学大庆”经营交流会，推动国有工业进一步发展。地区刀具厂、津市床单厂、常德纺织印染厂的印染部分建成投产，临澧、汉寿、安乡棉纺厂相继建成投产。1976年1月、10月两次召开“工业学大庆”流动现场会，“普及大庆或企业”的群众运动在工交战线全面铺开。是年，津市丝绸厂分开建成津市缫丝厂、津市绸厂、津市丝绸印染厂。这个阶段，全区主要国营企业见下表。

常德地区1966年5月—1976年10月国营企业统计表

表1-1-5　　　　单位：万元

企业类型	企业名称	企业地址	隶属关系	开、停时间	投资	主要产品
一、冶金工业	石门钢铁厂	石门县新关镇	地属	1969.3—1981.3	949.52	生铁
	石门铁矿	石门县新关镇	地属	1976.5—1979.6	28.27	铁矿石
	新安焦化厂	临澧县新安镇	地属	1970.5—1981.3	278.39	焦炭
	龙潭河铁矿	慈利县龙潭河	地属	1976.5—1979.4	25.30	铁矿石
	常德市钢厂	德山向阳街	市属	1970.2—1981.1	96.31	钢
	桃源县钢矿	桃源县余家坪乡	县属	1970.11—1978.6	36.81	钢
	桃源县铁矿	桃源县陬市镇	县属	1971.3—1973.1	10.91	生铁
	临澧县耐火材料厂	临澧县新安镇	县属	1971.11—	77.80	耐火砖
	临澧县炼铁厂	临澧县新安镇	县属	1970.12—1973.1	13.09	生铁
	修梅铁矿	临澧县修梅乡	县属	1971.9—1974.3	15.35	铁矿石
	杨溪铁矿	慈利县杨溪	县属	197.2—1973.4	30.80	生铁
	泥市钢矿	石门泥市乡	县属	1970.11—1978.6	14.59	钢
	石门县铁矿	石门县安乐大队	县属	1969.3—1971.5	143.09	生铁
	大寺湾铁矿	石门县大寺湾	县属	1969.9—1971.5	29.09	铁矿石
	澧县铁矿	澧县马头铺	县属	1970.3—1973.4	56.23	生铁
二、煤炭工业	广福桥煤矿	慈利与石门县交界处	地属	1970—	不详	煤
	青峰煤矿	石门县官渡桥镇	地属	1967—	不详	煤
	石门矿山机器厂	石门县城关镇	地属	1969—	38.65	矿车、绞车、破碎机

续表 1-1-5

企业类型	企业名称	企业地址	隶属关系	开、停时间	投资	主要产品
二、煤炭工业	江坪煤矿	石门县江坪乡	地属	1968—1978	299.94	煤
	石洞煤矿	汉寿县朱家铺乡	县属	1969—1926	14.14	煤
	龙凤山煤矿	临澧县新安镇	县属	1970—1973	22.51	煤
	高家滩煤矿	临澧县柏枝台乡	县属	1973—1976	11.93	煤
	九龙桥煤矿	临澧县停弦乡	县属	1976—1977	25.65	煤
	垭门关煤矿	慈利县蒋家坪	县属	1969—1978	9.00	煤
	河曲煤矿	石门县瓜子峪乡	县属	1975—	不详	煤
三、化学工业	常德地区农药厂	常德县裴家码头	地属	1966.7—1976.1	15.00	混合粉剂、乐果
	石门磷肥厂	石门县城关镇	地属	1966.5—	不详	磷肥
	常德市化工厂	常德市苏家渡	地属	1966.5—	不详	40%乐果、18%杀虫双
	常德市化工机械厂	常德市三岔路	地属	1973.3—	不详	设备配件
	常德县氮肥厂	常德县临浦	县属	1969.7—	不详	碳肥
	常德县磷肥厂	常德县河洑镇	县属	1970.9—1979.11	46.80	钙镁、磷肥
	桃源县硫黄矿	桃源县龙潭乡	县属	1971.7—1975.9	25.00	硫铁矿、硫黄
	桃源县磷肥一厂	桃源县仙观	县属	1971.10—1978	41.00	硫酸、普钙
	桃源县磷肥二厂	桃源县陬市镇	县属	1974.3—1977.8	不详	磷矿粉
	桃源县氮肥厂	桃源县八字路	县属	1971.5—	不详	碳铵
	汉寿县氮肥厂	汉寿县蒋家嘴	县属	1971.9—	不详	碳铵
	汉寿县钾肥厂	汉寿县蒋家嘴	县属	1973.11—1976.8	44.00	钾、钙、肥
	临澧县化肥厂	临澧县芭茅渡	县属	1970.10—1976.8	70.00	硫酸、普钙
	临澧县氮肥厂	临澧县停弦渡	县属	1972.5—	不详	碳铵
	慈利县腊树垭硫黄矿	慈利县杨柳铺乡	县属	1966.11—1970.9	35.50	硫黄
	慈利县喻家嘴硫黄矿	慈利县喻家嘴乡	县属	1966.11—1977.1	18.50	硫黄

续表 1-1-5

企业类型	企业名称	企业地址	隶属关系	开、停时间	投资	主要产品
三、化学工业	慈利县氮肥厂	慈利县回龙岗	县属	1972.11—	不详	碳铵
	石门县硫黄矿	石门县和平乡	县属	1967.2—1980.4	23.11	硫黄、硫铁矿
	石门县化肥厂	石门县新关镇	县属	1968.2—	不详	普钙
	石门县氮肥厂	石门县黄泥岗	县属	1972.12—	不详	碳 铵
	石门县化工三厂	石门县城关镇白云路	县属	1971.10—	不详	炸药、雷管
	澧县氮肥厂	澧县彭山	县属	1971.1—	不详	碳 铵
	津市化肥厂	津市窖坡渡	市属	1966.11—1970.6	15.00	硫酸、普钙
	津市生物农药厂	津市窑坡渡	市属	1974.11—1980.3	17.50	春雷霉素、井冈霉素
	安乡县氮肥厂	安乡县大鲸港	县属	1971.5—	不详	碳 氨
四、机电工业	常德粮食机械厂	常德市人民东路	省属	1966—	不详	砻谷机胶辊
	湖南省柴油机械厂	常德县樟木桥	省属	1970—	不详	柴油机
	湖南省渔业机械厂	常德县贺家山	省属	1976—	不详	增氧机、轴承锻坯
	常德地区化工机械厂	常德市三岔路	区属	1973—	不详	高压容器
	常德汽车改装厂	常德地区万金障农场	区属	1970—	不详	改装汽车
	湖南省邮电器材三厂	常德市前进街	省属	1970—	不详	三轮摩托车
	常德地区电影机械厂	常德市三间桥	地属	1975—	不详	电影机配件
	浦沅工程机械总厂	常德县灌溪镇	央企	1970—	不详	汽车吊
	常德粮油锅炉厂	常德市人民东路	省属	1969—	不详	蒸汽锅炉、碾米机
	华南光学仪器厂	常德县河洑镇	部属	1970—	不详	光学仪器、电风扇
	常德武陵液压件厂	常德市东门外	地属	1976—	不详	工程液压件
	常德纺织机械厂	德山茅湾	部属	1966—	6398	精梳机、经编机
	湖南缸套厂	津市市蔡家河	地属	1974—	不详	缸套
	常德有线电厂	常德市人民东路	地属	1974—	不详	纵横交换机程控交换机

常德地区1966年5月—1976年10月国营纺织企业统计表

表1-1-6　　单位:万元

企业名称	主管单位	开工时间	固定资产原值		主要产品
			原值	净值	
桃源纺织机械厂	地区纺织工业公司	1969	7437	4809	棉纱、棉布、印染布
常德市毛巾厂	常德市纺织工业公司	1973	308	221	毛巾
澧县纺织厂	县经委	1969	2768	2257	棉纱、棉布
津市市绢麻纺织厂	市纺织工业公司	1975	1342	1105	麻棉纱、绢丝
津市市丝绸印染厂	津市市纺织工业公司	1976	不详	不详	丝绸
安乡县社会福利工厂	安乡县民政局	1970	46	不详	手套

第四阶段:两年徘徊阶段(1976年10月—1978年11月)。

1976年10月,中共中央粉碎江青反革命集团,标志着“文化大革命”结束。此时,人们有加快发展生产的愿望,又出现了新的急躁冒进倾向。1977年7月国务院提出“国民经济新的跃进局面正在开始”;1978年3月,五届人大一次会议提出《1976—1985年发展国民经济十年规划纲要(修正草案)》要求到1985年钢产量达到6000万吨;到1985年要新建和续建120个大型项目,其中10个钢铁基地、9个有色金属基地、8个煤炭基地、10个大油气田等。

这个阶段,常德地区继续开展“工业学大庆”“普及大庆式企业”运动。1977年7月、11月和1978年5月,地革委三次召开全区“工业学大庆”经验交流会。地革委主任郭连贵在1977年11月的会议上提出“鼓足干劲,力争上游,高速度发展工业生产”的口号。是时,在工交战线,一方面开展企业整顿,另一方面又上马工业项目,形成国有资产实体。1976年,临澧县成立预制构件厂。该厂自筹资金3万元,征地2亩,搭起简易工棚300平方米,当年生产出成品308立方米,创工业产值4.5万元。是年,石门县投资24.5万元,建成花薮乡石膏矿,形成固定资产17万元,年产石膏5万吨。是时,有的项目没有经过科学论证,仓促上马,造成被动和损失。常德地区在临澧县停弦渡镇新建硝酸铵厂,投资1200万元,还未投产便停建。常德地区国营企业情况见表1-1-7

常德地区 1976 年 10 月—1978 年 11 月国营企业统计表

表 1-1-7　　单位:万元

企业名称	企业地址	隶属关系	开、停时间	投资	主要产品
常德县金矿	常德县沧山乡	县属	1977.07	271.22	黄金
腊树垭煤矿	慈利县杨柳铺乡	县属	1977	120.74	煤
常德县供销机械厂	常德县武陵镇	县属	1976	不详	生活锅炉
常德开关厂	常德市德山	市属	1976	不详	高低压配电屏
津市市无线电标准厂	津市市大同路	市属	1976	不详	标准件
常德地区硝酸铵厂	临澧县停弦渡	地属	1978.3—1979.9	1200	合成氨（未投产停建）
汉寿县棉纺织厂	不详	县属	1979	不详	棉纱、棉布
临澧县第一纺织厂	不详	县属	1976	不详	棉纱、棉布
石门县织布厂	不详	县属	1978	不详	色织棉布
慈利县织布厂	不详	县属	1978	不详	色织棉布

第五阶段:改革开放阶段(1978 年 12 月—2000 年 4 月)。

1978 年 12 月,中共召开十一届三中全会。全会决定把全党的工作重点转移到社会主义现代化建设上来,实行改革开放新政策。常德地委、行署贯彻执行中共十一届三中全会路线、方针、政策,对国民经济实行“调整、改革、整顿、提高”,推行包括工商业在内的全面改革。1980 年,行署专员杨汇泉提出:“吃饭靠农业,用钱靠工业。”反复强调地、县两级在抓好农业的同时,要重点扶持和办好一批工业骨干企业,拟培植财源、增强地方财力。1981 年后,常德地区在工商企业中一方面放权让利,推行经济责任制、承包制,另一方面学习苏南模式,继续兴办诸如常德江峰机械厂、常德第二纺织机械厂、常德市电焊机厂等一批工业企业,再次形成新的国有资产。同时,对国有企业进行结构调整、改造。80 年代末(1987 年底),常德地区关停新安焦化厂、沅水石灰矿、溇江氮肥厂、陬市氮肥厂等 32 家生产布局不合理、技术落后、经济效益差的企业;转产石门钢铁厂、常德机械厂等 54 家长期亏损、产品滞销、难以为继的企业;石门钢铁厂从 1969 年兴建,到 1980 年,共投资 1280 万元,亏损 2000 万元,由于矿石缺、设备差、成本高、亏损大,于 1980 年转产,生产日用玻璃和高标号水泥。20 世纪 90 年代,常德市国有企业、企业国有资产的增量,主要体现在技术改造上。此处不赘述。2000 年 4 月以后，常德市对国有企业包括农业、工业、商业、粮食、外贸、物资、文化企业实行“两个置换”的改革，中小国有企业完全改制、走向市场。

常德地区 1979 年 1 月—1988 年 8 月新建国营企业统计表

表 1-1-8　　单位：万元

企业名称	企业地址	主管单位	开工时间	固定资产原值	主要产品
常德江峰机械厂	常德德山	常德第二纺织机械厂	1979	79.6	切麻机
浦沅液压附件厂	常德县灌溪镇	浦沅工程机械总厂	1980	37.2	高压胶管总成
常德第二纺织机械厂	不详	地区纺织工业公司	1980	1428	苎麻设备
常德市电焊机厂	常德市人民西路	常德市教委	1981	21.7	电焊机
六〇一矿机械厂	常德县许家桥	六〇一矿	1983	120	建材机械制造
常德金龙苎麻纺织厂	不详	常德二纺机	1988	239	纯麻纱
常德市编制厂	不详	市纺织工业公司	1980	963	经编布、纬编布
常德市合成纤维厂	不详	市纺织工业公司	1983	1509	涤纶、丙纶长丝、复丝
常德市友谊开关厂	常德滨湖路	常德市乡镇企业局	1986	27.5	配电屏
常德市粒度分析仪器厂	常德市东门外	常德市水利局	1986	8.2	试验筛
常德市锦纶厂	不详	常德市纺织工业公司	1988	646	锦纶丝
常德市武陵结构厂	常德县灌溪镇	常德县乡镇企业局	1985	385	吊车零部件
桃源县精密铸造厂	桃源尧河乡	桃源县经委	1982	31.8	精密铸造件
桃洲苎麻加工厂	不详	桃源县经委	1984	239	精干麻、麻球
汉寿县农业药械厂	汉寿县城关镇	汉寿县经委	1980	61	喷雾器
汉寿县棉纺织厂	不详	汉寿县经委	1979	1830	棉布、棉纱
汉寿县黄麻纺织厂	不详	汉寿县经委	1982	1541	麻纱、麻布、麻袋
汉寿县唐厂	不详	汉寿县经委	1985	204	精干麻
澧县湘北自动化仪表厂	澧县城关镇	澧县经委	1983	100.2	压力表
津市市羊毛衫厂	不详	津市市纺织工业公司	1987	210	羽绒服、被

续表 1-1-8

企业名称	企业地址	主管单位	开工时间	固定资产原值	主要产品
安乡县纺织厂	不详	安乡县经委	1981	1202	棉纱、棉布
三江口水电站	石 门	不详	1985	不详	电
津市热电厂	津市窑坡渡	不详	1985	不详	电
石门火电厂	石门宝峰	不详	1993	不详	电
艳州水电站	澧县乔家河	不详	不详	不详	电
慈利县化工二厂	慈利石场河	不详	1983.1	322	皂素

附:三江口水电站

三江口水电站,位于澧水中下游石门县城西 3 公里。是以发电为主,兼顾通航、灌溉和沟通澧水两岸交通等综合效益的中型水电站。

电站控制流域面积 15260 平方公里,占澧水总流域面积的 86%,设计正常库容 1 亿立方米,最大库容 2.2 亿立方米。设计发电水头 13.5 米,最高发电水头 17.5 米,最低发电水头 9 米。设计安装单机容量 1.25 万千瓦机组 5 台,总容量 6.25 万千瓦,年发电量 3.25 亿度。预算总投资 9893.02 万元,实需 1.5 亿元。设计总工程量:土石方 265.74 万立方米,帷幕灌浆 2.7 万米,混凝土及钢筋混凝土 29.039 万立方米,浆砌石 10.052 万立方米,钢筋及钢材制作件 7814.7 吨。

电站系 1972 年着手勘测,1976 年 6 月由省水电勘测设计院开始设计,同年 10 月,中共常德地委书记张文光批准动工,常德地区澧水治理工程指挥部统一领导,地区水利水电局派出工程技术人员参加设计施工,石门县组织 2 万多名民工和技术人员兴工。经过两年多时间建设,完成投资额 1956.73 万元,左岸 16 个闸墩高出水面,厂房下部已进行浇筑。湖南省计委、建委才以湘计基字〔1978〕第 166 号、湘建设字〔1978〕第 77 号文件正式批准动工。至 1979 年 6 月,因国民经济调整和坝址地形复杂等原因,省计委又以湘计基字〔1979〕第 161 号文决定停工缓建。缓建期间,省水电勘测设计院组织专门力量,对地质条件再次进行勘测调查,查清坝基岩溶发育规律和水文地质条件,并组织全国有关地质专家进行技术鉴定,作出能够建坝的结论。

1985 年 2 月 6 日,湖南省计委以湘计农字〔1985〕55 号文件批准复工,同年 4 月 4 日与水电部八局签订施工承包合同,开始由吴扬钦担任指挥,后由中共常德地委派周大力、曾银科任三江口电站建设工程指挥部正副指挥,7 月 5 日恢复施工。自复工续建以来,完成土石方127.71万立方米,混凝土和钢筋混凝土24.5万立方米,浆砌石2.89万立方米,帷幕灌浆37615米,固结灌浆9370米,钢筋与金属结构制作件4450吨,总共完成投资额1.0325亿元。建成拦洪坝、主副厂房,升压开关站和坝顶公路桥等主体工程。1、2号机组已分别于1989年1月28日和7月29日并入华中电网运行。同时,还架设4.1公里35千伏输电线,9公里110千伏输电线,设计主变压器2台,已安装1台。

三江口水电站从兴工到基本建成发电,历时13年。水利部部长钱正英、副部长李伯宁,中共湖南省委书记毛致用、熊清泉,省政府顾问史杰等,曾先后来建设工地视察指导。

第二节 管理体制

一、管理机构设置

1949年8月到1991年3月,常德市(1988年7月前称常德地区)没有设立具有独立职能的国有资产管理部门,经营性国有资产的监督管理职能由市(地区)各专业部门及财政、审计部门履行。1988年1月,七届全国人大一次会议批准建立国有资产管理局,专司国有资产管理职能。1989年,湖南省财政厅组建国有资产管理处。1990年,省政府发出《关于加强国有资产管理工作的通知》(湘政发〔1990〕48号),要求各级政府建立国有资产管理机构。1991年3月,市财政局根据市编委办《关于成立常德市国有资产管理办公室的批复》(常编办直〔1991〕6号)文件精神,成立常德市国有资产管理办公室,正科级,定编5人。归口市财政局管理,专司国有资产管理监督职能。

1992年10月14日第十次市政府常务会议、1993年6月10日第十四次市政府常务会议,同意将市国有资产管理办公室升格为副处级事业管理机构,同时更名为常德市国有资产管理处,为副处级事业单位,主任邹本泉。是年8月,根据市编委办《关于常德市国有资产管理处内部机构设置的批复》(常编办直〔1993〕62号)文件精神,该处内设综合科、企业国有资产管理科、行政事业国有资产管理科、国有资产评估中心,“三科一中心”均为正科级。

1994年6月,国有资产管理处更名为常德市国有资产管理局,为副处级行政单位,归口市财政局管理。1995年10月,市编委《关于印发常德市国有资产管理局职能配置、内设机构、人员编制方案的通知》(常编发〔1995〕37号)文件规定该局的职能转变和主要职责。职能转变:按照国有资产实行“国家统一所有,政府分级监管,企业自主经营”体制的要求，市国资局要切实加强国有资产的综合管理，重点对各类企业占有、使用的国有资产进行监管、指导，配合有关部门共同进行国有资源性资产的管理工作，加强对县市区国有资产管理工作的指导、监督。主要职责：市国资局是市人民政府管理国有资产的职能部门，对境内外（含国境外）属本市管辖的全部国有资产（包括固定资产、流动资产、资源性资产、无形资产和其他国有资产）依法进行行政管理和监督经营。贯彻国家、省和市政府颁发的各项国有资产管理政策、法规及规章制度，会同有关部门制定实施办法，具体组织实施，并负责检查监督执行情况，对违法事件进行处理；负责国有资产的清产核资、产权界定、产权纠纷调处、产权登记、资产报表汇总等基础性工作，建立健全国有资产管理信息系统和经营管理报告制度，培育、开发国有资产产权市场并进行监督管理；会同有关部门按照分级监管的体制，决定或批准企业国有资产的经营形式和国有企业的设立、合并、分立、终止、拍卖、审批产权变动和财务处理的重大问题，组织清算和监缴被撤销、解散的行政机关、企事业单位的国有资产；对国家投资的分配和国有资产重大投入项目提出意见和建议，并对投资效益进行跟踪监测；按照国家规定审批企业在产权变动中国家资本金的报损、冲减和核销；会同有关部门制定考核国有资产保值增值的指标体系，监督、考核和评价企业国有资产负债、经营损益等财务状况及经营效益状况；选派本局代表参加有关监事会、董事会等产权组织；按分级监管的原则，参与选派国有资产产权代表，并对其业绩进行考核、监督和管理；按照国家规定组织收缴国有资产产权转让收入和国家股利收入，参与研究国有企业税后利润和国家股权收益的分配方案，并负责收取国有资产占用费等国有资产收益，建立国有资产保值增值基金，完善国有资产经营预算；组织领导和监督管理全市资产评估工作，审核上报资产评估机构的评估资格并对评估机构进行监督管理，负责国有资产评估的立项，确认国有资产评估结果；指导和监督各专业经济管理部门、行业管理部门和各县市区国有资产管理机构的工作，授权有关部门或单位对国有资产进行委托经营管理，推动国有资产管理体制的改革；承办市政府、市财政局交办的其他工作。同时规定该局内设综合科、工交企业资产科、商贸企业资产科、行政事业资源科 4 个正科职能科室以及常德市国有资产评估中心，正科级事业单位。

2002 年 8 月，组建常德市国有资产经营管理公司，为副处级全额拨款事业单位，归口市财政局管理。内设综合管理部、资产管理部、战略投资部、资金经营部、财务计划部。行使国有独资、控股、参股企业资产的管理职能，行政事业单位经营性资产管理职能，已改制企业的剩余国有资产管理职能，对市产权交易中心的管理职能。

2005 年 1 月，市委决定成立市人民政府国有资产监督管理委员会党组，由张志英、赵先桃、任克勤、黎星兵、周德富组成，张志英任书记、赵先桃任副书记，周德富任纪检组长。

2005 年 8 月，常德市人民政府办公室印发《常德市人民政府国有资产监督管理委员会职能配置、内设机构和人员编制规定》(常政办发〔2005〕18号),组建常德市人民政府国有资产监督管理委员会(简称市国资委),为市人民政府直属的正处级特设机构。2005年6月24日正式挂牌。市国资委根据市政府授权,履行国有资产出资职责。市国资委的监管范围为市本级经营性国有资产(含经营服务类事业单位国有资产)、城市公用无形资产和地方金融机构国有资产。

划入的职能:市财政局承担的有关经营性国有资产(含经营服务类事业单位国有资产)管理职能;市劳动和社会保障局承担的拟定市属国有企业经营者收入分配政策、审核市属国有企业工资总额及企业负责人的工资标准的职责;市直有关单位承担的城市公用无形资产经营管理职能;原市国有资产经营管理公司承担的相关职能。

市国资委的主要职责为:贯彻执行国家、省有关国有资产管理的政策法规,制定本市监管范围内国有资产管理的有关制度及实施细则;根据市政府授权,依照《中华人民共和国公司法》《企业国有资产监督管理暂行条例》等法律法规履行出资人职责,参与指导和监督授权范围内企业及事业单位改革和重组,推动国有经济结构和布局的战略性调整;负责建立和完善市级国有投资公司的管理办法、健全项目监控制度、投资责任追究制度;负责对市政府新投入形成的经营性国有资产进行监督和管理,代表政府履行出资人职责;负责监管范围内国有资产的清产核资、产权登记、产权界定、产权处置、产权划转、产权纠纷的调处及统计评价等工作,指导和监督产权交易机构,并依法办理产权(股权)手续;建立和完善国有资产保值增值指标体系,拟定考核标准,通过统计、稽查审计等方式对所监管国有资产的保值增值情况进行监管;依照规定代表市政府向所出资企业派出监事和财务总监,并负责其日常管理;依照法定程序和规定权限对所监管企业的负责人、产权(股权)代表进行任免、考核并根据考核结果进行奖惩;负责监管的国有资产进行预算管理、组织国有资产收益;负责监管范围内的资产评估活动并进行监督,审定评估项目的立项,并负责评估结果核准备案;依法对区县(市)政府的国有资产管理工作给予指导,建立工作联系制度;履行出资人的其他职责和承办市委、市政府交办的其他事项。

根据上述职责,市国资委内设7个职能科室:办公室、产权管理科、投资监督管理科、城市公用无形资产监督管理科、财务统计科(加挂清产核资办公室牌子)、人事科、监察室(与纪检组合署办公)。

核定市国资委机关编制为26名(行政编制15名、全额拨款事业编制11名),其结构为:主任1名,书记1名,副主任2名,纪检组长1名,总经济师1名;正副科级领导职数10名;其他工作人员10名。

2010年11月2日,常德市人民政府办公室印发《常德市人民政府国有资产监督管理委员会主要职责内设机构和人员编制规定的通知》(常政办发〔2010〕32号),该规定指出,设立常德市人民政府国有资产监督管理委员会(简称市国资委),正处级,为市人民政府直属特设机构;对市国资委的职责调整为:增加指导、监督所监管企业法律顾问管理工作职责;增加组织协调常德市企业与央企、省企、长株潭企业对接合作职责;强化所监管企业经营财务监管、风险控制和经济责任审计职责,进一步完善所监管企业经营业绩考核评价制度,促进企业履行社会职责。

市国资委的主要职责为:根据市人民政府授权,依照《中华人民共和国公司法》《中华人民共和国企业国有资产法》《企业国有资产监督管理暂行条例》等法律和行政法规履行出资人职责,加强所监管企业国有资产及城市公用无形资产的管理工作。

承担监督所监管企业国有资产保值增值的责任。负责建立和完善国有资产保值增值指标体系,并实施经营业绩考核,对所监管企业国有资产的保值增值情况进行监管;负责根据工资宏观调控政策,会同有关部门做好所监管企业工资分配管理工作,拟订监管企业负责人收入分配制度并组织实施。

指导所监管企业推进现代企业制度建设,完善公司治理结构;负责指导所监管企业引进战略投资者与产权(股权)招商引资与资本合作;负责组织协调常德市企业与央企、省企、长株潭企业对接合作工作。

负责归口管理企业的党建工作和按干部管理权限管理干部;负责通过法定程序对所监管企业的负责人进行任免、考核并根据其经营业绩进行奖惩,建立符合社会主义市场经济体制和现代企业制度要求的选人、用人机制,完善经营者激励和约束制度。

依照有关规定和干部任免程序,代表市人民政府向部分企业派出监事和财务总监,并负责其日常管理。

负责提出所监管企业的国有资本经营预算建议草案,参与制定和执行市本级国有资本经营预算有关管理制度、办法,组织所监管企业上交国有资本收益。

负责企业国有资产基础管理,起草国有资产管理的地方性政策并组织实施;依法对县市区企业国有资产监督管理工作进行指导和监督。

按照出资人职责,负责督促检查所监管企业贯彻落实国家安全生产方针政策及有关法律法规、标准等工作。

指导、监督所监管企业的法律顾问管理工作。

承办市委、市政府交办的其他事项。

根据上述职责,市国资委设 7 个内设机构:办公室、人事科、产权管理科、考核评价科(清产核资办公室)、企业改革科、资本合作科(市企业与央企省企对接合作办公室)、监事会工作科。

市国资委机关行政编制为 27 名,其中:主任 1 名,书记 1 名,副主任 2 名,纪委书记 1

名，工会主席1名，总经济师1名；正科级领导职数9名(含机关党委专职副书记1名，正科级党风廉政建设联络员1名)，副科级领导职数1名，其他工作人员10名。

常德市国有资产监督管理机构领导人名录

(一)常德市国有资产经营管理公司(2002.8—2004.12)

经　　理　赵先桃(女)(市财政局副局长，2002.8—2004.12)

副 经 理　郝介球(2002.8—2004.12)

(二)常德市人民政府国有资产监督管理委员会(2005.1—)

主　　任　赵先桃(女)(2005.1—2013.10；其中，2005.1—2007.3任党组副书记，2007.3—2013.10任党组、委书记)

任克勤(2013.10—2015.4)

吴德新(2015.4—2015.12)

陈彰波(2015.12—)

党组(委)书记　张志英(2005.1—2006.7)

赵先桃(女)(2007.3—2013.10)

任克勤(2013.10—2015.4)

吴德新(2015.4—2015.12)

副 主 任　任克勤(2005.1—2013.12；其中，2005.1—2007.3任党组成员，2007.3—2013.9任党组、委副书记)

罗先贵(党组副书记，2007.10—2008.6)

王启武(党委副书记，2013.12—2015.7)

余　俞(党委副书记，2015.7—2015.12)

胡彬彬(党委副书记，2015.12—)

黎星兵(党组成员，2005.1—2010.11)

吴泽波(党组成员，2005.8—2007.4)

鄢炳成(党组成员，2006.7—2014.5)

陈建军(党组成员，2007.3—)

伍中福(党委委员，2012.10—)

王国军(党委委员，2009.9—)

张丽群(女)(党委委员，2012.9—)

纪检组长　周德富(党组成员，2005.1—2008.4)

周德富(党委委员，2008.5—2010.9)

纪 委 书 记　鄢辉霞(女)(党委委员,2012.3—2015.11)

总 经 济 师　胡庭清(党委委员,2008.2—2014.3)

工 会 主 席　王国军(党委委员,2009.9—)

调　研　员　张志英(2006.7—2011.5)

罗先贵(2008.6—2015.3)

何英望(2009.7—2013.11)

正处级干部　周德富(退线)(2010.10—2014.12)

黎星兵(退线)(2010.12—2014.12)

副 调 研 员　王国军(2007.4—2009.9)

贵荣伟(2009.9—)

常德市国有资产监督管理机构内设机构负责人员名录

1. 2005.8—2010.11

办公室

主　　　任　王国军(2005.8—2008.9)

杨　宇(2008.9—;2009.10 任团工委书记)

副　主　任　杨　宇(2006.9—2008.9)

梅　闻(2007.12—2008.9)

吕　俊(2010.8—2010.12)

产权管理科

科　　　长　鄢辉霞(2008.9—2012.6)

副　科　长　崔吉成(2006.9—2012.6)

投资监督管理科

科　　　长　鄢辉霞(2006.10—2008.9)

贵荣伟(2008.9—2011.1)

副　科　长　鄢辉霞(2005.8—2006.9)

城市公用无形资产监督管理科

科　　　长　戴宏兰(2007.8—2010.8)

副　科　长　文志勇(2005.8—2007.8)

曾亚斌(2010.8—2010.12)

财务统计科(清产核资办公室)

科　　　长　张平凡(2008.9—2010.12)

副　科　长　张平凡（2005.8—2008.9）

人事科

科　　　长　戴宏兰（2005.11—2007.8）

梅　闻（2008.9—）

副　科　长　文志勇（2007.8—2008.10）

监察室（纪检组）

主　　　任　戴宏兰（纪检组副组长，2005.11—2006.11）

贵荣伟（纪检组副组长，2006.11—2008.9）

聂焰鑫（2008.10—2010.12）

副科级纪检员　文志勇（2008.10—2009.2）

2. 2010.11—

办公室

主　　　任　杨　宇（2008.9—）

副　主　任　龚　越（2010.10—）

人事科

科　　　长　梅　闻（2008.9—）

副　科　长

产权管理科

科　　　长　崔吉成（2012.6—）

考核评价科（清产核资办公室）

科　　　长　张平凡（2010.12—）

副　科　长　吕　俊（2010.12—）

企业改革科

科　　　长　贵荣伟（2011.1—）

副　科　长　刘辉明（2012.6—）

资本合作科

科　　　长　曾亚斌（2012.6—）

副　科　长　曾亚斌（2010.12—2012.6）

监事会工作科

科　　　长　聂焰鑫（2010.12—）

副　科　长

退休人员服务管理处

主　　　任　杨　宇（兼，2011.8—）

副主任科员　吕　俊（2006.9—2010.8）

刘辉明（2010.8—2012.6）

曾　琳（2010.8—）

雷　明（2010.8—）

二、管理权限划分

纵向分级管理

1949—1957年，社会主义改造和“一五”计划完成，社会主义计划经济管理体制在中国确立。国家对国有企业和企业国有资产实行纵向分级管理与横向分类管理的体制。

在常德地区（市）境内，有中央部属国有企业、省属国有企业、地（市）属国有企业、县市区属国有企业。各级政府对国有企业从人、财、物方面承担监督管理责任。同时，根据经济形势发展需要，地属（市属）国有企业被收归中央部门直接管理，或将原属中央部属国营（有）企业的管理权限下放到地区（市），或将县、市国有企业收归地（市）管理。

1951年7月，常德卷烟厂建设投产，是时为常德县县属国营企业，归口县工业局管理。

1956年，地处澧县闸口、金山、中武三乡境内的羊耳山煤矿系澧县县属国营企业，1962年被转为常德地区地属国有企业，由地区冶煤部门行使管理权。1962年常德地区将羊耳山煤矿、昌家峪煤矿、羊子垭煤矿、董家湾煤矿、五八煤矿等五家县属煤矿改为地属矿。

1958年7月，湖南省将省属国有企业湖南雄黄矿下放给常德专员公署管理，该矿成为地属国有企业。

1961年1月，原桃源县属国营企业桃源县金矿，被改为地属企业，1962年被并入湘西金矿。

1962年，赤峰煤矿原系澧县县属国营企业，由常德专区煤矿企业公司接管，转为地属国营企业。

1963年10月，国家对卷烟工业实行“托拉斯”统一归口管理，常德卷烟厂于是年10月被划归国家轻工业部领导。

1968年1月，国家实行“托拉斯”体制改体，湖南省下放常德烟厂的管理权限，由省属国营企业变为地属国营企业。

1971年5月，石门钢铁厂，其前身为石门钢铁厂和石门铁矿，为石门县属国营企业，被收归为地属国营企业；

1985年1月常德卷烟厂又收归中国烟草总公司领导，其人财物、产供销由湖南省烟草专卖局、烟草公司直接管理。1987年湘西金矿[①]奉令改属怀化地区管辖。

常德地区1988年6月省属、部属国营企业

表1-2-1

企业名称	主管部门
湖南省柴油机厂	湖南省劳改局
常德粮食机械厂	湖南粮食局
湖南省渔业机械厂	湖南省原种场
常德纺织机械厂	中国纺织机械工业总公司
常德汽车和修造厂	湖南省交通厅
津市船舶厂	湖南航运公司
湖南省邮电器材三厂	湖南省邮电局
常德烟草工业机械厂	中国烟草总公司
浦沅工程机械厂	长沙市经委
常德粮油锅炉厂	湖南省粮食局
华南光学仪器厂	机械电子工业部
石门火电厂	湖南省、国家能源公司
湖南金健米业股份有限公司	湖南粮食集团

1988年7月，国务院批准撤销常德地区，建立省辖常德市。原常德市、常德县分别更名为武陵区、鼎城区。为适应市管县体制，常德市政府将原常德市所属常德市电机总厂、常德市变压器厂等国营企业收归现常德市管理，原常德市所属37家工业企业，成建制上

① 湘西金矿：原名为湘西钨矿，民国时期为私营企业，1950年收归国有，隶属中南有色金属局湖南分局；1953年1月又变更为隶属重工业部，1958年改属湖南省冶金厅，成为省属国营企业；1962年改属国家冶金部湖南有色金属局；1971年该矿管理权限下放到常德地区，由常德地区冶金煤炭工业局管理，1981年该矿改属冶金工业部黄金总公司。

收到新常德市工业主管部门。1988 年 10 月 13 日，武陵百货大楼、中心百货大楼、常德宾馆三个武陵区所属的国营商业企业收归常德市商业局管理；1990 年 5 月，武陵区所属肉食水产公司、蔬菜公司收归市商业局管理。

武陵区国营企业转为市属国营企业统计表

表 1-2-2

企业名称	企业原址	主要产品
常德市电机总厂	德山洞庭北路	电动机、感应调压器
常德市变压器厂	武陵区长胜桥	电力变压器、整流变压器
常德市机床厂	武陵区常蒿路	台式钻床
常德市无线电专用设备厂	武陵区三岔路	真空泵、滚剪机、注塑机
常德市阀门厂	德山	高、中压阀门
常德市电子仪器厂	武陵区朝阳路	高低压开关柜、电话机电器控制设备
常德轴承厂	常德市体育东路	滚动轴承
常德市仪器厂	德山老码头	型砂仪器、高温仪器
常德市水表工业公司	武陵区青年北路	水表伸缩器、过滤器
常德酿酒工业公司	武陵区建设路建设桥	白酒
常德市啤酒厂	武陵区东郊乡敖家巷	德山大曲、啤酒
常德市武陵酒厂	德山乾明路	武陵酒、德山大曲、白龙井酒
常德市酒精厂	德山老码头	酒精、二氧化碳
常德市饮料厂	武陵区小西门	汽酒、汽水
常德市德山大曲酒厂	德山莲花池	德山大曲、粮酒、代白酒
常德市船舶厂	武陵区德山街	民用钢制船舶用推进器、铸钢件
常德市汽车修配厂	武陵区北正街	汽车货箱、手拖货箱
常德市毛巾厂	武陵区三岔路马龙巷	毛巾、毛巾被

续表 1-2-2

企业名称	企业原址	主要产品
常德市第一纺织机械厂	武陵区建设西路	纺织机械配件
常德市针织厂	武陵区人民西路	锦纶丝袜、弹力袜
常德市合成化纤厂	常德市东沿路	丙纶高弹丝、涤纶低弹丝、沦纶纤维
常德建民织布厂	武陵区朗州中路	布
常德市经编厂	武陵区环城街骅街口	经编布、纬编布
常德市明胶厂	武陵区东江乡东江街	食用胶、照相胶、医药胶
常德市塑料一厂	武陵区东江乡萝卜巷	塑料薄膜、塑料管材
常德市制革厂	德山五一村	猪皮革、牛皮革、羊皮革
常德市树脂厂	德山罗家岗	烧碱、电石、盐酸
常德市电池厂	武陵区和平西街	干电池
常德市彩色印刷厂	武陵区人民东路	胶版、凸版印刷产品
常德市造纸厂	德山苏家坡	双面胶版纸、单面胶版纸、皱纹卫生纸
常德市玻璃总厂	德山老码头	酒瓶、医药农药瓶
常德市酿酒四厂	武陵区光荣路	60°德山大曲、50°全麦酒
常德市水泥管厂	桃源县陬市	水泥管厂
常德市新型建筑材料总厂	德山茅湾	砖瓦、水泥砖块建筑涂料
常德市洞庭制药厂	德山苏家坡	氨甲环酸、注射用庆大霉素等
常德市化工厂	德山苏家渡	4%乐果乳剂、25%杀虫剂
常德市塑料七厂	德山洞庭北路	聚氯乙烯电缆线等

1993年1月1日，省政府为支持全省外贸企业推行转换企业经营机制等各项改革，决定将地、州、市、县(市、区)外贸企业(含湖南省进出口公司所属地、州、市企业)的国有资产管理权下放各地、州、市县。

常德市境内 2015 年央、省属国有企业名录

表 1-2-3

企业名称	企业地址	主管部门(单位)
常德纺织机械有限公司	常德市经济技术开发区德山南路1号	中国纺织机械(集团)公司
常德烟草机械有限责任公司	武陵区长庚路 99 号	中国烟草机械集团有限责任公司
湖南华电光电(集团)有限责任公司	武陵区河洑镇	中国兵器集团
常德卷烟厂	武陵区洞庭大道西段	湖南中烟工业有限责任公司
大唐石门发电有限责任公司	石门县宝峰开发区	中国大唐集团公司
凌津滩水电厂	桃源县	五凌电力有限公司
湖南金健米业股份有限公司	常德经济技术开发区崇德路	湖南省粮食集团
湖南洞庭水殖股份有限公司	武陵区建设东路 348 号	不详
湖南省湘澧盐化有限责任公司	常德津市市	湖南省轻工业盐业集团有限责任公司
湖南海利常德农药化工有限公司	常德经济技术开发区	不详

横向分类管理

工业管理部门　常德地区对域内国营企业实行分类、分行业管理。1958 年 9 月，中共常德地委决定成立“常德专员公署冶金工业局”“煤炭工业局”，归口管理常德地区境内的冶金、煤炭工业企业。[①] 1960 年 11 月，中共常德地委成立常德地区轻化工业局[②]，全区化工企业归口其管理；1977 年 5 月常德地区革命委员会组建机械电子工业局[③]，全区机电行业中的国营机电工业企业均归口其管理；1981 年 9 月成立常德地区纺织工业局，归口管理全区包括地属国营纺织企业在内的纺织工业企业[④]。

1980 年归口冶金煤炭工业局管理的企业：石门钢铁厂、新安焦化厂、石门煤机厂、煤

① 1983 年 9 月 10 日，中共常德地委为适应全国性机构改革，决定将常德地区冶金煤炭工业局更名为“常德地区冶金煤炭工业公司”，继续履行冶金煤炭行业的行政管理职能。

② 几经变更，1980 年 3 月该局改称常德地区化学工业局，1983 年 9 月称常德地区化学工业公司，1988 年 8 月改称常德市化学工业公司，1989 年 12 月改称常德市化学工业局。

③ 1978 年 3 月、1983 年 9 月先后更名为常德地区机械电子工业局、常德地区机器电子工业公司。

④ 1983 年 9 月常德地区纺织工业局改为常德地区纺织工业公司；1988 年 6 月更名为常德市纺织工业公司。

炭公司、青峰煤矿、广福桥煤矿、羊耳山煤矿、赤峰煤矿。

1987年底归口冶金煤炭工业公司管理的企业:青峰煤矿、广福桥煤矿、羊耳山煤矿、矿山机器厂、煤炭公司、物资供销公司。

1988年直属机械电子工业公司管理的地属企业:常德七一机械厂、常德生活机械厂、常德通用机械厂、常德市阀门厂、常德市电机总厂、常德武陵液压件厂、常德有线电厂。

1988年直属地区纺织工业公司管理的企业:常德棉纺织厂、桃源棉纺织厂、常德第二纺织机械厂、常德纺织机械厂(纺织工业部)。①

1989年底归口化学工业局管理的企业:常德市石门磷矿、湖南雄黄矿、常德市石门磷肥厂、常德市化工厂、常德化工机械厂。

商业管理部门　1975年10月,常德地区成立商业局,主管城市国营商业企业。1978年7月,常德地区革委会商业局直属管理的单位有:湖南省常德地区煤建分公司、地区石油公司、地区百纺公司、地区五交化分公司、地区医药公司、地区副食品公司、地区肉食水产公司、地区饮食服务工矿贸易公司,共8个公司;是年7月,地区煤建分公司划归地区经委领导;1983年3月,地区经委组建烟草公司,副食品公司中的烟草经营划归烟草公司;1984年4月,副食品公司的人、财、物一分为二,分成副食品公司和盐业公司,盐业公司归口地区轻工业局管理;1984年8月,常德地区组建湖南省湘北工贸公司;1985年10月,石油公司划归经委管理。

至1988年12月,归属常德市商业局管理的国营企业有:湖南省湘北工贸总公司、常德肉类联合加工厂、常德地区肉食水产公司、常德地区副食品公司、常德纺织品采购供应站、常德百货采购供应站、常德地区商业汽车运输公司、常德地区五交化公司。

1992年9月,市商业局管理的国有企业有:常德市五交化总公司(站)、百货总公司、中心商贸总公司、武陵百货大楼、纺织品总公司(站)、蔬菜总公司、食品总公司、糖酒副食品总公司(站)、常德肉联厂、商业信息咨询服务中心、上海武陵实业公司、商业经济开发总公司、常德中心商业大厦等。

1994年6月,常德市商业局退出政府序列,成建制转为经济实体。

1995年6月,根据《关于常德市市级党政机关机构设置的通知》(常发〔1994〕17号),成立常德市商业行业管理办公室,行使行业管理职能。2001年12月,该办公室并入常德市内贸办。

粮油管理部门　1949年11月,常德地区组建常德行政专员公署粮食局,后经几次变更,于1980年成立地区粮食局,1983年9月更名为常德地区行署粮食处,1984年更名为

① 地改市后,武陵区属纺织企业是否归属常德纺织工业公司管理,待核实。

地区粮食局。1988年7月后称常德市粮食局。粮食管理部门专司粮食、油料收储、经营、加工之职及人员队伍的行政管理工作。是时，管理的企业有：地区粮运汽车队、地区粮油加工队、地区粮油工业锅炉厂、地区粮油贸易公司、地区饲料公司、地区直属粮食仓库。

1998年12月，市粮食局管理的国有企业有：湖南金健米业股份有限公司（由市植物油公司、市面制品厂、金海公司、深圳潇湘米业公司、临澧合口油脂厂组合而成）、市粮油贸易公司、市粮油供应公司、市德山粮油实业有限公司、市武陵粮油总公司、市米业公司、市饲料公司、市粮油运输公司、市粮油工业锅炉厂、市粮油科技实业公司、市国家储备处、市湘北粮油批发交易市场。

2002年12月，市粮食主管部门对其管理的粮油企业实行"两个置换"改革，粮油企业进入市场。是时，市粮食局直属的国有企业有：湘北粮食批发市场、市德山粮油公司、市武陵粮油总公司、东门粮油储备库、湖南金健米业有限股份公司。2003年12月，湖南金建米业股份有限公司收归市政府直接管理，市粮食局不再行使管理职能。是年，湘北粮食批发市场更名为常德粮食交易中心。

2010年12月，市粮食局直属的国有企业有：市德山粮油公司、市武陵粮油总公司、广积米业有限公司、科雄饲料公司。

至2015年12月，粮食部门主管的企业仅为常德市德山粮油公司、常德市武陵粮油管理站、常德市科雄饲料有限责任公司、常德市国有粮食连锁公司、常德市广积米业有限公司。

对外贸易管理部门　1949年常德专员公署所属商业部门及供销社承担对外贸易经营管理职责。1959年4月6日，湖南省对外贸易局成立常德办事处。该处为常德地区第一个外贸专业机构。同年8月10日，定名为"湖南省对外贸易局常德专区办事处"，至1974年5月，常德地区成立对外贸易局。后几经变更、调整，于1986年12月22日，常德地区（市）对外贸易管理机构定型为"常德地区对外经济贸易委员会"，专司对外贸易进出口管理及直属国营企业的管理职能。1988年底，常德市对外经济贸易委员会直属的国营（国有）企业有：常德地区工矿产品进出口公司、常德地区粮油食品进出口公司、中国对外贸易运输总公司湖南省集团公司常德分公司、常德地区土产茶叶进出口公司、常德地区畜产品进出口公司、湖南省进出口总公司常德分公司，常德地区对外经济服务公司、常德地区对外经济贸易发展集团公司、湖南省包装进出口集团公司常德支公司、常德市对外经济贸易公司、常德市进出口贸易公司。1989年2月13日，常德市人民政府常务会议决定，将湘西北工贸总公司由市商业局划归常德市对外经济贸易委员会管理。

1993年5月，常德市成立"常德市招商局"（常政函〔1993〕27号）。该局与常德市对外经济贸易委员会实行两块牌子一套班子合署办公，同时加挂"常德市招商局"牌子。2001

年8月,根据中共常德市委、市人民政府《关于市委、市政府机构设置的通知(市通字〔2001〕16号)》和《关于印发常德市市直党政群机关改革方案实施意见的通知》(常发〔2001〕2号)文件精神,将"常德市对外经济贸易委员会"更名为"常德市对外贸易经济合作局"(简称市外经局),同时,加挂"常德市招商合作局"的牌子。

截至2000年12月,市外经局管理的国有企业有:湖南省湘北工贸进出口公司、常德对外经济贸易集团公司。

物资管理部门　1988年7月,常德撤区建市,原常德地区物资公司更名为市物资公司,原常德地区物资局更名为常德市物资局。是年12月武陵区物资公司所属国有企业——金属材料公司、轻化建材公司、金属回收公司、物资贸易公司、德山物资公司划归市物资局(市物资总公司)管辖。其中,物资贸易公司和德山物资公司划归市物资局后,分别被更名为市物资经营开发公司和德山物资供应公司。原常德市(现武陵区)轻化建材公司并入原常德地区轻化建材公司后,再划分为市化工轻工公司和市建筑材料公司。

经过调整、变更后,市物资局(市物资总公司)管辖的国有企业有:市金属材料公司、市机电设备公司、市轻工化工公司、市建筑材料公司、常德物资贸易中心、市金属回收公司、市钻石公司、市物资经营开发公司、德山物资供应公司。

1992年6月,市物资局按照市属经济主管部门的改革方案,率先转体为"市物资工贸集团总公司"(简称市物资工贸集团),实行两块牌子一套班子。

至2000年12月,市物资局管辖的国有企业有:市机电设备总公司、常德申湘汽车有限公司、市东风汽车专营公司、市轻工化工总公司、市金属回收公司、市物资贸易中心、市德山物资供应公司、市物资供应总公司(又名市建筑材料公司)、市物资(钻石)工贸总公司、市物资开发经营总公司(又名德海实业集团总公司)、市钻石珠宝金饰有限公司、常德民用爆破器材专营公司、市物资集团黑色金属材料公司、市物资进出口公司、市物资综合经营公司、市远大物资实业发展公司、常德物资大厦、常德金麟制衣有限公司、常德桥南金麟市场等。

国有资产管理委员会　2005年8月,市政府组建常德市国有资产管理委员会,国资委根据市政府授权,履行出资人职责行使对国有企业和企业国有资产管理的权力。

2015 年市国资委监督管理的国有企业

表 1-2-4

企业名称	备注
常德市城市建设投资集团	含 7 个二级公司
常德市经济建设投资集团有限公司	含 19 个二级公司
湖南欣运集团股份有限公司	国家控股 57.8%；交通运输业务工作接受市交通局部门指导
常德市中达国有资产经营管理有限公司	含 4 个二级公司
常德财鑫投担保有限公司	含 5 个二级公司
常德市自来水公司	下辖 3 个二级公司；行政、业务归口市住建局管理
湖南常德路桥建设有限公司	下辖 6 个二级公司
常德市交通建设投资有限公司	下辖 3 个二级公司
常德赤峰实业总公司	下辖 2 个二级公司
常德羊耳山煤矿	—
湖南常德公路工程公司	隶属市公路局管理；国资委监管
常德市建筑勘测设计院	隶属市规划局管理；国资委监管
常德市电子技术研究院	—
常德市环境卫生服务中心	—
常德鸿运港务有限公司	国家控股 51%

2015 年其他部门监管企业

表 1-2-5

监管部门	企业名称
市财政局	常德市财经投资开发公司
市公路局	常德市澧边公路建设有限公司
市商务局	常德市昌润农贸市场开发经营有限责任公司

续表 1-2-5

监管部门	企业名称
市文广新局	湖南有线常德网络有限公司
	常德日报传媒集团
	常德市电影发行放映公司
市水利局	湖南兴禹水利水电建设有限公司
	常德市华纬水电工程公司

三、调控管理方式

拨改贷、利改税 1953 年至“一五”(1953—1957)计划始,至“五五”(1976—1980)计划止,常德专区(1968 年 3 月后称“常德地区”)对国营企业基本投资主要是由财政部门无偿拨款。“四五”时期(1971—1975),常德地区工业基本建设投资 13817 万元,占全区总投资的 80%。投资建设的重点工程有:投资 2020 万元,建设湖南拖拉机厂;投资 5000 万元,建设津市湘澧盐矿;投资 620 万元,建设石门钢铁厂;投资 600 万元,建设津市电子管厂。国有企业基本建设投资由国家预算无偿拨款,缺乏经济效益。为加强建设单位的经济责任制,提高投资效益,国家推行“拨改贷”体制,即原来实行的列入国家预算由国家直接无偿拨款的基本建设投资,改由建设银行贷款解决。从 1982 年起,常德地区将国营工业企业的基本建设投资由原来的无偿拨款改为银行贷款。财政部将基本建设投资按计划拨给建设银行,由银行监督管理。

第一步利改税。1950 年始,常德地区国有资产除通过没收官僚资本、改造赎买民族资本而形成的国营企业外,国有企业固定资产是由财政投资形成。国营企业的利润全部上交财政部门,企业的固定资产和流动资金,由国家无偿投资和财政无偿拨款。这种体制在国民经济恢复时期发挥了积极作用。这种调控管理方式不利于调动企业积极性。1979—1982 年常德地区在国营工商企业中推行企业内部经济责任制,旨在克服工资奖金分配中的平均主义。但由于原有价格体系不合理,在推行企业内部经济责任制后,出现了国家利益得不到保障的问题。

1983 年 4 月 24 日,国务院批转财政部《关于国营企业利改税试行办法》(国发〔1993〕75 号,简称《试行办法》)。《试行办法》规定凡有盈利的国有大中型企业(包括金融保险组织),均根据实现的利润,按 55%的税率交纳所得税。企业交纳所得税后的利润,一部分上交国家，一部分按国家核定的留利水平“留给企业”，《试行办法》还规定凡有盈利的国营小型企业，应当根据实现的利润，按八级超额累进税率交纳所得税。交税以后，由企业自负盈亏，国家不再拨款。但对税后利润较多的企业，国家可以收取一定的承包费，或按固定数额上交一部分利润。省人民政府办公厅将《试行办法》转发给各地、州及各县（市）、各部门。1985 年 5 月 4 日湖南省财政厅转发财政部《关于对国营企业征收所得税的暂行规定》（〔1983〕财税字第 116 号文件）、《关于国营工交企业实行利改税财务处理问题的暂行规定》（〔1983〕财企字第 156 号文件）、《关于商业企业实行利改税财务处理问题的暂行规定（〔1983〕财商字第 35 号文件）。同时，省财政厅就利改税的范围、交纳所得税的单位、小型企业的划分标准、税后利润上交等十个问题作出补充规定。1983 年，常德地区行署召开专员办公会，专题研究、讨论常德地区利改税的问题。是年 4 月 26 日，常德地区经委、财政局联合发出《关于地直工交企业实行利改税的有关问题的通知》（〔1983〕常地经财联字第 05 号），就地直有关企业上缴利润调整、企业留利水平、暂不实行利改税的企业等有关问题作出规定。大中型企业（指浦沅机械厂、七一机械厂、通用机械厂、常德棉纺厂、桃源纺织印染厂、二纺织机械厂、磷肥厂、雄黄矿、常德卷烟厂、湘澧盐矿、滨湖印刷厂）实现利润部分，一律按 55％的税率征收所得税，税后利润全部留给企业；化工机械厂、有线电厂、武陵机械厂、通用机械厂、磷肥厂、雄黄矿、交通机械厂等 8 户企业，先按率纳税，入库税款超过调整后上缴利润任务的部分，全部返还给企业；煤炭机械厂 1983 年先不实行利改税；常德地区塑料制品厂、石门玻璃厂、石门磷矿三户亏损企业实行扭亏包干，超亏不补，结余留用，如扭亏增盈，盈利部分不征所得税。羊耳山、青峰、赤峰、广福桥四户煤矿按年初包干数补贴，实行多产、多调、多补、少产、少调、少补，超产、超调部分，每吨煤补贴 10 元。

第二步利改税。第一步利改税后，国营企业向国家既上缴利润，又上缴税金，即“利税”并存。企业税后利润仍以各种形式在国家与企业之间进行分配，企业之间苦乐不均、“鞭打快牛”、吃“大锅饭”的问题依然存在。1984 年 9 月国务院决定从第四季度起实行第二步“利改税”，并批转财政部《关于国营企业第二步利改税试行办法》（国发〔1984〕124 号）。该试行办法规定：“第二步利改税，将现行的工商税按照纳税对象，划分为产品税、增值税、盐税和营业税；将第一步利改税设置的所得税和调节税加以改进；增加资源税、城市维护建设税、房产税、土地使用税和车船使用税。”《试行办法》还规定：“国营小型盈利企业，按新的八级超额累进税率缴纳所得税以后，一般由企业自负盈亏，国家不再拨款。但在核定基数时，对税后利润较多的企业，国家可以收取一定数额的承包费，具体办法由各省、自治区、直辖市人民政府确定。税后不足 1983 年合理留利的，经过批准，可在一定限额内减征一定数额的所得税。”1984 年，财政部发布《国营工交企业第二步利改税财务处理暂行规定的通知》,该通知就利润、应纳税所得额的计算划分大中小型企业、核定大中型企业调节税率、小型企业承包费等具体财务问题作出规定。

1984年8月,省政府召开全省利改税工作会议。省领导刘正、周正分别就全省第二步利改税工作做了工作报告和总结讲话。提出实施利改税的要求和任务。

1984年10月1日起,常德地区将国营企业应当上交的利润,改为按产品税、营业税、增值税、所得税、调节税等11个税种向国家交税,由“税利并存”逐步过渡到完全的“以税代利”。税后利润,按主管部门和财政部门共同核定的比例,分别建立生产发展基金、新产品试制基金、后备基金、职工福利基金、职工奖励基金,归企业自行掌握使用。核定调节税率时,以企业1983年实现的利润基数,在调整由于变动产品税、营业税、增值税税率,以及开征资源税而增减的利润之后,作为核定的基期利润。基期利润扣除按55%计算的所得税和1983年合理留利后的部分,占基期利润的比例,为核定的调节税税率。企业当年利润比核定的基期利润增长部分,减征70%的调节税。利润增长部分按定比计算,一定7年不变。核定的调节税税率,自1985年起执行。

计划管理、市场调节 1957年国家完成第一个五年计划,建立起高度集中统一的社会主义计划经济管理体制。国家对国营企业的调控管理方式是实行计划管理。政府计划部门和企业主管部门给企业下达产品生产、利润等指令性计划。国营工业企业组织生产所需原材料由国家分配,企业生产的产品由商业部门收购、包销,生产资金、职工工资由财政划拨,企业盈亏由国家包揽。1957年至1984年10月,常德地区同全国一样,地区专署(行署)对国营企业实行计划管理。政府计划部门、企业主管部门对国营企业包括冶金煤炭工业企业、化工企业、医药工业企业、机电工业企业、纺织工业企业等,下达年度产品生产、技术经济指标、财务成本、利润、劳动工资、劳动生产率等项指令性计划,企业只需按计划组织生产,企业是纯生产性的生产组织(单位),没有生产经营自主权。以煤炭工业为例。1955年国营煤炭工业兴起,自1957年始,常德专署计划部门和专署工业主管部门对各国营煤炭企业下达年度生产、建设、技术经济指标、财务成本、劳动工资等项计划。生产计划含总产值、总进尺、产品产量;财务成本计划含单位成本、利润、亏损;劳动工资计划含年末职工人数、工资基金等。1969年,为协调采掘关系,在生产计划中,对煤炭企业新增“开拓进尺”指标。1978—1980年煤炭主管部门对煤炭企业下达原煤产量、开拓进尺、煤炭质量、消耗、劳动生产率、成本下降率、利润或亏损、资金占用等8项经济指标。

1984年10月,中共十二届三中全会通过《中共中央关于经济体制改革的决定》。自此,常德地区对国营企业的计划管理分为指令性计划、指导性计划和市场调节三种形式,缩小指令性计划范围。以纺织工业为例。常德地区计划部门和纺织工业主管部门对纺织产品主要实行指令性计划,重点纺织产品所需原材料的8%由国家供给;部分纺织产品实行指令性计划，国家供给少部分原材料；允许企业根据市场情况和本企业的具体情况调整市场计划；另有部分小商品主管部门不作计划，由企业根据市场需求自主决定产品品种、质量、规格，自主确定销售价格。常德地区各工业企业逐步由生产型转为生产经营型，企业开始对人、财物、产供销实行统一管理，并根据市场情况及时编制和调整年度、季度计划。

1992年10月，中共第十四次全国代表大会召开。大会把经济体制改革的目标确定为建立社会主义市场经济体制。常德市政府及市各工业主管部门对国有企业的调控不再实行计划管理，主要实行市场调节。各国有企业根据市场需求状况确定产品品种、数量，组织生产，自行销售产品。

第二章 清产核资与产权管理

第一节 清产核资

1951 年 6 月至 1996 年 3 月，常德地区（市）对企业国有资产进行了五次清产核资。

第一次清产核资从 1951 年 6 月至 1952 年 12 月。1949 年 10 月，中华人民共和国成立。国家没收官僚资本归国家所有。为迅速恢复国民经济、进行大规模经济建设，国家组织开展清产核资工作，目的是要查清国有资产的状况、数量，摸清国有资产的“家底”。1959 年 6 月，中央财委颁布《关于国营企业清理资产核定资金的决定》，规定对所有国营企业的固定资产和流动资金一律进行重新登记，并按 1951 年 6 月底的人民币价格重新估价。对企业流动资金按国家给予的生产任务核定，固定资产由各级核资委员会核实。1952 年冬，常德区专员公署组织开展全区清产核资运动，核实国营工业企业年末流动资金占用额 154 万元。

第二次清产核资从 1961 年 6 月至 1962 年 9 月。1957 年、1958 年、1959 年，国家开展经济建设的“大跃进”运动。三年“大跃进”，导致国民经济比重严重失调，造成企业盲目生产、粗制滥造，产品积压，企业管理制度遭破坏，内部管理混乱，国家财产遭受损失。1961 年中共中央提出“调整、巩固、充实、提高”八字方针，贯彻“八字方针”，中共中央、国务院发出“彻底清产核资，充分发挥物资活力”的指示。中央成立清产核资领导小组，薄一波担任主任，谷牧、姚依林任副主任。这次清产核资的范围是全民所有制单位的工业生产企业、物资供销企业、商品企业、建设单位、行政事业单位。清查重点是工商企业的流动资产。1961 年 6 月，常德专署对全区 261 户国营工业企业进行物资清查，盘盈流动资产 186.5 万元，占全部流动资产的 0.6%；盘亏流动资产 1167.6 万元，占全部流动资产的 37.15%；清理出超储积压物资 2106 万元。1962 年 3 月，常德专署和各县（市）均成立清产核资机构，清查企业 229 户，其生产资料库存总值 6292 万元，清查出超储积压物资账面数 2527 万元，占库存总值的40.16%。全区工业企业共批准冲减国家基金的财产损失1460万元，占企业自有流动资金2427万元的60%。通过清查处理后，企业实有国家流动资金967万元。在清查处理的基础上，核定1962年保留继续生产企业151户的定额流动资金为1405.65万元（其中工业企业145个，1396万元；文教企业3户，1.4万元；城市公用企业3户，8.25万元）。对145户工业企业核定的流动资金，占当年不变价格工业总产值4443.5万元的31.44%，较1961年流动资金占产值比例的41.99%减少10.55个百分点，下降幅度为25个百分点，比1957年实际占用水平增加4.38个百分点。

第三次清产核资从1971年5月至1973年9月。此次清产核资正值"文化大革命"时期。"文化大革命"使经济工作和企业生产经营受到严重破坏，社会上乱要乱用、企业乱存物资的情况普遍，企业物资积压浪费严重。国务院决定开展全面清查核资工作，成立清产核资领导小组，在财政部内设立清产核资办公室。1972年4月24日，国家计委、财政部要求对所有单位的一切国家财产和合作工厂、手工业合作社等集体所有制企业的财产进行清查，并附发关于清产核资工作情况和对1972年工作意见、全国清产核资实施办法（草案）。1971年11月，常德地区革命委员会生产指挥组成立清产核资办公室，曹玉元任办公室主任，刘哲明、高乐坤任办公室副主任，办公地点设在人民银行常德地区中心支行。1972年1月，常德地区行署对全区832户国有工商企业清仓查库。清查出积压物资4211万元，处理积压物资2912万元，占应处理物资的69%。

第四次清产核资从1979年5月至1980年12月。1978年12月中共十一届三中全会召开。全会确定把工作重点转移到社会主义现代化建设上来。为促进国民经济调整、经济体制改革，整顿企业、发挥资金、使用效益，加快现代化建设资金积累，国务院决定开展清产核资工作，彻底查清各个单位的现有资金，弄清"家底"，挖掘现有财产和物资的能力，加速物资和资金周转，提高设备利用率和企业管理水平。国务院决定成立清产核资领导小组，与扭亏增盈领导小组合并，领导小组办公室设在国家经委，康世恩任组长。常德地区国营企业固定资产原值6.1亿元，其中，工业企业4.9亿元；占用流动资金5.5亿元，其中工业企业2亿元。常德地区在企业管理存在突出问题就是，固定资产和流动资金管理混乱，使用效率不高，主要表现在家底不清；管理制度松弛；流动资金占用多，周转慢，设备利用率低；资金利润率低；物资库存量大，积压严重。1979年4月，常德地区召开全区经济工作会议，崔文德在会议上作《认真开展清产核资工作，把企业管理提高到一个新的水平》发言。崔文德提出，彻底清查，弄清家底；狠抓清库、核库、利库工作；核定流动资金定额及其周转期；核定固定资产需用量，提高设备利用率；彻底收回不合理占用资金。常德地区贯彻中央决定，自1979年4月至1980年底在全区开展清产核资工作。4月5日，常德地区革命委员会成立清产核资、扭亏增盈领导小组，将扭亏增盈领导小组和清仓查库领导小组合并,改为清产核资、扭亏增盈领导小组,杨汇泉任组长,王维、徐建民、王迎之任副组长;领导小组下设办公室,袁雨田任办公室主任;地区财税局负责清产核资日常工作。通过清理,核销流动资产盘亏和报废抵减盘盈后的净损失总计859.7万元,相应冲减国家流动资金。1980年7月,核定全区工业企业流动资金占用额17666.6万元,其中,定额流动资金12764.1万元。

1980年10月1日起,国营工交企业均按企业隶属关系,分别向同级财政部门缴纳流动资金占用费,占用费率为2.1%。常德地区对187户国营工交企业的固定资产进行清查,盘盈固定资产原值839.2万元,净值707万元,盘亏固定资产原值821.3万元,净值523.3万元;核销固定资产报废损失原值2768.5万元,净值1605.6万元。盘亏和报废抵减盘盈后净损失原值2682.1万元,净值1421.9万元,占1978年末固定资产原值的5.4%,净值的4.1%。清查核实后,全区国营工交企业1980年内固定资产原值为52782.6万元,净值为37341万元。

常德地区1980年国营工交企业清产核资统计表

表2-1-1　　单位:万元

单位		盘盈		盘亏		报废		盘亏和报损抵减盘盈后净损失	
		原值	净值	原值	净值	原值	净值	原值	净值
地区直属企业	冶煤局所属	106.8	84.4	56.1	35.8	466.6	259.0	415.9	210.4
	轻工业所属	163.0	116.0	356.0	277.0	477.9	354.9	670.9	515.9
	机电局所属	19.0	14.4	4.8	3.2	123.0	57.7	108.8	46.5
	化工局所属	38.1	36.8	40.6	17.0	253.4	88.4	255.9	68.6
	交通局所属	—	—	—	—	—	—	—	—
	建设局所属	8.6	7.5	77.4	1.1	187.6	35.6	256.4	29.2
县市所属企业	安乡县	26.7	24.1	66.1	48.7	62.6	43.3	102.0	67.9
	汉寿县	39.0	38.7	0.5	0.3	91.1	56.9	52.6	18.5
	澧　县	36.5	34.6	10.4	8.0	54.6	42.2	28.5	13.8
	常德县	37.5	35.6	12.5	8.1	129.4	85.5	104.4	28.5
	临澧县	—	—	—	—	3.5	3.0	3.5	3.0

续表 2-1-1

单位		盘盈		盘亏		报废		盘亏和报损抵减盘盈后净损失	
		原值	净值	原值	净值	原值	净值	原值	净值
县市所属企业	桃源县	18.9	18.9	21.8	12.8	221.5	159.5	224.4	153.4
	石门县	39.4	37.5	12.4	10.5	199.9	139.4	172.9	112.4
	慈利县	30.6	21.8	8.5	2.9	256.6	159.5	234.5	140.6
	常德市	183.3	152.3	141.0	90.7	154.5	77.8	112.2	16.2
	津市市	91.8	82.7	13.3	7.2	86.2	43.0	7.7	-32.5
	全区合计	839.2	707.0	821.3	523.3	2768.5	1605.6	2682.1	1421.9

第五次清产核资从 1994 年 4 月至 1996 年 3 月。1990 年 7 月，国务院发出《关于加强国有资产管理的通知》。该通知指出，在全国范围内有计划地开展清产核资、核实国家资金、摸清国有资产“家底”（简称清产核资）的工作，这项工作计划在“八五”期间进行；坚决防止和纠正损害国家资产产权的行为；完善企业国有资产产权机制。1993 年 5 月，国务院办公厅经国务院批准下发了《关于扩大清产核资试点工作有关政策的通知》（简称《十条政策》）（国办发〔1993〕29 号），省政府办公厅随即印发给各行政公署、自治州、市、县人民政府及省直各机关单位。根据湖南省的实际情况，省清产核资领导小组、省财政厅、省经委、省国有资产管理局等 8 部门提出贯彻实施《十条政策》的补充意见，与《十条政策》一并执行。

是时，常德市在国有资产管理方面存在诸多问题：资产管理不清，缺乏应有的约束机制；资产损失和资金挂账数额大；国有企业“家底”不清，不少企业对营运的资产因经济效益差等因素，该提未提，该摊未摊，有的企业经过多次投入和改造也未相应增加资产的账面价值，资产价值的账面价值和实际价值严重背离。

常德市成立清产核资领导小组，常务副市长钦时中任组长，下设办公室，蒋祥政兼任办公室主任。常德市的清产核资工作于 1994 年 4 月 1 日零时开始，分三个主要阶段进行：财产清查；固定资产价值重估；资金核实及财务处理，彻底摸清国有资产“家底”。1995 年 3 月，常德市转发省《关于国有企业全面开展清产核资的通知》，文件明确规定：各级工商行政管理部门注册登记为“国有”和“全民所有制事业单位”以及各级国有企业、单位，以国有资产举办的国内联营，合资、合作企业、单位，都要完成清产核资工作；凡参加 1992—

1994 年清产核资的企业、事业单位要在原工作基础上进行土地估价，重新填报有关表格；各企业单位的清产核资工作按财务隶属关系或行政隶属关系进行；所有进行核资的企业、单位应依据所核定的资本金向国有资产管理部门办理产权登记，并按企业登记管理的规定向工商行政管理部门办理有关登记注册手续；凡未按要求进行清产核资的企业、单位，在 1996 年度检查中，国有资产管理部门不予办理产权登记年检手续，工商行政管理部门不予办理相应登记，税务机关也不予办理税务登记手续。4 月 28 日，市委、市政府召开全市清产核资工作会议。市委常委、常务副市长、清产核资领导小组组长钦时中就常德市清产核资工作讲话，对各级政府及清产核资单位提出了工作要求。

根据常德市经委提供的资料，两年中对 1012 户国有企业和实行企业化管理的事业单位进行清产核资，清产核资面达 98%。全市 1012 户企业、单位共拥有资产 161.00 亿元，资产负债率为 71.8%，净资产为 52.60 亿元，其中国有资本为 19.20 亿元。共清理出各类损失和潜亏 14.30 亿元，弥补亏损 8.30 亿元；通过主要固定资产价值重估共升值 10.40 亿元，土地估价增加固定资产价值 33.60 亿元。在资产核实过程中，根据国务院办公厅〔1993〕29 号文件和财清字〔1994〕15 号文件精神共为 1012 户企业卸掉包袱 9.60 亿元。

根据市财政部门的资料反映，此次参加清产核资企业 1012 户，占应参加数的 97%，资产总额 160.97 亿元，其中固定资产 48.56 亿元，流动资产 74.95 亿元，负债 10.84 亿元，资产负债率 67.35%。通过清理，共计盘亏资产总额 2.31 亿元，增加固定资产净值 10.43 亿元，清理出有问题的长期投资 579 万元，为企业卸掉包袱 9.54 亿元，并相应冲销所有者权益。

在此次企业清产核资工作中，查实市物资系统所属金属材料公司、金属回收公司、钻石公司、化工轻工公司、建材公司和机电公司在办理 1995 年财务决算时，未经批准，擅自减少国家资本金 922 万元，市清产核资领导小组给予其通报批评。

2002 年 9 月 29 日，国务院办公厅转发国家经贸委等部门《关于供销社与棉花企业分开实施意见的通知》(国办发〔2002〕51 号)，通知要求地方各级财政部门要会同经贸、税务、供销社、农发行等部门，清查核实棉花企业资产、负债、所有者权益总量及构成，清理债权、债务。2002 年 12 月，财政部发出《关于做好棉花企业清产核资工作的通知》(财清字〔2002〕2 号)，通知指出，此次棉花企业清产核资的基准日为 2001 年 12 月 31 日，即在城镇集体企业清产核资工作和国家计委等七部门核实数据的基础上，重点对 1999 年 9 月 1 日至 2001 年 12 月 31 日的资产、负债、所有者权益总量及构成进行全面清理、核实。2003 年 8 月 15 日，湖南省人民政府办公厅转发省计委等部门《关于供销社与棉花企业分开实施意见的通知》(湘政办发〔2003〕26 号)，该通知要求各级财政部门要会同计划、经贸、税务、供销社等部门，清查核实棉花企业资产、负债、所有者权益总量及构成，清理债权、债务。

常德市自第五次清产核资后，经营性国有资产变动大。在20世纪90年代，常德市化纤厂、常德市针织厂、常德建民织布厂、湖南津市船舶厂等国有企业先后破产重组；2000年4月后，常德市对市属国有企业实行“两个置换”，国有工商企业减少；同时，常德又新组建国有企业，或控股、参股股份制企业。种种事件使得经营性国有资产“家底”不清。加之此间，市直行政事业单位财产增加迅猛，办公设备现代化，办公室环境、条件有很大改善；有单位还利用财政资金开展对外投资，对新增财产、对外投资形成的收入没有建账，存在账外资产，资产及收益体外循环，运行中缺乏监管，容易滋生腐败。据此，市委、市政府决定于2003年3月始在市直属单位开展全面清产核资工作，以澄清“家底”。

2003年3月2日，市委、市政府在工人文化宫召开市直单位清产核资动员会(也即“常德市国有资产管理公司”成立大会)，市委书记程海波，市委常委、常务副市长陈文浩出席会议并讲话。市财政局长万善志就开展市直单位清产核资工作作动员。市政府办下发《关于对市直单位开展清产核资工作的通知》。市政府成立清产核资领导小组，市委常委、常务副市长陈文浩任组长，市政府副秘书长周国斌，市财政局局长万善志，市财政局副局长、市国有资产管理公司总经理赵先桃任副组长。清产核资领导小组下设办公室，万善志兼任办公室主任。清产核资领导小组办公室制定了《市直单位清产核资方案》《市直单位清产核资核查方案》《资产评估方案》，设计了行政单位、事业单位、企业化管理事业单位、国有独资企业、国有控股参股企业等五套报表及行政事业单位资产重估申报表。市清产核资办公室组织市法制办、市财政局、市国土资源局等部门对“三个方案”和“六个报表”进行了充分论证。7月14日始，常德市财政局抽调33人组成9个核查小组对市直属321家行政企事业单位进行清产核资。核查人员鄢辉霞、张平凡、刘辉明、唐铁等在被清查单位，翻阅账本、核实资金、清理资产，然后填写报表，撰写专题汇报材料。是年7、8、9月，正值夏季，他们冒着酷暑，坐出租车、乘公交车、骑自行车，不顾路途遥远疲惫，坚守职责操守。拒收被核查单位礼金、红包、购物券，拒绝参加被核查单位组织的宴请和娱乐活动；拒绝说情，公正办事，不徇私舞弊，确保了核查结果的公正与真实。

321家单位中，企业单位46家(其中国有独资企业30家，国有控股参股企业16家)。30家国有独资企业资产总额为234988.10万元，占总资产的31.74%(321家单位资产总额为740296.44万元)；16家国有控股参股企业国有权益(净资产)为74977.51万元，占总资产的10.13%；“两个置换”改制国有企业剩余资产及国家配股资产18477.57万元，占总资产的2.50%[①]。在核查中，清查组发现“非转经”资产管理存在诸多问题。主要表现在：①漏报、瞒报、少报资产和收入。市环卫处“非转经”资产197万元，“非转经”收益49

① 此志书只记载经营性国有资产管理的史实，故此处略去对行政事业单位清产核资的情况。

万元未填报;市水利局少报“非转经”资产 68 万元,“非转经”收入 7.8 万元。②“非转经”资产管理不规范,造成出租、出售合同中的权责、利益不对等。市机电建材行业办原有出租门面 7 个,经过扩建改造,实际门面已达到 12 个,但仍按照 7 个门面对经营户收取租金,使单位利益受损。③“非转经”收入使用混乱,造成行业之间、单位之间苦乐不均。市文联将租金收入抵支招待费;市环保局出租门面不入账,长期作为福利发放给职工。对“非转经”存在的问题,核查组提出了将“非转经”收入收缴存入国库的建议。

常德市 2003 年经营性国有资产构成统计表

表 2-1-2　　单位:万元

编号	经营性资产类别	资产总额	占比(%)
A	30 家国有独资企业资产	234988.1	70.39
B	16 家国有控股参股企业资产	74977.51	22.46
C	改制企业剩余资产及国家配股资产	18477.57	5.54
D	行政事业单位“非转经”资产	5384.24	1.61
	合 计	333827.42	100

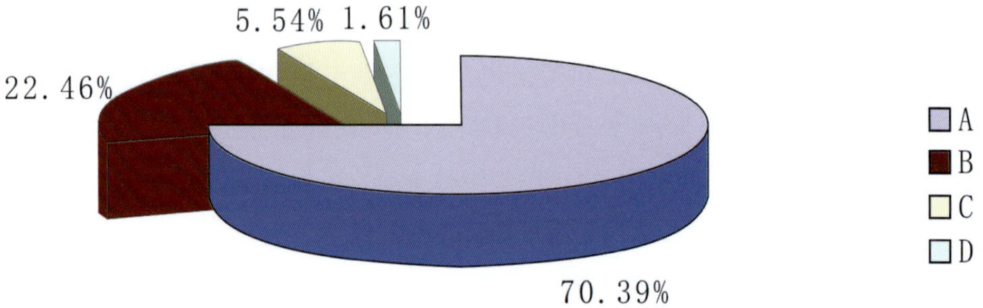

常德市2003年经营性国有资产构成示意图

被清理的市直国有独资企业有:市粮油总公司、市财经投资开发公司、常德自来水公司、市棉麻蚕茧总公司、华天大酒店、青峰煤矿、赤峰实业总公司、中房常德房地产公司、市东门粮食储备库、羊耳山煤矿、市武陵粮油管理站、常德市公交总公司、常德银丰棉麻有限责任公司、市经济技术投资公司、市粮食局武陵分局、市德山粮油公司、广福桥煤矿、市米业公司、市饲料公司、市交通运输服务中心、市物资工贸总公司、市房地产交易中心、市交警服务中心、常德市前进织带厂、湖南武陵监狱(企业)、市中小企业担保中心、市拓新综合加工厂、市物资工贸出租车公司、第一医院劳服公司、市文博实业发展公司,资产总额约234988.10万元。

被清理的市直国有控股参股企业有:湖南金健米业股份有限公司、常德市广达广播有限公司、湖南洞庭水殖股份有限公司、常德市迅华城市建设有限公司、湖南洞庭药业股份有限公司、湖大远程网络股份有限公司、湖南武陵酒营销有限公司、常德市广积米业有限公司、常德市新鹏科贸有限公司、常德市科雄饲料有限公司、常德双狮粮机有限公司、常德佳德乐卫生用品有限公司、市华夏房地产有限责任公司、常德市秀峰粮油有限公司、市天源管道燃气有限公司、市德佳娱乐城,国有净资产总额74977.51万元。

2007年8月,副市长曹佳中主持召开全市市属经营性国有资产清产核资工作会议,安排部署市属经营性国有资产清产核资工作。市政府办印发《常德市市属经营性国有资产清产核资工作方案》(常政办明电〔2007〕90号)。此次清产核资工作的基准日为2007年6月30日,目的是摸清市属经营性国有资产和企业"家底",真实全面反映企业资产、财务状况和经营成果,企业各项资产亏损情况,清查核实所属企业各类资产、负债和所有者权益。

清产核资的办法:清查资产;按国家规定的办法、标准重新评估固定资产和流动资产;认定企业上报的各项资产损益和资金挂账;重新核定国家资本金数额。

此次清产核资的内容为:清理财务、清查资产、重估价值、认定损益、核实资金、完善制度。具体办法是,市国资委选定和委托中介机构,由中介机构对市属国有独资、控股和参股企业进行清查和评估。然后,市国资委对中介机构的评审结果进行认定和确认。湖南德源联合会计师事务所清理的企业有11家:常德经济适用房开发中心、常德自来水公司、常德市经济技术投资有限公司、常德市迅华城建开发有限公司、常德市芷兰物业管理有限责任公司、常德市规划建筑设计院、常德市商务出租汽车公司、常德市建设工程交易中心、常德市市政建设总公司、常德市科雄饲料有限公司、常德市东门粮食储备库。

湖南天平正大有限责任会计师事务所清查下列企业(11家):常德青峰煤矿、常德市公共交通总公司、常德市公路工程公司、常德市华达建设开发总公司、常德市武陵粮油管理站、常德市鸿运交通服务中心、常德市金达粮油经营有限公司、常德市秀峰粮油实业有限公司、常德路桥建设有限公司、常德市拓新综合加工厂、常德市建筑勘测设计院。

湖南弘正会计师事务所有限公司清查下列企业(9家):常德欣运集团股份有限公司、常德市经济建设投资公司、常德羊耳山煤矿、常德市城市建设投资开发有限责任公司、常德芷兰教育融资担保股份有限公司、常德市临岗公路建设开发有限公司、常德市电影发行放映公司、常德市粮食局武陵分局、常德东方金属回收有限责任公司。

湖南里程有限责任会计师事务所清查下列企业(10家):中房集团常德房地产开发公司、常德市房地产开发公司、常德广达广播电视宽带网络有限公司、常德赤峰实业总公司、常德市保安服务公司、常德市民用爆破器材专营公司、常德市环境卫生服务中心、常德市电子技术研究所、常德广积米业有限公司、常德市粮食交易服务中心。

市国资委委托湖南天平正大会计师事务所常德分所对湖南常德公路工程总公司进行清产核资。清产核资基准日为2007年6月30日。经审计,该公司资产总额为558.926664万元(约558.93万元),负债总额为918.61428万元(约918.61万元),所有者权益总额为-359.687616万元(约-359.69万元。含实收资本250.4189万元,资本公积131.151125万元,盈余公积2.5324万元,未分配利润-74.3790044万元),少数股东权益为0。全部固定资产损失为55.857276万元(约55.86万元)。经市国资委同意核减所有制权益55.857276万元(核减盈余公积金2.532403万元,核减资本公积金53.324873万元)。经清产核资资金核实后,该公司2007年6月30日资产总额503.069388万元(约503.07万元),负债总额为918.61428万元(约918.61万元),所有者权益总额为-415.544892万元(约-415.54万元。含实收资本250.42万元,资本公积77.83万元,盈余公积0元,未分配利润-743.79万元),少数股东权益为0元。

市粮食局对5家粮油企业及其子企业进行了清产核资,主要企业有:武陵粮油公司、德山粮油公司、常德广积米业有限公司。

2007年8月,湖南里程会计师事务所对常德广积米业有限公司进行清产核资专项财务审计。经审计确认(湘里专审字〔2007〕第859号),清查出该企业资产损失170笔,合计金额483.75万元。明细为:应收款资产损失385.39万元;存货资产损失12.93万元;固定资产损失30.43万元;待处理固定资产净损失55万元。

市国资委共清理71家单位和企业。其中,履行出资人职责的单位33家;暂未履行出资人职责的企业10家;国有参股企业7家。国有及国有控股企业(含自收自支单位)经营性资产总量68.1亿元(含待核销资产),其中净资产22.7亿元。经中介机构鉴证或审核认定的资产损失额为1.96亿元,市国资委初步核定的资产损失额1.37亿元。另外,7家参股单位国有股9000万元,国有股应享有权利2000万元。

第二节　产权管理

一、产权登记与产权界定

产权登记　1994 年 4 月，湖南华南光电仪器厂常德供销公司因经营不善而歇业。是年 7 月，该公司被工商部门注销。1996 年 4 月 23 日，被市国有资产管理局注销。

1996 年 3 月，常德市钢材市场（武陵区人民西路）、常德市化工厂（德山苏家渡）、常德第二纺织机械厂（德山洞庭北路 90 号）、常德包装制品厂等在市国有资产管理局进行了产权登记。次年 3 月，常德市酱厂（法人代表张可治）填报企业国有资产占有产权登记表，进行产权登记，填报了"企业国有资产占有状况、主管部门（湖南德海集团有限公司）、经营地址（武陵大道南段）、组织形式、主营范围、企业代码等"。

1996 年 8 月 20 日，常德市德利塑料包装材料厂在市国有资产管理局进行产权登记。该厂地址在武陵区青年东路，国有资产总额 277 万元，填报了企业国有资产产权登记表。

1996 年 3 月 25 日，湖南省常德轴承厂（厂址：武陵区体育东路）在长沙设立销售处，截至 1996 年 3 月 31 日，该厂给销售处注入资金 20 万元。3 月 28 日，市国有资产管理局对轴承厂长沙销售处进行了产权登记。该销售处实收资产 20 万元属国有法人股。

1997 年 2 月 24 日，常德塑料制品厂（厂址：临澧县新安镇）、石门磷肥厂（厂址：石门县楚江镇）出资 395.99 万元（其中石门磷肥厂出资 30 万元）设立常德新石纸塑制品有限责任公司。3 月 26 日，市国有资产管理局对新设立的公司进行了产权登记。

1997 年 7 月 18 日，常德市生产资料供应有限公司在市国有资产管理局进行了产权登记，填报了企业国有资产产权登记表。该公司为新设企业，地址在武陵区新三岔路，出资单位为常德市物资工贸集团总公司（地址：武陵区人民中路），出资额 66.8 万元。

1998 年 3 月，湖南德海实业集团公司（地址：武陵区洞庭大道东段 72 号）实施股份制改造。改造后在市国有资产管理局变动登记为"湖南德海实业集团有限公司"。其企业组织形式为股份有限公司，变动后，市政府出资 61 万元，该公司个人资本 220 万元。

产权界定　1996 年 11 月 18 日，市国有资产管理局界定了湖南德海实业集团公司国有资产产权。截至 1996 年 5 月 31 日，该公司评估后的总资产为 18681.05 万元，总负债为 17062.43 万元，少数股东权益 218.78 万元，国家所有者权益（净资产）为 1399.85 万元。在国家所有者权益中，另剔除①国有土地使用权价值 597.10 万元；②住房周转金赤字243.15

万元;③处理部分历年待摊费用179.81万元;④留资本公积金75.96万元(主要用于退休职工、抚恤对象及老、病、残职工医疗基金等)。由此界定湖南德海实业集团公司改组为有限责任公司的国有资产为303.83万元。

1996年12月31日,常德中药厂资产总值为3006.22万元,负债总额1867.70万元,净值1138.52万元。剔除土地使用权价值1098.01万元,其余资产40.51万元被市国有资产管理局界定为国家股股本。

1997年,原常德粮油工业锅炉厂改制为股份制企业常德金鼎锅炉有限公司时,市国有资产管理局对其资产进行界定。根据常国资商字〔1997〕051号文件,将该厂净资产590万元(其中非经营性净资产236万元,含土地使用权价值171万元;经营性净资产354万元)全部界定为国有资产,并将非经营性净资产236万元(其中土地使用权价值171万元)委托给改制后的企业管理。

同年1月20日,市国有资产管理对常德市轻化建材公司国有资产所有权进行了界定,界定该公司截至1996年12月31日,国有资产所有权为66.85万元,即改组为有限责任公司后的国家股。

湖南德海实业(集团)有限公司兼并常德酱厂,并向武陵区政府支付400万元兼并费用。1997年12月25日,市国有资产管理局对此进行界定:常德酱厂产权属德海实业(集团)有限公司。

1998年6月15日,市国有资产管理局对常德汽车运输总公司的国有股权进行界定。该公司资产总值21760万元(其中土地使用权价值11075万元),净值13190万元(含土地使用权价值)。在净值中剔除土地使用权价值11075万元后,其余资产2115万元为该公司股份制改造后企业国家股股权份额(其中控股子公司新祥公司45万元、星宇大酒店495万元、兴泰物资开发公司280万元、鑫龙公司145万元,南坪客运中心760万元)。市国有资产管理局出具了《国家股股权界定书》(常国资企字〔1998〕32号)。

二、资产评估

评估机构 1990年5月31日,国家国有资产管理局印发《资产评估机构管理暂行办法》(国资工字〔1990〕第30号)。该办法规定,“国家和省、自治区、直辖市、计划单列市国有资产管理部门负责国有资产评估机构的资格审查,并颁发资产评估资格证书”;“资产评估机构必须具备下列条件,才有资格申请资产评估资格证书:经政府主管部门批准并经工商行政主管部门核准注册登记的具有法人资格的单位;具有一定的评估工作经验;配备一定数量能胜任工作的各类评估专业人员,其中建筑工程技术人员、机器设备工程技术人员、会计经济管理人员，视不同情况，分别不少于2至5人，在以上评估人员中，具有中高级以上专业技术职称的，应占有一定比例(工程技术人员、物价经济管理人员可外聘一部分兼职)”。“欲从事国有资产评估工作的机构，在征得行政主管部门和同级国有资产管理部门同意后，可向国家或省、自治区、直辖市、计划单列市国有资产管理部门申请领取资产评估资格证书”。“凡持有国家或省、自治区、直辖市、计划单列市国有资产管理部门颁发的资产评估资格证书的资产评估公司、会计师事务所、财务咨询公司、审计师事务所等机构(简称资产评估机构)或经国有资产管理部门认可的临时评估机构，均具有承担国有资产评估工作的资格，并接受国有资产管理部门的监督和管理。资产评估机构进行资产评估实行有偿服务”。1991年5月28日，经湖南省国有资产管理部门批复，常德市审计事务所在1991年5月1日至1992年3月31日期间具有临时资产评估资格，可承担资产评估业务。

1991年5月至1997年12月，常德市资产评估机构发展到15家。

1994年4月，常德市成立注册会计师协会。会长、副会长分别由财政局和审计局领导担任。

1997年12月，党中央、国务院召开全国金融工作会议。会议明确指出：“为保证投资项目和股票上市评估的公正性、科学性和真实性，尽快将目前隶属于各级政府职能部门的投资咨询、资产评估和会计师事务所、律师事务所等机构改为独立的社会中介机构并抓紧制定相应的管理办法，依法规范其行为。”

1999年3月，财政部发出《关于资产评估机构脱钩改制的通知》(财政字〔1999〕199号)，该通知指出，凡从事资产评估业务的专营资产评估机构必须在人员、财务、职能、名称四个方面与挂靠单位实行彻底脱钩，使其成为按照《中华人民共和国合伙企业法》或公司法的要求，由注册资产评估师出资设立的合伙形式或有限责任公司形式的资产评估机构。是年，湖南省召开全省会计师(审计)事务所脱钩改制工作会议。

是年，常德市贯彻国务院、财政部、省政府关于脱钩改制精神，将会计师、审计师等中介机构与政府部门脱钩。

1999年3月，常德市审计师事务所与市审计局脱钩。截至3月31日，认定该所实际拥有资产总额75.39万元，其中：固定资产原(净)值38.84万元，流动资产36.55万元；负债总额为45.50万元，其中：流动负债12.11万元，长期负债33.39万元；所有者权益为29.90万元。市审计局对该事务所在编人员的补偿方式为一次性经济补偿；补偿项目为工龄补偿、职称补偿、职业资格补偿、职务补偿。受到一次性经济补偿的人员有：侯锋、曾四英、郑金兰、郭学理、匡朗云、田佰武、刘隽、陈忠志、吴庆苏、潘浦生、鼓理桂、邱月娥、廖永红、左文海等14人。该所的人员、业务、名称与市审计局彻底脱钩。改制后，该事务所现有在编职工不再保留国家事业编制，其人事关系与人事档案从市审计机关转出。

2000 年 1 月,常德市全部完成资产评估机构脱钩改制工作;从 2000 年开始,资产评估机构完全改制成股份制的社会中介组织,所有评估活动纳入市场化运作轨道。

湖南里程有限责任会计师事务所常德分所,其前身为常德会计师事务所,成立于 1988 年 4 月 13 日,是常德市第一家从事审计的中介机构。1988 年与常德市财政局脱钩,并改制为常德中元有限责任会计师事务所。2001 年 8 月与湖南里程有限责任会计师事务所合并更名为湖南里程有限责任会计师事务所常德分所。该所员工 30 人,其中注册会计师 13 人,注册评估师 4 人。2002 年该所完成资产评估 114 户,企业破产清算 13 户。

资产评估实绩 1989 年 9 月 21 日,国家国有资产管理局印发《关于在国有资产产权变动时必须进行资产评估的若干暂行规定》。该暂行规定指出,凡是占用国有资产的单位,在下列涉及资产产权主体变动或经营使用资产的主体发生变动的经济行为中,必须按照本规定,进行资产评估工作:(一)实行租赁、联营、股份经营、兼并和出售国有企业(包括资产折股出售)、破产清算、企业结业清理,以及中外合资、合资经营。(二)涉及产权变动的当事人认为需要进行资产评估的经济行为。1991 年 11 月 16 日国务院发布《国有资产评估管理办法》(1991 年 11 月 16 日国务院令第 91 号发布)。国务院《国有资产评估管理办法》明确规定国有资产评估管理的基本行为规范,规定国有资产占用单位应当进行资产评估的情形,资产评估的组织管理、评估程序、评估方法和法律责任;国有资产评估管理工作按照国有资产管理权限由国有资产管理部门负责管理和监督;国有资产评估管理实行立项确认制度。1992 年 7 月 18 日,国家国有资产管理局印发《国有资产评估管理办法实施细则》。1991 年 3 月至 1993 年 12 月,常德市国有资产管理部门认真抓国有资产评估与管理,对产权发生变化的经营资产进行评估。此期间完成国有资产评估项目 372 个,评估升值 12.41 亿元,升值率达 158%(含土地使用权)。

1996 年 12 月,常德会计师事务所对湖南德海实业(集团)公司的部分资产进行了评估。评估基准日为 1996 年 12 月 31 日,评估目的是为该公司股份制改造提供现实价值依据。经该事务所评估,德海实业(集团)公司资产总值为 5035.34 万元,负债总额为2839.77 万元,少数股东权益为 242.43 万元,所有者权益(净资产)1953.14 万元(其中,土地使用权价值为 1538.63 万元),职工生活用房建筑物为 110.68 万元,比评估前减值 151.17 万元。市国有资产管理局对此评估结果予以确认(常国资〔1997〕认字第 51 号)。

1997 年 1 至 2 月,常德会计师事务所对常德中药厂全部资产进行资产评估。评估的基准日为 1996 年 12 月 31 日,评估目的是为该厂实施股份制改造提供现实价值依据。经评估,截至 1996 年 12 月 31 日,该厂资产总额 3006.22 万元,负债总额 1867.70 万元,净资产为 1138.52 万元,较评估前净资产 331.18 万元,增值 807.34 万元。1997 年 3 月 28 日,市国有资产管理对此评估结果予以确认(常国资〔1997〕认字第 02 号)。

1997 年 3 月起，市国有资产管理部门对国有大中型企业在与外商合资、合作或出售国有企业产权前，对包括土地在内的企业进行资产评估，并按国家有关规定办理产权变动登记或注销登记手续。

至 1997 年，市财政部门共立项评估项目 441 个，确认 441 个，评估前资产净值 40.30 亿元，评估后净值 79.50 亿元，升值幅度为 97.2%。

1998 年，国有资产评估立项 108 个，确认 87 个，评估值 34.40 亿元，纠正评估项目 3 个，减少资产流失 300 多万元。

2000 年 4 月，常德市开始实施国有企业“两个置换”（置换国有企业产权，置换职工国有企业身份）改革，诸多中小国有企业退出国有领域，推行兼并联合、破产、重组等改革。常德市“两个置换”工作领导小组，委托资产评估机构对发生产权变动的国有企业、国有资产一律进行资产评估并经国有资产管理部门确认。10 月，常德市粮油贸易总公司委托常德中元会计师事务所、常德市地价评估事务所对该公司所属“芙蓉粮店”（地址：武陵区武陵大道北段 6 号）及其所占土地进行评估。评估日期 2000 年 10 月 20 日，评估目的是为实施“两个置换”筹措资金而涉及的部分资产提供价值参考。

2003 年 3 月 31 日，常德市粮食局委托资产评估机构对武陵分局所属的 8 家粮油企业：常德南城粮油食品公司、常德市东城粮油食品公司、常德市西城粮油食品公司、德山粮油食品经营公司、常德粮油供应公司汽车队、常德市源安粮油综合贸易商场、常德粮油商场、常德易家吉粮库进行了资产评估，为“两个置换”提供了资产价值参考依据。

2001 年 12 月 31 日，国务院办公厅转发财政部《关于改革国有资产评估行政管理方式加强国有资产评估监督管理工作意见的通知》，取消政府部门对国有资产评估项目的立项确认审批制度，国有资产评估管理实行核准制和备案制。自此，常德市经营性国有资产评估后，一律呈市财政局核准、备案。

2002 年 3 月、12 月，湖南里程有限责任会计师事务所评估市林业局所属常德市木材总公司、市恒源林产工业总公司，评估目的是为这两家企业破产改制提供依据；同时，常德正大会计师事务对市林业局所属的国有企业，市林业汽车运输公司、市源江木材贸易总公司，进行资产评估，评估的目的是为两企业破产改制提供依据。同时，市林业局委托常德正大会计师事务所对常德林业汽车运输公司的整体资产、常德市源江木材贸易总公司的整体资产进行评估，评估的目的是为“两个置换”改革提供价值依据。

2003 年 4 月，国务院授权国务院国资委对所出资企业的资产评估事项进行监督管理，国有企业资产项目管理职能由财政部移交国务院国资委。2005 年 8 月 25 日，国务院国资委发布《企业国有资产评估管理暂行办法》，企业国有资产评估管理工作由政府部门以行政管理的管理方式向出资人以产权管理的管理方式转变。市财政局承担的经营性国有资产评估职能移交给市国资委。

2003年7月,常德市粮食局委托湖南开元有限责任会计师事务所对常德市粮油总公司实施资产评估。评估基准日为2003年6月30日,评估情况见下表。

常德市粮油总公司2003年资产评估情况统计表

表2-2-1　　单位:万元

资产占有单位	评估价值		
	资产总计	负债总计	净资产
常德市粮油总公司	62389.56	46802.53	15587.03
常德市科雄饲料有限责任公司	1035.51	352.97	682.54
常德佳德乐卫生用品有限责任公司	445.20	228.05	237.15
常德双狮粮食机械有限公司	526.70	324.88	201.82
湖南广积米业有限公司	2578.45	1619.33	959.32
湖南武陵酒销售有限公司	3375.50	4312.36	-936.86
湖南金健米业股份有限公司	183439.21	78867.36	104571.85
湖南金健米业股份有限公司本部	187375.20	76061.40	111313.80
金健米业合口油脂化工厂	10614.08	11460.32	-846.24
金健米业株洲油脂厂	245.57	443.43	-197.86
五常米厂	593.53	668.42	-74.89
湖南金健米业津市石龟山油厂	897.95	951.39	-53.44
湖南金健米业泰来米厂	1613.52	1652.84	-39.32
金健米业股份有限公司粮油食品分公司	26965.78	31142.23	-4176.45
金海大酒店	2428.70	3603.33	-1174.64
金健米业城建事业部	140.99	320.08	-179.09
湖南阳光乳业股份有限公司	6722.70	2585.12	4137.58
湖南金健建筑有限责任公司	1520.40	880.04	640.37

续表 2-2-1

资产占有单位	评估价值		
	资产总计	负债总计	净资产
金健药业有限责任公司	106424.14	862.61	9761.53
金健高科食品公司	2437.08	2386.22	50.85
金健种业有限责任公司	2746.32	132.43	2613.89
湖南三江电力有限责任公司	33538.62	15895.85	17642.77
深圳开泰实业投资有限公司	6411.94	3290.42	3121.52
湖南乐米乐家庭营销股份有限公司	1186.96	1308.11	-121.15
黑龙江金健北方现代农业有限责任公司	4980.63	4034.92	945.71
金健米业进出口有限责任公司	1526.23	535.00	991.23
海南金健热带农业开发有限责任公司	1164.72	532.45	632.27

2003 年 10 月，常德正大有限责任会计师事务所对湖南欣运集团股份有限公司整体进行了评估。评估的基准日为 2003 年 4 月 30 日，评估的目的是为欣运集团实施“两个置换”提供价值依据。经评估该集团公司资产总额 30038.82 万元。其中：固定资产10255.05 万元、流动资产 4811.49 万元、长期投资 450 万元、无形资产 14490.66 万元(其中土地使用权价值 14285.13 万元)、递延资产 28.67 万元、其他长期投资 2.95 万元。负债总额 18932.18万元。净资产 11106.64 万元。10 月 27 日，市财政局对该评估机构提交的资产评估报告书做出了合规性审核批复(常财函〔2003〕189 号)。

2005 年 6 月，市纪委、市审计局、市委市政府驻欣运集团工作队、市国资委，聘请湖南新融达评估有限责任公司对欣运集团股份有限公司整体资产进行了再评估。评估的基准日为 2005 年 3 月 31 日。资产评估结果为：资产总额 46310.12 万元。(1)流动资产 11647.03万元；(2)长期投资 450 万元(湘高速股权)；(3)固定资产 10746.11 万元；(4)土地使用权价值 17629.83 万元(面积 403643.597 平方米)；(5)线路牌及的牌 5837.15 万元。

2007 年，市国资委核准资产评估项目 3 个。评估前资产总额 1688 万元，评估后资产总额 1917 万元，增值 13.57%。

常德市市属国有企业“两个置换”资产评估情况统计表

表 2-2-2

评估机构	被评估企业或项目	评估时间	评估目的
湖南里程有限责任会计师事务所	桃源纺织印染厂房屋建筑物、土地使用权	2000.4.3	租赁
	常德市药材公司,房屋建筑物	2000.6.3	清偿职工工资
	常德市房地产管理局,房屋、土地使用权	2000.7.11	抵押
	常德市塑料五厂,整体资产	2000.7.18	破产清算
	湖南常德汽车修造厂,整体资产	2000.8.18	破产清算
	常德洞庭实业化工有限公司,整体资产	2000.8.28	破产清算
	湖南省常德轴承厂,整体资产	2000.8.31	破产清算
	常德市燃气公司,整体资产	2000.8.31	破产清算
	湖南常德机床厂,整体资产	2000.9.12	破产清算
	常德市七星塑料有限责任公司,整体资产	2000.9.14	分立
	常德市汽车配件公司,整体资产	2000.10.20	破产清算
	湖南津市轮船总公司,整体资产	2000.10.24	破产清算
	湖南常德公路桥梁建设总公司,整体资产	2000.10.25	改制
	常德福寿实业总公司,房屋建筑物、土地使用权、机械设备	2000.10.27	转让部分资产
	常德市对外经济贸易土产茶叶总公司房屋、土地使用权	2000.11.2	两个置换
	湖南省常德棉纺织厂,整体资产	2000.11.7	破产清算
	常德塑料制品厂,整体资产	2000.11.20	破产清算
	常德市对外经济贸易粮油食品公司,整体资产	2001.2.16	破产清算
	常德市特种经济作物原种场经济作物及土地、构筑物	2001.3.1	国有资产投资
	常德市轮渡公司,整体资产	2001.4.24	两个置换
	常德市粮油运输总公司,整体资产	2001.5.21	两个置换
	湖南外运常德市公司,整体资产	2001.5.24	两个置换
	常德市机电设备总公司,房屋建筑物、土地使用权	2001.5.31	偿还债务,安置职工

续表 2-2-2

评估机构	被评估企业或项目	评估时间	评估目的
湖南里程有限责任会计师事务所	常德东麟经贸有限公司房屋建筑、土地使用权	2001.6.11	两个置换
	湖南省常德市纺织品总公司,整体资产	2001.7.3	两个置换
	常德市新宇食品总厂,房屋建筑物、土地使用权、机器设备	2001.7.4	两个置换
	常德市新大陆商贸有限公司、整体资产	2001.7.20	两个买断
	湖南高中压阀门厂,整体资产	2001.7.22	破产清算
	常德市蔬菜总公司,房屋建筑物、土地使用权	2001.7.26	两个置换
	常德市恒达城市建设总公司,整体资产	2001.7.27	两个置换
	常德市商业运输车队,整体资产	2001.7.30	两个买断
	常德造船厂,整体资产	2001.7.31	破产清算
	湖南常德纸制股份有限公司,整体资产	2001.8.7	两个置换
	常德仪器厂,整体资产	2001.8.14	破产清算
	石门磷矿,整体资产	2001.8.14	破产清算
	常德市东门粮食储备库,整体资产	2001.8.17	两个置换
	常德船厂,整体资产	2001.8.18	破产清算
	常德市德山城建综合开发公司,整体资产	2001.8.21	破产清算
	常德米业公司,整体资产	2001.8.22	两个买断
	石门磷肥厂整体资产	2001.9.5	破产清算
	湖南雄黄矿,整体资产	2001.9.9	破产清算
	常德市第一建筑工程有限公司,整体资产	2001.9.10	两个置换
	常德市沅达酒精实业有限公司,整体资产	2001.9.29	两个置换
	湖南常德轻型汽车厂,整体资产	2001.10.22	破产清算
	常德商场,整体资产	2001.11.12	破产清算
	常德市第二农业生产资料公司,整体资产	2001.11.15	破产清算

续表 2-2-2

评估机构	被评估企业或项目	评估时间	评估目的
湖南里程有限责任会计师事务所	常德常江经贸实业有限公司,整体资产	2001.11.26	破产清算
	常德市工矿产品进出口总公司,整体资产	2001.12.8	破产清算
	常德市安装公司,整体资产	2001.12.10	两个置换
	常德市食杂果品总公司,整体资产	2001.12.15	破产清算
	德山物资工贸公司,整体资产	2001.12.18	破产清算
	常德市百货总公司,整体资产	2001.12.18	破产清算
	常德市化工轻工总公司,整体资产	2001.12.19	破产清算
	常德中药厂,房屋建筑物、土地使用权、设备	2001.12.20	转让部分资产
	常德德海机械制造厂,整体资产	2002.1.8	破产清算
	常德市第二纺织机械厂,整体资产	2002.1.18	破产清算
	湖南常德湘北房地产开发公司,整体资产	2002.1.19	两个置换
	常德市机电设备总公司,整体资产	2002.3.15	破产清算
	常德市恒源林产品工业总公司,整体资产	2002.3.27	破产清算
	湖南常德粮食机械厂,整体资产	2002.4.5	破产清算
	常德市糖酒副食品总公司,整体资产	2002.4.8	两个置换
	常德市日用生活燃料总公司,整体资产	2002.4.19	破产清算
	常德物资集团物资供应总公司,整体资产	2002.4.25	破产清算
	常德物资贸易中心,整体资产	2002.8.5	破产清算
	湖南常德茶厂,整体资产	2002.9.5	破产清算
	常德市物资(钻石)工贸总公司,整体资产	2002.9.16	破产清算
	湖南省常德市供销社汽车运输公司,整体资产	2002.11.5	两个置换
	常德市无线电专用设备厂,整体资产	2002.11.5	破产清算
	常德市木材总公司,整体资产	2002.12.6	破产清算

续表 2-2-2

评估机构	被评估企业或项目	评估时间	评估目的
湖南里程有限责任会计师事务所	常德市化工供销公司，整体资产	2002.12.30	破产清算
	常德市七星塑料有限责任公司，整体资产	2003.1.15	破产清算
	常德市第二纺织机械厂，整体资产	2003.1.28	合 资
	常德市五交化批发总公司，整体资产	2003.3.21	两个置换
	常德市德山粮油公司，整体资产	2003.4.8	两个置换
	湖南湘泉集团德山酒业有限公司，整体资产	2003.6.19	破产清算
	常德金鹏凹版印制有限公司，整体资产	2003.7.6	股权重组
	湖南省常德市纺织品总公司，整体资产	2003.9.2	破产清算
	常德市蔬菜总公司，整体资产	2003.12.17	两个置换
	常德市物资中心，房屋、设备	2004.1.31	安置职工
	常德市饲料公司，房屋、设备	2004.11.25	安置职工
	常德物资工贸总公司，房屋建筑物土地使用权	2005.12.28	资产处置
	常德市华侨旅游侨汇公司，房屋、土地使用权	2006.1.18	资产处置
	常德市食品总公司，房屋建筑物、土地使用权	2006.5.8	资产处置
	常德羊耳山煤矿，机械设备、材料	2006.10.18	核实亘山区资产
	常德广福桥煤矿，建筑物、机械设备	2006.12.31	关停
	湖南省包装总公司常德公司，整体资产	2007.4.26	破产清算
	常德锦纶厂，建筑物、机器设备	2008.5.21	破产清算
	常德市棉麻蚕总公司，房屋建筑物土地使用权	2008.8.18	破产清算
	常德市棉麻土畜产茶叶总公司，房屋建筑物、土地使用权	2008.10.21	破产清算
	湖南常德渔业总场，房屋建筑物、土地使用权	2008.11.20	破产清算
	湖南常德欣运集团，车辆	2009.2.28	现实价值
	常德市城市建设投资集团有限公司，林木资产	20011.5.6	林权

续表 2-2-2

评估机构	被评估企业或项目	评估时间	评估目的
湖南里程有限责任会计师事务所	常德国有林场,林木资产	20011.9.22	林权
	常德市交通建设投资集团有限公司,车辆	2012.5.31	处置
	常德市市政建筑总公司,沥青搅拌站	2012.8.6	重置成本
	常德市明胶二厂,设备	2012.9.26	处置
	常德市经济建设投资集团有限公司,管网	2012.11.29	融资
	常德市西城新区投资建设开发有限公司,房屋	2013.4.10	置换
	湖南常德公路工程总公司,车辆	2014.6.24	处置
	常德市金禹水利投资有限公司,水利堤防工程	2014.6.25	融资

2011 年,评估机构对常德市顺沅房地产开发有限公司的资产进行评估。顺沅房地产开发有限公司位于常德市武陵区朗州北路紫桥小区,系国有企业,国有法人为唯一股东。该房地产公司成立于 1998 年 9 月,注册资本金 950 万元,经营范围为房地产开发、建筑材料经营。中介机构评估(评估基准日为 2011 年 6 月 20 日),资产总额为 5973.78 万元,负债总额为 1185.02 万元,净资产总额为 4788.76 万元。

2012 年 9 月 28 日,市国资委在新天地大酒店召开市政建设总公司沥青混凝土搅拌站整体搬迁机器设备资产评估项目的专家评审会议。会议由市国资委总经济师胡庭清主持,市公用事业管理局副局长、总工程师苏毅及其他专家、相关单位负责人参加会议。市政建设总公司沥青搅拌站因洞庭大道东延线东扩,需要整体搬迁。湖南里程资产评估有限公司对其机器设备和附属设施进行了评估。会议对预评估报告进行了审议。

2013 年 11 月 8 日,市国资委印发《常德市国资委企业国有资产评估管理实施细则》。该细则规定,企业有发生下列行为之一的,应当对相关资产进行评估:整体或部分改建为有限责任公司或股份有限公司;以非货币资产对外投资或偿还债务;合并、分立、破产、解散;非上市公司国有股东股权比例变动;国有产权转让;资产转让、置换;整体资产或部分资产租赁给非国有单位;资产涉诉;收购非国有单位的资产;接受非国有单位以非货币资产出资或抵债的;法律规定其他需要进行资产评估的事项。该细则还规定资产评估工作要求、资产评估项目核准与备案以及监督检查、责任追究等事项。

常德市市属国有企业“两个置换”资产评估情况统计表

表 2-2-3

评估机构	被评估企业或项目	评估时间	评估目的
常德正大有限责任会计师事务所	常德市新型建筑材料总厂	2000.7.25	破产清算
	湖南石磷实业股份有限公司	2000.8.15	破产清算
	常德对外经济贸易土畜产品总公司	2000.8.18	破产清算
	常德市武陵液压件厂	2000.9.30	破产清算
	常德市变压器厂	2000.10.20	破产清算
	常德市电子仪器厂	2000.11.8	破产清算
	常德电机总厂	2000.11.20	破产清算
	常德市啤酒厂	2000.11.23	破产清算
	常德建民色织印染厂	2000.12.5	破产清算
	常德市明胶厂	2000.12.8	破产清算
	常有集团常德市电子应用设备厂	2001.1.5	破产清算
	常德市五交化公司	2001.1.11	破产清算
	常德市电池厂	2001.6.14	破产清算
	常德市药材公司	2001.6.24	破产清算
	常德中心百货有限责任公司	2001.6.25	破产清算
	常德市医药公司	2001.6.27	破产清算
	常德市彩色印刷厂	2001.7.8	破产清算
	常德市制革厂	2001.7.12	破产清算
	湖南省桃源纺织印染厂	2001.7.19	破产清算
	常德土产公司	2001.10.23	破产清算
	湖南六〇一矿	2001.10.25	破产清算
	常德市对外经济贸易畜产总公司	2001.11.30	破产清算

续表 2-2-3

评估机构	被评估企业或项目	评估时间	评估目的
常德正大有限责任会计师事务所	常德滨湖印刷股份有限公司	2001.12.3	破产清算
	常德织袜总厂	2001.12.6	破产清算
	常德市物资总公司	2001.12.9	破产清算
	常德市武陵百货大楼	2001.12.15	破产清算
	湖南常德对外经济贸易集团公司	2001.12.30	破产清算
	湖南省常德木材贮运公司	2002.1.8	破产清算
	湖南七一机械股份有限公司	2002.2.3	破产清算
	湖南省常德轮船运输总公司	2002.3.28	破产清算
	湖南坝道特种水泥股份有限公司	2002.3.28	破产清算
	常德万众金属材料有限公司	2002.4.1	破产清算
	湖南省常德船舶厂	2002.5.18	破产清算
	湖南常德再生资源总公司	2002.8.8	破产清算
	湖南常德水表厂	2002.9.2	破产清算
	湖南省常德市乡镇企业供销公司	2002.9.26	破产清算
	常德市食品总公司	2002.10.8	破产清算
	常德涤纶厂	2002.10.15	两个置换
	湖南省常德市日用杂品公司	2002.10.28	破产清算
	常德市塑料一厂	2002.11.3	破产清算
	湖南常德市林业汽车运输公司	2002.11.18	破产清算
	常德源江木材总公司	2002.11.18	破产清算
	常德武陵酒业有限公司	2003.4.2	破产清算
	湖南常德欣运集团股份有限公司	2003.10.20	两个置换
	湖南常德工程公司	2003.11.15	破产清算

2015 年 9 月，常德市粮食局委托湖南天平正大资产评估有限公司对市科雄饲料有限公司资产及负债进行评估，以评估后净资产的公允价值作为此次核实企业现有资产价值的参考依据。根据湘天正评报字〔2015〕第 17 号评估报告书，截至 2015 年 6 月 30 日，企业账面总资产为 2760.19 万元，总负债为 3387.56 万元，净资产为-627.37 万元；成本法评估后企业账面总资产价值为 3398.16 万元，总负债为 3353.66 万元，净资产为 44.50 万元，净资产增值 671.87 万元，增长率 107.09%。

三、产权流动

1997 年 4 月 15 日，市国有资产管理局将原常德市酒精厂破产后的剩余资产 50.29 万元划拨给常德市沅达酒精实业发展有限公司。50.29 万元成为沅达公司的国家股股本，市经委刘克云为股东代表。

2000 年 11 月，常德市粮食贸易总公司通过产权交易中心将位于武陵大道北段 6 号芙蓉粮店楼一、二层房地产依法有偿转让给自然人杨华，转让价款为 238 万元。该房产被转让前的职工安置、债权债务由市粮食贸易总公司负责处置。

2001 年 8 月，常德市产权交易中心将原常德市彩印厂经营土地使用权（面积约 18.01 亩）、地上房屋建筑物、树木等有偿转让给湖南凯利精细化工有限公司（该公司地址为湖南长沙市火星开发区鸿基花园 6 号院，法人代表：董事长、总经理李国祥）。产权转让后，原常德彩印厂债权债务由市产权交易中心负责。

2002 年 1 月，常德市粮油贸易总公司通过产权交易中心，将位于武陵区城西滨湖居委会粮食贸易宿舍区传达室 104.30 平方米房屋依法有偿转让给自然人舒珍保，转让价款为 74053 元。职工安置、债务债权处理均由市粮油贸易总公司负责。3 月，常德市粮油贸易总公司通过产权交易中心将其所属位于武陵区大高山街 15 号房产（建筑面积 1555 平方米，价值 131.03 万元；土地面积约 1259.099 平方米，价值 86.8 万元；两项合计 217.83 万元）依法有偿转让给常德市粮食局（法定代表人：局长车世炎）。4 月 16 日，常德市人民政府与常德市大金城贸易有限公司签订了《关于常德市大金城贸易有限公司整体收购常德金鼎锅炉有限公司资产协议书》。收购范围为整体收购常德金鼎锅炉有限公司的全部有形资产、无形资产。转让价格为 495 万元（常德市产权交易中心产权转让合同书 2002 年合字 040 号）。

2003 年 12 月 31 日，国务院国有资产监督管理委员会、财政部发布《企业国有产权转让管理暂行办法》，规定企业国有产权转让应当在依法设立的产权交易机构中公开进行；企业国有产权转让可以采取拍卖、招投标、协议转让以及国家法律、行政法规规定的其他方式进行。

2004 年 3 月 5 日,国务院国资委印发《关于加强企业国有产权交易监管工作的通知》,要求认真做好《企业国有产权转让管理暂行办法》各项规定的组织落实工作,加强对企业国有产权交易活动的监督检查工作,扎实做好产权机构的选择与确定工作,推动企业国有产权有序流转。7 月 14 日,国务院国资委印发《关于做好产权交易机构选择确定工作的指导意见》,明确选择交易机构的工作职责、工作原则、组织方式、重点审核内容等,规定国务院国资委负责制定选择从事企业国有产权交易活动的产权交易机构的基本条件,选择从事中央企业国有产权交易活动的产权交易机构。各省、自治区、直辖市国资监管机构负责从事本地区企业国有产权交易活动产权交易机构的选择工作。2004 年 8 月 25 日国务院国有资产监督管理委员会印发《关于企业国有产权转让有关问题的通知》,该通知就企业国有产权转让操作过程中的具体问题的处理予以明确。

2004 年,广积米业拟整体搬迁至德山经济开发区,于 2005 年 1 月对原厂区的土地、地上附着物及不动产进行了挂牌拍卖,具体情况如下:土地使用权挂牌成交确认书,常国土资挂字〔2005〕第 004 号,挂牌地块编号 179 号,面积 41107 平方米(储备库地块);常国土资挂字〔2005〕第 005 号,挂牌地块编号 180 号,面积 20626.4 平方米,挂牌人:常德市国土局,竞得人:常德市广德房地产开发有限公司。挂牌人于 2005 年 1 月 11 日—2005 年 1 月 24 日,在市政府政务中心市地产交易窗口公开挂牌国有土地使用权两宗。常德市广德房地产开发有限公司于 2015 年 1 月 24 日通过挂牌竞拍得到 179 号和 180 号二宗地块,合计占地面积 61733.49 平方米,成交价款 1622.12 万元(其中土地原划拨值 937.12 万元、地上附着物及不动产 650 万元、前期有关费用 35 万元)。

2005 年 4 月 11 日,国务院国资委、财政部印发《企业国有产权向管理层转让暂行规定》,规定企业国有产权向管理层转让必须经国有资产管理机构选定的产权交易机构公开进行。产权转让公告中的受让条件不得含有管理层设定的排他性条款及其他有利于管理的安排。管理层受让国有产权时,应当提供其受让资金来源的相关证明,不得向包括标的企业在内的国有及国有控股企业融资,不得以这些企业的国有产权或资产为管理层融资提供保障、抵押、质押、贴现等。

2006 年 5 月,市国资委出台《市属经营性国有资产产权转让工作细则》(常国资〔2006〕30 号)。该规则规定转让国有产权应经市国资委审批,并提交供审查的书面文件、转让方案应载明的内容以及转让程序等,共十八条。

2006 年 11 月审定、鉴证下列 11 宗资产产权转让合同,收回资产转让款 718.02 万元。

常德市2006年国有资产转让情况统计表

表2-2-4

转让标的名称	转让方	受让方	转让日期	转让方式	评估机构
常德市物资工贸集团总公司(住宅房屋)	市物资工贸集团总公司改革工作组	洪俊	2006.2.28	协议	湖南里程
常德市物资工贸集团总公司(住宅房屋)	市物资工贸集团总公司改革工作组	钟悦	2006.2.28	协议	湖南里程
市供销社再生资源总公司落路口房屋	湖南常德再生资源总公司破产安置组	湖南利源房地产开发有限公司	2006.4.21	拍卖	万源评估、正大事务所
市华侨旅游侨汇公司贾家湖房产	市华侨旅游侨汇公司两个置换工作组	王志鹏、冯泽辉	2006.4.30	拍卖	湖南里程 万源评估
市钻石公司仓库土地	市商务局	市土地储备中心	2006.7.19	协议	不详
市万众金属公司土地	市商务局	市土地储备中心	2006.7.19	协议	不详
市食品总公司	市商务局	市土地储备中心	2006.7.19	协议	不详
粮食局武陵分局战备桥粮店	市粮食局武陵分局置换工作组	沈富媛	2006.10.11	挂牌	天华事务所
粮食局武陵分局沅安商场停车场	市粮食局武陵分局置换工作组	双健	2006.11.11	挂牌	天华事务所
粮食局武陵分局紫桥粮店	市粮食局武陵分局置换工作组	李春华	2006.10.11	挂牌	天华事务所
常德赛尔物业公司	常德赛尔物业公司置换工作组	常德九盟工贸有限责任公司	2006.11.23	挂牌	万源评估

2006年12月31日，国务院国资委印发《关于企业国有产权转让有关事项的通知》，对协议转让方式的批准、外商受让企业国有产权、受让条件的审核管理、受让资格的审核确认、企业国有产权转让价格以及各级财政部门在企业国有产权转让中的管理工作等予以明确。

2007年，市国资委委托交易机构完成各类产权交易5宗，交易金额1296万元，全部为企业国有资产转让，转让金额与评估值相比增值11.72%。

同年，市国资委批准划转3户，涉及净资产1166万元。

常德市顺沅房地产开发有限公司(简称顺沅公司)位于常德市武陵区朗州北路紫云小区，系国有企业，国有法人唯一股东为常德市地产公司。顺沅公司的主管部门为常德市国土资源局。该公司成立于1998年9月，注册资本金950万元，经营范围：房地产开发、建筑材料经营。经中介机构审计，截至2011年6月20日，顺沅公司资产总额为3437.23万元，负债总额2486.67万元，净资产总额为950.55万元。经中介机构评估(评估基准日为2011年6月20日)，顺沅公司资产总额为5973.78万元，负债总额为1185.02万元，净资产总额4788.76万元。2011年10月,市国资委、市国土资源局委托常德市公共资源交易中心公开转让顺沅公司国有产权。

2010年10月8日,常德市顺沅房地产开发有限公司(以下简称顺沅公司)向市国资委请示转让顺沅公司100%国有股权,获得唯一国有法人股东常德市地产公司、主管单位市国土局、市征地拆迁管理处的同意和支持,市国资委批复同意。2011年6月17日,市政府就《常德市征地拆迁管理处关于顺沅房地产公司改制事宜的请示》做出指示:同意顺沅公司按市里的统一部署依法整体拍卖,其中对职工的补偿依法按政策进行。10月26日,市地产公司通过市公共资源交易中心发布公告,挂牌转让顺沅公司100%国有股权。挂牌期满后,产生唯一的意向受让方余宪成,成交价格为4800.00万元。甲乙双方于2011年12月8日共同签订了《产权交易合同》,但由于各种原因,没有实际履行。为确保合同全面履行,根据2013年11月26日市政府专题会议精神,经双方友好协商,于2014年1月6日签订了补充协议。

2011年6月24日,市人民政府印发《常德市公共资源交易监督管理暂行办法》,该办法规定,公共资源交易应当遵循管办分离、公开透明、公平竞争、公正诚信、廉洁高效的原则,各级公共资源交易所建设必须坚持同城合一的原则,任何单位和个人不得设置不合理的条件限制或排斥潜在投标人(竞买人)参加公共资源交易活动,不得以任何方式非法干预交易活动;市县两级公共资源交易管理委员会的组成及公共资源交易中心的职责;公共资源交易范围、程序等重大事项。

2011年8月3日,市编委办印发《关于组建市公共资源交易中心的通知》(常编办〔2011〕128号)。该中心主要职责是依法组织和管理场内交易活动。所有公共资源的产权交易进入该中心依法依规进行。

常德中旅国际旅行社有限公司100%国有股权转让。该公司于1993年1月18日成立,注册资本150万元人民币。2012年12月31日,经湖南天平正大资产评估有限公司评估,市国资委核准,资产总额432.11万元,负债274.51万元,净资产157.6万元。2013年10月,常德市旅游局委托市公共交易中心转让该公司100%的国有股权。2013年11月29日,通过协议方式,市旅游局将该旅行社100%的国有股权转让给吴勇、杨红英,成交价格为192万元。

2014年5月29日,市国资委委托湖南公信环宇拍卖有限公司、湖南泰达拍卖有限公司,在常德市公共资源交易中心,公开拍卖青峰煤矿位于石门县楚江镇新厂社区青峰家园小区门面7间。该次被拍卖的7间门面,底价调整后总额437万元,实际成交总额479万元,溢价42万元。

2015年11月27日,市国资委批复同意市财鑫投融资担保集团有限公司《关于批准常德沅澧产业投资控股有限公司公开挂牌转让所持湖南新合新生物医药有限公司部分股权的请示》,同意常财鑫将沅澧产业持有的新合新公司1321341股国有法人股,占总股本的5%公开挂牌转让。沅澧产业系常财鑫全额出资设立的企业,常财鑫持有沅澧产业公司100%的股权,常财鑫为国有独资企业,沅澧产业公司所持有的新合新公司的7.5%股权属于国有资产范畴。12月2日,沅澧产业公司通过市公共资源交易中心发布公告,挂牌转让新合新公司5%国有股权。挂牌期满后,产生唯一的意向受让方刘喜荣。2016年1月4日,沅澧产业公司与刘喜荣签订《股权回购协议》,成交价格为3000万元。

青峰家园门面拍卖成交结果

表2-2-5

受让方	公告时间	成交时间	标的名称	交易方式	中介机构	成交价（万元）
屈必红、屈良喜	2014.5.16—2014.5.28	2014.5.29	青峰家园连1	现场拍卖	湖南公信环宇拍卖有限公司 湖南泰达拍卖有限公司	79
王连春	2014.5.16—2014.5.28	2014.5.29	青峰家园连2101号	现场拍卖	湖南公信环宇拍卖有限公司 湖南泰达拍卖有限公司	73
杨文华	2014.5.16—2014.5.28	2014.5.29	青峰家园连2102号	现场拍卖	湖南公信环宇拍卖有限公司 湖南泰达拍卖有限公司	76
杨四九	2014.5.16—2014.5.28	2014.5.29	青峰家园7幢103号	现场拍卖	湖南公信环宇拍卖有限公司 湖南泰达拍卖有限公司	52
覃佐红	2014.5.16—2014.5.28	2014.5.29	青峰家园连3101号	现场拍卖	湖南公信环宇拍卖有限公司 湖南泰达拍卖有限公司	66
文嘉、梁凤连	2014.5.16—2014.5.28	2014.5.29	青峰家园连3102号	现场拍卖	湖南公信环宇拍卖有限公司 湖南泰达拍卖有限公司	71
苏宏建	2014.5.16—2014.5.28	2014.5.29	青峰家园9幢101号	现场拍卖	湖南公信环宇拍卖有限公司 湖南泰达拍卖有限公司	62
合计						479

德华宾馆移交给市国资委实施监管。

湖南新合新生物医药有限公司国有股权5%转让公告,位于常德市津市市嘉山工业新区,系有限责任公司。该公司成立于2013年3月,注册资本金人民币2642.6831万元,经营范围为生物医药产品的研究、技术咨询及技术转让、精细化工产品、生物原料的生产销售及进出口业务。经湖南天平正大资产评估有限公司评估,该生物医药公司净资产6亿元人民币,转让标的对应评估值3000万元。评估基准日2015年9月30日,该评估结果经市国资委核准。

2015年7月,常德市科雄饲料有限公司聘请天平正大资产评估有限公司对本公司的资产进行了全面清查,截至2015年6月30日,公司资产总额3398.1万元,负债总额3353.6

万元,净资产为44.5万元。该公司鉴于近几年经营状况一直不佳,内部管理因多种原因难以理顺,已无法继续生存。为优化公司股本结构,经公司股东大会讨论决定实行股权重组。2015年11月,在市粮食局监管下,常德市广积粮食储备库与长沙一家人实业有限公司签订了股权转让协议,常德市广积粮食储备库将其在市科雄饲料有限公司授权管理的264万元国有股权,以股转债的方式按原值转让给长沙一家人实业有限公司,至此,广积粮食储备库在科雄饲料公司的国有股权全部退出。

四、股权管理

1997年1月9日,市国有资产管理局将湖南德海实业集团公司179万元国有股本售让给新改组成立的湖南德海实业(集团)有限公司职工个人。德海实业(集团)有限公司以货币形式支付,分3年付清:1997年6月30日前,支付30%,金额为53.7万元;1998年6月30日前,支付30%,金额为53.7万元;1999年6月30日前,支付40%,金额为71.6万元。分期付款期间,每次付款后所欠余额,由德海实业(集团)有限公司向市国有资产管理局按年利率6%支付利息。

1998年6月22日,市国资局提出股权设置意见(常国资企字〔1998〕034号),同意将“常德欣运集团股份有限公司”的国家股股本2115万元设置为4265万股,每股面值人民币1元,股本总额4265万元。其股本结构为:国家股2115万股,占股本总额的49.6%;法人股350万股,占股本总额的8.2%;社团法人股(内部职工个人股)1800万股,占股本总额的42.2%。

1998年5月26日,市国有资产管理局将常德中药厂40.5万元国有资产售让给湖南德海实业(集团)有限公司。1998年5月31日前以货币形式一次性付清。

关于市东方金属回收公司:

①东方金属回收公司:(2009年12月8日)关于转让常德市东方金属回收有限责任公司(简称“东方公司”)国有股权的请示。

市国资委对常德市东方金属回收有限责任公司(截至2009年9月30日)的会计资料进行了清查,结果如下:

2004年1月1日至2009年9月30日总收入1806万元,费用总计1903万元,亏损额97万元。

公司资产总额211.4万元,负债总额67.8万元,公司净资产为143.6万元。

东方公司自组建以来,未给职工买养老保险,按《中华人民共和国劳动合同法》的相关规定,初步匡算应支付职工社保费91.8万元。另外公司业务二部经理曹先明垫付下岗职工生活费 27.78 万元。合计潜亏 119.58 万元。

东方公司实际亏损 216.98 万元,实际净资产只有 24.02 万元,尚未考虑 2009 年 9 月以后的亏损。

②拟定的两公司改制方案的主要内容;

③2009 年 1 月市政府批准了改制方案。

市国资委经过研究,提出以下意见:

将国有股在股东之间转让,受让方为:业务一部受让国有股权的 55%,代表人汪明君;业务二部受让国有股权的 45%,代表人曹先明。

国有股转让价格的确定方法如下:

按现有账面值加潜亏因素计算,截至 2009 年 9 月 30 日累计亏损 217 万元,预计后几月亏损 13 万元,合计亏损 230 万元,国有股承担 51%为 117.3 万元,从注入股本 123 万元中剔除以后,仅剩余 5.7 万元。

按资产评估计算,预计增值资产仅为国有股入股的一宗工业用地,转让后土地每亩可达 40 万元,扣除土地出让金后,土地使用权价值可达 320 万元,增值 200 万元,国有股权可分配 102 万元,加上股本 123 万元,国有股权益可为 225 万元,承担公司亏损 217 万元,仅结余 8 万元。

依据上述估算结果,国有股权转让价格确定在 20 万元以内。

国有股权转让后公司股东及其员工过去的养老保险因已计算在亏损中,由受让方负责。东方公司的稳定工作,按照一、二部股东的划分,分别由一、二部代表人负责。

国有股权转让后公司正常运营,其股东结构和管理体制的改变及其公司变更登记,均由受让方协商办理。

为避免发生其他地市出现的报废汽车回收网点放开后的群访事件,建议市商务局暂不申报其他企业和个人报废汽车回收资质,给东方公司一年的适应期。

为稳步推进东方公司改制工作,市国资委成立改制工作领导小组,负责改制工作。

2009 年 12 月 8 日,市国资委对东方公司管理体制和经营状况进行详细调研后,以常国资〔2009〕86 号文件向人民政府请示转让所持东方公司的国有股权并获市政府领导批准同意。

2010 年 5 月 12 日,市国资委将所持东方公司的全部国有股权授权常德市中达国有资产经营管理有限公司代为转让给东方公司的全体自然人股东。

2010 年 7 月 30 日,中达公司根据授权与汪明君所代表的 58 名东方公司自然人股东签订了占东方公司全部国有股权 56%的股权转让协议;2010 年 8 月 31 日,中达公司根据授权与曹先明所代表的 37 名东方公司自然人股东签订了占东方公司全部国有股权 44%

的股权转让协议;至此,东方公司全部国有股权转让完毕。

2009年,市国资委与市政府办联合对原国有企业改制后重组的企业市政府配送的法人代表岗位职能股、国家期权股的情况进行调查。清理核实市政府配送给12家改制重组企业的法人岗位361.8864万元、4家改制重组企业国家期权股501.00万元,并将调查清理情况及处理意见报送给市政府。

重组企业政府配股调查情况明细表

表2-2-6　　单位:万元

序号	重组企业名称	原企业名称	法人代表	原国资局移交数据		本次调查数据		备注
				法人岗位职能股	国家期权股	法人岗位职能股	国家期权股	
1	津市湘航港务有限公司	津市轮船总公司	陈锐	30.00	—	30.00	—	运转正常
2	津市船舶有限公司	津市轮船总公司	宋钢炎	12.8739	—	12.8739	—	运转正常
3	常德湘航港务有限责任公司	常德轮船运输公司	刘杰	25.00	—	25.00	—	运转正常
			胡圣明	25.00	—	25.00	—	
4	常德国力变压器有限公司	常德变压器厂	张家跃	30.00	200.00	30.00	200.00	运转正常
5	常德金德山电池有限公司	常德市电池厂	肖敏颂	20.00	—	20.00	—	运转正常
6	常德七星泰塑业有限公司	常德七星塑料有限公司	覃正东	30.00	65.00	30.00	65.00	运转正常,待调减期权股21.85万元
7	常德通用压缩机有限公司	常德通用机械厂	欧阳德宽	50.00	206.00	50.00	206.00	亏损严重
8	市天源管道燃气实业有限公司	常德市燃料燃气总公司	夏崇仁	30.00	—	30.00	—	待核实
9	常德三和木业有限责任公司	常德市新型建筑材料总公司	伍孝贵	30.00	30.00	30.00	30.00	有争议
10	常德常通通信有限公司	常德市有线通信集团	王兴华	30.00	—	30.00	—	有争议
11	湖南省安乡港务有限公司	津市轮船总公司	潘波	19.0107	—	19.0107	—	已停业
12	常德星原贸易有限责任公司	市对外经济贸易土产茶叶总公司	李敏捷	30.00	—	0.00	—	主管部门已处置
合计				361.8846	501.0000	331.8846	501.0000	

2009年11月向市政府上报《关于对改制重组企业政府配股的情况调查及处理意见的报告》(常国资〔2009〕75号),副市长石军批示同意对改制重组企业政府配股的处理

意见。

(一)将位于区(县)市的重组企业的政府配股无偿划拨给当地政府管理。

鉴于湖南省安乡港务有限公司已经歇业,且资产已进行处置,与其法定代表人潘波一直无法取得联系,建议将政府配送的法人岗位股 190106.8 元无偿划拨给安乡县政府管理,并负责收回政府配送股权;建议将政府配送给湖南津市湘航港务有限公司的法人岗位股 30 万元和湖南津市船舶有限公司的法人岗位股 12.8739 万元无偿划拨给津市市政府管理。

(二)对政府配股存在争议的 3 家重组企业,即常德常通通信有限公司、常德市三和木业有限责任公司、常德市天源管道燃气实业有限公司,建议授权市中达国有资产经营公司对其政府配股进一步核实后作出处理。

(三)对常德七星泰塑业有限公司、常德国力变压器有限公司、常德湘航港务有限责任公司 3 家重组企业的政府配股建议由市国资委重新与企业签订配股协议,明确双方的权利、义务和责任,并将政府配送的国家股权划归市中达国有资产经营公司监管。其中常德七星泰塑料有限公司重组时政府配送国家期权股 65 万元,由于所购买的土地经国土部门测绘发证面积实际为 10.82 亩,比产权转让合同约定转让面积 12.74 亩少 1.92 亩,建议办证减少的面积按照产权转让合同约定价款相应调减政府配送的国家期权股 21.85 万元(145 万元÷12.74 亩×1.92 亩)。

(四)提出申请购买法人岗位股的重组企业有 1 家,即常德金德山电池有限公司。

2009 年 4 月,该公司提出三条理由申请以 8 万元折价购买政府配送的 20 万元法人岗位股,并在两年内分期付款。其理由:一是在竞拍的该资产中,商标、经营权等无形资产占了大部分价值,而德山牌电池商标因市场萎缩,在重组企业未充分发挥作用;二是企业在艰难运行的同时,妥善安置了下岗职工 60 人,从未拖欠职工工资,为社会安定做出了贡献,理应得到政府部门的扶持;三是重组企业发生的亏损,政府配股也应承担相应亏损。鉴于重组公司目前的生存状况,为妥善处理政府配送的 20 万元法人岗位股,建议考虑重组公司的请求。

(五)常德通用压缩机有限公司重组后,由于多方面的原因企业亏损严重,政府配股未发挥应有的作用。根据中介机构 2007 年的财务审计结果来看,政府配股已被亏空。鉴于通用公司重组后存在的诸多问题,为支持重组企业的生存与发展,建议对通用公司配送的 50 万元法人岗位股和 206 万元国家期权股予以核免,核免后通用公司的债权债务均与政府无关。

第三章 国有资产经营

第一节 企业改革

一、扩大企业自主权

1956 年常德地区(1988 年 7 月后称常德市)完成对生产资料私有制的社会主义改造，建立起高度集中统一的企业管理体制。企业生产要素由政府主管部门分配，按政府指令性计划生产产品，企业产品由政府统购包销，企业技术改造、调整产品结构要经政府主管部门批准。这种高度集中统一的计划管理体制在奠定常德工业基础、支援国家建设、保证城乡生产生活供应方面发挥了很大作用。1978 年 12 月后国家实行改革开放政策，这种高度集中统一的体制不利于激发企业的活力，束缚了企业“手脚”。

1979 年 7 月 13 日，国务院做出《关于扩大国营企业经营管理自主权的若干规定》，要求各省、自治区、直辖市在少数国营工交企业组织试点。1980 年 9 月 2 日，国务院批转经贸委《关于扩大企业自主权试点工作情况和今后意见的报告》，批准从 1981 年起，把扩大企业自主权的工作在国营工业企业中全面推开，使企业在人、财、物、产、供销等方面拥有更大的自主权。1982 年地委、行署决定改革国有企业用工制度和就业制度，实行“在政府统筹规划下，劳动部门介绍就业，资源组织起来就业和自谋职业”，面向社会、公开招收、全面考核、择优录取的制度，打破长期实行的劳动就业统包统配制度。1984 年 5 月，国务院又发出《关于进一步扩大国营工业企业自主权的暂行规定》，进一步下放生产经营计划、产品销售、产品价格、物资设置、人员劳动管理、工资奖金、联合经营等权利。1984 年 6 月常德地委、行署制定简政放权、扩大企业生产经营自主权的实施细则。为企业还权、放权、扩权，使企业有生产计划权、产品销售权、定价权、资金使用权、工资奖金分配权、劳动人事权等 6 大自主权。1986 年，地委、行署又制定四个方面的具体规定。在奖金发放上，改每月各级审批为主管部门定期考核，在资金的使用上，企业修建 1 万元以下的简易货棚、5 万元以下不需征地的单项生产性土建项目，不必报批；对盈利总额超过上年实际部分，减半征收所得税等等。中共常德地委组织部还明文规定，县处级企业正职由组织部门管理，企业的副厂长（经理）由厂长（经理）提名，工交财贸政治部负责考核批准，组织部只下达任命通知书；企业的内设机构和中层干部的任免不需报批。自此，企业生产经营决策不再报请主管部门批准；有权自行销售非指令性产品；有权根据生产需要选购原材料；有权进行处理闲置资产；有权决定工资、奖金、津贴的分配形式，不需层层报批；有权设置内部机构和任命中层干部；有权按职工奖惩条例对职工进行奖惩。企业有了一定生产经营自主权，得以在社会主义商品经济（1992 年 10 月以后称社会主义市场经济）的“自由王国”里，“八仙过海，各显神通”。1984 年 5 月常德地区行署在津市市绢麻纺厂推行扩权试点。该企业自己决定内部分配权、生产计划权、物资采购权、产品销售权、人事安排权、工资奖金分配权，对滞销产品实行销售费用包干，对科室行管人员实行人定岗、岗定责、责定分、分定奖，彻底端掉“大锅饭”。系列扩权措施的推行，调动了全厂职工的劳动积极性，经济效益成倍增长。该厂 1983 年亏损 33.7 万元，1984 年 1 月至 4 月亏损 14.3 万元，1984 年 5 月扩大自主权后，当月实现利润 17.5 万元，6 月实现利润 21 万元，7 月再创纪录，实现利润 24 万元。1984 年 8 月青峰煤矿从实际出发，对科室的设置大胆改革，不搞上下对口，将党委办和矿长办合并为一个办公室；将武装部、宣传科、组织科合并为政工科；将财计科和劳资科合并为经营管理科并赋予改革、整顿职能；将工会、团委、职教、计划生育、妇女工作合并为工青妇女办公室。该矿由 16 个科室减少至 10 个科室，机构和人员得到精简。该矿改科室的正副科长委任制为聘任制；科员由科长挑选，择优录用，定岗定责，不因人设事。该矿改革内设机构，提高了内部机关的办事效率。

二、经济责任制

20 世纪 60 年代至 70 年代末，常德地区对国有工商企业实行高度集中统一的管理体制，政府对企业管得过多过死、统收统支，企业“吃”政府的“大锅饭”；在企业内部，实行平均主义、干差干好一个样的分配制度，企业职工缺乏生产经营积极性、创造性。1981 年 4 月，国务院提出在国营企业中建立和推行经济责任制。同年 10 月，国务院对实行经济责任的原则和利润分配形式做出具体规定。常德地委、行署贯彻中央、省委精神，在工交企业中推行经济责任制。常德地区推行经济责任制，经过三个阶段。第一阶段（1979—1982 年），试点推行企业内部经济责任制，克服奖金分配中的平均主义，改评奖为算奖，实行考核指标化，计奖数据化。第二阶段（1983—1985 年），在巩固完善多种责任制形式基础上，实行工资、奖金、津贴的部分浮动或全部浮动。第三阶段（1986—1987 年），开始探索新的企业工资制度，使职工的劳动报酬与企业效益和个人劳动成果挂钩的办法定量化和规范化。具体有六种形式：第一种，全额计件工资制。凡是产品比较单一、个人能出成品或半成品，又便于计量的，实行全额计件。在完成质量、消耗指标后，工人收入与劳动成果挂钩。全区340家县以上全民和集体企业，260家企业实行全额计件工资制，占76.5%，比1982年的68家增加2.8倍。第二种，对企业管理人员实行联利联责浮动工资。将管理人员的工作职责指标化，按指标的完成程度提取工资；将全体管理人员的工资同企业利润情况挂钩。第三种，单位产品工资含量包干。以车间定编人员的基本工资或同一级别的工资，与各种津贴、奖金捆在一起，按年度目标产量计算出单位产品工资含量，在考核成本的前提下，完成多少符合质量标准的产量，发给多少工资。全区实行此种分配形式的有造纸、酿酒、化肥等行业共96家企业，占28%。第四种，车间承包。以车间为核算单位，承包给集体或个人，完成承包任务的，按比例分成，没完成的，则相应扣罚工资。第五种，专项承包。如销售、供应、技术改造、新产品研发、设备维修、运输、食堂、医药费等，都实行包括工资在内的费用包干。第六种，岗位工资。企业在实行工资全浮动的基础上，取消八级工资制，对干部和工人实行在什么岗位，拿什么工资的分配制度，原工资级别作为"档案工资"，只在职工退休和调动时有效。内部经济责任制的推行，增强了企业内在活力。1987年全员劳动生产率达12447元/人，比1981年的8255元/人增长51%。

三、承包经营[①]

常德地区(市)推行承包经营责任制，经历了三个阶段。

第一阶段：试行利改税与工资总额挂钩(1984.9—1987.3)。1985年起常德地区在直属企业中，选定桃源纺织印染厂、常德棉纺厂、常德滨湖印刷厂、常德武陵液压件厂实行工资总额同经济效益挂钩办法的试点企业，企业按照批准的挂钩方案计算的随经济效益增长而新增加的工资，允许在成本费用中列支。同年，在地属企业羊耳山煤矿、青峰煤矿、赤峰煤矿、广福桥煤矿，实行吨煤工资含量包干办法，按劳动、财政主管部门共同核定的吨煤工资含量计入成本。

第二阶段：全面推行承包经营责任制(1987.4—1990.12)。1988年2月27日，国务院发布《全民所有制工业企业承包经营责任制暂行条例》。该条例以政府法规的形式明确了

① 承包经营：就是在不改变企业所有权的前提下，由企业的经营者与所有者的代表——政府主管部门签订合约，确定在一个约定的承包期限内上缴利润的基数，或按一定的基数确定每年增长的幅度，企业完成上缴基数后剩余部分可以让企业留存用于扩大再生产和职工福利。

承包经营的原则方针。从 1987 年 4 月始，常德地区在国营(有)工商企业中全面推行承包经营责任制。1987 年 6 月 5 日，中共常德地委、常德市行署召开全区企业承包经营责任制会议，传达国务院、省政府关于承包经营责任制座谈会精神，再次动员部署实行企业承包经营责任制。这一阶段，企业承包经营责任制的主要形式有：租赁承包；上缴利润分年度包干、超收全留；定额上缴、超收分成；以盈补亏；亏损包干；利税包干；厂长(经理)任期目标责任制、全员风险抵押承包等。1986 年常德市(1988 年 7 月后称武陵区)政府对市洞庭制药厂实行利润递增包干承包经营责任制。该厂当年实现利润 130.5 万元，比 1985 年增长 100.2%，归还贷款 39.7 万元；该厂 1987 年 1 月至 4 月，在原材料大幅涨价的情况下，实现利润比 1986 年同期增长 192.6%。1987 年 11 月底，常德地区 160 家国有工业企业，有 127 家实行多种形式的承包经营责任制。

常德市金属材料公司为国家指定专营计划内、外金属材料国营物资企业，属常德市物资局管理。现有固定资产(1991.3)净值 233 万元，占地面积 42246 平方米，国拨资金 314 万元，企业流动资金 38.64 万元，企业专用基金 107 万元。1990 年销售收入 6627 万元，实现利税总额 226 万元，1990 年末在册职工 127 人。1987 年该公司(原称常德地区金属材料公司，1988 年 12 月改称常德市金属材料公司)与原地区财政局、物资局签订 1987 年 1 月至 1990 年 12 月 31 日止的承包经营合同；原金属材料公司与原市(现武陵区)财政局、物资局签订 1987 年 1 月至 1989 年 12 月 31 日止的承包经营合同。承包形式为“上交利税递增包干”。物资购入：承包期实际完成 20290 万元，比合同规定增长 22.36%；实现利润总额：承包指标四年累积 390 万元，实际完成 508.94 万元，比合同规定增长 30.5%；上交财政利润：承包指标四年累积 104.49 万元，实际完成 104.49 万元，完成合同规定的承包任务；税前还贷：承包指标四年累积 49 万元，实际完成 216 万元，比承包合同规定多还贷 167 万元。

第三阶段：推行“投入产出总承包”(1991.1—1993.12)。1990 年 11 月 22 日，湖南省经济委员会、湖南省财政厅联合提出《关于进一步搞好国营工交企业第二轮承包的意见》(湘经企〔1990〕188 号)，该意见提出了搞好第二轮承包，对承包基数的确定，应充分体谅目前国家财政预算的需要，也要有利于企业的发展，对经济效益下降幅度较大，发展形势不太明朗的企业，上交基数维持上轮承包水平确有困难的，各级财政部门要根据实际情况，适当调低承包基数，超收基数的部门可实行超收分成或超收分档分成的办法，以充分调动企业的积极性；同时指出，对第二轮承包经营责任制的企业，可继续实行税前还贷和提“两金”(福利基金、奖励基金)的办法，鼓励企业积极进行技术改造、调整产品结构。此阶段的承包经营责任制被称为“第二轮承包”，承包期为 3 年。此轮承包主要在桃源纺织厂、七一机械厂、常德通讯设备总公司、常德中心百货大楼等 10 家市直企业推行。承包方式为“两保一挂(保上交、保资产增值、工交挂钩)、利税统算,先税后利,递增包干,超收全留”。10家企业的法人代表分别与市经委、财政部门签订了承包合同。

四、转换经营机制

1992年7月23日,国务院发布《全民所有制工业企业转换经营机制条例》(以下简称《条例》);同年11月,商业部、国务院经贸办、国家体改委联合出台《全民所有制商业企业转换经营机制实施办法》(商社联字〔1992〕第287号)(以下简称《办法》);1993年2月19日,湖南省人民政府常务会议通过《湖南省全民所有制工业企业转换经营机制实施办法》(湖南省人民政府令第十七号),该办法提出落实《条例》规定的14种权利,推行企业承包经营责任制、股份制改革等多种资产经营形式,强化厂长(经理)对企业盈亏负直接责任和职工对企业盈亏负相应的经济责任。

中共常德市委、市人民政府贯彻国务院《条例》和湖南省人民政府《办法》,于11月召开全市转换企业经营机制千人动员大会,在国有工商企业中转换经营机制,引进“三老企业”机制,打破“三铁一大”。实行厂长负责制,完善企业内部的聘任制,企业内部科室的设置和中层骨干的任免上级主管部门不干预;推行劳动合同制,企业用多少职工,由企业按国家规定确定。推行工资总额与经济效益挂钩的办法,允许企业在国家规定的范围和幅度确定职工工资和奖金;给企业不合格干部职工的处置权。

常德市推行国有商业企业以“经营放开、价格放开、用工放开、分配放开”为主要内容的“四放开”改革进入全面实施阶段,到1992年底,全市国有商业实行“四放开”的企业89家,占全部独立核算单位的100%,实行“四放开”后,企业经营品种比改革前增加8627种,自行定价的商品达2507种、46201个,分配放开实行百元销售工资(毛利)含量包干、工资浮动等多种分配形式,大多数企业建立了按级分档的风险抵押制度,市直商业系统共参加风险抵押1837人,抵押金额57.54万元。根据湖南省商业厅〔1990〕湘商字第191号《关于完善全民所有制小型商业企业租赁经营的意见》,常德市商业局在小型企业中引入个体经营机制,推行以租赁为主要内容的“国有民营”“国有私营”改革,这项改革主要在国有商业边、微、亏、小企业中进行。到1993年,常德市有259个商业企业的2458个门店和柜台实行了“国有民营”;有10个企业的90个门店实行“四自一包”(即自愿组合、自筹资金、自主经营、自负盈亏)。实行“国有民营”和“国有私营”后,原本亏本的企业开始出现复苏,津市市商业系统62家小型企业和门店全部实行了国有民营,实施前亏损52万元,实施后不仅遏制了亏损,而且全年还上交管理费26.5万元,职工收入也比上年增长了20%以上。

到1993年12月，市直46家工业企业，内部科室由940个撤并为536个，行政管理人员由7168人压缩到5052人；有960多名企业中的国家干部走上工人岗位。津市绸厂把17个科室精简为5个办公室，127名行政管理人员减少到31人，后勤服务人员由118人减为55人。常德轴承厂改革人事制度，打破干部职工身份界限，实行全员竞争上岗和干部岗位聘任制，70多名中层干部有32名是工人，46名国家干部走上工人岗位。常德七一机械厂改革分配制度，对生产车间实行全额计件，上不封顶，下不保底，使工资分配向生产一线倾斜，30名行政管理人员主动下车间。

同时，全市工交企业兴起兴办第三产业热潮。市直国有企业开办第三产业，有5612名职工脱离“母体”，走上自负盈亏、自我发展的市场之路。石门磷肥厂兴办小公司、建立小工厂、开发小产品、设立小摊点，安置富余人员130多名。

在贯彻《条例》过程，也存在着职能部门放权不到位，企业抵制摊派、罚款收费、辞退职工难的问题。市经济主管部门、经济监督部门下放给企业的21种权利大都是“大婆婆”交给“小婆婆”，下放到各主管局和各区县（市），企业对关键权利如“笼中鸟”，看得见，得不到，企业仍然缺少劳动用工、辞退职工、抵制摊派收费罚款等自主权。彻底解决这些问题，有赖于政府机构的改革和职能的转变、产权制度的变革和职工身份的彻底“置换”，以及社会保障制度的建立。

五、建立现代企业制度

1992年10月，中共第十四次全国代表大会召开。十四大确定经济体制改革的目标是建立社会主义市场经济体制，使市场在国家宏观调控下对资源配置起基础性作用。1993年11月，中共十四届三中全会做出《关于建立社会主义市场经济体制若干问题的决定》，明确企业改革的目标是建立“产权明晰、责权明确、政企分开、管理科学”的现代企业制度，使企业成为自主经营、自负盈亏、自我发展、自我约束的法人实体和市场竞争主体。常德市股份制改革就是在这个大背景下推行的。

1992年9月17日市政府成立股份制改革工作试点领导小组，陈德铨任组长，俞斌尤、龙迪安、熊汉之、赵涌涛任副组长。1992年10月5日常德市人民政府印发《常德市股份制改革试点工作意见》（常政发〔1992〕18号）。1993年，中共常德市委召开第七次常务会议，分别研究常德经济工作和企业股份制改革工作，要求主管局、各区县（市）选择1至2个企业进行股份制试点。

湖南省武陵刷业股份有限公司其前身是常德市制刷厂，主要生产出口油漆刷。由于多年来的计划经济管理体制，使企业捧着“铁饭碗”，职工吃着“大锅饭”，满足于“贡献不大年年有,步子不快年年走”的状况。1992 年下半年,由常德市制刷厂、武陵区二轻工业联社、湖南省土产畜产品进出口公司共同发起,于 1992 年 12 月报经省体改委批准,组建规范化股份制企业。1993 年一季度各项筹备工作就绪,湖南省武陵刷业股份有限公司正式挂牌成立。

湖南省武陵刷业股份有限公司采取定向募集方式设立,注册资本为 1271 万元人民币,公司总股本为 1271 万股,每股人民币 1 元。其中国家股 10 万股,占公司股本总额的 0.78%,由武陵区国资办持有,法人股 1221 万股,由发起人湖南省土产畜产品进出口公司出资 400 万股,占公司股本总额的 31.4%,其股权由省土产畜产品进出口公司持有;常德市制刷厂集体资产 806 万元全部入股,占公司股本总额的 63.61%,其股权属原常德市制刷厂集体资产管委会所有;武陵区二轻工业联社认购 15 万股,占公司股本总额的 1.18%,其股权属武陵区二轻工业联社所有。个人股由公司内部职工认购 40 万股,占公司股本总额的 3.1%,其股权属公司职工个人所有。湖南省武陵刷业股份有限公司制定公司章程,设立股东会。股东大会的常设机构是公司董事会,公司设立的监察机构是监事会。

改制后,武陵刷业股份有限公司历时四年多的运作,使企业发生了变化。企业产权明晰化、企业管理规范化、企业经营科学化、企业行为长期化。1993 年该公司在巩固原有出口油漆刷的基础上,开发出化纤丝刷和滚筒刷两项极有发展前途的新产品,先后引进四套先进制刷设备,总投资达 20 万美元,为进一步扩大出口产品的生产奠定了良好的基础。当年完成工业总产值 2451 万元,实现销售收入(出口交货值)1322.61 万元,实现利税 79 万元。

截至 1993 年 9 月,常德市批准设立规范性股份制企业 14 家,其中股份有限公司 2 家,有限责任公司 12 家;14 家股份制企业共有股本总额 4015.8 万元,其中,吸收市外资金 960 万元和个人资金 330 万元。

常德市股份制改革有了良好开端,但在全省企业股份制改革进程中处于下游状态。截至 1993 年 8 月,湖南省共批准设立股份制企业 238 家,平均每个地州应为 17 家,而常德市仅 14 家;全省同期股本总额 37 亿元,平均每个地州市应为 2.64 亿元,而常德市仅有股本 4015.8 万元。

1993 年 10 月 20 日,市委、市政府再次召开全市股份制改革工作会议,副市长李延生作了题为《提高认识,加强领导,大力推进我市企业股份制改造工作》的工作报告,提出要“把股份制改造作为搞活企业的关键性措施来抓”,报告要求各主管部门、各区县(市)建立健全领导机构,配齐配强工作力量;制定总体规划,定试点单位;明确部门责任,实行整体联动。自此,常德市企业股份制改造工作全面推开。1994 年、1995 年省政府分别发出《批转省经委关于国有企业改革 3 个文件的通知》(湘政发〔1994〕8 号)、《关于深化国有工业企业改革有关问题的通知》(湘政发〔1995〕19 号)。1995 年,常德市积极推行国有工商企业股份制改革。1994 年,澧县对兰江、翊武百货大楼等 4 家国有商业企业进行股份制改造,4 家企业全年实现销售和利润分别比上年同期增长 9.1%、8.7%。1995 年市商业部门确定在武陵百货大楼、常德五交站、常德百货站实施股份制改革试点。到 1996 年底,全市国有商业企业实行股份制和股份合作制改造达 19 家,股本总额达到 745 万元。

1997 年 3 月,湖南洞庭药业股份有限公司成立。该公司经湖南省经贸委批准,由常德市经委、常德市邮电局、常德市鸿陵通信发展有限责任公司、赤峰煤矿、湖南省洞庭制药厂工会等 5 家发起法人联合成立。其前身是湖南洞庭制药厂(该厂主要从事医药原料药、针剂、片剂、胶囊、输液、口服液冲剂、滴眼液等产品的生产,销售及企业自产产品和相关技术的进出口业务)。该公司下辖湖南省洞庭药业国际贸易有限责任公司、湖南省洞庭药业销售公司、常德市绿色型煤制造有限责任公司、湖南洞庭物业经营有限责任公司等各子公司或控股公司。该公司成立后,产值、销售、利润看好,为全市搞活股份制改造企业带头走出一条发展之路。

湖南常德七一机械厂始建于 1951 年,厂址常德德山乾明寺,是机械工业部、湖南省机械工业局重点和骨干企业,是中国烟草专卖局烟草包装机械定点生产厂家,属大Ⅱ型国有企业。至 1997 年 6 月该厂有职工 1177 人,占地面积 18 万平方米,建筑面积 10.2 万平方米。企业生产的主要产品为烟草包装机械、多功能灌装机、精米加工机械、农用水泵系列及特种阀门系列。

经常德市公信资产评估事务所评估(评估基准日 1997 年 3 月 31 日),该厂资产总额 12810 万元,净资产 7120 万元(含土地使用权价值 3640 万元,无形资产 450 万元),该资产评估结果于 1997 年 12 月 28 日被市国有资产管理局确认。

将湖南常德七一机械厂整体改组,按公司法有关规定,由常德市机械局、滨湖印刷厂、石门雄黄矿、石门磷肥厂、七一机械厂持股会共同发起设立湖南七一机械股份有限公司,注册资本金 2540 万元人民币,公司总股本为 2540 万股,每股金额 1 元人民币。公司设立股东大会、董事会、监事会,公司聘任总经理 1 名、副总经理 3—4 名。1997 年 12 月,湖南省经济贸易委员会批复同意湖南常德七一机械厂更名为湖南七一机械股份有限公司(湘经贸企〔1997〕367 号)。省人民政府授权常德市机械电子工业局行使国有股出资者职能。

湖南七一机械股份有限公司出资结构表

表 3-1-1

出资人	出资额(万元)	持股(万股)	占总额(%)
常德市机械局	1350	1350	53.15
石门雄黄矿	200	200	7.87
石门磷肥厂	100	100	3.93
滨湖印刷厂	100	100	3.94
“七一”机械厂工会	790	790	31.10
总计	2540	2540	100

1997 年 5 月,湖南省津市轮船总公司整体接收原津市船舶厂破产后分配安置职工的资产(159.66 万元),并按“资随人走”的原则,接收该破产企业在职和离退休职工 328 人,组建常德市津澧船舶修造有限责任公司,股本总额 199.66 万元,属法人股,占股本总额的 80%;员工持股(现金出资)40 万元,属个人股,占 20%。该有限责任公司初始注册资本为 179.99 万元。

至 1998 年 4 月,常德市有 7 家国有工业企业改制为股份有限公司,5 家国有工业企业改制为有限责任公司。

常德市国有公交企业整体股份制改造情况统计表

表 3-1-2

原企业名称	股份制企业名称	股本结构(万元)				改制挂牌时间
		合计	国家股	法人股	职工股	
一、股份有限公司						
常德市洞庭制药厂	湖南洞庭药业股份有限公司	3838	888	2600	350	1998.3
湖南特种水利厂	湖南坝道特种水利股份有限公司	1732.5	800	320	612.5	1998.2
湖南常德七一机械厂	湖南七一机械股份有限公司	2922	1680	575	667	1998.2
常德市滨湖印刷厂	常德滨湖印刷股份有限公司	1368	318	350	700	1998.1

续表 3-1-2

原企业名称	股份制企业名称	股本结构(万元)				改制挂牌时间
		合计	国家股	法人股	职工股	
一、股份有限公司						
湖南常德汽车运输公司	湖南常德欣运集团股份有限公司	4855	2115	940	1800	1998.4
湖南石门磷肥厂	湖南石磷实业股份有限公司	1598	628	370	600	1998.1
湖南雄黄矿	湖南雄黄化工股份有限公司	1588	438	600	550	1998.2
二、有限责任公司						
常德塑料七厂	常德七星塑料有限公司	192.5	98	—	94.5	1997.12
德山大曲酒厂	湖南德山大曲酒业有限责任公司					1997.10
武陵酒厂	湖南常德武陵酒业有限公司	2000	4000	6000	2000	1997.11
常德酒精厂	湖南常德沅达酒精实业发展有限公司					1997.12
常德市化工厂	长丰农药化工有限公司	2262	149	15	2098	1996.8

1998 年 3 月，常德市彩色印刷厂与常德市金彩商贸有限公司合作，组成湖南常德金彩特种商标印务有限公司。常德市金彩商贸有限公司出资 150 万元人民币，占有股份 75%，市彩色印刷厂以厂地(生产车间 336 平方米，仓库 96 平方米，办公用房 112 平方米)折算人民币 50 万元作为出资，占股 25%。双方于 1998 年 2 月 16 日签订协议，约定双方长期合作(20 年)。同年 3 月，常德市金彩特种商标印务有限公司经工商行政管理部门注册成立。该公司自成立至 2001 年止，四年间创业，从弱到强，从小规模生产经营到现代化经营管理，走出了一条成功之路。该股份制企业是湖南省唯一生产卷烟封口花的专业性企业，是中南五省独家采用激光雕版、凹版印刷、电脑跟踪分切的专业印刷厂，年销售收入达 800 万元以上，安置下岗职工 60 余人。市委、市政府在推行股份制改革时，鼓励公司制企业上市。1998 年 5 月 6 日"金健米业"公司在上海证券交易所成功上市，实现常德市上市公司的零突破。2000 年 6 月 12 日，"洞庭水殖"顺利上市，共募集资金 3.56 亿元。

截至 2000 年 11 月，股份有限公司发展到 22 家，股本总额达 82243 万元，其中市直企业有 12 家，临澧 4 家，武陵 3 家，石门 1 家，澧县 1 家，津市 1 家。全市有限责任公司达 1300 多家。721 户公有制企业，已改成股份有限责任公司的有 407 家，占 56.45%。其中，国有工商企业 488 户，已改制 400 家，改制面达 82%。市直 90 家工商企业，已改制 78 家，改制面达87%。一部分中小企业通过股份制改造走出了困境。

2011年9月28日，湖南省湘澧盐矿改制更名湖南湘澧盐化有限责任公司揭牌仪式隆重举行。湖南省轻工盐业集团有限责任公司董事长王新松，省轻工盐业集团有限责任公司总经理郭剑萍，副市长徐超文，津市市委副书记、市长尹正锡及省国资委领导参加了揭牌盛典。湘澧盐化有限责任公司是湖南省轻工盐业集团的核心企业之一。湘澧盐化有限责任公司改制，是轻工盐业集团应对盐业体制改革、推进实施“十二五”发展战略的重要举措，是湘澧二次创业的新起点，也是常德盐化工板块乃至湖南盐化工业发展史上的一件大事。多年来，湖南省湘澧盐矿蓬勃发展、逆势而上，先后实施了制盐后工序配套改造、炉机节能环保项目建设、卤水净化等一系列技扩改工程，产量发展到85万吨，主营业务收入从1.93亿元提升到近4亿元，上缴税收从2500万元提高到3000多万元，为地方经济发展做出了重要贡献。公司化运作后，湘澧盐化熔铸轻盐集团企业文化和发展理念，实现全新的管理模式，优化资源配置，理顺经营机制，真正建立“产权清晰、权责明确、政企分开、管理科学”的现代化企业。

商贸、粮油系统市属国企建立现代企业制度情况统计表

表3-1-3

原企业名称	股改时间	股改后企业名称
常德机电设备总公司	1992.9	常德申湘汽车有限公司
湖南申湘汽车股份有限公司		
常德市钢材市场	1997.2	常德市金属材料有限责任公司
常德市金属材料总公司		
常德市中心百货大楼	1997.3	常德市中心百货有限责任公司
常德宾馆	1997.3	常德宾馆有限责任公司
常德市物资集团钻石珠宝金行	1997.8	常德钻石珠宝金饰有限责任公司
深圳潇湘米业公司	1998.1	湖南金健米业股份有限公司
常德植物油公司		
常德市面粉公司		
常德市金海实业公司		
临澧合口油脂厂		

续表 3-1-3

原企业名称	股改时间	股改后企业名称
湖南德海西湖渔业总厂	1999.1	湖南洞庭水殖股份有限公司
安乡珊泊湖渔场		
常德弘鑫水有限公司		
常德桥南市场开发总公司		
中国水产科学研究院		
常德市粮油锅炉厂	1999	金鼎粮油工业锅炉有限责任公司
常德新大陆商场	1999	常德新大陆商货有限公司
常德米业公司	1999	常德广积米业有限责任公司
常德饲料公司	2001.4	常德科雄饲料有限责任公司

第二节　“两个置换”

一、置换国有企业产权

常德市中小国有企业的管理体制是在计划经济时期形成的，产权不明晰，所有者缺位，企业的经营好坏与企业经营者和企业员工的切身利益挂钩不紧，不能充分调动生产者的积极性，再加上企业职工的身份固定，企业的产权固定，生产要素不能合理流动，资源无法得到有效配置。企业不能完全按市场经济的法则组织生产经营活动，在激烈市场竞争中国有企业显得十分被动，举步维艰。

到 1999 年，常德市国有企业生存艰难，效益下滑，停产半停产达 60%，亏损面达 80% 以上，职工大量下岗。

2000 年 1 月，市委、市政府、市人大、市政协等主要领导用 45 天时间对市属工交企业进行详细调查，彻底摸清企业的现状，令人触目惊心：市属 63 家企业，资产负债率大于 100% 的就有 50 户，其中大于 200% 的有 30 户，63 户企业中有资产沉淀的达 32 户，处于半停产状态的企业和生产较为正常的企业闲置资产，整体资产沉淀率平均达到 50%，企业产品科技含量低，附加值低。职工大量下岗，给政府造成严重压力，仅 2000 年这一年，市政府就为下岗职工发放生活费1000万元,交付养老保险费1100万元,垫付养老保险金4000多万元,本来就不丰厚的市财政每年要为此支付6300万元。位于德山的常德纺织厂始建于1958年,职工750人,包括家属、临时工,号称万人大厂,是国有大Ⅱ型纺织企业。到2000年负债3.4亿多元,资产仅1.8亿元,负债率达65%。截至2001年10月,湖南七一机械股份有限公司总资产6778万元,减去土地资产3642万元,资产总额3136万元。其中,固定资产净值2002.3万元,流动资产1132万元,长期投资1.7万元。该公司总负债10117.4万元。其中流动负债9621万元,长期负债496.4万元,资产负债率149.3%。

2000年3月,市委、市政府领导陈君文、戴军勇、杨光宏、钦时中等带领市经委、市财政局、市劳动局、社保处、医保处等单位50多人前往各地学习取经。考察湖南浏阳实行“两个置换”的做法,江苏镇江市90%国有中小型企业实现有序退出、资产重组的做法,大庆油田8万职工告别国有身份的做法。

常德市中小国有企业“路在何方”?市委、市政府审时度势,果断决策:对中小国有企业实行“两个置换”的改革,即通过产权转让,重组、兼并,股份制改造等多种形式,使企业从全民所有制行业中退出,改变企业的国有身份,解除企业对政府的依赖关系,让企业走向市场;通过一次性一种或多种形式的经济补偿,使职工退出国有身份,解除职工对政府的依赖关系,让职工走向市场。2000年4月,市委、市政府召开全市关于产权制度改革的动员大会,明确企业产权改革的极端重要性,提出实施“两个置换”的目标、方法和任务。是时,市政府出台《常德市转换市直工交企业国有产权及置换职工身份试行办法》(常政发〔2000〕9号)、《常德市市直工交企业转换国有产权实施细则(试行)》,成立常德市市直工交企业产权改革办公室。副市长杨光宏任办公室主任,钦时中、唐必清、周国斌、刘克云、窦长清任办公室副主任。经委、劳动、国资、国土、组织、人事、税务、工商、人民银行、民政、工会、体改、房产、就业、社保、医保等有关部门主要负责人为成员。办公室下设政策研究组、情况综合组、方案审核组、职工安置组。办公室设在市经委。

动员大会后,“两个置换”工作开始进入工作程序。清产核资、界定产权→各企业制定“两个置换”详细方案,有条件实施重组的企业还要同时制定企业重组方案,经企业职代会审核通过,主管部门签署意见→企业向产权改革办呈报“两个置换”方案,并申请实施→产权改革办领导小组审批→各企业实施“两个置换”→办理置换手续。

置换国有企业产权。出让企业的全部资产,即由资产评估专门机构对企业的资产进行评估定价,公开向社会出让,但不承担原企业的债务,从而改变投资主体。所得出让金用于偿还原企业债务,偿还债务后的余额由政府收回,用于统一按政策安置职工。然后由受让方继续组织生产,择优聘用原企业职工就业。

出让国有股权和国家所有者权益。受让方承担企业债务,购买股权和净资产,实现投资主体变更。

出让破产企业财产和国拨土地使用权。即对部分底子差、包袱重，难以直接出让产权的企业，依法实施破产，最终改变企业产权关系。在依法破产过程中，首先进行清偿有效抵押，支付清算费用，清偿离退休职工10年的养老金，基本医疗保险费和大病医疗互助费，然后对剩余财产按《中华人民共和国破产法》的规定进行分配。

常德变压器厂依法破产。破产财产重组，成立"常德国力变压器有限公司"。该公司从2001年4月开始按新体制运行。2001年完成总产值1675.8万元，销售收入1334.4万元，实现入库税金111万元，比破产前的2000年均一倍以上的增长，一举摘下多年的亏损大户帽子。

原常德棉纺厂破产后，由湖南东信棉业和云锦纺织两家企业收购，盘活存量资产1.4亿元，投入技改资金3000万元，流动资金5000万元，对原有设备进行技术改造，提升产品的档次；同时，又遇中国加入WTO的机遇，扩大生产规模。2002年4月，这两家企业8.5万纺锭、200多台布机全部启动，产品行销日本、非洲、欧共体等国和地区。

常德市于2000年4月开始实施市直国有企业"两个置换"的改革。历经13年，截至2013年11月底，全部完成市直166户企业改制，166户市直企业中破产改制企业96家，非破产改革企业69家，关停1家。

原有147家已面临倒闭和无法正常经营的企业，通过改制重组获得新生的企业有93家，涌现了一批创品牌、创利税的企业。

附：常德市国有企业"两个置换"举例

例1：湖南省桃源纺织印染厂"两个置换"

湖南省桃源纺织印染厂始建于1966年，1969年投产。该厂坐落于桃源县漳江镇文昌西路15号。该厂属于常德市大Ⅰ型纺织工业企业，归口常德市轻工纺织工业局管理，主要产品或经营项目有：纺织、印染、服装。年产纱10000吨，坯布5000万米、印染布1亿米、服装80万标准件。

该厂自20世纪中期后，生产经营逐步陷入困境，亏损严重。1997年实现销售收入17741万元，亏损1897.5万元；1998年实现销售收入13707万元，亏损1799万元；1999年实现销售收入10919万元，亏损1798万元；2000年实现销售收入4292万元，亏损1482万元。由于该厂连续出现亏损，到2000年3月止，企业亏损额累计高达2.67亿元。

该厂亏损有多方面原因。一是包袱过重，企业不堪重负。债务包袱重。该厂至2001年5月，资产总额22802万元，负债39393.6万元，负债率172.76％。人员包袱重。该厂现有在职职工4633人，远远超过现有生产规模所能容纳的用工极限。企业办社会包袱重。由于历史原因，该厂一直设有学校、公安派出所、职工医院、招待所、幼儿园等社会服务单位,从业人员多达800多人,每年仅工资、医疗费支出557万多元。二是设备陈旧落后,制约着企业的生存和发展。长期以来,该厂除更新部分印染设备外,其他设备很少更新改造,设备陈旧老化,整体装备水平低,特别是40000锭“A”字头细纱机及1192台44″窄幅布机均属国家强制淘汰的设备,严重影响产品质量和新产品开发,高科技含量、高附加值的产品一片空白,从而导致该厂产品适应市场的能力差,产品竞争力不强,市场占有率越来越少。三是市场形势恶化,企业遭受重创。该厂产品出口以边贸为主。1997年,东南亚金融危机爆发,国际市场萎缩,企业边贸出口受阻。加之,国内市场无序竞争,为了维持生存,只能以低于产品成本价销售,企业损失大;由于销售不畅,造成经常性关车停台,不能形成规模效应,成本难消化,加剧亏损。四是国家政策调整,企业损失大。1994年,国家实行税制改革。由于投入产出的税率不平衡,企业税负加重,成本增加。仅此项,1994年至2001年,该厂形成亏损4000多万元。

2001年 ,常德正大会计师事务所对该厂进行资产评估。经评估,该厂资产总额22802.1万元,负债总额39393.6万元,净资产-16591.5万元。此评估结果经常德市国有资产管理局确认(常国资〔2001〕认字第51号)。

该厂资不抵债,申请破产。2001年5月16日,常德市中级人民法院裁定、批准该厂破产(〔2001〕常经破字第15-1号)。

该厂全部破产资产及生产经营性土地和有效无形资产通过常德市产权交易中心协议转让。资产受让方为常德市杰新纺织印染厂,法定代表人为陈长新。该厂职工被置换国家职工身份。

例2:湖南省常德棉纺织厂“两个置换”

湖南省常德棉纺织厂始建于1958年,该厂地址在常德市德山经济开发区莲花池。该厂属于常德市国有大II型纺织工业企业,归口常德市纺织工业局。主要产品或经营项目:年生产棉纱1.7万吨、苎麻纱500吨、坯布4000万米、毛巾1500万条。

该厂固定资产原值2.33亿元,净值1.72亿元,职工总数(含离退休职工)7138余人,占地面积813.86亩,下辖纺织一、二分厂,毛巾分厂,机械分厂四个分厂和赛尔物业公司,8.5万枚棉纺纱锭,12160枚线锭,1454台窄、宽幅布机,3条印染生产线,生产能力居湖南省同行业第二位。但自20世纪90年代以来,该企业体制、机制、管理等方面的弊端日益显露,企业生产经营陷入困境,经济效益日渐下滑,截至2000年,连续10年出现亏损,亏损累积高达2.96亿元,已严重资不抵债,2000年8月7日宣布破产。该厂生产经营陷入困境的原因主要有以下几个方面:

一是设备陈旧落后。该企业现有2642套设备,新度系数只有0.48,其中落后设备2242套,占85%,仅“1”字头型的细纱机就有40000多锭和500多台44″布机,这些设备全都属国家强制淘汰的设备。设备更新改造投入甚少，错过技术改造及机会，形成设备陈旧、厂房老化、整体装备水平低下的局面，严重影响产品质量、生产效率及新产品开发。产品高附加值低、适应市场能力差、市场占有率少。

二是国家产业政策的调整和亚洲金融危机爆发，给企业带来巨大亏损。1995 年至以后国家为了保护棉农，提高棉花收购价格致使产品原料成本大幅提高，产品失去国际市场竞争力。该厂 1995 年至 1998 年因棉花提价造成的成本增加利润转移高达 1.1 亿元，仅 1996 年一季度受这种政策性影响和产品大幅降价亏损高达 2400 多万元。同时，该厂是出口导向型企业，因亚洲金融危机爆发，国际市场萎缩，出口受阻。

二是企业办社会人员负担重。企业设有医院、学校、幼托、公安、消防、居委会、小区物业管理等 11 个社会职能部门，用工达 322 人，每年除需负担工资 215 万元外，还需支付医疗经费 100 多万元，其他办社会经费 176 万元，合计年开支 490 多万元。该厂有离退休职工 2534 人，其养老统筹费、生活补贴费、医疗费、管理费和其他福利费等，每年开支高达 1490 多万元。

2000 年，常德中元会计师事务所对该厂进行资产评估。该厂资产总额 18046.8 万元，负债总额 34418.3 万元，净资产－16371.5 万元(资产总额－负债总额)。该评估结果被常德市国有资产管理局确认(常国资〔2000〕认字第 59 号)。

2000 年 8 月 3 日，常德市中级人民法院宣布该厂破产清算(〔2000〕常经破字第 17-1 号)。列入破产的全部资产及生产经营性土地使用权资产协议转让，受让方为湖南东信棉业有限公司、湖南云锦集团有限公司。

例 3：湖南七一机械股份有限公司“两个置换”

湖南七一机械股份有限公司系原常德七一机械厂，始建于 1951 年 5 月。该公司位于常德市德山经济开发区德山街乾明路 56 号。该公司属于国有大Ⅱ型机械工业企业，归口常德市机械电子工业局管理。主要产品或经营项目：生产、加工、销售烟草包装机械、多功能灌装机、精米加工机械、水泵、阀门及其他包装机。

1994 年及以后，经济体制逐步由计划经济体制转变为市场经济体制。由于该企业体制不顺、生产经营机制不活，不能适应这种转变，产品市场急剧萎缩，企业连年亏损。亏损原因主要有：一是体制不顺，机制不活，企业不适应市场经济发展要求。盲目组织生产，不顾市场需求状况，造成原材料和产品大量积压，质量不能保证，产品不能适销对路，不能实现商品到货币的“惊险一跃”。2000 年积压存货 2076.79 万元；118.5 万元货款无法收回；长期投资减值 411 万元；企业重组，部分资产报废核销，固定资产转让，影响以前年度损益 682 万元，无形资产损失 237 万元；递延资产 4.4 万元，因公司重组而损失。二是无力开发新产品，原主导产品销售额剧减。1987 年至 1996 年，该公司成功开发烟草包装机械，每年以30%的速度递增工业总产值,以40%的速度递增销售收入,1996年,产值、销售达到6500万元和5000万元(不含税),烟草包装机械作为企业的主导产品,产值、销售达95%以上,产品附加值高,企业连年盈利。1997年始,国家调整烟草行业,180家计划内烟厂调整为100家,七一机械厂的90%用户在调整之列。由于用户发生变化,该厂生产的烟草包装机械严重滞销,1997年销售收入由原来的5000多万元,骤减为2800万元,1997年亏损716.3万元。1998年七一机械厂实行股份制改造,但仍没有遏制住销售市场下滑的局面,1998年亏损600万元,1999年亏损718万元,;2000年亏损1000万元,2001年8月底,亏损194万元。三是企业负债高,冗员多,企业办社会成为企业发展的沉重包袱。截至2001年8月,七一机械股份有限公司累计亏损6741.7万元,所有者权益-3000多万元,资产负债率142%。

七一机械股份有限公司严重资不抵债。2001年10月17日,常德市中级人民法院宣布该公司破产还债(〔2001〕常经破字第33-1号)。2002年2月3日,常德正大会计师事务所对该公司资产进行评估。该公司资产总额6434.1万元,负债总额10286.8万元,净资产-3852.7万元。该评估结果由常德市国有资产管理局确认(〔2002〕认字第06号)。职工国有身份被置换。该公司整体资产协议转让,受让方为常德鼎城华宇合金材料厂,该厂法人代表为聂西安。

个例4:常德市五交化总公司"两个置换"

该公司的前身为"常德五金交电化工商店",创建于1954年8月。1957年4月更名为湖南省五交化公司常德分公司;1964年,更名为五交化综合站;1971年,更名为常德地区五交化公司;1988年8月更名为常德市五交化总公司。该公司位于武陵区人民东路609号,主要经营五金、交电、家电、化工、百货、纺织、副食品等2000多种商品。

1992年,该公司推行商业企业"四放开"改革,拓展矿产、机电、建材、化工等150多种系统外产品经营,新辟金银珠宝精品屋,当年销售过亿元大关。

1993年,该公司被省政府授予"经营管理先进企业"称号。同年被市政府批准为中Ⅰ型商业企业。

1994年7月以后,该公司亏损加剧。1995年,该公司实施内部改革,转换经营机制。实行总公司授权、各分公司包干经营的模式,即内部独立核算、自主依法经营、照章纳税、定额上交、自负盈亏。1997—1998年,该总公司所属分公司如家电分公司、五金分公司、友华公司将经营场地搬到市场内,分别在桥南家电城、北站、上南门购买或租用20多个门面,形成批零、仓库一体,抢占市场,扩大销售。多种改革措施未能扭转亏损局面。至1999年已资不抵债。

2000年7月5日,市中级人民法院发文(常经破字〔2000〕第14-1号)宣布该公司破产还债。市内贸办派出改制工作组对企业实施“破产改制、两个置换”。破产期间，该公司处置资产2015.8万元，用于买断职工身份。该公司破产前在职职工479人，破产期间办理正常退休2人，提前退休66人，解除国有企业职工身份411人，原企业离退休166人移交市社会保险、医疗保险部门，原企业职工分别移交武陵区城东庆丰居委会、城南方家巷居委会实行社区管理。

个例5：常德对外经济贸易集团公司“两个置换”

常德对外经济贸易集团公司成立于1992年8月20日，系全民所有制企业，隶属市对外经济贸易委员会管理。该公司位于武陵区原洞庭大道中段芙蓉路东（现滨湖中路）9号。该公司由原对外经贸华陵实业总公司、原市对外经济贸易机电轻工五矿医保公司、原市对外经济贸易公司合并组建。该公司为国有中Ⅰ型企业。主要从事经营粮油食品、纺织品、轻工产品、电子产品、工艺品、土畜产品、五金矿产、化工、机械产品、仪表仪器、医疗保健品的进出口业务，兼营百货、针织品、五金交电、化工产品、普通机械、电器机械、汽车（不含小轿车）及零配件、农副产品、房地产开发等。该公司1994年销售额达2289万元，创利润5.58万元，出口创汇97.79万美元，荣获市政府授予的出口创汇先进单位称号。

该公司1997年歇业。2000年3月，该公司制定“两个置换”和破产安置方案。2001年6月，该公司向市对外经济贸易委员会（简称外经贸）提出破产申请。是年，市外经委批复同意该公司破产还债（常外〔2001〕53号）。

2001年6月22日，该公司向市国有企业产权制度改革领导小组办公室提出破产申请并报送职工安置方案。同年7月18日，市国有企业产权制度改革领导小组办公室批复同意（常改办字〔2001〕13号）该公司破产还债、职工安置方案。

2001年8月17日，常德市中级人民法院以民事裁定书〔2001〕常经破字第22-5号 宣布成立清算安置组。

该公司破产时资产总额92.33万元，负债总额1810.42万元，负债率1960.81％。该公司的现有资产整体公开拍卖，彻底退出市场。该公司破产时有干部职工92人，其中已退休17人；破产期间符合条件提前退休23人，调离1人，买断身份者50人。职工安置费用总额339.1442万元，其中，买断职工身份支出85万余元。

已退休和提前档案移交至市社会保险处，置换身份人员的档案被移交至市再就业管理处。2002年12月，该公司的破产安置工作结束。

二、置换国有企业职工身份

国有企业职工身份的置换与国有企业产权置换同时进行。2000年6月8日，市政府出台《常德市工交企业转换职工身份实施细则(试行)》《市直工交破产企业置换职工身份有关问题的补充意见》。产权改革办公室按照这两个文件精神组织实施置换职工身份,使国企职工由“企业人”变为“社会人”。

离退休职工安置 对企业破产前已办理法定退休手续的人员;企业破产前已办理提前病退手续,但由企业发放养老金的人员;破产期间正常退休人员(含因工伤残、患职业病经鉴定达到1—4级退休人员);截至企业破产终结时止,距法定退休年龄5年以内人员,其养老金发放全部交由社保发放。对所有离退休职工的就医工作交医保中心管理,其社保和医保费用采取预缴制。对进入社保的离退休人员,凡在实施产权制度改革前,拖欠了他们的养老金,一次性予以补发,对无固定收入的离休干部遗孀和配偶生活补助费按10年标准清缴给民政局,由民政局按月发放生活费;对因工伤残的退休职工,经市劳动鉴定委员会鉴定,确认需要护理的,清偿10年的护理费给市社保处,由社保处按月发放护理费;对在本次改革中,按年龄退休且因工伤残5—10级的职工,将一次性伤残补助金清偿给本人,作为因工伤残职工伤残部位的医疗整治补助费。

职工安置费的补偿 除进入社保的离退休职工外,其余国有企业职工必须调整与原国有企业的劳动关系。对列入全国破产工作计划的企业职工安置费标准按国发〔1997〕10号文件规定执行,其余的破产企业安置职工费用标准参照10号文件执行,按市直国有及国有控股企业年人均工资收入的3倍计算,并以工龄为测算基数,分配到人。欠职工的费用一律按政策统一审核,在调整职工劳动关系时一并发放。应清偿给职工的费用主要包括欠发职工工资及生活费、医药费、集资款,入股本金和独生子女费等。调整职工劳动关系时,有关的补偿费一次性到位。应清偿的补偿费主要包括对市级以上劳模的补偿,获高级职称人员的补偿,重病、绝症职工的补偿,孕、产期职工的补偿,特殊工种职工的补偿,义务兵补偿和死亡职工供养亲属的抚恤金或救济费等。对产权改革企业的房改、电改、水改一律到位,房改按照“因地制宜、方式多样、方案自选、民主决定”的原则进行,产权100%改到位。生产与生活用电,用水分离改造,按水改250元包干,政府补贴150元、企业和住户各50元;电改300元包干,政府补贴150元、企业100元、住户50元,分离改造到户。

企业干部的安置方式 企业干部特别是厂级班子,是企业改革的中坚力量。市委、市政府十分重视干部的安置问题,明确规定凡在改革前已任党政正职8年和任企业副职12年以上的企业领导人员(含已退休的领导班子成员),退休后其养老金的计发可按行政机关同类职务进行套改,由市社保处一并发放。对不符合退休条件的大中型企业现有领导人员和小型企业党政正职,给予一次性任职补贴,大型企业党政正职按每任职一年补贴1800元、大型企业副职和中Ⅰ型企业党政正职按每任一年补1500元、中Ⅰ型企业副职和中Ⅱ型企业正职按每任一年补1200元、中Ⅱ型企业副职和小型企业党政正职按每任一年补贴 800 元标准，分段补贴、合并计算。该项补贴经市委组织部审核认定。企业离休干部养老金发放移交社保处后，其养老金之外应享受的补贴、医疗待遇分别由市社保处和医保处中心按规定予以落实，资金来源由市财政补贴。

自 2000 年 4 月开始，实行“两个置换”共涉及职工 78335 人，2013 年 11 月底全部被安置到位。

2001 年 3 月始，常德市对湖南金健米业股份有限公司职工实施“两个置换”。该公司是年 2 月底有员工 1776 人，其中，参与职工身份置换的全民职工 890 人，离退休人员 124 人，农协工 20 人，距法定年龄退休不足 5 年的 52 人。

2001 年 3 月底，该公司注册资本为 30500 万股，其中市粮油总公司控股 17000 万股，占总股本的 55.74%。置换职工身份所需资金，从市粮油总公司在金健米业股份有限公司的控股资金中解决。

职工的工龄计算截止日为 2001 年 3 月 31 日，以职工本人参加工作年限连续累积周年足月计算。

根据常政发〔2000〕9 号、31 号，常政办函〔2000〕123 号文件精神，共需资金 3197.9 万元。职工身份置换经济补偿所需费用总额为 2925.2 万元；提前退休人员 51 人，所需费用 195.8 万元；农协工经济补偿 13.8 万元；离退休人员 124 人，医疗保险金 83.9 万元。

根据市政府职工身份置换计算公式：经济补偿费＝[（上年公司年平均工资×3×职工总人数）÷职工总工龄]×职工个人工龄。

该公司 2000 年在职职工人平均年工资＝全年工资总额÷年平均人数＝14940000÷1267 人≈11792 元/人·年。

职工年工龄经济补偿费＝11792×3×890÷14380≈2190（元/年）。

参与身份置换的职工总工龄为 12816 年，此项共需经济补偿费用 2806.7 万元。职工按工龄领取补偿金，不再保留“国有职工”身份，未被该公司聘用的员工自此与公司无关；未被公司聘用人员按规定标准计发一次性经济补偿，以货币形式支付；被重新聘用上岗人员的经济补偿统收归公司总部管理，待离开该公司岗位时按银行同期利率计息一并退还职工本人。

原常德市化工机械厂职工杨虹（女），置换国有企业职工身份后，应聘中国人寿保险公司常德分公司，当上保险业务销售员。她抛弃国有企业老一套，放下国有职工架子，拼命学习保险业务知识，全身心地投入第二份工作中。杨虹做保险业务不到一年，就实现从普通业务员到经理，到分处经理，再到部门经理的跃升。杨虹连续 6 年获公司“销售精英”“五星级营销主管”称号；连续 4 年成为省公司“优秀营销主管”，连续 3 年在行业内获全国优秀主管一级金质奖，成为全国销售精英俱乐部成员，在常德仅她一人获此荣誉。下岗职工转变观念天地宽。

杨耀华,原常德市造纸厂厂长,在产权制度改革时被置换身份,由“企业人”变成了“市场人”。他本可要求政府部门重新安排工作,但他选择自主创业。2002年2月,他牵头组建常德纸业股份有限公司,实施对原有企业承债式重组,安置85%的被置换身份的职工就业。2003年1至6月,该公司实现销售收入2279万元,利税146万元,分别同比增长17%、18%,盈利46万元,生产经营状况达到企业改革前的最好水平。

常德市 2000—2006 年市直国有企业"两个置换"情况一览表

表 3-2-1

单位：万元

企业名称	企业原址	法人代表	生产经营状况	资产总额	负债	负债率(%)	改制方式时间	资产处置方式	审计结零时间	改制后去向
常德市建民色织印染厂	朗州路	彭少平	全停产	2429.8	5342.5	219.87	破产 1999.12.8	土地资产协议转让	2000.11.28	退出
常德市明胶厂	武陵区东江街新安路2号	熊先锋	全停产	970.4	1901.5	195.95	破产 2000.4.17	整体资产协议转让	2001.3.8	重组
常德市新型建筑材料总厂	德山经济开发区茅湾	高从发	半停产	2462.9	4903.8	199.11	破产 2000.4.24	资产分块分批协议转让，土地收回储备	2001.8.31	重组
湖南省常德轴承厂	武陵区体育东路4号	陈明哲	正常生产	5137.3	7639.8	148.71	破产 2000.5.12	资产分3宗协议转让，部分土地保留国有	2002.4.8	重组
常德宏德实业总公司	武陵区方家巷东城门组	丰再明	停产租赁经营	48.4	958.7	1980.7	破产 2000.5.31	房屋建筑物资产协议转让	2001. 3.13	退出
常德市燃料燃气总公司	武陵区人民东路	肖礼灼	租赁经营	559.9	1335.2	238.47	破产 2000.5.31	公司资产协议转让	2001. 3.20	重组
常德塑料制品厂	临澧县新安镇东区居委会	杨忠武	全停产	946.5	1204.5	127.25	破产 2000.6.14	土地、建筑物资产协议转让	2001. 6.19	退二进三
常德武陵液压件厂	武陵区人民东路	李建刚	半停产	1067.3	2698.1	252.79	破产 2000.6.16	整体资产拍卖	2001. 12.25	重组
湖南常德机床厂	武陵区朝阳北路61号	陈方胜	半停产	599.5	1016.5	169.56	破产 2000.6.27	整体资产拍卖	2001. 6.27	重组
湖南省常德化工机械厂	武陵区人民西路455号	李明权	全停产	717.3	1443.5	201.24	破产 2000.6.27	土地、建筑物资产协议转让	2001. 6.18	重组(并入烟厂)
常德市变压器厂	武陵区朝阳北路60号	刘凯建	租赁经营	1805.8	2288.4	126.72	破产 2000.7.13	整体资产协议转让	2001. 7.13	重组
湖南省常德棉纺厂	德山经济开发区德山莲花池	罗先贵	租赁经营	18046.8	34418.3	190.61	破产 2000.8.3	整体资产协议转让	2002. 7.31	重组
常德电机总厂	德山经济开发区德山北路141号	魏宗德	全停产	2587.6	4945.5	191.12	破产 2000.8.4	整体资产协议转让	2002. 4.1	重组
常德市啤酒厂	武陵区人民东路敖家巷9号	周桂秋	租赁经营	1917.7	7748.1	404.03	破产 2000.8.28	整体资产协议转让	2002. 7.12	重组
常德市电子仪器厂	武陵区武陵大道地段	杨林	全停产	452.6	1270.7	280.76	破产 2000.8.30	整体资产协议转让	2001. 7.15	重组

续表 3-2-1

企业名称	企业原址	法人代表	生产经营状况	资产总额	负债	负债率（%）	改制方式时间	资产处置方式	审计结零时间	改制后去向
常德市无线电二厂	武陵区熊家堆牯牛岗	刘宏军	半停产，部分租赁	434.9	794.2	182.62	破产 2000.9.8	土地、建筑物资产协议转让	2001. 7.10	退出
常德市电子应用设备厂	武陵区青年北路	陆长江	租赁经营	558..9	864.2	154.63	破产 2000.9.11	土地、建筑物资产协议转让	2001. 8.7	退二进三（建外事学院）
常德市第一开关厂	武陵区滨湖路沙港1号	欧阳惠茂	半停产	397.7	770.7	193.79	破产 2000.10.18	土地、建筑物资产协议转让	2001. 8.24	重组
常德有线通信（集团）公司	武陵区人民东路32号	张厂顺	半停产	1447	14192.5	980.82	破产 2000.10.19	资产拍卖、股权协议转让	2002. 3.28	重组
常德市电池厂	武陵区和平西街96号	高永斌	租赁经营	361	854.3	236.65	破产 2001.3.7	土地资产出让、其他资产拍卖	2002. 2.2	重组
常德市药材公司	武陵区人民中路92号	刘佳曙	租赁经营	806	2876	356.82	破产 2001.3.7	整体资产协议转让	2002. 6.17	重组
常德市医药公司	武陵区人民中路98号	郑新民	大部分租赁经营	812.4	3076.5	378.69	破产 2001.3.12	整体资产协议转让	2002.6.6	重组
常德市制革厂	德山经济开发区德山仙桥路3号	文中南	停产、大部分租赁经营	2347.7	6148.4	261.89	破产 2001.3.28	机器设备整体拍卖，土地、厂房交德山区	2002.10.31	重组
常德通用机械厂	鼎城区裴家码头	欧阳德宽	租赁经营	1921.7	3957.7	205.95	破产 2001.3.28	整体资产协议转让	2002.10.15	重组
常德市彩色印刷厂	武陵区朗州中路96号	戴振超	大部分停产	803.7	2935.4	365.24	破产 2001.3.30	土地、建筑物资产协议转让，机器设备整体转让	2002.7.12	重组
湖南高中压阀门厂	德山经济技术开发区德山中路79号	肖述根	停产、租赁经营	1424	2053.1	144.18	破产 2001.4.9	土地、建筑物资产协议转让，机器设备整体转让	2002.9.30	退二进三（市二医院收购）
常德市仪器厂	德山经开区德山洞庭北路124号	于健	全停产	330.2	1656.6	501.69	破产 2001.4.9	整体资产协议转让	2003.4.10	重组

续表 3-2-1

企业名称	企业原址	法人代表	生产经营状况	资产总额	负债	负债率（%）	改制方式时间	资产处置方式	审计结零时间	改制后去向
湖南省常德石门磷矿	石门县壶瓶山镇	卓如清	全停产	5852.8	948.3	16.203	破产 2001.4.11	矿属两厂设备拍卖，土地资产收回储备	2002.4.10	退出
湖南省常德纺织服装公司	武陵区东郊楠竹山	欧春生	停止经营	174.3	845.9	485.31	破产 2001.4.11	整体资产协议转让	2002.5.27	退出
湖南雄黄化工股份有限公司	石门县黄厂	黄晓时	除水泥厂承包外，均停产	5006.4	6285.3	125.55	破产 2001.5.9	资产分批竞买（23 宗）	2003.11.18	重组
湖南石磷实业股份有限公司	石门县楚门镇澧阳路 2 号	陈东海	半停产	5308.7	9784.2	184.31	破产 2001.5.9	生产经营性资产协议转让，物业资产拍卖，其他资产竞价转让（15 宗）	2003.2.10	重组
湖南省桃源纺织印染厂	桃源县漳江镇文昌西路 15 号	孙新民	租赁经营	22802.1	39393.6	172.76	破产 2001.5.16	破产资产协议转让，其他资产拍卖、转让和量化	2004.6.28	重组
湖南省六〇一矿	鼎城区徐家桥	王鸿智	全停产	1220.7	974.1	79.795	破产 2001.5.23	土地资产国土局储备，房屋、设备拍卖	2002.12.31	退出
湖南省常德轻型汽车厂	鼎城区白鹤山乡	张广富	全停产	541.4	1320.4	243.89	破产 2001.6.28	资产协议转让	2002.5.30	重组
常德第二纺织机械厂	德山经开区德山北路 90 号	王光	停产、部分租赁	2518.4	7473.3	296.75	破产 2001.9.24	资产协议转让	2002.5.30	重组
湖南常德纸业股份有限公司	德山经开区德山沿河路 1 号	杨跃华	正常生产	4047.3	3278.4	81.002	非破产改制 2001.9.26	整体资产承载式拍卖（股权出让）	2002.11.15	重组
常德华晶玻璃有限公司	德山街老码头	秦国秋	全停产	13.1	15.3	116.79	非破产改制 2001.9.26	土地资产有偿转让储备中心	2003.2.10	待开发
常德东麟经贸有限公司	武陵区人民东路 542 号	邓召庆	部分经营	53.9	66.1	122.63	非破产改制 2001.9.26	整体资产公开拍卖	2002.1. 15	退出
常德织袜总厂	武陵区七星桥村	熊跃平	停产后部分租赁经营	204.7	867.7	423.89	非破产改制 2001.9.26	土地、房屋及建筑物资产协议转让	2002.7.31	重组

续表 3-2-1

企业名称	企业原址	法人代表	生产经营状况	资产总额	负债	负债率(%)	改制方式时间	资产处置方式	审计结零时间	改制后去向
常德德海机械制造厂	武陵区洞庭大道东段172号	周小彤	全停产	263.3	982.2	373.03	破产 2001.10.15	土地、建筑物资产协议转让，机器设备拍卖	2003.1.10	退二进三(德海医药)
湖南七一机械股份有限公司	德山经开区德山街乾明路56号	白鸿谋	部分停产部分租赁	6434.1	10286.8	159.88	破产 2001.10.17	整体资产协议转让	2003.2.9	重组
常德市沅达酒精实业发展有限公司	德山经开区德山沿河路段5号	覃事贵	半停产	1092.9	1105.5	101.15	非破产改制 2001.11.26	整体资产承载式转让	2003.1.14	重组
湖南坝道特种水泥股份有限公司	石门县新关镇双桥路32号	朱远林	正常生产	19002.9	29895.5	157.32	破产 2001.12.17	整体资产拍卖	2004.4.14	重组
常德滨湖印刷股份有限公司	武陵区龙港路55号	舒天顺	半停产	42774.4	3562	83.275	非破产改制 2001.12.24	整体资产承债式协议转让(股权出让)，幼儿园拍卖	2003.1.16	重组
湖南常德水表厂	武陵区青年中路42号	郑学清	停产后租赁经营	1384.3	1954.5	141.19	破产 2002.6.14	整体资产拍卖	2003.12.30	重组
常德市涤纶厂	德山经开区桃花山陈家岗	詹克双	全停产	178.2	0	0	非破产改制 2002.7.15	部分土地房屋资产协议转让，部分土地及附着物资资产抵贷	2005.5.24	重组
常德无线电专用设备厂	武陵区洞庭大道西段156号	黄德明	全停产	724.5	1148.2	158.48	破产 2002.7.24	整体资产拍卖	2006.12.5	退出
常德塑料一厂	武陵区新安路5号	李自林	停产后部 分租赁经营	881.6	4538.7	514.83	破产 2002.7.25	土地、建筑物等资产公开拍卖	2003.12.29	重组
常德七星塑料有限责任公司	德山经开区洞庭南路40号	吴冬林	全停产	1347.9	6021.9	446.76	破产 2002.8.28	厂房、宿舍、俱乐部拍卖	2004.7.2	重组
常德市酱厂	武陵区骅街口	张可治	全停产	84	833.7	992.5	破产 2002.10.29	零星资产协议责任	2004.3.20	退出
常德武陵酒业有限公司	德山经开区德山中路81号	艾华	租赁经营	5743.6	19210.4	334.47	破产 2002.12.23	整体资产公开拍卖	2005.7.28	重组
湖南湘泉集团德山酒业有限公司	德山经开区善卷路	龙迪安	租赁经营	5429.2	11318.6	208.48	破产 2003.3.5	整体资产公开拍卖	2007.9	重组

续表 3-2-1

企业名称	企业原址	法人代表	生产经营状况	资产总额	负债	负债率（%）	改制方式时间	资产处置方式	审计结零时间	改制后去向
湖南省常德广福煤矿	石门县夹山镇青玄村	王中成	全停产	2579.2	2645	90.919	企业关停 2006.4.20	无偿划拨或报废，部分资产交社区	2007.8	退出
常德汽修厂	临武陵区江路 10 号	徐远成	半停产	2741.5	6944.1	253.30	破产 2000.4.29	厂属嘉达公司承债式协议转让，其他资产转让或拍卖	2002.2.2	重组
湖南省津市轮船总公司	津市市太子庙 19 号	熊燕青	半停产	1776.9	3176.3	178.76	破产 2000.7.6	主体资产协议转让	2002.2.28	重组
湖南常德造船厂	武陵区德山街杨家河外滩	黄健兵	全停产	939.5	1069.3	113.82	破产 2001.4.9	整体资产公开拍卖	2002.4.30	退出
常德轮船运输总公司	武陵区下南门	简必政	半停产	1993.2	3443.6	172.77	破产 2001.12.19	生产性资产等公开拍卖	2003.11.25	重组
常德迅安联运有限公司	武陵区东郊唐家溶	袁振华	全停产	98.9	384.2	388.47	破产 2001.12.20	土地资产协议转让	2003.1.14	退出
湖南常德船舶厂	武陵区德山街	李建国	半停产	2562	4076.3	159.11	破产 2002.1.14	整体资产协议转让	2003.2.10	重组
湖南常德欣运集团股份有限公司	武陵区人民西路 381 号	陈欣	正常经营	26116	13157	50.383	置换身份 2003.5.22	未处置	2007.2	重组（保持）
常德市五交化总公司	武陵区人民东路 609 号	傅智勇	全停业	3409.7	10576.8	310.20	破产 2000.7.5	资产分 5 宗协议转让	2003.11.12	重组
常德市蔬菜总公司	武陵区人民中路 215 号	谢友田	部分租赁	1539.7	1555.2	101.01	非破产改制 2000.8.2	承债式整体资产协议转让	2004.7.9	重组
常德宾馆有限责任公司	武陵区人民中路 99 号	曾健	全部租赁	2065.2	2079.2	100.68	非破产改制 2000.12.18（批复） 2001.8.12（调整）	承债式整体资产协议责任	2004.5.28	重组
常德市武陵百货大楼	武陵区人民中路 183 号	赵晓波	全部租赁	2147.8	4448.5	207.12	破产 2001.7.30	整体资产协议转让	2005.8.25	重组
常德市百货总公司	武陵区人民中路 187 号	胡晓明	全停业	2959.8	10608.2	358.41	破产 2001.8.3	整体资产公开拍卖	2005.1.20	重组

续表 3-2-1

企业名称	企业原址	法人代表	生产经营状况	资产总额	负债	负债率(%)	改制方式时间	资产处置方式	审计结零时间	改制后去向
常德中心百货有限责任公司	武陵区人民中路99号	严利民	全部租赁	1771.2	1590.6	89.804	非破产改制 2001.8.6	整体资产协议转让	2003.8.5	重组
常德市商业运输车队	武陵区建设西路21号	苏宏福	全停业	298	120.5	40.436	非破产改制 2001.8.17	整体资产协议转让	2003.4.15	退出
常德市新大陆商贸有限公司	武陵区沅安路189号	覃富华	全停业	718.8	341.9	47.565	非破产改制 2001.8.17	整体资产协议转让	2005.1.31	重组
常德市化工轻工总公司	武陵区建设西路泮池街17号	寻本艳	全停业	1578.20	2659.50	168.51	破产 2001.8.22	承债式拍卖净资产	2004.10.18	重组
常德市物资集团金属回收总公司	武陵区人民中路40号	孟政华	全停业	952.70	965.90	101.39	破产 2001.8.28	盐关土地资产协议转让;高泗、德山101资产公开拍卖	2004.7.7	重组
常德市新宇食品总厂	德山经开区仙桥路32号	吴正清	全停业	2451.5	3021.3	123.24	非破产改制 2001.9.26	资产分3宗协议转让	2003.3.31	重组
常德市机电设备总公司	武陵区洞庭大道1358号(机电大楼)	郑宣美	全停业	2944.80	9753.90	331.22	破产 2001.11.15	资产分3宗公开拍卖	2003.7.12	重组
常德物资集团物资供应总公司	武陵区洞庭大道东段78号	向才定	全停业	287.40	1464.80	509.67	2002.1.29	拍卖及转让净资产	2003.11.5	退出
湖南常德市糖酒副食品总公司	武陵区洞庭大道东段134号	杨耀恒	全部租赁	1729.5	4155.6	240.28	非破产改制 2001.6.8 产权办批复 2002.5.22 内贸办调整	整体资产公开拍卖	2004.4.9	重组
常德市物资(钻石)工贸总公司	武陵区人民中路40号	袁静如	全停业	247.20	1552.80	268.16	破产 2002.6.5	无	2003.12.23	重组
常德市食品总公司	武陵区青年北路209号	尹家荣	全停业	2470.17	2443.0	98.90	破产 2002.7.3	资产分总公开拍卖	2006.12.20	重组
常德市物资贸易中心	武陵区武陵大道中段西园路1号	张力权	全停业	889.40	2858.30	321.37	破产 2002.7.22	整体资产分2宗公开拍卖	2004.3.24	重组
常德市德山物资供应公司	德山经开区洞庭北路92号	贾志刚	全停业	127.0	295.90	232.99	破产 2002.7.22	资产分2宗公开拍卖	2003.11.7	退出

续表 3-2-1

企业名称	企业原址	法人代表	生产经营状况	资产总额	负债	负债率（%）	改制方式时间	资产处置方式	审计结零时间	改制后去向
常德市万众金属材料公司	武陵区人民西路 358 号	于长安	全停业	898.10	102.30	11.39	非破产改制 2002.8.28	往来清收及杂房 7 间拍卖	2004.5.26	退出
常德市东风汽车专营有限公司	武陵区人民中路 100 号	刘建斌	全停业	32.40	2114.10	6525	破产 2003.5.28	资产公开拍卖	2004.8.24	退出
常德市纺织品总公司	武陵区人民东路 102 号	王继虎	全停业	803.5	4640.4	577.52	破产 2003.7.23	整体资产公开拍卖	2004.6.22	重组
湖南金麟制衣有限公司	武陵区人民中路 40 号	杨俊伟	全停业	0.02	38.70	193500	破产 2003.7.30	无	2005.1.28	退出
常德市物资进出口总公司	武陵区人民中路 40 号	曹顺钦	全停业	25.30	649.60	2567.59	破产 2003.7.30	资产公开拍卖	2005.1.28	退出
常德市物资集团远大实业发展公司	武陵区人民中路 40 号	罗深川	全停业	0	944.90	—	破产 2003.7.30	无	2005.1.28	退出
常德市物资集团黑色金属材料公司	武陵区人民中路 238 号	韩文锋	全停业	7.60	1967.60	25889.47	破产 2003.12.5	无	2005.11.30	退出
常德市物资集团综合经营公司	武陵区人民中路 40 号	鲁格平	全停业	0.30	122.70	40900	破产 2004.3.19	无	2005.11.30	退出
常德钻石珠宝金饰有限责任公司	武陵区人民中路 238 号	许宁	全停业	75.5	76.2	100.93	置换身份 2004.8.10	不处置	2005.11.30	退出
常德物资集团物资大厦	武陵区人民中路 40 号	杨国忠	全停业	2.50	57.40	2296	破产 2005.12.12	无	2006.12.31	退出
湖南省常德市对外经济贸易畜产总公司	武陵区丹阳街	金三葵	全停业	599.94	799.01	134.30	破产 2006.6.16	土地使用权资产协议转让	2002.8.12	退出
湖南省常德市对外经济贸易粮油食品公司	武陵区人民西路 682 号;1989.8 迁至临江路 67 号	蔡国华	全停业	146.61	1061.97	724.35	破产 2000.10.19	整体资产协议转让	2002.1.23	退出
湖南外运常德市公司	鼎城区武陵镇隆阳路 10 号	李锡奖	全部租赁	1046.6	297.8	28.454	非破产改制 2000.11.8	承债务式净资产拍卖	2003.6.30	退出
常德市对外经济贸易土产茶叶总公司	武陵区洞庭大道 1628 号	李敏杰	全停业	393.10	105.90	26.94	非破产改制 2000.11.8	整体资产协议转让	无	重组

续表 3-2-1

企业名称	企业原址	法人代表	生产经营状况	资产总额	负债	负债率(%)	改制方式时间	资产处置方式	审计结零时间	改制后去向
湖南省对外经济贸易集团公司	武陵区原洞庭大道中段芙蓉东路(现滨湖中路)9号	钟云鹏	全停业	92.33	1810.42	1960.81	破产 2001.8.17	整体资产公开拍卖	2003.5.12	退出
常德市工矿产品进出口总公司	武陵区人民西路1628号	滕明友	全停业	73.46	588.59	801.24	破产 2001.8.31	整体资产分3宗公开拍卖	2002.9.26	退出
常德市湘北房地产开发公司	武陵区洞庭大道中段432号	席佑林	半停产	97.9	45.4	46.373	非破产改制 2001.9.5	整体资产公开拍卖	无	重组
湖南省湘北工贸进出口公司	武陵区武陵大道51号	徐晓明	全停业	4826.80	7961.62	164.95	破产 2003.11.12	整体资产公开拍卖	2006.1.17	重组
常德市对外经济贸易六小公司 1.常德市进出口公司 2.常德市对外贸易经济服务公司 3.常德市对外经济发展公司 4.常德市外贸包装公司 5.常德市对外经济贸易基地公司 6.常德对外贸易恒利公司	武陵区洞庭大道西段2号	张光华 张建跃 贺振奋 刘冬初 李忠初 程万来	全停业	21.6	187.1	866.20	非破产改制 2004.2.23	无资金、资产、业务的“三无”企业	2005.5.12	退出
常德市粮油贸易总公司	武陵区高山街15号	黄国庆	全部租赁	726	3222	443.80	非破产改制 2000.6.8	整体资产公开拍卖	2002.2.1	退出
湖南省常德市饲料公司	武陵区人民东路103号	梁正南	半停产	2916	2200	75.45	非破产改制 2000.10.21	部分土地使用权量化	2004.12.31	重组
常德金鼎锅炉有限公司	武陵区人民东路103号	郑玉平	半停产	1168.20	489.70	41.92	非破产改制 2000.12.8	整体资产协议转让	2004.10.8	重组
湖南金健米业股份有限公司	武陵区武陵大道37号;现常德经开区崇德路158号	郑治文	正常生产	9972.74	9498.07	95.240	置换身份 2001.2.27	不处置	无	重组(保持)
常德市粮油运输总公司	武陵区人民西路561号	姚必达	全停业	733.10	1127.60	153.81	非破产改制 2001.3.27	土地使用权及建筑物资产拍卖,所属厂设备转让	2004.4.16	退出

续表 3-2-1

企业名称	企业原址	法人代表	生产经营状况	资产总额	负债	负债率（%）	改制方式时间	资产处置方式	审计结零时间	改制后去向
湖南省常德市东门粮食储备库	武陵区人民东路249号	毛先红	正常经营	7087	7196.50	101.55	置换身份 2001.8.20（市粮食局 2004.9.23 请示：市领导 9.30 市改革办 10.20 批）	不处置	2004.6.30	重组（保持）
常德市米业公司	武陵区人民东路249号	毛先红	半停产	2796.30	2299.40	82.23	非破产改制 2001.8.20	整体正常协议转让	2005.12.31	重组
湖南省常德粮食机械厂	武陵区人民东路225号	吴朝晖	全部租赁	2155	4743.4	220.11	2001.12.13	整体资产公开拍卖	2003.12.31	重组
常德市武陵粮油总公司	武陵区朗州中路	陈华丽（陈法利）	全停业	4692.60	5642.80	120.25	置换身份 2003.5.22	不处置	2004.7.5	重组（保持）
常德市德山粮油公司	德山经开区老码头	肖友平	正常经营	3319	3169	95.48	置换身份 2003.11.16	不处置	2004.7.8	重组（保持）
1.常德市东城粮油食品公司 2.常德市南城粮油食品公司 3.常德市西城粮油食品公司 4.常德市德山粮油经营公司 5.常德市粮油商城 6.常德市沅安粮油综合贸易商城 7.常德市粮油供应公司汽车队 8.常德市马家吉粮库	1.武陵区人民东路334号 2.武陵区朗州路211号 3.武陵区人民西路197号 4.德山经开区莲花池 5.武陵区甘露寺 6.武陵区沅安路104号 7.武陵区滨湖东路280号 8.武陵区芦山乡马家吉	江政高 黄安民 赵运红 汪维信 黄安民 罗颖咨 张云华 梅立鹏	半停业，部分租赁	1154	2401	208.06	非破产改制 2004.2.23	整体资产公开拍卖（保留少量军供粮店）	2007.6	重组
常德市农业机械总公司	武陵区甘露寺	杨正富	半停业	1074.4	755.2	70.290	非破产改制 2001.7.5	整体资产协议转让	2003.7.9	重组
常德市粒度分析仪器厂	武陵区人民东路敖家巷5号	姚强富	正常生产	127.9	132.9	103.10	非破产改制 2001.8.4	由华伟公司收购式兼收	无	重组

续表 3-2-1

企业名称	企业原址	法人代表	生产经营状况	资产总额	负债	负债率(%)	改制方式时间	资产处置方式	审计结零时间	改制后去向
常德木材贮运公司	桃源县陬市镇	刘吉科	全停产	1422.8	5494.3	386.16	破产 2001.9.20	整体资产公开拍卖	2004.7.8	重组
常德华维水电工程公司	武陵区人民东路敖家巷2号	代南斌	正常生产	1025	600	58.537	非破产改制(市农办批)2001.12.27	整体资产协议转让(无正式手续)	无	重组
常德市金鹰优质农产品开发公司	武陵区盐关码头	伍先开	物资经营	—	—	—	非破产改制 2002.4.8	土地使用权资产出让	2002.11.15	退出
常德市乡镇企业供销公司	武陵区建设东路116号	尹伟	全停业	80.6	266.9	331.14	破产 2002.8.19	整体资产公开拍卖	2003.5.21	退出
湖南省常德市棉麻蚕茧总公司	武陵区人民东路419号	胡传忠	正常经营	12694.9	21725.2	171.13	置换身份 2003.9.19	不处置	2004.5.31	重组保持
常德市恒源林产工业总公司	武陵区丹洲乡高泗村青泥湾	刘伯华	全停产	835	2388.2	285.8	破产 2001.12.12	整体资产公开拍卖	2005.11.30	退出
常德市源江木材贸易公司	武陵区落路口	刘勇	全停业	485.1	1570.4	323	破产 2002.7.30	经营性门面分间拍卖	2005.4.15	退出
常德市林业汽车运输公司	武陵区建设西路408号	周德富	全停业	308.70	327.0	106	破产 2002.8.5	整体资产分2宗公开拍卖	2005.7.20	退出
常德市木材总公司	武陵区人民中路321号	徐华贵	全停业	401.9	1776.0	442	破产 2002.8.19	整体资产公开拍卖	2004.3.9	退出
常德市农林工业建筑设计院	武陵区人民中路322号	唐智文	部分经营	63.9	17.4	0	非破产改制 2003.9.5	整体资产公开拍卖	2005.1.25	重组
常德市基建物资总公司	武陵区青年中路52号	杨焕清	全停业	398	229	57.538	非破产改制 2000.11.22	整体资产分2宗协议转让	2003.12.25	退出
常德市轮渡公司	武陵区沅安路53号	邹节勇	半停产	147.5	105.4	71.458	非破产改制 2001.4.28	整体资产公开拍卖	2006.6.26	重组
常德市恒达城市建设总公司	武陵区洞庭大道东段柏园桥	彭生明	正常经营	1665.6	710.7	42.669	非破产改制 2001.7.11	资产公开拍卖、协议转让、托管	2004.7.6	重组
湖南省常德工程公司	武陵区人民西路129号	朱世龙	全停产	4680.3	9639.1	205.95	破产 2003.8.6	整体资产公开拍卖	2006.1.6	重组
常德市地质矿产冶金煤炭物资公司	武陵区建设西路	谢国明	停止经营	83.5	0	0	非破产改制 2001.12.11	土地及房屋拆迁资产转让	2002.7.31	退出

续表 3-2-1

企业名称	企业原址	法人代表	生产经营状况	资产总额	负债	负债率（%）	改制方式时间	资产处置方式	审计结零时间	改制后去向
常德市德山莲池医院	德山经开区莲池路	黄玲	正常经营	95.6	58.4	61.088	非破产改制 2002.6.18	整体资产公开拍卖	2003.3.30	重组
常德市化工供销公司	武陵区朗州北路	张庭云	全停业	149	389.8	261.61	破产 2002.11.12	土地及建筑物资产协议转让	2004.1.6	退出
桃林迎宾馆	武陵区建设东路348号	曾国安	正常经营	2871	1077.1	37.517	非破产改制（政府办）2003.9.19	房屋、建筑物及无形资产承债式协议转让	2004.12.26	重组
常德市人民政府驻海口办事处所属公司 1.海口华陵经贸公司 2.海口华陵经贸常德公司 3.常德华陵工贸公司 4.常德华陵经济开发公司 5.常德华陵物业开发公司	1.海口市龙舌坡 2.武陵区常蒿路 3.武陵区惠民新村 4.武陵区常蒿路 5.武陵区惠民新村	张可	全停业	6.2	0	0	置换身份 2003.9.26	住宅一套转让	2004.9.16	退出
湖南三江电力有限责任公司	石门县三江电站南路1号	陈景清	正常经营	35996	15901	44.174	置换身份 2003.12.8	报废车辆、设备协议转让	2004.12.31	重组被收购
常德政达寻呼台、机场实业公司	常德市政府院内	何雨林（寻呼台）夏学荣（机场）	全停业	0.82	0	0	置换身份 2003.12.23	残值交主管部门处理	2004.4.13	退出
湖南德海实业集团公司	武陵区洞庭大道东段72号	梁淑敏	正常经营	49.54	49.54	100	置换身份 2004.1.2	出让泓鑫公司国有股权部分拨入	2004.12.27	退出
常德市生物食品研究所	武陵区长胜桥	刘清安	全停业	47.3	523.2	1106.1	破产 2003.11.11	部分库房、住宅、办公楼、建筑物交国资委	2005.11.30	退出
常德市二轻供销公司	武陵区人民东路238号	卜功群	全停业	47.3	523.2	1106.1	破产 2004.1.10	部分库房、住宅、办公楼、建筑物交国资委	2005.11.30	退出
常德市轻工业物资供销公司	武陵区洞庭大道125号	刘先逊	全停业	47.3	523.2	1106.1	破产 2004.1.12	部分库房、住宅、办公楼、建筑物交国资委	2005.11.30	退出
湖南湘北纺织总公司	武陵区滨湖路20号	郑维海	全停业	47.3	523.2	1106.1	破产 2004.3.24	部分库房、住宅、办公楼、建筑物交国资委	2005.11.30	退出

续表 3-2-1

企业名称	企业原址	法人代表	生产经营状况	资产总额	负债	负债率(%)	改制方式时间	资产处置方式	审计结零时间	改制后去向
常德永生纺织原料公司	武陵区红庙路	何英才	全停业	47.3	523.2	1106.1	破产 2003.11.17	部分库房、住宅、办公楼、建筑物交国资委	2005.11.30	退出
常德市音像公司	武陵区沅水大桥北引桥	曾秋甫	全停业	3	11.8	393.33	非破产改制 2004.8.10	往来清收	2005.6.27	退出
常德市机械电子工业供销总公司	武陵区青年南路263号	罗祖祥	全停业	189.5	621.9	328.18	破产 2004.11.2	资产交常德市经委	2006.5.29	退出
市散装水泥办下属：常德市阳辉实业公司	武陵区洞庭大道西段99号	程骥	全停业	21.25	30.23	142.26	非破产改制 2004.11.2	无固定资产、无流动资金	2005.10.8	退出
市墙改办下属：常德市高雅新型墙体材料开发有限公司	武陵区落路口	胡长跃	全停业	5.1	1	19.608	非破产改制（报批）2005.8.23	机器设备及模具协议转让	2006.1.13	退出
常德市德山城市建筑综合开发公司	德山经开区	张怀仁	全停业	158.6	784.5	494.64	破产改制（区法院）2001.5.22 置换身份 2005.11.8	土地资产出让	2007.8	退出
常德市常江经贸实业有限责任公司	德山经开区	王克平	全停业	158.6	784.5	494.64	破产改制（区法院）2001.8.23 置换身份 2005.11.8	土地资产转让	2007.8	退出
常德市德山物资工贸公司	德山经开区	熊先舫	全停业	158.6	784.5	494.64	破产改制 2001.9.3 置换身份 2005.11.8	土地资产转让	2007.8	退出
市委统战部下属常德市海联工贸4家企业 1.常德市海联工贸公司 2.常德市台联综合贸易服务部 3.常德市亚泰实业公司 4.常德市利达实业公司	武陵区人民中路（清真第一春内）	吴宗胜	全停业	无	无	无	非破产改制 2005.12.16	无	2006.4.27	退出

续表 3-2-1

企业名称	企业原址	法人代表	生产经营状况	资产总额	负债	负债率（%）	改制方式时间	资产处置方式	审计结零时间	改制后去向
市文联下属：常德市广告公司	武陵区洞庭大道东段175号	朱冰松	全停业	0.2	0	0	非破产改制 2005.12.16	无	2006.11.20	退出
市体育局下属：湖南省常德市奥林体育物业开发公司	武陵区武陵大道（体育中心内）	李宗南	全停业	2	100	5000	非破产改制 2005.12.22	零星资产变现	2006.5.19	退出
市外侨办下属：常德市华侨旅游侨汇公司	武陵区校场街198号	陈家欣	全停业	88.9	72.7	81.777	非破产改制 2006.1.12	整体资产公开拍卖	2006.12.12	退出
常德市政协下属2家企业：1.常德市协平法律咨询服务所；2.常德市福源实业总公司	武陵区滨湖路（市政协院内）	周世贵 肖丕信	全停业	0	4.9	—	置换身份 2006.10.30	无	2007.5	退出
湖南常侨实业总公司	武陵区校场街198号	胡友铎	全停业	16.4	223	1359.8	非破产改制 2007.8.9	无	未结零	退出
湖南常德中药厂	武陵区洞庭大道东段218号	金伟	正常经营	—	—	—	置换身份 2007.8.9	无	未结零	待重组（保持）
常德市前进织带厂	武陵区洞庭大道中段27号	李贵年	租赁经营	157.2	278.3	177.04	非破产改制 2007.12.5	整体资产公开拍卖	改制期间	—
常德渔业总场（柳叶湖渔场）	柳叶湖旅游度假区泉水桥	刘传寿	租赁经营	338	338	100	破产待批	整体资产公开拍卖	改制期间	—

第三节　资产重组

一、破产重组

1984年10月，中共十二届三中全会后，常德地区开始扩大国营企业企业自主权，实行经济责任制、承包制的改革，企业干部职工生产经营性积极增长，企业活力增强。但至1988、1989、1990年乃至以后，常德市国营企业出现亏损严重的局面。其特点是：企业亏损增多，亏损额逐年增长；行业亏损突出，扭亏难度增大；企业潜亏严重，少数企业成为“空壳”。

常德市1988—1990年直属预算内工业企业亏损情况表

表3-3-1

年份	亏损企业户数	亏损面(%)	亏损金额(万元)	与上年比较(±%)	亏损额在50万—100万元的企业户数	亏损额在100万元以上的企业户数
1988	12	22.6	838.6	20.5	4	3
1989	12	22.6	1037.4	23.7	6	4
1990	17	32.1	1520.0	46.5	5	7

1990年常德市预算内企业129家，有60家亏损，亏损面达46.5%，亏损额达5858.5万元，全市预算内企业盈亏相抵后，净亏1504.42万元。1991年1—10月仍有60家亏损，亏损总额达4304万元，比上年1990年同期增亏227万元，盈亏相抵后净亏858万元，比1990年增亏573万元。亏损原因有表层的：销售市场疲软，盲目生产，产品大量积压；国家紧缩银根，生产资金紧张；原辅材料短缺。深层原因是：企业忽视市场规律，盲目决策、重复上马、盲目生产、产品老化、结构不合理、成品质量低劣、企业内部管理松弛。针对企业亏损严重情况，市委、市政府领导开展企业整顿，加快技术改造，深化企业改革等措施。但部分企业扭亏无望。对此，市委、市政府冲破传统思维果断决定，对长期经营管理不善、严重亏损、资不抵债、扭亏无期，已无生产能力的中小国有企业实行依法破产。市各工业主管局、各区县(市)抽调得力力量，组成精干班子，实施破产，以盘活存量资产。

到1993年，有石门化工三厂、石门食品厂、汉寿酒厂、临澧县酒厂、津市无线电标准件厂、常德无机化工厂依法破产。

常德无机化工厂坐落在城区甘露寺，处于城乡接合部。该企业192名职工，文化程度偏低，小学文化占78.6%（小学文化程度职工151人）。1992年5月，企业破产后，该企业利用地理优势，引进新的机制，化解人员包袱，投入130万元，开办有42间门面、1860平方米的两层综合贸易楼；利用原厂空旷地，开办面积近10亩的"常德市东区停车场"；利用闲置厂房开设拥有100多个摊位的"农贸市场"；在新建的综合楼开办集舞厅、桌球、录像放映、美容健身、电子游戏于一体的"常德市东郊"，改善了该地段居民及事业单位人员文化活动少的状况；原厂与"常德龙海石油液化气公司"联营，设立东区代销点；利用闲置的床架、棉被、被单开办有20个铺位的招待所。上述措施安置职工102人。

汉寿县酒厂1993年9月29日依法宣布破产。该厂破产后，筹资1000万元，在破产企业的"躯体"上新建龙阳制药厂，形成年产1500吨发酵甘油的生产能力，安排职工105名，1994年正式投产。同时，在制药厂基础上新上精神化产品生产线，开发特种水产新型材料，恢复酒精生产。使原生产产品单一、产品档次低的企业转变成多品种、多文化、应变能力强的综合型经济实体，180名职工有安身立命之地。

1994年4月8日至10日，省委、省政府在长沙召开全省企业改革工作会议。省长陈邦柱、副省长周伯华分别作了重要讲话和工作报告。会议提出下一阶段企业改革的总要求，以建立现代企业制度为方向，以转换企业经营机制为重点，以产权制度改革为突破口，多形式、多途径搞活国有企业。1995年4月28日，湖南省人民政府发布《关于深化国有企业改革的通知》。该通知指出："对一些扭亏无望，部分优势尚存，有产品、有技术、有设备的国有工业企业可实行先分离后破产"，"对国有小型企业要进一步放开，加大改革力度，实行关、停、并、转、包、租、破、卖等形式，搞好搞活小型国有企业"。

常德市1996年5月市属5户国有企业资产负债情况

表3-3-2　　单位：万元

企业	资产总额	负债	负债率(%)
市酿酒厂	2161.00	23453.30	1085.30
市经编厂	1791.60	2477.20	138.00
市毛巾厂	1231.50	2162.30	176.00
市电机总厂	2504.40	3732.20	149.00
市水泥水管厂	464.00	1534.50	330.70

1996年4月19日,中共常德市委为了贯彻落实省委、省政府关于企业改革工作会议和省政府关于深化企业改革通知精神,召开常委扩大会议,专题研究常德市工业企业改革破产问题,成立常德市工业企业破产领导小组,原市委常委、市政法委书记、巡视员龚玉昆任组长,市经委副主任胡颖峰任副组长,具体领导常德工业企业改革破产工作。10月25日,常德市人民政府印发《关于市直国有企业破产的若干问题的办法的通知》(常政发〔1996〕18号)。该办法规定,企业破产后可以采取三种方式处置:对符合产业政策,又有好的产品的,可将原企业在职职工和新的企业?;对重组缺乏基础,但又有一定生产条件的,其安置职工的资产可由其他企业接收,人员由接受企业安排;对企业破产后无生产条件、又无其他企业接收的,原企业随破产而消亡,人员通过变卖安置职工的资产一次性买断工龄或采取其他途径安置。

1996年5月15日,常德市水泥水管厂向市中级人民法院提出破产申请。市中级人民法院于5月17日裁定宣告该厂还债,并依法成立清算组。经常德市会计师事务所评估,该厂资产总额为2242.20万元;负债总额为2714.57万元;企业破产原因:经营管理不善,造成企业严重亏损;忽视质量管理,缺乏市场调查分析,屡屡造成经营被动;内控制度不严,仓库材料保管不善,造成原辅材料大量流失;机构臃肿、后勤服务及行管人员过多,职工主人翁精神淡薄,企业凝聚力差;企业法人代表更换频繁;存在严重短期行为,产供销以包代管,生产过程拼设备,影响过程"互不买账",内耗严重;流动资金短缺,企业长期负债经营,债务包袱沉重。至1995年底止,该厂银行借款本息高达1600多万元,致使企业成本居高不下,获利能力差,企业包袱得不到及时消化;设备老化,企业产品质量差,造成产销倒挂,亏损愈益严重。常德市水泥水管厂始建于1953年,其前身是常德市机砖厂与常德市建材厂,隶属于常德市建材工业局。

湖南省津市船舶厂始建于1956年,厂址在津市市羊湖口。该企业自1988年至1996年,水上运输业逐年滑坡,参与市场竞争能力脆弱,经营效率低下,连年发生亏损,资不抵债。经津市会计师事务所评估,1996年5月,该企业资产总额325.69万元,负债总额502.84万元,负债率154.39%。1996年5月24日,津市市人民法院裁定该企业破产还债(〔1996〕津法民破字25号)。破产后,该企业被重组为"常德市津澧船舶修造有限责任公司"。

1996年1至5月,市直属国有企业市化工厂、市玻璃厂、市酿酒工业(集团)公司、市水泥水管厂、市毛巾厂、市经编厂破产终结。

1998年3月,经常德市人民政府批准,原常德七一机械厂被改造成公司制,即成立大Ⅱ型国家控股的湖南七一机械股份有限公司。改制时职工1541人,其中在职职工972人,离退休职工569人。截至2001年10月底,公司总资产6778万元,减去土地资产3642

万元,资产总额3135.8万元,其中固定资产净值2002.3万元,流动资产1132万元,长期投1.7万元。公司总负债10117.4万元,其中流动负债9621万元,长期负债496.4万元,资产负债率149%。2000年10月依法申请破产。

1999年12月10日常德建民织布厂实施依法破产。

2000年,常德市变压器厂宣告依法破产。2001年4月,自然人张家跃牵头代表145名股东,出资880万元,向市产权交易中心整体购买该破产企业资产,组建常德国力变压器有限公司。该公司注册资金818万元,张家跃出资46万元,为出资额最高者,其他员工人平均出资3万元。按出资额多少经股东大会差额选举,产生董事会成员7人,监事会5人;董事会聘任经理层6人。张家跃被董事会推举为董事长并兼任总经理。该公司按照精简高效的原则,内设一室五部,即办公室、销售部、财务部、供应部、技术产品开发部、生产部。该公司强化质量管理,实行产品"三包(包修、包换、包退)",生产10千伏S9型变压器、10千伏SZ9型有载调压变压器、10千伏级SM9型全封密变压器等多种类型的变压器,其产品销往广东、广西、江西、四川、湖北及本省。2001年底,该公司工业总产值1679万元,销售收入1336万元,创利润40.6万元,上缴税金101万元,人均创利税9678元。

常德棉纺厂始建于1958年。2008年4月该厂拥有8.5万纱锭,1600台布机,固定资产原值2.3亿元,有干部职工7414人,是湖南省八大棉纺厂之一的国有大Ⅱ型企业。该企业在人才技术、经营管理、经济效益上在全省乃至全国有知名度。建厂40多年来,该企业为常德经济建设和安排劳动就业做出了突出贡献。但是,从1990年至1999年这10年,由于机制不活,设备陈旧,包袱沉重,市场竞争环境变化,该企业生产经营和经济效益急剧恶化。10年亏损近3亿元,负债率高达197.55%。2000年8月4日,常德中级人民法院宣告该厂破产还债。

是年常德市政府按程序对该厂实施"两个置换"。该厂破产时,将资产变现,对2822名在职职工解除国有身份;将3822名一次性移交给市劳动保险处。以该厂的总厂和二分厂为基本单位,新组建两家具有民营性质的公司,即常德云锦纺织有限公司、湖南东信棉业(常德)有限公司。两公司注册资金分别为7850万元、5650万元。

常德云锦纺织有限公司组建后,投资1100万元进行大规模技术改造。安装324台GA615-75织布机、4台套清钢联和梳棉机染尘系统、整经设备、13台套FA201B梳棉机、8台FA305D并条机等,投入使用。开发差别纤维、排湿纤维、防菌纤维等20多个新产品。

湖南东信棉业(常德)有限公司成立后,于2001年投入600万元,安装18台FA502细纱机、2台筒子机,完成6台FA303型并条机安装,提高了设备的新度系数,细纱空锭率为0.2%,织布开台率95%,产量和质量高出部颁标准,产品畅销全国并远销非洲及东南亚等10多个国家和地区。2002年,该公司又投入1000万元,对前纺清钢尘室进行蜂式除尘改造;对340台75寸布机进行双踏盘四页综合开口技术改造;建立空压站,在筒子使用空捻器,生产无接头针织售纱;在后纺增加2台槽筒机,9台捻线机,9台槽筒机加长。

2001年11月收购原破产国有企业桃源纺织印染厂,组建桃源杰新纺织印染有限公司。2003年该公司投资500万元购进国内先进的气流纺纱机、新型细纱机、宽幅浆纱机等设备,并对燃气锅炉等污染严重的老设备进行改造。该公司安置原下岗职工2000人,公开招聘1000名青工。是年,该公司生产棉纱7300吨,生产坯布2813.4万米,印染布1819.8万米;销售棉纱1432.8吨、坯布1199万米,印染布868.3万米,完成工业总产值19672万元,同比增长321.78%,实现销售收入18529万元,利润103.2万元。

常德市1990—1999市属国有企业破产情况统计表

表3-3-3　　　　单位:万元

企业名称	成立时间	企业原址	资产总额(万元)	资产负债(万元)	负债率(%)	置换时职工人数(人)		破产时间	破产处置方式
						在职	离退休		
常德市化纤厂	不详	不详	2740	2900	105.84	489	130	1994.8	不详
常德市针织厂	1956.1	武陵区人民中路兴街口	1040	1609	154.71	369	132	1994.10	不详
常德市化工厂	1959.10	武陵区苏家渡	3345	9669	289.06	620	403	1996.1	重组
常德玻璃厂	不详	不详	2930	3614	123.34	515	351	1996.3	重组
常德市毛巾厂	不详	不详	1909	2438	127.71	640	163	1996.5	赎买
常德市水泥水杆厂	不详	不详	1446	2460	170.12	207	122	1996.5	赎买
常德市经编厂	不详	不详	1558	2986	191.66	432	157	1996.5	拍卖
常德酿酒公司	不详	不详	15804	39908	252.52	1919	395	1996.5	重组
常德机电总厂	不详	常德经开区德山北路141号	2504.40	3732.20	149.03	844	360	不详	重组
常德市水泥水管厂	1953	不详	2242.20	2714.57	121.07	188	144	1996.5	赎买
湖南省津市船舶厂	1956	津市市羊湖口	325.69	502.84	154.39	164	164	1996.5	重组
常德建民织布厂	1951.8	武陵区朗州南路	不详	不详	不详	不详	不详	不详	不详

2010年2月28日,中房集团常德房地产开发公司、常德市房地产开发公司、常德市经济适用住房开发中心、常德市迅华城建开发有限公司、常德市房地产经营公司、常德市华达建设开发总公司、常德市柳城城市建设开发有限责任公司等7家市直属管理的国有

房地产经营企业，总产总额46979万元，总负债47403万元，净资产-424万元，累计亏损10853万元。7家公司资产负债情况如下。

常德市2010年2月7家市直房地产公司资产负债情况表

表3-3-4　　单位：万元

单　　位	资产总额	负债	净资产
中房集团常德房地产开发公司	19501	16274	3227
常德市经济适用住房开发中心	4315	8162	-3847
常德市房地产开发公司	3851	7692	-3841
常德市华达建设开发总公司	8108	8428	-320
常德市迅华城建开发有限公司	857	2086	-1229
常德市房地产经营公司	7758	2512	5246
常德市柳城城市建设开发有限责任公司	2589	2249	340
合　　计	46979	47403	-424

7家公司资产负债率为100.9%，经房中心、房开公司、华达公司、迅华公司4家企业账面资产为负数。其中，房开公司负债率达200%，迅华公司负债率高达243%，已严重资不抵债。7家公司共欠集资款3279万元。其中，本金2845万元，利息434万元。市房开公司欠集资款本息888万元，市迅华公司欠集资款本息1588万元。

7家房地产经营公司亏损严重。市房开公司、迅华城建、中房集团、华达公司、经适中心5家企业全部亏损，亏损额高达813万元；市房地产经营公司累计亏损960万元；7家房地产经营公司人员包袱沉重。7家公司每年人员工资等经费支出需3000多万元。房开公司2008、2009年没有开展经营业务，但63名正式职工、27名聘请人员每年工资支出达350多万元，利息支出达到440多万元。7家公司未给544名聘请人员缴纳养老保险和医疗保险，有的聘用人员达10年以上，为之缴纳社保、医保每年至少需资金100多万元。7家房地产公司难以为继。

2010年，市政府召开第38次常务会议。会议决定推进市直国有房地产企业改革。

2011年1月，市政府将“中房集团常德房地产开发公司”“常德市房地产开发公司”“常德市经济适用房开发中心”整体划转到市城市建设投资集团有限公司。由市城市建设投资集团有限公司出资重新组建“常德市天源住房建设有限公司”“常德市天润土地开发经营有限公司”两家企业。同时,常德市政府将“常德市华达建设开发总公司”“常德市柳城城市建设开发有限公司”“常德市迅华建设开发有限公司”“常德市地产经营有限公司”等4家公司整体划转到市经济建设投资集团有限公司。经济建设投资集团有限公司出资重新组建“常德市经泽建设开发有限公司”“常德市经致远土地整理开发有限公司”2家企业。

附:常德楚天旧貌换新颜

2001年5月18日,陈明哲同志代表180名买断置换身份的职工以买断费和出资现金480万元置换已破产的原常德轴承厂的有效资产,重组常德楚天轴承有限公司。股金最高者是陈明哲和曹维国两位同志,均为15万元,股金最低者1.2万元。

经股东大会选举产生董事会成员4人、监事会3人;董事会聘任经理层一正两副3人,陈明哲被推选为董事长,曹维国被聘任为总经理。该公司本着精简、快捷、高效的工作原则,内设7个部室和8个分厂,计29名管理人员。7个部室为:办公室,管理人员3人;财务部,管理人员4人;企管人事部,管理人员3人:生产制作部,管理人员6人;技术中心,管理人员4人;品质部,管理人员1人;销售公司,管理人员2人。8个分厂,其中管理人员1名的有:中大型成品分厂、中小型成品分厂、车工分厂、滚子分厂;管理人员2名的有热处理平面无心分厂;已租赁经营的有:工具分厂、机修分厂、保持器分厂。在分配上,执行岗位技能工资制,部室行管人员实行工作绩效考核制,销售人员推行买断制。在人员上,实行竞争上岗、末位淘汰制。

重组的常德楚天轴承有限公司当年主要做了三件大事:一是将厂址从市区的体育东路(因市政府要创建文明卫生城市而决定此公司搬迁)整体搬至郊外的青年东路189号(原常德轴承厂的二分厂)。在搬迁厂房时,自筹资金350万元,进行边设计、边改造施工、边搬迁、边生产经营,于2001年7月8日完成厂房的整体搬迁任务,使一个荒凉闲置10余年、杂草丛生的分厂变成了具有现代化气息的花园式企业。二是恢复生产经营。厂房整体搬迁竣工后,员工又自筹10万余元资金,自己动手安装水电、调式设备、进行厂区道路坪填整修及环境绿化。2001年8月7日,车工生产线、热处理线、磨加工线相继开工生产。三是完成ISO9002国际质量体系认证。在进行质量认证过程中,该公司投入近10万元,购买有关质量认证的宣传资料,并请常德市质量技术监督局质量认证中心的老师对全体员工进行认证培训,前后达两百余课时。同时该公司还按照质量认证要求结合产品特点,制定了质量手册,对各管理环节编制了质量体系程序文件,对合同、采购、生产过程、设备、检验和试验、现场标识及不合格品的控制等进行管理和审核。2001年12月18日,顺利通过ISO9002国际质量体系认证。现在,该公司产品的综合废品率严控在2%以下,主项合格率达98%以上,全项合格率达95%以上,关键项达100%,精度储备率达95%,Z1组轴承达100%,产品质量在轴承行业内处于领先水平。

该公司主要生产"6"类、"N"类、"NA"类、"0"类和"3"类5大类280多种轴承品种,产品以"CE"为注册商标,广泛用于手机、柴油机、拖拉机和汽车、摩托车等行业,产品畅销全国。同时,兼营制造WDZ系列电蚀印字机、轴承配件及轴承加工专用机床等。

2001年底,该公司克服买断重组和整体搬迁中的困难,仍然完成轴承产量45万套,产值620万元,实现销售收入563万元,上缴税金34万元,因公司搬迁支出费用较大,年终出现微亏。

二、兼并联合

1989年2月19日,国家体改委、国家计委、财政部、国家国有资产管理局发布《关于企业兼并的暂行办法》。该办法规定,企业兼并主要采取"承担债务式"兼并、"购买式"兼并、"吸收股份式"、"控股式"兼并。1994年4月9日,湖南省人民政府转发《关于国有企业兼并若干问题的规定》(湘政发8号),就企业兼并的原则、形式等问题作出了18条具体规定。中共常德市委、市人民政府为了推进资产合理流动、搞活国有中小企业,对长期亏损、资不抵债的中小国有企业积极鼓动企业间兼并联合。常德市第一纺织机械厂,主要生产纺织辅机及配件、烟用水松纸和化纤纸筒,有职工474人(其中退休职工121人),固定资产原值476.26万元,净值335.92万元,占地面积3.21万平方米。截至1994年8月,资产负债1040万元,生产经营难以为继。而常德纺织机械厂系中央直属纺织机械大型企业,在市场经济中具有明显的产品技术、设备、资金、人才优势;常德纺织第一机械厂由于缺主导产品,经济效益不稳定,靠自身能力很难走出困境。经职工代表大会同意,1995年常德机械厂采取承担债务式兼并常德第一纺织机械厂。随后,1994年11月,常德市德海实业集团兼并常德啤酒厂;1996年6月,石门县联运公司兼并石门县运输公司,成立石门县联运总公司。临澧水泥厂兼并临澧耐火材料厂;青峰煤矿兼并常德矿山机器厂。

从1993—1996年国家实行适度从紧的金融政策,银行渠道投入乏力。而常德市工业结构性矛盾突出,需要大量资金投入实现高起点调整升级。面对此矛盾,中共常德市委、市政府把企业联合兼并作为突破口搞活国有企业,提出"在投资主体上,不问身份,只求投入;在改革模式上,不唯形式,只求发展;在企业归宿上,不求所有,只求所在"的工作思路,出台优惠政策,加强引导,坚持"税收在地方、企业有发展、职工有安置"的三原则,支持常德市国有中小企业靠大、靠强、靠优,"找帅当兵"。1998年2月,湘西自治州湘泉集团控股常德德山大曲酒厂、武陵酒业、洞庭药业。1999年,湖南海利兼并常德市长丰化工农药有限公司，并投资150万元对农药生产设备进行大修，投资1000万元启动乐果生产线，使长丰公司1300多名职工绝处逢生，从根本上改变了长丰公司找政府“吃救济”的局面。

到1999年12月，全市有8家中小国有企业实现与大企业集团联合兼并。

常德市1988—1999年市属国有企业被兼并情况统计表

表3-3-5

市外优势企业	被兼并企业	兼并时间	兼并形式
湘西湘泉集团	常德德山大曲 武陵酒业 洞庭药业	1998	控股
湖南海利集团	常德长丰化工农药有限公司	1999	不详
西北轴承	常德轴承	不详	不详
水电八局	常德阀门厂	不详	不详
湖南省经济建设投资公司	湖南坝道特种水泥股份有限公司	1999.4	3700万元债权股权，控股
青海牛股业集团有限公司	常德市明胶厂	不详	不详
湘潭电机厂	常德电机厂	不详	不详
湖南星辰贸易公司	常德有线电厂	1999.6.19	出资1000万元，控股兼并

三、租赁经营、公有民营、分体经营

1993年11月14日，中共十四届三中全会通过《中共中央关于建立社会主义市场经济体制若干问题的决定》。该决定指出：“一般小型国有企业，有的可以实行承包经营租赁经营，……也可以出售给集体或个人。出售企业和股权收入，由国家转投于急需发展的产业。”1994年4月9日，为搞活中小型企业，根据中共中央精神，湖南省人民政府转发《关于中心企业实行公有民营的若干意见》(湘政发〔1994〕8号)。该意见指出，要“多种形式地推行公有民营”，根据企业的生产特点和经营状况，推行中小企业公有民营可以采取“租赁经营”“股份租赁制”；该意见进一步强调，积极探索“折股拍卖，负债抵押入股”“分体租赁、分块搞活”“退二进三”等公有民营的实现途径。

市委、市政府贯彻落实中央、省政府关于搞活中小国有企业的指示精神，鼓励优势企业租赁亏损企业，探索分体经营、公有民营等资本经营形式。

租赁经营 1994年，常德市实行租赁经营的企业有三家。石门化工一厂的硫酸钡分厂，年亏损50多万元，1994年，被石首化工有限公司租赁后，年上交租金50多万元，年付银行利息9.8万元，并安排硫酸钡分厂全部职工（202人）就业。这一年，长沙肉联厂租赁临澧进出口公司冷冻分厂，广东广发公司租赁鼎城元件厂打火机生产线。1995年5月，常德市政府为鼓励优势企业租赁亏损企业，出台如下优惠政策：优势企业租赁亏损企业，在交纳足额租赁费，保证租赁设备完好率达到行业标准的前提下，出租企业，前三年按实现利润所缴纳的所得税，由财政全额返还给承租企业，计入承租企业的实收资本。1995年，常德市瓶盖厂承租常德市啤酒厂，租期5年，承租方每年支付承租费100万元，择优安排市啤酒厂职工150人。其他职工由留守处组织开办纸箱厂、工贸公司等第三产业，稳定了职工队伍。是年，已关停2年的临澧县石膏矿被原铁湾煤矿副矿长黄开玉承租。全部接收在职职工就业。黄开玉从沿海一带引进资金100多万港元，投入矿井建设。承租期满5年后，该矿的固定资产全部国有。

1999年4月湘潭佳润纺织有限责任公司整体租赁常德纺织厂二分厂。该公司投入设备整修资金700多万元，使3.5万纱锭、830台织布机全部实现满负荷生产，安排1500名职工重新上岗，盘活固定资产8000多万元。

常德市1994—1999年中小企业租赁情况统计表

表3-3-6

承租企业/个人	被租企业	租赁时间
石首精细化工有限公司	石门化工一厂硫酸钡分厂	1996
长沙肉联厂	临澧进出口公司冷冻分厂	不详
广东广发公司	鼎城元件厂打火机生产线	不详
常德纺织厂	市毛巾厂	1996
市瓶盖总厂	市啤酒厂	1996
原铁湾煤矿副矿长黄开玉	临澧石膏厂	不详
不详	鼎城酒厂	不详
不详	桃源造纸厂	不详
不详	汉寿印刷厂	不详

续表 3-3-6

承租企业/个人	被租企业	租赁时间
桃源水泥厂	桃源轴配厂	1996
湘潭织染厂	汉寿棉纺厂织布车间	1996
桃园县粮食局	桃源酒厂	1996
南京伟图公司	市酒精厂	1997
佛山塑七厂	德利塑料色装材料厂	1997
常德市新材料总厂	临澧石膏板厂	不详
湘潭佳润纺织有限公司	常德纺织厂二分厂	1994.4
福建石狮皇冠霸有限公司	常德纺织厂二分厂	1999.6
不详	常德轮船运输公司	1994
不详	常德第二纺织机械厂	1994
不详	常德市制革厂	1994
不详	青峰煤矿	1994
不详	常德锦纶厂	1994
不详	桃源纺织印染厂	1994
不详	石门磷肥厂	1994

公有民营　1992 年，常德市根据湖南省商业厅《关于完善全民所有制小型商业企业租赁经营的意见》（湘商字〔1990〕第 191 号），在全市商业系统小型企业改革中推行“国有民营”“国有私营”改革。这项改革主要在国有商业边、微、亏、小企业中进行。到 1993 年，常德市国有商业共有 259 个企业的 2458 个门店和柜台实行“国有民营”；有 10 个企业的 90 个门店实行“四自一包”（自愿组合、自筹资金、自主经营、自负盈亏、包死上缴任务）。津市市商业系统 62 家小型企业和门店全部实行“国有民营”，实施前亏损 52 万元，实施后不仅遏制了亏损，而且全年上交管理费 26.5 万元，职工收入比 1992 年增长 20%。

1994 年，常德市阀门厂电炉车间亏损 60 多万元。1995 年该厂实行公有私营，承租者每年上交租赁费 12 万元，安排 28 名职工就业。常德运输总公司是常德的亏损大户，1993 年亏损 580 多万元。1994 年总公司领导班子探索资产经营形式，对现有车辆实行公有租赁。承租者缴纳车辆现值30%的现金，剩余70%的本息分三年还给公司，三年后车辆所有权归个人所有。总公司出台这项改革措施，出售客货车90台，100台由个人“公有私营”，回收资金200多万元，并用以购买新车64台，壮大了运输能力，更新了运输设备。1994年该公司实现利税587万元，一举扭亏为盈。

1995年，常德市阀门厂、机床厂、锦纶厂、第二纺织机械厂的电炉车间、铸造车间、太空水分厂、点光源生产车间等7户企业、车间，实行公有私营。

分体经营 1990年12月，常德市酿酒工业公司改组为常德市酿酒工业集团公司，下辖市武陵酒厂、常德市德山大曲厂、常德市酒精厂、常德市饮料厂、工贸公司等。该集团公司对成员企业实行党政群、产供销、人财物、“九统一”的管理体制。但在进行中却因管理不严，经营不善而亏损严重。1993年底，该集团公司资产总额21809.7万元，负债总额22935.7万元，资产负债率达105%。1994年5月，市政府决定恢复集团公司所辖企业独立法人地位，实行分体经营(补充分体经营的效果材料)。1996年，常德市有4户实行分体经营，盘活局部资产。常德市塑料一厂分出包装材料厂;常德市新型建材总厂分出金壁装饰材料厂。1997年仪器厂、水表厂、阀门厂、机械厂、羊耳山煤矿、津市轮船运输公司、常德轮船运输公司、彩印厂等11户企业实行分体经营，启动存量资产5100万元，安置职工600多人。1998年，各主管局、各区县(市)鼓励中小国有企业划小核算单位，分块启动有效资产。是年，常德市30家市、县企业挖掘内部潜力，实行企业分块经营战略，对分出部分资产实行租赁经营或承包经营，启动存量资产9000多万元。常德市彩印厂为特困企业。新任厂长鼓励于内部改革，分别将综合大楼、两个生产车间、劳动股份公司分块承包给职工，实行风险抵押，安置职工200多人就业。同时，该厂与烟厂、出版部门合作，承接书刊杂件印刷业务，1997年大幅减亏。

四、拍卖

2002年12月17日，市政府产权交易中心，将常德水表厂面向社会整体拍卖。常德市金恒装饰有限公司以652万元的价格整体收购，组建独资性的民营企业——湖南常德水表制造有限公司。

2003年1月18日，市粮食局委托常德市政源拍卖有限公司对常德粮食机械厂整体资产进行拍卖，并对双方的权利和义务在协议书中都作了明确规定。2003年3月14日，常德市政源拍卖有限公司分别在《常德日报》《常德晚报》登载了拍卖公告，公开拍卖位于市区人民东路的原湖南省常德粮食机械厂破产财产整体资产权利(含“双狮”注册商标权)，该标的土地性质为工业用地，总占地面积约64.4亩，总建筑面积约48256平方米，机械设备约120台。2003年3月28日，在拍卖人举行的第33期常德粮食机械厂拍卖会上，金健米业与常德双狮粮食机械有限公司因看中原常德粮食机械厂“双狮”商标的品牌价值与市场网络和发展机会，双方竞相应价，现场气氛紧张热烈，最终买受人金健米业以拍卖标的成交价2380万元(人民币)成交(含双狮注册商标权)，比评估价高出580万元。

2005年6月1日，常德市粮食局武陵分局企业“两个置换”工作组委托常德市安信拍卖有限责任公司，在常德市华星宾馆公开竞价拍卖常德粮油商场(该商场地址为武陵区甘露寺，占地面积5797.2平方米，建筑面积3428.71平方米)。通过公开竞价，武陵区护城乡高丰村8组居民蔡文刚以147万元竞得该商场房产。

2012年9月12日，市水利局、市国资委委托市万通拍卖有限公司和湖南泰达拍卖有限公司在市公共资源交易中心公开拍卖出让常德市沅江——洞庭湖河道6个标段的砂石开采权及砂石使用权，出让年限3年，市河道采砂和砂石市场整治工作领导小组办公室作为鉴证方全程组织监督。2012年10月30日、11月30日两次发布联合拍卖公告，6个标段全部成功出让，成交价格为38400万元。

2014年5月29日，市国资委委托湖南公信环宇拍卖有限公司、湖南泰达拍卖有限公司，在常德市公共资源交易中心，公开拍卖青峰煤矿位于石门县楚江镇新厂社区青峰家园小区门面7间。该次被拍卖的7间门面，底价调整后总额437万元，实际成交总额479万元，溢价42万元。

青峰家园门面拍卖成交情况一览表

表3-3-7　　　　单位：万元

受让方	公告时间	成交时间	标的名称	交易方式	中介机构	成交价
屈必红 屈良喜	2014.5.16—2014.5.28	2014.5.29	青峰家园连1	现场拍卖	湖南公信环宇拍卖有限公司 湖南泰达拍卖有限公司	79
王连春	2014.5.16—2014.5.28	2014.5.29	青峰家园连2 101号	现场拍卖	湖南公信环宇拍卖有限公司 湖南泰达拍卖有限公司	73
杨文华	2014.5.16—2014.5.28	2014.5.29	青峰家园连2 102号	现场拍卖	湖南公信环宇拍卖有限公司 湖南泰达拍卖有限公司	76
杨四九	2014.5.16—2014.5.28	2014.5.29	青峰家园7幢103号	现场拍卖	湖南公信环宇拍卖有限公司 湖南泰达拍卖有限公司	52
覃佐红	2014.5.16—2014.5.28	2014.5.29	青峰家园连3 101号	现场拍卖	湖南公信环宇拍卖有限公司 湖南泰达拍卖有限公司	66
文　嘉 梁凤连	2014.5.16—2014.5.28	2014.5.29	青峰家园连3 102号	现场拍卖	湖南公信环宇拍卖有限公司 湖南泰达拍卖有限公司	71
苏宏建	2014.5.16—2014.5.28	2014.5.29	青峰家园9幢101号	现场拍卖	湖南公信环宇拍卖有限公司 湖南泰达拍卖有限公司	62

五、资产证券化

1996 年，常德市粮食局局长车世炎考虑对市粮食局直属粮油加工企业进行股份制改造，组建上市公司。从 1997 年 5 月起，由常德市粮油总公司独家发起，将其所属的深圳潇湘米业公司、常德植物油总公司、常德市面粉公司、常德金海实业公司、临澧合口油脂化工厂等 5 家全资企业的经营性资产进行重组，以募集方式设立湖南金健米业股份有限公司。在国土、工商、银行、财政、国资、体改等职能部门及湘财证券有限责任公司等中介机构的支持和指导下，各项资产重组的技术性工作和手续在不长的时间内相继完成。经国家、湖南省证监会的多次考察，湘财证券有限责任公司、湖南证券股份有限公司等中介机构的全力推荐和服务，完成整个公司上市的报批。1998 年 4 月 22 日，金健米业股份有限公司召开 200 多人的股东代表大会，选举产生第一届董事会和监事会，车世炎任董事长，钟儒敏为监事会召集人，董事会聘任郑治文为公司总经理，金健米业股份有限公司创立诞生，成为中国粮食企业和常德市企业首家上市公司。

金健米业股份有限公司总股本 15000 万股，其中法人股 1 亿股，社会公众股 5000 万股(含 500 万内部职工股)。该公司于 1998 年 4 月 8—10 日，分别在长沙市和常德市采取“全额预缴款、比例配售、余额即退”的办法，向社会公开溢价发行社会公众股 5000 万股(A 股)，申购资金达 738 亿元，实际募集资金 2.65 亿元。该公司发行股票后净资产总额为 4 亿元，其“金健米业”股票于 1998 年 5 月 6 日在上海证券交易所挂牌交易。1999 年，按每 10 股送 2 转赠 5 分配后，公司总股本达到 25500 万股。

金健米业股份有限公司组建后，将组成公司的原有 5 家独立核算企业改组为 5 家分公司，另外还新成立金健海南热带农业开发有限责任公司和金健药业有限公司。1998 年，该公司面向全国公开招聘录用 20 多名具有较高素质的经营管理人才和专业技术人员，并按照“班子公开竞选、骨干竞争上岗、员工优化组合、分配与绩效挂钩”的原则，对 5 家分公司逐一进行改革，彻底打破“大锅饭”。该公司与中国农科院、湖南农科院联手进行水稻新品种研究开发，签订由金健米业股份有限公司垄断全国水稻新品种的研究和利用的长期合作协议，进行优质稻生产基地面积达到 35 万亩，2000 年发展到 100 多万亩，辐射到 6 个省的 80 多个乡(镇)。公司的主要产品有“金健”牌系列大米(包括珍珠强身米、中国香米、湖南猫牙米等)、“万家炊”植物油、“麦王”面制品系列、“合口味”食用油等，其中“万家炊”植物油、“金健”牌大米和“合口味”麻油被评为湖南省名牌产品。公司主导产品均获中国绿色食品管理中心颁发的“绿色食品”证书，并通过国际质量 ISO9002 认证。1998 年 9 月，该公司投资建设“金健粮食工业城”，工业城首期建设项目有优质稻精米加工厂、米糠浸取油厂、统糠饲料厂、粗壳发电厂、粮油食品厂、化工厂、稻谷烘干厂等,在德山开发区征地146亩,总投资近1亿元。另外,该公司还把经营范围拓展到热带农业和保健药品开发等其他领域。连续3年,该公司实现税后利润5000万元,为农民增收2.1亿元。2000年3月,由公司承担的国家科技攻关项目“99NKY1002—3早稻米深加工—降血脂米粉(片)及补血米粉(片)研究”通过国家项目鉴定委员会鉴定,分别达到国际、国内先进水平。

1999年1月12日,经湖南省人民政府(湘政函〔1999〕26号)批准,由湖南德海西湖渔业总场、安乡珊泊湖渔场、常德弘鑫水殖有限公司、湖南省常德桥南市场开发总公司、中国水产科学研究院五家单位共同发起成立“湖南洞庭水殖股份有限公司”。湖南德海西湖渔业总场以其全部资产、安乡县珊泊湖渔场以其全部资产、常德弘鑫水殖有限公司以其所持湖南洞庭水禽开发有限公司90%的股权,以评估确认后的净资产投入股份公司,湖南省常德桥南市场开发总公司以货币资金人民币100万元、中国水产科学研究院以货币资金人民币70万元投入股份公司。上述资产经常德市国有资产管理局(常国资企字〔1999〕第16号)批复,按66%的比例折成3300万股,组建该公司,并于1999年1月18日领取企业法人营业执照(执照号为4300001002372)。2000年6月12日,该公司在上海证券交易所成功上市,是全国唯一采用水面权益资本化方式上市的公司。该公司主要经营范围:水产品、水禽养殖、加工、销售及深度综合开发、生物工程研究、开发;食品、饮料、机械电子设备、建筑材料(不含硅铜胶)、五金、百货、交电、纺织品及政策允许的化工产品、金属材料、矿产品的销售;包装材料的加工销售。

第四节　技术改造与新产品开发

一、技术改造

1950年至1980年30年间,常德地委、行署根据常德是一个农业大区的实际,坚持依托本地资源“围绕农业办工业,办好工业促农业”的工业发展指导思想,因地制宜发展工业,以形成机电、烟草、化学、冶金、食品加工、医药、轻纺、煤炭、建材等为主的工业体系。这为服务常德农业,改善农业生产条件提高农业生产力水平,保证全区人民日用生活品供应,发挥了很大积极作用。但是这些工业企业生产的产品均属“大路货”,科技含量低、生产效益不高,很难适应市场多元化需求。

1983年3月，中共中央、国务院召开全国工交工作会议，提出了包括加快现有企业技术改造、促进技术进步在内的工业发展任务。1983年4月14日，省委、省政府召开全省工交工作会议。副省长俞海潮作工作报告。俞海潮指出："狠抓技术改造和技术引进加快工业技术进步。"要把技术改造的方向真正转到内涵提高方面来，努力创优质产品、创名牌产品，今后技术改造的重点目标，应该放在节约能源、提高产品质量、增加花色品种、改造更新技术经济指标落实后的装备等方面。

1983年5月，地委行署召开全区工交工作会议，提出用新技术、先进设备改造常德传统工业的任务，并安排或争取技术改造专项经费，支持全区国有工业、二轻工业企业搞技改。1984年，新建、结转、续建工业技术改造项目84项，全年完成51项，完成计划的60.7%，计划投资7583万元，完成工作量总额6576.9万元，完成计划的86.7%，完成财务支出6221万元，占计划总额的82%。

石门磷矿建于1965年，年产磷矿石20万吨，属中型企业。该矿地处湘西北山区，磷矿属中低品位矿。建矿20年来未有大的发展，经济效益差。1984年7月到1985年6月，随着全国性磷肥积压，导致磷矿严重滞销，企业亏损大。该矿为改变亏损局面，利用矿产资源开发新产品。1984年11月，建起年产5000吨规模的滑石粉车间。1985年1至2月，兴建一座年产300吨的氧化锌实验炉。

1985年，常德有线电厂在自制远红外线干燥炉时，运用过去制造小型炉的实践经验，改造小型炉的不合理设计，建造两座合计合理的大型干燥炉。是年，常德市明胶厂投资450万元，建成年产明胶600吨能力的仿英连续制胶生产线。该厂厂长、工程师曾国爱因对发展明胶生产有功，被授予"全国五一劳动奖章"和"湖南省劳动模范"称号。

临澧县耐火材料厂，仅有职工53人，是一个小型国有企业，建厂15年来(1970年建厂)，发展缓慢，设备陈旧、产品单一、质量低劣。1984年至1985年，购置先进配套设备15台(件)，建成容积为80立方米的新窑。1985年5月投产，月产量达300吨，比改造前月产量提高1倍。由于产品系冲压成型，外部尺寸准确，耐火强度由原来的每平方厘米150公斤提升到每平方厘米280公斤。产品质量提高赢得了信誉和市场。客户由原来的100多家迅速发展到300多家，产品供不应求。1985年该厂实现利税20.4万元，人均0.4万元。一年实现的利润是过去15年的总和。

1986年，临澧县粮食部门投资420万元，为临澧合口油脂化工厂引进西德EX公司出产的油脂浸出设备，日处理饼粕80吨，成为全地区首屈一指的用浸出工艺加工油脂的专业油厂。该设备投产后，企业的经济指标出现"一增一减一降"的局面，即，日处理饼粕能力增加，浸出设备日处理饼粕量由25吨增加到80吨；溶剂消耗减少，由30公斤/吨；饼粕残油率降低，由6%降为2%。

"六五"(1981—1985)期间全区共完成技术改造项目311项,总投资34940万元,累计新增产值84888万元,新增利税18050万元。

1987年,国家抽紧银根,继续压缩投资规模,常德地区的工交企业技术改造工作面临资金紧缺的困难。地委、行署加强领导,抓重点、找缺口、包项目、跑"两头"(上级部门、下级基层企业)、抓主项。1987年实施技改项目155个,总投资30645万元,当年计划工作量16857万元,比上年净增6649.3万元。年初地委、行署确定的26个重点改造项目,有24个全部落实。

1990年2月6日,中共中央、国务院在北京召开第六次全国技术进步工作会议,国务院作出《关于进一步推进国营大中型企业技术进步的决定》。3月,国务院召开全国工交生产会议。会议要求各级部门要把技术改造作为一件大事来抓。要对在建项目来一次清理,分类排队。对农产品、能源原材料产品、出口创汇、替代进口和效益好的重点技改项目,要优先解决资金,创造条件快上,争取提前竣工。

1989年下半年到1990年,全国各地工交生产出现生产疲软,资金紧缺等困难。常德市工交生产面临资金短缺、产品积压、电力供应紧张等严峻形势。技术改造工作存在诸多问题。主要是技术改造劲头不足,出现项目危机;利用外资工作没有进展,技术引进出现空白,技术改造的自筹资金不落实。市委、市政府于1990年9月,召开全市经委主任、工交局长会议。会议要求,工交战线各级领导要增强责任感使命感;领导班子要明确专人分管,同时建立必要的机构,配备专干,具体可制定切实可行的规划,建立技改项目库。

1990年6月,为强力推进全市国有企业技术改造和技术进步,市经委出台《1990年企业技术改造目标管理实施细则》《1990年科技工作目标管理考核办法》,把技术进步和技术改造工作纳入目标管理责任并对各区县市和预算内企业进行考核,以考核结果进行评奖。整个"七五"(1986—1990)期间,技术改造项目共513个,共完成投资54427.1万元。1986年初,桃源纺织印染厂投资92万元,引进西德印花后整理设备562长环蒸化机1台,与引进自荷兰的圆网印花机配套。1988年9月11—12日,该厂引进的蒸化机试车投产。该机在运行中出现加油与渍水问题。工程师何忠亦、柳松涛等,反复分析研究,终于找到喷气嘴过大、蒸箱温度不稳的原因,经改造加工喷嘴和蒸箱,蒸化机正常运转。

"七五"期间,全市314家工业企业,其中有139家预算内工业企业及市属60家企业都进行了技术改造。常德纺织厂、桃源纺织印染厂、武陵酒厂、常德有线电厂、德山大曲酒厂、石门水泥厂等6家企业技术改造投资均在2000万元以上;常德七一机械厂轴承厂、湖南洞庭制药厂、常德化工厂、常德合成纤维厂、常德第二纺织机械厂等6家企业技术改造投资在1000万元以上。

1991年,常德市工交战线,企业亏损面扩大,产品大量积压,尤以纺织行业为甚。企业亏损和产品积压的深层次原因是技术落后，产品档次低，缺乏市场竞争力，企业后劲不足。市委、市政府把1991年定为“质量、品种、效益年”，继续开展工交企业技术改造。1992年完成技术改造9900万元(不含中央、省属企业和津市市)，其中全民企业完成9500万元，有45个项目建成投产比1990年增长12.5%，新增固定资产9000万元。

1993年，国家经贸委提出，要大力推进技术进步，做到“两突出”逐步向“三化”发展，即突出架构优化，突出节能、降耗，做到技术装备合理化、工艺技术先进化、新产品高档化。是年，常德市各工业主管部门各区县市，以“扭亏增盈”工作为重点，力抓产品质量提高、技术改造。

1994年，各工交企业主管部门、各区县市把握“坚持高起点、高水平、高市场占有率、高效率；围绕拳头产品、围绕大厂配套开发、围绕高效益搞技改”的工作思路，调整产品结构，抓配套技术改造。该年度技术改造计划60000万元，完成工作量34100万元；在建项目97个，有30个项目竣工投产。安乡县机械厂配套开发改造C50摩托车消声器、6105柴油机配件生产线，改善了产品结构，适应了市场变化，成为安乡县的盈利企业。

1995年1月13—15日，全省经贸工作会议在长沙枫林宾馆召开。省经贸委主任作了《深化企业改革，抓好工交财贸工作，促进全省经贸持续、快速、健康发展》的工作报告；省委书记王茂林、副省长周伯华，同时作了讲话。会议要求，要把扩大再生产的重点放在技术改造上，而不是靠铺新摊子，要提高技术改造在固定资产投资中的比重；1995年技术改造工作要坚持以市场为导向、以产品为龙头，集中投资，扶优扶强，促进一批重点行业、重点企业上水平。省里从1995年起，重点抓好100家重点企业的技术改造。常德市有常德烟厂、烟机厂、车桥厂、有线电厂、洞庭制药厂、桃源纺织印染厂等6家重点企业列入省技术改造重点。

常德棉纺厂，始建于1958年，企业设备老化，产品质量差，生产效率低下，为改变这种状况，根据国家经贸委〔1993〕159号文件精神，经湘纺厅〔1993〕技字0404号文件批准，在常德纺织厂立项压缩1万锭、更新1万锭技术改造项目。新建900平方米现代化车间；引进德国特吕茨勒公司清钢联合机一套(含DK760梳棉机14台)，配套购置FA305并条机4台、FA302并条机6台、FA402粗砂机5台、FA506细砂机30台、海鹰电子清砂器4台、天津六纺织机空捻器4台。该项目从1994年动工，1996年5月底竣工投产，决算总投资3200万元。1996年共出口纱538吨、出口布260万米，累计创汇2366万美元，同时还减少了企业用工。1997年3月27日，经省纺织工业集团总公司验收合格，改造后，该厂产品质量和档次上了一个台阶，经济效益明显提高。棉纱一等一级以上品率始终保持在99.8%以上，开发的高档、高支无接头棉纱，每吨销售价高出同类产品1000—2000元。

1997年，市委、市政府及工交企业主管部门多方融资，支持全市工业企业技术改造。

市政府向香港一家公司拆借10000万元,其中4000万元安排给市属重点企业,4000万元安排给区县市属企业。分别投放到湖南特种水泥厂2000万元,洞庭制药厂500万元。市财政投入600万元扶持工业技术改造。市经委争取邮电部门投资200万元,联合汽车修造厂上变截面钢板弹簧项目。是年,常德市滨湖印刷厂采用“柔性版印刷新工艺”(全省首家),提高了质量和档次;常德市造纸厂推广“链式锅炉分层燃烧技术”,吨纸耗煤1.37吨,吨煤成本下降40元。

自1988年至1998年,常德市共完成技术改造项目500个,累计完成投资500000万元,年新增产值600000万元(60亿元),新增利税100000万元(10亿元)。其中完成1000万元以上的项目20个(如市轴承厂二类轴承技改项目、七一机械厂烟草包装机械技改项目、西洞庭纸厂碱回收技改项目等);完成投资2000万元的技改项目10个[洞庭药业氨甲环(苯)酸、常纺压锭改造等];完成投资5000万元以上的技改项目6个(如特种水泥、桃源雄劲水泥、常德锦纶厂等)。

二、新产品开发

常德地区工交企业的新产品开发与企业的技术改造是同步进行的。1985年,地委行署为鼓励企业开发新产品,作出了凡开发出的新产品投放生产后实行免税的规定。地区经委和财政部门向省里争取到开发新产品的专项低息贷款120万元,保证了企业新产品开发资金。1985年常德地区共开发新产品66项,其中省级以上新产品29项。常德市电机总厂开发生产的夯式电机、津市市机床厂开发生产的牙轮钻机等7项产品填补国内空白。

石门县磷肥矿在磷矿石滞销、企业亏损的情况下,着力开发新产品,仅1年时间,研制出滑石粉和氧化锌两项新产品。该矿1985年半年亏损28.8万元,到1985年12月底,转亏为盈18万元。

1988年,常德市工交企业共开发新产品72项。其中全苇浆双胶纸、水果保鲜器等152项新产品达到国内先进水平,填补了国内空白。各企业围绕进口替代进行产品开发。七一机械厂开发透包机、横包机,第二纺织机械厂开发的箭杆织机等新产品可替代进口。

1989年,常德工交企业开发新产品75项,其中达省以上先进水平或填补省内空白的产品72项,达到国内先进水平或填补国内空白的项目达14项。

1989年下半年开始,全国客观经济环境发生很大变化,国内市场一改多年的卖方市场的“短缺经济”状况,出现了结构性的市场疲软和局部的买方市场,企业经济效益下降,出现了亏损。常德市工交形势受大环境影响,预算内工业企业产销滑坡;预算内工业企业经济效益越来越差；产品成品库存增加，资金紧张；企业亏损面扩大，亏损额大幅提升，停产半停产或开工不足的企业呈增加趋势。

市委、市政府为应对或扭转这种局势，提出在工交战线打“总体战”的任务和要求。打“总体战”的任务和措施之一，就是抓新产品开发，促进技术改造，加快产品结构调整步伐。市场疲软的重要原因是产品结构不合理。常德市相当多的产品不适应市场需要，要大力开发适销对路的产品，围绕新产品开发搞技术改造。

1990 年，常德市开发新产品 75 项，完成新产品产值 26500 万元，比 1989 年净增 6500 万元。昌明锅厂开发出多微量元素营养锅，投放市场后，很受用户欢迎，产品供不应求。

1991 年至 1992 年，市委、市政府在技术改造、新产品开发上开展“一厂一新”活动。把“一厂一新”活动的目标任务纳入企业的第二轮承包，把工作职责落实在第二轮承包合同中，全市 129 家预算内工业企业都规定新产品开发的目标任务，工业企业主管部门与所属企业签订“一厂一新”活动责任书；企业要按销售收入的 1%提取新产品开发基金；国营大中型企业要建立健全产品、科研开发机构，并按科技开发人员不少于科级人员数的 30%的比例配备力量，组成专业人员与职工群众相结合的科研队伍；推行新产品开发“一条龙承包”“分段承包”“自选课题承包”等承包责任制；开展“一厂一新”活动与实现扭亏增盈挂钩。

湖南洞庭制药厂坚持推行新产品开发承包制，调动科级人员和职工开发新产品的积极性。1999 年该厂成功开发氯丙咪嗪针肝氨冲剂、尼卡地平原料等四项新产品，陆续批量投放市场，创利税 70 多万元。

1991 年，全市工交企业开发新产品 102 项，投产 78 项，投产率 76.5%；新产品产值 44200 万元，新产品产值率 7.01%。1992 年全市共开发新产品 80 项，新产品投放率 85%，新产品产值率 9.12%。

1994 年至 1995 年，全市开发新产品 229 项，其中填补国内空白 18 项，填补省内空白 161 项，市级新产品 150 项。桃源水泥厂开发“立窑微机综合检测控制技术”，推广使用后，年产水泥达 6.4 万吨，创利 69 万元。西湖造纸厂开发推广“10 吨链式锅炉双前烘改造节能技术”，使旧锅炉蒸汽出率提高 10%，年节约原煤 0.3 万吨、年增收节支 10 多万元，极大减轻司炉工的劳动强度。安乡县机械厂开发研制“光阳”“新大陆”摩托车消声器。以其良好的性能和外观质量，击败其他厂家，在南方动力公司公开招标中夺标，1995 年实现新产品产值 200 多万元，实现利税 40 多万元。

市委、市政府鼓励企业科技开发与大专院校、科研院所相结合，实现“产、学、研”一体化。1995 年 40%以上的中小型工交企业分别与大专院校科研单位建立科级开发协作关系。市直 48 家预算内企业中，有 20 家企业与大专院校科研单位建立“产、学、研”协作关系。湖南洞庭制药厂与天津药学院签订长期开发合同,该企业每年向学院支付20万元开发基金,学院则每年帮助企业开发移植2—3项新药产品。1995年常德市机床厂与湖南大学合作,共同开发“凸轮轴磨床”等新产品,该产品当年创产值200万元、利税20多万元。

工交企业为创发新产品,注重引进科技人才。常德市塑料七厂以月薪1500元,解决城镇户口3人、代缴城市增容费2万元为条件,引进岳阳化工厂工程师,开发鞋用塑料粒料等新产品;常德制革厂以年薪8万元为条件,引进成都市皮革专家,研制“冰花型猪正面革”新产品,当年实现新产品产值100万元,产品出口到俄罗斯等东欧国家。

1996至1997年,常德市工交企业以扭亏增盈为目标继续开发新产品。常德烟草机械厂成功开发“ZJ型高速卷烟机组”“YF12型卷烟储存、运输系统”两项新产品,经国家烟草总公司专家鉴定验收,该产品填补了国内空白,其技术性能达到国际先进水平。华南光学仪器厂开发的“液晶显示一体化可视电话”、常德卷烟厂开发的“黄壳芙蓉后卷烟”、常德七一机械厂研制的“精洁米加工机械系列产品”、常德市变压器厂开发的“JLS-10高压计量箱”、常德科美工贸总公司开发的“卷烟降焦助剂”等新产品分别通过兵器工业部、机械部、省电力局、烟草总公司等单位的鉴定验收。

2004年6月中旬,由常德纺织机械有限公司自行研制的新产品KSB-180型经编机通过机械鉴定。检测结果表明,该机主要零部件和全机总装质量达到《设计任务书》及《KS系列型经编技术条件》的要求,试运行中机械振动小、运转平稳、工作可靠,具有生产新型宽幅经编织物的综合技术性能。KS4-180型经编机幅180英寸(4572毫米),最高编织速度1050转/分。该机可采用涤纶或涤纶长丝、腈纶丝、氨纶丝、涤纶变形丝、混纺纱等原料,织造平素织物、弹力织物和绒类织物的坯布,并通过配置毛圈装置,可生产各种不同的毛圈织物和高档丝绒织物,经相应的整理工序加工后,其织物可广泛运用于生产内衣、泳衣泳装运动服、席梦思、提花蚊帐、窗帘、拉绒布及工业用布等。

附:洞庭制药厂采取三种承包形式开发新产品

每个企业都有自己的实际情况,选择产品开发承包形式只能从企业的实际出发。洞药厂是一个生产多种品种的企业,他们推行产品开发承包的形式也是灵活多样的。

第一种形式是“纵向一条龙承包”。就是从产品研制、开发、报批到原材料组织、生产指导、生产设计、包装设计、临床验证、产品宣传及销售全过程,由承包人员一包到底,并与承包人员的工资奖金挂钩。这种承包形式主要适用于开发短、平、快的新产品。项目一般由厂部指定。1989年,该厂开发的灭澳灵新产品,就是采用的“一条龙承包”。承包人员是厂部指定的技术科的王永海副科长等四人。承包方案包括以下内容:

1.承包期。要求从产品研制、生产到批量上市,在一年半内完成,承包期满后,合同终止。

2.奖惩办法。按产品投放市场后的实际创利或减利额分档计算奖罚：即获利1至10万元为第一档，按6%提取承包奖金；获利10万元（不含10万元）至25万元为第二档，按10%提取承包奖金；25万元（不含25万元）以上为第三档，按15%提取承包奖金。获利低于1万元，按减利额的20%扣罚承包人员的基本工资，罚额不超过承包期内基本工资总额的20%。

3.销售费用提取比率。同销售人员一样，对产品开发承包人员推销自己的产品也实行费用包干。即以收回货款为依据，实现销售收入10万元以下（不含10万元），按2%提取销售费用；10万元至25万元（不含25万元），按3%提取；25万元以上按4%提取。

4.考核结算。由财务科建立专账，对该产品开发承包中发生的一切费用（包括应分摊的固定费用）实行单独成本核算。从产品投放市场并收回货款和获得利润到承包期满，分别按销售费用和承包奖金提取办法分期结算兑现，承包期满后总结算。

5.奖金分配。承包小组在承包期内获得的奖金，有权自主分配，厂部不干预。

第二种形式是“横向分段承包”。就是以产品开发部门为主，其他相关部门配合，按企业开发某项产品的不同阶段和要求达到的经营效果，实行承包。该厂在开发方向性和难度较大的主导厚利产品时一般采用这种承包形式。如1987年该厂开发的硝苯地平新产品，就是实行的“横向分段承包”。承包的主要责任部门是厂药物研究所。他们把该产品的开发分为研制、生产、创利三个阶段，并分别提出不同的承包要求。

研究阶段：承包合同规定应在半年内完成产品的研制任务。这期间以生产车间的平均奖金为基准，按系数1发给承包人员奖金，未按时完成研制任务则根据延误时间的长短扣发一定比例的奖金。

生产阶段：要求在一定期限内完成试制任务并投入批量生产。担负研制任务的承包人员全部进入中试或工业化生产车间，负责生产攻关和对工人进行生产技术培训的任务。这期间对承包人员的奖罚主要考核产品试制和转入工业化生产后的成本。即完成计划成本按系数1给奖；年终考核结算，低于计划成本，按降低成本额的15%提取节约奖，若超过计划成本，取消奖金，并按超过成本额的15%扣罚基本工资，罚至年基本工资总额的30%为止。同时，要求相关部门协同配合，为该产品的顺利面市提供保证，并按部门经济责任制实行奖罚。

创利阶段：当产品完成中试稳定进入工业化生产后，要求在承包期内生产该产品必须达到相应的终端效益目标；即在质量上要达到国内或国际同类产品的先进水平；在成本上以盈利为起点，以赶超国内或国际最好水平为终点，实现的指标越先进，奖励比率越高。承包期内未达标无奖。若成本指标仍在第二阶段上徘徊，则按该阶段的奖罚办法兑现。

但是,可再与厂里签订下一轮终端效益达标合同。这阶段,产量作为挂钩指标考核,即承包期内未完成计划产量,按减少量的一定比率扣罚奖金。

第三种形式是“自选课题承包”。就是每年厂里根据市场信息提出一批产品开发目录,并征得上级医药、药政等主管部门同意,然后向全厂中层和科级人员公布,科室和生产车间的干部、科技人员以及生产工人,都可根据企业的现有生产条件,从中选择合适的开发项目,并与厂里签订承包合同。这种形式主要适用于开发工艺难度不大的移植产品或系列产品。在奖励方面分为两种情况:第一种,对开发出来的移植产品,一次性奖励100至300元;第二种,对开发出来的独家制剂产品,厂里视其难易程度,分别发给1000至5000元奖金。

以上三种产品开发承包形式,各有所长,互为补益,具有较强的灵活性、适应性、广泛性和稳定性,已成为推动该厂产品开发不可缺少的经济手段和管理制度。

第五节 资本合作

一、招商活动

2008年1月,中国通用集团下属子公司北京通润房地产公司和中国医药保健品公司一行5人来常德考察。考察团听取常德市情况介绍及重点项目推介,并实地考察常德经济开发区园区建设、穿紫河综合治理项目、洞庭水殖中药材基地建设情况。市政府代市长卿渐伟、副市长朱小平向考察团介绍常德投资环境。

是年,市国资委重点拜访中建集团、中粮集团、中国建材集团等8户中央企业及湖南有色控股集团、湖南控股集团、湘投控股等省属企业,向央企、省企这些战略投资者宣传、推介常德的资源、能源、交通、区位等优势以及常德的优惠政策,促成中建集团、中粮集团、中冶十二局、中材集团等中央企业、湖南省有色控股集团、天心实业集团等省属企业负责人来常德考察、洽谈项目。

是年11月,市政府副市长曹佳中、市国资委主任赵先桃邀请中国建筑股份有限公司基础设施公司副总经理兼中建湖南投资公司董事长李加彬等考察常德市城市基础设施建设项目。考察团一行实地考察常德城区“一桥三路”(沅江西大桥、常德大道、金丹路、桃花源路)、“穿紫河两岸风光带”、“柳叶湖环湖大道”等建设项目。市委常委、副市长宋冬春、副市长曹佳中及市国资委、市发改委、市财政局、市国土资源局、市规划局、市建设局、市城建投资集团公司、市经建投资集团公司等单位负责人与考察团在共和大酒店就常德市的基础设施建设项目进行友好交谈。市领导宋冬春、曹佳中等向考察团介绍常德市概况、投资环境、城市建设发展规划、偿债能力，恳切希望中建公司落户常德开展合作。李加彬董事长一行对常德城市基础建设产生浓厚兴趣，表示会重视合作并研究合作项目。

2009年2月18日，副市长曹佳中率市国资委主任赵先桃一行赴北京拜访中央大型国有企业——中国节能投资公司、中国建筑材料集团、中国盐业集团、中国盐业总公司、中粮集团中国粮油控股有限公司，并分别与这些央企负责人亲切座谈。3月9日，市委书记卿渐伟，市委副书记、市长陈文浩，市政协主席刘春林等市领导与市国资委赵先桃、王国军等，赴北京拜访中粮集团，并与中粮集团总裁助理吕军进行友好交谈。

是年6月，常德市与省属企业和长株潭企业对接合作座谈会在共和酒店召开。省国资委党委书记吴志熊、副主任杨晓瑜等领导，湖南泰格林纸集团有限责任公司、湘投金天科技集团有限公司、湖南有色金属控股集团有限公司、湖南天心事业集团公司、湖南电子信息产业集团有限公司等26家省属企业和长株潭企业负责人，市领导卿渐伟、陈文浩、刘本之、刘明、朱晓平、石谋军、韦绍斌等市领导参加座谈会及签约仪式。10个总投资62亿元的项目当场签约。湖南泰格林纸、湖南辰州矿业、湖南湘投控股等10家企业与常德市成功对接。

2010年3月，市委书记卿渐伟，市委副书记、市长陈文浩，市委常委、副市长刘小明，副市长石谋军、沈习森等赴北京拜访中粮集团、中冶科工集团（中国冶金科工集团有限公司——国务院国资委监管的特大型企业集团）高层领导。中粮集团董事长宁高宁，中粮集团总裁助理吕军、战略部总监马建平，中粮地产（集团）股份有限公司总经理周政，中国粮油控股有限公司副总经理杨红，中粮集团办公厅秘书徐志扬，中冶科工集团总裁沈鹤庭、副总裁王秀峰、产业管理部部长李健，中国二十冶建设有限公司董事长李勇、总经理张孟星，湖南中冶投资建设有限公司总经理王刚等热情接待，双方就投资事宜进行友好会谈。中粮集团董事长宁高宁表示，中粮集团计划在常德设立湖南分总部，明确由战略部总监马建平带队前往常德考察；中冶集团总裁亦表示，常德市城市基础设施建设、钢铁、造纸等项目有很好的合作空间，将派专人来常德进一步督导在建项目，考察洽谈新的合作项目。

同年10月，市国资委参加第四届湘商大会。根据第四届湘商大会组委会安排，市国资委负责接待央企、金融证券及国防科工代表团。会议期间，市国资委共接待13个单位21名代表。29日下午，副市长刘进能在湘商会上会见中粮集团、中国医药集团、中冶南方集团等企业高层。刘进能向客人介绍常德市经济社会发展情况，宣传常德投资优势，推介常德优势产业；市国资委精心筛选35个重点项目，将招商引资项目推介书推荐给央企代表。中粮集团、中国医药集团高层均表示在常德投资的意向。在此次湘商大会上，市国资委分别与深圳金碟软件开发公司、中冶南方工程技术有限公司签订投资合作协议,总投资48亿元人民币。

2011年3月,副市长刘进能,市国资委主任赵先桃、副主任王国军,市经投集团刘凡荣等在共和大酒店与来常德参加第二届中国桃花源游园节的中国新时代控股集团健康家园筹委会秘书长端木芳,新时代置业有限公司总经理刘国贞、副总经理郑仲强等央企客商会谈。市经建投集团公司董事长刘凡荣介绍常德市北城片区开发的总体情况、"三馆三中心"(规划馆、城建档案馆、文化馆;青少年活动中心、妇女儿童中心、科技展示中心)规划建设和柳叶湖低碳生态游项目建设项目。端木芳秘书长表达了在常德投资的意向。新时代置业公司总经理刘国贞对在常德建设高端养老项目及城市基础设施建设项目非常感兴趣,表示尽快研究常德市的发展规划,制定出切实可行的投资方案。

2011年3月9日,副市长刘进能(右)与中国建材集团副总马建国洽谈

2011年5月,应市人民政府及市国资委邀请,湖南兴湘投资有限公司董事长贺柳一行来常德考察调研。副市长刘进能,常德经开区主任向绪彦,市国资委主任赵先桃、党委书记任克勤等陪同调研。在常德经开区综合会议室,常德经开区主任向绪彦介绍经开区的情况。贺柳一行听取纳米(粉体)材料项目及超氧化物歧化酶项目执行人的情况介绍,参观常德耀弘纳米科技有限公司生产车间。

是年6月,副市长刘进能率国资委主任赵先桃、副主任王国军,市城建投集团公司董事长赵国平、天源住房建设有限公司董事长方际三等赴武汉考察中冶南方工程技术有限公司总部及武汉市棚户改造示范街——汉正街。中冶南方工程技术有限公司总经理肖白、副总经理周启国等公司高管会见刘进能一行。副市长刘进能介绍中冶南方公司在常投资的沅江西大桥建设进展情况及常德市"十二五"城市发展规划,建议中冶南方公司发挥其技术、资金、人才等优势,加强与常德多方面合作。中冶南方公司总经理表示在常德成立设计分院,并继续寻找合适的开发项目,扩大在常投资。

2012年3月10日,市委书记卿渐伟,市委副书记、市长陈文浩,市人大常委会主任曹儒国,市政协主席刘春林,副市长沈习淼,市政府秘书长周代惠率市国资委、市发改委、市驻京联络处等部门负责人前往北京拜访中国保利集团高层领导。中国保利集团总经理张

2012年3月10日卿渐伟(前左)等常德市领导赴北京拜访中国保利集团

振高、保利集团总会计师彭碧宏、保利文化集团总经理蒋迎春、保利文化集团副总经理周游、北京保利剧院管理有限公司总经理郭文鹏、保利(北京)剧院建设工程咨询有限公司总经理金建涛及北京东亚银行副行长闫青等热情接待。卿渐伟、陈文浩分别向保利集团领导层介绍常德市基本情况和常德城建投融资工作情况,表达期盼与保利集团就常德城市建设进行投资合作的愿望。保利集团张振高向卿渐伟一行介绍保利集团生产经营情况,表示综合考虑争取保利地产、保利文化、保利拍卖等主导产业能够同时进驻常德,特别指示保利文化集团全程参与常德大剧院的建设、管理和经营。

是年9月27日,市国资委党委书记、副主任任克勤,副主任王国军带领资本合作科等考察长沙赛维能源科技有限公司,并与省有色金属管理局有关领导及湖南兴湘集团公司高层进行会谈。任克勤一行应邀参加长沙赛维能源与比德文电动车战略合作暨石墨烯锂离子动力电池交付仪式并考察赛维能源生产车间,听取石墨烯锂离子电池的项目介绍。下午,任克勤一行和省有色金属管理局副巡视员杨建国、规划发展处处长许林等领导就常

2012年9月27日任克勤(右二)与湖南兴湘投资集团高层会谈

德有色金属新材料工业园建设的情况进行会谈。副巡视员杨建国表示,局市合作建设有色金属工业园是湖南省发展有色金属产业的一件大事,省有色局和常德国资委为此做了大量的工作,下一步在抓好园区招商引资的同时利用行业会议召开的时机签署局市战略合作协议,以协议促项目,以项目促发展。任克勤还和湖南兴湘集团高层就常德耀弘纳米项目交换意见。湖南兴湘集团公司副董事长、兴湘投资公司董事长贺柳对常德市国资委在项目合作上给予的支持表示感谢,并希望

以耀弘纳米项目对接为契机,开展与常德市的合作,拓展公司业务。任克勤表示常德市国资委将拿出切实可行的对接合作方案,进一步深化常德市和湖南兴湘集团公司的合作,推进常德市与省属企业合作进程。

2013年1月10日,市国资委党委书记任克勤、副主任王国军带领资本合作科赴长沙与湖南省有色金属管理局领导洽谈湖南常德有色金属新材料工业园建设及园区招商工作。省有色金属管理局局长、党委书记宋建民,副局长宁建业、副巡视员杨建国及相关处室负责人等与任克勤一行洽谈。湖南常德有色金属新材料工业园的建设是省有色金属管理局和常德市委市政府进行局市合作,统筹规划湖南省有色金属产业发展的重大举措,局市双方对此项工作十分重视,双方进行多次沟通,并共同起草局市战略合作协议,目前正在进行细节上的审定。按照宋建民局长的协议签订时有项目落地的指示,常德市国资委就园区建设和招商工作做了大量的前期工作,分别与辽宁忠旺铝材、浙江超威电池、江苏长兴电池等企业对接,目前仍在进一步的沟通过程中。任克勤对省有色金属管理局在园区建设及招商工作上给予的指导和支持表示感谢,并表示进一步充实人员力量,加大工作力度,同时希望有色局在园区建设和项目引进上发挥行业管理优势,确保局市战略合作落到实处。宁建业指出,局市双方开展战略合作是促进有色金属行业发展和地方经济发展的需要,省有色金属管理局将此项工作进行"双纳入",即将园区建设纳入省局重要工作,将园区招商引资工作纳入重要议事日程,特别是常德市政府要在做好招商引资文案策划工作、加强招商引资力量方面有突破。宋建民最后指示,局市战略合作要在"项目引领、政策配套、服务保障"方面下功夫,特别是要在有色金属新材料精加工走高端化道路方面做文章。重点从辽宁忠旺铝材项目、新奥燃气西气东输项目、稀土节能灯项目及铅酸电池项目方面着手,加强招商引资力度,确保项目落地。

2013年1月10日宋建民(左二)与任克勤一行会谈

同年2月27日,湖南省有色金属管理局党组成员、副局长宁建业,副巡视员杨建国一行9人来常德考察有色金属加工企业及有色金属新材料工业园区建设,并与常德市政府领导就局市合作进行新一轮会谈。宁建业一行在常德市政府党组成员、湖南文理学院正院级督导员徐万发,常德市委副巡视员、常德经开区党工委第一书记魏立刚,市国资委党委书记任克勤，常德经开区党工委副书记、管委会副主任张帆，市国资委副主任王国军等人的陪同下参观创元铝业、金天钛业生产车间，并听取企业生产情况介绍。考察组一行还实地查看规划建设中的湖南（常德）有色金属新材料工业园。27 日下午，省市双方在芷园宾馆就湖南（常德）有色金属新材料工业园建设情况及中国忠旺铝材落户常德的问题进行座谈。常德市委常委、常务副市长刘小明出席并主持座谈会。宁建业在座谈会上指出，省市双方应该紧紧抓住“十二五”期间我国有色金属产业结构调整的战略机遇，充分发挥各自的优势，密切配合，强力推进湖南（常德）有色金属新材料工业园建设，促进湖南省有色金属产业转型升级。特别是在引进忠旺铝业上，双方要形成合力，成立专门班子、组织专门队伍、拿出专门对接经费，综合分析全面情况，抓紧做好接待忠旺铝材高层来常考察的接待方案及招商文案工作，出台与忠旺铝材合作的优惠政策，开展全方位对接，促进项目落地。刘小明对省有色金属管理局考察组一行表示欢迎和感谢，并指出常德市委、市政府非常重视有色金属新材料工业园建设，成立由市长挂帅，常务副市长具体负责调度的领导小组，最大限度地做好经济环境优化工作。特别是在与忠旺铝材对接上，常德市将采取“一事一议”，组织专门的班子做好前期规划，项目落地将组织相关部门做好一站式审批。同时就对接忠旺铝材进行任务分工，市国资委负责全面衔接和协调，常德经开区负责做好对接文案和园区建设的前期工作。

2013 年 2 月 27 日常务副市长刘小明（中）与有色金属管理局领导会谈

2014 年 11 月 17 日，市国资委主任任克勤、副主任王国军率领资本合作科赴北京拜访中国国新控股集团、中国忠旺控股有限公司、中国医药集团等企业。中国国新集团总经理莫德旺等企业高管接见并和任克勤一行进行项目洽谈。任克勤向莫总汇报常德市国资委的基本情况。莫总对常德市近年来的发展给予高度评价，表示将组织相关部门对常德市推荐的项目进行合理分析，选准对接点，争取在双方合作方面有所突破。在中国忠旺控股有限公司和中国医药集团，任克勤一行与忠旺集团办公室主任王海燕、国药集团投资管理部长连万勇等人会谈并进行项目推介。

2015年8月17日至19日，市委常委、副市长赵建国，副市长沈习淼带领相关部门负

2015年8月17日赵建国(左)与莫德旺会谈

责人赴北京拜访山水盛典、华电集团、中国国新公司、中国恒天集团、中国医药集团等企业,并与公司高层会谈。赵建国副市长与山水盛典文化有限公司公司技术总监严文龙洽谈桃花源“秦溪山水实景剧”项目,公司高层表示于9月份来常参加湖南省国际旅游节开幕式,并签署正式合作协议。在中国国新控股有限责任公司,国新公司总经理莫德旺与副市长赵建国就常德市旅游项目及产业基金项目进行探讨,并接受常德市政府邀请,9月份带队参加旅游节考察相关项目,与常德市政府签署战略合作协议,以便下一步工作的推进。同时由国新基金公司为常德量身打造一个促进产业发展的基金,加强双方互利合作。赵建国还拜访中国医药集团公司并与集团副总经理杨珊华进行会谈。副市长沈习森与华电集团公司总经理程念高就湖南国际旅游节期间集团高管带队来常出席开幕式并签约的相关问题进行洽谈。在中国恒天集团,沈习森与集团副总裁叶茂新、战略管理部总经理王小虎等进行项目洽谈,叶茂新表示将应邀来常参加湖南省旅游节主题活动及经贸活动。

是年9月12日,常德市政府与中国华电集团、中国恒天集团、中国建材集团、中国国新控股等央企举行战略合作洽谈并签订合作协议。市委书记王群致辞,市委副书记、市长周德睿主持战略合作洽谈会。中国华电集团公司总经理程念高、中国恒天集团有限公司副总裁叶茂新、中国建材集团有限公司副总经理郭朝民、中国国新控股有限责任公司副总经理孔繁新、中国医药集团总公司副总经理杨珊华、国家开发投资公司战略发展部副部长高宏伟分别发言,对常德发展现代工业、现代农业、现代文化旅游产业的做法表示认同,希望能在常德找到符合本企业参与的好项目,在支持常德经济社会发展的同时,为企业长足发展赢得机遇。王群对各央企到常德市考察表示热烈欢迎。王群指出,未来常

2015年9月12日常德市与4家中央企业签订战略合作协议

德的产业发展着力点在新能源、新材料、生物科技、医药健康、先进制造、文化旅游等六个方面，以此改变常德经济结构。常德市1—8月财政增长17.08%，税收占财政收入比重为73%，经济发展健康，增速很快，这得益于投资，期待央企参与常德产业发展。市委常委、常务副市长朱水平代表市政府与中国华电集团、中国恒天集团、中国建材集团、中国国新控股等4家央企分别签订战略合作协议，进一步扩大常德市在能源、建材、文化旅游及新兴产业项目投资等领域的发展。约定建设常德能源基地项目，促进常德纺机转型发展，加强新型建材、新型能源领域合作，加强文化旅游、新兴产业投资合作。由中国华电集团公司投资的常德电厂一期将于2015年10月并网发电，此次签约旨在建设常德能源基地项目，并将常德电厂二期项目列入国家“十三五”规划。中国恒天集团有限公司主营纺织机械、纺织及贸易、商用车，常德纺织机械有限责任公司是其隶属公司，签约后双方将在促进常德纺机转型发展的基础上，寻求与大汉汽车开展产权合作。作为中国最大的综合性建材产业集团，中国建材集团有限公司目前在常投资有常德南方水泥项目，未来常德市将与该公司在新型房屋、新型建材、新能源材料等领域开展合作，促进常德市绿色小镇建设，并对常德市石膏、矽砂等矿产资源进行开发。中国国新控股有限责任公司是从事国有资产经营与管理的企业化操作平台，常德市将与其在文化旅游、新兴产业投资、城市建设、产业发展基金等方面开展一系列战略合作。市人大常委会主任刘明，市政协主席李爱国，市委常委、军分区司令员董正武，市委常委、秘书长黄清宇及在家市领导参加签约仪式。

同年11月12日，市政府与中国兵装集团签订《战略合作协议》，双方提出以华南光电为重要平台，在常德建设智慧产业基地。常德智慧产业项目由华南集团投资建设。该项目主要生产摄像机、存储设备、安防配套产品等，该项目总投资16.5亿元。

二、合作项目

龙马时装项目 1986年1月13日，桃源纺织印染厂与香港黄氏企业公司（后转给重信投资有限公司）签订合资经营金马牌时装厂（后改为龙马时装有限公司）协议，总投资15万美元。桃纺占75%，港方占25%，经营期为10年。同年7月，公司厂房破土动工兴建。1984年6月竣工，建筑面积为3510平方米。从日本引进高速平缝纫机等设备90台及附属设备，7月1日试产成功。至1986年12月，各种专业设备共110台，年产时装能力20万件。1989年末，龙马时装有限公司总投资达98.51万元，其中中方74.53万元，外方23.98万元。注册资本21.47万美元。固定资产原值92.89万元，净值65.67万元。有裁剪、缝纫、整烫设备共190台，其中从国外引进的主机107台、辅机57台，年生产能力达50万件。该年共生产服装29.49万件，出口27.01万件，出口服装合格率为98.9%，创外汇

57.4 万美元。在全省中获创汇企业第 9 名,被评为湖南省出口创汇优秀企业。

常德七一机械厂与美国罗伯汉公司“技术转让”贸易项目 1995 年 4 月,常德七一机械厂与美国罗伯汉公司签订合作生产全自动多功能液体灌装、旋盖机组“技术转让”贸易合同。是年 7 月,湖南省经委代表国家对外经济贸易部批准该合同。1996 年 4 月 29 日,该厂生产的 5 台灌装机、旋盖机组样机通过鉴定,各项经济指标达到合格要求。美方公司总裁爱德华·汉特先生与常德七一机械厂厂长何惠清分别在验收证明上签字。

常德达门船舶项目 1996 年常德船舶厂与荷兰达门集团公司合资合作成立常德达门船舶有限公司,运用荷兰达门先进技术,生产挖泥船、客货轮。1998 年 4 月 15 日,该公司生产的第一艘国产高效挖泥船“常德一号”通过国家评审。该船以排距 4000 米、排泥量每小时 1750 立方米的高效挖泥赢得全国第一,填补了国内空白,达到国际同类船舶 20 世纪 90 年代先进水平。近 20 年来,常德江河淤积严重,洞庭湖每年淤积一亿立方米。要解决这一难题,除植树造林外,仅有的办法就是疏浚。而原有国产挖泥船动力小,对于大江大湖的挖泥无能为力。“常德一号”挖泥船的诞生解决了这一难题。

台湾摩氏彩色包装项目 1998 年,常德滨湖印刷厂股份有限公司与台湾摩氏国际有限公司合资生产经营彩色包装产品。项目总投资 1000 万元。合资企业注册资本为 700 万元人民币。其中常德滨湖印刷厂股份有限公司投资 510 万元,占 51%,以部分设备及现金入股;台湾摩氏有限公司以现金投资 490 万元,占 49%。生产规模为年产 3 万对开色令。合资期 12 年,合资企业双方按出资比例分享利润及承担风险。

2001 年 11 月,湖南常有通信有限责任公司与湖南大学、湖南辰星企业集团发展公司、常德市国资局、湖南聚辰电子有限公司、常德路桥建设开发公司和湖南辰星实业有限公司联合组建湖南湖大远程网络股份有限公司,注册资金 5593 万元,资金 9869 万元。该公司拥有员工 260 人。其中,大专以上学历 213 人,国家级远程教育技术专家 1 名,教授及高级工程师 32 名。赵昌友任董事长,龚德斌被聘任为总经理。公司主营现代远程教育及技术开发、教育信息网络工程、计算机软件及网络开发应用业务;公司的主导产品是 M-live 基于网络的多媒体交互式教学平台、SOPCA 电脑小室一号、SOQO6 型 IP 电话交换机、低压载波远程电力抄表系统等,在“校校通”工程、行业通信专网工程及电网现代化改造工程提供优异技术服务。2001 年底,对常德市教育信息化网络工程项目立项已获省市发改委批复。已完成的项目有:澧县 19 所中小学校索普卡网络教室的 SOPCA 电脑小室一号工程,安装完成常德 5000 户远程电力抄表工程。

中材牛力水泥项目 2007 年 10 月,常德市引进中材水泥有限责任公司。该公司落户桃源县热市镇,投资 8 亿元,运用新型干法生产线生产水泥,并成立中材牛力水泥有限责任公司。牛力公司系中材水泥有限责任公司下属全资子公司。厂区占地面积 300 多亩，注册资本1.45亿元，总资产3.96亿元。2008年12月，首期完成投资3.95亿元，年产100万吨新型干法水泥生产线正式投产。

桃花源大桥BT项目[①]　2008年，常德市引进中央企业——中冶南方工程技术有限公司。该公司投资6.56亿元参与桃花源大桥BT项目建设。桃花源大桥是常德市第三座跨江大桥，总投资规模约8.5亿元，在常德市桥梁建设领域有三项第一：该桥是常德市第一座景观斜拉桥；大桥全长2802米（其中桥梁长2308米），主跨248米，长度最长，跨度最大；该桥主塔高110米，高度最高。该工程于2010年8月1日开工，2013年9月28日全线通车，2014年1月24日验收合格、移交。

神斧民爆项目　2008年9月，在常德市举行的省属企业及长株潭企业项目洽谈会上，湖南神斧民爆集团有限公司落户汉寿，成立湖南林之神生物科技有限公司，投资5亿元，开辟第二主业——油茶产业。林之神生物科技有限公司在常德汉寿县东岳庙乡设立湖南林之神江波油茶基地发展有限公司，累计新造高产优质油茶林5000余亩，种植湘林系列40余万株。

常德南方水泥项目　2008年，鼎城区人民政府和湖南南方水泥有限公司合作新建常德南方水泥项目。9月6日，该项目签约仪式在华京大酒店隆重举行。市领导刘明、徐超文、曹佳中，区领导王昌义、向美华等及湖南南方水泥有限公司总裁谢家政及相关负责人参加签约仪式。该项目总投资约6亿元人民币，日产5000吨熟料新型干法水泥。该项目厂址选定在常德“工业走廊”里的鼎城区石板滩镇，石灰石矿山选址在该区的雷公庙镇。投产后，年产优质熟料155万吨，优质高标号水泥220万吨，年销售收入6.6亿元，年利税总额近2亿元。同时，还利用生产线窑头窑尾余热废气，配套建设装机容量为9兆瓦的纯低温余热发电站。

常德大道BT项目　2009年，市国资委、市城投集团引进中国二十冶集团有限公司承建常德大道改扩建工程。该公司采取BT模式建设，投资10.88亿元。2009年5月26日，常德大道改扩建工程开工。市委常委欧运崇，市委常委、副市长宋冬春等市领导出席开工仪式。常德大道改扩建工程西北起于金丹路，东南止于沅江二桥北桥头，全长14.02公里。2013年1月23日，中国中冶所属中国二十冶集团有限公司首个BT（建设－移交）项目——湖南省常德大道改扩建工程顺利通过竣工验收。

临澧冀东水泥项目　2009年，常德市引进河北省属企业——唐山冀东水泥股份有限

---

① BT项目：BT是英文Built（建设）和Transfer（移交）的缩写形式，意即“建设—移交”。BT项目是指根据项目发起人通过与投资者签订合同，由投资者负责项目的融资、建设，并在规定时间内将竣工后的项目移交项目发起人。项目发起人根据事先签订的回购协议分期向投资者支付项目总投资及确定的回报。大部分BT项目都是政府和大中型国企合作的项目。

公司。该公司落户临澧县,组建临澧冀东水泥有限公司,建设干法水泥生产线。临澧冀东水泥有限公司位于临澧县新安镇,建设规模为年产熟料150万吨,年产水泥200万吨,为4500T/D新型干法水泥熟料生产线带纯低温余热发电系统。项目总投资7.5亿元人民币。2008年1月10日临澧冀东水泥有限公司在临澧县签约组建,1月29日在常德工商局注册成立。2009年6月18日破土动工,6月28日水泥窑点火,7月14日通过72小时达产达标,7月31日余热发电项目并网发电。整个项目建设工期历时101天。

中联重科汉寿工业园项目 2009年7月7日,中联重科汉寿工业园项目签约仪式在汉寿清水湖国际会议中心隆重举行,时任中共常德市委书记卿渐伟,中共汉寿县委书记刘定青,汉寿县政府县长宋云文,中联重科董事长詹纯新、高级总裁王春阳等参加签约仪式。中联重科董事长詹纯新与时任汉寿县人民政府县长宋云文分别代表双方在新建中联重科汉寿工业园合同文本上签字。中联重科汉寿工业园项目落户汉寿高新技术产业园区,主要建设混凝土搅拌站、干混楼站,生产机制砂以及进行工程起重机械等产品的研发与制造。总占地面积1080亩,园区首期投资3.9亿元,一期项目于2011年8月1日正式投入运营。2013年10月,湖南中联重科混凝土机械站类设备有限公司在汉寿正式注册成立。

湘投金天钛业项目 湖南金天钛业科技有限公司(简称"湘投金天钛业")是湖南湘投金天科技集团有限责任公司(简称"湘投金天集团")下属子公司,公司注册资本4.06亿元人民币,总投资18.23亿元,公司位于常德经济技术开发区,占地450亩。公司主要为航空、航天、石油化工等高端制造业提供所需钛及钛合金加工材,产品主要有铸锭、板坯、板材、棒材、锻件等。

沅水桃源水电站项目 湖南沅水桃源水电站是湖南省人民政府与中国水电顾问集团合作的战略投资项目。电站为低水头径流式电站,是沅水干流最末一个水电开发梯级,坝址位于桃源县漳江镇双洲,电站上游距凌津滩水电站38公里,下游距常德市城区31公里,是以发电为主,兼顾航运、旅游、防洪等综合利用的省、市重点工程。水库控制电站总装机容量18万千瓦,采用9台单机容量20兆瓦的贯流式机组,电站平均发电量7.93亿千瓦·时,装机年利用小时数为4404小时。该项目总投资27.5亿元,由中国水电顾问集团桃源开发有限公司投资建设。桃源水电站于2010年11月动工兴建,2014年底9台机组全部投产。

石门海螺水泥项目 石门海螺水泥有限责任公司规划投资建设两条日产5000吨新型干法水泥熟料生产线,水泥粉磨系统320万吨1条,配套建设1.8万千瓦低温余热发电系统及10万吨石膏中转站,计划建成湖南省最大的水泥生产企业。2007年6月首条日产5000吨熟料生产线开工,2008年9月建成投产,并同步投产水泥粉磨和余热发电系统。二期项目于2010年6月建成投产。

常德湘雅医院项目　2011年3月，中南大学湘雅医院与常德市经济建设投资集团有限公司正式签订“常德湘雅医院项目”的托管协议，省人民政府副省长刘力伟参加签约仪式。“常德湘雅医院”项目，总投资10亿元，规模为三甲医院，床位数1000张。该院位于常德市柳叶湖旅游度假区。

华电常德电厂项目　2013年12月26日，常德华电电厂正式开工。华电常德电厂项目由华电集团公司与陕西煤业化工集团公司共同出资建设，一期2×660千瓦工程位于常德经济技术开发区，建设初步设计概算静态投资42.98亿元，动态投资45.9亿元，一期新建2台装机66万千瓦发电机组。

湖南广电网络云数据中心项目　2015年11月9日，湖南广电网络云数据中心（IDC）项目在石门三江口举行开工仪式，该项目正式进入实质性建设阶段。

湖南广电网络云数据中心建设项目，由湖南省有线电视网络（集团）股份有限公司投资新建，为中国广电网络公司规划的全国六大广电核心数据中心之一的中部地区重要接点，以绿色节能和大数据、云计算、云存储、云应用、云服务运营为主要特色，是全省“511”工程重点建设项目。项目选址石门县三江口电站附近，规划总投资20亿元，建设内容主要包括机房等基础设施建设、IDC设备系统和管理系统建设、石门—长沙网络中心的骨干传输系统建设等，其中规划建设机房20000平方米，机柜5000个。该项目将分三期进行建设，首期投资近3亿元，建设800个机柜，满足湖南有线现有600万户的宽带上网、专线专网和部分县市智慧城市业务需求。

中利腾晖汉寿昊晖光伏电站项目　2014年6月，汉寿县引进江苏中利腾晖光伏科技有限公司光伏发电项目。该项目总投资50亿元，总装机容量500兆瓦，第一期项目位于汉寿县太子庙镇吉庆村长张高速公路附近，总投资6亿元，占地1800亩，装机容量60兆瓦，共分三组，每组容量为20兆瓦，单组年上网电量约0.19亿千瓦时。2014年12月29日破土动工，2015年12月31日完成带电实验和调试工作。中利腾晖汉寿昊晖光伏电站一期项目完成20兆瓦正式并网发电。这标志着湖南省最大发电容量的光伏地面电站工程正式投入运行。

第四章 投资与企业领导人员管理

第一节 投资管理

常德市国有资产管理委员会会成立前，投资管理职责分别由市财政、工业管理、商贸管理等部门分头承担。其投资管理情况无史料可查。

2009 年 4 月，市国资委根据市委常务 2009 年 7 号会议精神，批准市城市建设投资集团公司、市经济建设投资集团公司各发行额度 15 亿元人民币、期限为 10 年的公司企业债券；批复同意市公交公司投资收购新国线集团火车站至花山、白云村客运线路；8 月，审查批准市财鑫投保公司对市经为资产经营有限公司投资 350 万元、对湖南泰达置业有限责任公司投资 315 万元。

2010 年 1 月 12 日，市国资委批复欣运集团收购临澧平安旅客运输有限责任公司、收购临澧广交公司；同意欣运集团收购临澧平安旅客运输有限责任公司营运的临澧至新安、临澧至天星、合口至兴隆、合口至李榕四条客运线路，收购资金控制在 75 万元人民以内，不承担任何债务；3 月 29 日，市国资委同意该公司用等额现金即 43 万元收购常德市文博拍卖有限公司王中平等自然人 23.5%的股权，收购后实行独资经营；8 月 9 日，鉴于临澧广天公交公司亏损严重、债务较大，不宜整体收购，市国资委建议欣运集团仅收购广天公交公司现有车辆。并将临澧广大公交公司现有客运经营权作为收购车辆的前提条件，请临澧县政府或相关部门作为鉴证单位。应加强与临澧广天公交公司的沟通，努力降低收购过程中的财务费用。同时要积极完善收购合同，有效规避法律、债务风险；批复经投集团收购常德市文博拍卖有限公司自然人股权的请示；批复经投集团参股投资湖南德源高新创业投资集团有限公司；8 月 23 日，市国资委同意该公司出资 2000 万元，参股湖南德源高新创业投资有限公司；批复市中达国有资产经营管理有限公司关于参股投资湘潭市岳塘区指方村页岩空心砖厂和参股投资株洲市三和页岩砖厂项目；10 月 11 日市国资委同意该公司出资200万元收购扩建湘潭市岳塘区指方村页岩空心砖厂，建成后中达公司占该厂总股本的28.6%；市国资委同意该公司出资200万元收购株洲市三和页岩砖厂自然人股东廖立武40%的股权，收购后中达公司占株洲市三和页岩砖厂总股本的20%。

2011年3至11月，市国资委批准同意市经投集团、市城投集团、市金禹投资集团等国有企业的投资项目，详见表4-1-1 。

常德市国资委2011年投资管理情况统计

表4-1-1　　　　单位：万元

:投资企业	投资方向(项目)	投资额	申报时间	审核批复情况
市经投集团	投资入股常德达晨财鑫创业投资有限公司	1200	2011.3.23	同意出资1200万元投资常德达晨财鑫创业投资有限公司
	收购经济发展投资咨询有限公司自然人股份	同意你公司按不高于1∶1.3的相应价格，收购经济发展投资咨询有限公司自然人股东41%的股权(原始股本456万元)	2011.4.21	同意收购经济发展投资咨询有限公司自然人股权
市城投集团	参股常德武陵农村商业银行股份有限公司	8500	2011.5.9	同意参股常德武陵农村商业银行股份有限公司
市经投集团		2550	2011.4.21	同意参股常德武陵农村商业银行股份有限公司
市金禹水利公司		8500	2011.6.15	同意参股常德武陵农村商业银行股份有限公司
市经致远土地整理开发有限公司	收购华夏房地产开发有限公司职工个人股	156.57	2011.6.21	同意经致远公司收购华夏房地产开发有限公司职工个人股份156.57万元
市公交公司	投资建设皂果路公交车站	300	2011.11.4	同意投资建设皂果路公交站

2012年5至10月市国资委审批下列投资：

市城投集团出资2亿元投资国开精诚(北京)投资基金；市经投集团出资1800万元投资组建石门县汇佳小客贷款公司；出资1500万元投资组建柳叶湖汇丰小额贷款公司；保留前期投入湖南华电常德公司100万元的资本金；欣运集团公司出资1368万元收购市美景客运有限公司；市中达国有资产经营管理有限公司出资1500万元投资组建西洞庭鑫达

小额贷款公司;市天润土地开发经营有限公司出资300万元成立常德市天润园林绿化有限公司;市金禹水利投资公司出资500万元投资组建柳叶湖汇丰小额贷款公司。

常德市国资委2012年投资管理情况统计

表4-1-2　　单位:万元

投资企业	投资方向(项目)	投资额	申报时间	审核批复情况
市城投集团	投资国开精诚(北京)投资基金	20000	2012.10.26	同意常德市城市建设投资集团有限公司出资2亿元人民币投资国开精诚(北京)投资基金
市经投集团	投资组建石门县汇佳小客贷款公司	1800	不详	不详
	投资组建柳叶湖汇丰小额贷款公司	1500	2012.5.29	同意经投出资1500万元,占股比例为30%
	保留前期投入湖南华电常德公司的资本金	100	2012.5.21	同意经投保留前期投入湖南华电常德公司的100万元资本金
欣运集团公司	出资收购市美景客运有限公司	1368	2012.6.4	同意收购常德市美景客运有限公司(收购价格控制在1500万元以内)
市中达公司	出资投资组建西洞庭鑫达小额贷款公司	1500	2012.2.20	同意出资1500万元投资组建常德西洞庭鑫达小额贷款公司
市天润土地开发经营有限公司	出资成立常德市天润园林绿化有限公司	300	2012.5.7	同意出资300万元成立常德市天润园林绿化有限公司
市金禹水利投资公司	出资投资组建柳叶湖汇丰小额贷款公司	500	2012.5.29	同意出资500万元,占股比例为10%

2013年1月至11月批复同意投资的项目。

投资审核批复:市经投集团投资2400万元组建石门县汇佳小额贷款公司;市中达公司出资400万元参股组建湖南大德科技;市中达公司向湘潭指方砖厂追加140万元;常德三鑫产业促进有限公司出资300万元参股常德财鑫科技参保有限公司;常德担保有限公司出资4700万元组建常德财鑫科技参保有限公司;市自来水公司收购靳驮水厂。

2013年1至11月,市国资委审核同意3家国有企业的投资项目。

常德市国资委2013年投资管理情况统计

表 4-1-3　　　　单位：万元

投资企业	投资方向(项目)	投资额	申报时间	审核批复情况
市经投集团	投资组建石门县汇佳小额贷款公司	2400	2012.11.27	同意集团公司作为主发起人出资2400万元，组建石门县汇佳小额贷款有限责任公司。占股40%
市中达公司	出资参股组建湖南大德科技	400	2013.1.15	中达公司出现金400万元，占注册资本40%，黄海腾、杨洋出资600万元(无形资产折价400万元，现金200万元)，占注册资本的60%
	向湘潭指方砖厂追加投资	140	2013.7.3	同意市中达公司向湘潭指方砖厂追加投资140万元
常德三鑫产业促进有限公司	参股常德财鑫科技参保有限公司	300	2013.8.27	同意公司出资300万元参股常德财鑫科技担保有限公司。占注册资本6%
常德担保有限公司	出资组建常德财鑫科技参保有限公司	4700	2013.8.27	同意公司出资4700万元组建常德财鑫科技担保有限公司。占注册资本94%
市自来水公司	收购靳驮水厂	收购价格中固定资产部分要剔除各级政府投入，经营期收益补偿要依据政策与被收购方充分谈判，不高于评估金额	2013.11.22	同意收购东靳驮水厂，收购主体为柳叶湖管委会

2014年1月至12月市国资委对监管企业的投资项目进行审核、批复。

市城投集团出资1亿元成立常德智慧谷开发经营管理有限公司；市经投集团以增资(注册资本增加到2000万元)扩股方式并购常德华迪珍药业有限公司80%股权，对湖南经济发展投资有限公司首期现金出资3000万元与石门政府合作开发壶瓶山旅游资源、湖南经发展投资有限公司作为主发起人出资3550万元组建常德市燧人基业典当有限公司、市经泽建设开发有限公司出资2亿元参与汉寿县“天际成”项目开发；市农投公司作为主发起人出资5100万元组建常德市融资担保有限公司、出资2000万元组建常德市新业项目建设管理有限公司、出资2550万元组建湖南东山秀峰文化旅游有限责任公司、出资1000万元参股武陵区大新天润小额贷款有限公司；市工投公司出资115万元收购自然人李志明所持2%股权;市中达国有资产经营管理有限公司出资1000万元参股组建常德市燧人基业典当有限公司;欣运集团出资5000万元组建欣运实业投资有限公司;市财鑫投资担保集团有限公司出资5000万元设立常德沅澧产业投资控股有限公司、出资1600万元组建常德财鑫典当有限公司;市交投出资400万元参股组建常德财鑫典当有限公司、出资500万元参股常德人和建设有限公司。

常德市国资委2014年投资管理情况统计表

表4-1-4　　　　单位:万元

投资企业	投资方向(项目)	投资额	申报时间	审核批复情况
市城投集团	出资成立常德智慧谷开发经营管理有限公司	10000	2014.9.6	同意出资1亿元成立全资子公司
市经投集团	以增资(注册资本增加到2000万元)扩股方式并购常德华迪珍药业有限公司80%股权	1600	2014.8.19	同意将常德华迪珍药业有限公司注册资本增加到2000万元,占该公司80%以上的股权
湖南经发展投资有限公司	出资与石门县政府合作开发壶瓶山旅游资源	3000	2014.1.26	同意湖南经济发展投资有限公司与石门县政府合作开发壶瓶山旅游资源(同意经济发展公司首期现金出资3000万元)
湖南经发展投资有限公司	出资组建湖南东山秀峰文化旅游有限责任公司	2550	不详	不详
湖南经发展投资有限公司	出资参股武陵区大新天润小额贷款有限公司	1000	不详	不详
市经泽建设开发有限公司	出资参与汉寿县"天际成"项目开发	20000	2014.9.24	同意经泽公司出资2亿元,以战略投资人身份参与汉寿县"天济城"项目的开发
市农投公司	出资组建常德市融资担保有限公司	5100	2014.4.23	同意农投公司作为主发起人出资5100万元组建常德市新隆融资担保有限公司
市农投公司	出资组建常德市新业项目建设管理有限公司	2000	2014.4.23	同意农投公司出资2000万元组建常德市新业项目建设管理有限公司
市农投公司	出资组建湖南东山秀峰文化旅游有限责任公司	2550	2014.11.3	同意公司作为主发起人出资2550万元,组建湖南东山秀峰文化旅游有限责任公司
市农投公司	出资参股武陵区大新天润小额贷款有限公司	1000	2014.3.26	同意农投公司对武陵区大新天润小额贷款有限公司投资1000万元

续表 4-1-4

投资企业	投资方向(项目)	投资额	申报时间	审核批复情况
市工投公司	出资收购自然人李志明所持 2%股权	115	2014.7.21	同意出资 115 万元人民币收购自然人股东李志明所持 2%股权
欣运集团	出资组建欣运实业投资有限公司	5000	2014.9.2	出资 5000 万元组建欣运实业投资有限公司
市财鑫投资担保集团有限公司	出资设立常德沅澧产业投资控股有限公司	5000	2014.1.13	同意常德财鑫投资担保集团有限公司设立常德沅澧产业投资控股有限公司(同意其作为主发起人首期出资 5000 万元设立常德沅澧产业投资控股有限公司)
	出资组建常德财鑫典当有限公司	1600	2014.5.22	同意财鑫投作为主发起人出资 1600 万元，组建常德财鑫典当有限公司
市交投	出资参股组建常德财鑫典当有限公司	400	2014.5.20	同意公司出资 400 万元参股组建常德财鑫典当有限公司
	出资参股常德人和建设有限公司	500	2014.11.4	同意出资 500 万元参股常德人和建设有限公司

2015 年 1 至 12 月审核批复下列国有企业投资。①市城投集团公司对市天润土地开发经营有限公司增资扩股。扩股后，天润公司总股本 4 亿元。其中天润公司占股本 2.24 亿元，占股比例为 56%；国开发展湖南“两型”元佑基金占股 1.76 亿元，占股比例为 44%。②市城投集团公司、市自来水公司共同成立中翰水务有限公司。其中，市城投集团公司占股 51%，市自来水公司占股 49%。③市城投集团出资 5000 万元成立常德市天智教育投资有限公司。④市城投集团出资 1370 万元入股常德农村商业银行。⑤市经投集团公司出资 200 万元成立常德市教育投资管理有限公司。

常德市国资委2015年投资管理情况统计表

表 4-1-5 单位:万元

投资企业	投资方向(项目)	投资额	申报时间	审核批复情况
市城投集团公司	为市天润土地开发经营有限公司增资扩股,扩股后总股本4亿元。其中天润公司占股本2.24亿元,占股比例为56%;国开发展湖南“两型”元佑基金占股1.76亿元,占股比例为44%	17600	2015.2.17	同意常德天润土地开发经营有限公司增资扩股
市城投集团公司与市自来水公司	共同出资成立常德中翰水务有限公司。其中城投集团公司占股51%,市自来水公司占股49%	2550	2015.5.11	同意公司与常德市城市建设投资集团有限公司共同出资成立常德中瀚水务有限公司
市城投集团公司	成立常德市天智教育投资发展有限公司	5000	2015.5.11	同意成立常德市天智教育投资发展有限公司,注册资本5000万元,公司性质为国有独资公司
	入股常德农村商业银行股份有限公司	1370	2015.9.11	同意公司作为发起人之一向常德农村商业银行股份有限公司入股1370万股。参股后,常德市城市公用资产经营管理有限公司占常德农村商业银行股份有限公司1.37%的股份
市经投集团公司	成立常德市教育投资管理有限公司	200	2015.1.12	同意公司出资200万元成立常德市教育投资管理有限公司
	成立常德市欢乐谷桃花岛旅游投资管理有限公司	200	2015.1.12	同意你公司出资200万元成立常德市欢乐桃花岛旅游投资管理有限公司
	成立常德市高速公路投资管理有限公司	200	2015.1.12	同意公司出资200万元成立常德市高速公路投资管理有限公司
	成立湖南澧水天香农业发展有限公司	255	2015.3.31	同意公司作为主发起人出资255万元成立湖南澧水天香农业发展有限公司
	成立常德海绵城市建设管理有限公司	10000	2015.4.30	同意公司出资1亿元成立常德市海绵城市建设管理有限公司

续表 4-1-5

投资企业	投资方向(项目)	投资额	申报时间	审核批复情况
市经投集团公司	入股常德农村商业银行股份有限公司	1370	2015.9.8	同意公司作为发起人之一向常德农村商业银行股份有限公司入股 1370 万股。参股后，湖南经发展投资有限公司占常德农村商业银行股份有限公司 1.37%的股份
	对湖南经发展投资有限公司增加投资设立经晟融资租赁有限公司	43300	2015.8.26	同意公司对湖南经发展投资有限公司增加投资 43337.5 万元
	与辣椒基金管理有限公司共同出资建设石门县壶瓶山镇泰和项目；成立经邦基金管理有限公司	15500	2015.11.2	同意公司与辣椒基金管理有限公司共同出资成立经邦基金管理有限公司
	成立常德市环境科技有限公司	200	2015.11.25	同意公司出资成立常德市常环环境科技有限公司
	成立常德市城东水务有限公司	5050	2015.11.25	同意公司出资成立常德市东城水务有限公司，注册资本 5050 万元
市公共交通有限责任公司	组建常德公交汽车租赁公司	200	2015.12.23	同意公司下属子公司常德市公共交通有限责任公司出资 200 万元组建常德公交汽车租赁公司
市工投	组建常德顺达汽车租赁有限公司	300	2015.10.27	同意公司出资 300 万元组建常德市顺达汽车租赁有限公司
	入股常德农村商业银行股份有限公司	2000	不详	不详
	承担汉能项目工程建设及回购	30000	2015.1.16	公司要依法签订项目建设有关协议，加强项目成本与风险控制，防范投资风险
市交建投公司	成立土地整理公司	5000	2015.7.30	同意公司出资 5000 万元成立土地整理公司
	投资建设朗州路罗湾加油站	918	2015.7.30	同意公司与湖南跃腾投资管理有限公司合作投资建设朗州路罗湾加油站，公司出资 918 万元，占股 51%，湖南跃腾投资管理有限公司出资 882 万元，占股 49%

续表 4-1-5

投资企业	投资方向(项目)	投资额	申报时间	审核批复情况
市交建投公司	入股常德农村商业银行	3000	2015.9.8	同意公司作为发起人之一向常德农村商业银行股份有限公司入股3000万股。参股后,常德市交通建设投资有限公司占常德农村商业银行股份有限公司3%的股份
	收购常德市人和房地产开发公司	<30	2015.10.8	同意公司按照不高于30万元价款收购常德市人和房地产开发公司
	认缴常德中科现代农业投资管理中心	2000	2015.10.14	同意公司出资2000万元认缴常德中科现代农业投资管理中心
	投资参与常德港德山新港区项目建设	待项目竣工后与项目建设主体常德经济技术开发区办理项目决算确定各自的持股比例	2015.6.4	同意公司成为常德港德山新港区项目的业主
市欣运集团公司	组建安乡县小额贷款股份有限公司	4000	2015.4.2	同意公司出资4000万元作为发起人组建安乡小额贷款股份有限公司
	成立常德欣运汽车租赁服务公司	1000	2015.4.2	同意公司出资1000万元成立常德欣运汽车租赁服务公司
	与湖南中恒地产开发有限公司合作,以自筹共建方式对汽车北站实施棚户区改造		2015.4.13	同意公司与湖南中恒房地产开发有限公司合作,以自筹共建方式对汽车北站实施棚户区改造
市德山建设投资公司	入股常德农村商业银行股份有限公司	3395万股	2015.9.8	同意公司作为发起人之一向常德农村商业银行股份有限公司入股3395万股。参股后,湖南德山建设投资股份有限公司占常德农村商业银行股份有限公司4%的股份(含原持605万股常德武陵农村商业银行股份有限公司的股份)

续表 4-1-5

投资企业	投资方向(项目)	投资额	申报时间	审核批复情况
市德源开发公司	设立农林开发有限公司	10000	2015.9.24	同意公司出资 1 亿元设立农林开发有限公司
市桃花源文旅投资公司	入股常德农村商业银行股份有限公司	1000	2015.9.8	同意公司作为发起人之一向常德农村商业银行股份有限公司入股 1000 万股。参股后，常德市桃花源文化旅游投资开发集团有限公司占常德农村商业银行股份有限公司 1 %的股份
	认缴常德中科现代农业投资管理中心	1500	2015.11.12	同意公司出资 1500 万元认缴常德中科现代农业投资管理中心
	与三明市政建设有限公司等单位共同出资成立湖南天钰典当有限公司	1020	2015.12.7	同意公司与常德市三明市政建设有限公司等单位共同出资 2000 万元成立湖南天钰典当有限公司，你司出资 1020 万元
市财鑫担保集团公司	组建常德市西洞庭科技园区开发有限公司	3200	2015.12.2	同意公司下属全资子公司常德沅澧产业投资控股有限公司与常德市西洞庭食品工业园投资开发有限公司等单位共同出资 8000 万元，组建常德西洞庭科技园区开发有限公司
市农投公司	入股深圳市中鑫富盈基金管理有限公司	3000	2015.7.1	同意公司投资 3000 万元入股深圳市中鑫富盈基金管理有限公司旗下的“中鑫富盈·盛世新三板 1 号基金”，其中投资 A 级 1000 万元，B 级 2000 万元，投资期限为两年
	与中科招商集团公司成立常德中科现代农业投资管理中心	2000	2015.7.1	基金首期拟募集 2 亿元人民币，其中公司认缴出资 2000 万元人民币，中科招商认缴出资 500 万人民币，其余 1.75 亿元由中科招商负责定向募集
	与常德供销社合作集团公司等法人和自然人合作共同组建湖南武陵秀峰茶叶有限公司	3000	2015.11.19	同意公司联合湖南常德供销合作集团公司等单位和自然人共同出资 3000 万元组建湖南武陵秀峰茶业有限公司，公司出资 1470 万元，占股 49%

第二节　企业领导人培养选拔

1990 年上半年，中共常德市委对市属 28 家国有大中型企业领导班子、190 名领导班子成员及 40 名较成熟的后备干部引进考察。考察结束后，市委充分运用考察成果，对年底承包期满的 27 家国有企业领导班子进行统一调整和交流。

1992 年 3 月，常德市对市属国有大中型企业领导班子中纯党务领导干部比重占 63% 的情况，对 11 家市属国有大中型企业选配 18 名懂经营的管理干部担任领导班子成员，改善了国有大中型企业领导班子的结构。

1996 年 3 至 12 月，市委组织部和国有企业主管部门加强企业经营管理者队伍建设，培训国有大中型企业骨干 400 多人次、企业后备干部 100 多人次。组织企业管理人员参观考察张家港市。下半年，调整 24 家国有大中型企业领导班子，调整党政正职 14 人，副职 38 人，诫勉谈话 4 人，降职 2 人，免职 3 人。从市直机关、区县(市)科局负责人和优秀乡镇党委书记中选拔 6 人到市直国有大中型企业担任党政正职。

1997 年 7 月 50 名公选人员在市委党校参加培训，与党校领导、教师合影

1997 年 3 月至 8 月，中共常德市委公开选拔国有企业领导人员。3 月，市委成立“公开选拔企业领导人才”领导小组。领导小组由彭孟芝、王春阳、钦时中、陈君文、彭明健、张正钧、余先好、向启国、吴承云、王华轩、刘克云、朱梅青、王孝山、万善志、赵涌涛、李新东等组成，彭孟芝任组长，王春阳、钦时中、陈君文任副组长。领导小组下设办公室，彭明健任办公室主任，办公室负责公开全选拔的日常工作。办公地点在市委老干局。常德市有 2000 人报名，实际参加笔试人员有 1702 人。通过笔试、面试、组织考察等程序，选定 75 人。并将其分别安排到国有企业挂职实习，时间为 2 个月。挂职实习结束时，市委组织部对挂职实习人员的能力表现进行考察和论文评选，淘汰 25 人，确定 50 名进入市委党校培训。培训结束后，从中遴选 28 人。其中，27 人担任国有企业领导职务，罗爱民任共青团常德市委副书记。

常德市1997年公开选拔国有企业领导人员任职情况表

表4-2-1

姓名	任职企业	所任职务
金三葵	常德市对外经济贸易畜产品总公司	总经理、党委副书记
傅智勇	常德市五交化总公司	总经理、党委副书记
钟云鹏	常德市对外经济贸易集团总公司	总经理、党委副书记
蔡国华	常德市工矿产品进出口总公司	副总经理
彭惠东	常德市蔬菜总公司	副总经理
文中秋	常德市农业生产资料总公司	总经理、党委书记
刘湘建	湘泉集团德山大曲酒业有限公司	副总经理
黄少渊	常德有线通信(集团)公司	副总经理
淡光兴	湖南金罗肉联厂	厂长、党委书记
戴振超	常德市彩色印刷厂	副厂长
周功武	湘泉集团德山大曲酒业有限公司	副总经理
杨文俊	常德有线通信(集团)公司	副总经理
剪红英	常德新型建筑材料总厂	厂长、党委副书记
刘全香	湖南海达化工农药厂	财务科科长
刘会刚	湖南海达化工农药厂	设备技术科科长
孙昌雄	常德汽车修造厂	副厂长
卢其松	常德第二纺织机械厂	副厂长
吴先勇	湖南常德纸业股份有限公司	副总经理
辜求云	常德锦纶厂	副厂长
池先明	常德机电设备总公司	副总经理
胡建民	常德市汽车贸易公司	副经理
马卫平	常德木材贮运公司	总工程师
张维信	湖南金建米业股份有限公司植物油分公司	副经理
罗秀川	湖南金建米业股份有限公司粮食工业城项目办	副主任
龙顺如	常德市米业公司	副经理
文贵成	常德市对外经济贸易集团总公司	副总经理
杜　鹏	常德市对外经济贸易土产茶叶总公司	副总经理

1999年3月,在市委党校举办市直企业主要负责人培训班,培训130人。在上海浦东区建立常德市国有企业干部培训基地。9月,在浦东培训基地对45名国有企业负责人进行为期1个月的培训。是年,市委在常德汽修厂进行民主选厂长试点。

2009年3月23日,市委、市政府印发《关于进一步规范国有及国有控股企业党建工作和领导人员管理暂行办法的通知》(常委〔2009〕12号),该通知规范了市属企业的领导人员的管理权限:市委管理11家大中型企业的党政正职;其他的企业领导人员由企业归口管理单位党组织主管,市国资委党委协管。其中,大中型企业的副职和小型企业的正职(包括大中型企业子公司正职)由市委组织部任免前备案。11家大中型企业包括:常德市城市建设投资集团有限公司、常德市经济建设投资集团有限公司、湖南常德欣运集团股份有限公司、常德市公共交通总公司、青峰煤矿、羊耳山煤矿、赤峰实业公司、常德市经济技术投资公司、常德市财经投资开发公司、常德市财鑫投资担保有限公司、常德市自来水公司。

2010年4月24日至5月16日,市政府组织18名国有企业骨干赴新加坡进行国有企业经营管理学习培训。市国资委主任赵先桃,市城市建设投资(集团)有限公司总经理黄建兵,市经济建设投资集团有限公司总经理梁明华,市公交总公司董事长、党委书记陈昌忠,市财经投资公司党总支书记傅智勇,市财鑫投资担保有限公司党支部书记周文化、市政建设总公司总经理颜学金,市经济适用住房开发中心党支部书记等参加学习培训。学习课程有:马锡控股公司成功经验与对外投资策略、新加坡资本市场与上市准备、金融危机下的企业并购与资本运作、企业战略管理与核心竞争力、企业风险管理与控制、新经济环境下的市场营销策略、经济危机下亚太企业的逆势增长策略——企业创新等。

2010年上半年,市委调整欣运集团领导班子,陈明哲任该集团董事长;市委任命谢志坚为新组建的交通建设投资公司董事长、总经理;刘凡荣任市金禹水利投资公司董事长、刘润年任市金禹水利投资公司总经理。调整配备重组后的4家中Ⅰ型房产公司领导班子。

2014年,市国资委配合市委组织部对原由市委选派到国有企业任职的具有公务员身份的人员进行清理,对市国资委委派的在国有企业担任兼职董事、监事及监事会主席并且具有公务员身份的人员也一并进行清理调整。对留任企业人员一律不再保留公务员身份、一律不再保留财政统发工资。此措施解决了困扰企业多年的领导人员身份“两张皮”的问题。

是年12月,市委办、市政府办印发《市属国有及国有控股企业领导人员选拔任用工作实施办法》(常办发〔2014〕11号)。该办法规定,企业领导人员实行任期制,每届任期三年,并与市政府签订任期责任书。企业领导人员离任,要进行离任审计和离任经济事项交接。对工作业绩突出,经任期考核称职的领导人员可连任,并重新办理任职手续。新提名或继续提名任职的,一般要能任满一个任期。该办法规定,积极推进经理层领导人员市场化、职业化进程。合理增加经理层领导人员市场化选聘比例。积极探索委托人才中介机构推荐等方式选拔企业领导人员。

2015 年 9 月、10 月,市委组织部和市国资委组织培训市属国有企业经营管理人员。此次培训分两个阶段。第一阶段(9 月 7 日—10 月 7 日),在市委党校进行。市属国有企业高管、中层骨干、优秀年轻员工等 52 人参加培训。在市委党校培训期间,省国资委、省社科院、市发改委、市财政局、市委办领导分别作《全面深化改革背景下的国企改革》《湖湘文化与湖南人文精神》《新常态与新常德》《关于财政体制改革》《打造新常德新创业的发展实践》等专题报告;党校教员陈佳、冯秀萍、陈小明、乐观清、吴立俊分别作"前沿科技与发展""环洞庭湖生态经济区建设""行政法视野下的经济法""管理方法与艺术""现代金融知识与金融形势分析"等专题辅导。市国资委和市党校组织参观了市政工程和重点企业。第二阶段(10 月 9 日—10 月 17 日)在复旦大学干部管理学院培训中心举行。10 月 9 日,复旦大学管理学院干部教育培训中心主任黄莹、市国资委副主任张丽群、市委组织部干部四科副科长周星、市委党校教授乐观清出席开班仪式。培训班第二阶段外训由市国资委与复旦大学联合主办,市国资委部分优秀工作人员,市属国有企业高管、中层骨干、优秀年轻人员等 52 人参加此次外训。复旦大学、上海交通大学等大学的专家学者为培训班授课。上海交通大学副教授戴明朝讲授"'互联网+'与企业转型升级"、上海理工大学管理学院教授葛玉辉讲授"企业人力资源管理与企业核心团队打造"、复旦大学法学院教授马忠法讲授"经济活动中的法律风险防范"、上海市经济管理干部学院副教授讲授"如何在深化改革中提升国企竞争力"、上海市商学院教授朱明讲授"企业经营管理理念与经营思想"、上海国雅投资管理有限公司董事长王克健讲授"企业发展与上市策略"、复旦大学经济学院国际金融研究中心副教授朱宏飞讲授"我国宏观经济形势与财政金融政策分析"、复旦大学心理学博士史聃鹏讲授"给心灵吸氧,为精神松绑——压力与情绪管理钥匙"。

第三节 企业领导人薪酬管理

1995年5月,常德市经济委员会印发《常德市市直工业企业经营者年薪制(试点)试行办法》(常经企〔1995〕15号)。该办法共五章二十三条,有总则、年薪收入的构成与确定、年薪收入的计算方法、年薪收入的来源及发放等内容。该办法规定,"企业经营者的年薪收入由基薪、奖金和风险收入三个部分构成";"基薪保证经营者的基本收入,奖金和风险收入依经营成果和风险目标的实现与否而实现奖罚并用,以拉大分配档次,强化经营者责任"。当年,常德锦纶厂丁寅洲、湖南洞庭制药厂陶辉等企业法人代表与市经济委员会签订了"年薪制"合同。市经济委员会代表市政府对国有企业法人代表实行合同管理。

1996年8月,常德市政府在总结1995年市直国有工业企业试行经营者年薪制试点经营的基础上,由市人民政府办公室印发《常德市国有企业厂长(经理)年薪制试行办法》(常政办发〔1996〕40号)。该办法规定,厂长(经理)年薪收入由三个部分构成,即:基薪收入、国有资产保值增值收入、完成上缴利税收入。在该办法指导下,厂长(经理)年薪制在全市范围推行。

1998年1月,市企业工资改革办公室与市财政局、市国资局、市扭亏增盈办联合考核试行年薪制的市直国有企业,并下达厂长(经理)年薪收入通知。如常德滨湖印刷股份有限公司,1997年实现税利完成350.76万元,较考核基数增长35%;国家所有者权益1491万元,较考核基数增长1%。董事长舒天顺1997年年薪收入32238元。其中,基薪收入8862元、国有资产保值增值收入12741元、完成实现税利收入10635元。

2005年,市国资委改革常德芷兰教育担保公司薪酬制度(试行),对该公司领导人采取基薪+绩效工资相结合的办法。年初,对该公司下达详细经济指标,年终严格考核。是年,该公司超额完成各项经济指标。该公司领导人员不仅拿满基薪,还获得绩效工资。

2006年8月,市国资委印发《常德市国资委监管单位工资总额与薪酬管理试行办法》(常国资〔2006〕42号),在全省市州国资委中率先出台关于工资总额与薪酬管理的规范性文件。在对监管单位近三年职工人数、工资总额、单位负责人薪酬等情况进行全面清理的基础上,按照"监管单位工资总额的增长幅度低于其经济效益(根据利润等指标计算)增长幅度,职工平均工资增长幅度低于监管单位劳动生产率(根据净产值或工业增加值计算)增长幅度"的原则和全面预算管理的要求,明确职工工资总额由工资基数和新增效益工资两部分构成,新增效益工资与其经济效益挂钩;明确单位负责人薪酬由基薪、绩效工资、特别贡献奖励等构成，基薪按劳动与社会保障部门公布的本省在岗职工上年人均工资的2倍至3倍确定，绩效工资与监管单位当年新增效益工资挂钩，并根据岗位、责任、贡献等确定绩效工资系数拉开收入差距。市国资委在加强人工成本管理、收入分配制度改革方面进行积极探索和实践，在打破平均主义、完善薪酬管理体系、建立健全激励约束机制等方面取得了明显成效。

2010年，市粮食局印发《常德市粮食局直属企事业单位经营业绩考核暂行办法》（常粮办〔2010〕18号）。根据试行的情况，为使考核指标更切合实际、考核办法的操作性更强，市局国有资产管理部门在充分征求各科室负责人和企业领导人员意见的基础上，2011年对该办法的部分条款进行修订。《常德市粮食局直属企事业单位经营业绩考核暂行办法》对企业负责人的薪酬管理作出详细的规定。企业负责人的年度薪酬由基薪和绩效工资两部分构成。基薪由企业在年度薪酬方案中提出意见，报市粮食局审批。市粮食局以各企业负责人前三年发放的基本工资及津补贴平均数为依据，综合其工作岗位、任职年限、企业效益等因素审核认定企业负责人基薪标准，最高不超过劳动与社会保障部门公布的本市在岗职工上年人均工资的2倍，最低不低于1倍。基薪每年核定一次。绩效工资与当年绩效考核结果挂钩。企业负责人基本工资按月发放，绩效工资由本单位根据本考核办法确定的评分细则自测评分并确定自测等级，单位财务部门按自测等级在年终决算前一次性预提，作“应付工资”核算，待市粮食局考核确认后予以兑现。考核结果与自测结果不一致的，其绩效工资与应发数差额进入下年度成本核算。

2014年7月，市国资委印发《常德市市属国有企业负责人薪酬管理暂行办法》（常国资通字〔2014〕27号）。该办法明确，“坚持激励与约束相统一，企业负责人的薪酬水平要与经济责任、经营风险相适应，要与经营业绩考核结果密切挂钩”，“企业负责人的薪酬由基本薪酬、绩效薪酬两部分构成；年度薪酬＝（基本薪酬＋绩效薪酬）×薪酬系数”，企业负责人年度薪酬总水平较上年的增幅原则上不超过绩效增长。当年本企业职工平均工资不增长或企业效益下降，企业负责人年度薪酬不得增长，亏损企业的企业负责人只发放基本薪酬，不发放效益薪酬。

同时，市国资委出台《关于市本级政府投融资公司负责人薪酬改革方案》。自8月始，市国资委在市城投集团公司、经投集团公司等6家企业中实施。这项改革的实施标志着与企业领导人选任方式相匹配的差异化薪酬分配制度建立。

第五章 国有资产监督

第一节　纪检(监察)监督

2005年，省纪委发出《关于对国家开发银行湖南省分行政府类投资贷款项目进行检查的通知》(湘纪发〔2005〕23号)。市国资委协助上级检查单位对市城市建设投资(集团)有限公司常德大道工程、市建设局三闾路工程、市公用事业局五岔路、市环卫处垃圾填埋场、澧县城建投公司绕城工程、澧县一中改扩建工程进行检查。

2006年6月23日，市国资委组织召开商业贿赂工作会议，成立市国资委治理商业贿赂领导小组，市国资委主任赵先桃任组长，纪检组长周德福任副组长，相关科室负责人为成员，领导小组下设办公室，人事科科长戴宏兰兼任办公室主任，人事科张桂芳为联络员。按照治理商业贿赂工作实施方案，从5月中旬开始，重点国有资产产权转让进场交易情况，产权转让过程的规范情况，产权转让中管理层受让情况，产权转让过程中维护企业职工合法权益情况进行了自查自纠。7月，市国资委对各归口管理单位2001年以来发生的不正当交易行为自查自纠情况进行督查。

2007年12月10日至14日，市国资委配合常德市市直单位检查组第一组，对市国资委2006至2007年10月31日的企业国有产权交易情况进行检查。

2007年12月20日，市国资委在部分监管企业开展国有产权代表述职述廉。市城建投公司、市经建投公司、市经济技术投资有限公司、市欣运集团股份有限公司、湖南芷兰教育融资担保股份有限公司、农欣融资担保有限公司、市迅华城建开发有限公司、东方金属回收有限责任公司的国有产权代表，以书面的形式就2007年工作情况、经营绩效情况、贯彻执行国资监管法规制度和上级指示情况、个人廉洁自律情况进行了述职述廉。

2008年11月14日，市国资委召开监管企业党风廉政建设座谈会，各监管企业法人代表和纪委书记参会。

2009年3月，市国资委组织贯彻学习《湖南省国资委监管企业国有资产损失责任追究暂行办法》。市国资委机关全体人员、市城投集团公司、市经投集团公司、市工投集团公司、市农投集团公司、市欣运集团公司班子成员参会。

2011年4月12日，市国资委召开全市国资系统党风廉政建设工作会议。市国资委机关全体干部、监管企业领导班子成员及纪检监察组织负责人参加会议，市纪委、市纪委第三纪工委的领导应邀参会。市纪委常委汤杰为会议讲授题为"认清反腐大势，严格廉洁自律，努力做一名清正廉洁的领导干部"的廉政党课。市国资委主任赵先桃作党风廉政建设工作报告。

中共中央办公厅、国务院办公厅发布《关于深入开展"小金库"治理工作的意见》（中办发〔2009〕18号）；2010年6月12日，中纪委、监察部、财政部、审计署、国务院国资委印发《国有及国有控股企业"小金库"专项治理实施办法》；2011年6月，省治理办印发《湖南省2011年"小金库"专项治理工作实施方案》（湘治办发〔2011〕2号）；2011年6月，湖南省召开2011年"小金库"治理工作会议。2011年5月，市国资委对常德市国有及国有控股企业"小金库"的治理和全面复查工作进行统一部署，全市17家国有企业及27家子公司进行"小金库"全面复查。

根据2010年全市"机关干部下基层，排忧解难惠民生"作风建设主题活动，2010年3月至4月，常德市国资委开展2010年作风建设活动月，由常德市国资委五位领导带领分管科室分别走访监管企业及重点项目建设单位，帮助解决企业的实际困难，办一批实事好事。成立了由市国资委党委书记、主任赵先桃为组长，市国资委副书记、副主任任克勤为副组长，黎星兵、陈建军、周德福、胡庭清、王国军为小组成员的市国资委作风建设领导小组，采取深入企业走访调查，为洞庭药业公司做好上市的各项准备工作，帮助解决常德市项目前期进展缓慢、拆迁困难及建设环境问题。

2012年7月至11月，常德市国资委制定廉政风险防控管理工作方案，实施范围为市国资委机关领导班子成员、机关各科室及全体干部职工。成立市国资委廉政风险防控工作领导小组，赵先桃任组长，任克勤任副组长，国资委机关班子成员及各科室为小组成员，下设办公室，鄢辉霞兼任办公室主任，聂焰鑫兼任副主任。主要工作为全面清权确权，查找廉政风险点、申报单位类别、评定岗位廉政风险等级、完善防控制度、防控措施、实施预警处置、实施动态管理。

2013年7月，市国资委特聘19名政风行风监督评议员；下发《常德市国资委政风行风监督评议员聘任管理办法》。8月，市国资委在机关会议室召开市国资委监管企业纪检监察座谈会，各监管企业纪委书记或分管纪检工作负责人参会，就2013年上半年纪检监察工作开展情况和如何抓好企业党风廉政建设提出建议。

2014年5月8日，市国资委组织全体党员干部观看了《焦裕禄》《四风之害》两部电教片。在全体与会人员中间产生强烈共鸣。6月20日，市国资委在市经投集团公司四楼会议室召开国有企业领导人反腐倡廉集中教育学习大会。会议邀请市纪委副书记李正才授课，讲授十八大以来反腐败斗争的新特点、当前国有企业反腐败斗争存在的一些模糊人事、国有企业反腐败斗争的两个责任主体三个方面的内容，并结合常德市国有企业实际，就当前企业反腐倡廉工作中的难点热点问题提出意见。市国资委机关全体人员及市城投集团公司、市经投集团公司、市工投集团公司、市农投集团公司、市欣运集团公司班子成员参会。

2015年5月始，市国资委配合市预防腐败局开展市属国有企业廉政风险防控课题调研，调研内容为国有企业带有行政性质的权利构成、岗位分布和权力运行流程；国有企业容易滋生腐败的廉政风险点及产生原因；国有企业预防腐败的有效措施，并制成10个国有企业廉政风险防控课题，分别由24家市属国有企业进行排查编撰。9月17日，市国资委在市经投集团公司召开市国有企业廉政风险防控工作汇报会。省预防腐败局专职副局长凌升山一行听取常德市国资委系统廉政风险防控工作情况汇报。

2015年11月20日，市国资委党委学习中心组就新修订的《中国共产党廉洁自律准则》和《中国共产党纪律处分条例》(以下简称《准则》和《条例》)召开(扩大)学习报告会，市国资委机关全体党员及归口管理企业的全体班子成员参加了报告会。市纪委调研法规室副主任罗雷为与会人员作了专题辅导报告，市国资委副主任、直属机关党委书记张丽群主持报告会。罗雷紧密联系中共十八大以来全面从严治党实践成果和当前反腐败斗争形势任务，从《准则》和《条例》的修订背景、科学内涵、辩证关系、学习贯彻等方面，进行了系统阐述和权威解读。

第二节　审计监督

一、财务收支审计

1989至1990年，市审计局对市棉麻蚕茧公司、东山峰农场、市畜产品进出口公司、自来水公司、土产公司、电影发行放映公司、医药公司、常德棉纺厂、桃源纺织印染厂、常德七一机械厂、常德通用机械厂、市饲料公司、中药厂、常德物资回收公司、市玻璃厂、石门玻璃厂、市塑料一厂、第一纺织机械厂、阀门厂、电机总厂、明胶厂、湖南省601矿、广福桥煤矿、羊儿山煤矿、青峰煤矿、赤峰煤矿、湖南雄黄矿、市锦纶厂、毛巾厂、电池厂、塑料七厂、包装制品厂、造船厂、饮料厂、啤酒厂、水泥水管厂、新型建筑材料总厂、针织厂、建民印染厂、化工轻工公司、水表厂、制革厂、化工机械厂、变压器厂、汽车修配厂、大曲酒厂、化工厂、船舶厂、常德塑料制品厂、常德矿山机械厂、石门磷矿、金属材料厂、机械电子工业供销公司、纺织工业供销公司、二轻工业供销公司、轻工业物资供销公司、化工供销经理部、包装公司供销经理部、建材工业供销经理部、机电设备公司、轮船运输公司、津市轮船运输公司、冶煤物资公司、煤炭公司综合贸易商行、武陵区煤炭公司等65家国有企业进行财务收支审计。对市棉麻蚕茧公司财务收支审计，认定有问题金额105万元，其中违纪金额103万元，主要是应在专用基金中开支而挤入“其他支出”“附营业务收支”4万元，多列费用3万元，漏缴各种税金44万元，应冲减费用而挂账38万元，多转库存供应商品销售成本2000元，虚增股固定资产1000元，将棉花科学实验费、棉花改进费等专项资金用于基建54万元；审计决定调增利润8000元，补交税金44万元。该公司于是年9月27日前完成账务调整，如数解缴审计查收款。

1991至1992年，市审计局对市纺织工业供销公司、金属材料公司、食杂果品公司、西洞庭供销社、土产茶叶进出口公司、常德电影机械厂、常德外运支公司、市供销社汽车运输公司、轻工五矿进出口公司、粮油食品进出口公司、市房地产开发公司、种子公司、纺织化工工艺对外经济贸易公司、乡镇企业供销公司、湖南常伟机动车测试服务公司、市木材厂、市粒度分析仪器厂、原种厂、贮运场、物资贸易中心、木材贮运公司、农业生产资料总公司、机电设备总公司、建筑材料公司、农机公司及两家中外合资企业即常兴制品有限公司、龙马时装有限公司等26家国有企业和中外合资企业进行财务收支审计。1991年7月，市审计局实施市茶叶土产进出口公司1989年至1990财务审计。审计决定，对漏缴“两金”和增值税及附加2万元金额收缴财政，调增1989年利润1万元，其他多转和少转销售成本等事项按报告中处理意见自纠。

1995年6至7月，市审计局对湖南特种水泥厂1993至1994年度财务收支实行现场审计。经审计，该厂1994年底总资产1.5亿元，总负债1.3亿元，1993、1994年实现销售收入5244万元、7484万元，实现利润1406万元、413万元。两年中，该厂不断开发特色水泥系列产品，拓宽渠道以促销产品。在财务上存在违纪行为，金额达27万元；1993年职工工资增长18%，漏缴工资调节税10万元；用红字发票或借支付业务费手法冲销产品销售收入52万元，漏缴增值税及附税7万元；将购相机4台增值税列入“待扣税金”并抵扣漏缴增值税2万元；将省水电八局汇入水泥加价款65万元不入账用于发奖金，漏缴增值税及附税、所得税、能源交通基金、预算调节基金计46万元；定期存款利息收入4万元不入账，设“小金库”；购寻呼机、空调机等专控商品10万元，漏缴社控基金7636元；挤占成本费用102万元,凭白条支付业务费、咨询费等27万元;购边三轮摩托1.4万元列入管理费用而未作固定资产入账;将省建设公司所汇经营收入15万元挂往来而未作收入等。决定对该厂漏缴税费、“小金库”全额收缴,白条列支处10%罚款,共70万元缴入审计查收专户,其他问题作调账或免于处理。

1996年9月至1998年,市审计局对常德七一机械厂、湖南雄黄化工股份有限公司、湖南德海实业集团公司、水利水电勘测设计院、规划建设设计院等23家国有企业和实行企业化管理单位财务收支进行审计。湖南雄黄化工股份有限公司1996—1997年度财务收支审计。该公司系原湖南雄黄矿,1997年7月向市政府申请改制,由市化工局、石门磷肥厂、常德七一机械厂、湖南特种水泥厂、湖南雄黄矿工会作发起人组建,1998年2月完成股份制改组,资本额1740万元。查出公司所属化工厂漏缴营业税及附加4万元,支付产品推销费29万元未取得劳务发票,漏缴营业额及附加2万,决定全额收缴;审计意见认定,该公司1997年产品营销收入比上年减少150万元,销售成本却增加220万元,主要是雄黄原矿单位成本比上年上升40%和水泥价格倒挂以至销售利润下降;公司改制股本构成中法人互相参股,实际未收到其他单位投入资金而形成收资本虚增,同时职工股则以集资股转化,未给公司注入增量资金。

1999年,市审计局审计市自来水公司及所属劳动服务公司1996—1998年财务收支情况。审出各类违规584万元,处理收缴财政41万元,其中发现银企共同作弊,在公司“财务费用”中虚列银行贷款利息支出114万元,转入第四水厂建设指挥部用于支付职工集资利息112万元,另2万元被经办银行用白纸收据以“业务咨询费”收走,审计追缴个人所得税22万元。发现利用往来账户套现设“小金库”,代购手机2部、空调16台,逃避社控监督,偷漏调节基金、共处收缴27万元。是年9月,市审计局对湖南坝道特种水泥股份有限公司1997年至1998年的财务收支情况进行现场审计。认定查出有问题金额66万元,其中,七松铁路专用线经营收入,违规支付水利部湖南省澧水流域水利水电综合开发公司咨询费,假以水泥差价为名开具红字发票冲销销售收入,违规向部门、单位提供赞助和捐赠,共漏缴营业税、增值税和企业所得税10万元,决定处收缴和罚款9万元。审计评价该公司企管水平不断提高,内部挖潜、增收节支效果明显,两年实现税利3269万元;针对期末应收账款4875万元,建议加强清理、催收。

2001年2至4月,市审计局审计市水利电疏浚有限公司1999—2000年的财务收支情况,查出1999年预收市江北城区指挥部工程款50万元未作营业收入,漏缴营业税及附加2万元,违规将鼎城区三合院苏家渡吹填工程转包给广东顺航疏浚有限公司,合同金额136万元;报销无领款人签字的不合规发票7张计11万元。决定全额收缴税费及罚款4万元,对该公司抽走注册资金、序列注册资本,财务管理不严和未进行成本核算等问题责成整改。

2002—2004年,市审计局对城市建设投资开发公司、种子公司、常德欣运集团、市商品混凝土推广中心、城市建设综合开发公司、利安水利水电工程公司、迅华城建开发公司、南碚电排管理站、建设工程质量监督站、欣运集团、房地产权管理处进行审计。2002年4月,市审计局对城建投资开发公司2000—2001年的财务收支实行报送审计。查出截留挪用国家开发银行贷款1539万元,收取使用贷款项目单位管理费列入往来核算漏缴企业所得税44万元,隐瞒收入180万元,漏缴企业所得税41万元,业务招待费超支48万元,挤占管理费用列支赞助费11万元,违规大额付现6万元,开发新世纪花园项目多付多计工程款41万元及开具和受理不合规票据等问题。责令该公司向税务清缴税款、向施工方收回多付工程款、被挪用贷款限期归还;决定收缴应当上交的财政收入24万元,该公司主动全额缴库。

2005—2010年,市审计局对华伟工程公司、市自来水公司、市公共汽车公司、市民源土地开发整理公司、市供销实业总公司、市财经开发公司、市城建投资开发公司、公路工程公司、市规划建筑设计院、市经济建设投资开发公司、市房地产开发公司、华达建设公司、中房集团房地产开发公司、市房地产经营公司的财务收支进行审计。2010年8至9月,市审计局对市房地产经营公司2007—2009年的财务收支情况进行审计。经审计,该公司有420万元国有公房拆迁补偿款未缴入财政专户;762万元的资金被所属关联公司占用、违规使用下属公司银行账户;常德万达建筑工程公司欠缴税费。根据该企业实际情况,对其罚款5000元;责令收回被占用资金;责令将万达公司收取华夏公司资金占用损失补偿费641万元,未申报缴纳营业税及附加36万元缴入市地税局税收专户。

2013年1月,市审计局对常德财鑫投资担保有限公司及其子公司2010—2012年度财务收支进行审计。该公司是市政府出资于2008年4月成立的政策性非营利国有独资企业。2012年末,该公司注册资本6亿元,辖3个分公司和5个控股子公司,主要为中小企业,民办教育机构和个人提供投资担保及理财、咨询服务。经审计认定,该公司2012年实现各类业务总量比上年增长34.5%,经营性积累比2010年末增长208.6%,国有资产增值率103%,担保代偿率1.3%,代偿净损率0.1%,担保责任金额风险控制范围合规,新拓展微贷、集合票据业务,有效提升公司形象和社会竞争力,但在风险控制和经营管理上存在应收未收担保费25万元,应缴未缴税费30万元,收取担保费未办服务价格登记证,公司及控股子公司部分注册资金未到位,违规列支下属公司费用109万元,及担保业务潜在风险。审计指出,该公司在投资担保、创业投资、小额贷款方面有潜可控,在满足中小微企业不断增长的融资服务尚有较大空间。该公司采纳审计建议,改善经营管理,修订操作规程,拓展相关业务,至2013年底已为256家、320家中小微企业分别提供融资担保20.4亿元，小额贷款6.5亿元，比上年同期增幅较大。审计报告抄送市政府，关于“向破解中小企业融资难题倾斜，适当降低担保利率”的审计建议被采用。

2013年1月，市审计局对常德财鑫投资担保有限公司及相关控股子公司2010—2011年度财务收支进行审计。对该公司采取从账目外围切入，重点剖析投资担保业务，揭示投融资风险控制和管理绩效问题取得明显效果。审计报告抄送市政府，关于“向破解中小企业融资难题倾斜，适当降低担保利率”的审计建议被采纳，《常德市政府关于进一步支持中小微工业企业发展的意见》及时出台，市长周德睿特意参加该公司公司理事会，通报审计指出问题，追问整改结果，强调落实市政府意见。

2014年9月，对常德渔业总场职工安置财务收支情况进行了就地审计，对于资产处置、职工安置费用审核发放、特殊债权、其他费用支出、剩余资产移交及处理遗留问题预留资金由政府相关部门进行核准，审计指出：常德渔业总场职工安置组在安置期间的财务收支基本合规。

二、资产负债损益审计

1990年9至10月，市审计局审计市畜产公司经济效益，认定该公司1987年亏损315万元，省公司拨补49万元，自行用利润、调剂外汇收入弥补107万元，截至1990年6月累计亏损159万元，另裘皮市价下跌而潜亏60万元；亏损主因是哄抬物价盲目抢购猪鬃和高价裘皮低价销售；专用基金挤占费用7万元，盐牛皮等3种库存出口商品少报收益和青妖皮等多转销售成本23万元而影响；审计决定调剂利润。

1992年，审计市制革厂1991至1992年6月的经济效益，经审计，该厂1984至1988年3月易地扩建改造竣工后，1990年、1991年、1992年1至6月分别实现利润3000元、4万元、44万元，效益虽有上升，但远未达到扩改设计年利359万元和扩改前124万元利润水平。效益不佳的主因是产量未达到设计规模；产品质量不稳且得革率不高；产品成本逐年上升，企业管理费和车间经费增加，副产品和下脚料回收下降，辅料消耗和燃料、动力费上升而增加成本364万元，猪皮收购及生产成本下降、多回收二层革等因素降低249万元。可比产品总成本1992年比上年同期增加100万元，从1992年全部取消财政补贴。审计后，该厂拓宽市场和寻找新出口渠道，扩大产量；强化质量管理，提高得革率，将退货损失降到最低；调整产品结构，开发新产品；控制、降低生产成本。同年，市审计局审计常德七一机械厂技改效益。该厂是机械工业部重点骨干企业和烟草总公司生产烟草包装机械定点企业，有职工1258人，固定资产原值2504万元，生产YHB3000C型横包机组及特种阀门两大类产品。经审计，该厂1991年实现产值2508万元、利润707万元；为增产提效，从1987年起实施3000C型横包装机组技改，总投资1329万元，至1991年共产透包机280台、横包机152台，实现产值6119万元，新增利税2595万元，在全国250家产值利税率、物耗率最佳企业中均获第10名，实现利税、工业净产值、总产值增速，在全省57家机械行业中分获一、二、三名；审计局对其投资决策及效益发表5条评价意见。

至1995年，6年间，市审计部门共对市制革厂、市畜产品进出口公司、常德七一机械厂、湖南省高中压阀门厂、市第一纺织机械厂、常德汽车修造厂、电机总厂、市农业生产资总公司、米业公司等9家企业进行了资产负债损益审计。

1996年上半年，常德市审计65户国有盈亏企业。市审计局向市委市政府提交综合报告：审计总额20.2亿元，总投资审减6483万元，认定17.9亿元，总负债审增1347万元、认定15.8亿元，资产负债率88.5％；1995年亏损4702万元，类亏1.9亿元。其中，市级12户，总资产审减1554万元，认定4.5亿元，负债审增917万元，认定3.7亿元，资产负债率82.9％，1995年亏损2204万元，累亏4945万元。查出核算不实：虚增利润4111万元，虚减利润187万元。市直6户商企1995年报亏1006万元，实亏1238万元，其中武陵百货大楼、纺织品公司、副食品公司、蔬菜公司少报亏损107万元、150万元、3万元、32万元，医药公司、药材公司多报亏损34万元、25万元。常德轴承厂上报利润2万元，实亏448万元。挂亏、潜亏比重大。65户企业挂亏6748万元、潜亏4248万元，共占亏损总额59.4％。

同年5月、11月，市审计局首次对市经济建设投资公司、中外合资企业常德新潮娱乐有限公司1995年资产负债损益审计。经投公司注册资金2000万元，1995年营业收入634万元，实现利润7万元，查出违规多收实通房产公司利息3万元，根据《金融稽查处罚规定》决定全额收缴新潮公司注册资本300万元，其中外资52％，自1994年1月正式营业到1995年底累计亏损157万元；查出欠缴市财政中方职工物价补贴4800元，交际应酬费超标2万元，决定补缴、调账。

至是年底，常德市审计97家亏损企业，查出资产、负债、盈亏不实分别为8018万元、2558万元、5028万元，国有资产流失2405万元，各类盈亏原因，针对问题提出建议，并提交综合报告为各级政府扭亏控亏作决策参考。

1997年10月、11月，市审计局分别审计湖南德佳娱乐有限公司、德海真兴房地产有限公司两家中外合资企业1996年度资产负债损益，以及市塑料一厂中外合资项目。其中德佳公司经重点审查1996年2月，组成负债表、损益表和财务状况变动表并抽查会计记录，认为合规；该公司当年完成营业收入154万元，上缴税费11万元，账面亏损129万元。德海公司被查出欠缴中方职工物价和住房补贴1万元；应到位资本金1000万元，其中中方750万元实际到位493万元，外方250万元未到位；当年经营收入中有207万元未并入列表，扣除成本后净利润41万元为抵减年度亏损；以退税申报表作依据抵扣应缴税款4

万元不当;账表不符,销售收入无明细。该公司积极拓展市场,盘活库存商品,取得成绩,但财务管理存在问题突出,资产、损益严重不实。审计部门督促该公司清理账目,重建账表,如实体现盈亏;欠缴补贴在年内解缴到财政部门账户。

是年11月,市审计局审计塑料一厂中外合资项目。经审计,1993年1月,该厂与中国机械进出口总公司、奥地利兰精公司三方签订合同引进五层流延平膜和PET片材生产线。1994年8月,两条生产线设备到厂安装调试。该厂自筹资金270万元,中国银行常德分行按协议转贷622万元,其他贷款100万元,年底完成厂房、制冷设备等绝大部分配套工程,外汇出资已达100%,配套资金完成77.8%。1995年生产线通过验收。为争取银行支持,尽快发挥效益,市委、市政府决定将该厂所属色材料厂分离出来,于1996年7月成立常德市德利塑料包装材料厂,独立核算,归口市二轻局主管。经审计,材料厂从成立起即无流动资金购进原材料启动生产,设备闲置,当年亏损167万元;企业包袱沉重,国内外贷款本息达1715万元无力偿还;审计部门提出审计意见:争取银行及各方支持,筹措、注入流动资金,启动生产,发挥进口设备的效益。

1999年,市审计局审计桃源纺织印染厂、常德锦纶厂、湖南特种水泥股份有限公司1997年、1998年资产损益。查实3家企业盈亏不实1.7亿多元,至1998年底隐瞒亏损1.4亿元。审计桃源纺织印染厂,发现1997年、1998年被国家税务局多征“过头税”365万元。该厂是一家从事纺织、印染、服装生产的国有大型企业,因受市场和宏观调控大局影响,效益每况愈下,截至1998年底,累积亏损1.4亿元,资不抵债34901万元,流动资金枯竭,生产难以为继。经审计,国税部门竭泽而渔,加重企业困局,导致财源受损,造成当年财政预算虚假平衡。

2000年,市审计局首次对湖南金健米业股份有限公司1988—1989年度资产负债损益审计,查出违纪违规金额167万元,其中漏税和社会调节基金33万元,涉及该公司总部及其所属合口油脂化工厂、面粉公司、金海实业、植物油公司等多家企业。合口油脂化工厂设“小金库”4万元;总部及所属两家企业挤占成本费用33万元;总部无任何凭证支付中国诚信证券评估公司财务咨询43万元。评价认为,该公司作为中国粮食第一股上市后,坚持走“公司+农户、企业连基地”农业产业化之路,经济社会效益显增,并安置原有5家企业下岗人员500人,吸收其他粮企科技人员300人,职工人均月收入由过去400元增至近600元。审计决定对漏缴税费和调节基金及“小金库”全额收缴,其他问题处适度罚款,共40万元入市审计局过渡账户。

2001年,常德市审计局审计市属国有企业16家(包括工业7家、商业3家、城市公用3家、其他3家),查出违规金额3611万元,决定处罚741万元,纠正2870万元,其中收入不实14万元,成本不实3238万元,账外资产17万元,虚增利润48万元,损失浪费456万元，处理收缴和罚款 148 万元。是年 6 至 8 月，市审计局审计常德锦纶厂 1999 年、2000 年度资产负债损益。该厂系中Ⅰ型国有工业企业，2000 年末账面总资产 2.4 亿元，总负债 2.3亿元；年销售收入 9750 万元，在连续 6 年亏损后首次实现利润 71 万元。经审计，该厂成本费用核算不实，形成虚盈实亏，1999 年、2000 年分别实亏 1177 万元、533 万元；受理不合规票据结算费用 126 万元；更新改造基金赤字 177 万元违规转入“递延资产”长期挂账，未按新会计制度报批冲账；以设备向下属公司投资 431 万元长期未见收益。该厂两年内完成产能技改配套，顺利通过国际质量保证体系认证，有利于拓宽国内外市场；招商引资取得成效但融入固定资金，增加短期借款，已形成亏损，与资金严重紧缺等历史原因有关。审计决定，对虚列“在建工程”提现发放副厂级领导奖金 32 万元漏缴个人所得税 3 万元；法定代表人实行年薪制、个人集资利息与股息漏扣漏缴个人所得税 22 万元；违规计提借款利息挤占工程成本 75 万元漏缴税费 16 万元；在建工程领用原材料和付委托加工费未取得增值税发票，违规多扣进项税 47 万元等问题，责成该企业冲账转目，清缴税费，同时，收缴 26 万元，缴入审计查收专户。同年 5 至 11 月，市审计局对市横华建设有限公司 1998—2000 年，湖南省湘北工贸进出口总公司及其所属湘北友谊商场 1998 年 1 月至 2001 年 6 月，市棉麻蚕茧总公司及其所属银丰棉麻公司和广州、上海、珠海、长沙分公司、桃花源山村俱乐部 1991 年 1 月至 2001 年 6 月，市恒达城市建设总公司 1999 年 1 月至 2001 年 7 月资产负债损益审计，共查出违纪违规资金 526 万元，处理收缴和罚款 46 万元。市恒达城市建设总公司属公用事业局主管，审计认定其 1999 年、2000 年、2001 年 1 至 7 月分别亏损 14 万元、10 万元、60 万元，累积亏损 199 万元。审计决定对给公司乱摊成本 3 万元处 1%罚款，为职工购买养老和医疗保险列支 316 万元处罚 23 万元上缴财政。次年，又审计恒达城市建设总公司 2001 年 8 至 12 月财务，审计认为该公司会计核算不实，账表反映期末负债总额 1006 万元，所有者权益 652 万元；审计核实负债总额 711 万元，所有者权益 948 万元；银行存款账实不符，账面反映存款余额 2306 元，审计核实 2229 元。另存在挤占成本费用 9912 元，漏缴企业所得税 81 万元，受理不合规票据 2 张 7 万元，违规大额付现票据不合格 194 万元，招待费超支 31 万元等。决定责成自缴所得税并处罚款 5 万元，其他处罚 4 万元。

2005 年 3 至 12 月，市审计局对市经济技术投资公司、市财经投资开发公司、市水利疏浚公司、湖南兴禹水利电建设公司等企业实施资产负债损益审计。对市经济技术投资公司资产负债损益实施就地审计。经审计，该公司会计资料真实合法，财务管理制度执行有效。但审计查实该公司担保中心资产负债、历年盈利及公司贷款投放中，发现欠、漏缴税费 45 万元，负担个人应缴保险、医疗保险和住房公积金 4 万元，无债务重组协议或取得债权人批件冲销市信托投资公司 3475 万元、省经投公司 500 万元债务，超标准计提贷呆账准备金84万元。

2006—2010年,市审计局对湖南新鹏进出口公司、湖南常侨实业公司、常德供销合作集团、市民源土地开发建设公司、房地产开发公司、华达建设开发公司、中房集团常德房地产开发公司、市城市建设投资集团公司、迅华城市建设开发公司、市中药厂等企业实施资产负债损益审计。2007年,市审计局对市中小企业融资担保公司、芷兰教育融资担保公司三家企业实施资产负债损益审计。查出拆借资金311万元未按要求到位,为中小企业融资担保工作未全面展开,融资担保责任金额超过规定实收资本额,未按权责发生制反映营业收入,应收利息未作账务处理,违规发放补贴,白条抵库,未及时对账以至银行存款利息未入账,挪用农业担保资金发放贷款,招待费支出超过税前扣除比例未作纳税调整并补提企业所得税,员工商业保险挤占营业外收入,财务管理不合规范报销不合规票据频繁。审计后,各企业自查自纠,规范运行。

2012、2013年市审计局对市交通建设投资有限公司、市城市建设投资集团有限公司、市经济建设投资集团有限公司、延伸单位5个共8家国有企业实施资产负债损益计及投融资绩效审计,共查出问题涉及资金3444万元,其中虚报或隐瞒转移收入1139万元,出借财政资金1000万元,少记或虚列成本费用311万元,少记少缴税费27万元,其他问题涉及资金967万元。2013年1月10日至1月25日,市审计局对常德财鑫投资担保有限公司2011—2012年度资产、负债、损益情况进行就地审计,并对相关控股公司进行延伸调查。常德财鑫投资担保有限公司(简称财鑫担保公司)成立于2008年4月,是市人民政府出资组建的政策性非营利性国有独资企业,市财政局为其主管部门,市国资委为其他监管部门。公司现有员工65人,截至2012年末,注册资本6亿元,下辖3个分公司和5个控股子公司。主要为中小企业、民办教育机构和个人提供法律和政策允许范围内的投资担保及理财、咨询服务。经审计,该公司2012年实现各类业务总量比上年增长34.5%,经营性积累比2010年末增长208.6%,国有资产保值率103%,担保代偿率1.26%,代偿尽损失率0.08%,均达到理事会的预算计划,担保责任余额风险控制在规定的范围内。该公司拓展的新的微贷业务和集合票据业务提升了公司形象和社会竞争力。但经审计发现该公司存在问题:(一)应收未收担保费25万元。2012年为鑫玉花纺织有限公司提供贷款担保,担保费25万元应收未收;(二)应缴未缴各种税费30.03万元。业务招待费超出允许所得税前扣除限额,漏缴企业所得税18.17万元,房产出租收入漏缴税费11.86万元;(三)未及时办理收取担保费的服务价格登记证;(四)公司及控股子公司的部分注册资本资本金未到位。2012年11月,财政减少财鑫担保公司注册资金1亿元;2011年9月挂牌成立的控股子公司达晨创投公司,股东之一的鑫玉花纺织有限公司有720万元注册资本金未到位。(五)列支应由下属公司承担的费用109.3万元。2011年,由财鑫担保公司列支了应由双鑫小贷公司承担的咨询业务费用109.3万元。市审计局根据《中华人民共和国审计法》对上述问题进行处理处罚并责成该公司进行了整改。

2013年，对市经建投资集团资产负债损益并拖带预算执行、纪委巡视、经济责任的审计，坚持以增强政府融资管理绩效，降低政府偿债风险为主要目标，探索开展城建融资绩效审计。并结合近几年政府性债务和融资公司绩效审计，对政府融资作深层思考，撰写《政府融资平台融资新问题应引起重视》被市政府2013年首期《政务要情》刊发，引起市委、市政府领导高度关注。市长周德睿做出批示："预算全覆盖，问题必整改，财政等相关部门要及时拿出措施。"其后，市政府修订《常德市城市建设投融资公司管理暂行办法》，新出台《关于进一步支持中小微工业企业发展的意见》，财政部门对各融资平台公司2013年城建融资收支计划实行报批管理，并首次将全市融资债务收支纳入政府全口径预算，使政府债务规模控制、风险预警、跟踪管理及偿债机制趋于健全。

同年12月，对市自来水公司2010—2013年资产负债损益进行报送审计，先因服从安居工程、同级审等重大项目实施曾一度搁置，后因发现重大疑点线索需其他部门配合而延至2015年底尚未结案。

三、企业改制审计

1995年5月至1997年12月，市审计局对市针织厂、市合成纤维厂、常德物资集团金属材料总公司、常德酿酒集团公司进行破产改制审计。市针织厂于1956年1月由7家私营企业公私合营组建而成。审计时有在职职工547人，退休173人。1994年11月28日，该厂被市中级人民法院宣告破产还债。破产时账面总资产1436万元，所有者权益亏损88万元；对该厂破产清算组的账目实施审查与账务处理审核确认，总资产712万元，总负责1590万元；市国有资产管理局对资产评估结果确认，现值为1535万元，其中可供破产分配资产1084万元；应清偿债务与安置费用3080万元；指明财产分配4项原则和清偿顺序；清算组截至6月28日取得承包及变价收入63万元，支付清算费40万元和职工安置费20万元，余3万元付水电等费；经审计，清算收支合规，未发现违纪。该厂破产原因系领导缺乏竞争意识，市场应变能力差；企业管理基础脆弱，造成损失浪费；经营决策带盲目性，如1988年投资240万元再次引进设备，因5台电脑提花袜机选型有误而未能开机生产，造成重大损失；破产主要责任归咎经营管理者。

2001年1至12月，市审计局组织力量对下列31个国有企业破产清算进行审计：桃源纺织印染厂、常德轴承厂、湖南省津市轮渡总公司、常德石门磷肥厂、常德机床厂、湖南常德汽车修造厂、湖南调压器厂（常德电机总厂）、常德市轮渡公司、常德市啤酒厂（酿酒一厂)、无线电二厂、化工机械厂、新型建筑材料总厂、电子仪器厂、电子应用设备厂、电池厂、明胶厂、塑料制品厂、变压器、造船厂、制革厂、彩印厂、常德有线通讯(集团)公司、常有集团常德市第一开关厂、常德武陵液压件厂、常德红德实业总公司(前为塑料七厂、后为常德七星塑料有限公司)、市燃料燃气总公司、湖南省常德纺织服装厂、市对外经济贸易畜产总公司、医药公司、药材公司、湖南常德轻型汽车厂。对以上国有企业的审计,归口市经委工交科统一负责,安排相关科室业务骨干牵头实施,吸收社会人员参与现场查证,提交工作底稿及其证据材料和审计报告初稿,再由工交科提出审计报告已征求被审计单位意见稿,最后由市审计机关出具审计意见,抄送各企业主管部门和市政府、市长、常务副市长和分管副市长、市中级人民法院、市直企业破产清算领导小组、市国资局、财政局、经委、监察局。2 月,市审计局组织对常德机床厂审施审计。经审查会计资料及常德中元有限责任会计师事务所有关于厂全部资产评估报告书及市国资局资产评估结果确认通知书,市中级人民法院受理债权人市社会劳动保险处、中国农业银行鼎城区支行、市全方消毒中心有限公司申请债权案和受理清算组关于该厂《破产财务分配方案》经 3 次债权人会议讨论未预通过案的民事裁定书,提出审计报告,反映该厂 1958 年创立,原系国家机械工业部定点生产台式钻床专业厂,50—70 年代,该厂效益一直很好。自 1987 年起,因市场因素变化大,效益滑坡。1990 年被常德通用机械厂兼并成空气压缩机分厂,又于 1994 年该分厂另立,仍无起色。1996 年该厂运营资金亏空,且无外援而被迫停产,到 2000 年 6 月,被市政府列为特困企业,经职代会决定申请破产还债。该厂宣告破产时总资产 715 万元,总负债 1016 万元,累计亏损 943 万元;账面应付债务涉及债权单位(个人)375 个(其中厂职工 263 人),申报债权总额 1150 万元;审计确认债权总额 1099 万元。清算费用 47 万元,收支内容合规;破产原因是产品单一、科技含量低、附加值低及经营机制不活、历史包袱重、缺乏改革勇气和力度,后期管理混乱造成损失。

同年 11 月,桃源纺织印染厂破产清算组提请审计,通过审查会计资料及常德正大有限责任会计师事务所关于该厂全部资产评估报告书及市国有资产管理局资产评估结确认通知书,市中人民级法院受理工商银行桃源县支行、市信托投资公司申请债权案和受理清算组关于该厂《破产财务分配方案》业经通过案的民事裁定书及工行桃源县支行不服法院裁定申请复议案的复议通知书,反映该厂 1966 年始建,1969 年投产,属国有大Ⅰ型企业,职工 6404 人,1995 年生产开始滑坡,1997 年后年年亏损,现资不抵债。审计认定,该厂宣告破产时总资产 1.9 亿元,总负债 3.9 亿元,剔除多提下浮工资 1900 万元,实际累亏 2.7 亿元;账面应负债务 3.9 亿元,应付债务的债权单位申报总额 4.2 亿元,应收债权确认 2000 万元,应优先拨付及安置费 2.1 亿元,清偿缺口 3000 万元,工商桃源县支行抵押债权及其他序列债权均无财产清偿;清算收入 576 万元,费用支出 570 万元,主要是清算期间职工生活费、诉讼费、设备设施维护费、水电费、财产审计评估费、催收债务差旅费、清算人员工资补助费等；破产主因是设备陈旧、销售成本高、1994年税制改革增加税负、原棉价格上扬增加成本原棉挑拨差价损失、营运资金短缺、盲目引进设备后闲置、财产物资和应收账款管理不善。

2002年1至12月，市审计局对湖南省601矿、常德棉纺厂、湖南石磷实业股份有限公司、常德通用机械制造厂、常德德海机械制造厂、市工矿产品进出口总公司、湖南常德对外贸易集团公司、常德物资集团金属回收总公司、市五交化总公司、食杂果品总公司、武陵百货大楼、机电设备总公司、恒源林产工业总公司、常德迅安联运有限公司、常德再生资源总公司、市饮料工贸开发公司、湖南高中压阀门厂、湖南七一机械厂、常德市仪器厂、工矿产品进出口总公司、常德第二纺织机械厂、常德土产总公司、常德物资集团物资供应总公司、常德轮船运输总公司、市化工轻工总公司等25家国有企业破产时资产负债损益、财产分配及破产清算期间财务收支进行审计。常德棉纺厂是始建于1958年的国有大Ⅱ型企业，审计时职工7250人，2000年8月至2002年7月完成破产清算。审计认定两年内清算总收入1.1亿元，包括接收原厂货币资产、市财政拨款、清算并经市国有资产管理局确认财产及其他收入；清算安置费用总费、案件诉讼费、设施维修费、债权人会议费、催收债务差旅费、财产交易手续费、水电医药办公等费用，支付拖欠职工工资优先清偿支出、市政府认定由财政拨付解决遗留问题等支出；养老基金、医保费用及失业保险费财政挂账情况；剩余资产处置及应收债权移交情况；处理四类遗留问题及报经市政府同意的具体预留费用数额，要从紧控制，不得挪作他用。

2003年1至12月，市审计局对常德市日用杂品总公司、乡镇企业供销公司、化学工业供销公司、常德茶厂、市物资(钻石)工贸总公司、湖南坝道特种水泥股份公司、市源江木材贸易公司、酱厂、德山物资供应公司、湖南省常德船舶厂、湖南常德粮食机械厂、湖南常德水表厂、湖南雄黄化工股份有限公司、市木材贮运公司、轻化建材公司、常德塑料一厂破产时财务状况、财政分配和清算费用进行审计。是年，对塑料一厂的审计意见书，认定其经常德正大有限责任会计师事务所评估及市财政局合规性审核批复的总资产882万元，加清算收入10万元计892万元；总债务4539万元。511户债权人向市法院申请债权总额8080万元，经债权人会议审定7917万元，其中优先受偿债权45万元；第一顺序债权额856万元，158名离退休人员社保金575万元，欠职工工资、集资款、医药费等147万元，欠市社保处基本养老保险费108万元，欠职工失业保险费25万元；第二顺序债权额为欠地税款87万元；第三顺序债权额为欠工商银行常德支行等20户债权人债权6930万元。审计还就破产财产分配包括应扣减资产、优先偿付债权、可供分配财产、分配原则与方式、优先拨付费用、财产分配及清偿顺序分别发表意见。经审计，未发现清算组在财务收支方面的违规行为。

2004年1至12月,市审计局对市物资贸易中心、常德物资进出口总公司、湖南金鳞制衣公司、常德物资集团所属远大实业发展公司及综合经营公司、常德无线电专用设备厂、常德东风汽车专营公司、常德百货总公司、常德七星塑料公司、市纺织品总公司、市黑色金属材料公司、林业汽车运输公司、木材总公司、食品总公司、粮运车队、万众金属材料公司等15户国有企业实施改制审计。对市物资贸易中心、粮运车队、万众金属材料公司乱发工资补贴、超标准列支招待费、漏缴税费等,分别做出处罚,下达审计决定并执行到位。在常德百货总公司破产清算审计中,查实破产前门面出租收入177万元,漏缴税费31万元,白条列支工程款147万元,假发票列支招待费14万元,以领代报费用2万元,序列往来套取现金和违规计提、支付集资利息8万元等问题,处理收缴48万元,将该公司财务负责人涉嫌贪污移送市内贸办处理;召开该公司原领导班子成员、职工代表、留守人员、安置工作组成员通报审计结果。

四、经济责任审计、离任审计

1991年,市审计局对47家市属工交企业第一轮承包经营实施终结审计和部分企业1990年第二轮承包年度审计。1990年—1991年4月,市审计局委托市审计事务所对常德滨湖印刷厂1987—1990年首轮承包实施终结审计。该厂厂长黄志忠和财务科分别提交述职报告和自查报告,在该厂召开征求意见会。经审计,该厂在4年承包期间,面对资金短缺、市场疲软、经济环境发生重大变化,为完成承包合同积极开发新产品取得成效。但对照合同检查,各项经济指标完成不到位,查出违纪金额13万元处理收缴财政3万元,调账10万元;认定该厂对照合同完成工业总产值74.1%,产品销售收入143.3%,实现利润44.9%,税前还贷8.2%,企业留利均按规定比例分配,其他合同条款执行较好,财务上未发现重大问题。应按政策规定兑现合同。同年,还审计了市制革厂、洞庭制药厂、市药材公司、医药公司、中药厂承包终结审计。

1992年,市审计局审计市属35家工商企业厂长经理承包责任,其中承办终审3家,期中审计32家。是年4月,对常德棉纺厂二轮承包1991年度实施期中审计。审计决定,对固定资产变价收入、多提职工福基金和专项贷利息进成本而漏缴"两金"涉及的3万元收缴财政;鉴定显示效益、发展、管理和归还拨改贷款12项承包指标合同数、企业报表数、审计核定数及完成百分比,其中合同规定实现利润1000万元,上缴利税240万元,用利润归还专项贷款480万元,补充自有流动资金29万元,开发新产品1个,新产品产值率累计达到0.2%、棉纱一等一级品率达99%、棉布入库一等品率达97%、优质产品产值率为

50%、万元产值综合能耗为 2.5、主要设备完好率 90%、归还拨改贷款 50 万元。审计认为，该厂当年本着质量先行、加速技改、降耗节能、再渡难关的经营思路，克服市场滞销、原料紧缺、电力不足、设备落后诸多困难，产值、产量、销售收入、经济效益较上年均有增长。

1993 年 6 月，市审计局审计常德肉联合加工厂 1991—1992 年承包责任。审计认定，该厂第二轮承包完成合同规定主要指标很不理想，完成工业总产值分别是 104.8%、66.6%，产品销售收入 134.4%、84.8%，亏损 155 万元、254 万元。查出违纪 39 万元：欠、漏缴各种税费和“两金”(能源交通重点建设基金、预算调节基金)4 万元，应用专用基金列支而挤占产品销售成本、企业管理费、车间经费、营业外支出 22 万元，多提工交挂钩工资基金 3 万元，多转产品销售成本、原材料成本，多计盘亏 10 万元。决定对欠缴教育附加令其及时清缴，漏缴税费和“两金”同意申办减免，其他调账抵亏。调查报告显示，该厂 1992 年反映亏损 254 万元，审增利润 29 万元，实亏 225 万元，累计亏损 556 万元，潜亏挂账 561 万元。亏损主要原因是费用大、成本高，市场疲软、产品滞销、副业利润减少，资金短缺周转慢且商品、非商、结算资金结构不合理，市场信息不灵、经营决策有误，储备肉享受购销倒挂补贴被逐步取消。

2000 年 3 月，市审计局对市轮船运输总公司经理张国政、电影公司经理谢太良、赤峰实业总公司经理刘友明、芷园宾馆总经理贺星平、自来水公司经理陈昌贵、工矿产品进出口总公司经理滕明友、信托投资公司经理毛跃进、木材贮运公司经理杨荣钊进行经济责任审计。张国政 1997—1999 年任市轮船运输公司经理，审计评价认为，张国政任该公司经理时亏损 625 万元，任期内虽未实现市交通局下达的亏控目标，但为深化改革、盘活资产、规范管理做出了努力，经查账、座谈未发现个人经济问题。

2001 年 2 至 11 月，市审计局对建筑勘测设计院原院长袁劲松、市纺织品总公司原总经理李森年、市物资工贸集团总公司原党委书记兼总经理何英望、常德中心百货公司原经理张燕洁实行任期责任审计。市审计局审计建筑勘测设计院原院长袁劲松 1998 年 5 月至 2000 年 12 月履责情况。经审计，该院 2000 年末与袁前任比，资产增值 71.8%，负债下降 18%，业务收入增长 57.6%，职工年均收入同步增长，上缴税费增长 57.5%，且着眼长远发展，经职工民主决定并报上级批准，在常德御景花园购置 1500 平方米写字楼改善办公环境，袁劲松本人能从严律己，带头守规，未发现其以权谋私，但对单位少缴税费 4 万元负有领导责任。

2002—2004 年，市审计局对下列国有企业法人代表进行任期责任审计：市经投公司总经理黄定华，党委书记杨永昌(1992 年 11 月至 2001 年 8 月)，市棉麻蚕茧总公司原总经理张孔荣(1995 年 10 月至 2001 年 10 月)，桃林宾馆负责人曾国家(1999 年 4 月至 2002 年 5 月)，湖南三江电力公司原董事长刘次志(1996 年 2 月至 2002 年 5 月)，湖南金健米业股份公司董事长郑治文与党委书记车世炎(1998 年 4 月至 2002 年 6 月),市公交总公司总经理刘凡荣,书记姚梅初(2001 年 4 月至 2002 年 12 月),市自来水公司经理、书记姚旭辉(2000 年至 2002 年),武陵粮油总公司经理兼书记陈华丽(1998 年 6 月至 2003 年 4 月),常德欣运集团董事长兼总经理陈欣(1999 年 1 月至 2003 年 3 月),市棉麻蚕茧总公司总经理胡传忠(2001 年 11 月至 2003 年 10 月),市政建设总公司原总经理刘吾三(1998 年 5 月至 2003 年 2 月),市城市建投公司总经理吴泽波(1998 年 7 月至 2003 年 12 月),电影发行放映公司经理兼书记伍作春(2000 年 2 月至 2004 年 2 月),优质农产品开发服务中心原主任文中秋(2003 年 7 月至 2004 年 9 月)、书记伍先开(2003 年 12 月至 2004 年 9 月),芷园宾馆总经理汪学林(2000 年至 2004 年)。2002 年 6 月,市审计局对金健米业领导人进行经济责任审计。局长马耀舫任审计组组长,下设 3 个小组在现场分工实施,历时 2 个月,涉及该公司总部及 18 个分、子公司,重点审计 1998 年作为全国首家粮食企业上市至 2002 年 6 月资产负债损益真实合法性、重大经济事项投资决策及遵守财经违纪情况。市纪委、市委组织部派人参加审计。此次审计资料归档 14 卷。经审计,资产负债股东权益、损益,控股子公司损益,对外投资,短期国债投资,委托资本运作等经营效益与决策,盈亏不实、漏缴税费、超发效益工资、超支招待费、财务审签不合规、部分投资无计划、受理不合规票据、资产置换中存货不明去向。审计认为,在上市增发,创建品牌、摸索新型管理模式,促进经济发展等方面取得成效,但存在财务违规、造假、投资决策不民主科学和资产管理不严而形成潜亏,董事长应负主要责任。2002 年 7 月至 8 月,市审计局负责三江电力公司(2001 年 11 月 3 日前称湖南三江口水电管理局)原董事长刘次志的经济责任审计,将该公司机构人员、财务状况、董事长任期与职责范围,完成发电量、销售收入、实现利润、上交税费、职工工资福利、资产负债率等指标与任期初作比较,存在漏缴税费 14 万元、虚开发票套现发劳保费 105 万元、从成本费用中列支摊派赞助费 169 万元、业务招待费超支 188 万元、公款送礼 12 万元、工程款大额付现 15 万元、以无人签字领款的劳务发票支付评估验资费 7 万元、将差旅等管理费 20 万元挂列待摊费用,决定对漏缴税费全额收缴、弄虚作假发劳保费处 30%罚款并对管财务董事长和财务科长各处 3000 元罚款、公款送礼处 30%罚款、招待费超支和违规付现处 10%罚款、挂列待摊管理费冲转账目,还针对问题发表评价意见与建议。共处收缴罚款 18 万元。向市委、市政府提交结果报告:刘任期内各项经济指标完成较好,公司内控制度健全有效,资产基本实现保值增值,重大经济事项集体决策,未发现其本人不廉行为。但公司财经纪律观念淡薄,被查出违纪问题突出,金额达 463 万元,刘应负直接领导责任。报告抄送市委组织部、市纪委和市委书记程海波、副书记兼市长陈君文、副书记莫道宏及分管副市长杨光宏。

2005—2009 年,市审计局直接对电影公司书记伍作春,规划设计院院长康存前,植保服务公司经理朱玉明，常德汇元经济开发总公司总经理沈英鹏，赤峰实业总公司总经理、书记向才协，市政建设总公司总经理赵善平和书记颜学金，市经济投资公司经理曾建坤和书记何英望，青峰煤矿矿长胡兆福和书记刘任，常德欣运集团董事长罗忠义，市建筑勘测设计院原长吕正跃，城建投公司总经理吴泽波，公交总公司总经理刘凡荣，财经投公司经理陈家其和书记傅智勇等任期责任进行审计。2008 年 3 月，审计青峰煤矿胡兆福 1998 年 4 月、刘任 1993 年 8 月至 2007 年 12 月任期责任，4 月 14 日提交结果报告：该矿 1998 年末总资产 1.3 亿元、总资产 8423 万元，2007 年末总资产 1.2 亿元、净资产 5203 万元，分别比任期初减少 1504 万元、3220 万元；查出虚列原材料成本 566 万元用于发放干部职工奖金，违规缴存职工住房公积金，少缴矿产资源补偿费 42 万元和企业所得税 44 万元，凭旅行社发票报销煤矿驻常德办事处学习考察费 10 万元，少记营业收入和其他收入 110 万元，少记经营支出 96 万元，原煤生产成本核算不实及其他问题。评价认为，胡兆福、刘任任内履职情况较好，重大开支事项集体研究，非生产性支出控制较严，成本费用管理得到加强，物资进出库手续齐全，上缴税金年均增长 29.4%，人均工资收入年均增长17.5%，未发现个人经济问题；决定对虚列原材料成本发奖金、少缴企业所得税等问题共处 7 万元罚款，其余事项责令自行清缴与调账。

2010 年，市审计局对市自来水公司、羊耳山煤矿、规划设计院、建筑勘测设计院、市政建设总公司、经济技术投资公司、公交总公司、欣运集团、中房常德房地产开发、市房地产开发、华达开发建设、房地产经营、柳城城市建设开发公司、迅华城建开发公司及经济适用房开发中心等企业领导人任期责任进行审计。审计自来水公司原经理经济责任，反映该公司基本情况及经理履职范围，完成主要经济指标，资产负债损益、重大经济事项决策及实施、内控制度执行等履责情况，查出截留占用污水处理费 720 元、少列营业外收入 135 万元、少缴税金 31 万元、违规大额付现 66 万元、虚列原材料成本 101 万元、虚列成本套现设“小金库”130 万元、违规转分包工程 6 个计 305 万元、少列收支 383 万元，决定处理处罚 50 万元，其他问题责成自行清缴、调账，并将所属沃特公司及其九禹公司公款私存用于发放奖金福利等违纪线索移送市纪委立案调查。

2011—2012 年，市审计局对常德财鑫投资担保公司经理何克明和书记苏和平、市城市建设投资集团董事长赵国平和总经理黄健兵、赤峰实业总公司总经理兼党委书记蒋宗明、青峰煤矿矿长范江、公交公司董事长兼书记陈昌忠和总经理李碧海、中达国有资产经营管理公司董事长鄢炳成和总经理黄军任期进行审计。2011 年 10 月至次年 1 月，市城建投集团赵国平 2008 年 5 月至 2011 年 9 月任期责任现场审结。审计决定将其所属天健公司违规收费并用于员工外出旅游开支的 9 万元和青少年活动中心、妇女儿童活动中心、科技展示中心项目承建企业应缴未缴的劳保基金 122 万元收缴财政；向市纪委、监察局发出移送处理书,将调查中发现的市交警支队收取市西城新区投资建设开发公司常德大道改扩建工程交通分流和秩序维护费269万元未纳入财政预算并实行“收支两条线”问题线索移送处理;向市委组织部、市纪委提交结果报告,表明本次审计以赵国平、黄健兵守法、守纪、守规、尽责为重点,以任内所在单位财务收支及有关经济活动真实、合法、效益性为基础,对重要事项进行必要延伸,按法定程序和方法实施,并查阅赵国平、黄健兵2人述职报告,听取多方意见,还参考以往审计结果;从该公司加强融资、民主决策、规范财务等方面肯定成绩、指明问题,做出评价;从资产负债、融资贷款、项目建设、经营管理等方面反映结果,揭示问题:部分注入资金质量不高且资产结构欠优,用于土地储备融资资金支出比例低不利于长远发展,建设资金缺乏保障存在支付风险,自营续建芙蓉观邸项目未体现效益,部分配套工程或工程设计未严格或公开招投标,部分融资平台建设制度未落实,拆迁残值处置制度缺失,欠缴劳保基金122万元,赵国平、黄健兵对上述问题应负领导责任。2012年9月20至26日,市审计局对青峰煤矿矿长范江2008年3月至2012年6月任期经济责任进行了审计。湖南省常德青峰煤矿,始建于1967年,矿址在石门县夹山镇。该矿主要从事煤炭生产的国有中型企业。该矿含四井矿、职工医院、常德矿山机器厂、广达物流公司、常德服务部、三井留守处等6个二级单位。审计时有在册员工2726人,其中在职在岗394人,下岗停职留薪173人,退离休人员1448人,其余为聘用合同制农民工。经审计,范江在担任常德青峰煤矿矿长期间,在原煤开采濒临枯竭的情况下,实现了市委、市政府确立的“保安全生产、保职工生活、保稳定目标”。完成了市国资委下达的各项经济指标;会计信息真实,财务收支基本平衡,未发现严重违纪违规问题,国有资产保值增值;重大经济决策民主、程序合规;内部控制制度健全、执行较好。在审计范围内,未发现范江有个人经济问题。经审计,该矿存在如下主要问题:现金管理欠规范。个人借款未及时清理。该矿2011年,当年个人借款余额为59.26万元,当年发生个人借款2027.37万元,当年清理个人借款2008.38万元,年末个人欠款余额为78.25万元,其中年末个人借款50.13万元超过一年没有清理。少计收入530万元。少计支出609.93万元。长期占用低保资金30万元。审计部门对相关问题进行处理处罚,该矿亦加强了自身整改。

2013年,市审计局对下列企业领导人任期责任审计:市经建投集团董事长刘凡荣和总经理梁明华、交建投公司董事长谢志坚和总经理宋小华、规划建筑设计院原院子康存前和书记汤巨龙、市政建设总公司总经理张孔跃和书记张明星、市中达国资经管公司董事长鄢炳成和总经理黄军、常德赤峰实业总公司总经理兼书记蒋宗明。

市经建投集团是市政府出资成立的国有独资企业,注册资本6亿元,职工834人,设1室6部及金禹水利投资等4家一级公司、金柳置业等15家二级公司。该集团作为政府融资平台负责柳叶湖、穿紫河、太阳山、城东及东江等片区建设资金筹集和项目开发及其他经营活动。3至4月，市审计局对该集团刘凡荣、梁明华2008年5月至2012年12月经济责任审计评价意见认为，其任内通过拓展融资渠道，加强资金科学调度和内部管理，保障城建项目实施，企业盈利能力不断增强，实现良心发展，近两年超额完成政府下达目标任务，资产增幅较大；重大经济决策民主、程序合规；内控制度健全有效，城建资金和财务管理较规范；未发现个人经济问题。在经济决策倒置且规避招投标与财政评审，万寿路、沾天湖大道、太阳大道、柳叶湖旅游接待中心、泰达公司润景园一期配套等工程报建审批违规或未取得施工许可，质押贷款多承付利息差306万元，泰达公司自营润景园项目占用政府融资资金3.5亿元，金柳置业公司承建柳泉路、沾天湖南岸工程超预算使用资金7880万元，集团将实通房地产公司股权拍卖转让收入508万元列往来核算而未体现投资收益等问题，刘凡荣、梁明华应负领导责任；决定给予处罚并责成整改。9月决定执行到位，问题整改尚在进行。

2014年5至12月，市审计局市天源住房建设有限公司董事长、党委书记方际三，总经理钟晓曦；市经致远土地整理开发有限公司董事长、党总支书记陈孝和，总经理魏宗德；市德源投资开发有限公司原董事长邹吉茂，原党委书记、总经理莫众茗；常德羊耳山煤矿矿长戴立阶、党委书记胡家明；市经济技术投资有限公司原总经理胡育禾、原党总支书记赵克思；常德欣运集团董事长、党组书记陈明哲，总经理李志勇；市经泽建设开发有限公司董事长、党总支书记李大卫，总经理罗永慧的任期经济责任进行审计。

常德羊耳山煤矿是市属全民所有制中I型企业。始建于1955年，公司位于澧县闸口乡羊耳村境内。主要从事煤炭生产与销售。该矿有两个生产矿井即金泉井、汉家湾井。企业内设12个机构。审计时，全矿有职工及家属6830人，其中，在册职工545人(正式职工37人、下岗职工135人、协议工323人、返聘50人)，离退休人员1270人。戴立阶于2002年4月任常德羊耳山煤矿矿长至2014年6月，主持煤矿全面工作。胡家明于2004年11月任常德羊耳山煤矿党委书记至2014年6月，主持煤矿党委工作。审计结果表明，戴立阶同志、胡家明同志任职期间，履行经济责任较好。任期内，重大经济事项决策民主，执行效果比较明显；重大经济事项管理较为到位，实施效果较好；管理监督内控制度制定比较完善且执行情况较好，对工区财务管理实行集中核算，强化了财务监管。企业发展方面存在的问题：收购澧县老木一煤矿的问题上，对收购整合工作的复杂性认识不足，工作措施不到位，导致2013年10月21日老木一煤矿罗方长等人到羊耳山煤矿金泉矿井阻工而发展成为群体争斗事件。后经市政府工作组协调，才平息了事件。企业生产经营方面存在的问题：现场安全管理不到位，2011年和2012年金泉井连续发生2起责任事故，直接经济损失141.17万元。管理监督职责履行方面存在的问题：应付贷款利息828.63万元未进入财务费用。应进成本费用而未进成本费用95.50万元记在“其他流动资产”科目。

截至审计结果公布之日，关于“收购澧县老木一煤矿”的问题，常德羊耳山煤矿在常德市政府工作组的协调下，已妥善处理收购事宜，双方达成一致意见；关于“现场安全管理不到位，导致金泉井 2011 年和 2012 年连续发生 2 起责任事故，直接经济损失 141.17 万元”的问题，常德羊耳山煤矿制定了比较详细的《安全生产工作规划》，加强了安全、技能培训和现场安全监管，截至 10 月底没有出现任何大小人身安全事故；关于“应付贷款利息828.63 万元未进入财务费用”的问题，常德羊耳山煤矿按照贷款银行给付的对账清单的利息在 2014 年 12 月全额进入财务费用；关于“应进成本费用而未进成本费用 95.50 万元记在其他流动资产科目”的问题，常德羊耳山煤矿已经将该潜亏挂账消化进入企业成本。

欣运集团 2010 年—2013 年度营业总收入 123479.84 万元，营业外收入 1139.34 万元，营业总成本 123455.89 万元，营业外支出 265.47 万元，利润总额 897.82 万元。2013 年底企业会计报表反映股本共计 4265 万元，其中国家资本 2465 万元，个人资本 1800 万元。2010 年总资产 50255.17 万元，负债总额 28746.19 万元，所有者权益 21508.98 万元。2013 年总资产 58888.13 万元，比任期初增长了 17.18%；负债总额 37380.54 万元，比任期初增长了 30.04%；所有者权益 21507.59 万元，比任期初减少了 0.006%。审计结果表明，陈明哲和李智勇任职期间，较好地完成了市国资委下达的各项工作任务，国有资产保值增值。但审计也发现存在问题。这表现在：部分站场建设超概算 1993.27 万元，其中安乡子龙车站超概算 1219.40 万元，临澧安福车站超概算 773.87 万元。2010—2013 年欣运集团收到财政补贴款及市经济建设投资公司“一城一交”补偿款 2313.94 万元在往来中核算，未及时进入公司损益。2010—2013 年欣运集团及下属子公司列支主营业务成本及费用转基层往来共计 396.22 万元，并在基层往来中列支招待费 97.93 万元，列支慰问费11.34万元。至 2015 年 11 月，欣运集团对审计出的问题进行了整改。

第三节　财务监督

1988 年 8 月 1 日，常德地区挂出“财政部驻湖南省财政厅常德中央企业驻厂员组”“湖南省财政厅驻常德财政驻厂员组”两块牌子。驻厂员组在行政上接受常德地区财政局领导。由以前分散驻厂改为集中办公。是年，驻厂员组审查 20 户企业财务决算，查出有问题金额 493.3 万元，调整决算 243.3 万元；是年底，驻厂员组对 22 户企业的财务进行大检查，发现各种违纪金额 230.5 万元，按规定补交入库 47.1 万元；驻厂员组举办 1 期“厂内银行”学习班，培训企业财务人员 64 人。

1989年，省政府发出《关于开展一九八九年税收、财务、物价大检查的通知》。1990年，市政府在全市开展财务大检查。共检查1340户国有企业。

1993年，市政府在全市开展税收、财务、物价三大检查。采取自查与重点抽查的方式进行。同年7月1日起，常德市实施新的《工业企业财务制度》，理顺国家和国有企业收入分配关系。以推行规范化的增值税为核心，相应设置消费税、营业税，建立新的流转税格局，统一企业所得税，不再推行企业承包上交所得税的办法。是年，常德市在财务方面推行分税制和国家与国有企业收入分配关系改革。

1994年，市政府推行企业效益目标管理，每月对实行效益管理的企业销售收入、实现利润、入库税金32项指标进行及统计。是年，市属46户工业企业盈利水平比上年增加1.39倍。

2008年，市国资委对市民爆公司、市城建投等部分监管企业开展财务专项检查和项目效益情况分析解剖。对25家国有独资、控股企业的年度财务状况、经营成果进行认真核实，对存在的问题逐户下达批复意见书。

2009年6月，中共中央办公厅、国务院办公厅印发《关于深入开展“小金库”治理工作的意见》（中办发〔2009〕18号），该意见明确治理“小金库”的基本原则、治理范围、方法步骤、政策界限，强化源头治理。2010年6月，中央纪委、监察部、财政部、审计署、国务院国资委印发《国有及国有控股企业“小金库”专项治理方案办法》的通知（中纪发〔2010〕29号）。2011年，省治理办印发《湖南省2011年“小金库”专项治理工作实施方案》（湘治办发〔2011〕2号）2011年湖南省召开全省“小金库”治理工作会议。是年5月，市国资委对常德市国有及国有控股企业“小金库”的治理和全面复查工作进行统一部署。对市属17家国有企业及27家子公司共44家企业进行“小金库”全面复查。

2012年6月20日，市国资委举办财务监督专题培训班

2012年6月20日，市国资委在国际大酒店多功能会议厅举办财务监督专题培训。市国资委党委书记任克勤主持培训会，省国资委预算处处长汪学高、副处长黄非作专题培训。汪学高从背景介绍、主要做法、主要成效、几点体会等几个方面对经济运行分析进行阐述；黄非从当前的形势与关注的问题、出资人财务监督工作目标

与任务、财务监督基础工作进展情况、重大财务事项监督进展情况、努力搭建国有资产“大监督”格局五个方面对出资人财务监督工作情况进行介绍。市属国有独资、控股企业及其所属中Ⅰ型企业分管财务工作的负责人、财务部门负责人及相关人员、国有参股企业相关财务人员等参加培训。

2013年10月10日,市国资委印发《常德市国资委监管企业资产损失责任追究暂行办法》(常国资通字〔2013〕27号)。该办法规定了责任追究的范围、方式。该办法规定,(一)企业资产损失金额在20万元以下的,在责任认定年度对直接责任人处以扣发50%以下的绩效薪金(奖金),以及诫勉谈话、警告、记过或调离相关工作岗位等处理;对间接责任人处以扣发20%以下绩效薪金(奖金),以及诫勉谈话、警告、记过等处理;(二)企业资产损失金额在20万元至50万元的,在责任认定年度对直接责任人处以扣发50%至100%的绩效薪金(奖金),以及降级(职)、责令辞职、撤职、解聘或开除(解除劳动合同)等处理;对间接责任人处以扣发20%至50%的绩效薪金(奖金),以及记过、调离相关工作岗位、降级(职)、责令辞职、撤职等处理;(三)企业资产损失金额在50万元以上的,在责任认定年度对直接责任人处以扣发100%的绩效薪金(奖金),以及解聘或开除(解除劳动合同)等处理;对间接责任人处以扣发50%至100%的绩效薪金(奖金),以及撤职、解聘或开除(解除劳动合同)等处理。造成企业资产20万元损失,且受到撤职以上行政处理的企业工作人员,自被撤职之日起5年内不得担任企业负责人;被判处刑罚的,终身不得担任企业负责人。

2015年6月,市政府办公室发出《关于进一步加强企业审计监督有关事项的通知》(常政办函〔2015〕30号),该通知明确,市审计局重点监督市属国有企业会计信息的真实性和经济活动的合法性,对国资委绩效考核质量和中介机构报表审计质量进行抽查或直接审计部分企业的财务报表和绩效考核结果,重点关注企业资产损益情况,维护国有资产安全;认真审查企业经营中的突出问题和绩效状况,加强对重大投资决策、重大建设项目、大额度资金使用、国有资产资源利用处置等相关权利和责任的监督;监督企业落实宏观经济政策、履行社会责任情况等;不定期开展投融资项目等重大专项审计,并按照干部管理要求开展领导任期经济责任审计。市国资委对监管企业重点开展企业法人治理结构或内控制度、年度经营业绩、工资薪酬、资本运营等绩效考核审计,按权限实施企业领导人内部经济责任审计。

第四节　业绩考核与绩效评价

1991—2007 年，无业绩考核与绩效评价历史资料可考，故此段历史阙如。

2008 年 4 月 21 日，市国资委印发《常德市国资委监管单位经营业绩考核暂行办法》（常国资〔2008〕37 号），按照三大指标体系考核被监管企业的年度经营业绩。三大指标体系包括反映经营效益的基本指标、反映资产营运及发展能力的比较指标以及行业分类指标。

2011 年纳入市国资委经营业绩考核的监管企业共 21 户。截至 2011 年底，21 户企业资产总额 521 亿元，负债总额 187 亿元，净资产总额 334 亿元；与上年同比，资产总额增加了 27 亿元，增长 5.5%；负债总额增加了 10 亿元，增长 5.3%；净资产总额增加了 17 亿元，增长 5.4%。21 户企业全年实现各项收入 35 亿元，同比上年增加了 14 亿元，增长 67%；21 户企业全年实现账面利润 84270 万元，与上年同比增加了 29580 万元，增长 53%；21 户企业全年上缴各项税金同比上年增加 1700 余万元。根据经营业绩考核指标完成情况，并结合企业规模、经营水平、综合绩效、社会贡献等因素，综合评定市城市建设投资集团公司、市经济建设投资集团有限公司、欣运集团股份有限公司、市财鑫投资担保有限公司、市自来水公司、市金禹水利投资有限公司、市天源住房建设有限公司、常德路桥建设有限公司 8 户企业为 2011 年度经营业绩优秀单位。

2012 年 12 月，市国资委考核 21 家监管企业。截至 2012 年底，21 家企业资产总额 722 亿元，负债总额 302 亿元，净资产总额 420 亿元；21 家企业全年实现各项收入 24 亿元，实现账面利润 6.34 亿元，上缴各项税金 1.06 亿元。2012 年与 2011 年相比，资产总额增加 180 亿元，增长 33%；负债总额增加 101 亿元，增长 50%；净资产总额增加 79 亿元，增长 23%；上缴税金增加 1416 万元，增长 15%。根据经营业绩考核指标完成情况结合企业规模、经营水平、综合绩效、社会贡献等因素，综合评定市城市建设投资集团公司、市经济建设投资集团公司、欣运集团股份有限公司、市财鑫担保有限公司、市自来水公司、市金禹水利投资有限公司、市公共交通有限责任公司、市中达国有资产经营管理有限公司等 8 户企业为 2012 年度经营业绩优胜单位。

2012 年 11 月 5 日，市国资委印发《常德市国有资产监管企业负责人经营业绩考核办法》。同年，纳入市国资委考核的监管企业共 21 家。截至 2012 年底，21 家企业资产总额 722 亿元，负债总额 302 亿元，净资产总额 420 亿元；21 家企业全年实现各项收入 24 亿元,实现账面利润63380万元,上缴各项税金10617万元。2012年与2011年相比,资产总额增加了180亿元,增长33%;负债总额增加了101亿元,增长50%;净资产总额增加了79亿元,增长23%;上缴税金增加1416万元,增长15%。根据经营业绩考核指标完成情况,并结合企业规模、经营水平、综合绩效、社会贡献等因素,综合评定市城市建设投资集团公司、市经济建设投资集团有限公司、欣运集团股份有限公司、市财鑫投资担保有限公司、市自来水公司、市金禹水利投资有限公司、市公共交通有限责任公司、市中达国有资产经营管理有限公司8户企业为2012年度经营业绩优秀单位。

2013年纳入市国资委考核的监管企业共21家。截至2013年底,21家企业资产总额878亿元,负债总额397亿元,净资产总额481亿元;21家企业全年实现各项收入43亿元,实现账面利润128180万元,上缴各项税金13026万元。2013年与2012年同口径相比,资产总额增加了159亿元,增长22%;负债总额增加了97亿元,增长32%;净资产总额增加了62亿元,增长15%;监管企业各项收入总额比上年增加6.67亿元,增长108%;利润总额增加66194万元,增长107%;上缴税金增加2905万元,增长29%。根据经营业绩考核指标完成情况,并结合企业规模、经营水平、综合绩效、社会贡献等因素,综合评定市城市建设投资集团有限公司、市经济建设投资集团有限公司、市财鑫投融资担保集团有限公司、市交通建设投资有限公司、常德路桥建设集团有限公司、市金禹水利投资有限公司、市天源住房建设有限公司7户企业为2013年度经营业绩优秀单位。

2014年纳入市国资委考核的一级企业共14家。截至2014年底,14家企业资产总额1071.35亿元,负债总额480.83亿元,净资产总额590.52亿元;14家企业全年实现各项收入总额34.68亿元,实现账面利润54988.44万元,上缴各项税金28718.43万元。2014年与2013年相比,资产总额增加了274.28亿元,增长34%;负债总额增加了128.41亿元,增长36%;净资产总额增加了145.88亿元,增长33%;各项收入总额比上年增加3.69亿元,增长12%;利润总额剔除调整核算方式影响后,同比增长1896.14万元,增长1.5%;上缴税金增加18965.39万元,增长194%。根据经营业绩考核指标完成情况,按照企业功能分类,并结合企业规模、经营水平、综合绩效、社会贡献等因素,综合评定市经济建设投资集团有限公司、市城市建设投资集团公司、市财鑫投融资担保集团有限公司、市交通建设投资有限公司、湖南常德欣运集团股份有限公司、常德市规划建筑设计院、常德市自来水公司7户企业为2014年度经营业绩优秀单位。

第六章 县市区国有资产管理

第一节 武陵区国有资产管理

一、机构沿革

1991年7月19日，武陵区人民政府批准成立武陵区国有资产管理办公室（以下简称国资办）为副科级事业单位（常武编委〔1991〕10号），归口区财政局管理，配备工作人员3名，所需人员均从区财政系统内部调剂，人员经费由区财政解决，办公地点设在区财政局内。

1996年7月，区国资办更名为武陵区国有资产管理局（常武编办〔1996〕19号），其职能、级别不变，配备工作人员6名。武陵国有资产管理局（以下简称国资局）是区人民政府管理国有资产的职能部门，为副科级事业机构，归口区财政局管理，对境内外（含国境外）属本区管辖的全部国有资产（包括固定资产、流动资产、资源性资产、无形资产和其他国有资产）依法进行行政管理和监督经营。

2002年3月，武陵区行政事业单位机构改革中撤销区国资局，其行政职能并入区财政局。由区财政局内设产权管理股和资产经营公司。产权股继续承担全区国有资产及非经营性资产转为经营性资产的管理工作。

领导人员名录

武陵区国有资产管理办公室（1991.7—1996.7）

主　任　蔡运福（1991.7—1996.6）

武陵区国有资产管理局（1996.7—2002.3）

局　长　朱兰莉（1998.8—2002.3）

副局长 吕立荣(1996.7—2002.3)

二、清产核资

1991 年 7 月,国资办清理全区国有资产。武陵区国有资产总量为 8954.9 万元,其中 33 户国有企业单位 457.4 万元,占 38.6%;160 个行政事业单位(含乡镇以上)5497.5 万元,占 61.4%。

1994 年,区国有资产管理办公室对 20 户老国有企业全面进行清产核资,清查出全部资产总额 1.4264 亿元,其中,资产损失 2169 万元;资金挂账 2858 万元;全部负债总额 1.3965亿元,所有者权益 301 万元。经资产价值重估增值 1168 万元,按政策规定冲减后,核实 26 户企业资金总额 1886 万元,核定资本金总额 1787 万元;由企业自行消化的财产损失和资金挂账总额为 3178 万元;所有者权益为 316 万元,其中国家权益为 308 万元。

1995 年,区国有资产管理办公室对 38 家国有企业、行政事业单位非经营性资产转为经营性资产的单位进行清产核资。在清产核资工作的基础上,对国有资产存量进行价值评估(不含土地资产价值),确认全区国有资产总量价值为 1.46955 亿元。其中,国有企业资产 3714 万元,行政事业单位减去负债,实有资产为 10981.5 万元。占用土地面积 910 多万平方米,房屋建筑面积 30 多万平方米。

三、产权管理

1987—1999 年,区审计事务所接受办理资产评估 5 件,评估现值为 1472.77 万元,比资产原值增加 716.59 万元;接受办理资产认定项目 6 个,认定资产总值 7499.26 万元,比资产原值 982.42 万元增加 6516.84 万元。

1992 年,区国资办在全区范围内全面开展全民企业和企业化管理的事业单位国有资产产权登记,核实全区资产总额 13470.09 万元,实有资本金 4745.35 万元,国有资本金 4446.33 万元。全年共受理资产评估申请 25 项,评估 18 项,确认率 100%,评估后区政府投入资产比账面增值 66.5%。是年 11 月,常德市绣品总厂由于债务沉重,融资困难及经营权不适应体制需要等原因,经职代会决议,将 35%的产权,转让给香港协洋发展有限公司,全部债务由香港协洋发展有限公司承担。

1994 年,区国资办完成 1993 年度 93 户企业及企业化管理的事业单位国有资产产权的登记年检。通过年检,查明核实企业注册资金总额 7068 万元、实收资本 4408 万元,还注销 3 户企业。

1996年，区国资办对酱厂、裕源大厦、德诚宾馆的产权转让，自始至终参与测算、考查，洽谈和转让合同的起草工作。是年，区国资办对宏大彩印厂20万工业产权纠纷问题进行调处，依据国家的有关法规，从调查取证，论证论据，协调结论，最后定为国家所有，由区经促会全权经营。同年，区国资办对市蔬菜批发大市场就武陵区与邮电局、蔬菜公司几家联营及投资主体问题，和区财政局、会计师事务所共同调查研究，对其资产进行验资界定，市场总资产6974万元，其中武陵区政府占股60%、常德市邮电局占股40%，为政府决策提供了可靠的依据。

1997年，武陵区加强产权登记和年检年审管理。共办理行政事业单位国有资产产权登记73户，企业国有资产产权登记55户，登记国有资产14372万元。

武陵区政府为防止国有资产流失，加强对国有资产处置收益的管理，采取“产权集中处置，手续集中办理，资金集中管理”的原则，将国有资产产权交易收入全部纳入财政国有资产保值增值专门账户，除用于改制、破产企业职工安置支出外，将存量国有资产处置、交易收入等参与市场经营。1998—2008年10年间，全区共获得国有资产经营效益2168.95万元。

2000年，区国资办派员参加对区属11家企业破产前的资产清算工作；对区属企业（如乳品厂、纺织品公司、裕源大厦等）产权交易活动进行全程监控，对全区行政事业单位非转经资产征收国有资产占用费12万元；对20多家企事业单位资产产权发生变动时，进行评估和确认。全年累计收回国有资产处置收益欠款70万元，对226.67万元的国有资产处置收益实行财政专户储存，盘活存量资产1000多万元，有效防止国有资产流失。

四、国有资产经营

承包经营责任制　1988年7月，原常德市改为武陵区。1989年，武陵区工业企业在认真做好“企业利税与工资挂钩”“年度目标责任制”“厂长任期目标责任制”“工资利税承包”等形式的外部经济承包责任制的基础上，抓企业内部等多种形式的经济承包制，内部配套改革，层层承包。通过承包，有常德市绣品总厂等部分企业提前两个月完成年产值计划。市化工研究所，原亏损3.5万元，欠外债11.6万元，通过民主选举厂长（经理），该厂供销部门按销售收入和销售费用承包，车间进行产量承包。全所86%以上人员签订承包合同，全年实现利润1.2万元。

1990年，区政府强化工业企业内部供销部门的经济承包责任制，实现一定、二保、三包、一挂钩（定人员；保原材料供应，保采购成本价格；包销售收入，包工资费用，包销售价格；全体供销人员的工资奖金与销售收入挂钩）。此外，还实行万元销售收入工资含量包干、超定额计奖、百分考核计酬、全面销售比例提奖等形式的承包责任制。

1992年,在常德市建筑机械厂等10家工交企业推行“放开经营实行投入产出总承包”的试点,10家企业全年实现利税495.05万元,比上年同期增长121.96%,可留利润120万元。

1993年,水泵厂实行风险抵押集体承包;市水运公司实行全员风险抵押承包;湘达公司等8企业家实施划小核算单位、分散承包经营。

1994年,区商业部门对华联商厦等实行“四自一包”(自主经营、自负盈亏、自行分配、自筹资金、包干利税)、“一店多制”(合股经营、柜台出租、场地出租)等国有民营改革。另一方面,按照“338”活动目标(三个盈利大户、三个亏损大户、盈利增长38%),抓北站商场、糖果厂等盈利大户、华联商厦等亏损大户的扭亏增盈工作。糖果厂是年上半年实现盈利,乳品厂1至5月减亏3.1万元。

转换经营机制 1992年,区国资办配合区商业、工业部门对东门百货大楼、五交化公司、文体器材公司、纺织品公司等4户国营商业企业实行“价格、经营、用工、分配”四放开改革试点。是年,这4户企业商品销售比上年同期增长7.45%,实现税利比上年同期增长2.40%.全面推行和完善企业工效挂钩办法。

股份制改造 1992年3月28日,常德市绣品总厂与香港协洋发展实业有限公司合资兴办“湖南德洋绣品有限公司”。该合资公司投资总额996万美元,其中绣品总厂占股份的35%,以厂房、设备、低值易耗品投入;外商占65%,以现金、设备投入。12月,武陵区体制改革委员会批准常德市第二塑料厂(原塑料二厂)组建为股份合作制企业。

1993年,市制刷厂改制成为第一家规范化的股份制企业——湖南省武陵刷业股份有限公司。同期,市低压电器厂、市灯泡厂、市日用化工厂、市汽车配件厂、市制镜厂、市皮件二厂等企业实行股份合作制。

1994年4月,常德市灯泡厂职代会决议:实行股份合作制,企业资产分配到人。9月,常德市灯泡厂改组为股份合作制企业。是年,武陵区推行现代企业制度,选择以有限责任公司、股份合作制为主的产权制度改革试点。如对劳保公司、海欧照相馆等进行有限责任公司试点,对北站商场等进行股份有限公司试点,对商机厂等进行股份合作制试点。1995年,常德市制镜厂改制为股份合作制企业。1997年,武陵区政府批准该企业破产重组,更名为中南电工厂,实行股份合作制生产。是年,常德市皮件三厂改建为股份合作制企业。

至1998年,全区股份合作制企业达到22家。

破产重组 1995年,武陵区对常德市二鞋厂依法实施破产。12月,常德市农药厂因农药市场疲软,产量大降,严重亏损,资不抵债,被依法破产,重组为常德市长丰化工农药股份有限公司。

1996年,常德市电线厂因企业规模小、技术落后、经营管理不善,导致产品滞销、企业亏损,被依法破产。是年,武陵区对常德市塑料二厂等5家企业实施破产。

常德市武陵液压件厂因加工业务不足,经营管理不善,企业亏损,于2000年8月该厂被依法宣告破产,破产后重组民营企业"常德诚信液压有限公司"。是年9月,常德市纸箱厂因资金枯竭,负债累累,年年亏损,常德市武陵区人民法院宣告该企业破产终结。

2001年9月,常德第二纺织机械厂破产,破产后企业被重组为常德第二纺织机械有限公司;是年,常德市彩版门窗厂由于产品质量问题多,竞争力不强,彩版门窗产品始终未形成规模生产,而传统的老产品白铁制品又在试制新产品时丢掉,危机重重,企业因此全线停产,年底常德市彩版门窗厂被依法破产;常德市化工三厂因管理不善,连年亏损,被迫停产,同年,常德市化工三厂宣告破产,被注销工商登记。同年3月,市通用机械厂破产;是年底,常德市大米厂实行破产重组,新组成广积米业股份有限公司。

2002年,常德市常顺织布厂亏损366.7万元,全面停产,被迫于11月宣告破产。

至2005年,全区60家工业企业中,有39家破产(含2个分厂)。破产企业是常德彩板门窗厂、常德市制线厂、常德市纸箱厂、常德市塑料五厂、常德市皮件二厂、常德市东方服装厂、中南电工厂、常德市皮件四厂、常德市皮件三厂、常德市制钉厂、常德市八一服装厂、常德市化工三厂、常德市水泵厂、常德市染整厂、常德市化工研究所、常德市华宏织染厂、常德市电器设备厂、常德市汽车配件厂、常德市染织厂、常德市卷材铝箔厂(一个分厂)、常德市五一制革厂、常德市有机化工厂、常德市刷业银弓厂(一个分厂)、湘达工贸公司、广告装潢公司、常德市东风皮鞋厂、常德市伞厂、常德市低压电器厂、常德市洞庭橡胶厂、常德市塑料四厂、常德市制镜厂、常德市塑料二厂、常德市橡胶制品厂、常德市常顺织布厂、常德市皮鞋厂、德山服装厂、常德市装饰材料厂、常德市二轻供销公司、常德市机电供销公司。39家破产企业清算总值4416.65万元,负债金额38431.29万元,全部企业产权处置总额达16615.30万元。

出售拍卖 1996年,常德市新艺服装厂被拍卖。是年,常德市德海集团出资350万元以人、财、债、地整体转让形式兼并常德市酱厂,这是全区协议出让最早的企业。

1999年,全区9家企业全部或部分出让土地,盘活资产2000万元,全部用于买断职工工龄、投资发展生产。是年,湖南常德通用压缩机有限公司收购常德通用机械厂。

2000年5月,常德市橡胶制品厂被整体出售给常德市第一人民医院。6月,常德市机床厂被一家贸易公司收购,用于房地产开发。

2001年4月,常德市阀门厂破产,其厂址被常德市第一人民医院收购;10月,常德生活机械厂破产,被湖南常德七一机械有限公司收购。

是年,东门百货大楼由金三角有限公司出资385万元购买;糕点厂由金健置业公司出资 890 万元，由市政府旧城改造指挥部出面给奖协议转让；食品罐头厂由霞山房产公司出资 300 万元购买；饮食服务公司的北站饭店以 123 万元，五一冰厂、新潮酒家、湘陵旅社以 505.4 万元协议出让；市冰淇淋厂、清真第一春分别以 193 万元和 283 万元处置，协议转让金额 1337.55 万元。同年，常德电影机械厂被德海医贸公司收购。2002 年 6 月，常德市洞庭橡胶被整体出让给常德市商标彩印包装厂。同年 8 月，区产权中心委托市政源拍卖公司、市诚信拍卖公司，拍卖针棉织品公司的芙蓉商场、五交化公司的先锋商店，成交额分别为 125 万元和 93 万元。北站商场被拍卖 536 万元。是年，常德市皮鞋厂出售给外商转型为复合肥料厂。

2004 年，德山玻璃制品厂因产品滞销、严重亏损，难以为继，被置换产权，出售给武陵源管业公司。

兼并联合 1991 年 9 月 28 日，常德市化纤厂与常德卷烟厂联营，共同投资组建常德金芙蓉化纤股份有限公司，常德卷烟厂投资 2000 万元，占注册资金的 55%，常德市化纤厂投资 1700 万元，占注册资金的 45%。该公司投资 3500 万元从意大利费尔特高公司引进丙纶烟用丝束生产线，当年建成投产，结束了湖南省烟用丝束靠国外进口的历史。该公司为常德卷烟厂控股企业，国家烟草总公司定点生产烟用聚丙烯丝束和丙纤嘴棒的专业厂家。

1992 年 2 月，湖南省包装总公司兼并常德塑料二厂，组建常德市新型包装材料总厂。

1994 年，武陵刷业公司兼并常德市伞厂，但兼并后因资金短缺，内部管理不善，1995 年 12 月，两厂分立，常德市伞厂为独立法人。

1995 年 11 月 8 日，常德市橡胶厂由常德市甘露寺批发大市场兼并，厂址改建成蔬菜批发大市场。

1997 年，武陵区政府批准常德市电线厂更名为中南电工厂，实行股份合作制生产。是年，常德市长丰化工农药股份有限公司亏损 495 万元。1998 年 10 月，该公司被湖南海利高新技术产业集团兼并，更名为湖南海达农药厂。

1998 年 8 月，常德市金盛实业有限公司采取承担债务的方式兼并常德市塑料二厂。

2000 年 5 月，常德市武陵区体改委批准，中南电工厂由金盛房产开发公司兼并。

2001 年，常德电影机械厂被德海医贸公司收购。

2004 年，重庆啤酒厂兼并湖南常德啤酒厂，重组湖南重庆啤酒国人有限公司常德分公司。

租赁经营 1993 年，市橡胶厂和市电器设备厂实施“公牌私营”。

常德市啤酒厂由于对啤酒生产设备的设计选型及生产能力配套方面存在严重失误，投产后连年亏损。1993 年该企业全面停产。1996 年 4 月，常德瓶盖总厂整体租赁常德市啤酒厂，租赁期间，以“湖南常德啤酒厂”厂名重新注册登记。

五、国有资产监督

审计监督　1991年，区审计局对4户承包期满的企业进行终结审计，对1户在承包经营期间的企业进行期中审计。终结审计中承包期为1年的3户，即纺织品公司、酱厂、乳品罐头厂；承包期为3年的1户，即市安装公司。4户承包经营期满的企业，仅安装公司全面完成承包指标。该企业承包期为3年，合同规定3年实现利润20.04万元，实际完成25.98万元；上缴利润合同数6.012万元，实际完成6.8万元；建安工作量合同数为480万元，实际完成612万元；固定资产增值合同数为20.3万元，实际完成23.24万元。该企业在激烈的市场竞争中，站稳了脚跟，拓宽了建安市场，取得了较好的经济效益。同时，该公司严格遵守财政纪律，三年中没有发生违纪问题。3户承包期为1年的企业，主要指标完成都不好，酱厂合同规定利润亏损10万元，营业收入210万元，实际亏损25.6万元，营业收入170.8万元。两项主要指标都未完成任务。

1993年，第二轮承包期满的企业有：市劳保公司、东门百货大楼、市五金交电批发公司、市百货批发公司批发部、市工矿贸易公司、市糖酒批发公司批发部、市建筑安装公司共7户。区审计局对其承包经营责任者1990—1992年承包经营合同执行情况进行审计鉴证：上述6户商业企业和一户建筑施工企业在承包期的主要经济指标——实现利润和上缴利润均未完成合同规定的指标，对其执行财经纪律的情况进行检查，除五交电批发公司将改制程控电话费2000元列费用外，其余6户均未发现有重大的违纪问题。

财务监督　1992年，区国资办对糕点厂、酱厂、糖酒公司等12户企业的工效挂钩比例重新测定和调整，对9户承包到期企业坚决按合同兑现，并发挥商业总体优势，将小型国营商业企业并入公司承包，相应调整二轮承包指标基数。

1993年初，区国资办参与原制刷厂改组为武陵刷业股份公司的筹备过程，帮助企业认真进行财产清查、资产评估、产权界定、国有股设置，使之顺利通过省体改委的审查批准，成为全区第一家规范化的股份制企业。1992年底1993年初，区国资办首次参与原绣品总厂的产权转让，作为出让方的代表之一，与购买方香港一家公司签订全市第一个“产权转让合同书”。是年，区国资办本着“全力促进成功、依法维护中方权益”的原则，认真参与项目论证、洽谈，帮助企业找合资对象、出主意、提供政策咨询，使区里12个合资、合作项目取得成功。针对第二轮承包中存在的问题，对区属商业企业的管理形式进行完善和改革，提出三种目标管理形式，并签订目标合同，既较好解决第三轮承包中各项基数不平衡的矛盾，调动企业积极性，又保证财政收入。配合企业完善内部责任制，针对各单位的不同情况,提出合理化建议,并对企业内部承包中存在的问题予以及时解决。

1994 年,区国资办结合“三大查”,贯彻《国有企业财产监督管理条例》,集中一个多月时间,检查 16 个单位,检查单位违反财经纪律行为,调查国有资产保值增值和管理现状。查出违纪金额 28 万余元,执行处罚收缴入库 20780 元。

2011 年,区财政局产权管理股对全区各部门所出租的门面、房屋根据合同到期时间不同,进行清理,请评估公司对资产现状及增值趋势进行评估,根据评估情况相应调整提高租金,并与承租方协商及时收取租金。是年共收租金 1398 万元(含以前年度预收收入 336 万元转今年收入)。2014 年,武陵区有 50 家行政事业单位有门面、房屋出租,涉及房屋出租合同签订、租金收取等工作。区财政局产权管理股根据国家相关法规规定除制定门面、房屋出租统一合同文本外,还由区法制办对所有出租合同实行统一编号管理,减少以前因合同内容不严谨等产生的矛盾。对所出租的门面、房屋公开竞租,实现了资产收入最大化,确保政府授权的国有资产收入稳步增长。全年共计收取租金 1215 万元,实现税收 220 万元。

第二节　鼎城区国有资产管理

一、机构沿革

1991 年 6 月 1 日,根据湖南省人民政府《关于加强国有资产管理工作的通知》(湘政发〔1990〕48 号)和常德市机构编制委员会办公室《关于区县市国有资产管理机构设置问题的通知》(常编办发〔1991〕1 号)文件精神,区政府成立“常德市鼎城区国有资产管理办公室”(常鼎编〔1991〕11 号),系鼎城区财政局二级独立事业单位,定编 4 名。

1996 年 5 月 27 日,根据中共常德市鼎城区委机构编制委员会办公室《关于常德市鼎城区国有资产管理机构更名和升格的批复》(常编办〔1996〕36 号)文件精神,将原鼎城区财政局所属独立二级事业单位“常德市鼎城区国有资产管理办公室”更名为“常德市鼎城区国有资产管理局”,并升格为副科级机构管理的事业单位。

2002 年 4 月 20 日,根据鼎城区人民政府办公室《关于常德市鼎城区财政局职能配置、内设机构和人员编制规定》(常鼎政办发〔2002〕57 号)文件精神,区政府撤销原鼎城区财政局所属独立二级事业单位“常德市鼎城区国有资产管理局”,设立鼎城区财政局产权股。

2006年3月12日，根据中共常德市鼎城区委机构编制委员会办公室《关于常德市鼎城区财政局产权股更名的批复》(常编办〔2006〕5号)文件精神，区财政局将原鼎城区财政局下属产权股更名为资产管理股。

领导人员名录

鼎城区国有资产管理办公室(1991.6—1996.6)

主　任　李光武(1991.6—1993.3)

龚玉文(1993.3—1996.6)

鼎城区国有资产管理局(1996.6—2002.4)

局　长　龚玉文(1996.4—1997.4)

王光波(1997.4—2002.4)

鼎城区财政局产权股

股　长　黄志中(2002.4—2006.3)

鼎城区财政局资产管理股(2006.3—)

股　长　黄志中(2006.3—)

二、清产核资

1995年3月，鼎城区人民政府转发了常德市人民政府“关于国有企业全面开展清产核资的通知”。区政府明确规定，以国有投资举办的联营、合资、合作企业、单位都要纳入清产核资范围。根据上级文件安排，鼎城区开展第五次清产核资，而且重点放在了对外投资方面。次年9月，清产核资工作结束。国企资产总额为23.09亿元，其中区属行政事业单位110家，国资总额为7.78亿元(不含土地)，负债率为40.5%，其中国有企业包括区直、部属共48家企业，资产总额为15.31亿元，负债14.94亿元，净资产3673万元。常德灯泡厂1990年与株洲钨钼材料厂合作联营。投资真空镀膜机一台，绕丝机(灯泡灯丝制作)38台，以及其他设备，在该厂内设置镀膜、绕丝车间。总价值30余万元。1993年宣布联营失败。设备少部分撤回，大部分经营亏损无法收回。

三、产权管理

产权登记　1992年，国资办核查各国有企业呈报的资产产权登记表。主要包括：10家区直国有工业企业设备1651台(套)，总价值1.28亿元；供销社所属工业企业设备83

台(套),总价值260万元;粮食局所属工业企业设备121台(套),总价值230万元;农委所属工业企业设备53台(套),总价值406万元;商业局所属工业企业设备42台(套),总价值120万元;交通局所属工业企业设备75台(套),总价值453万元;教育局所属工业企业设备22台(套),总价值110万元。在对设备进行核查登记的同时,开始征收资产登记手续费和工本费。以一台套为一证,每证收费50元,年检换证每证20元。

1993年7至12月,鼎城区开始登记企业房产和土地。具体由区房产局和区国土局执行。然后具册呈报国资办。当年登记区直国企10家,部门所属企业38家,集体企业88家,驻地省企11家。

常德灯泡厂于1997年11月被市工商行政管理局企业登记注销。

常德中兴机械厂于1999年10月被市工商行政管理局企业登记注销。

常德昌明锅厂于2006年4月被整体拍卖,2007年12月市工商行政管理局将该企业登记注销;同时,区产权交易中心予以产权注销。

2013年7月,区政府组织开展全区243家单位的资产清查登记工作。集中注销一批已拍卖企业或关门走人处置资产的产权。重新清查登记资产总额14.7666亿元,其中房屋建筑物11.1592亿元,建筑面积1836172平方米;交通运输设备0.611亿元,汽车406台;通用设备1.0788亿元,专用设备14063台,电脑5313台 ,空调5036台;图书文物陈列品0.1574亿元,家具、用具办公设施0.3540亿元,其他1.4062亿元。城市公用资产:清查土地面积550.4万平方米(合8265亩),清理土地办证登记55宗,房产办证登记507本。

产权界定 鼎城区随着市场经济和改革开放的推进,产权纠纷逐年增多。主要表现在国企对外联营、投资纠纷,国企与相邻单位土地纠纷,设备纠纷,场地出租、租赁经营纠纷。1991—2000年,区国资部门处理纠纷180余件。

1997年1月,常德灯泡厂将6条灯泡生产线租赁给私人经营,租赁到期,经鼎城区价格认证中心价格认证为16.32万元,但因设备已经业主改造,虽经价格认证,但无法进入拍卖竞价程序,后参照认证价格,协议处置给原经营业主。

2003年6月,常德灯泡厂与相邻市金属公司土地相连,靠南区一通道约1.3亩土地产生图纸纠纷,经市、区两级国土局调整妥善解决。

资产评估 2003年1月,鼎城区政府委托常德弘盛拍卖公司对常德昌明锅厂进行资产评估,为整体拍卖常德昌明锅厂提供价值依据;2013年1月,鼎城区政府委托该拍卖公司对常德中兴机械厂进行资产评估,为整体拍卖常德中兴机械厂提供价值依据。

鼎城区 1991—2015 年区直企业经营性国有资产评估情况统计表

表 6-2-1

评估委托单位	评估机构	被评估企业	评估时间	评估目的
常德中兴机械厂清算组	常德德鹏有限责任会计事务所	常德中兴机械厂	2002.3	破产清算
常德昌明锅厂清算组	常德德鹏有限责任会计事务所	常德昌明锅厂	2002.10	破产清算
常德水泥厂清算组	常德德鹏有限责任会计事务所	常德水泥厂	2001.2	破产清算
常德中兴机械厂清算组	常德弘盛拍卖公司	常德中兴机械厂	2003.1	拍卖
常德昌明锅厂清算组	常德弘盛拍卖公司	常德昌明锅厂	2003.1	拍卖
常德县造纸厂清算组	常德弘盛拍卖公司	常德县造纸厂	2001.12	拍卖
常德远东稀有金属工业公司清算组	常德弘盛拍卖公司	常德远东稀有金属工业公司	2003.1	拍卖
常德县化工厂清算组	常德弘盛拍卖公司	常德县化工厂	2001.3	拍卖
常德水泥厂清算组	常德弘盛拍卖公司	常德水泥厂	2001.6	拍卖
鼎城区棉麻公司改制工作组	常德德鹏有限责任会计事务所	区棉麻公司北站综合楼	2003.12	重组
常德市食品公司清算组	常德德鹏有限责任会计事务所	常德市食品厂	2001.8	破产
斗姆湖供销社清算组	常德万源评估咨询有限公司	斗姆湖供销社	2004.3	破产
鼎城区粮食局	湖南新融达房地产评估有限公司	许家桥粮店	2011.11	拍卖
鼎城区农机公司清算组	常德鸿天房地产评估有限公司	洞庭大道农机综合大楼	2003.8	拍卖
鼎城金龙工具厂清算组	湖南里程有限责任会计师事务所	金龙工具厂	2006.6	破产

产权流动　2003 年 1 月，高克松与鼎城区政府协商，整体收购常德中兴机械厂，出让价款为 400 万元。同时，区政府产权交易中心公开拍卖常德县昌明锅厂，周胜强、陈克祥以 300 万元购买成交。

鼎城区 1991—2005 年国有资产产权流动情况统计表

表 6-2-2　　单位:万元

原国有企业名称	流动时间	收购方	出售金额	流动方式
常德中兴机械厂	2003.1	高克松	400	整体拍卖
常德昌明锅厂	2003.1	周胜强、陈志祥	300	整体拍卖
常德县造纸厂	2001.12	甘利初	1000	整体拍卖
常德远东稀有金属工业公司	2003.1	张桂华	60	整体拍卖
常德县化工厂	2003.3	朱峙全	85	整体拍卖
常德水泥厂	2001.3	杨启贵	855	整体拍卖
区棉麻公司北站综合楼	2014.4	常德祥源置业有限公司	1800	整体拍卖
常德市食品厂	2002.3	不祥	237.1	整体拍卖
斗姆湖供销社	2003.8	武陵农资有限公司	41	整体拍卖
许家桥粮店	2012.1	常德牛牛米业	350	整体拍卖
鼎城农机公司综合大楼	2003.9	涂圆媛	461	整体拍卖
鼎城金龙工具厂	2007.5	常德恒华建设事务有限公司	748	整体拍卖

资产处置　20 世纪 90 年代末期,包括区属国企、部门所属企业大部分出现资不抵债,开始零星处置部分资产以偿债。2000 年 6 月,区委、区政府发出《关于进一步加强企业交易的通知》(〔2000〕23 号)、《企业产权制度改革的若干规定》。2001 年 5 月,依据常鼎政〔2001〕37 号文件,设立产权交易中心。所有改制企业的资产处置统一纳入产权交易中心管理,收支两条线专项运行。

2004 年 12 月 3 日,由常德弘盛拍卖有限公司发布常弘拍广字〔2004〕047 号拍卖公告,对巨星光源厂(灯泡厂)18 台套设备公开拍卖,共成交入库金额 32.993 万元。

2007 年 9 月 20 日,由常德市鼎城区价格认证中心发布价格签证书〔2007〕第 0554 号-2 号。按照常德废旧物资中等回收价格标准计算,鉴证 3 台吹泡机价值 0.96 万元。6 条灯泡生产线 16.32 万元。后参照处置。

至 2013 年,鼎城区共处置资产 44 宗,合计金额 519.30 万元。其中,区属 10 家企业 13 宗,220.30 万元;供销社属企业 6 宗,47.50 万元;粮食局属企业 8 宗,110.20 万元;农委所属企业5宗,37万元;商业局所属企业2宗,17万元;交通局属企业2宗,33.50万元;教育局所属企业8宗,53.8万元。

四、国有资产经营

推行承包制　1988年常德县灯泡厂实行以利润指标为主要内容的资产经营责任制。公开招标。副厂长陈宗列中标,出任厂长,个人交风险押金5000元,实行资产经营承包制,第一轮4年,后续包至1993年。离任审计表明,5年中履行承包合同,累计实现利税300万元。

鼎城区在区直国有企业采取"风险抵押承包""投入产出承包""销售大包干""全员质量承包"等承包方式。1993年常德水泥厂"全员质量承包"使产品质量合格率达100%。常德无线电元件厂实行"投入产出承包",产量、质量、销售收入、利润、职工收入出现五同步增长。

转换经营机制　国有工业企业转换经营机制:1993年7月24日,鼎城区召开国有企业转换经营机制会议。成立转换经营机制领导小组。副区长李德才任组长,经委主任贺用昌任副组长。会上贺用昌做"难关苦渡,逆境图存,努力求取工交经济的转机与发展"的报告。此后全区企业转换经营机制工作全面展开。

划小核算单位"分灶吃饭"。分离企业服务部门和生产线,生产线又按独立产品分包。分离单位在经营上都实行独立经营、自负盈亏。至1993年底,区直企业共分离出17个二层经营单位,人数达367人,节支73万元,创收38万元。常德氮肥厂在1993年分离9个部门,达214人,占总职工人数的25%,是年创收20万元。

1993年,7家国有企业根据市场行情,适时调整产品价格。仅此一项消化涨价因素321.9万元。各企业厂长也放权各车间、科室。常德新源印刷厂规定,厂长只管用人、决策、理财三件大事,具体任务一律分解到车间、科室。常德无线电元件厂规定总调室有用工、奖惩分配权。各车间有费用和材料管理权以及工人培训权,有效调动了车间的生产积极性,冷热冲件合格率达97%和99%。

是年,有5家企业撤并科室,共撤并科室29个,精简人员273人,其中骨干37人,免除不称职骨干7人,新提拔6人。有8家企业采取优化组合,定点上岗,择优上岗,厂内待业等举措。推行"全额计件工资制""岗位技能工资制""全浮动工资制"等分配形式。取消原等级工资制,把分配向生产一线,技术岗位,苦、累、难、险岗位倾斜,同时也向销售工作倾斜,促进了生产、销售、分配等机制转换。1993年常德水泥厂一线职工工资比二、三线职工工资高出55%。该厂水泥立窑单炉5月份完成产量4800吨,创出该厂历史上月产量最高纪录。

1996年,所有国有企业均实行用工合同制,统一使用湖南省劳动厅印制的“合同书”。但劳动合同制并没有从根本上改变用工制度。职工积极性的调动有限,职工仍然能上不能下,能进不能出。

商业企业转换经营机制:1992年11月,区商业局属、区粮食局属企业均开始实行“四放开”。1993年3月,区商业局,区经委,区物价局等9部委联合发文明确“四放开”经营机制转换改革试点,即“经营放开,价格放开,用工放开,分配放开”。各商业企业承包业主自行与厂家合同采购,并根据市场自行定价。刚起步时一度成为垄断的二级批发商兼零售。但随着用工放开,分配放开,很大一部分员工开始采取停薪留职外出“下海”。一部分员工自己开门面。原公司在承包经营机制下,国资部分逐渐成为空壳,国资运营难以为继,个体经营开始红火。到2000年间,商业国资承包经营机制终于被个体经济机制所替代。区属商业企业全面破产改制。常德县五交化公司,坐落武陵区常蒿路,隶属县商业局,员工93人,注册资金50万元。成立初计划经营交电、五金、电工电料等。1990年开始根据商业机制改革的要求,采取分类各批发部利润上交承包责任制。实际运行显示各承包批发部变成了经营承包者的门店。1995年因经营问题重组为“常德市家用电器公司”。重组后依然没有起色,到1996年大部分员工自行开门面干起了个体户。原有的供销渠道资源被个体充分利用。外出的人员每月给公司上交几百元不等,保留工龄。2001年5月公司破产,2003年12月员工身份置换。

股份制改造 1993年11月,中共十四届三中全会通过《中共中央关于建立社会主义市场经济体制若干问题的决定》。鼎城区在工业企业中开始尝试股份制改造。1998年1月8日,区政府将“鼎城区纸厂”改制成“常德芙蓉纸业有限公司”,将所有权与经营权分离,经资产评估后,厂方以国有资产51%股份入股,职工股份49%。全厂483名职工每人入股现金6000元,实际入股职工344人,现金股份206万元。由于市场行情变化,技改投入过大,企业负担过重及经营管理等原因,该厂于2001年破产倒闭。职工股份改为集资款予以清偿。后相继有常德新源印刷厂、常德中兴机械厂、常德灯泡厂、常德氮肥厂尝试股份制改造均未成功。

破产重组 常德无线电元件厂,1959年建厂,厂址在河洑镇。1990年,总资产1700万元,负债2300万元。职工566人,由于经营决策等问题,1996年8月由鼎城区人民法院裁定破产,重组“常德金江电子有限公司”。但重组后仍然产品老旧,生产的电位器和一次性打火机经不住市场经济的冲击,2002年7月再次破产改制。

常德灯泡厂,1959年建厂,厂址在武陵区落路口。1993年,总资产1650万元,总负债2000万元。职工1100人,由于盲目扩张及市场经济冲击资不抵债。1995年1月由鼎城区人民法院裁定破产，重组为“常德巨星光源制品厂”，重组失败。1998 年全面停产。

“两个置换”　2000 年 6 月 14 日，鼎城区委、区人民政府发文《关于印发国有企业转换职工身份实施办法的通知》(〔2000〕25 号)。2001 年 5 月 31 号发文《鼎城区直工交企业两个置换有关问题的补充意见》(〔2001〕25 号)。自此，鼎城区对国有工商企业通过破产、拍卖、重组等方式，使国有企业从全民所有制系列中退出，改变国有企业产权的国有身份，解除国有企业对区政府的依赖关系，使国有企业民营化；对国有企业职工按政策实行经济补偿，取消其“国家职工”身份，使“国家职工”进入市场。2001 年 12 月后，先后有中兴机械厂、常德县造纸厂、常德远东公司等 10 家区直国有企业实施“两个置换”。

鼎城区 2000—2015 年国有工业企业改制情况一览表

表 6-2-3

企业名称	建厂时间	企业原址	职工人数(人)	固定资产			改制时间	负债总额(万元)	职工安置		改制后	
				总值(万元)	占地面积(平方米)	建筑面积(平方米)			买断	退休	业主	企业名称
常德无线电元件厂	1969	武陵区河洑镇	566	322	78571	17806	2003.12	1050	336	230	—	厂房待售
中兴机械厂	1954	武陵区河洑镇	524	1682	48362	35678	2001.12	4125	320	204	高克松	东鼎动力机械有限公司
常德昌明锅厂	1905	武陵区河洑镇	651	1094	72900	29813	2003.1	2003	439	212	周胜强 陈志祥	昌明铸造有限公司
常德县造纸厂	1976	鼎城区蒿子港	530	4470	59374	16261	2001.12	6679	500	30	甘利初	兴隆纸业有限公司
常德水泥厂	1969	鼎城区石板滩	508	2977	101898	23600	2001.6	2274	323	185	杨启贵	金德山水泥有限公司
常德新源印刷厂	1950	武陵区人民路	406	1337	15644	12042	2003.11	4083	248	158	毛明星	德客隆商厦有限公司
常德县灯泡厂	1959	武陵区落路口	1070	1645	53559	28245	2004.7	2945	756	314	—	天源星城小区
常德县氮肥厂	1969	鼎城区斗姆湖	1022	1548	141582	42670	2003.12	3466	724	298	—	厂房待售
常德县化工厂	1956	总厂：甘露寺 分厂：武陵镇	101	841	23976	9983	2003.3	1260	82	19	朱峙全	鑫利纺织有限公司
常德远东公司	1958	鼎城区马家吉	171	273	31568	11954	2002.1	799	109	62	张桂华	新生纺织有限公司

鼎城区 1991—2015 年部门所属主要国有企业改制情况一览表

表 6-2-4

原企业名称	所属部门	总资产(万元)	职工		改制方式
			在职(名)	退休(名)	
常德压力容器厂	区供销社	185.00	191	33	破产置换
常德县水电机械厂	区农委	205.60	53	15	整体拍卖
武陵罐头食品厂	区农委	80.20	88	16	整体拍卖
常德市兽药厂	区农委	120.00	40	12	整体拍卖
常德县肉类蛋品加工厂	区商业局	154.00	33	13	解散门面出租
常德县食品厂	区商业局	320.00	47	16	破产整体拍卖
校办工厂 6 家	区教育局	203.20	185	18	停办
大米加工厂(粮库)	区粮食局	1187.59	255	137	破产个体经营

五、国有资产监督

审计监督　1990 年，区审计部门对区水泥厂、常德新源印刷厂、常德灯泡厂等 7 家企业进行承包经营责任审计。审计总金额 9476.51 万元。查出违纪金额 122.9 万元。政府分别做出重新任命厂长、收缴财政、罚款处理的决定。

1995 年对常德县昌明锅厂、常德县水泥厂、常德氮肥厂、常德灯泡厂 4 家企业的法人代表进行离任审计。区纪检、监察对常德灯泡厂厂长、财务科长立案审查。

2010 年 4 月，区审计局对常德市兴隆劳务有限责任公司进行定期经营审计。计缴企业所得税 106 万元。

2013 年 5 月，区审计局对鼎城朗州城市建设投资开发有限公司进行企业经营审计，确认企业由 2006 年成立时的注册资本 5000 万元到拥有资产总额达 15 亿元，同时指出还贷付息措施不够，确认当年应偿付本息 7939 万元。

2014 年 7 月，区审计局对鼎城区朗州城市建设投资开发有限公司“三纵横”道路建设工程进行决算审计。同时确认该公司资产总额已达 19.6 亿元，负债 7.77 亿元，资产负债率为 36%。企业资产优良。

财务监督　1990 年区税务局对包括区属国有企业在内的国有企业进行税务大检查。

检查区属国有企业 23 家，有问题企业 22 家。主要问题是漏税，所漏税金额如下：产品税 188 万元，增值税 333 万元，营业税 173 万元，城市维护建设税 43 万元，所得税 14 万元，能源交通建设基金 30 万元，建筑税 120 万元，调节税 11 万元，其他 48 万元，合计 960 万元。当即查补入库税金 164.5021 万元，收缴欠税 41.7328 万元。建筑税、印花税、个人收入调节税等税种查补入库 109.3585 万元。

1992 年 10 月 4 日，区物价局发出《关于开展 1992 年物价大检查自查工作的通知》（常鼎价字〔1992〕11 号），指出检查范围包括国营、集体、私营、联营企业及个体工商户经营的国家定价和国家指导价格商品的价格和经营性收费。大检查中对全区 888 个收费单位，2241 项收费项目进行了核实。清理文件 232 份，其中自动失效 12 份，取消 2 份，停止执行 1 份，堵住了乱收费。

区航运公司是一个特困企业，遗留问题多，包袱过重，市场竞争激烈，水运价格不到位，效益差。针对企业实际情况，区物价局对水运价格做了相应的调整，帮助企业渡过了难关。

1994 年 3 月 23 日区人民政府发出《关于对重要商品实行价格监控管理的通知》（常鼎政〔1994〕9 号）该通知规定，对少数重要的工业生产资料和特种行业销售的配套器材实行差率控制。鉴于鼎城区是工业生产资料的纯销地，指出经营生产资料的经营者必须按规定差率销售。有效地保障了工业生产资料的供应。

1997 年 3 月 24 日，区物价局对区氮肥厂发文《关于安排 1997 年碳铵小化肥价格的通知》，规定碳铵出厂价为：淡季 480 元/吨，旺季 500 元/吨。零售价为：淡季 560 元/吨，旺季 600 元/吨，上下浮动不超过 20 元。有效地防范了提价销售、降价倾销、以次充好等违规行为。

业绩考核与绩效评价　1988 年开始，鼎城区在区直工业企业实行厂长资产经营责任制，区政府与国有企业订立“资产经营责任制协议书”。是年 2 月 12 日，县经委、县财政局代表区政府与常德灯泡厂签订“资产经营责任书”，实行“四保一挂”，即保标的利润完成和利润上缴；保企业有形资产保值增值；保企业升级，企业无形资产增值；保职工收入逐年有所增长；企业的经济效益与承包者及职工的收入挂钩。

鼎城区1988—1991年区直工业企业厂长资产经营责任制承包指标

表 6-2-5　　　　单位:万元

年份＼承包指标	产值	利润	上交利润	企业升级指标	产品开发创优	资产
1988	660	15	3	—	—	—
1989	710	17	8	—	—	—
1990	770	22	3	—	—	—
1991	830	28	3	—	—	—
备注	—	—	—	达省级预备级企业	开发新产品2个,创省优2个,部优2个	承包期资产增值10%

奖罚办法:月工资定240元。另80元专户储存,完成当年指标一次兑现,另再给3个月份额工资自行掌握分配;当年超利润部分按2%提取超利润收入;承包期满,资产增值指标完成,超过部分按2%提取奖励;完不成按比例扣罚。企业升级省优,产品获省优、部优、国优称号按国家奖励政策奖励。

1993年5月,区经济委员会根据国家经济贸易委员会、经济体制改革委员会发布的《国有企业厂长经理奖惩办法》,及湖南省人民政府1993年17号令,报经区政府同意制定《区直企业厂长奖励实施办法》。办法指出厂长处于企业生产经营的中心地位,拥有生产经营的各项权利,对国家、对区政府承担企业经营成果的直接责任,决定从1993年起,对厂长实行论功行赏,以调动其积极性。

办法规定对区直盈利企业的厂长可获得工人2—4倍的平均收入。以年为单位可获得企业税后利润8%的奖励提成。

常德灯泡厂厂长陈宗列1993年承包到期。其在1991年3月研制生产的节能荧光灯获国家专利。1992年1月研制生产的卤钨灯系列产品获全国轻工业博览会“名优特新产品”称号和湖南省科技进步奖。1993年陈宗列离任审计确认承包期间累计实现利税300万元,超利润承包基数200余万元,核发提成奖金4万元。补发当年每月80元专户储存工资960元。1993年12月陈宗列厂长离任。

常德水泥厂1993年产水泥80000吨,产值1160万元,年实现利税173.51万元。经区经委考核给予厂长提成奖励1.76万元。

1993年常德新源印刷厂“银象牌”卷烟盒设计印刷获“湖南省优质产品”。厂长和设计人员获奖金奖励。职工普调工资一级。

常德远东稀有金属工业公司原名常德县酒厂，生产常德大曲、高粱大曲、常德特曲。区经委组织与广东省电白县民营业主闵明瑞合作生产市场行销的硅酸锆粉。更名常德远东稀有金属工业公司。1992 年生产硅酸锆粉 700 余吨，当年盈利 82 万元。经理获奖励 1.64 万元。

到 1995 年，企业效益全面下滑，或停产半停产，或企业重组。《厂长奖励实施办法》自行终止执行。

新的国企、国资运营模式建立后，鼎城区成立了国有资产经营管理中心，制定了《鼎城区区属国有企业年度经营业绩计分办法》。办法以百分制分解各项指标，内容包括任务指标、成本控制、工程项目进度、净利润、综合管理分别计分。每个项目给予增减额分段 0.5—1 的加减分。如利润每 50 万元加减 0.5—1 分。动态监管，区国资管理中心通过召开企业运营分析会、月底财务报表、专项核查等形式，对企业经营业绩完成情况实施动态监管。组织考核由区国资经营管理中心牵头，对企业经营业绩指标完成进行考核，定期将考核结果报区委、区政府。

2013 年鼎城区朗州城市建设投资开发有限公司在国资管理中心的项目管理考核下，保期保质完成鼎城 14 条主干道“三改四化”（城市内河水系改造、棚户区改造、道路改造，城市美化、亮化、绿化、数字化）工程。整个管理考核过程充分利用网络先进技术，实现资产从静态到动态的适时跟踪考核管理，实现了施工分散但考核监管统筹，达到效益最大化，得到区人民政府的肯定与表彰。

第三节　桃源县国有资产管理

一、机构沿革

1949 年 8 月至 1991 年 5 月，桃源县没有设立专门管理国有资产的机构，国有资产由其占有或使用单位自行管理。1991 年 6 月，县机构编制委员会印发《关于成立桃源县国有资产管理办公室的通知》（桃编发〔1991〕5 号），设立国有资产管理办公室，为独立股级事业单位，归口县财政局管理，定事业编制 4 名，是县人民政府管理全县国有资产的职能机构。

1996 年 8 月，中共桃源县机构编制委员会印发《关于桃源县国有资产管理办公室更名升格的批复》（桃编发〔1996〕85 号），桃源县国有资产管理办公室被更名为桃源县国有资产管理局（简称“县国资局”），机构由正股级升格为副科级，内设办公室、评估管理股、资产管理股 3 个股室，定编人员增至 10 人，其隶属关系不变。是年，按照县人民政府的部署，全县各乡镇均配备国有资产管理专职干部，国有企业和行政事业单位明确 1 名兼职人员管理本单位国有资产。县内建立起比较完整的国有资产管理网络体系。

1997 年 9 月，县人民政府组建成立桃源县国有资产投资经营有限公司，负责经营管理由县国资局授权经营管理的国有资产。翌年，经县人民政府批准，各乡镇和县直经营管理部门成立资产投资经营中心，具体负责本地本部门国有资产和集体资产的经营管理，代表政府从事资产的出售、出租等工作，并承担企业原有债权债务的清偿责任。

2002 年，桃源县人民政府在机构改革中为精简机构，撤销县国资局，将国有资产管理职能划入县财政局。11 月，县人民政府设立县城市资产开发管理领导小组，负责县内国有资产特别是城市国有资产的管理工作。翌年 2 年，县人民政府成立国有独资的县城市资产经营开发有限公司，负责县政府授权的县城规划内土地一级市场经营、县政府委托的国有资产经营管理、县城区建设项目和县城国有公用设施及无形资产经营的相关职权和职责。

2006 年，中共桃源县委和县人民政府为加强对国有资产的集中管理，再次调整国有资产管理机构。根据中共桃源县委机构编制委员会《关于成立桃源县国有资产与城市建设投资经营管理局的批复》（桃编发〔2006〕16 号）文件、《关于印发〈桃源县国有资产与城市建设投资经营管理局职能配置和内设机构及人员编制方案〉的通知》（桃编发〔2006〕45 号）文件，成立桃源县国有资产与城市建设投资经营管理局（简称“县国资与城投管理局”），为具有行政职能的正科级事业单位，归口县财政局管理，内设办公室、产权管理股、资产监管股 3 个职能股室，核定全额拨款事业编制 15 名，其中正副职领导职数 4 名，股级职数 3 名，其他工作人员 8 名。12 月，中共县委机构编制委员会印发桃编发〔2006〕50 号文件《关于桃源县城市建设投资开发经营管理领导小组办公室机构编制有关问题的批复》，将桃源县城市建设投资开发经营管理领导小组办公室机构归并到县国资与城投管理局，编制增加到 30 名，其内设机构和科级领导职数不变，股级职数增加为 6 名，其他工作人员增加为 20 名。2007 年，县国资与城投管理局增设财务股和资产处置股，2008 年增设经营管理股。至此，内设机构总数增加到 6 个股室。

领导人员名录

国有资产管理办公室（1991.6—1996.8）

主　　任　陈建鹏（1991.6—1996.8）

国有资产管理局(1996.8—2002.3)

局　　长　吕斌秋(1996.8—2000.2)

唐如钢(2000.3—2002.3)

副 局 长　黄丹清(1996.8—2002.3)

王雨清(1996.8—2002.3)

李义龙(1996.8—2002.3)

国有资产与城市建设投资经营管理局(2006.11—)

局　　长　王志成(2006.10—2007.10)

佘协平(2007.10—2009.11)

于清平(2009.11—)

党组书记　王志成(2006.10—2007.10)

佘协平(2007.10—2009.11)

于清平(2009.11—2013.1)

唐如钢(2013.1—2013.12)

于清平(2013.12—)

党组副书记　于清平(2013.1—2013.12)

唐如钢(2014.1—2015.12)

副 局 长　龙仲安(党组成员,2006.10—2011.3)

刘立平(党组成员,2007.11—2011.3)

李朝辉(党组成员,2007.11—2009.2)

陈占权(党组成员,2007.11—2014.6)

曾　程(党组成员,2011.3—)

欧阳太平(党组成员,2011.3—)

刘　骏(党组成员,2014.6—)

纪检组长　覃　力(党组成员,2012.1—)

工会主席　欧阳太平(党组成员,2007.11—2011.3)

刘徐君(党组成员,2011.3—)

二、清产核资

1991 年,按照国务院国发〔1990〕38 号、湖南省人民政府湘政发〔1990〕48 号和常德市人民政府常政通〔1991〕5 号《关于加强国有资产管理工作的通知》文件精神,桃源县人民政府发出《关于加强国有资产管理工作的通知》(桃政发〔1991〕81号),决定在全县开展对国有资产的清产核资工作。同历次清产核资工作的做法相同,本次同样采取成立机构、制定方案、宣传发动、大会布置的方式进行。全县对预算内企业、预算外企业、企业化管理的事业单位、全民性质的集体所有制企业进行归类,然后对国有企业进行摸底调查,共登记企业107户,其中湖南省属企业26户、县属企业81户。这次核定桃源县1991年年末县级国有资产2.8306亿元,其中行政事业单位占有1.9984亿元、企业经营性国有资产8322万元。

1994—1996年,县内参加全国第五次国有企业清产核资工作。1994年,县国资局对全民所有制企业、单位有关对外投资的清理和所有权界定进行了明确。1995年,县人民政府转发了湖南省、常德市《关于国有企业全面开展清产核资的通知》。文件规定,国有企业以国有资产投资举办的联营、合资、合作企业、单位,都要完成清产核资工作;同时,各企业、单位的清产核资工作按财务隶属关系进行。1996年5月,历时三年的国有企业第五次清产核资工作结束,查明1995年全县共有国有企业59户,国有企业占有国有资产3.246亿元,其中国有资产负债总额达到2.2723亿元,资产负债率为70%,实有净资产9744万元。

2007年3月20日—5月20日,桃源县以2006年12月31日为基准日,组织开展对国有资产的清查。清查范围为经中共桃源县委机构编制部门批准成立、执行行政事业单位财务和会计制度的各类行政事业单位、社会团体以及部分执行企业会计制度的事业单位。清查的方法是采取盘点、函证、检查、计算、询问等,对单位的固定资产(不包括土地资产)、流动资产等进行全面清查。此次共清查全县535家行政事业单位和社会团体,总资产为21.679亿元,负债为12.717亿元,负债率为58.66%,净资产为8.962亿元。这次资产盘盈1.087亿元,其中流动资产42.66万元,固定资产1.083亿元;固定资产盘盈主要为历年来账务处理不及时以及账务处理错误形成。资产损失1.209亿元,其中流动资产损失5336.07万元,固定资产损失6749.04万元,对外投资损失4.4万元,有价证券损失0.49万元。

2008年11月,县国资与城投管理局对全县行政事业单位和国有改制企业资产进行全面清理核定,对产权不清、权属不明的进行产权界定,共盘盈资产1.5亿元,盘亏1.2亿元,按规定及时作了账务处理。2009年3月,对占有经营性国有资产的47家县直行政事业单位门面租赁资产进行全面清查,县财政取得租赁收入1242.1万元。2011年以后,全县国有资产建立电子数据库,底子清楚,并进行精细化跟踪监管,故截至2015年底,县内未再开展大型清产核资工作。

三、产权管理

产权登记　1978—1990 年，县内国有资产产权由占有和使用单位自行登记。1991 年后，由县国有资产管理机构组织登记。产权登记的内容为单位概况、相关指标数据、单位登记事项变动情况等。产权登记分为产权占有登记、产权变动登记、产权注销登记和产权年检登记。

1991 年，经县人民政府批准，县国有资产管理办公室在产权登记中开始对国营企业征收国有资产登记手续费和工本费，其收费标准为：开办产权登记证每证 80 元、变动产权登记费每证 50 元、年度检查费每证 50 元、注销产权登记费每证 50 元、企业单位领取或换取产权证工本费每证 20 元。此项收费 1995 年后按照上级规定被取消。

1992 年，对全县预算内企业、预算外企业、企业化管理的事业单位等有全民所有性质的企业进行摸底调查和归类，全县共有 107 家企业进行产权登记，其中省属企业 26 户、县属企业 81 户，县属企业资产总额 4.5323 亿元，实有资本金 1.2448 亿元，国有资金 1.2437 亿元。同年，县国有资产管理办公室建立产权登记档案，登记编号，建立台账，实行专人管理。

1993 年，县内开始对企业房产和土地进行登记，由县房产和国土部门分别发放产权证，当年登记 90 户，其中省属企业 17 户、县属企业 73 户。1996 年，县国资局对 45 个国营企业和 102 个行政事业单位国有资产进行年检，并给予产权登记。登记各类企业资产总金额 2.81 亿元（其中国有资产总金额 1.977 亿元），负债总金额 8331 万元。1999 年，对全县 119 户行政事业单位、46 户国有企业的国有资产进行年检，年检率 100%。

2000 年 7 至 10 月，县国资与城投管理局开展企业重新占有产权登记和换发新的产权登记证工作，再次摸清企业国有资产“家底”。2001 年，对 119 个行政事业单位和 46 个国有企业的国有资产进行年检，注销 13 个已实行体制改革的国有企业的产权登记证。

2008 年，对新设立的 2 个单位和 8 家国有独资企业进行产权登记。同年 9 月 16 日，县人民政府常务会议明确规定全县行政事业单位的房产、土地产权证归集到县国有资产管理部门实行集中统一管理。

2013—2015 年，县国资与城投管理局对乡镇范围内零散国有资产和权属争议资产进行了清查，并启动城市公用资产和廉租房国有产权部分的清查登记。

资产评估　1991 年，县国资办在全县范围内开展国有资产评估统计。当年全县的国有资产总量评估为 2.8306 亿元。1993 年，县国资办对全县行政事业单位的资产进行评估统计，在 217 个单位中共有资产总金额 1.8683 亿元（其中国有资产 1.6239 亿元，占

87%),对90个企业单位(省属17个)进行年检,验证登记国有资产总金额1.6774亿元,国有资本金1.6334亿元(其中省属企业国有资产4897万元、国有资本金4257万元)。是年,根据国务院91号令的规定,生产经营单位的国有土地使用权和国有房产的评估纳入国有资产评估的管理范围。

1995—2000年,县国资办(局)完成国有资产评估立项55个,评估资产金额2.89亿元。同时,县人民政府针对国有改制企业资产评估存在不规范的问题,根据常德市1997年4月颁布的《常德市国有企业产权制度改革的若干规定》文件精神,明确规定国有企业改制应由具有评估资格的机构对资产进行评估,并报经县国有资产管理部门审核确认,及时制止对国有企业资产低估的做法。1997—2000年,由县国资局(办)组织有资质的评估机构先后对改制企业县柴油机厂、县罐头厂、县桃南纺织厂、县饮食公司渔父酒家等企业资产进行了评估。此后,确认所有国有改制企业资产均由县国资局组织有资质的评估机构评估。

2002年后,根据湖南省和常德市国有资产管理局的规定,县内资产评估机构完成脱钩改制工作,成为社会中介组织,此后县内一切资产评估活动均实行市场化运作。

产权流动 1996年,县国有资产管理部门将原县属国有企业"七一瓷厂"的1.54公顷房屋地基资产作价571万元有偿由县劳动局调剂购买。1997年后,随着国家法律法规的不断完善,国有资产产权的流转逐渐走上依法流转的轨道。如国有土地的产权流转依照县国土部门的规定流转。2000—2015年,为使国有资产产权流转做到有序流转、依法流转,县国有资产管理部门制定了《关于规范全县国有资产流转的管理办法》《关于加强全县国有资产流转管理的规定》等一系列相关的规定,实现依规流转。期间,对全县已改制的78家原国有企业的85宗土地、387栋房产产权从企业剥离出来,直接由县国有资产主管部门管理和处置。2015年,按照常德市人民政府第20次专题会议要求,为支持桃花源风景旅游管理区文化旅游产业发展,县人民政府无条件成建制向桃花源风景旅游管理区移交国有资产18宗,集体资产1宗,评估价值0.95亿元,并签订移交协议与三方协议,明确权责关系。

收益管理 1990—1992年,县人民政府对县商业所属国有公司实行利税包干,三年分别上交259.4万元、225.4万元和188万元。1993年,县氮肥厂等15家国有企业上交管理费21万元。1994年,根据常德市人民政府《关于收取国有资产占用费的通知》文件精神,县人民政府向企业收取国有资产占用费,具体收取办法是以企业1993年度占用国有资产的会计决算和资产年检数为基础,按照年费率3%—5%的标准,实行行业差别费率收取国有资产占用费。企业国有资产占用费不足2万元的,年初一次性交清;超过2万元的按月平均进度于当月10日上交;对上期未交、欠交的,提请银行直接从开户存款中划转，并按滞交额每日加收2‰的滞纳金。在未足额上交占用费之前，企业不得提取效益工资，不得实行资产抵押贷款，也不得享受财政、国有资产部门的有关优惠政策；对企业新增国有资产，三年内可免交占用费。1994—2002年，全县共征收国有资产占用费485万元，征收国有山林租赁费14万元。

从1995年起，对非经营性的国有资产转经营性的国有资产（简称“非转经”）征收占用费，征收年费率为按实际投入生产经营资产总值的3%—5%征收，凡差额、自收自支的事业单位出租、出借、租赁国有资产，则按7%—10%的年费率征收占用费。1995—2002年，全县征收行政事业单位“非转经”收益56万元。

2005年后，县属国营企业全部改制，国有资产收益主要为国有资产经营性收益。2009年，县人民政府召开第26次常务会议，专题研究加强国有资产“非转经”管理问题，明确对“非转经”资产按照“操作公开化，收益最大化，程序合法化”的原则实行“合同统一签订，资金统一监管，票据统一填开，税费统一清缴和收入统一分拨”管理。此后进一步完善“非转经”管理制度。2011—2013年，全县国有资产随着租金的提高有所增加，年均300万—500万元。2014年后，党政机关“非转经”资产不再对外租赁，每年租金收入减少到350万元。

资产处置　20世纪90年代中期后，县属国营企业经济效益下滑，甚至出现资不抵债状况。为偿还债务，部分企业开始处置资产。1996年，县百货纺织品有限责任公司、县冷冻食品厂等企业率先破产，其资产被处置。此后，县内国有企业资产处置增多。1998年，县人民政府办公室针对县内国有资产处置无序的状况，制定《桃源县国有资产处置管理实施办法》（桃政办发〔1998〕41号），明确规定单位处置国有资产，首先到县国资局填写《国有资产处置申报表》，再审批，10万元以下的报县国资局会同县财政局审批，10万元以上的由主管县长审批，推进国有资产处置工作规范化、程序化，将国有资产行政管理同资本运营分开，开辟国有资产交易市场，使闲置、不良资产有序流动。全年盘活国有资产3000余万元，除缴入县财政500万元，其余用于企业和有关单位消除财务赤字还债。

2000—2005年，78家县属国有企业实行“两个置换”改制，其资产由企业采取公开拍卖、抵债等方式处置，实现收入全部用于企业改革。2006年后，资产处置的重点是原国有企业改制后留下的闲置资产。

2007年，处置国有资产10宗，收入7315.2万元。2008年，处置国有资产27宗，收入2976.79万元，完成直管资本出租续租54宗，收入80.74万元。翌年，为纠正国有资产处置中中介委托行为不规范的行为，县人民政府办公室发出《关于规范国有资产处置中中介委托行为的通知》（桃政办发〔2008〕1号），规定采取招标方式，引入竞争机制，公正公平，防止国有资产处置中不良现象和资产流失的发生。2009年，处置国有资产12宗，实现资产收入1433万元。

2011年处置资产9宗,实现处置收益3956万元。同年,将沅水河道桃源段砂石准采区划分为11个标段,规划为15个码头,对采矿经营权和码头经营权捆绑拍卖,实现收入1.07亿元。2012—2013年,处置国有资产18宗,实现处置收益5941.8万元,其中县欣运集团老车站招待所闲置资产拍卖成交价2480万元,超底价1380万元。期间,县城区出租车和公汽使用权转让取得收益986万元,户外广告权出让收益40万元。2014—2015年,处置国有资产18宗,实现收益2.61亿元。

四、国有资产经营

转换经营机制 改革开放以后,随着个体和民营经济的快速发展,国营企业出现经济效益持续下滑的局面,全县除商业企业约有利润外,工业、交通、粮食、供销等企业全面亏损,亏损面达到95%以上。为革除弊端,增强活力,1983—1985年,中共桃源县委、县人民政府在国营企业内部开展以"三项制度改革"(劳动制度、人事制度和工资制度)为主要内容的转换经营机制改革。中共县委和县人民政府成立领导小组,由时任中共县委副书记牵头,主管国营企业的副县长具体负责,下设工作办公室,全县召开大会进行部署动员。1984年6月,中共桃源县委和县人民政府在县瓷厂、县酒厂、县"三八"副食品公司等一批工商企业中进行改革试点。10月,《中共中央关于经济体制改革的决定》公布后,中共县委和县人民政府加快步伐,开始在县内所有的国营企业中推开转换经济机制的改革。

转换经营机制的主要措施和内容,包括企业实行简政放权,扩大企业在机构设置、劳动人事管理、生产经营、产品销售、物资选购、信贷选择、资金使用、工资奖金发放、横向经济联系等方面的自主权,实行政、企分开,减少行政干预,制止向企业乱集资、乱摊派、乱收费,不断减轻企业负担,还将行政性公司(包括以经济实体为核心的行政局)转为独立核算、自负盈亏的经济实体。这些措施,使企业不吃国家、集体的"大锅饭",员工不吃企业的"大锅饭",比较好地解决了"经营好坏一个样,干多干少一个样"的弊端。至1986年,全县国营企业全部实行厂长(经济)负责制;企业投资、融资由政府拨款改为向银行贷款;企业利润由直接上交政府改为由税务部门以税收形式征收。

经过转换经营机制,全县国营企业整体扭亏为盈,只有交通运输、服务业等行业继续亏损。县瓷厂、县酒厂、县印刷厂、县轴承厂等老亏损户止亏为盈。但好景不长,县属国营企业在同个体和民营企业的竞争中明显乏力。1991年后,全县国营企业再次全面亏损。

承包制 20世纪80年代中期后,中共桃源县委和县人民政府在国营企业实行承包责任制(时称"包"字进厂进店)。企业内部建立起车间、班组、柜台、个人经济承包责任制,将企业生产经营任务分成若干指标，层层承包。1987 年，中共县委和县人民政府作出《关于县经委对县政府实行以利润产值为主要目标综合承包的决定》，承包期从 1987 年起至 1990 年止。县经委对下属各企业实行“指标一包 4 年，上交分年包干，超利一九分成，亏损企业自补”的承包经营责任制。这 4 年，县经委企业共实现利润 1442 万元，上缴利润 364 万元，提取生产发展基金和更新改造基金 115.9 万元，发放奖金 159.8 万元。企业经济效益明显提高。同时期，县属其他国有企业也全面推行承包经营责任制或租赁经营责任制。部分不便于实行承包经营的商业、服务业等国营企业则实行租赁经营责任制。企业向个人提供门面、场所、柜台等资产使用权，由个人全权生产经营。租赁经营均由个人同企业签订合同，包死上缴基数、自主经营、自缴税费、自负盈亏。企业自实行承包或租赁经济责任制后，经济效益有了明显提高，普遍实现扭亏为盈。

1991 年，按照国务院有关部门《关于坚持和完善企业内部经济责任制的意见》，县人民政府同国营工业和商业企业法人代表签订为期 3 年的承包经营合同书。第二轮承包采取“包死基数、逐年递增、确保上交、超收分成、歉收自补”的原则，实行“企业集体承包、厂长（经理）全面负责、定额上缴、超利分成”的承包形式。二轮承包期间，由于个体和民营企业的迅猛发展，国有企业在市场竞争中纷纷败下阵来。虽然县政府降低了企业承包基数，也无法兑现二轮承包。至 1996 年，随着社会主义市场经济体制的逐步建立，承包或租赁经营等经济责任制也无法同各类个体户和私营企业竞争，从总体上逐渐退出市场。

国有民营　1998—2000 年，县内商业、供销联社、粮食和外贸国有企业实行“国有民营”经济责任制。“国有民营”就是企业资产的所有权归国家、经营权归个人，采取将所有权与经营权分离的办法，由个人负责经营，实际上也是承包或租赁经营的一种形式。在这期间，全县商业、供销联社以门面或柜台的形式向个人承包租赁。粮食和外贸企业则以经销点为单位由个人承包或租赁经营。“国有民营”实行合同制管理，由企业同个人签订上交合同，包死基数、自主经营、自交税费、自负盈亏。实行国有民营后，商业、供销、粮食和外贸企业虽然在企业管理上被简单化，但造成 90％的企业职工下岗，再加上上交有限，无法维持企业必要的正常开支。因此，至 2010 年，“国有民营”在商供粮贸企业从总体上退出。

兼并联合，破产重组　1995 年，县肉联厂因资不抵债破产，部分资产用于安置职工和偿还债务，剩余资产组建县望江冰激凌厂。翌年，县人民政府试点企业重组，利用原县二轻局国有资产组建县进出口总公司，利用尧河乡政府国有资产组建县茶业集团公司。1996—1997 年，先后有县精铸厂、县纸厂、县酒厂、县瓷厂、县百纺公司、县煤炭公司等国有企业因资不抵债，依据《中华人民共和国企业破产法》，通过法定程序实施破产。同期，县政府组织企业对县氮肥厂和县麻厂实施兼并，对县水泥厂和县轴承厂资产重组联合。

1998年,县政府从县外引进金果实业公司,以500万元整体收购县罐头厂的资产。2000年,县政府促成山东省鲁洲集团公司以120万元买断县酒厂破产后房地产20年的经营权。2001年,县政府决定将县畜禽原种场、县白洋河渔场和县饲料厂等国有企业1600万元资产作为注册资本,组建起县国有畜禽水产有限公司。这些新组建的国有企业因剥离了原企业的债务,开始都能表现出一定的活力,但不久又会累积起原国有企业的多种弊端。到2002年,个体私营经济总量占全县市场经济总量的90%以上。在市场竞争中,重组的国有企业又陷入严重亏损状况,再次被逼改制。

“两个置换” 至1997年,县内县属国有企业陷入举步维艰的地步,总体资产负债率达到123%,65%以上的职工下岗,企业退休职工的待遇无法落实,被逼实行“两个置换”改革。

1998年起,县政府成立企业改革领导小组和企业改革协调小组,开始对全县国有企业实行“两个置换”改革。企业改革协调小组负责企业改制过程中资产的评估、核对、过户、发照、办证等工作。县政府及主管部门成立改制工作组进驻企业帮助指导改制工作。各企业自身也成立改制领导小组,选举职工代表参加。1998—1999年,先后有县柴油机厂、县罐头厂、县桃南纺织厂、渔父酒家等一批国有企业完成“两个置换”任务,其资产采取拍卖、出让、收购等多种方式变现,用来安置企业员工,企业依照国家劳动部门制定的标准,根据职工工作年限的长短对职工给予一定的经济补偿,时称“买断工龄”。

2000年,针对日益严重的国有企业形势,中共桃源县委、县人民政府作出关于加快国有企业改革的决定,出台《关于贯彻〈中共中央关于国有企业改革和发展若干重大问题的决定〉的实施意见》,推进县内国有企业产权和职工身份置换,确定目标是县属企业改制面2000—2001年达到100%、产权变动面达到80%以上。2000—2005年,全县78家县属国有企业全部完成“两个置换”改制任务,改制面达到100%,企业资产租赁8家、承包5家、拍卖出售13家、量化11家、分立13家、其他15家,原有9148名职工置换身份后解除劳动关系2662人、进入中心托管1785人、在岗3507人、其他1194人。至此,在计划经济时期建立起来的为全县经济和社会发展作出贡献的县属国有企业全部改制解散。

资产重组 20世纪90年代中期开始,县人民政府在推进国营企业改制的同时,将已完成改制任务、分散在各企业的闲置资产集中起来,由县国有资产管理部门实行统一管理、集约经营,变资源为资产,变资产为资本,变资本为资金,既盘活闲置资源,又将闲置的国有资产统一整合,对外担保、抵押,招标确立合作银行,多渠道融资,搭建起投融资平台。县内县属企业完成“两个置换”改制后,资产整合扩展到县内全部国有资产。

2003年,县人民政府委托县国资与城投管理局组建成立国有独资的县城市资产经营开发有限公司,负责县政府授权的县城市规划内土地一级市场经营、县政府委托的国有资产经营管理、县城区建设项目和县城国有公用设施及无形资产经营。公司的各项建设资金来源主要是以县内国有资产为抵押，通过银行融资获得。2003—2005年，县城市资产经营开发有限公司用来抵押担保的国有资产规模较小，融资额度也不大。2006年后规模和额度明显扩大。2006—2009年，县人民政府又组建成立县农业开发有限责任公司和县交通开发有限公司。期间，县国资和城投管理局将全县改制企业78家的85宗土地、387栋房产从原主管单位剥离出来，同时又将68家行政事业单位364栋房屋、129宗土地资产归集起来，向3家公司注入抵押资产，向银行融资3.14亿元，用于城市、新农村和交通建设。这期间，仅县城市资产经营开发有限公司就累计完成城市建设投资2.25亿元，主要进行县城市政工程建设和全县基础设施建设，提升城市品位。

2010—2011年，县人民政府又注册成立县经济开发区投资有限责任公司和县网络有限责任公司。2012年，县国资和城投管理局向县城投开发公司划拨国有资产75宗，其中行政事业单位35宗、县粮食局原直管企业16宗、县国资和城投管理局直管原粮食企业24宗、土地59000平方米、房产230栋，估价11亿元，用于降低县城投开发公司负债率。是年，向5家县属国有(控股)公司提供抵押(担保)资产，银行加大授信额度，共融资3.13亿元，用于新农村、工业园和城市开发建设。

2013年，县国资和城投管理局归集全县406宗土地、1152栋房屋产权，总估价21亿元，向县城投开发等5家公司提供抵押(担保)资产，共向银行融资6.85亿元。2014年向县城投开发等公司提供国有资产10.53亿元，向银行融资8.46亿元。2015年，向县城投公司提供资产6.35亿元，多渠道共融资15亿元。这些资金全部用于县内各项基础设施建设。

2015年，针对全县各行政事业单位经营性资产管理不善的现状，县人民政府出台《桃源县行政事业单位国有资产出租、出借、对外投资、担保管理暂行办法》，对国有资产出租、出借、对外投资、担保等从程序、期限、收益管理方面作出了明确和具体要求，进一步规范了经营性资产管理。

五、国有资产监督

行政监督　1996年，县人民政府办公室针对企业在资产处置中不评估或低评估的做法，发出《关于加强国有资产管理的通知》(桃政办发〔1996〕32号)，强调处理资产必须进行评估，由持有湖南省国有资产管理局颁发的资产评估资格证的评估机构组织评估，做好产权登记、处置申报审批手续。是年，县国有资产管理局直接参与对县铸造厂、酒厂、造纸厂、瓷厂、煤炭公司、百货纺织品公司等国有破产企业的国有资产监督管理。1998年，县人民政府制定《桃源县国有资产处置管理实施办法》,共13条,对产权界定、审批权限、程序、评估等作出规定,使国有资产监管实现规范化。

2000年,县人民政府发出《在两个置换中加强国有资产管理的通知》,在全县有国有企业改制任务的科局成立国资管理办公室,要求各单位将处置国有资产安置职工和偿还债务后剩余部分资产交县国资局直管或委托单位国有资产办公室代管,明确单位处置国有资产过户必须凭国资局的"国有资产处置确认通知书"。

2005年10月,县人民政府作出《关于规范国有资产处置的决定》,规定资产处置的"四项原则"(依法处置、归口处置、公开处置和依程序处置)和"八项程序"(单位申请、委托评估、审核报批、选定拍卖机构、拟定拍卖底价、实行公开拍卖、税费清缴和资产移交)。

2008年,县人民政府为强化对改制企业剩余资产的管理,出台《桃源县国有资产管理办法》(桃政发〔2008〕9号)文件,共43条,对资产登记、配置、使用管理、经营性资产管理、资产处置、资产界定和产权纠纷、监督管理等作了详细规定。是年,对全县2006年以来改制单位所属房地产交易情况、违法违规情况和资产流失情况作了检查。同年,县人民政府召开专题会议明确:行政事业单位撤并后的资产、县属国有企业完成改制后的剩余资产全部移交县国资管理部门直接管理。2008—2009年,对全县78家国有改制企业的85宗土地、面积74.15平方米,3887栋14.44万平方米房屋建筑物,设备资产913万元,资产与原单位脱离,归县国有资产管理部门直接管理。

2010年,县政府加强基层监管队伍建设,明确由各乡镇财政所长、县直单位财务股长担任本单位的国资监管员,宣传贯彻国资管理政策,掌握本单位财务核算范围内国有资产状况,负责本单位国有资产日常监督检查工作,建立"纵向到底、横向到边"的国资监管网络。

2011年,县国资与城投管理局启动国有资产管理信息系统运行,实现资产从静态监管到动态监管,从分散监管到统筹监管的转变,做到资产同预算管理、实物管理同价值管理相结合的运行模式,对资产实行网络化、程序化管理。

2014年,对非法侵占郝坪屠宰场国有资产案件进行查处,对14宗违规处置5845.80平方米国有土地使用权的历史遗留问题依法进行妥善处理。是年,资产监管信息化建设有序推进,进一步完善网上业务申报审批流程,对新增和分设的3家一级预算单位新建信息系统。

经济监督 财务监督。1990年,县财政制定《财政监督制度》《财政监督人员守则》等,强化财政监管人员行为规范,提高监督业务能力。1993年,全县抽调260名财政税务人员,组成85个检查小组,对全县国营企业各种税费解缴情况进行全面检查,查出偷税漏税金额137万元,全部追缴财政。

1999 年，县人民政府组织财政部门对国有企业票据使用、银行账户、收费项目等情况开展专项检查，查处违纪金额 2613 万元，取消银行账户 110 个，处以罚款 6.3 万元。2001—2004 年，先后对全县 72 家改制国有企业财务收支情况进行监督检查，纠正各类问题涉及金额 464 万元，处罚上解财政 67 万元。

2006—2009 年，县财政局从完善财务监管入手，出台《桃源县国有企业财务管理 20 条》等制度，使财务管理各环节有章可循。2012 年后，县财政、国资管理部门每年组织开展 1—2 次对国有资产的专项财务检查，重点检查是否账目同实物相符。

审计监督　1987—1990 年，县审计局重点对县柴油机厂、县彩色印刷厂、县七一瓷厂等国有工业企业的租赁承包开展经济责任审计，每年审出违纪金额都在 10 万元上下，全部依规作了处理。1992—1996 年，县国有企业把社会审计同内部审计相结合，为企业挽回经济损失 120 多万元。2000—2010 年，县审计局对国有企业每年组织开展收支或资产、负债、损益审计，开展经济责任审计。2012 年开始，将国有资产管理纳入领导干部离任经济责任制审计范畴。

第四节　汉寿县国有资产管理

一、管理机构沿革

1991 年 6 月 15 日，根据国务院国发〔1990〕38 号，湖南省政府湘政发〔1990〕48 号和常德市机构编制委员会办公室常编办县〔1991〕1 号文件精神，汉寿县机构编制委员会办公室制发《关于设立汉寿县国有资产管理办公室》（汉机编办〔1991〕22 号）文件，同意设立汉寿县国有资产管理办公室，归口县财政局管理，为独立二级全民事业单位，核定事业编制 2 名，人员由财政局内部调剂，经费由县财政开支。

1996 年 3 月，根据汉寿县编委办《关于县国有资产管理办公室更名和升格的通知》（汉编发〔1996〕39 号），将汉寿县国有资产管理办公室更名为汉寿县国有资产管理局，并升格为副科级事业管理机构。机构更名、升格后，隶属关系、经费渠道等维持现状不变。

1998 年 12 月 30 日，汉寿县机构编制委员会印发《关于印发汉寿县国有资产管理局职能配置、内设机构和人员编制方案的通知》（汉编发〔1998〕4 号），该通知明确了国有资产管理局的职能、职责和内设机构的设置。县国资局设企业资产股和行政事业资源股。核定事业编制 8 名，其中局领导职数 2 名，股长（主任）2 名，其他工作人员 4 名。

2002 年 4 月,撤销汉寿县国有资产管理局,设立汉寿县财政局产权统计评价股。

2006 年 4 月,产权统计评价股被更名为汉寿县财政局资产管理股。

2013 年 1 月根据常德市编办《关于设立汉寿县国有资产经营管理中心的批复》(常编办〔2012〕191 号),2013 年 1 月 18 日汉寿县编委办批复成立汉寿县国有资产经营管理中心(汉编发〔2013〕8 号),明确该中心为财政局管理的正科级事业单位,核定正副科级领导职数 3 名,其中,主任 1 名,副主任 2 名,其他工作人员 4 名。县国有资产经营管理中心内设产权管理股、资产管理股、经营管理股 3 个职能股室。县国有资产经营管理中心核定全额拨款事业编制 7 名。

领导人员名录

国有资产管理办公室(1991.6—1996.3)

主　任　解以刚(1991.6—1996.3)

副主任　彭晋云(1995.3—1996.3)

国有资产管理局(1996.3—2002.9)

局　长　刘以国(1996.3—2002.5)

副局长　彭晋云(1996.6—2005.9)

国有资产经营管理中心(2013.1—)

主　任　曾昭好(2013.1—2015.11)

主　任　卢建华(2015.12—)

副主任　刘　斌(2013.1—2015.12)

贾　勇(2013.1—)

二、清产核资

1991 年,汉寿县人民政府发出《关于加强国有资产管理工作的通知》(汉政发〔1991〕35 号),决定在全县开展对国有企业国有资产的清产核资工作。国资办对国有企业进行摸底调查,共登记企业 60 户,其中国有工业企业 53 户,国有商业企业 7 户。全县国有企业国有资产 9669 万元,其中国有工业企业国有资产 8516 万元,国有商业企业国有资产 1153 万元。

1993 年 2 月 10 日,县人民政府办公室下发《关于成立汉寿县清产核资领导小组的通知》(汉政办函〔1993〕9 号)。邱景蓉任组长,李运南、徐联梅任副组长,黄福全、肖先开、刘业生、李后将、刘德禄、解以刚为成员。领导小组下设办公室,解以刚兼任办公室主任,办公地点设县财政局院内。当年11月，县国有资产管理办公室清查县美术印刷厂。县美术印刷厂始建于1958年，国资办在四个方面进行调查，即政策性流失、经营性流失、体外循环性流失和转轨性流失。通过清查，该企业拥有固定资产原值625万元，净值494万元，资产总额1146万元，负债总额911万元，所有者权益为235万元。该厂是汉寿县实行国有资产租赁经营的首家企业。

1994—1995年，汉寿县开展第五次清产核资工作。此次清产核资共清查全县82户国有企业，占用资产总额56646万元，比账面值增长1.13%，其中流动资产32590万元，固定资产22164万元，其他资产1892万元，分别占全部资产总额的57.53%、39.13%、3.34%。负债总额为57060万元，其中流动负债38751万元，长期负债为18309万元，资产负债率为100.73%。所有者权益总额为-414万元，其中实收资本9621万元，资本公积139万元，盈余公积155万元，未分配利润-10329万元，所有者权益为资产总额的0.73%。同时共查出资产损失11049万元，其中流动资产损失9410万元，固定资产损失1639万元，清理出资金挂账14405万元，其中经营亏损挂账10346万元，其他潜亏挂账4059万元。

1997年3月，县清产核资领导小组对全县信用合作联社系统进行清产核资。共清查32户，年末在职职工401人，离退休人员120人。资产损失及不良资产合计7750万元，其中逾期贷款5152万元，呆滞贷款1134.5万元，呆账贷款1435万元。资金挂账合计2925万元，其中亏损挂账2600.8万元。产权界定中投入资金界定前后均为1217.2万元；经营积累界定前后均为-2416.7万元。固定资产价值重估1466.5万元，其中重估前1441.2万元，重估后原值增值额323.9万元。重估固定资产净值1121.6万元，其中重估前1101万元，重估后净值增值额288.2万元。清查出资产总额账面数32997.3万元，核实数为33285.5万元。

2001年8月，汉寿县成立预算单位清产核资领导小组，肖跃林任组长，刘以国、马永安任副组长，彭晋云、孙学兵、李守顺、周智勇、胥祥明、马柏山、李华、郭永华、鲁观保、张家祥、夏维军、梁军为成员。是年，本着“严格、彻底、实事求是”的原则，对全县预算单位进行了一次全面的清产核资。全县预算单位共有179户，其中事业单位125户，企业化管理事业单位1户。清查出事业单位资产总额39504.33万元，企业化管理事业单位资产总额1762.13万元。通过清理，盘盈资产2385万元，其中流动资产520万元，固定资产1865万元。

2002年，县清产核资领导小组对汉寿县棉麻蚕茧总公司1999年9月1日至2002年12月31日的资产、负债、所有者权益的总量及构成进行全面清理。该公司下辖“两厂一库”，即坡头轧花油脂厂、围堤轧花厂和蒋家嘴棉麻仓库。2001年企业改制前共有380

人,改制后置换职工身份 229 人,退休 3 人,提前退休 64 人,托管安置 83 人,调离 1 人。2002 年末,该公司共有资产 29943 万元,其中流动资产 29003 万元。固定资产原值 1867 万元,净值 940 万元。流动负债 31029 万元,长期负债 2 万元(职工住房基金)。清理出各项损失 11132 万元。

2006 年,县清产核资领导小组对全县 121 个企业单位进行不良金融资产清理调查,涉及金额 10440 万元。其中正常类单位 22 个,金额 1730 万元;歇业类单位 19 个,金额 1700 万元;破产类单位 80 个,金额 7010 万元。

2007 年 7 月至 12 月,县清产核资领导小组对全县有经营性资产的行政事业单位进行重新调查摸底,全县 32 家单位共有经营性资产经营面积 43392 平方米,占用固定资产 5117 万元。

2011 年,县财政部门建立国有资产电子数据库,进行精细化跟踪监管。至 2015 年底,县内未再开展大型清产核资工作。

三、产权管理

年检、产权登记 1993 年,县国办年检国有企业 164 户,注销企业 12 户。年检企业国有资产占用总量 7458 万元,注册资金 20159 万元。企业亏损 2025 万元。中外合资企业补办开办登记 12 户,中方资产总额为 4057.78 万元,其中中方国有资产总额为 3847.78 万元。

1995 年,采取“坐候登记”与上门登记相结合、集中登记与分散登记相结合,共年检国有企业 161 户,其中县属企业 141 户,联营企业 1 户,股份制企业 2 户,省属企业 17 户。年检中外合资企业 14 户,开办登记企业 22 户,注销登记企业 27 户。同时采取产权登记与企业清理相结合,办理了 7 户注销登记。

1996 年,国务院出台《企业国有资产产权登记管理办法》(〔1996〕192 号令)。汉寿县按照“国家所有,分级管理,授权经营,分工监管”的原则,对属本级管理并已取得法人资格的企业或国家授权投资机构的企业占有、使用的国有资产进行产权登记,包括国有企业、国有独资公司、国家授权的投资机构,设置国有股权的有限责任公司和股份有限公司;国有企业、国有独资公司或国家授权投资机构投资设立的企业和其他形式占有、使用国有资产的企业。根据登记活动的性质和目的不同分为占有产权登记、变动产权登记、注销产权登记和产权登记年度检查等四种类型。如对汉寿县机械厂采取占有产权登记,国有资产总额 833.3 万元。对汉寿县第一酒厂因原料断缺、资金缺乏、长期停产、资不抵债导致破产采取注销产权登记,注销产权登记国有资产 185.93 万元。对汉寿县恒惠香化厂因改组建制实行股份制，采取变动产权登记，国有资产总额173万元，比变动前减少了37万元。年度检查产权登记共检出国有资产总额19374万元，负债总额57349万元。

2000年，汉寿县国有资产管理局对国有企业的国有资产产权进行年检，共年检73户，比1999年的94户减少21户，其主要原因是部分企业经营管理不善，无法持续经营处于停产或已由县人民法院宣告并组织破产且未终结。共年检出国有资产总额82300万元，负债总额74917.6万元，利润总额-1588.6万元，净利润-1619.6万元。

2001年，年检国有独资企业7户，国有资产总额5406.1万元；国有控股企业2户（汉寿恒惠香化厂和汉寿县氮肥厂），国有资产总额554.9万元。是年，对汉寿县云台山林场、汉寿县杨树科学研究所、汉寿县复员军人接待站、汉寿县棉纺织厂、汉寿县饮食服务公司等87户国有企业注销登记。其注册资本共9079.1万元，国有资本7648万元，法人资本722万元。

2002年，年检国有独资企业4户（汉寿县汽运公司、汉寿化学厂、汉寿县木材公司和汉寿金牛米业有限公司），资产总额59676.1万元，负债57211.8万元，所有者权益总额2464.3万元，国家资本应享有权益-382.4万元，利润总额-5万元。注销登记91户，其中解散1户，破产15户。资产总额112076.9万元，负债总额106707万元，所有者权益总额5369.9万元。

2006年，县财政局国有资产管理股对新华书店、电影放映公司、自来水公司、粮食购销公司、金牛米业公司、粮食资产经营管理公司等6家企业进行了国有企业产权登记换证工作，注册资本2403万元，国家资本3066万元。

2009年11月，县政府下发《关于收回行政事业单位国有企业经营性国有资产使用权和所有权做好资产过户工作的通知》（汉政函〔2009〕55号）。该通知明确规定各行政事业单位的国有资产管理，实行国家统一所有，政府分级监管，单位占有、使用的管理体制，政府对行政事业单位国有资产享有所有权，单位享有占有、使用、收益的权利。决定收回各行政事业单位、国有企业经营性国有资产的国有土地所有权和房屋所有权归县政府所有，并统一将其国有土地使用权证和房屋所有权证过户到汉寿县金诚城市建设投资经营有限公司名下。

2010年，财政部门会同国土局、房产局、城投公司深入各单位，对全县40多家有经营性资产的行政企事业单位进行重新调查、摸底、测量，对原来已颁发土地使用证和房屋产权证的予以收回，对没有颁发土地使用证、房屋产权证的单位办理新证，并全部过户给城投公司，原值4375.47万元的资产，经评估价值达1.49亿元。

2011年，全面实行电子化数据库，对各单位的国有资产均建立电子档案。

资产评估　1991年11月，国务院发布《国有资产评估管理办法》（1991年11月16日国务院令91号)。次年,汉寿县采取以下措施开展国有资产评估,即进行资产评估的经济行为是否合法并经批准;资产评估机构是否具备评估资质;主要评估人员是否具备执业资格;评估基准日的选择是否适当,评估报告的有效期是否明示;评估所依据的法律、法规和政策是否适当;评估委托方是否就所提供的资产权属证明文件、财务会计资料及生产经营管理资料的真实性、合法性作出承诺;评估过程、步骤是否符合规定要求等。当年由县国资办牵头,联合县审计、县经委、县财办等单位对全县国有企业国有资产进行了全面评估,共评估全县国有资产总额为18450万元。

1995年,全年国有资产评估立项7家,确认项目6个,其中拍卖出售项目1个、租赁经营项目1个、抵押担保项目1个 、法律原因项目1个、其他类型项目2个。县预外企业名贵水产公司与财政信托等四家组建的“正大名贵水产实业公司”、围堤乡购销公司与电力局等三家组建的“康佳克食品有限公司”,是汉寿县首批推出的两家股份制企业,其经营资本属于预算内和预算外、集体和国有资金之间的相互合并与融通,本身是一种不同权益之间的对立和统一。县国资办与县会计师事务所一道深入现场办公,根据有关法规认真对各方、各项资金进行评估,为企业制度改革扫除了障碍。

是年,县国资办对全县参加第5次清产核资的企业(单位),按照国家统一重估标准和规定的重估范围,进行了固定资产价值重估工作。全县82户国有企业按规定纳入重估范围的固定资产原值17532万元,占全部固定资产原值的75.15%,重估面达到了四分之三以上。重估后全部固定资产原值已达到33536万元,升值10207万元,升值率为43.75%。重估后固定资产净值24892万元,升值6848万元,升值率37.95%。

1998年,全年国有资产评估立项7家,其中,破产清算2家,抵押担保5家。全部项目账面原值7642万元,账面净值6667万元,评估后重置完全价值为8755万元,评估现值为6105万元。是年,常德龙阳制药厂宣告破产还债,资产评估350万元,至2000年1月终结,资产变现总值228.6万元,121名职工置换身份,1人退休。

1999年,评估项目4个,其中资产信用抵押项目2个,企业破产清算2个,确认账面原值5423万元,净值4142万元,评估现值4585万元。2000年,评估管理逐步规范,共评估立项19个,确认项目资产账面原值17725万元,账面净值15601万元,重置安全价值18297万元,评估现价8769万元。是年11月,汉寿县美术印刷厂宣告破产还债,资产评估900万元。至2002年6月终结,资产变现总值678.86万元,职工204人置换身份,105人退休。

2002年,汉寿县财政局印发《关于在改革中加强国有资产管理的通知》(汉财发〔2002〕1号),改革评估管理。由过去的立项、确认制改为核准备案制。是年3月,批准县机械厂评估资产,资产总额账面值779万元,评估值779万元,净资产账面值-243万元,评估值-398 万元。该企业 2002 年 6 月宣告破产还债，至 2003 年 9 月终结，资产变现总值 635.6 万元，职工 237 人置换身份，261 人退休。

2006 年后，根据财政部《关于资产评估机构脱钩改制的通知》（财评字〔1999〕119 号）以及湖南省和常德市国有资产管理局的规定，凡从事资产评估业务的专营资产评估机构必须按文件规定在人员、财务、职能、名称四个方面与挂靠单位实行彻底脱钩，使其成为按照合伙企业法或公司法的要求，由注册资产评估师出资设立的合伙形式或有限责任公司形式的资产评估机构。县内资产评估机构完成脱钩改制工作，成为社会中介组织，一律归口由县会计审计师事务所评估，此后县内一切资产评估活动均实行市场化运作。

资产处置　20 世纪 90 年代中期，随着改革的深入，县国有企业不断改制谋求发展新路。但由于市场疲软，企业经济效益下滑严重，大部分企业出现亏损，且连年增亏。在此种情况下部分企业开始处置资产。1993 年 4 月，汉寿县第一酒厂因原料短缺，资金缺乏，长期停产，资不抵债，依法申请破产还债。该企业账面资产总值 185.93 万元，评估价值 289.49 万元，其中工商银行汉寿县支行有效抵押物 117.51 万元，属于破产财产价值171.98 万元，企业债权 680 万元。企业土地使用权属行政划拨，1993 年 7 月由县政府收回。当年 9 月，企业破产还债程序终结。

1998 年，常德龙阳制药厂宣告破产还债，资产变现总值 228.6 万元，2001 年 1 月终结。

2008 年，按照县政府统一安排和布置，县国有资产管理部门对县银和棉麻有限公司的破产和县粮食企业的改制工作，进行实地勘察、评估与拍卖。至 11 月底拍卖粮食企业资产 4 宗，拍卖收入 975 万元；拍卖银和棉麻公司资产 4 宗，处置收入 932.5 万元，合计收入 1907.5 万元。是年，县国有资产管理部门协调县畜牧水产局、蒋家嘴城建站、龙港塑料制品有限公司不良金融资产打包工作，财政垫付资金 40 万元，处置不良资产本金 211 万元、利息 182 万元。

2011 年，县委、县政府出台《汉寿县经营性国有资产管理暂行办法》（汉政发〔2011〕5 号）。文件规定，凡出租和经营的国有资产、城市公用资产、企业国有资产，归口到县国资中心统一监管。县国资中心清理整顿经营性国有资产，建立台账，制定统一的出租出售的合同文本，要求按照“操作公开化、收益最大化、程序合法化”的原则办理经营性国有资产出租出售事宜。

是年 9 月，县政府发出《关于印发汉寿县 2011 年廉租住房产权共有实施方案的通知》（汉政函〔2011〕48 号）。按照县政府统一安排和布置，县财政部门参与廉租房对外发售工作监督。县财政、房管部门采用抽签方式发售廉租房，共处置廉租租房 400 余套，处置收入 2000 多万元。县国资中心还参与县粮食企业的改制工作，实地勘察、评估，并全程监督参与其拍卖。拍卖粮食企业资产 81 宗,实现拍卖收入 7410 万元,为县财政直接提供税收 917.07 万元,解决职工养老保险和医疗保险 3146 万元,招商引资奖励 1286 万元。

2012 年,县财政局处置收入 1491.9 万元。其中行政事业单位处置收入 401 万元;廉租房处置收入 930 万元;国有企业资产处置收入 160.9 万元(粮食系统阳南塘粮站 121.8 万元,自来水 39.1 万元)。

2013 年,县国有资产管理中心拍卖粮食企业资产 82 宗,实现拍卖收入 7566 万元,为县财政直接提供税收 917 万元,解决职工养老保险和医疗保险 3370 万元,招商引资奖励 1349 万元。

2015 年,县国资中心按照汉寿县人民政府《关于开展河道采砂和砂石市场整顿治理的通告》精神,对财富嘴河段原有 37 条非法采砂船进行调查摸底、资料核实和资产评估。公开拍卖财富嘴河段采砂权,广东老板以 1.93 亿元竞得财富嘴河段 3 年采砂权。

收益管理 1994 年,常德市人民政府《关于收取国有资产占用费的通知》(常政发〔1994〕2 号)文件精神。汉寿县从 1994 年 1 月 1 日开始,计征县直所有预算内、预算外企业(包括行政事业创办的占用国有资产的实体)国有资产占用费。这项措施的内容包括:企业在经营过程中新增加的国有资产应单独反映,并按规定免交一定期限的占用费;对资产增值较多,政府视情况给予奖励;对资产发生非正常损失的,要追究经营者责任;对所有企业的国有资产冲减,须报经国有资产管理部门和财政部门审批;对集体企业占用的国有资产,经国资部门进行产权界定后,其占用费比照国有企业收取。

1994—1997 年,改征国营企业所得税、利润为国有资产占用费。具体收取办法是以企业 1993 年度占用国有资产的会计决算和资产年检数为基础,按照年费率 3%—5%的标准,实行行业差别费率收取国有资产占用费。企业国有资产占用费不足 2 万元的,年初一次性交清;超过 2 万元的按月平均进度于当月 10 日上交;对上期未交、欠交的,提请银行直接从开户存款中划转,并按滞交额每日加收 2‰的滞纳金。在未足额上交占用费之前,企业不得提取效益工资,不得实行资产抵押贷款,也不得享受财政、国有资产部门的有关优惠政策;对企业新增国有资产,3 年内可免交占用费。4 年中,由财政局企业股负责收缴,共收缴 2849 万元。

1995 年,按照国有资产的占用额,分档次按不同比例对县湖州管理局等 5 家预算外国有企业收取国有资产占用费 16.5 万元。

1998 年,县财政局与县国资办联合发出《关于对行政事业单位非经营性资产转经营性资产全面开征资产占用费的通知》(汉财发〔1998〕24 号)。征收年费率为按实际投入生产经营资产总值的 3%—5%征收,凡差额、自收自支的事业单位出租、出借、租赁国有资产,则按 7%—10%的年费率征收占用费。是年,县国资办收取国有资产占用费 58 万元,其中国有企业资产占用费50万元，行政事业单位“非转经”资产占用费8万元，涉及企业单位9户，行政事业单位15户。1999年，县国资局征收国有企业国有资产占用费50万元，征收行政事业单位“非转经”资产占用费10万元。

2002年，县国资办对县人大征收1000元的非转经资产占用费。

2005年，县财政局国资股对全县14家行政事业单位非经营性资产转为经营性资产进行调查摸底，经统计，用于固定资产出租、经营的资产697万元，6188平方米，全年收取“非转经”收益30多万元。

2006年，对21家有“非转经”资产的单位共收取40多万元。自2007年开始，县属国营企业全部改制，国有资产收益主要为国有资产经营性收益。由天马公司承担原国有资产收益的上缴任务。是年，该公司上缴财政255万元。另收取国有资源有偿使用费89万元。

2008、2009年，天马公司收取国有资本经营收益510万元，收取国有资源有偿使用费130万元。

2011年，县财政局国有资产管理股与天马公司配合，征收国有资产经营收入255万元。

2013年，根据省政府第254号令《湖南省国有资源有偿使用收入管理办法》和县政府《汉寿县国有资源有偿使用收入管理办法》(〔2011〕)5号文件，国有资源有偿使用收入纳入部门预算，实行综合管理。是年，县财政部门下达征收任务1570万元，实际完成2296万元；完成国有资产经营收入任务255万元。

2014年后，按照上级规定，党政机关“非转经”资产不再对外租赁。

四、国有资产经营

租赁经营　1993年，县美术印刷厂首先实行国有工业企业个人租赁经营。租赁期3年(1993.1.1—1995.12.31)；承租者风险抵押物价值2万元，其中现金1.4万元，交出租方专户存入银行，个人财产6000元；租赁期经营内不改变企业性质、隶属关系和职工身份，企业实行“全民所有，租赁经营，税利包干，自负盈亏”的经营机制；租赁期内总目标：实现利润288万元，实现税金267.08万元，上缴利润46万元，归还银行贷款185万元，四色胶印机提取折旧基金88.2万元；企业租赁经营出租方为县经济委员会和县财政局，承租方为企业副厂长刘克来。

1995年，台商租赁县罐头厂生产盐渍藠头，租赁期20年。经营5年后收购该厂。2002年，该台商与日本岩下食品株式会社共同投资2700万美元改造该厂，组建岩下荣琪食品罐头(湖南)有限公司,每年完成工业总产值7000万元左右。

破产 1993年4月,县政府对长期亏损、资不抵债的汉寿县第一酒厂实行破产重组。企业宣告破产时,在册职工180名,离(退)休职工56名,账面资产总值185.93万元,评估价值289.49万元,其中工商银行汉寿县支行有效抵押物价值117.51万元,属于破产财产价值171.98万元,企业债权680万元。企业土地使用权属行政划拨,1993年7月由县政府收回。是年9月,企业破产还债程序终结,有104名职工分流安置到经委所属的工业企业就业。离(退)休人员移交县社保部门管理。企业厂房和主要设备属有效抵押物交中国工商银行汉寿县支行,次年该抵押物由县氮肥厂整体收购。原企业职工生活用建筑物及土地使用权同时划给收购企业。离(退)休人员的户籍关系按国家有关规定,一律转到居住地街道居委会管理。县内第一家国有工业企业破产还债工作圆满结束,为全县全面推行企业产权改革带了头。至2004年,全县国有工业企业先后有县第一酒厂、常德龙阳制药厂、县造纸厂、县美术印刷厂、县机械厂、湖南滨湖制药厂、县氮肥厂、县苎麻纺织厂、县三荣纺织厂、县棉纺织厂、县冻库、县水电设备厂、县标准件厂、县医用器械厂等14户宣告破产还债。

国有民营 1994年2月,汉寿县商业局出台国有民营改革方案,“企业经营资产,职工经营商品”。各商场门市部的库存商品全部折价卖给职工,企业只向租赁门面柜台的经营者收取租金。年底,纺织品公司的百货商场、华兴大楼,五交化公司的人民商场、交电大楼,糖酒副食品公司的南门口、向东商店等实行国有民营。随后,糖酒副食品公司的中心大楼,百货公司的百货大楼,纺织品公司的大华商场也陆续实行国有民营。至1997年底,全系统除批发仓库存有50多万元残损变质的商品外,所得资金大部分偿还职工集资款,国有商业除保存有固定资产外,商品资金所剩无几。

股份制改造 1997年10月,县政府批准县恒惠香化厂改制组建为湖南省汉寿县恒惠香化有限责任公司,股本构成为国家股、职工个人股和集体股。个人股由财产股、岗位股组成,即按湘政发〔1997〕21号文件规定计算的补偿费量化的企业资产和职工岗位股。岗位股每股1000元,凡公司上岗员工,每人一次最低认缴3股,上不封顶,岗位股最低认购标准为董事长10股,董事会成员、监事会主任8股,其他高级职员6股,公司职员3股。集体股由企业改制前工资基金和福利基金两部分构成,委托新组建公司工会行使股权。国家股由企业国有土地价值在安置职工后结余部分构成,由县经济委员会拥有,有表决和分红权。公司成立后,终因资本不够,发展缓慢,2004年4月解散出售。

1998年5月,汉寿县体改办明确冷冻加工厂进行改制,财办和商业局抽调人员组成工作组进驻该厂。通过思想发动,资产测算和评估,拿出组建股份合作制的方案。但因库存产品无法变现支付职工经济补偿而停顿下来。

以上两家股份制企业改造最后都以失败而告终，因而全县再无其他企业进行股份制改造。

“两个置换”　2000年5月，汉寿县人民政府出台《汉寿县国有企业置换产权及职工置换身份试行办法》（汉政发〔2000〕13号）文件，推行“两个置换”改革措施。并成立“两个置换”领导小组，由县长杨先平任组长，财政、经委、财办等相关单位为成员单位。11月，县饮食服务公司率先在全县国有企业推进产权制度改革，搞活了资产营运。随后，五交化、副食品、纺织品、百货、冻库等国有企业先后买断宣告破产，国有商业企业的改革全面展开。至2001年12月全县商业企业改革结束。

2001年3月汉寿恒惠香化厂改制，2003年12月完成，资产变现总值170万元，81名职工置换身份，24名职工退休。

2002年6月，汉寿化学厂“两个置换”程序终结，资产变现总值63万元，11人置换身份，3人退休。是年11月，汉寿县木材公司改制程序终结，资产变现总值13.8万元，41人置换身份，25人退休。

2003年6月，汉寿县汽运公司“两个置换”程序终结，资产变现总值300万元，262人置换身份，61人退休。至此，汉寿县“两个置换”改制工作全部结束。

出售拍卖　1993年初，经省医药管理局批准，在蒋家嘴镇兴建年产100吨双氯灭痛原料药生产企业。1994年12月第一期工程竣工投产，后因建设资金筹集困难，缩减设计规模，从年产100吨减到年产25吨。最终因设备技术工艺、操作技术水平达不到设计工艺要求，且双氯灭痛产品生产成本高，而产品销售价格比筹建时预测价下降40%以上，导致企业严重亏损，全面停业停产。1998年8月，县人民法院依法宣告企业破产还债，1999年10月破产还债程序终结，企业财产和土地使用权整体出让给湖南银河生化工程有限公司，成立湖南省爱克制药有限公司，生产化学原料药。

2000年3月，香港鸿达贸易发展公司董事长梁伟龙独资买断原县棉纺织厂织布分厂，改建成鸿达（香港）常德纺织有限公司。该厂固定资产1200万元，员工430名，生产规模由原504台窄幅织布机发展到672台中幅织布机，主要产品是高档出口坯布。

2001年初，县政府对县恒惠香化公司因产品销路不畅，资金短缺，处于半停产状态，实行产权转让。该企业属国有控股企业，出让价款173万元。是年，又将县汽运公司出让给常德欣运公司，资产评估总值300万元，出让价款309万元。

至2004年，汉寿县对县属16家国有工业企业出让产权。其中县工业局11家，即县第一酒厂、常德龙阳制药厂、县造纸厂、县恒惠香化公司、县美术印刷厂、县机械厂、湖南滨湖制药厂、县氮肥厂、县苎麻纺织厂、县三荣轻纺公司、县棉纺织厂；部门工业5家，即县冻库、县水电设备厂、县木材公司、县化学厂、县汽车运输公司。资产变现总价款9416万元，一次性补偿进行职工身份置换 5920 人,安置离(退)休人员 1493 人。未进行企业产权过渡的 3 家,即县自来水公司、县生猪定点屠宰服务中心、县粮食大米厂。长期停业待进行产权过渡 1 家,即县燃料燃气公司。是年,常德龙阳拍卖有限公司成功拍卖原聂家桥粮站、株木山粮站和军山铺粮站,特别是军山铺粮站在引入竞争机制后,从保留价 122 万元起拍,经过激烈角逐,最终以 256 万元成交,超过保留价 134 万元,超 209%。

2012 年,县国有资产管理部门发布拍卖自来水液化气站的公告,招来岳阳、澧县等地的客商,实行公开拍卖。对该液化气站从 19.8 万元起拍,通过 50 轮竞争,最终以 39.1 万元成交,实现了国有资产处置利益最大化。

五、国有资产监督

财务监督 1991—1993 年,县国资办与县财政局企业财务股、行政事业财务股深入各国有企业,检查企业经营情况和财经纪律执行情况。查出各类违纪违法金额 169.8 万元,收缴财政金额 19.23 万元。

1994 年,县财政局抽调 180 名财政税务人员,组成 60 个检查小组,对全县国营企业各种税费解缴情况进行全面检查,查出偷税漏税金额 78 万元,全部追缴财政。

1995 年,县政府从财政、税务、审计等部门抽调业务骨干 122 人组成 29 个"三查"(财务、税收、物价)检查组,对全县各国有企业、行政事业单位进行检查,共查出违纪违法金额 538.18 万元,收缴财政金额 378.8 万元。

1998 年,随着财务管理权限下放,出现国有企业权益被侵蚀,国家收入流失等问题,县国资部门根据《湖南省人民政府批转省财政厅关于加强国有企业财务监督实施意见的通知》(湘政发〔1997〕44 号)文件精神,会同审计等部门,开展企业财务监督工作,建立健全企业外部财务监督与企业内部财务约束相结合的监督机制,财务监督工作逐步由突击性向经常性检查转变,把国有企业各项财务活动纳入法制化轨道。是年,查出全县各国有企业、行政事业单位违纪违法金额 219.3 万元,收缴财政 34.9 万元。

2002 年,县国资中心开展企业内部监督检查工作。共检查单位 197 个,查出违纪违法金额 1472 万元,收缴财政金额 81.3 万元。

2004 年,根据国务院国有资产监督管理委员会《关于做好 2004 年度地方企业财务快报工作的通知》(国资评价〔2003〕125 号)精神,县国资部门在认真总结 2003 年度财务快报编报工作的基础上,按上级要求制定 2004 年度地方企业财务快报报表,并按照国家财务会计制度规定,做好企业财务快报的编制和审核工作,严格把好质量关,确保企业财务快报的及时上报、数据准确完整和真实可靠。同时,县财政部门加大财政性专项资金(基金）监督力度，从源头出发对财政性专项资金（基金）进行全程监控，由侧重财务收支检查向加强预算计划执行情况监督转变。是年，共检查单位44个，查出违纪违法金额2974.85万元，收缴财政金额60.16万元。

2005年，全县国有企业改革全部结束，财务监督侧重以财政专项事业费和“小金库”清理检查为重点，县财政部门检查45个单位。查出违纪违法金额2843.57万元，处罚款41.45万元，收缴财政金额244.23万元。

2011年，县国资中心对全县国有和国有控股企业进行检查，检查的内容包括注册资本、实收资本、经营收入、支出、利润、税收等。与县国税部门联合，针对部分纳税人办税违规、纳税不及时、有关优惠政策没有用足等问题，组成8个小组下到企业、纳税户中开展摸底调查，掌握纳税人涉税风险点、相关税收优惠政策落实情况以及纳税人在办税过程中出现的疑点、难点问题，归纳整理后制定出纳税申报提醒、发票管理提醒、税收优惠政策提醒、税务救济提醒、税收政策变动提醒等25项税务提醒服务内容。为8户企业落实税收优惠政策减免税款80多万元，提醒13户纳税人主动纠错补缴税款5.7万元。

2013年，县国资中心根据《常德市国资委监管单位经营业绩考核暂行办法》（常国资〔2008〕37号）、《汉寿县人民政府关于印发〈汉寿县经营性国有资产管理暂行办法〉的通知》（汉政发〔2011〕5号）等文件精神，制定县直各国有企业2013年度经营业绩考核指标，国有监管企业固定资产总额21377万元，同比去年的20671万元，增长706万元；负债64903万元，同比去年的62609万元，增长2294万元；营业收入10503万元，同比去年同期减少1065万元；利润总额为亏损266万元，同比去年同期17万元增长249万元。

2014年，县政府出台《汉寿县政府性投融资建设项目管理暂行办法》（汉政办发〔2014〕1号）。县国资中心据此拟定《投融资管理操作规程》，规范操作流程，参与城投公司与龙禹水利投的各项投融资工作，参与沅泉大水厂建设融资方案的落实。同时，县国资中心参与城投公司融资成本的测算，为领导决策提供参考。

2015年，县政府印发《汉寿县经营性国有资产管理暂行办法》（汉政发〔2011〕5号），规定全县出租和经营的国有资产、城市公用资产、企业国有资产，归口到国资中心统一监管后，对照合同不规范、出租不审批、暗箱操作等问题，组织力量对经营性国有资产进行了全面清理整顿，建立台账，制定统一的合同，并按照“操作公开化、收益最大化、程序合法化”的原则办理。

审计监督　1995年，县审计部门对县印刷厂私设“小金库”进行审计，查出违纪违规金额114.4万元，其中有七年未入账的“小金库”总额69.7万元，均按有关政策进行处理。已开支的63.8万元入账并补交流转税、所得税，5.4万元结余款全部上缴财政。

1999年起，县审计部门服务改制企业，审查核实国有企业债权债务、经营成果及资产状况。是年，查处铁路办挤占、挪用专项资金 214.5 万元；配合纪检监察机关对县龙阳宾馆“小金库”及私分公款进行查处，查出该单位“小金库”总额 112.3 万元，发现 8 名干部私分公款 20 万元的严重违纪问题，均按有关政策予以处理。

2010 年 8 月，县财政局会同县审计局企业审计股对县文化局及 7 个二级机构 2008—2009 年财务收支情况进行了审计，发现该局所属电影公司擅自处置国有资产的严重违规行为。2008 年 3 月，该电影公司违反《行政事业单位国有资产处置程序》的规定，没有经过评估、拍卖等法定程序，擅自将县城东门临街综合楼的第二层实际价值 100 多万元以 38 万元价格，卖给本公司退休职工金某，双方签订买卖合同，电影公司收取房屋价款，审计时尚未到主管部门办理产权过户手续。审计小组经过认真研究，做出责令该公司限期收回违规变卖的固定资产的决定，全部收回被卖出的综合楼。

2011 年 10 月，对县电影公司 2011 年 8 月底的资产、负债的真实性及 2009—2011 年 8 月收入、支出及利润情况进行审计。经查该公司账面资产 203.37 万元，其中流动资产 7.17万元，长期投资 4.12 万元，固定资产 192.08 万元。经审计核实后的资产为 199.67 万元，审减资产 3.7 万元。公司账面负债 184.85 万元，其中流动负债 167.39 万元，长期负债 17.46 万元。经审计核实后的负债为 311.99 万元，审增负债 127.14 万元。是年，县审计部门对汉寿中辉无线数字电视营运公司、汉寿县昇辉市政建设公司进行审计，经审计确认账实相符。

2014 年 6 月，对县金诚城市建设投资经营有限公司及所属独立核算单位 2013 年度资产、负债、损益情况进行审计。经审计，2013 年底账面资产总额 221941.55 万元，负债总额 49573.87 万元，所有者权益总额 172367.68 万元，当年损益账面反映营业利润 -1230.21 万元，利润总额 365.56 万元。审计结论，挪用城市投资项目资金 674.88 万元，收入挂往来 10 万元，使用地税往来结算凭据收取宅基地款 17.86 万元，欠缴营业税及附加 0.98 万元。

业绩考核与绩效评价 1994 年 12 月，县财政局制定以资本增值和资本安全为核心指标的国有资产保值增值指标体系，建立严格的国有资产经营效益责任制，防止国有资产的流失。与此同时，县国资办落实国家国有资产管理局、财政部、劳动部颁发的《国有资产保值增值考核试行办法》，采取“两摸清、三落实”的方法，即摸清企业财务底子、摸清人员班子，落实全年工作规划、落实完成全年工作任务的措施、落实干部岗位责制确保国有资产的保值增值。

2002 年，县财政局成立汉寿县 2002 年企业效绩评价工作小组，刘以国任组长，孙学兵、朱爱君、李华、王晓红、李国富为成员，负责对企业效益和经营者效益的评价工作。是年，县财政局与县委组织部、县建设和环境保护局联合对县自来水公司发出《企业效绩评价通知书》(汉财统〔2002〕1 号)。汉寿县自来水公司创建于 1962 年，2001 年底在职职工

173 人，日供水能力 1.3 万立方米，供水用户 8000 多户，下设两个水厂、安装队、维修中心等 14 个职能科室。资产总额 613.36 万元，资本公积等权益 202.73 万元。2001 年度主营业务收入 519.22 万元，实现其他业务收入 116.24 万元，实现利润总额 57.28 万元，实现净利润 38.9 万元。全年实现销售水量 346 万吨，上缴各项税金 97.1 万元。净资产收益率 4.88%，总资产报酬率 5.05%，主营业务利润率 20.13%，资本保值增值率 104.99%，销售（营业）增长率 23.02%。效绩评价：财务效益稳中有升，资产营运运行良好，偿债能力极强，发展能力强盛。

2012 年，县政府制定汉寿县 2012 年度经营业绩考核指标。下达国有资本经营收入任务 525 万元，完成 525 万元；下达国有资产有偿使用收入任务 1095 万元，完成 1500 万元，全部纳入部门预算，实行综合预算管理。

2015 年，县国资中心下发《国有企业重大事项管理暂行办法》《国有企业经营业绩考核指标》，将县城投公司经营业绩纳入县政府绩效考核。是年，经考核，全县国有监管企业固定资产总额 20056 万元，负债 92246 万元，同比去年的 64903 万元，增长 27343 万元；营业收入 20444 万元，同比去年同期增加 9940 万元；利润总额为 51 万元，与去年基本持平。

第五节　临澧县国有资产管理

一、管理机构沿革

1992 年 2 月前，临澧县没有成立专门的国有资产管理机构，国有资产由行政事业单位、国有企业主管部门自行管理。是年 3 月，县政府下发《关于加强国有资产管理工作的通知》（临政发〔1992〕38 号），组建“临澧县国有资产管理办公室”（简称国资办）。国资办与财政局企业财务股合署办公。

1996 年 3 月，国资办与企业财务股分设，编制 4 人（实配 7 人）。

1998 年 4 月，经县机构编制委员会批复，临澧县国有资产管理办公室被升格为“临澧县国有资产管理局”（临编发〔1998〕65 号），归口县财政局管理。临澧县国有资产管理局（简称国资局）内设办公室、资产管理股、资产评估中心，编制 12 人，人员从财政局内部调剂，实配 9 人。

1999 年 7 月，根据临澧县人民政府《关于成立临澧县富源资产投资经营有限公司的批复》（临政函〔1999〕15 号），组建“临澧县富源资产投资经营有限公司”（简称国资公司）。注册资本金 1000 万元，国资公司与国资局合署办公，两块牌子一套人马。

2002 年 12 月,临澧县改革行政管理机构,撤销国有资产管理局,在财政局内部设立“资产管理股”和“统计评价股”,保留“富源资产投资经营有限公司”,国资公司负责经营性国有资产的管理,资产管理股负责非经营性国有资产的管理。

2003 年 4 月,富源资产投资经营有限公司被更名为“临澧县国有资产经营有限公司”(亦简称国资公司)。该公司下设资产管理部、水电管理维修部、安全保卫部、财务部、办公室,设董事长 1 名、经理 1 名。

2009 年 4 月,县编办批复组建“临澧县国有资产管理中心”。与国有资产经营有限公司两块牌子一班人员。该中心属企业化管理的自收自支事业单位,归口县财政局管理。国资中心监管下列单位:国有资产经营有限公司、县住房建设投资开发有限公司、经济开发投资有限公司、融达交通建设投资有限公司、常临实业发展有限公司、自来水公司、三家电站以及其他 28 家部门的经营性国有资产。

领导人员名录

国有资产管理办公室(1993.3—1998.2)

主　任　吴桂州(1993.4—1998.2)

副主任　张宏斌(1996.3—1998.2)

秦建忠(1996.3—1998.2)

朱瑞清(1996.3—1998.2)

国有资产管理局 (1998.4—2002.12)

局　长　吴桂州(1998.4—2002.12)

副局长　戴振春(1998.4—2002.12)

富源资产投资经营管理有限公司 (1997.7—2003.4)

(2003 年 4 月变更为“国有资产经营有限公司”)

董事长　胡良次(县财政局副局长兼)(1999.7—2006.8)

经　理　戴振春 (兼党支部书记)(1997.7—2006.8)

国有资产经营有限公司 (2006.8—至今)(2009.4 加挂临澧县国有资产管理中心与国资公司两块牌子一班人员合署办公)

经　理　文吉炎(2006.9—2013.11)

李湘章(2015.12—)

副经理　戴振春(兼党支部书记,2006.9—2010.5)

朱卫国 (2010.2—)

二、清产核资

1993 年 3 月，县人民政府发出《关于加强国有资产管理工作的通知》（临政办发〔1993〕6 号），决定在全县开展国有资产的清产核资工作。临澧县成立清产核资工作领导小组，常务副县长徐建国任组长，财政局长史训炎任副组长，在全县抽调 30 人，分 5 个清产核资工作组开展工作。对全县预算内企业、预算外企业、企业化管理的事业单位、全民性质的集体所有制进行归类，对国有企业摸底调查。重点清查了 62 个行政事业单位和 56 个国有工业企业。各清产核资工作组对 56 家国有企业进行建卡编号、造册建账，每件国有资产有卡有号、有账可查。核实国有资产存量工作于当年 12 月结束。核实国有资产存量 260937 万元。其中，固定资产 15162 万元；流动资产 10922 万元，负债总额 225236 万元，所有者权益 9617 万元。有县水泥厂、县铁湾煤矿等 45 家验收不合格。有 11 家国有企业净资产 13983 万元，比清查前账面值 13636 万元增加 357 万元，增长 2.6％。其中，查增 4611 万元，查损 4254 万元；总负债余额 14077 万元，较清查前账面值 12325 万元增加 1752 万元；所有制权益为-94 万元，较清查前账面值 1301 万元，减少 1395 万元。

1995 年 3 月至 1996 年 5 月，临澧县参加全国性的清产核资工作。是年 3 月，县人民政府转发湖南省、常德市《关于国有企业全面开展清产核资的通知》。文件规定，国有企业以国有资产举办的联营、合资、合作企业、单位、都要完成清产核资工作；同时，各企业、各单位的清产核资工作按财务隶属关系进行。此次以 1995 年 3 月 31 日为统一的清产核资时间点。清产核资工作的主要内容：资产清查、产权界定、产权登记以及建账建制。4 月，县财政、国资部门对 56 户国有企业进行清产核资，核实国有资产存量 245031 万元。其中，固定资产 14362 万元，流动资产 9030 万元，负债总额 213123 万元，所有者权益 8516 万元。对所抽查的县水泥厂、县石膏矿、县氮肥厂等 11 家国有企业固定资产价值进行重估，重估后国有企业固定资产净值增加 4512 万元。县水泥厂资产总额 8437 万元，流动资金 1834 万元，所有者权益 6603 万元，该厂较 1993 年的所有者权益 4892 万元，净增 1711 万元，增长 34.98％。

9 家县国营商业企业资产总额 8925.60 万元。其中，固定资产 3077 万元，流动资产 1132.70 万元，负债 4462.80 万元，所有者权益 253.10 万元。县百货大楼资产总额 519.90 万元，负债 290.90 万元，所有者权益 229 万元，负债率 55.95％。

1998 年 5 月，县政府组织财政、审计、经委、商业、粮食、供销等部门对县氮肥厂等 10 家工业企业，对合口粮油公司等 5 家粮油经营性国有企业，对 9 家国有商业企业资产及负债情况进行清产核资调查。此次清产核资的结果为：资产总额为 42942.20 万元，负债总额 41942.60 万元,资产负债率 97.67%。其中,工业企业资产总额 17641.30 万元,负债总额 14052 万元,资产负债率 79.65%;商业企业资产总额 23067.9 万元,总负债 24706.60 万元,资产负债率 107.1%;主管部门企业总产总额 2233 万元,总负债 2392 万元,负债率 107.10%。

2006 年 8 月,县政府组织县审计、财政部门及清算公司对县棉麻公司进行专项清产核资。县棉麻公司账面总额 4024.45 万元,负债 24707.38 万元,负债率 613.93%。核定实际资产总额 3498.70 万元,负债总额 24639.17 万元,负债率 704.24%。

2009 年 3 月,对占有经营性国有资产的 28 家县直行政事业单位门面租赁资产进行全面清查。营业面积 1560 平方米,土地资产面积 10620 平方米,资产总额 4308 万元。当年县财政取得租赁收入 89.72 万元。

三、产权管理

产权登记 1993 年 5 月,县国资办下发《关于做好国有资产产权登记和产权登记年度检查的通知》(临国字〔1993〕5 号)。该通知要求,凡产权关系隶属临澧县的全民所有制企业和实行企业化管理的事业单位(统称企业单位),必须按概况、相关数据、事项变动等向国有资产管理办公室申报办理产权登记手续。是年,财政局国资办对 13 户企业进行产权登记。其中,预算内企业 8 户(县水泥厂、氮肥厂、气门厂、酒厂、肉联厂、铁弯煤矿、织布厂、印刷厂);部门企业 5 户(轻工业机械厂、钢件厂、油脂化工厂、食品一厂和二厂)。

1998 年 8 月至 2001 年 3 月,县国资局共办理企业年检产权登记 15 户,变更登记 6 户,即县酒厂变更到氮肥厂;县肉联厂、县水泥厂和县嘉丰建厂变更到新成立的新厦建材股份有限公司;牧畜交易所、第一农工贸市场变更到新组建的市场管理中心。

2009 年 5 月,临澧县开展企业和行政事业单位 168 户重发新的产权登记表工作。对县自来水公司等 8 户国有独资企业进行产权登记年度检查,国家资本总额 11160.64 万元。其中,粮食企业 2 户(国有粮食购销有限公司、粮食储备库)国家资本 2010.8 万元;电力企业 4 户(官亭水库电站、道水烽火水力发电站、道水清水发电站、澧水青山水电管理所),国有资本 5135.86 万元;企业化管理事业单位 2 户(县电影发行放映公司、县自来水公司),国有资产 4013.98 万元。

产权界定 1991—1993 年,县国资办坚持“谁投资、谁所有、谁收益”的原则,对 12 户国有企业的国有资产进行界定。气门厂与物资金属公司发生土地界址纠纷,经过国资办协调解决。

国资办对全县股份有限公司股本结构等基本情况进行调查。县织布厂、县酒厂被县氮肥厂兼并，县肉联厂被新厦建材股份公司兼并后，县国资局及时界定被兼并企业产权。

1998 年 8 月至 2002 年 12 月，县国资局对持有国家股的县气门厂等 9 家企业进行产权界定。县气门厂资产总额 1130 万元，企业改制时职工占股 980 万元，国家股界定为 150 万元。

产权流动　1997 年，临澧县肉类食品加工厂因产品市场竞争力弱，以 1000 万元出售给新成立的新厦建材股份有限责任公司；1998 年 8 月，轻工机械厂因资不抵债，部分资产其产权流动抵给财政、税务，以资还贷、以资抵税，剩余资产作为职工安置费。1998 年，县弧焊机厂因市场原因关闭停产，产权流动（出售）给民营企业家。

1999 年，临澧县湘北药厂因产品单一濒临破产，其产权流动给湖南金健药业有限责任公司。2000 年 1 月，县商业系统因改制将百货大楼、五交化商场和商业城产权以 750 万元流动给国资经营有限公司。2000 年 6 月，县供销联合社因改制，将原供销商场、购物中心、棉麻公司办公楼及门面产权以 800 万元流转给县国资经营有限公司等。

县气门厂因改制并需搬迁扩容，于 2002 年 8 月以 950 万元被交易给民营企业家李加喜。2003 年 7 月，县氮肥厂因资金紧缺，面临破产，以 975 万元的价格交易给安徽胜芝化工有限公司：经县政府批准，由县国资局办理登记交易划转手续。截至 2014 年底，临澧县推出交易项目 30 多个，其中成交 28 个，成交金额 6000 多万元。

股权管理　2000 年 7 月，常德市财政局、国资局转发《财政部关于在地方政府机构中做好国有股权管理工作的紧急通知》（常财国资字〔2000〕90 号），该通知指出，对企业改制后股份制企业的国有股由国资局管理，严格对股份公司国有股权转让的审批、规范大中型国有企业债转股工作。是年，县国资局对新厦建材股份公司国有股 50 万元、县气门厂 150 万元、中加水电站 1219 万元等股权进行管理，并分红，是年收回国有资本金；对企业化管理的事业单位、自收自支的事业单位的国有股权，实行承包经营。

四、收益管理

1991—1992 年，县政府对商业所属国有资产公司实行利税包干，三年分别上交 52.1 万元、43 万元、47 万元。

1993 年，临澧县继续贯彻国务院《关于国营企业利改税试行办法》，对全县 45 家国营企业实行第二步“利改税”。国营企业由上缴利润改为上缴所得税。到 1997 年，临澧县取得国营企业收益 1191 万元。

1998 年，为进一步加强国有资产管理，在国家预算科目中，取消“国有企业上缴利润”科目，增设“国有资产经营收益”类科目。国有资产经营收益包括：国有企业的税后利润；

国有资产转让收入;有限责任公司、股份有限公司、联营企业、港澳台商企业、外商投资企业中国有资产经营收入;私营企业占用国有资产应缴纳收益;补交以前年度欠缴的调节税;其他国有资产经营收入。是年,国有资产收益107万元,1999年国有资产收益222万元。比上年增加115万元,增长107.48%。

1999年7月,县国有资产经营公司负责管理新安特种水泥厂、彩色水泥厂、四新岗钢管厂、护丰建材市场、佘市金山化工厂等资产以及商业和供销社企业改制的剩余经营性资产。2000—2015年,该公司取得经营性收入4426.83万元,经营管理公司上缴财政2410.90万元,截至2015年底,县财政征收行政事业单位"非转经"资金收益1122.82万元。

五、国有资产经营

承包经营 1987年,临澧县在国有工业、商业、粮油、物资、外贸等国有企业实行承包经营,承包期限2年至3年。1988年3月,县委、县政府引进竞争机制,在县肉类食品加工厂推行厂长承包招标制。临澧县组成工作组,以县委常委、常务副县长刘德亮为组长的工作组,进厂指导改革。经自愿报名,领导审核,确定了以县经委主任金协桥、肉类食品厂原厂长胡大真、副厂长曹克斯等四人入围参与招标承包。经现场答辩、评估咨询、职代会提问等方式,最后确定县经委主任金协桥中标胜出,出任厂长,与县政府(财政部门)签订3年承包合同。当年,临澧县在全县43家工商企业实行公开招聘厂长经理,推行厂长、经理承包经济责任制。被聘任的厂长、经理与县财政部门签订承包合同。是时,县预算内国有工业企业普遍推行经济承包制。

1990年,县政府发出《关于财政预算内国营企业实行第二轮承包经营责任制的通知》(临政通〔1990〕28号),要求从经营方式和管理方法上进行重大改革,打破"铁饭碗""铁工资""铁交椅",克服分配上的平均主义;推行以"利润工资奖金率"为主的责任制形式,实行小集体(车间、班组)超产计划制、小集体(车间)利润包干分成制,部分人员浮动计件制,记分计奖制和工资总额与利税挂钩的收益分配办法,及上缴利税包干、盈方自负等多种形式的经济责任承包制。临澧县食品一厂,1990年糕点生产举步维艰。同年3月,实行车间承包经营。以车间为单位,定利润、定积累、超利分成、按月考核、当日兑现,糕点由3种增加到10种,日产量由30袋增加到了300袋,月销售收入1.2万元,上交1500元,留足积累650元,人均月兑现红利247元(不含基本工资)。当月扭亏为盈,增加了员工收入。

国有商业企业在1987—1992年推行目标管理,含量工资、利润挂钩等责任制。1992年第二轮承包时,对一些连年亏损的经营单位,采取柜组承包、租赁经营、离店承包。对于各专业公司零售单位和肉食公司基层食品组实行柜组承包。一般以3—5人为一个整体,公推“包头”一人。额定每年向主管公司上交纯利润目标。企业提供经营场地、营业设施、原柜组的商品库存作铺底资金。在不改变所有制的前提下，承包者承包期间在保证场地、设施完好，铺底资金不亏的前提下，自主经营、自负盈亏。1992年末，国营商业系统承包柜台45个（186人），占总数的23.9%。百货大楼家电柜是当时全系统最成功的典型。以柜长薛祚兵为代表，5人齐心协力、共同经营、民主理财、风险共担、利益共沾。1992—1994年，三年共为企业上交纯利15.3万元，比承包前多6.8万元。三年间除发足档案工资外，人均得红利2.5万元。对企业组合后的富余人员，采取离店承包。鼓励他们自谋职业，单位承认其员工身份，信誉较高的员工，可出示企业介绍信，让其打企业牌子，脱离单位出外远购深销，每月向单位交一定的人头管理费。一般200—300元不等，最多不超过500元，对及时交足承包费用又无违纪、违章、违法行为者，单位视为在岗职工，享有工资升级、劳保福利、二次组合、年终评先等权利。1992年底，商业系统离店承包者99人，占富余人数的70%。

租赁经营　1987年6月至1992年5月，临澧县商业局在全系统推行租赁经营。涉及百纺公司、饮食公司、综合公司、糖酒公司、经贸公司等7家，占总独核算单位的15%。其中集体租赁8个、合伙1个、个人1个、外企租赁1个。非独立核算单位15个。如华信装饰材料部、饮食公司冰厂、综合公司冷饮店等，占非独立核算单位的16.2%。对租赁单位实行定员、定额。租期一般3年，不少于2年。租赁期产生的经营利润不能全部由租赁者所得，提取20%作为风险金，全民合同工每人每月上交12元劳动保险金，按原值提5.1%固定资产折旧费等9项。

转换经营机制　县委、县政府贯彻国务院《全民所有制工业企业转换经营机制条例》、商业部、国务院经贸办、国家体改委《全民所有制商业企业转换经营机制实施办法》（商社联字〔1992〕第287号）和省政府《湖南省全民所有制工业企业转换经营机制实施办法》（湖南省人民政府令第十七号），于1992年12月召开全县转换企业经营机制动员大会，在国有工商企业中转换经营机制，引进“三老企业”（老乡镇企业、老特区企业、老外资企业）机制，打破“三铁一大”（铁饭碗、铁工资、铁交椅、大锅饭）。实行厂长负责制，完善企业内部的聘任制，企业内部科室的设置和中层骨干的任免上级主管部门不干预；推行劳动合同制，企业用多少职工，由企业按国家规定确定。推行工资总额与经济效益挂钩的办法，允许企业在国家规定的范围和幅度确定职工工资和奖金；给企业不合格干部职工的处置权。

1993年8月始，临澧县在国有商业企业中推行以“经营放开、价格放开、用工放开、分配放开”为主要内容的“四放开”改革。至是年底，全县有12家（百纺、五交化、副食品、肉食、蔬菜、信托、澧北、饮食、综合公司及百货大楼、食品一厂、二厂等）国有商业企业实行“四放开”，占全部独立核算国有商业企业的比例为100%。实行商业企业“四放开”改革后,企业经营品种比改革前增加5263种,自行定价的商品达1512种、22526个;在分配上,实行百元销售工资(毛利)含量包干、工资浮动等多种分配形式;同时,建立按级分档的风险抵押制度,县直商业系统835人参加风险抵押,抵押金额达34.64万元。到12月,县31家国营工业企业,内部科室由408个撤并为261个,行政管理人员由830人,压缩到280人;有450多名企业中的企业干部走上工人岗位。县气门厂把12个科室精简为5个,51名行政管理人员减少到22人,后勤服务人员由48人减为28人。县氮肥厂改革人事制度,打破干部职工身份界限,实行全员竞争上岗和干部岗位聘任制,30多名中层干部有21名是工人,9名国家干部走上生产车间工作岗位。县水泥厂改革分配制度,对生产车间实行全额计件,上不封顶、下不保底,使工资分配向生产一线倾斜,促使15名行政管理人员主动下车间。

股份制改造 1993年11月,中共十四届三中全会作出《关于建立社会主义市场经济体制若干问题的决定》,明确企业改革的目标是建立"产权明晰、责权明确、政企分开、管理科学"的现代企业制度。1998年4月,临澧县完成县气门厂、水泥厂、氮肥厂、织布厂、铁湾煤矿、新厦水泥厂、嘉丰建材厂等12家国有企业股份制或股份合作制改造。2000年5月县气门厂被改造成"湖南气门股份公司"。其他国有工业企业分别改制成股份制公司。2003年5月,对县自来水股份有限公司实行股份制改造(2015年5月与二厂合二为一)。

国有民营 1987年5月,全县商业、物资、供销联社以门面、柜台的形式租赁给个人经营。粮食和外贸企业则以经销点为单位租赁给个人经营。对"国有民营"实行合同管理,个人与企业签订合同,包死基数、自主经营、自交税费、自负盈亏。

兼并联合 1998年8月,临澧县酒厂被县氮肥厂兼并。1999年12月,常德市金健药业成功兼并临澧县湘北药厂。2000—2002年,临澧县水泥厂、新厦水泥厂、嘉丰建材厂联合组建新厦建材股份有限公司。2003年8月,长沙巨星轻质建材股份公司以现金支付1067万元,承债7200万元,总计8267万元的价款收购临澧县新厦建材股份有限公司。2015年5月,县委书记办公会议研究决定(2015年第2号),县自来水公司(属住建局下属企业)、县第二自来水厂(属县水利局下属企业),"整体划转、合二为一",合并后自来水厂由县住建局统一归口管理。

破产重组 1984年10月中共十二届三中全会后,临澧县国营企业开始扩大企业自主权,实行经济责任制、承包制的改革,企业干部职工生产经营积极增长,企业活力增强。但至1988、1989、1990年乃至以后,临澧县国营企业出现了亏损严重的局面。其特点是:企业亏损增多,亏损额逐年增长;行业亏损突出,扭亏难度增大;企业潜亏严重,少数企业成为"空壳"。

1990年临澧县预算内企业31家,有12家亏损,亏损面达38.7%,亏损额达1532万元，全县预算内企业盈亏相抵后，净亏 386.39 万元。1991 年有 15 家亏损，亏损总额达 1823 万元，比上年同期增亏 300 万元。亏损的表层原因：销售市场疲软，盲目生产，产品大量积压；国家紧缩银根，生产资金紧张；原辅材料短缺。深层原因是：企业忽视市场规律，盲目决策，重复上马、盲目生产、产品老化、结构不合理、成品质量低劣、企业内部管理松弛。针对企业亏损严重情况，县委、县政府领导开展企业整顿，加快技术改造，深化企业改革等措施，但部分企业扭亏无望。对此，县委、县政府冲破传统思想果断决定，对长期经营管理不善、严重亏损、资不抵债、扭亏无期、已无生产能力的中小国有企业实行依法破产。县工业局抽调得力力量，组成精干班子，实施破产，以盘活存量资产。到 1993 年，先后有临澧县酒厂、县煤炭公司、县印刷厂依法破产。县物资局及下属轻化物资公司坐落在县城老正街商业区，该企业 32 名职工，1993 年钢材料市场放开后，企业经济效益亏损，1996 年 5 月企业破产后，该企业利用地理优势，进行资产重组，投入 80 万元，将原钢材营销区及办公区改造成 60 间门店、1200 平方米的服装商贸区，使原亏损企业应变为能力强的综合型经济实体，32 名职工得到安置，出租 28 间门面，当年取得租赁收入 50 万元。

1995 年 4 月 28 日，省政府发出《关于深化国有企业改革的通知》。该通知指出："对一些扭亏无望，部分优势尚存、有产品、有技术、有设备的国有工业企业可实行先分离后破产"，"对国有小型企业要进一步放开，加大改革力度，实行关、停、并、转、包、租、破、卖等形式，搞好搞活小型国有企业。"次年 8 月 12 日，中共临澧县委召开常委扩大会议，专题研究临澧县工业企业改革破产问题，成立工业企业破产领导小组，县委副书记全书化任组长，县委常委、常务副县长徐建国任副组长，具体领导临澧工业企业改革破产工作。11 月 25 日，临澧县人民政府印发《关于县直国有企业破产的若干问题的办法的通知》（临政发〔1996〕25 号）。该办法规定，企业破产后可以采取三种方式处置：对符合产业政策，又有好产品的，可将原企业在职职工保留在新重组建的企业；对重组缺乏基础，但又有一定生产条件的，其安置职工的资产可由其他企业接收，人员由接受企业安排；对企业破产后无生产条件，又无其他接收的，原企业随破产而消亡，人员通过变卖安置职工的资产一次性买断工龄或采取其他途径安置。

1999 年 10 月，县弧焊机厂依法破产，自然人陈自瑞出资 120 万元重组，向县产权交易中心整体购买该厂资产，其人员被一次性买断工龄。

2000 年 6 月，县棉麻公司账面资产 4024.45 万元，负债 24707.38 万元，负债率 613.93%，严重资不抵债，被依法破产，重组为"临澧县新诚棉麻有限公司"。

2002 年 6 月，临澧县安福气门厂资产重组为"湖南安福气门股份有限公司"，注册资金 1076.33 万元，李家喜出资 540 万元，为出资额最高者，其他四人共出资 536.33 万元（人均 134.08 万元）。按出资额多少经股东大会差额选举，产生董事会成员 7 人，监事会 5

人;董事会聘任经理层5人。李家喜被董事会推举为董事长并兼任总经理。

2013年8月,县国资公司牵头将新安、合口、修梅、四新岗等乡镇屠宰场零星闲置资产(土地面积39.75亩,房屋面积9454.34平方米)整合为“安康机械化屠宰公司”。

出售拍卖 1991年县酒厂负债399万元,于1992年10月破产终结,以720万元出售给金得利公司。职工人员在县经委预算内企业中分散安置,退休人员移交县社保站。县第一棉纺织厂于1996年11月16日破产终结,出售给粮食部门的福威塑料制品公司,240名合同工全部解除劳动合同,263名正式工置换身份一次性买断,退休人员移交社保站。1997年,对县铜件厂、华清服装厂等11家企业全部破产出售;1998年4月20日县印刷厂进入破产程序。账面资产336.59万元,负债1097.56万元,资不抵债760.97万元。职工204名,其中在职职工152人(含合同工53人)、退休职工250人,(其中48人按每人12000元标准实行一次性安置买断)属1996年以后退休的按政策移交社保站,一次性安置98人。1999年,县铁湾煤矿负债208万元,次年5月破产终结。2002年原县商业局机关和文化馆(含土地),面积21.58亩,出售拍卖给民营企业家1411万元。2005年,县政府接待处原楚园宾馆(含土地面积25亩)整体以2000万元拍卖出售给民营企业修建商住房。城西粮店(含土地20亩)整体出售拍卖2000万元给民营业修建商住楼等。

至2005年,县酒厂、湘北装饰公司、肉联厂、纺纱织布厂、湘北汽修厂、印刷厂、常清服装厂、城镇建设开发综合公司、耐火材料厂、铁湾煤矿、燃料公司、合口扎花厂、合口铜件厂、食品一厂、二厂、合口轻工机械厂等先后破产并出售拍卖。

六、国有资产监督

审计监督 1992年3月,对县肉联厂1988—1991年第一轮资产抵押招标经营承包终结审计,评价了企业法人经济责任,为完善第二轮承包提出四条建议,增收45万元。

1994年,对粮食系统实施粮食挂账审计,收缴处罚12.5万元。

2002年县审计部门对县氮肥的资产、负债、损益进行审计,发现原材料供应环节与财务核算脱节,销售价格低于成本价格,损失144万元,虚增利润203万元等严重违纪违规行为。县委、县政府成立氮肥厂资产清算组。经清查该厂有5人存在严重经济问题,并将其移交司法部门。厂长毛某某被判处有期徒刑10年,副厂长朱某某被判处有期徒刑5年,其他相关人员分别给予政纪、党纪处分。

2005年5月,县审计部门对县民爆公司的资产、负债、损益情况进行审计。为县政府对该公司实行改制提供了可靠数字依据。

2007年12月,县审计部门对县国有购销公司法人代表进行任期经济责任审计。根据审计，该公司法人代表张某某存在严重违纪行为。县监察部门对其违纪行为进行了严肃处理。

财务监督　1991年，县财政部门对国营企业按销售收入的1%收取技术开发费，当企业申请进行技改造时返还给企业。

1992年1月1日，全县凡全民所有制企业及企业化管理的事业单位，其财务均纳入预算管理，一律执行同行业国营企业财务会计制度和会计报表。当年3月，县财政部门对国营企业业务招待费和业务经费开支实行限额控制，实报实销的监督办法，对70家国营企业下达了年度限控标准。

1985年9月，临澧县在全县范围内开展税收、财务、物价三大检查。到1997年结束，连续13年，共查处违规违纪金额3950.90万元，收缴县财政入库3224.34万元。其中1996年查处县新安水泥厂漏缴税款100万元，新厦建材公司偷漏税款50万元，湖南气门厂少缴税款50万元，物资局轻化公司少缴税款30万元及新安龙凤建材公司少缴税款30万元。

1997年始，临澧县不再进行年度税收、财务、物价三大检查，财政财务监督职能由事后监督改由向事前、事中、事后日常监督转变，1998—1999年两年共查单位20个，查处违规违纪金额336.4万元，收缴县财政335.20万元。

1999年4月，县委、县政府决定，在全县国有企业推行会计委派制。按照“重点突破、稳步推进、配套实施、重在规范”的原则，在收入大、项目多和支出额度大的县氮肥厂、青山水电所等8家企业单位委派财会人员（每单位1—2名）进行财务监督管理。

2000年3月，临澧县对工业企业法人代表试行年薪制。企业法人年薪由基本年薪加效益年薪两部分组成，基本年薪按企业当年实行的销售收入分档确定，效益年薪分别与全年实现利润总额（或减亏额）及与入库税金挂钩。

2002年4月，全县国有企业改制，委派会计人员被撤回。

业绩考核评价　1999年9月，临澧县委组织部、县经委、县财贸办、县财政局印发《临澧县国有企业效绩评价工作试行方案》（临国企字第05号），文件规定，要对全县各工商企业国有资产保值增值情况进行考核评价。经审查认定的各项考核指标，在年终与各单位工效挂钩结账时一并计划，实行一票否决制。未达到国有资产保值增值指标的，不予提高效益工资；厂长、经理（企业法人代表）对资产保值增值承担经营责任，年终对单位的经营状况在全县通报；以精神奖励为主、物质奖励为辅的原则，对完成核定的国有资产保值增值指标及相关指标的单位，奖励法人代表人民币1000元，对于未完成考核指标的单位，给予法人代表罚款人民币1000元；对于经营管理不善和决策失误或其他主观原因，使国有资产遭受重大损失的，视情节轻重和损失大小，对其厂长、经理和直接责任人给予罚款、免职等经济行政处罚,造成重大损失的,追究刑事责任。

当年10月由县国资局牵头,聘请成立专家咨询小组12人,设组长1名,实行组长负责制。当年,选定县水泥厂和县机械厂(气门厂)试点。县水泥厂综合得分78.6分,其中:基本得分70.3分,修正得分78.6分,评议指标得分78.6分;县机械厂(气门厂)综合得分76.8分,其中,基本得分72.5分,修正得分76.8分,评议指标得分76.8分。年终均被县委、县政府评为先进单位,奖励法人代表人民币各1000元。

2000年10月,临澧县财政局代表县政府制定《临澧县2000年国有企业效绩评价工作方案》,在全县开展以基本指标、修正指标、评议指标,三层次28项构成的国有企业效绩评价实施方案。

当年,县财政局对全县31家国有企业按2000年度效绩进行了评价,并将基本评价结果发到各企业,及时反馈企业对基本评价的意见。同时对县新厦建材股份公司进行了综合评价,向该厂下达《企业效绩通知书》,并委托临澧县会计师事务所进行财务审计,通过定量评价和定性评价,综合得分80.2分,其中基本得分72.38分,修正后得分80.2分,评议指标得分80.2分,评价效果为良好,在全县国有企业引起很大震动。年终,该企业被评先进单位,县政府给予法人代表奖励人民币1000元。

2015年3月,临澧县财政局印发《临澧县县本级政府投融资公司负责人薪酬管理暂行办法》(草案)(临财发〔2015〕1号)和《临澧县国有投资建设公司经营业绩考核暂行办法》(临国资发〔2015〕2号)。这两个文件(草案)明确规定,县国有资产管理中心要牵头组织对县内六大国有投资建设公司(临澧县城市投资开发有限公司、交通建设投资有限公司、常临实业发展有限公司、经济开发投资有限公司、安福农业发展有限公司、土地储备中心)的经营业绩实施考核。其经营业绩考核评价内容主要包括:项目建设任务和投资计划完成情况;融资任务完成情况,包括融资方式、融资额度、融资期限、融资成本等;成本费用控制情况;项目工程管理情况;自营业务开展情况,包括实现利润和国有资产保值增值情况等;内部管理情况;其他需要纳入考核的情况。当年,县国资管理中心同时建立了经营业绩考核评价体系,考核方式实行百分制,具体内容一年一定,并根据年度任务对考核内容和考核指标可作相应调整。12月,临澧县城市投资开发有限公司综合考核得分90.3分,县委、县政府报请上级政府批准给予单位法人代表记二等功,并奖励人民币1000元。

第六节　石门县国有资产管理

一、管理机构沿革

1991 年 7 月 17 日，石门县机构编制委员会办公室发文《同意成立石门县国有资产管理办公室》(石编字〔1991〕29 号)，定为独立股级事业单位，其工作人员在县财政局事业编制中调整安排。

1997 年 4 月 1 日，中共石门县委机构编制委员会下发《关于成立石门县国有资产管理局的通知》(石编发〔1997〕4 号)，该通知指出石门县国有资产管理局下设行政事业资产管理股、国有企业资产管理股、产权界定股、办公室，编制 12 人，同时，撤销石门县国有资产管理办公室。

2001 年 12 月，石门县改革、精简政府机构，撤销国有资产管理局，国有资产管理的职能职责由县财政局产权股、统计评价股承担。

2003 年 9 月 2 日，石门县政府批准成立《石门县国有资产管理中心》(石政函〔2003〕79 号)，明确该中心为全额拨款事业单位，属县财政局管理。编制由县编委宏观调控，暂定 20 名，先从财政系统现有人员中调剂 10 名。同月 8 日，石门县政府同意县财政局成立石门县国有资产经营投资有限责任公司(石政函〔2003〕80 号)。确定该公司属国有独资公司，独立承担民事责任，注册资本金为 3000 万元，资金来源由国有资产实物投资解决。国有资产管理中心与国有资产投资公司实行“两块牌子，一套人马”合署办公。

2006 年 8 月，石门县编制委员会批准撤销石门县国有资产管理中心和石门县国有资产经营投资有限责任公司，成立石门县国有资产经营管理中心(石编发〔2006〕2 号)。

领导人员名录

石门县国有资产管理办公室 (1991.9—1997.9)

主　　任　康新华 (1992.6—1997.9)

副 主 任　马和平 (1996.2—1997.2)

石门县国有资产管理局 (1997.9—2001.12)

局　　长　骆树棠 (1997.9—1999.1)

黄道新 (1999.1—2001.12)

副 局 长 康新华(1997.9—1999.1)

马　斌(1999.1—1999.10)

覃事质(2000.3—2001.12)

石门县国有资产经营投资有限责任公司(2003.9—2006.8)

董 事 长 杨易(常务副县长,兼,2003.9—2006.8)

副董事长 张前云(副县长,兼,2003.9—2006.8)

总 经 理 申玉生(财政局局长,兼,2003.9—2004.2)

林忠厚(2004.2—2006.8)

副总经理 陈汉楚(常务,2003.9—2004.2)

杨万京(2003.9—2006.8)

石门县国有资产经营管理中心(2006.8—)

主　　任 林忠厚(2006.8—2010.2)

杨小虎(2010.3—2015.12)

副 主 任 陈明宪(2007.3—)

刘湘平(2007.3—)

二、清产核资

1995年3月,县政府组织对县属国有企业的资产进行清查,并统一编制国有企业代码。此次清查登记截止日为1995年3月31日。财政、国资部门重点对县水泥一厂、新关化肥厂、县连杆厂等62家企业的资产、负债和所有者权益进行了清查。按清查值计算,62家企业的资产总额为35074万元,负债总额为29360万元,所有者权益总额为5714万元,各项损失为3523万元,资金挂账为2436万元,资产负债率为38.7%。62家企业进行估价的土地为145万平方米,价值为10957万元,平均地价为75.5元/平方米。

2003年,石门县政府颁布(2003)第5号令《石门县国有资产管理暂行办法》及实施细则,主要内容是进一步加强全县国有资产管理,防止国有资产流失,确保国有资产保值增值。同年,石门县政府成立国有资产经营领导小组,由县政府县长任组长,常务副县长任副组长。

同年5月,县政府召开县长办公会议,要求开展企业资产清理工作;6月,县政府办转发《关于改制企业国有资产处置和资产管理暂行规定》(石政办发〔2003〕18号)。依此,县财政局抽调128人次分3期,历时5个多月,对全县所有县属国有企业、城镇集体企业、原已实施多种形式改制的国有企业、部门企业及农林场等近 200 个单位的国有资产进行清理。同时，调查清理 14 家工商企业改制成本、政府兜底资金等情况。这次清理的结果是：石门县国有企业资产、负债、净资产账面值为 1.41 亿元、0.73 亿元、0.68 亿元。

2004 年，石门县国有资产经营投资有限公司对全县 132 个行政事业单位的固定资产类型建立了台账。为了确保国有资产账账相符，组织专人对建立的台账与单位的资产逐一进行了核实。据统计，县直单位固定资产共 5.1 亿元，其中非转经资产 0.18 亿元，县直单位出租门面 4486 平方米，收取年租金 250 万元。是年，该公司共接收资产 74 宗。价值 2478 万元，其中土地储备中心移交的企业改制土地资产 1382 万元，住房公积金划转资产 239 万元，电影公司移交资产 297 万元，原物资公司改制后移交资产 614 万元。2006 年 5 月，石门县政府作出《关于加强国有资产管理的补充规定》（石政发〔2006〕18 号），其核心内容是加强资产和产权管理、购置管理和处置管理，将资产管理系统化、规范化。

2007 年，对 2006 年 12 月 31 日以前经机构编制管理部门批准成立的执行行政事业单位财务与会计制度的各类行政事业单位、社会团体，以及执行非营利组织会计制度并与财政部门有经费缴拨关系的社会团体等单位，行政单位附属的未脱钩经济实体，执行企业财务和会计制度的事业单位，以及事业单位兴办的具有法人资格的企业共 400 个单位进行清产核资。县政府成立了资产清查工作领导小组，县国资办进行了业务培训，单位采取盘点、函证、检查、计算、询问等方法，对被资产清查单位的固定资产、流动资产、对外投资、无形资产、负债以及单位收入支出情况进行全面清查，各资产清查单位根据其具体情况自行确定是否请社会中介机构对资产清查进行专项审计。通过此次资产清查，全县汇总资产账面数为 17.92 亿元，清查数为 17.86 亿元；汇总负债账面数为 10.52 亿元，清查数为10.54 亿元；汇总净资产账面数为 7.35 亿元，清查数为 7.25 亿元。石门县在此次清查中，共清查出资产损失 3087 万元，主要包括流动资产损失 952.48 万元，固定资产流失 1571.82 万元，对外投资（有价证券）损失 0.71 万元，无形资产损失 34.94 万元，其他资产损失 527.05 万元。负债清理增加 226.72 万元，其中，借入款项减少 11.1 万元，应付账款减少 9.97 万元，暂存款减少 401.57 万元，其他应付款增加 45.71 万元，其他负债增加 603.65 万元。

2014 年，石门县国资办组织 139 人次分二期，历经 6 个多月，对全县改制国有企业、集体企业、部门企业和农林场的国有资产进行清理。全县国有企业资产总额 26.82 亿元，负债 8.05 亿元，净资产 18.77 亿元。

三、产权管理

产权登记 1998年,县政府印发《石门县国有资产管理暂行办法》(石政发〔1998〕8号)(以下简称《暂行办法》),规定:属国有房屋和国有土地的,凭"国有房屋产权证"和"国有土地使用证",填写《国有资产产权登记表》,并由国有资产管理部门颁发"中华人民共和国国有资产产权登记证";产权登记实行年度检查制度;进行年检时必须报送国有资产经营情况报告书、年度财务决算报表、国有资产增减变动审批文件及有关资料。

2002年,石门县连杆厂改制完毕。按照石门县人民政府《关于收回县连杆厂5宗国有划拨土地使用权的批复》(石政函〔2003〕36号),将剩余国有资产于2003年12月14日移交纳入国资管理范围。

2003年,县国资管理部门对企业改制后产生的12起地界权属纠纷和房屋使用权纠纷进行界定,依法依规全部得到处理。如:在1996年,原皂市粮站所在地皂市镇皂市居委会为解决群众出行难问题,需占用该粮站大院北面一条长120米、宽3米的土地修建人行道。经双方协商,原皂市粮店将土地租借给皂市居委会使用。2004年企业改制后,原皂市粮站要收回该土地,皂市居委会以该路已形成当地群众使用的历史事实为由,不腾出土地,由此产生纠纷。县国资部门在县国土资源局查阅资料,确认该路用地已征为国有,使用权为皂市粮店,居委会在事实面前心服口服,恳求保留人行道。县粮食局考虑当地群众出行实际问题,同意保留人行道用地,并在国资部门的监督下,与皂市居委会签订协议,确定该路用地为租赁使用。

2006年,县连杆厂上岗职工戴承群占有公有住房三间,多次以无房居住为由,拒不腾退搬迁,经领导和有关部门为其解决在麒麟街廉租房居住后,戴承群仍不将公房腾退交还。4月13日,县国有资产经营投资有限责任公司上诉石门县人民法院,要求戴承群限期退出公用住房。5月,石门县人民法院立案受理了原告石门县国有资产经营投资有限公司与被告戴承群腾房纠纷一案,依法适用简易程序公开进行了审理。根据最高人民法院《关于适用简易程序审理民事案件的若干规定》第十四条的规定,经石门县法院主持调解,双方当事人自愿达成如下协议:被告戴承群占用原石门连杆厂的砖混结构平房三间,须于2006年5月29日前腾空,并交付给原告。

资产评估 2003—2015年,共委托中介机构湖南德源会计师事务所评估了55家国有企业的532宗资产,评估金额1.06亿元。其中单宗评估总值在100万元以上25家。如,评估原县火电厂资产总值500万元、评估原粮贸总公司资产750万元、评估原肉食水产公司资产1050万元。

资产处置　2003 年 9 月，石门县国有资产经营领导小组办公室和石门县政府体制改革办联合出台《关于改制企业国有资产处置和资金管理暂行规定》（石政办发〔2003〕18 号）。

2006 年，县政府处置原茶厂一宗资产，评估价为 33 万元，通过包装后以 108 万元价卖出。

2007 年，拍卖楚江镇阎家坝社区一地块，评估价为 1075 万元，经整理包装后以 2085 万元高价卖出。同年，对新一中对面一地块公开出让，评估价为 1627.97 万元，经整理包装后，以 3800 万元高价成交。

2008 年，拍卖县粮食局一宗国有资产，评估价为 750 万元，经整理包装后以 3100 万元高价卖出。

2009 年，对原宝峰医院一地块进行拍卖，评估价为 1200 万元，经整理包装后以 2180 万元成交。同年，处置东城区一地块，评估价为 1500 万元，经整理包装后以 2460 万元卖出。截至 2015 年底，石门县国有资产变更产权事项 1200 多项。

2003—2015 年，石门县共盘活国有资产 423 宗，处置金额 15 亿元。

四、收益管理

1994 年 1 月，石门县政府决定，对国有预算内、预算外企业和行政事业单位的经营性资产（包括出租、联营、投入其他企业单位或个人承包经营的资产）收取国有资产占有费。当年，全县收取国有资产占用费 15 万元；1995 年，收取 30 万元；1996 年，收取 38 万元；1997 年收取 44.5 万元。

1998 年，县政府印发《石门县国有资产管理暂行办法》（石政发〔1998〕8 号），该办法明确，国有资产占有、使用单位或个人，用国有资产从事经营活动的，依法缴纳国有资产收益。国有资产收益由县国有资产管理部门直接收缴或委托相关部门收缴。国有资产收益列入国有资产经营预算，并建立国有资产保值增值基金，用于国有资产再投入。是年，收取国有资产占用费 34.5 万元。

1999 年，收取国有资产占用费 25 万元；2000 年，收取 30 万元；2002 年，收取 40 万元。

2003 年，县政府根据不少单位用非经营性资产转作经营资产从事经营活动的新情况，修订《石门县国有资产管理暂行办法》，该办法规定，非经营性资产转作经营性资产的经营收入应全额缴入国库。是年，收取国有资产占用费 80 万元，其中收取“非转经”资产收益 42 万元。

2004 年，石门县政府印发《石门县国有资产收益管理暂行办法》（石政发〔2004〕10

号)。该办法规定:国有企业应上缴县财政的利润,由县财政局会同县国资办根据企业情况核定收缴方案后下达执行;股份有限公司分配现金股利时,应坚持同股同利的原则,国家股持股单位不得放弃国家股收益权。国家股股利经县国资办和县财政局确认后及时上缴;有限责任公司分配红利时,国家按出资比例分取的红利经县国资办会同县财政局确认后及时上缴;国有企业转让收入、股份有限公司国家股股权转让收入、有限责任公司国家出资转让收入以及行政事业单位国有资产处置收入,由国资办会同县财政局确认后及时上缴;其他非国有单位占用国有资产应上缴的收益,按占用国有资产总额5%—10%的比例分年度上缴。行政事业单位国有资产处置收入、非经营性资产转作经营性资产的经营收入全额上缴。被征用的国有资产补偿收入、公用设施和公共资源经营权收入、无形资产经营收入全额上缴。县直单位如需建设投资或偿还债务,报县政府审批确定国有资产处置返还比例;非经营性资产转作经营性资产的经营收入,根据单位性质,对全额拨款,差额拨款,自收自支和公益性单位分别按收入净额的40%、70%、90%、100%予以返还。乡镇国有资产处置收入、非经营性资产转作经营性资产的经营收入,分别按收入净额的80%、100%返还,以用于消赤减债和资产维护。公办学校、医院的资产处置收入原则上全部返还。该办法实施后,县国资管理部门分系统、分单位建立了收益台账,并与各有关单位衔接,每年度下达收益目标任务,确定专人每季度催收一次,年终结账,并将其绩效进行通报。是年,国有资产收益大增,入库115万元。

2005年,国有资产收益123万元;2006年128.5万元;2007年132.4万元;2008年142.5万元;2009年149.8万元;2010年153.2万元;2011年158.4万元。

2012年,石门县人大六届五次会议提出《关于规范行政事业单位门面收入管理的建议》的代表建议案,引起县国资管理部门高度重视。国资中心根据县人大代表的建议,对县直机关单位的门面、房屋、土地出租情况进行全面清理摸底。结果表明:全县44个县直单位拥有出租门面289间,房屋28栋,土地4宗,门面总面积为45367.01平方米,房屋总面积为68694.32平方米,土地总面积为7670平方米。通过摸底后,所有县直行政事业单位,对出租物一律实行公开招租等竞争性形式。是年收取国有资产占用费170.28万元。

2013年收取国有资产占用费165.45万元;2014年收取161.34万元;2015年收取148.53万元。

截至2015年12月,石门县共收取国有资产占用费2121万元。

五、保值增值

1998年,石门县财政局和石门县国资局联合出台《企业国有资产保值增值考核实施方案》。保值增值的重要措施就是利用改制企业闲置资产，进行招商引资。县国资管理部门成立专门的招商班子，引进客商来石门兴业，盘活闲置多年的企业资产。如：利用原易市油厂的土地和厂房，与县农业局、粮食局联合引进省茶叶总公司兴办茶叶加工龙头企业。该企业投产后，年产值过亿元，年税收 500 万元。利用原石门县火电厂土地和厂房，与县劳动局联合引进浙江赛奥公司兴办企业，生产钻石。该公司投资 5000 多万元，复活了沉寂多年的厂区。至 2015 年底，石门县国资管理部门单独或联合引进企业 12 家，盘活改制企业资产 6200 多万元。引进企业上缴国家税收最高年份达 1500 万元。

六、国有资产经营

推行承包制 石门县从 1987 年开始对国有企业实行时称“第一轮承包”的承包经营。是年初，有 28 家企业与县财政签订承包合同，其中，属于县经委直管的企业 13 家，分别是：化工一厂、化工二厂、织布厂、河曲煤矿、五峰山煤矿、水泥一厂、氮肥厂、化肥厂、印刷厂、电厂、塑料厂、矽砂矿、连杆厂；属于县交通局管理的 1 家，即，汽车大修厂；属于县商业局管理的 9 家，分别是：肉食水厂公司、蔬菜公司、百货纺织品公司、糖酒副食品公司、五金交电化工公司、饮食服务公司、糕点厂、酱园厂、肉类联合加工厂；属于供销社管理的企业 1 家，即日用工业品公司；其他类企业 4 家，分别是药材公司、物资公司、农机公司、电影公司。

第一轮承包，实行“分类区别对待”原则，即，对原经济效益较好的企业实行“包死基数、递增上缴、超收分成、歉收自补”的原则；对原出现亏损的企业实行“亏损包干、盈利自留、以盈补亏”的原则。承包期视企业实际情况分为四年、三年两类。其中：承包期四年的 19 家，三年的 9 家。按企业法人代表任用形式划分，实行公开招标招聘承包厂长、经理的 4 家（县化工一厂、肉食水产公司、肉类联合加工厂、蔬菜公司），其余企业的承包人均为原任厂长、经理。

实施第一轮承包责任制，促进了企业的发展。但在一定范围内出现了承包基数定得不够合理，对企业监督管理不严的问题，而且受国家宏观政策变化和市场变化的影响，造成一些企业亏损或严重亏损，致使部分承包标的不能兑现。县审计局 1991 年初对 23 家承包企业的直接审计（其余企业由主管部门内审机构组织审计）的结果表明：1.全面完成承包指标任务的有 6 家，分别是：织布厂、河曲煤矿、化工二厂、药材公司、农机公司、电影公司。效益尤为突出的织布厂，在四年承包期内，实现工业总产值 1145.44 万元，比承包合同标的增长 63.63%；实现产品销售收入 1676.9 万元，比承包合同标的增长 136.18%；实现利润 32 万元，比承包合同标的增长 206.56%；上交财政局利润 4 万元，比承包合同标的增长33.33%；企业自有流动资金由承包前的0.7万元增加到10.7万元。2.完成部分承包指标任务的有矽砂矿、连杆厂、汽车大修厂、五峰山煤矿、副食品公司、糕点厂、化肥厂、印刷厂、肉类联合加工厂、物资公司等10家企业。3.全部承包指标任务无一项完成的有7家，即肉食水产公司、水泥一厂、百货纺织品公司、五交化公司、饮食服务公司、日用工业品公司、酱园厂。其中，县肉食水产公司在承包三年期内，由于经营管理不善，累计亏损428.46万元，加上承包前的亏损，资金包袱总额达902.56万元。县水泥一厂在四年承包期内，与承包合同规定指标任务比，工业总产值只完成76.47%，销售收入只完成96.74%，实现利润只完成31.44%，上缴利润只完成46.04%，税前还贷只完成77.5%。

从1991年开始，石门县实施第二轮承包，遵循“两权分离”的原则，在签订承包合同时，明确企业经营权、企业自负盈亏责任、企业和政府的关系、企业和政府各自的法律责任。二轮承包形式与第一轮承包大体相同，只是承包基数根据企业实际效益情况和市场变化情况有所调高或调低。由于承包经营制存在制度上的缺陷，随着市场经济体制的建立，企业改革迅速走向以产权制度改革为主要内容的方向。二轮承包基本上没有坚持下去，有70%的承包企业在签订合同后，在一、二年后开始实行股份制、租赁制或被迫关门破产。

转换经营机制 1993年1月，石门县委、县政府召开全县转换企业经营机制动员大会，县直各职能部门主要负责人，各全民所有制企业领导班子成员参加会议。县委副书记、县长周用金作动员报告。县经委、财委、商业局等企业主管部门和县印刷厂、县五交化公司等企业作表态发言。从1993年开始，县政府及其企业主管部门简政放权，对上级要求给予企业的14种权利，除企业联合兼并权、资产处置权、产品、劳务定价权、人事管理权等4种只部分放开或有条件放开外，其余基本放开。各全民所有制企业，普遍享有生产经营决策权、产品销售权、留用资金使用权、工资奖金分配权等多种权利。县经委直属15家企业，有9家行使内部机构设置权和劳动用工权，科(股)室人员和车间主任实行竞岗制，车间、班组用工实行自愿组合制。通过精简机构和用工优化组合，经委系统企业内部科(股)室由原85个压缩到55个，压缩行管人员60名。压缩车间、班组工人150人。被压缩的人员经过重组后安排到新的岗位创收。有11家企业行使工资奖金分配权，由企业在不违背国家政策的前提下，改变原来由劳动部门核定工资的方式，根据职工贡献大小自定工资、奖金放发标准。这11家企业1992年职工年平均工资2842元，实行经营机制转换的1993年，企业效益上升，职工报酬增加，职工年平均工资上升到3558元，增长25%。有8家企业创办劳动服务公司，从事第三产业经营，不仅消化劳动力80多人，还年创利总计达42万元。有13家企业的主要产品生产和销售全部放开，不受计划约束。全系统除化工二厂生产的炸药和火电厂发电受计划调控外，其余13个主要产品均由企业自主安排产销。县连杆厂实行经营机制转换后，打破铁饭碗、铁工资、铁交椅和大锅饭，生产经营决策权一律由厂长行使，“产供销”一律由市场行情决定，员工一律实行择优上岗，工资奖金一律按贡献大小发放。该厂实行经营机制转换的头一年，连杆生产量达 21.68 万支，比上年增加 2 万支，实现产品销售税金 58.1 万元，比上年增加 8%，实现利润 100 万元，比上年增长 7.5%。

国有商业企业转换经营机制以推行“四放开”为主，即：经营放开、价格放开、用工放开、分配放开。从 1993 年开始，石门县国有 9 家公司级企业除烟花鞭炮公司外，全部实行“四放开”。全系统在县城的 88 个商业零售服务门店和设在农村的 45 个肉食食品站全部实行租赁经营或承包经营。商业系统经营的 5000 多种商品，除彩电、自行车、铁丝、铁钉等 100 多个品种由物价部门控制定价外，其余由企业自行定价，随行就市。全系统 100% 的企业用工在确定租赁或承包牵头人后实行门店、柜台员工自由组合。对组合掉的富余人员，在保留国家职工身份和提供一定生活费的前提下，实行自谋职业自捞工资方式。同时，允许职工自我选择就业，允许出店自行经营。1993 年，商业系统选择自谋职业的员工 153 人，占总员工数的 9.2%。该系统普遍实行分配制度改革，其形式有：对较大规模的门店实行按销售额或毛利额工资提成，参与这类分配方式的员工占 60%；对长期亏损和建在边远偏僻区的门店实行利润定额上缴或“零”上缴，工资发放由员工讨论自定，参与这类分配方式的员工占 32%；行管人员工资拿所管企业或门店员工工资的平均数，参与这类分配方式的占 8%。为使员工消除“吃大锅饭”思想，把职工个人利益与企业利益绑在一起，商业局系统普遍实行风险抵押金制度。全系统有 83 个网点实施风险抵押租赁或承包，1993 年底，企业主管部门取得风险金 154.5 万元。明珠商场系县商业局所属的一家公司级的较大型商店。1993 年转换企业经营机制，自主设立行管机构和自主劳动用工，压缩行管人员 4 人，压缩柜台经营人员 25 人，合计 29 人，占全部员工的 17%。压缩的 4 名行管人员，有 3 人承包柜台，1 人出店自谋职业。压缩的 25 名经营人员有 20 人从事本业出店摆摊设点，5 人出店从事其他职业。该商场彻底改变原来的分配方式，变原由劳动部门核定的档案工资制为企业自定的绩效挂钩制。商场以 35 个柜台为基本核算单位，参考历史绩效实现指标，分柜台、区位确定实现毛利基数，按实现毛利额发放员工工资。这种分配方式实现一年后，又改为包死柜台上缴利润基数，员工工资由柜台承包者自主决定。改为这种工资制的配套措施是：商场不再限定柜台经营门类，允许柜台间展开竞争，愿意经营什么就经营什么。该商场实行经营机制转换后，改变过去坐等顾客上门的传统习惯，不少员工走出店门，到大街小巷摆摊设点，并经常到农村集镇赶场经营，出现了四处可见的“明珠商贩”走乡串户的现象。该商场实现经营机制转换，获得了企业增盈、国家增利、个人增资的好效果，与转换经营机制前的 1992 年比，其实现利润的定基增长速度 1993 年为6%,1994年为10%,1995年为8%;其上缴税收定基增长速度1993年为4%,1994年为8%,1995年为6.5%。其员工工资定基增长速度1993年为7%,1994年为11%,1995年为3.5%。后因市场变化,1995年后企业经营逐步下滑。

建立现代企业制度　从1996年开始,石门县实行以产权明晰为核心、以投资主体多元化为基本模式的国有工业企业公司制改造。实行公司化改造,石门县主要采取三种模式:对资不抵债但产品优势尚存的企业采取“切块分离、募股改制、租赁经营”形式;对资债相等的企业实行“零价转让”形式;对资产略大于债,因银行贷款额度过大利息包袱重而导致经营亏损的企业,以银行同意为前提,实行“挂账停息、分步偿还、注资启动、职工入股、合作经营”形式。全县国有工业企业46家(含经委系统外的工业企业),其中县属直管工业企业20家。

到1998年底,完成直管工业企业公司制改造16家。

对商业供销企业股份化改造的形式是成立商业集团总公司。1988年6月,县委、县政府决定:撤销县商业局,与供销社合并成立湖南石门商业集团总公司,由县政府1名副县长任董事长,原商业、供销系统所属企业全部隶属总公司,共为19个分公司、126个核算单位。有干部职工4300多名。总公司将经营承包制改为股份制,公司股份总额1796万元,其中国有股670万元,集体股(供销股)990万元,职工个人股136万元。1991年1月,因市场、资金等因素,加之改革措施不配套,总公司经营难以为继,县政府决定撤销总公司,恢复县商业局和供销社及其所属企业的隶属关系。商业集团总公司解散后,县商业局于1996年,在县百纺公司进行“破产不终结、重组新企业”的股份化改造试点。该公司有50%的职工置换身份,有50%的职工入股到新成立的实施股份制资产经营的石门县兴盛商业贸易中心。

石门县1996—1998年公司制改造情况一览表

表6-6-1

改造前企业全称	改造时间	公司制企业名称
石门县化肥厂	1996	湖南玉叶化肥有限责任公司
石门县百纺公司	1996	石门兴盛商业贸易中心
石门县水泥二厂	1996	石门县建新水泥有限责任公司
石门县织布厂	1997	石门金鸥纺织品有限责任公司
洛浦寺煤矿	1997	石门佳林有限责任公司
石门县化工二厂	1998	石门二化有限责任公司
石门县塑料厂	1998	石门强力塑料制品有限责任公司

兼并联合　1995—1998年，县联运公司与运输公司、河曲煤矿与五峰山煤矿、连杆厂与食品厂实行兼并联合。县食品厂因产品不对路，经营不善，到1993年底经营亏损540.2万元，负债总额796.52万元。县连杆厂因拳头产品165型柴油机连杆是国家部优产品，市场畅销，成为盈利大户。两厂合并后，连杆厂利用原食品厂的厂房建立分厂，生产能力大增，合并后的第一年年产量增长25%，利税增长20%。1998年，县政府合并河曲、五峰山两家煤矿。以五峰山煤矿资源丰富之长补河曲煤矿后期资源枯竭之短，以河曲煤矿经济实力之长补五峰山煤矿资金匮乏之短，以河曲煤矿管理水平较高之长补五峰山煤矿管理力量薄弱之短，实现专业员工有机调配，设备互通有无，资金灵活调度，提高了两矿存量资产的使用效率和效益，两矿合并后的第一年，年产煤6万吨，创销售收入600万元，实现利税100万元，比合并前两矿年创利税增长50%。

整体拍卖　县原工业企业中，有4家企业实行整体拍卖。如：县节节高饮料厂全部资产由洞庭水殖股份有限公司以530万元价格整体收购。县兔业公司以168万元价格整体让售给新加坡大伟公司。县火电厂整体卖给35个股东，组建石门县环能煤矸石发电有限公司。县化肥厂整体收购县氮肥厂。县氮肥厂组建于1972年，到1995年累计亏损1679.8万元，资产负债率高达349.9%。1996年化肥厂收购氮肥厂后，实施资产重组，注入资金600万元，新建了年产1万吨的复合肥生产线和一条年产5万吨的普钙生产线，并于是年底改制组建成石门玉叶股份有限公司。该公司普钙生产能力由原厂年产8万吨提高到15万吨。1997年，有104名股东出资260万元购买县燃料公司破产资产，组建石门燃料有限责任公司。新建的公司吸纳了原公司100多名职工就业，使其有了一定的工资保障，并使原公司退休人员领到了退休工资。每年，还为国家缴纳税费10多万元。

租赁经营 1997年，县印刷厂将彩印车间整体租赁私营业主，组建常德日冠印务公司，年租费16万元。该公司注入资本金100万元，新进设备3台，修建仓库两栋，当年实现利税45万元。县化工一厂、矿粉厂租赁给个人经营，组建石门县化工厂，投入资金50万元，激活存量资产200万元，安排下岗职工25人。2001年，将县水泥一厂整体租赁给石门强盛水泥有限公司经营，年租金100万元。

“两个置换”　石门县采取四种方式对工业企业实施“两个置换”。

第一种方式：资产重组，量化置换。石门县国有工业企业共有重新组建合作制企业16家，盘活存量资产11000万元，新增资本8280万元。资产变现买断职工身份3500人。如：对玉叶股份有限公司，采取不直接给职工发放“置换身份”补偿金，由县政府将原企业可继续使用国有资产作价后按补偿标准划到职工个人，职工个人将分得资产价值入股到股份公司。改制时该企业有职工828人，应付置换补偿金2400万元，如全部付现，政府则无财力。通过采取给职工划摊资产的办法后，问题迎刃而解。通过资产评估，政府在该企业拥有资产3200万元,给职工划摊2400万元后,尚剩800万元,这800万元,作为国家股留存企业,每年财政可按股份化公司章程享受分红。

第二种方式:进入"社保"置换。对信誉度较低、设备陈旧、资产无法重组变现的破产企业,以存量资产如房屋、土地、设备等作价划入社会保障中心,作为职工基本生活保障金和养老金。如:对化工一厂采取全部由社保中心承担发放"置换身份"补偿金的办法。该厂长期亏损,至改制时已成"空壳"企业。县政府鉴于该企业有部分厂区处于县城中心位置,具有一定的潜在的市场开发价值,遂责成县社保中心将其厂房和土地划归名下管理,在资产尚未变现前,由该中心垫付职工基本生活保障金和养老金。三年后,原化工一厂地块拍卖,获得收入350万元,社保中心在结清先前垫付的有关资金和按标准发放职工"置换身份"补偿金后,还结余50万元上缴了县财政。

第三种方式:政府"兜底"置换。对资产处置不能满足买断职工身份的应付的工龄补偿金、社会保险金、退休人员养老金的企业,县政府实行统一摸底测算,分别列入财政预算,采取一次性买断、分年付款的方法,分三年三期连本带息兑现给职工。如:对原石灰矿采取全部由县级财政承担支付"置换身份"补偿金和退休养老金的办法。该矿建在偏远的农村,资产几无变现价值。近百名职工在改制前的几年中只能领到基本生活费。县政府鉴于企业的特殊困难,决定将企业全部改制成本付出纳入财政预算,按补偿标准分三年连本带息付清职"置换身份"补偿金和缴清养老保险金。

第四种方式:转移支付置换。运用税费政策,对确无能力补充养老保险金的企业,差额部分实行预期支付,由重组后的企业承担置换成本,盈利后从应交的地方税中抵减。如:对原县连杆厂实行养老保险费缴纳在重组后的宝川公司所交县级税收中逐步解决的办法。该厂1990年代经济效益较好,到2000年代初效益开始下滑,造成欠缴职工养老保险费的情况。至改制时止,欠缴150万元,县政府分析该企业的技术能力和市场前景,认为企业重组后,能够由衰变盛,遂召开有关职能部门的协调会,决定以不影响老企业改制和新企业生产经营为前提,对企业所欠养老保险费由县财政承诺在新组建的企业所缴地方税中负担。三年后,该企业所欠缴的150万元养老保险费全部由县财政划转到位。

截至2002年底,石门县县属29家工业企业有26家实行产权制度改革,4398名职工买断国有企业职工身份,1480名退休人员进入社保中心领取退休工资,用于置换的资金共3983万元。

石门县商贸粮油国有企业“两个置换”情况一览表

表 6-6-2　　单位：万元

企业名称	企业原址	资产总额	负债	负债率(%)	置换方式	置换时间	资产处置方式	改制后去向
石门县百纺公司	楚江镇	453	261	57.6	破产重组	1996.3	资产量化到员工抵置换补偿金	50%员工入股分红 50%员工解散走人
石门县糕点厂	楚江镇	170	352	207	破产	1997.7	转交社保处置	解散走人
石门县酱园厂	楚江镇	126	208	165	破产	1997.7	转交社保处置	解散走人
石门县肉联厂	楚江镇	154	202	131.1	破产	1997.9	分割拍卖	解散走人
石门县机电公司	楚江镇	450	250	55.5	破产撤销	1999.5	分割拍卖	解散走人
石门县饮食服务公司	楚江镇	512	180	35.2	非破产改制	1999.6	分割拍卖	解散走人
石门县副食品公司	楚江镇	505	320	63.3	非破产改制	1999.6	分割拍卖	解散走人
石门县五交化公司	楚江镇	390	250	64.1	非破产改制	1999.6	分割拍卖	解散走人
石门县蔬菜公司	楚江镇	200	112	56	非破产改制	1999.6	分割拍卖	解散走人
石门县明珠商城	楚江镇	290	176	60.6	非破产改制	1999.6	分割拍卖	解散走人
石门县食品公司	楚江镇	669	1866	278.9	破产	2000.4	部分拍卖部分转交社保处置	解散走人
石门县易市油厂	易家渡集镇	500	1000	200	破产撤销	2001.6	整体拍卖	解散走人
石门县大米厂	楚江镇	1000	1000	100	破产撤销	2001.6	整体拍卖	解散走人
石门县饲料厂	楚江镇	500	1000	200	破产撤销	2001.6	整体拍卖	解散走人
石门县金属公司	楚江镇	304	190	62.5	破产撤销	2002.6	分割拍卖	解散走人
石门县民爆公司	楚江镇	50	10	20	破产撤销	2002.6	分割拍卖	解散走人
石门县轻化建材公司	楚江镇	275	140	50.9	破产撤销	2002.6	分割拍卖	解散走人
石门县金属回收公司	楚江镇	100	75	75	破产撤销	2002.6	分割拍卖	解散走人
石门县物资贸易中心	楚江镇	109	160	146.8	破产撤销	2002.6	分割拍卖	解散走人
蒙泉粮油购销站	蒙泉集镇	4000	5000	125	撤销建制	2003.5	部分资产拍卖	返聘 2 人，其余解散
夹山粮油购销站	夹山集镇	2100	3000	142	撤销建制	2003.5	部分资产拍卖	返聘 2 人，其余解散
东城粮油购销站	易家渡集镇	500	800	160	撤销建制	2003.5	部分资产拍卖	返聘 2 人，其余解散

续表 6-6-2

企业名称	企业原址	资产总额	负债	负债率(%)	置换方式	置换时间	资产处置方式	改制后去向
新关粮油购销站	新关集镇	600	1000	166	撤销建制	2003.5	部分资产拍卖	返聘2人，其余解散
皂市粮油购销站	皂市集镇	1200	1300	108	撤销建制	2003.5	部分资产拍卖	返聘2人，其余解散
三圣粮油购销站	三圣集镇	1100	1200	109	撤销建制	2003.5	部分资产拍卖	返聘2人，其余解散
太平粮油购销站	太平集镇	900	1200	133	撤销建制	2003.5	部分资产拍卖	返聘2人，其余解散
雁池粮油购销站	雁池集镇	960	1000	104	撤销建制	2003.5	部分资产拍卖	返聘2人，其余解散
壶瓶山粮油购销站	壶瓶山集镇	500	600	120	撤销建制	2003.5	部分资产拍卖	返聘2人，其余解散
二都粮食储备库	二都乡境内	5000	7000	140	保留建制，员工身份置换	2003.5	资产保留，职工置换金由政府统筹	部分人员返聘，其余解散

七、国有资产监督

审计监督 1991年，石门县审计局对县肉类联合加工厂、副食品公司、水泥一厂、矽砂矿、自来水公司、电影发行放映公司等9家企业进行审计。其中，发现肉类联合加工厂经营承包合同手续不完备、厂长责任心不强，造成经营管理不善，导致承包期发生违纪金额385141元；自来水公司存在截留收入、转移收入、漏缴税金合计违纪金额120893.40元；矽砂矿多提工资基金、多提折旧费和多报差旅费。县审计局对上述问题，依法依规做出了罚款和收缴违纪金额的处理。

1992年，石门县审计局对明珠商场、百纺公司、五交化公司、新关供销社、城关供销社、物资公司等7个单位进行承包经营审计，并对水泥一厂、连杆厂、化工一厂等7家企业的厂长开展经济责任评价。依据审计结果，县有关部门免除了3名厂长职务。

1993年，石门县审计局对16家国有工商企业进行承包离任审计，共查出违纪金额145.5万元。依据审计结果，县委、县政府对三名厂长予以免职。在审计县火电厂时，发现该厂历年来有75名干部职工拖欠公款共计30.8万元，审计组责令企业张榜公布，限期收回了欠款。

1994年，石门县审计局对水泥一厂、化肥厂、连杆厂等盈利大户和化工一厂、茶厂等一批亏损大户进行审计，发现某厂法人代表以权谋私，造成企业经济损失10多万元，某企业采购员隐匿回扣和报销假发票贪污公款上万元的问题。对这两次起案件均移送纪检监察和检察院处理。除追回赃款外，责任人被免职或调离工作岗位。

1995年，石门县审计局对化工二厂、织布厂、矿产品公司、运输公司、食品公司、糖酒副食品公司、饮食服务公司、农业生产资料公司、棉麻蚕茧公司、自来水公司、常德昌达纺织有限公司、种子公司等18个单位进行“资产、负债、损益”审计，共查出违纪金额267万元，处理收缴财政金额14.74万元。是年，对电厂厂长马继华、塑料厂厂长林庆明、氮肥厂厂长杨昌海进行了任期经济责任审计。

1996年，石门县审计局对县百纺公司、蔬菜公司、五交化公司、棉麻蚕茧公司、工业品公司、国家粮食储备库、宝峰粮油贸易公司、新关粮站、蒙泉区粮站、汽车大修厂、化肥厂、塑料厂、木材公司、矽砂矿、第二建筑公司、连杆厂、水泥一厂、轻化建材公司、农业生产资料公司等企业进行“资产、负债、损益”审计。其中，对宝峰粮油贸易公司、木材公司、蒙泉公司、蒙泉区粮站、棉麻蚕茧公司的违纪问题分别给予了收缴财政1万元以上的处理。

1998年，石门县审计局重点审计了湘北兔业开发公司、液化气供应公司、种子公司、对外贸易公司、民爆器材专卖公司、化厦房地产公司、茶叶开发总公司。这些企业都面临改制，审计为摸清家底，理清有关经济往来问题做了努力。是年，对酒厂厂长邱令华、化工二厂厂长洪丕清进行了离任经济责任审计。

1999年，石门县审计局重点审计了自来水公司、湖南石门佳林有限责任公司、建筑工程公司等企业，其中，发现建筑工程公司有收入不记账、漏缴税费和用假发票套取现金的问题，审计决定收缴48137.8元上缴县财政。

2000年，石门县审计局对饮食服务公司、五交化公司、糖酒副食品公司、蔬菜公司和明珠商场进行改制资金收支审计，共查出违纪大小问题76个，认定违纪金额205万元。审计决定收缴财政77.3万元，移交纪检监察和司法部门案件2起，被纪检监察部门实行“两规”2人，被检察机关批准逮捕7人。是年，对东峰水泥有限公司法人代表邓兆贵进行了任期经济责任审计。

2001年，石门县审计局对县食品公司所属17个食品站、东峰水泥有限公司、新建水泥有限公司、联营总公司、物资贸易中心、金属材料公司、金属回收公司、湘北兔业开发公司、二都供销社、曙光机械厂进行“资产、负债、损益”审计。其中，发现湘北兔业开发公司问题较大，审计查证该公司法人代表有个人应负直接责任的经济问题金额共15.4万元，遂移交相关部门处理，该责任人受到开除党籍、判刑三年半有期徒刑（缓刑四年）的处理，与此案相关的一名企业主管部门负责人亦被开除党籍、获有期徒刑二年半（缓刑三年）。是年，石门县审计局还对第一化工厂厂长伍千亮、酒厂厂长陈光书、河曲煤矿矿长李德武、塑料包装厂厂长陈文才、矽砂矿矿长徐超栋、腾飞煤炭有限责任公司董事长刘群力、连杆厂厂长龙朝云、印刷厂厂长陈振华进行了任期经济责任审计。

2002年，石门县审计局对县建筑装饰工程公司、轻化建材公司、民爆器材专卖公司、东峰水泥有限责任公司、节节高罐头饮料实业公司、食品公司、进行改制前“资产、负债、损益”审计。对物资总公司、东城区开发总公司、常德金翼拍卖有限责任公司进行了常规性“资产、负债、损益”审计。是年,对第二建筑安装工程公司经理肖汉林进行了任期经济责任审计。

2003年,石门县审计局对河曲煤矿、市政建设公司、药材公司、夹山国家森林公园管理处、园林绿化公司进行了改制前的“资产、负债、损益”审计;对第二建筑安装工程公司、连杆厂、曙光机械厂的改制清算组进行了财务收支审计。

2004年,石门县审计局对县建筑装饰工程公司、酒厂、化工一厂、河曲煤矿、矽砂矿、五峰山煤矿、塑料包装厂、中一服装有限责任公司、肉类联合加工厂等单位的改制资金的管理使用及资产处置情况进行审计。审计在多个单位发现有出让资产收益未及时收回,漏记收入、挤列改制费用和改制结余资金未及时上缴的问题,都一一依规作了处理。

2005年,石门县审计局对东峰水泥有限公司破产还债期间的财务收支进行审计,对县自来水公司和佳林有限责任公司进行了“资产、负债、损益”审计。

2006年,石门县审计局对县棉麻蚕茧公司2003年1月—2005年10月的“资产、负债、损益”情况进行审计,发现有虚列棉花收购、套取国家收购资金等严重违纪问题,遂移交公安机关查处。

2007年,对河曲煤矿破产清算期间财务收费进行审计。

2008年,对县棉麻蚕茧公司破产还债清算组财务收支进行审计。对县园艺示范场进行改制财务审计,发现该场场长单某有未经批准擅自将国有资产处置收入发放给职工等问题,遂移交县纪检监察机关处理。

2010年,石门县政府把企业经营评估指标规范为定量指标与定性事项两大类。定量指标为“年度利润总额、净资产收益率、国有资产保值增值率、主营业务利润率、营业收入增长率、资产负债率”等。定性事项为“重大事项管理情况、遵守国家法律和财经制度情况”等。企业经营业绩评估实行企业自我评估与县国资经营管理中心抽查审计相结合的办法。是年,对城市建设投资开发有限责任公司总经理贺良楚进行了任期经济责任审计。

2011年,石门县国资经营管理中心组织对县教育服装厂、教育印刷厂、广播电视台、建设工程交易中心、楚江牲畜定点屠宰场等5家企业进行经营业绩审计,发现有两个单位存在有“出资人监管主体缺位,企业经济效益低下、财务管理制度不健全、政企不分、违规借用专项资金”等问题,遂要求涉及问题单位迅速整改。

2012年,石门县国资经营管理中心组织对县城投公司自2006年1月—2012年9月的经营业绩进行审计。审计核实:该公司截至9月30日止,资金来源总额为5.79亿元。资金运用总额为5.43亿元,到审计时止结存银行资金为0.36亿元。审计认定的问题是:

制定的城市基础设施规划与全县总体发展战略不匹配;公司经营理念偏位,缺乏可持续经营的战略思想;财务管理有待进一步加强,资金筹划及使用效益不高。审计认定:该公司因内部管理不善,造成不必要的利息负担460万元;公司成为“第二财政”,无“经营”可言,公司所有者权益为-26666万元,为严重资不抵债。审计预判:由于没有利润流入,资金链可能断裂。审计建议:1.该公司要退出行政性事务。2.整合全县房地产、建筑物业、旅游、自来水、排污、垃圾处理等相关公司,使城投公司成为管理性母公司,具体经营业务由子公司执行,除完成非竞争领域工程任务外,公司应该充分利用国企优势参与竞争性领域的土地经营、房地产开发、特许经营等,以此换取经营收益弥补亏空。还建议建立公司由“县分管领导直接管理,国资中心负责考核经营业绩,县审计局负责审计财经纪律的执行”的运行机制。是年,石门县国有资产经营管理中心对石门县德源殡葬服务有限公司2007年11月—2012年9月期间的经营业绩进行了审计。审计核定:该公司总资本2704.35万元,总负债1793.78万元。县政府累投1838.45万元。审计认定的问题是“投资规模过大,公司股本不足,造成举债经营,财务费用过高”。审计建议:县政府制定公司终止方案,注销“石门县德源殡葬服务有限公司”,并转型成自收自支事业单位“石门县殡葬服务中心”。是年,石门县国有资产经营管理中心还对石门县平和置业有限公司、石门县国家粮食储备库和湖南省龙昊置业投资有限责任公司2011年度经营业绩进行了审计。

2013—2015年,石门县国有资产经营管理中心先后对县平和置业有限公司、县自来水公司、兰园宾馆等6家国有企业进行了经营业绩审计,并向县政府提出了“规范国企管理,避免政企不分;从严把握国企标准登记注册;如实反映收益,依法上缴经营资产收益”的建议。其间,在2014年,县审计局对自来水公司经理刘仁海进行了任期经济责任审计。

财务监督 从1990年起,石门县开展“税务、财务、物价”大检查。“三大查”的主要内容是:检查应交国家利润、税费、罚没收入和其他收入有无截留、侵占、私分等。该项活动每年度开展一次,国资管理部门派员参加,各年度查出因违反国资管理法规问题受到处理处罚涉及单位数及额度是:1990年,单位20个,处罚2.4万元;1991年,单位25个,处罚2.6万元;1992年,单位28个,处罚3.4万元;1993年,单位32个,处罚3.5万元;1994年,单位40个,处罚4.1万元;1995年,单位38个,处罚4.5万元;1996年,单位45个,处罚5.6万元;1997年,单位37个,处罚4.5万元;1998年,石门县取消“三大查”。

2010年,石门县纪委、监察局、国资经营管理中心、财政局、审计局联合印发(石纪发〔2010〕7号)《石门县国有及国有控股企业“小金库”专项治理实施办法》,明确治理的重点是:隐匿收入、虚列支出、转移资产设备的“小金库”。是年,石门县开展“小金库”治理行动,共查出44家国有企业的大小程度不一的违纪违规问题,查处违纪金额200多万元,被纪检监察和司法机关立案查处的有4人。

2014年,石门县国资经营管理中心协助县纪委查处县水利局国有小水电站资产违规处置案。该案发生于2005年4月,因修建皂市水库,库区内万福水电站被淹灭,应由国家给予经济补偿,县水利局违规将部分应上缴财政的补偿资金发放到个人,造成国有资产流失。县国资管理中心工作人员调阅历史档案,查对相关文件,走访当事人,并组织专家会审,纠正了该局自行认定的错误的资产产权界定的主张,挽回国有资产损失180余万元。该案涉及50多名干部职工退款,局主管负责人受到党内严重警告处分。

第七节　澧县国有资产管理

一、管理机构沿革

1991年7月,《关于设立澧县国有资产管理办公室的通知》(澧编办发〔1991〕38号)明确,澧县国有资产管理办公室(以下简称县国资办)为县财政局管理的独立二级事业单位,隶属县财政局管理;核定事业编制3名,所需人员均从财政系统内部调剂,人员经费由县财政解决。

1996年12月,按照常编办县〔1996〕65号批复,中共澧县县委机构编制委员会下发《关于澧县国有资产管理办公室更名升格的通知》(澧编发〔1996〕80号),澧县国有资产管理办公室更名为澧县国有资产管理局(以下简称县国资局),机构级别升格为副科级,核定事业编制8名,其中副科级领导职数1名,副局长、股长3名,其他工作人员4名。

据《澧县国有资产管理局职能配置、内设机构和人员编制方案》(澧编发〔1997〕2号),县国资局是县人民政府管理国有资产的职能部门,为副科级事业机构,归口县财政局管理,对境内外(含国境外)属本县管辖的全部国有资产(包括固定资产、流动资产、资源性资产、无形资产和其他国有资产)依法进行行政管理和监督经营。

2002年5月,澧县人民政府办公室印发《澧县财政局职能设置、内设机构和人员编制规定的通知》(澧政办发〔2002〕89号),县国资局被撤并,其职能由县财政局承担。县财政局设立产权和统计评价股。

2005年6月,澧县县委机构编制委员会办公室根据县人民政府第十四届第十八次常务会议精神,下发《关于设立澧县国有资产管理中心的通知》(澧编办发〔2005〕11号),批准设立澧县国有资产管理中心,明确该单位为归口县财政局管理的事业单位,定编2名,人员经费县财政全额拨款,工作人员在财政局内部调剂。2007年10月,澧编办发〔2007〕

3 号文件通知，澧县国资管理中心人员编制由 2 名增加到 9 名，增编之后，其经费渠道等维持原状不变。

2008 年 9 月，中共澧县县委机构编制委员会发出《关于澧县国有资产管理中心更名升格的通知》(澧编发〔2008〕3 号)，明确澧县国有资产管理中心更名为澧县国有资产经营管理中心(以下简称“县国资中心”)，机构升格为副科级。核定全额拨款事业编制 14 名，其中主任 1 名(副科级)、副主任 1 名(股级)、股长 3 名，工作人员 9 名。后增设支部书记 1 名(副科级)、副主任 1 名(股级)，均在 14 人的编制数内。

领导人员名录

澧县国有资产管理办公室(1991.7—1996.12)

主　　任　游　龙(1995.6—1996.12)

副 主 任　傅绍忠(1991.7—1996.12；其中 1991.7—1995.5 主持全面工作)

澧县国有资产管理局(1997.1—2002.5)

局　　长　游　龙(1998.2—2002.5)

副 局 长　游　龙(1997.2—1998.3)

周孟波(1998.3—2002.5)

澧县国有资产管理中心(2005.6—2008.9)

主　　任　李忠锦(2005.3—2006.3)

傅绍忠(2006.3—2007.3)

柳宏告(2007.3—2009.3)

副 主 任　傅先义(2005.3—2006.3)

牟　森(2006.3—2008.9)

澧县国有资产经营管理中心(2008.9—)

主　　任　王　平(2009.2—2011.12)

王先兵(2012.9—)

支部书记　龙　玮(兼，2011.1—)

副 主 任　牟　森(2009.3—2011.4)

李忠锦(2011.4—)

黄昭春(2012.3—)

二、清产核资

1994年4月,澧县清产核资领导小组以澧财清〔1994〕1号、4号、6号文件,相继转发财政部《关于印发〈清产核资办法〉(一九九四年用)的通知》《国务院办公厅关于清产核资试点工作有关政策的通知》(国办发〔1993〕29号)、《关于印发(清产核资扩大试点中有关问题的解释)的通知》(财政部、中国人民银行、国家计委、国家国有资产管理局国清〔1993〕120号);12月,又转发湖南省清产核资领导小组《关于全面清理国有企业户数的通知》(湘清〔1994〕8号)。此时,正值县级机构改革。县委办公室、县政府办公室、县机构改革领导小组办公室联合发出《关于在机构改革中加强国有资产管理的通知》(澧办通字〔1994〕36号),要求被撤并的单位冻结财务、盘点资产、清理往来、核对资金、登记造册和资产移交。由此,从行政事业单位到国有企业,清产核资工作全面开展起来。

1995年,共80个单位参与清理,其中行政事业单位40个,国有企业40个。行政事业单位固定资产总额6593万元,其中房屋建筑物4220万元、办公设施319万元、交通工具1523万元、通信工具134万元,其他397万元;而国有企业拥有国家注册资金7445万元,国有注册资本6277万元、国有资产总量9509万元。行政事业单位资产中一个显著特点就是第三产业的兴起,国有非经营性资转作经营性资产总量达到830万元;而国有企业中由于粮食系统的撤并改革和一部分企业的破产,企业的个数及注册资金、国有资本有较大程度的减少。

2000年7月,根据湘办发〔2000〕15号文件精神,澧县全面清理党政机关所办经济实体。县政协外运物资公司、县总工会的工会加油站等五家公司由主管部门申请注销;县民政局的社区服务公司由县国资部门将资产划转到社区服务中心;县交通局的通达公司和通达汽车出租公司由主管部门收回注册资金128万元,变更了法人代表,使之完全变成自由人投资入股组成的公司;县财政局的财达公司申请法院依法破产;另根据上级有关精神,县物价局的拍卖公司、县国土局的地价事务所及县妇女联合会的妇女儿童活动中心暂缓脱钩。

2005年,澧县进行全面清产核资。共清理和接收行政事业单位产权455个,企业单位资产产权18个,接收国有资产13.13亿元(不含未评估的国有土地),基本完成了行政事业单位和国有企业的产权接收工作。

三、产权管理

产权登记 从1996年开始，县国资局依法对县属国有企业颁发“国有资产登记证”。1997年底，澧县国有企业产权登记单位65个，产权登记面达100%。至此，国有资产的产权登记工作已形成较为完整的体系：按产权登记、变动产权登记、注销产权登记—年度检查—微机处置—分析上报的程序操作。但2002年机构改革后，国资局被撤并，产权登记工作没有持续下去。

2015年7月，澧县国有资产经营管理中心印发《关于开展事业单位及其所办企业国有资产产权登记工作的通知》（澧国资通〔2015〕17号），全县产权登记工作再次开展起来，在事业单位及其所办企业进行国有资产产权登记的同时，县内的由县政府直接出资兴办的国有独资企业、国有独资公司、国有控股企业及国有参股企业亦启动国有资产产权登记工作。参与登记的企事业单位139家，资产总额42.68亿元，其中企业14家，资产总额10.67亿元。

产权界定 1998年，县国资局对澧州啤酒厂的资产进行评估和产权界定，为该企业重组提供依据。2012年，原针纺服装公司破产。其羊湖口经营点院落被澧澹乡临津村某村民侵占约130平方米，后经县国资中心调研确认此资产属于国有资产，应予收回。但因公路建设占用其责任地，提请县政府协调相关部门解决。

资产评估 1994年，县会计师事务所取得临时资产评估资格证。1996年，该所取得湖南省国有资产管理局颁发的正式资产评估证书。三年间，该所对县灵芝开发公司、县酒厂、县缸套厂、县电机厂、县百货公司等50个单位的资产进行了评估，确认项目50个。

2001年后，湖南德源资产评估有限责任公司（前身为澧县诚信会计师事务所）共评估国有企业资产和行政事业单位经营性国有资产共144宗，其中县家电有限责任公司、县针纺服装公司等商物系统改制企业资产32宗、县澧州机械厂、县纺织厂等工业企业资产21宗、湘北油脂加工厂等粮食企业资产12宗。这些资产的评估结果，成为国有企业改制工作中实施“两个置换”的重要依据。

资产处置 2002年3月，澧县人民政府办公室印发《澧县国有直管公房处置办法》（澧政办发〔2002〕15号文件）。该办法规定，全县范围内县政府委托县房管局管理的所有国有直管公房均属国有资产；国有直管公房的处置方式包括无偿收回、有偿转让（出售）；国有公房的处置程序为，首先向县政府提出书面申请，并拟定处置方案，经批准后由县财政局委托具有相应资格的评估机构对其转让（出售）价格进行评估，然后委托具有法定资格的机构公开拍卖。该办法规定，国有直管公房处置后要依法办好产权手续，其收益全额上缴财政，实行收支两条线制度。

2003年4月，县人民政府又以澧政发〔2003〕21号文件发出《关于公物处理实行公开拍卖的通知》，规定公开处置的公物包括司法机关、行政管理部门依法查处的罚没物品和依法收缴的不返还赃物；邮政、运输等部门的无主货物；银行、保险等金融机构的抵押和理赔物品；破产企业需要拍卖的财产；国家机关、群众团体、事业单位、国有企业、集体企业，按资产管理规定需处置的有形资产和无形资产。其拍卖底价由委托单位会同财政、发改部门确定。罚没物品、无主货物及依法不返还的赃物拍卖收入全额上缴财政，其他单位的拍卖收入扣除拍卖佣金后，返还给委托单位入库。委托单位凭入库单向财政办理缴销手续。

2005—2006年，公开拍卖黄沙湾肉联厂、县酒管办等几宗资产，处置收益达6700万元；2008年以后，又依法处置县芦苇总场场山经营权、华湘棉麻公司、澧州宾馆、县政府原二院、华鑫粮食购销公司、湖南湘北药业有限公司国有公房门面、澧水河道澧县段采砂权、县城的土特许经营权等多宗国有资产资源。

2010年以来，县澧州宾馆、县政府原二院(原供销社院落)、县农业技术推广中心原院落、湖南湘北药业有限公司等一批国有公房被依法处置，其资产权属(包括土地使用权和房屋的所有权)相继变为私有。

2011年，澧县国有资产处置进入"公共资源交易中心"，按照"报告申请、委托评估、结果核准、委托拍卖，收支两条线"的程序进行。是年，澧县下达资产处置委托书书15份、处置批复48份，处置交易额达1875.1万元，划转资产总金额199.2万元。

至2015年，全县国有资产处置收入总额达到2.2亿元。

四、收益管理

1994年3月，澧县人民政府发出《关于开征国有资产占用费的通知》(澧政发〔1994〕2号)。通知中明确，县内所有预算内、预算外企业(包括行政事业单位创办的占用国有资产的经济实体)，从1994年1月起，开征国有资产占用费；计费基数按1993年7月1日新老会计制度衔接时，经县财政审定后的实收资本、资本公积之和确定，年费率为2%—3%。国有资产占用费由县国资办直接向有关单位收取或向开户银行划转。企业全年占用费不超过5000元的，年初一次性上缴；超过5000元的，按计划进度每月10日前上缴。对逾期未缴的占用费，每月加收2%滞纳金，连续欠缴2个月及以上的，企业不得提取效益工资，国资部门不得批准企业向银行实行资产抵押借款。各单位缴纳的占用费，按《企业会计准则》列入财务费用。企业在生产经营过程中，新增加的国有资产应单独反映，并按规定免交12个月的占用费。此后，每年年初，县财政、国资部门都要行文下达各相关单位当年国有资产占用费入库任务。

1995年1月1日起，县国资办对行政事业单位非经营性资产转作经营性资产（“非转经”），收取国有资产占用费。1998年、1999年，全县每年收取国有资产占用费55万元。

从2010年开始，县人民政府将国有资产收益纳入财政预算。至2014年，澧县共完成国有资产总收入过4亿元，其中财力性收入1.2亿元。

五、国有资产经营

承包制　20世纪80年后期到90年代中期，澧县在国营企业大面推行经营承包。主要方式有定额上缴、利润包干、超收分成（或全留）、风险抵押承包等。县经委系统起初实行的是双层承包，即县政府委托县财政与企业落实承包指标，县经委对完成指标向县政府实行总承包，并在县政府的指导下落实包保条件，同时，企业又与县经委签订承包合同。

1987年，县政府发出《关于明确县经委在国营工业企业实行经营承包责任制后的责权利范围的通知》（澧政发〔1987〕20号），该文件对县经委系统各企业推行承包制后，必须保证完成的产值、利润、上缴利润、固定资产投入以及承包后经委及企业的权力、利益进行了明确，超收全部上交，允许企业按利润总额提成1%。县水泥厂、县纺织厂等工业企业最先实施，后经委系统全面推行。

1990年，县药材公司面对市场疲软，资金紧缺，经济滑坡，职工思想波动大的局面，对7个核标单位实行“定利润，定销售、定费用、定资金周转和保安全生产”的四定一保经济责任制；1991年，药材公司实行目标管理，经济承包，购销挂钩，公司各部门层层签订经济承包合同，逐月考核评分，以考核评分结果计发各部门工资奖金。此举大大激发了公司干部职工的工作积极性，公司全年完成销售收入1016.4万元，实现利税32万元。

转换经营机制　澧县国营工业企业打破“三铁一大（铁饭碗、铁工资、铁交椅和大锅饭）”，深化劳动用工、干部管理、报酬分配三项制度改革。劳动用工上，全部实行合同化管理；干部管理制度上，各企业中层骨干全部实行聘任制，建立“能者上、平者让、庸者下”的竞争机制；分配制度上，宏观上贯彻按劳分配的原则，微观上，各企业根据自己的实际情况确定分配方案。县氮肥厂取消档案工资，实行岗位结构工资的做法受到省劳动厅的肯定。通过转换经营机制，1994年、1995年、1996年，澧县经委工业生产连续三年扭亏增盈。

1993年初，针对历史包袱沉重、市场极度疲软、经济效益滑坡的严重问题，澧县在国有商业企业推行“四放开”（即经营、价格、用工、分配放开），实施“大统小分、分体经营”。兰江、兰苑、翊武等一批企业激发了活力。

联合、兼并 1991年3月,澧州啤酒厂与山东博兴酒厂联营;当年,澧县工业品批发公司与知名厂家联营联销,掌握了3个名优产品的湘北经销权,其“永芳”系列化妆品为国内首家三级批发企业。是年澧县工业品批发公司销售2140万元,创利4万元。

1992年5月,澧县新型建筑材料厂被湖南省包装总公司兼并;8月,洞市乡与赤峰煤矿合资经营洞市水泥厂;9月,县服装厂与香港科长公司合资;1995年12月,金罗肉联厂生化制药厂与香港中西药网络集团合资组建湘北威尔曼制药有限责任公司;1996年底,澧县日用工业品有限责任公司与兰江百货大楼有限责任公司合并,成立澧县日用百货有限公司;1999年10月,澧县棉麻公司与澧县经纬纺织有限责任公司、澧县气流纺纱厂(公司)联营。

股份制改造 1992年初,澧县副食品公司翊武大楼推行股份制经营试点,“合股经营、带股上岗、自负盈亏、风险同当”。翊武大楼从澧县副食品公司分离出来,成立具有法人资格的股份有限责任公司。1993年11月,中共十四届三中全会作出《关于建立社会主义市场经济体制若干问题的决定》,明确国有企业改革的目标是建立“产权明晰、责权明确、政企分开、管理科学”的现代企业制度,澧县股份制改革工作全面推开。1994年,兰江、兰苑、中心(即原兰江二百)等大型零售商场推行股份制经营。

1994—1996年,澧县对基础好,包袱轻、有潜力、资产负债率仅49.8%的县氮肥厂,按职工承受能力,将其净资产的一部分出售给职工个人,其余作为国家股或企业法人股组建有限责任公司;对资产负债率较高的化工厂、无线电厂(分别为85.2%、81.3%),将其净资产量化分给职工个人组建股份合作制企业,企业在以后生产经营中所需要的资金由职工入股自行解决。

2011年,澧县民用爆炸物品专营公司实行股份制改造,并入葛洲坝易普力股份有限公司,澧县占39%的股份。

租赁经营 1997年,县药材公司实施买断经营(实质上是内部租赁经营),由内部职工组合租赁场房柜台,自主经营药品,上缴租金,自负盈亏。当年,职工人平工资上涨了300元,同时向公司上缴租赁费21万元。

1998年,物资局系统除轻化、民爆两公司按原有的运行机制实行经营外,金属、回收、机电、建材、综合、开发6个公司全面实行租赁承包经营。

2000年7月,澧县雪飞食品厂停产歇业,2001—2004年租给私营业主经营。澧县肉类联合加工厂2001—2005年实行资产经营,年均收取租金14万元。

出售转让 1996年5月31日,县人民政府将澧州制药厂产权转让给香港益侨国际有限公司。该厂土地面积20.85亩,出让时间为50年,转让费为240万元。

破产重组 1995—1998年,县酒厂、县丝绸厂、县无线电厂、县印刷厂、县电机厂、湖南洞庭缸套厂先后依法破产，全县 11 家县属国有和集体工业企业仅存 5 家。1996 年 12 月，澧县百货公司经县人民法院裁定，累计负债 2314 万元，总计资产 700 万元，资不抵债 1614 万元，被宣告破产终结。县酒厂破产后，重新组建股份合作制的湖南省城头山酒业有限公司。

2000 年，县纺织厂实行改制，重组为澧县金城纺织股份有限公司（国家参股）和澧县气流纺纱有限责任公司（民营）。到 2000 年底，全县 17 家国有工业企业完成了“两个置换（置换企业产权、置换职工身份）”改制，整体改组为股份制企业或者拍卖给私人。2000 年以后，县纺织厂、县水泥厂、县氮肥厂、县机械厂、县化工厂及县纺织厂改制后重组的金城纺织股份有限公司也先后破产。至此，全县国有工业企业改制工作全面完成。

2001 年 4 月，澧县商业局制定商业“两个置换”改革方案，其后，破产置换工作全面开展。2002 年 12 月，省金罗肉联厂引进南京雨润集团组建福润食品加工有限责任公司；县药材公司正式申请破产重组，贸易发展局组织该公司按法律程序实行破产重组；2003 年 11 月，县雪飞食品厂成功被香港天福贸易公司整体收购；2004 年 12 月，金罗肉联厂、省棉机厂、县药材公司，完成了企业改制工作，置换职工身份 2077 人。商业系统 10 家企业 2314 名在职职工，除 17 名军转干部和伤残军人外，全部置换身份。10 月，商业 10 家企业、物资 9 家企业，进出口公司和刨花板厂共 21 家国有企业全面完成改革工作，置换干部职工总数 3747 人。2007 年 1 月 8 日，商业企业破产清算组委托常德金祥拍卖有限公司和澧县国土交易中心顺利拍卖 18 宗资产，获值 8842 万元。自此，商业破产企业资产以 13264 万元总值处置完毕。2008 年 12 月。县刨花板厂的改制工作已全面完成，142 名职工进行了身份置换；同时，县进出口公司实行改制，资产移交县劳动局社保处，122 名职工中的 80％被置换身份。

2002 年 12 月小渡口油脂化工厂企业被依法破产。

2004 年 8 月，全县粮食企业改革全面启动，置换身份 1263 人。

2005 年，金罗粮库移交划转到中储粮湖南省分公司，聘用 58 人。

通过改制改组，澧县逐步形成重庆国人啤酒有限责任公司（原啤酒厂）、金源化工有限公司（原氮肥厂）、盈成油脂化工有限责任公司（原雷公塔粮食局湘北油厂）、福润肉类食品有限公司（原金罗肉联厂）等一批非县属的私营或其他大型国企控股的骨干企业。

截至 2008 年底，全县实质上仅存的县属国企只有澧县粮食华鑫购销公司、自来水公司、澹电实业公司、民用爆炸物品专营公司、电影发行放映公司、桩基础公司等 6 家，其余的洞庭水利水电公司、声屏广告公司等一批企业虽然属于全民所有制企业或国有独资公司，实际上是自收自支的事业单位为了方便经营而注册的公司。

融资平台建立及转型　2003 年 9 月，县人民政府出资成立澧县城市建设投资开发公司,注册资本4000万元。2007年、2009年,澧县相继组建澧州实业发展有限公司、澧县国有资产经营公司,注册资本分别为3000万元、6000万元。2013年,澧县将上述公司完善并新组建嘉诚交通建设投资有限公司、澧县兰江水利建设投资有限责任公司、湖南城头山建设开发公司3家公司,将原澧县国有资产经营公司变更为澧县澧州新城投资开发有限公司。这6家国有独资公司均为县政府的投融资平台。

2014年后,澧县本着"公司经营市场化、管理去行政化"的宗旨,将县政府原6家投融资平台改革转型,使之逐步与县政府脱钩,成为自主经营、自负盈亏的具有法人实体资格的国有独资公司,统称为国有投资建设公司。他们除完成县政府项目建设,还开展自营业务。公司承担的建设项目竣工后,县政府用资金、资产和土地等依法购回,最终将公司与县政府形成实质上的买卖关系。

六、国有资产监督

财务监督 2001年5月,县国资局组织对产权登记年检的39家县属国有企业2000年度的资产营运情况进行专项检查,检查结果表明,盈利的企业只有13家,其余均亏损。其中资不抵债的企业20家,濒临破产关闭的有7家,实际参加国有资产保值增值结果计算与确认的单位只有12家,年初所有者权益6719万元,年末只有5506万元,国资保本增值率99.3%,利润总额-76.72万元。

2013年3月,县国资中心对常德滟洲水电实业有限公司的资产和经营情况进行了财务剖析,剖析中发现该公司人员包袱较重、债务负担沉重、资金压力较大、管理尚有漏洞,发展后劲不足等问题。国资中心提出了整改意见。

2014年11月,县国资中心又对县芦苇总场的经营状况进行专题检查。重点检查其经营收支及集资款的使用情况。经核查,该场存在债务风险大、财务成本高、资金回收慢、单位运转难的问题。国资中心对其提出了整改意见。

2015年6至8月,县国资中心对五大国有投资建设公司的人员进行专项清理,6名不合政策的兼职人员回到原单位,留任的6人,提前退休。

审计监督 1989年,县审计部门对澧县纺织厂中标厂长承包经营进行审计。审计认定中标厂长在承包经营的第一个年度中,由于经营不善,529万元的利润目标,只完成209.6万元,相差319.4万元。县政府决定终止承包合同,并重新安排厂长、副厂长等企业领导人员。

1992年,县审计部门对澧县纺织厂进行资产负债损益审计。审计发现"待处理—财产损失"科目中有6吨价值12.6万元60S/3涤纶线待处理的疑问,审计人员内查外调,南下广州，追回了全部损失。

1996 年，县经委对县属工业企业经济实力进行了全面审计，9 家县属企业亏损额高达 7167 万元，其中明亏 2667.9 万元，潜亏 4499.1 万元，此次审计为以后企业改制提供了依据。

1996—2006 年，澧县开展企业破产清算审计。共审计 100 多家申报破产的国有集体企业。审计结果被县政府作为企业破产的财务依据。2005 年县审计部门对澧县机电设备公司进行破产清算审计，查出该公司个别留守人员乘破产之机侵吞公款 21612 元。该人员被移送监察机关处理。

2013 年澧县艳洲水电工程管理局局长、党委书记任期经济责任审计。县审计局和县国资中心成立联合审计组，审计查出该局财务部长、会计、出纳自 2009 年 7 月起至 2013 年 5 月，挪用公款 411.68 万元，数额巨大，移送澧县纪检监察部门和检察机关处理，3 名直接责任人责令限期归还挪用款项，2 人开除党籍，1 人取消预备党员资格处分，检察机关已提起公诉。

2015 年 4 月，澧县县委、县政府《关于进一步加强国有投资公司管理的意见》(澧办通字〔2015〕2 号)从制度上明确审计部门要强化对国有投资建设公司的审计监督，每年对公司上年度的项目建设投资情况、融资计划完成情况、项目资金使用情况、资产负债和财务收支情况等进行一次全面审计，其审计结论作为对公司负责人考核评价的重要依据。

绩效评价　1999 年 10 月，县委组织部、县经委、县财贸办、县财政局、县国资局印发《澧县 1999 年国有企业效绩评价工作试行方案》(澧国企字 08 号)，文件规定，要对县直各工商企业国有资产保值增值情况进行考核评比；经审查认定的各项考核指标，在年终与各单位工效挂钩结账时一并计划，实行一票否决制；未达到国有资产保值增值指标的，坚决不予提高效益工资；厂长、经理作为企业的法定代表人，对企业国有资产保值增值承担经营责任，年终对各单位的经营状况在全县通报；按照精神奖励为主、物质奖励为辅的原则，对完成核定的国有资产保值增值指标及相关指标的单位，奖励法人代表个人人民币 1000 元，对于未完成考核指标的单位，给予法人代表罚款人民币 1000 元；对于经营管理不善和决策失误或其他主观原因，使国有资产遭受重大损失的，视情节轻重和损失大小，对其厂长、经理和直接责任人给予罚款、免职等经济行政处罚，造成重大国有资产损失的，追究刑事责任。

根据方案，国资局牵头聘请成立专家咨询小组 5—10 人，设组长 1 名，实行组长负责制。

2002 年 7 月，县财政局代表政府制定《澧县 2002 年国有企业效绩评价工作方案》，全县开展以基本指标、修正指标、评议指标三层次 28 项构成的国有企业效绩评价。按照方案，工作小组召开会议，聘请效绩评价专家，并将评价系统的软件转发至各国有企业，全面开展效绩评价工作。当年，县财政局对32家国有企业按2001年度效绩进行了评价，将基本评价结果以信函的形式发放到各企业，及时反馈企业对基本评价的意见，各企业认可评价结果。同时，对自来水公司进行综合评价，向该公司下达《企业效绩评价通知书》委托澧县诚信会计师事务所进行财务审计。通过定量评价和定性评价，澧县自来水公司综合得分70.7分，其中基本得分67.36分，修正后得分70.5分，评议指标得分70.5分，评价结果为良好。

2015年初，县国资中心印发《澧县国有投资建设公司经营业绩考核暂行办法》（澧国资发〔2015〕2号）。其考核评价内容主要包括：项目建设任务和投资计划完成情况；融资任务完成情况，包括融资方式、融资额度、融资期限、融资成本等；成本费用控制情况；项目工程管理情况；自营业务开展情况，包括实现利润和国有资产保值增值情况等；内部管理情况；其他需要纳入考核的情况。

县国资中心建立经营业绩考核评价指标体系，考核方式实行120分制，具体内容一年一定，并根据年度任务对考核内容和考核指标作相应调整。年度考核公司得分低于80分的不享受绩效薪酬。

经营业绩分年度进行考核，其结果与兑现绩效工资相挂钩。当年6月，按照考核办法，县国资中心结合公司经营预算向公司印发考核的具体指标内容。

2016年1月，县国资中心组织对县内5家国有投资建设公司（6家公司中仅湖南城头山建设开发公司未考核）的经营业绩进行年度考核。3月17日，县政府常务会议听取和审议澧县国有资产经营管理中心《关于澧县国有投资建设公司经营业绩考核评价的情况汇报》，会议确认县国资中心对各公司年度经营业绩的考评结果。会议强调，此次考核结果要与公司的绩效薪酬直接挂钩。根据会议的要求，县国资中心批复了各公司2015年度薪酬的兑现方案，各公司的考核得分和薪酬兑现数额如表6-7-1。

澧县2016年国有投资公司考核得分和薪酬方案

表6-7-1　　单位：万元

公司名称	基本薪酬	绩效考核		合计薪酬	备　　注
		考核得分	绩效薪酬		
合计	54	—	24.912	78.912	—
城投公司	10.8	93.8	2.484	13.284	—
澧州实业	10.8	113	5.94	16.74	因董事长为兼职，依规定不能按此方案兑现薪酬，考虑其工作时长和难度，建议在财政所发工资基础上每月另行补助4000元

续表 6-7-1

公司名称	基本薪酬	绩效考核		合计薪酬	备　注
		考核得分	绩效薪酬		
新城投资	10.8	116.5	6.57	17.37	—
嘉诚交通	10.8	114	6.12	16.92	—
兰江水利	10.8	101.1	3.798	14.598	—

公司其他人员的年度薪酬按照澧办通字〔2015〕2 号和澧国资发〔2015〕2 号文件的规定及年初预算的控制基数，由公司根据内部绩效考核情况兑现。据统计，此次考核结果运用，各公司共兑现 2015 年薪酬 551.35 万元。

第八节　津市市国有资产管理

一、管理机构沿革

1991 年 4 月，市编委批复同意成立市国有资产管理办公室，为独立事业二级机构，归口市财政局管理，核定事业编 3 名，首任主任贺家声。同年 7 月，市编委发文明确市国有资产管理办公室的主要任务是贯彻执行国家有关国有资产管理的政策，按照国务院、省、市人民政府有关规定，对津市市国有资产（包括固定资产、流动资产和其他资产）独立行使管理职能，维护国有资产所有者和经营使用者的合法权益，保障国有资产的保值增值。

1997 年 3 月，津市市编委根据常德市编办〔1997〕19 号文件精神，批复同意市国有资产管理办公室更名为市国有资产管理局，并升格为副科级事业机构，仍归口市财政局管理。内设综合、企业资产和行政事业资源等 3 个股室。核定事业编 10 名（含原编制 3 名），首任局长滕小平。

2000 年 4 月，市政府常务会议研究同意组建市国有资产投资经营有限公司，与市国有资产管理局两块牌子，一套人马，合署办公。市国有资产管理局局长兼经理及法人代表，公司注册资本从财政有关资金、国有资产中划拨。同月，出台《津市市国有资产投资经营有限公司章程》，该章程明确公司经营范围为：行使出资者各项权利，通过投资、管理、处置全市范围内行政事业单位、企业单位的不良资产、闲置资产、追偿债务、资产重组、债务重组、产权交易等,经营活动以资本经营为主,商品流通为辅。公司注册资本金为1005万元,国家授权的市国有资产管理局为唯一出资者。2002年,市国资局被撤销,市财政局另设产权股(后改为资产股),履行行政事业单位国有资产管理职能,市财政局为市国资公司唯一出资者。

2006年4月,津市市人民政府常务会议研究议定,同意市国有资产投资经营有限公司与市城市建设投资开发有限公司实行合并,两块牌子,一套人马,设立董事会和监事会,由市政府常务副市长任董事长,市政府任命滕小平为总经理(法人代表),市政府办、财政局、发改局、国土资源局、房管局、建设局、城管局为董事会成员单位,市监察局、审计局为监事会成员单位,副总经理由董事会任命。同年10月,市国有资产投资经营有限公司与市城市建设投资开发有限公司又一分为二,负责人分别任命。2008年1月,孙国友接任市国有资产投资经营有限公司总经理(市财政局副局长、党组成员)。

2013年8月,津市市国资公司与津市市财政局资产管理股合署办公,负责全市国有企业和行政事业单位的资产管理。为完善国资监管体系,2014年10月,中共津市市委常委会议研究同意,恢复成立津市市国有资产管理办公室,孙国友兼任办公室主任。现津市市国有资产投资经营有限公司内设综合部、财务部、资产经营部3个机构,共有员工8人。

领导人员名录

国有资产管理办公室(1991.4—1997.3)

主　　任　贺家声(1991.5—1993.8)

王荣立(1993.8—1995.3)

滕小平(1995.3—1997.3)

副 主 任　王荣立(1991.5—1993.8)

汪明久(1993.8—1998.2)

国有资产管理局(1997.3—2000.4)

局　　长　滕小平(1997.3—2000.4)

副 局 长　刘爱龙(1997.4—1999.3)

谭贵凡(1999.3—2000.3)

国有资产管理局(2000.4—2002.4)

国有资产投资经营有限公司(2000.4—)

局长、经理　滕小平(2000.4—2002.4)

副局长、副经理　叶国庆(2000.4—2002.4)

朱　晖(2000.4—2002.4)

国有资产投资经营有限公司

经　　　理　滕小平(2002.4—2006.4)

副　经　理　叶国庆(2002.4—2006.4)

朱　晖(2002.4—2002.6)

国有资产投资经营有限公司

城市建设投资开发有限公司(2006.4—2006.10)

总　经　理　滕小平(2006.4—2006.10)

副 总 经 理　叶国庆(2006.4—2006.10)

国有资产投资经营有限公司

经　　　理　辛吉忠(2006.10—2008.1)

孙国友(市财政局副局长,2008.1—)

副　经　理　叶国庆(2006.10—)

国有资产管理办公室(2014.10—)

主　　　任　孙国友(兼,2014.10—)

副　主　任　吴　峰(2014.10—)

二、清产核资

1991年7月,市国资办对全市1990年国有资产存量进行调查,全市国营企业国有资产总额为12470.20万元,其中固定基金10005.20万元,流动基金1645.70万元,专项基金819.30万元。资产总额中,工业部门占大多数,达10549.70万元,其余商粮贸、金融占1617.10万元,农林水部门占181.20万元,文教卫部门占122.20万元。同年,还对市属28家主要全民企业闲置固定资产进行专项调查,被调查21家企业有闲置固定资产1240.00万元,占被调查企业固定资产原值的7.17%。

1995年5月,市清产核资领导小组印发《津市市1995年清产核资工作方案》;6月,又与市财政局、工商局、国税局、国资办联合发出《关于进一步加强清产核资工作的紧急通知》,决定在年内在所有国营企业和实行企业化管理的事业单位以及各部门、各国有企业单位投资举办的境外企业和办事机构进行清产核资。主要清查国有企业资产、清理债权债务;界定产权;对主要固定资产价值进行重估和对土地进行估价,使国有企业资产账面值与实际价值相符;核实国有企业法人财产占用量,核定国家资本金。是年末,递次完成户数清理登记、前期准备、组织实施,制度建设、总结等程序。全市国家投资企业76户,年末国有资产总额为35282万元。

2003年,市人民政府组织力量对全市棉花企业的资产、负债、所有者权益总量及构成进行全面清理核实。截至2002年末,棉花企业全部资产损失挂账18790.76万元,其中应收账款13.02万元,已形成呆账,其他应收款(主要由基层供销社收购棉化铺底基金构成)318.95万元,待处理财产损失7117.14万元,待摊费用3048.05万元,过头税及未抵扣老商品棉进项税1159.74万元。此后随着境内企业改制工作的完成(2003年完成清盘扫尾),企业国有资产占有份额减少,大规模的清产核资工作结束。

三、产权管理

产权登记 1991年9月,津市市人民政府印发《关于加强国有资产管理工作的通知》,强调要加强国有资产产权登记和变动审批工作,市财政局和国资办要协同有关部门对各单位不同所有权的资产依法进行产权界定,并办理国有资产产权登记手续。市财政局亦在9月、10月间密集转发省财政厅、省工商局《关于开展国有资产产权登记工作的通知》、省国资局《关于办理国有资产产权登记手续的有关事项的说明》、省财政厅《企业国有资产所有权界定暂行规定》等文件,并在部分企业开展国有资产产权登记工作试点。次年3至6月,国有资产产权登记在试点基础上全面铺开,登记范围为全市全民所有制企业和实行企业化管理的事业单位。全市共118家企业、单位办理了产权登记手续,并确定这些企业资产的国家所有权,授予企业经营权。118家单位中市属企事业单位94家,包括86家企业和8家企业化管理的事业单位,省、常德市属企业14家。登记的国有资产总额为19770.80万元,其中固定基金15301.20万元,流动基金2683.50万元,专用基金1686.40万元,其他资金99.70万元。总额中津市市属单位国有资产为16376.30万元(其中固定基金12996.00万元,流动基金1959.40万元,专用基金1332.50万元,其他资金88.40万元),省、常德市属单位国有资产3394.50万元(其中固定基金2305.20万元,流动基金724.10万元,专用基金353.90万元,其他资金11.30万元)。翌年办理产权登记的企业增加到151个,其中市属企业135个,省、常德市属企业16个,登记国有资产总额为20025.60万元。

1996年,津市市国资办根据工商注册登记,结合上年国有资产产权登记,对全市83家国家投资企业和行政事业单位开办的企业、公司等经济实体开展国有资产产权登记年检,其中2家单位的产权被办理注销登记。尔后产权登记年检形成制度,每年一次。

资产评估 1992年7月,津市市成立市资产评估公司,与市会计师事务所一套人马,两块牌子,隶市财政局领导,专门办理资产评估业务。同年8月,省国资局印发《国有资产评估管理办法实施细则》，对国有资产评估的组织管理、评估程序、评估方法、法律责任以及对中外合资、合作资产评估，对股份制企业资产的评估均作出具体规定。其时，津市合资、联营企业较少，评估项目不多。是年，资产评估公司对津市市畜牧局和粮食局的财产转让进行立项并组织评估；对绢纺厂和长麻纺厂的资产转让的评估结果进行审查。

1995年5月，市会计师事务所取得国有资产评估正式资格，成为常德市第3家具有独立评估资格的单位，全年承办资产评估业务14项，评估现值1240.47万元，比账面净值796.73万元增加443.74亿元。

1996年，津市市资产评估项目达31个，其中财产清算21户，股份制改组2户，企业兼并1户，房产评估7户。尔后随着以产权制度改革为中心的企业改制不断深入，资产评估遂成为企业改制工作中的重要环节。凡涉及产权变更、资产重组及依照国家有关规定需要进行资产评估的其他事项，都经过申请立项进行资产评估，评估结果由市国资管理部门确认。

2000年，津市市改制企业已经立项的达107家，其中资产评估确认的有97家，资产处置收入进入专户储存的有18家，专储额为806.00万元，在资产评估确认过程中，核减企业报损减呆值3947.00万元。

四、收益债权债务管理

1994年5月，津市市人民政府印发《关于收取国有资产占用费的通知》，对国有资产实行有偿使用制度。同年8月，市财政局、国资办会同各商业银行联合印发《关于贯彻津市市人民政府〈关于收取国有资产占用费的通知〉有关具体问题的通知》，明确企业占用的国有资产按1993年的会计决算和资产年检数确定，实行行业差别税率，一年一定。国有资产占用额全年不足20万元的，一次性交清，超过20万元则每季度尾月25日前上缴，逾期按市国资办扣款通知，银行直接从开户行存款中划转，并按滞纳数额每日加收2‰滞纳金。企业新增国有资产3年内免缴占用费。为确保占用费按8.33进度及时足额入库，市国资管理部门采取任务包干、责任到人的办法常年征收，并将完成情况与个人收入挂钩。2000年后，随着企业改制工作告竣，企业净资产用作“两个买断”，遂逐步停征企业国有资产占用费。

2000年，津市市成立国有资产管理公司（简称市国资公司）。市政府授权该公司负责接收并盘活企业改制后的剩余国有资产。至2002年，已对十家改制已完成但剩余资产与债务一直悬而未结的企业实施审查复核，对其期末资产进行权属界定，共接收剩余国有资产260.00万元，并与企业签订有偿使用协定。

2003年初,津市市国有资产管理公司实施全市企业破产还债清算工作。截至2004年5月,40家破产企业全部终结法律程序,34000多万元债务得到合法解除。同年10月,市国资公司与市法院等部门组成债权清收组,负责清理追缴改制与破产后企业的应收债权。至年末,已完成600多家欠债户的清查甄别,分户建档100多家,排列重点债务对象20多家,追缴债款20多万元。对已出售资产的专项应收债权则通过下达追缴通知单、上门坐镇、法律诉讼等手段,全年共追缴到位资产处置款300多万元。

2006年4月,津市市人民政府出台《关于规范国有资产管理和处置的决定》。全年共引进和处置国有资产11处,总资产667.50万元,待办处理资产5处,评估价324万元。

2008—2009年,市国资公司参与湖南汽车车桥厂和市属国营兰苑宾馆的改制重组工作,相继接收湖南汽车车桥厂1800多万元的不良资产和兰苑宾馆的应收债权。为此公司加大清收债权和化解债务的力度,加强与法院配合,采取电话联系、发函催收、上门执行等方式,年内共清收债权收益260万元,完成国资占用费入库76万元。改制以后,境内国有独资企业仅剩市自来水公司一家,另广电网络公司尚有49%的股份,其收益处置遂采取不同的方法:国有企业的收益一律缴入非税专户,股份制企业国有资产的分成收益,则严格实行“收支两条线”管理。此举系常德市首创,得到常德市国资管理部门肯定。

2010年,继续对承接的各种历史债权进行核查清收,成功清收湖桥厂改制时移交的云南汽车厂、永州公汽公司拖欠7年之久的不良债权。全年各项国资收益、债权清收上缴突破600万元。

2011年,根据津市市政府授权启动全市69家破产企业的债权清收,采取邀请市人大财工委协助督导、市法院债权清收组协助追缴,聘请专业人员清收和组织人力赴欠债单位所在地催缴等多种措施。2012年,实现国有债权清缴入库194.86万元,2013年达471万元。国有资产经营创收亦超额完成预定目标,2011—2013年3年分别实现国资收益入库1066.91万元、838.86万元、1151.63万元,实现了国有资产的保值增值。

五、国有资产经营

扩大企业自主权 1979年初,津市市人民政府选择市猪鬃厂、味精厂、新华工厂、床单厂等4家企业进行扩大企业自主权试点,人、财、物,产、供、销管理权下放企业,减少行政干预。截至1981年6月,市猪鬃厂产值年平均递增30%以上,上缴税利超过1962—1978年的总和,职工月平均工资增加1倍多。此后将以上经验在市内工业企业全面铺开,逐步向企业下放生产计划、产品销售、物资订购、资金使用、劳动人事等10个方面的权力,境内工业企业开始向自主经营、自负盈亏的商品生产经营者转变。自此,企业生产经营决策不再报请主管部门批准，有权自行销售非指令性产品，有权根据生产需要选购原材料，有权决定工资、奖金、津贴的分配形式，有权设置内部机构和任命中层干部等。1984年5月，常德行署在市绢麻纺织厂推行扩权试点，由企业自己决定内部分配权、工资奖金分配权，对滞销产品实行销售费用包干，对科室行管人员实行人定岗、岗定责、责定分、分定奖，彻底端掉“大锅饭”。这一系列扩权措施的推行，使全厂职工生产积极性得以激活，经济效益明显增长。该厂1983年亏损33.70万元，1984年1月至4月亏损14.30万元，1984年5月扩大自主权后，当月实现利润17.50万元，6月实现利润21.00万元，7月再创纪录，实现利润24.00万元。同年常德行署指定津市造纸厂为厂长负责制试点单位，民主选举厂长，此举为境内工业企业干部制度改革一大突破。尔后全市国营、集体工业企业陆续实行厂长负责制，确定厂长在企业的法人代表地位。

实行经济责任制　1981年，津市市在工商企业中推行各种不同形式的经济责任制。商业系统105个核算单位有99个实行各类经济责任制，占95%。其中两个中型商店（百纺公司中心门市部、五交化公司中心门市部）实行“定额缴利，超利分成”，35家国营小型零售商店、饮食服务企业和商办工业企业，有34个实行“全民所有，集体经营，国家征税，自负盈亏”（其中18个单位工资全浮，8个单位工资部分浮动，8个单位实行任务定额，超额计酬），1个店（企园酒家）实行个人租赁，59个集体商店全部实行“自主经营，自负盈亏”。此外，尚有少数人离店承包或自谋职业。粮食系统7个独立核算单位，供销系统68个独立核算单位中的67个，均先后实行各种形式的经济承包责任制。此间，工业企业亦在利改税的基础上，普遍推行各种形式的经济责任制。1987年，常德行署在湖南汽车车桥厂召开现场经验交流会，推介该厂划小核算单位，实行厂内银行的经验，相继有市味精厂、绢麻纺织厂、丝绸厂等企业试验将银行机制引入企业经济运行。1988年，市造纸厂试行“满负荷工作法”，压缩47人，将二、三线人员精简10%左右。6个月实践，产值、税利分别较上年同期增长35%和2.8倍。80%的企业实行效益工资，部分企业推行干部职工选聘制，建立厂内劳务市场，形成企业内部人员合理流动。

承包制　1984年10月，中共十二届三中全会通过《中共中央关于城市经济体制改革的决定》。津市市工业经济体制改革逐渐向深层次发展。始以利润承包为主要内容，1987年后发展为上缴税利递增包干，包产量、质量、技术改造、固定资产增值、生产安全等多项内容，承包时间由1年改为3—5年。市人民政府、各工业主管部门与企业签订合同，明确双方责任权利，实行包死基数，亏损不补，超收多留。1987年7月至1988年6月与承包前比较，产值、税收增长23%，销售收入增长16%，利润增长2.4倍。1992年，全市工业企业转入第二轮承包，工业主管部门选择味精厂、造纸厂、湖南汽车车桥厂等8家企业开展投入产出总承包试点。

转换经营机制 由于承包经营责任制没有触及产权,厂长负盈不负亏,企业自我积累、创新能力低下,制约着企业的发展。1992年后,津市市在工业企业开始转换经营机制。市属各工业管理部门贯彻落实国务院《全民所有制工业企业转换经营机制条例》及省政府颁发的《实施办法》,下放给企业14项经营自主权。除在企业开展总承包试点外,还在部分企业推行"一厂两制""脱壳经营""公有民营"等多种资产经营形式。全市大部分国有和集体企业在内部开展劳动用工、人事管理、工资分配3项制度改革,12000多职工实行劳动合同制,在55家国有、集体企业中,有40%的企业按照公平竞争、择优上岗的原则进行劳动优化组合,有20%的企业推行干部聘任制,有64%的企业实行工效挂钩的分配形式。市绸厂把17个科室精简为5个办公室,127名行政管理人员减少到31人,后勤服务人员由118人减为55人。此间,商业系统撤销百纺批发公司,组建立百货公司和纺织品公司,把单一的管理公司转变为经营管理合一的公司。对国营小型商店实行转体经营,102家小型商供国合企业、集体企业以"改、租、包、转"等形式进行租赁经营或国有民营。

股份制改革 1987年,津市市商业系统选择8家零售商店试行股份制经营,次年发展到28家,饮食公司15家集体企业中,除2家理发店外,均实行股份制经营。1992年下半年起,全市工业企业开始以产权制度改革为重点,由街道集体工业企业逐步推进到国有工业企业的股份制改革。市委、市政府出台《关于推行企业股份制改革工作的意见》等综合性及单项性的4个文件,按照先起步、后完善,先过渡、后规范,先试点、后推广的总部署,经过宣传发动、试点起步,分类指导、摸索前进,巩固完善,规范发展等阶段,截至1994年,已创办股份制和股份合作制企业184家,股本总额10628.00万元,其中以国有和集体工业企业为主的改建成有限责任公司23家,股本额6476.00万元;城乡股份合作制企业161户,股本总额4151.00万元。企业产权制度改革实行"改、并、租、卖、破"并举,由浅入深拓展。津市市这一举措被《中国股份经济报》等媒体推介。商业系统的股份制改革采取分步走的办法实施,首先放开小型企业,对批发企业实行分体经营,分块搞活,达到稳住一块,搞活一块,甩掉一块的改革目的。其次对批发企业实施建立现代企业制度的综合改革,并综合调整企业内部组织结构,组建新的集团式企业,达到搞活一批企业,拍卖一批企业,破产一批企业,兼并一批企业的目的。然后是先出售,后改制,大力推进股份制改革。市商业系统的百货总公司、五交化总公司,酱食调料公司、液化气燃料公司将股份分解成国家股、企业股、内部职工股,总股本达1200.00万元。截至1997年末,全市工业企业有43家改组为股份制企业,股本金额11196.30万元,其中由国有工业企业部分改制或整体改组为有限责任公司的11家,股本金额2886.00万元。在股份制企业中,鼓励经营者持大股,董事会、监事会及经营班子成员持股数为职工的2—10倍。中成油墨化工有限公司、石油化工仪器有限公司等7家改制企业,经营者处于控股地位,但多数改制企业中国有股和集体股占控股地位，职工个人股所占比例甚少。

“两个置换”　2000 年 1 月，中共津市市委、市人民政府决定全面推行公有制企业产权、职工身份的“两个置换”改革，相继出台《关于加快公有制企业改革和发展的决定》《关于加快公有制企业改革和发展的补充规定》等，明确提出 3—4 年内全面完成全市 133 家国有、集体企业，2 万多企业职工“两个置换”（置换企业产权，置换职工身份）的任务，从而解除两个依附（企业对政府的依附，职工对企业的依附），实现两个转变（转变思想观念、转变经营机制）。通过采取“卖、股、租、破”等形式，使全市公有企业改革为私营、股份制、股份合作制等多种所有制企业。实施“两个置换”关键是解决改革成本问题。2000 年初，全市 133 家企业资产总额为 11.2 亿元，总负债近 12 亿元，资产负债率为 107%，绝大部分企业已资不抵债。中共津市市委、市人民政府经过反复调查研究，确定了“企业自筹为主，改革基金保底”的原则，净资产较多的企业如蚊香厂、造纸厂等，改革难度相对较小。对资、债相当的企业，采取将其良性资产有效剥离，然后通过租、股、卖等方式分块搞活的办法。如市粮食局下属粮油经营公司、一米厂、二米厂、食品厂 4 个企业，其部分有效资产被市粮油供应公司统一收购，组成股份制企业集团，在职职工全体量化置换，在新企业集团全部重新上岗。对资不抵债的企业，则坚决依法破产。2000 年全市共有 17 家企业依法实施破产，资产总计 1.64 亿元，负债总计 2.50 亿元，负债率 150%。企业破产后，按法定受偿程序，其在职的 2762 名职工都顺利买断了身份，1021 名退休职工缴足了社保，企业实现重组。除企业自筹，市政府还通过设立公有制企业改革专项基金解决部分困难企业改革成本的问题。改革专项基金通过出售政府直管公房筹措一部分（全市共有直管公房 40 多万平方米，其中成套公房 3000 多套），通过处置企业国有资产筹集一部分（全市公有企业使用的行政划拨土地约 100 万平方米，市橡胶厂、酒厂等企业均通过行政划拨土地使用权的出让置换职工工龄）。此外还由市财政安排一部分资金。市财政通过先征后返的办法，为部分企业共返还土地出让税费近 1500 万元，全部纳入改革基金。全市参与“两个置换”的 2 万多企业职工中，在职职工 1.5 万余人，按人平置换成本 0.6 万元计，共需 9000 多万元；离退休人员近 0.7 万人，按人平 3 万元计，共需 1.9 亿元，两项合计 2.8 亿元，企业土地和政府直管公房加上企业本身拥有的资产，基本满足改革成本支付问题。津市的“两个置换”改革历时 4 年，至 2004 年即全部完成，市属工业企业由公有全部转为民营，部分职工以员工身份在民营企业重新上岗就业。

六、国有资产监督

1997 年，津市市审计局对酶制剂厂进行资产损益审计。发现亏损严重。仅 1996 年亏损317万元,主因是财务管理混乱:该厂采取收入不入账、多处设“小钱柜”15万元;大量外销产成品去向不明;贷款被个人侵占;往来款不符且额度大;虚增库存玉米201吨、酒精14吨计21万元,其他各类违纪和待核实问题1047万元。市长、市委组织部长3次听取审计汇报,决定调整该厂领导班子,更换法人代表,责成主管部门整改。

第九节　安乡县国有资产管理

一、管理机构沿革

1991年5月,根据安乡县机构编制委员会办公室《关于设立安乡县国有资产管理办公室的批复》(安编办〔1991〕11号),县国有资产管理办公室成立,为二级独立事业单位。核定事业编制2名,归口县财政局管理。初始,县国资办与县财政局企业财务管理股合署办公,至1993年4月分立。

2000年4月,中共安乡县委机构编制委员会(简称县委编委)发出《关于安乡县国有资产管理办公室更名升格的通知》(安编发〔2000〕2号),县国资办更名为安乡县国有资产管理局(简称县国资局),作为副科级机构管理的全额拨款事业单位,归口县财政局管理。核定编制10人,其中局长1名,副局长2名。但实际情况是,县财政局根据常政发〔1997〕39号文件精神和中共安乡县委、县政府要求,于1997年底,在向市、县机构编制管理部门提交《将安乡县国有资产管理办公室更名升格的请示》的同时,就成立了国资局,并履行相应职能。

2002年6月,《安乡县财政局职能配置、内设机构和人员编制规定》,经县委编委办公室审核、县政府批准,由县人民政府办公室(简称县政府办)以安政办发〔2002〕23号印发。据此,县国资局不复存在(实际运行时间止于是年3月)。县国有资产投资经营有限责任公司(简称县国投公司)与县财政局内设的产权统计评价股合署办公,并承担原县国资局的职责,直至2015年。但根据建立现代企业制度的要求,不再承担审批国有企业具体财务事项、下达财务计划和考核指标的职能。为方便工作联系,县财政局产权统计评价股2010年对外称国资股,2011—2015年称国资办。

2014年12月,根据县委编委《关于设立县国有资产管理中心的批复》(安编发〔2014〕9号),县国有资产管理中心(简称县国资中心)设立,为县财政局管理的股级全额拨款事业单位。核定编制8名,其中主任1名。但县国资中心并未单独设立,仍与产权统计评价股合署办公。

领导人员名录

国有资产管理办公室（1991.4—2000.4）

主　　任　胡志祖（1991.4—1996.3）

　　　　　　杨振康（1996.3—2000.4）

副 主 任　傅义河（正股级，1994.4—1995.3）

　　　　　　钟清华（1996.3—2000.4）

国有资产管理局（2000.4—2002.3）

局　　长　瞿宏辉（2000.4—2002.3）

副 局 长　杨　华（2000.4—2002.3）

　　　　　　钟清华（2000.4—2002.3）

国有资产投资经营有限责任公司（县财政局产权统计评价股、国资股、办）（2002.3—2014.11）

董 事 长　瞿宏辉（2002.3—2012.11）

股长（主任）　钟清华（2002.3—2010.3）

　　　　　　陈红波（2010.3—2014.9）

　　　　　　杨　辉（2014.9—2014.11）

副股长（副主任）　郭云贵（2002.3—2003.2）

　　　　　　陈红波（2005.3—2010.3）

　　　　　　陈常慧（2011.2—2014.11）

　　　　　　何　雪（2014.9—2014.11）

国有资产管理中心（县财政局产权统计评价股、国资办）（2014.11—2015.12）

（主任）股长　杨　辉（2014.11—2015.12）

（副主任）副股长　陈常慧（2014.11—2015.12）

　　　　　　何　雪（2014.11—2015.12

二、清产核资

1956 年 1 月、1961 年 9 月、1971 年 5 月、1979 年 5 月，安乡县开展了四次清产核资工作。

1994 年 4 至 11 月，安乡县开展第五次清产核资工作。县清产核资领导小组制定《安乡县 1994 年清产核资工作方案》，规定清产核资工作范围、人物和工作步骤。此次清产核资工作从1994年4月20日开始，到11月30日结束。安乡会计师事务所根据财政部《一九九四年清产核资资产价值重估实施细则》(财清〔1994〕8号)，对县氮肥厂等31家企业进行固定资产重估。固定资产重估前原值1.0182亿元，重估值1.621亿元，升值幅度为59.2%。其中部分固定资产原值8707万元，重估后1.4775亿元，升值幅度69.2%；重估前净值7666万元，重估后1.1845亿元，升值幅度67.1%。

2001年9至10月，县国资局根据9月18日县政府常务会议“关于国有公房一律收归县国资局管理，由国资局委托房管局经营”的决定，会同县房管局，对全县国有公房进行了全面清理。清理结果为：全县共有国有直管公房面积19217.84平方米，其中居民住宅面积17082.33平方米，承租户426户；经营用房面积2133.51平方米，承租户(单位)28户。经营用房中，已抵押面积为1310.1平方米，都是在1999年1月前分别由县房地产总公司和县房地产综合开发公司向银行贷款抵押的。经营用房中，自建面积为979.65平方米，由房管局和使用单位联合改造共建的有5处942.56平方米，其中产权未界定，仍有纠纷的3处629平方米，即商业集团所属的商业大厦、澧陵酒家、副食大楼3处。

2004年5至12月，根据湘政发〔1994〕33号及安政办发〔2004〕19号、安政办函〔2004〕45号文件，县清产核资领导小组对全县143家县直行政事业单位进行资产清查，并对其中39家非转经的房屋门面收入进行清查。39家单位的房屋门面512间9544平方米，出租收入111万元；房屋建筑面积3150平方米，转让收入303万元。

三、产权管理

资产评估 安乡县根据《国有资产评估管理办法》(1991年11月国务院91号令)，从1994年开始，坚持国有资产占有使用单位在发生资产拍卖、转让、企业兼并、联营、出租、租赁、股份经营、中外合资、企业清算等产权变动行为时，按规定进行资产评估，并以确认后的评估价值作为产权变动或投资折股的依据。

1994年，安乡会计师事务所对县氮肥厂等31家企业进行资产评估。其中县氮肥厂申请评估资产总额3278.09万元，评估资产总值为3870.73万元，增加值592.6万元，增加率为18.1%。固定资产申报原值为1994.46万元，评估值为2920.46万元，增加926万元，增加率32.9%。

1996年，安乡会计师事务所对县罐头食品厂、糖酒副食品公司、食品冷藏加工厂、湘北食品罐头厂、酒厂、食品添加剂厂6家国有企业进行资产评估。

1997年，县内国有企业评估立项8个，被评估企业账面净值9357.62万元，评估重置价值1.0741亿元，比账面净值增长14.8%。自1994年县内开展评估，截至1997年，共评估资产净值2.6318亿元,评估升值5455万元,升值率为20.7%。

1998年,对破产国有企业县建材厂、造纸厂分别进行了整体资产评估、固定资产评估。

1999年对县印刷厂、六角尾米厂、精细化工厂等国有破产企业进行了资产评估。其中精细化工厂资产总额,评估前账面值22.23万元,评估值为183.4万元,升值率725%;印刷厂评估前账面值566.76万元,评估值为674万元,升值率19%。

2001年对县种子公司、外贸总公司及商业系统共8家破产国有企业进行了资产评估,评估国有资产总额达3554.65万元。

产权界定　1996年,县国资办对10家有争议的国有资产,客观公正地予以调处并签发产权界定文件。

同年,县房管局向县农业银行贷款,与县商业集团公司联建三处房屋(即原糖酒副食品公司中心门市部部分、饮食服务公司潺陵酒店部分、商业大厦部分)。但房管局向农业银行的贷款却一直未能清偿。县人民银行(农业银行的行政主管部门)遂向县人民法院提起诉讼。法院受理并进入执行程序,即查封该局原饮食服务公司承租的4间门面,公开拍卖还债。为此,县政府于1998年4月6日和1999年10月10日,先后召开了一次专题会议和一次常务会议,但会议精神迟迟难以落实。2000年5月15日,县房管局局长杨明东约请县财办(商业集团公司的行政主管部门)主任曾贤举、县商业集团公司经理邹平,召开三方负责人会议,虽就此事达成协议,却未能得到有效执行。

2001年12月26日,县国资局主要负责人会同县政府办、法院、财办、房管局、商业行管办(即商业行政主管部门,因商业集团公司改制注销)主要负责人召开协调会,终于把这一情况复杂、久拖未决的产权纠纷成功调处。调处结果是,县商业改制办与县房管局有纠纷的三处(商业大厦、潺陵酒家、副食大楼),国有直管公房,由县政府委托县商业改制办处置。变现所得,除一次性划给县房管局50万元外,其余用于商业企业职工安置。

1997年4月,县国资办对县密封材料厂资产所有权进行界定。原安乡县密封材料厂破产后实收资本为50.2万元,其中国有资产28.2万元(含无形资产),股东出资22万元。

2006年8月26日,县交通局下属单位运管处与常德市欣运集团及林城公司联合组建安乡汽车总站有限责任公司。2013年12月,县财政部门调处原县汽车总站有限责任公司资产产权纠纷。经县政府研究决定解除原合同,撤销安乡汽车总站有限责任公司。公司撤销后,汽车北站财产归县交通局所有,新建的子龙车站资产归市欣运集团所有。

产权转让　2001年,县内通过拍卖、拍租、招商引资等形式处置国有资产35处,总计评估底价1976万元,实现总价值2213万元,资产升值12%。

2002年,县内出售拍卖国有资产收入1542.17万元。2007年,县内对7宗国有资产实行公开拍卖，收入1923万元，比评估值810.69万元增加1112.31万元，增长137.21%。

2012年，县政府还批准县电视台将评估确认的无线电视网络实物资产作价350万元出卖给湖南有线电视网络集团股份有限公司。

四、国有资产经营

承包制 1987年，安乡县推行厂长(经理)经营目标责任制和多种形式的经营承包责任制。政府(企业主管部门)对企业下达产值、销售收入、利税(承包费)等主要经济指标，利税超额部分留给企业。凡完成责任指标的，对厂长(经理)或厂部(公司)领导班子给予奖励；未完成责任指标的，按规定扣减厂长(经理)或厂部(公司)领导班子工资。厂长(经理)经营目标责任制分年度考核，每年底核算结账；经营承包责任制则一定3年，分期签订承包合同，逐年核算结账。第一轮承包企业的利润分配按照"包死基数、确保上缴、超收多留、歉收自补"的原则，由主管部门与企业签订合同。1991年，实施第二轮承包。其承包方式有所改进。主要是改企业主管部门与企业承包为县财政、主管部门、企业三方承包，即：县财政和企业为承包主体，以第一轮承包期内企业产值、利润、上缴利税的年均数为基数，选取上缴国家利税的形式(上缴利税递增包干；上缴利税递增包干，超收分成；上缴利税基数包干，超收分成；上缴利税定额包干；亏损企业定额补贴包干；亏损企业补贴递减包干，减亏全留)，签订承包合同，并明确奖罚办法。然后，县财政与工业、商业、物资、农机、文化等主管部门分别签订承包合同，县财政部门按企业上缴入库的进度，同比例向主管部门拨付管理费。年终结算亦以各主管部门所属企业上缴入库额，县财政部门对企业主管部门同比例实行全奖全罚。1994年始，企业承包任务的基数由利税改为国有资产占用费，直至企业改制。

转换经营机制 1992年7月，国务院发布《全民所有制工业企业转换经营机制条例》。随后，国家体改委出台分行业的《全民所有制企业转换经营机制实施办法》。是年，县经委下发《关于进一步打破"三铁"，转换企业经营机制的意见》(安经字〔1992〕5号)，县商业局上报《商业改革方案》(安商字〔1992〕28号)，安乡县开启工商企业转换经营机制序幕。安乡县在国有工业企业搬掉"铁交椅"，改革人事制度；端掉"铁饭碗"，改革用工制度；打破"铁工资"，改革分配制度。其中有：完善厂长负责制，企业主管部门支持并监督厂长履职尽责；企业根据生产规模和用工标准，核定职工总数、生产人员数和非生产人员数，并定岗、定员、定责，实行全员合同制，全部与企业签订劳动合同，原干部、全民或集体所有制职工身份、专业技术职称等一律记入档案；企业实行择优上岗、达标实岗、不合格待岗，内部待业、退休，辞职自谋职业，工资、奖金、津贴等劳动报酬与劳动效果挂钩，科技人员对开发项目、技术改造、技术攻关等"一条龙"承包、分段承包、专项承包，销售人员费用包干、按货款回笼数结算等经营管理制度。全县商业系统和粮食部门，打破独家经营、渠道单一、条块分割、城乡封锁的格局，形成多渠道、少环节、开放式经营模式。

安乡县在百货公司中心大楼、批发零售大楼、糖酒副食品公司中心商场、五交化公司交电大楼、安乡大酒店等企业，推行集体承包、柜组核算、利润包干、超利分成的经济责任制，经营上扩大品种、范围、活价促销；分配上"两联"挂钩到人、拉开分配档次；批发企业调整经营结构，划细经营小组，同时敞开公司大院、打开仓库、搭置棚点，兴办批发市场，批仓合一、批零兼营，吸引集体和个体业主入场，形成较集中的工业品批发集散地；特困企业实施"金蝉脱壳"式经营，在肉食水产、纺织品、糖酒副食品、蔬菜等公司，组织部分得力骨干，筹措款项、划出门店和资金，组建新的法人企业，与原企业脱钩经营，而原企业则由部分人员留守，处理债务和有问题商品；扩大经营范围，开展多业经营，如冷冻食品厂开办冰棒厂、机械维修厂、制冷设备经营部、卤腊制品厂等；有步骤地开展股份制企业及拍卖出售企业试点；允许企业职工离店承包，鼓励行管人员领办经济实体、职工开办私营性质养殖企业。

国有民营　1992 年，县商业局对所属蔬菜公司进行国有民营的改革试点。下东门蔬菜批发部 15 名干部职工以自筹资金、自负盈亏、利税包干、多劳多得等形式经营，筹资 7.8 万元，每天营业 13 个小时，使一个月亏损 2000 元的小型网点扭亏为盈。随即，商业系统部分门店同时推行国有民营，并实行"四给四不给"（给牌子即原企业名称、给场地、给人员、给优惠条件，不给资金、不给担保、不给商品、不给额外负担）一步到位。

1993 年，全县商业贸易行业全面实行国有民营。是年，县外贸系统的人、财、物全部下放，外贸局更名为县对外经济贸易总公司，国有民营的格局形成。

1996 年，县五交化总公司将零售商店，按柜组发给承包人，由承包人自筹资金、自主经营、自行分配、自负盈亏、包干上缴，并一次性买断原存商品近 70 万元，且一次付清货款；对 4 个批发分公司分别发给承包人，各承包人承担 5 万元往来款，分 3 年偿还，并以等额不动产作抵押，一次性买断库存商品 20 万元，每年上缴承包费 2.4 万元。实行国有民营后，企业资金严重不足的突出矛盾得到有效解决；职工上班的自主性明显增强，上班人员工资有所提高（每月不低于 240 元），不愿上班并征得承包人同意，由承包人每人每月发给生活费 171 元。

兼并联合　1987 年，安乡县在国有工商企业开展联合经营，相继与 26 个省、市建立经营联合体 186 个；有 18 家工厂与 24 所高等院校和科研单位建立长期经济技术联系；县印刷厂与上海人民印刷厂八厂合作，更名为上海人民印刷八厂安乡分厂。次年，县罐头食品厂与上海梅林食品厂合作，产品使用梅林厂的商标。

1990—1995年,县五交化总公司(1993年3月前属县商业局管理的五交化公司)先后与杭州安琪儿自行车厂、安阳三枪自行车厂、长春洗衣机厂、家友收录机厂、南昌齐洛瓦冰箱厂、韶峰电视机厂、株洲电烙铁厂、泰安电熨斗厂、泰兴电炉厂、衡阳灯泡厂、长沙电表厂等40多个厂家建立长期贸易伙伴关系,从厂方直接进货,货值5680万元,完成销售款8786万元,实现利税139万元。

1992年12月,县棉纺织厂与香港三湘集团有限公司联合,组建成"三安纺织有限公司",拓展了产品销售渠道。1997年,县百货总公司利用院内闲置场地,改建装修与外地企业联合创办"天龙大酒店"。

破产重组 1996年5月,县罐头食品厂、食品冷藏加工厂、酒厂、食品添加剂厂、糖酒副食品公司5家国有企业和县棉织厂、密封材料厂、皮鞋厂3家集体企业,因严重资不抵债,申请依法破产,成为县内第一批破产企业。1998年,国有企业县棉纺织厂、五交化总公司宣告破产。1999年,国有企业县农机公司、建材厂相继破产。

县机械厂改制后,重新组建为湖南车用消声器厂,成为县内国有企业重组的第一家。到2010年,县内国有企业破产后重组企业34家,其中有3家成为规模以上工业企业。仅县粮食系统改制后,重新组建新的法人代表企业就有23家。

股份制改造 1993年11月,安乡县成立县股份制改革试点工作领导小组,出台《安乡县商贸股份合作企业暂行办法》。是年,县肉食水产公司所属肉类禽蛋加工厂,开县内企业股份经营管理之先河,在公司副经理邹平的带领下,以职工参股经营、利益均沾、风险共担的形式,生产、加工分割肉300多吨,产值308万元。此举获得成功,使企业效益提高,职工收入增加。

1994年,安乡县以机械厂、商业大厦、木材公司为股份合作制改革的试点。县木材公司作为县内国有企业首家通过股份制改造的企业,虽然存在诸多尚需完善之处,但为此后的国有企业的股份制改造打下了基础。

2001年4月,县广播电视局(有线电视台)将部分(679.83万元)非经营性网络资产转为经营性资产,获县国资局批准(安国资综字〔2001〕1号),并以此与湖南电广传媒股份有限公司合资,组建安乡广达广播电视宽带网络有限公司,成为县内首家国有控股股份制企业。

同年9月,县造纸厂改制重组为安乡县日银纸业股份有限公司,成为县内国有企业进行"公司化"股份制改造的第一家。

2014年6月,县自来水公司与中国水务集团公司子公司银龙水务投资有限公司、江河水务有限公司合资,重组为常德安乡银龙水务有限责任公司。

出售拍卖 2004年,县内出售原三家改制的国有企业(印刷厂、罐头食品厂、机械厂)

的国有资产，收入658万元。

2012年，县内公开处置县油脂公司的国有资产，评估值395万元，拍卖价608万元，增值59%。

租赁经营　1991年，县物资总公司全面推行资产抵押租赁经营。8年完成物资销售8000万元，减亏110万元，遏制了亏损，实现了国有资产的保值增值；1995年被县政府授予“先进企业”称号，1997年被评为省物资行业先进典型并在全省物资工作会上介绍经验。

1997年，县百货总公司在转换经营机制的基础上，将滑冰场、桌球城、皇后歌舞厅、娃哈哈儿童游乐城及商业大厦的门店进行租赁经营。1998年，县棉纺织厂整体租赁给安乡金鹏纺织有限公司经营。不到半年，企业便焕发生机，产值和销售同步增长，完成财政收入128万元，比上年同期增长55%。1997年始，县内行政事业单位非经营性资产转作经营性资产，其绝大部分为门面房屋。是年8月，县第一招待所进行整体租赁经营；县人民法院、交通局、运管所、农业局、环保局、计生委、第二招待所、县委党校、文化馆、劳动社保处10个行政事业单位的门面房屋进行租赁经营。至2004年，非转经单位39家，实行租赁经营的门面房屋512间，9544平方米，年收入110万元。至2015年底，安乡县有经营性资产的单位有48家，实行租赁经营的门面房屋298间，年收入368万元。

“两个置换”　2000年3月，安乡县召开县长办公会、县委常委会、县委全会，专题研究以“两个置换”为中心内容的企业改革问题，成立以县委副书记、县长朱晓平为组长、10多名县级领导、10多个相关科局一把手参加的县企业改革领导小组。领导小组下设办公室，常年8人办公。同月，县委八届三次全会通过《中共安乡县委关于加快企业改革和发展的决定》(安发〔2000〕5号)。4月，县委办、县政府办下发《安乡县国有工商企业改革实施办法(试行)》(安办通〔2000〕36号，简称《试行办法》)。自此，全县企业“两个置换”工作全面展开。

2001年5月，县委办、县政府办印发《安乡县国有工商企业改革实施办法》(安办通〔2001〕40号)，以规范并指导全县“两个置换”工作。为强力推进“两个置换”，县委、县人大、县政府、县政协“四大家”主要领导均带头联系并牵头抓具体企业，县内各科局主要领导参与其中。是年，县委办、县政府办印发《安乡县2001年企业改革领导岗位责任制及工作任务》(安办通〔2001〕36号)，由14名县级领导、23名科局负责人，完成77家企业(其中国有35家、集体41家、股份制1家)和19735名职工(其中国有10844人、集体8854人、股份制37人)的“两个置换”任务。“两个置换”过程中，置换职工身份工作尤为艰难。以县粮食系统为例:2003年，全系统干部职工2119名，除按政策和文件规定移送常德市社会劳动保险处的离、退休和“两五”(男性55岁，女性45岁)人员、内部退养及病退人员等

816人外，置换职工身份1303人。其中县粮油购销公司在册员工1557人，分布在全县21个乡镇。为积极稳妥实行置换职工身份，7月底，县委、县政府成立了以县长张开松为总协调、县"四大家"9名领导（其中县委副书记2名）为顾问、正副组长的县驻粮食企业改革指导组，下设办公室、来访接待组、机关老干组、治安保卫组及28个指导工作队，并组织了300多人的指导工作组进驻到各粮油企业。采取包到人、包到户的办法，与职工谈心交朋友，同吃、同住、同学习文件，为其解除心中的疙瘩。通过2个月的努力，全系统90%以上的员工签具了同意解除劳动关系的协议。但仍有极少数职工思想转不过弯、想不通，认为置换他们原有身份，如同末日来临，因而抵触情绪很大，其中粮油购销总公司有2人先后自缢身亡。至10月，全系统有1214人与原企业签订了解除劳动关系协议书，占应置换身份职工总数的93.2%。直到11月底，全系统置换职工身份完毕。

安乡县2000—2008年县属国有企业"两个置换"情况一览表

表6-9-1

序号	企业名称	企业性质	改制完成时间	在职补偿人数	离退休（含两五人员）	改制方式
1	酒厂	国有	2000	63	26	关门走人
2	造纸厂	国有	2001.9	151	123	重组日银纸业公司
3	棉纺织厂	国有	2002.7	2589	179	重组锦豪纺织公司
4	氮肥厂	国有	2002.12	1149	151	重组金大地化工公司
5	工业供销公司	国有	2003.1	15	9	关门走人
6	机械厂	国有	2004.1	150	116	重组湖南车消桥厂 芳源汽车零部件厂
7	罐头食品厂	国有	2006.1	260	198	关门走人
8	印刷厂	国有	2006.1	170	71	关门走人
9	添加剂厂	国有	2006.7	44	33	关门走人
10	煤炭公司	国有	2007.12	46	34	关门走人
11	企业物资公司	国有	2007.12	14	10	关门走人
12	乡企供销公司	国有	2007.12	24	20	关门走人
13	乡企建材物资公司	国有	2007.12	17	9	关门走人
14	建材厂	国有	2008	76	65	关门走人
合计				4768	1044	

五、国有资产监督

审计监督 1992 年,县审计局对县内 17 家工商企业进行审计监督。其中承包经营审计 5 家、财务收支审计 9 家、基建审计 3 家。审计查证县氮肥厂:1990 年 3 月至 1992 年 10 月会计报表反应实现利润 277.32 万元,实际实现利润 346.02 万元,企业瞒报利润 68.7 万元。

1995 年,县审计局对县自来水公司审计发现,其全年共收取水费附加费 28.18 万元,其中违规提高征收比率,多收 6.8 万元,并擅自截留 8.18 万元未解缴县财政。

1999—2000 年,县审计监督的重点在"打假治乱"方面,尤其突出对工商企业盈亏的真实性进行审计,审计发现企业单位财务造假严重。1999 年 3 月,县印刷厂提供的 1998 年度财务报表反应资产总额为 1067.94 万元,负债总额为 1185.44 万元,所有者权益-117.5万元。经审计核实:实际资产总额 715.53 万元,亏空 352.41 万元;实际负债额 1194.77 万元,亏空 9.33 万元;实际所有者权益为-479 万元,比报表反应少 361 万元。是年,审计 5 家企业,抽查部分报销发票,不符合规定入账的金额 307.31 万元。所审计的 21 家企业,有 18 家亏损,查实 6 家企业的报表亏损严重不实,其金额达 1.0246 亿元。其中,县氮肥厂 1998 年末账面反应资产 9651.5 万元,负债 8247.1 万元,所有者权益 1404.4 万元;审计核实:其资产只有 8741.93 万元,负债 8495.92 万元,所有者权益 246.1 万元,即资产亏空 909.62 万元,负债少反映 248.8 万元。

2000 年,县审计机关紧盯原有国有企业的 55 家审计对象,注意国有企业改制使国有资产从实物形式转为价值形式、从实物形态管理转向价值形态经营的变化,强化企业改制新形势下的审计监督,防止国有资产流失。通过审计查实:县造纸厂虚减净资产 939.1 万元;县氮肥厂虚减净资产 2049.4 万元;县农机公司,未经国有资产管理部门批准,变卖国有资产 103.49 万元。

是年,县内设立内审机构 44 个,内审工作人员 63 人。1999 至 2000 年 5 月,全县组织内审活动 6 次,举办培训班 3 期,开展内审项目 528 个,纠正违纪违规金额 991 万元,促进增收节支 174 万元。

财务监督 1992 年,县政府组织人员进行财务大检查,查出国营企业违纪金额 161.4 万元,其中自查 106.3 万元,应入库 72.1 万元,已入库 69 万元。同时,评定县印刷厂、百货公司、五交化公司、建材厂、农机公司、金属材料公司、氮肥厂 7 家国营企业为年度财务工作先进单位。1996 年,县财政局对县卫生防疫站等 17 家单位进行财务大检查,重点针对国有资产占用费上缴及非转经的经营情况。对部分单位自行出租出借国有资产的,全部补办了合同手续。是年5月,县国资办对县饮食服务公司和蔬菜公司未按程序所变卖的国有资产128万元,收缴县财政,并完善了国有资产处置手续。1997年,县财政局对自行变更和少登记国有资产的企业进行严肃处理。根据财政部《关于加强国有企业财务监督若干问题的规定》(财工字〔1997〕346号),县工交系统于2000年对产存品资金和应收账款进行全面清理。清查两项资金共7293万元,其中产存品2516万元,应收账款4777万元,并调剂资金567万元。根据《关于开展县直行政事业单位资产出租、转让清查的通知》(安政办函〔2004〕45号),县政府组织清查组于2004年12月对县直39家行政事业单位进行清查。经查,县直行政事业单位出租房屋,出租面积4075平方米,年租金52.4万元;房屋租赁面积5469平方米,年租金59万元;累计转让房屋建筑面积3150平方米,转让金303万元;上述三项非转经收入414.4万元。是年,还查处未按程序处置国有资产3宗,收缴1062万元,补办手续并给予经济处罚。

业绩考核与效绩评价 1999年,县委组织部、县经委、财政局制定《安乡县1999年国有企业效绩评价工作方案》,并组建以胡鹏武为组长的县国有企业效绩评价工作组、以胡维新为组长的县国有企业效绩评价专家咨询组,对县氮肥厂、造纸厂两家骨干国有企业的1998年企业效绩进行评价。评价结果均为中。其综合得分分别为62.8分、64.8分。

2002年,县委组织部、县工业发展局、财政局制定《安乡县2002年国有企业效绩评价工作方案》,成立以瞿宏辉为组长的企业效绩评价工作小组和以钟清华为组长的专家咨询组,并确定县自来水公司为综合评价对象,县规划建筑设计院等10户其他国有企业为评价对象。县自来水公司综合效绩评价得53.8分,评价结果为中。评价结论是:其综合绩效状况在全国自来水生产行业中处于中等水平;其财务效益、资产营运状况、偿债能力、发展能力,均处于中等水平。基本评价的10户国有企业效绩评价综合得分均在40分以下,评价结果均为差。

第十节 常德经济技术开发区国有资产管理

一、管理机构沿革

1993年6月,成立常德市财政局德山分局,德山分局负责常德经济技术开发区(简称“经开区”)的财政管理与资金调配。2002年1月,经市委、市政府批准,经开区管委会设立一级独立财政,履行县级财政职能。同时,国有资产管理归口经开区财政局管理。

2002 年，经开区财政局明确李爱明副局长分管国有资产管理。2010 年，经开区财政局副局长赵碧建分管国有资产管理工作。2010 年，时任德山镇财政所所长吴银波调入经开区财政局任副主任科员，协助管理国有资产管理工作。2013 年，经开区招聘一名工作人员从事国有资产管理工作。

是年 12 月，经开区辖 2 镇 1 街（德山镇、石门桥镇和德山街道办事处），管辖土地总面积为 5428.88 公顷，大中小型企业 150 多家。随着经开区国有土地、资产、物业的扩容和快速增长，工作量不断加大，经开区工委、管委研究决定，在财政局内设国有资产管理办公室，定编 3 人，组成人员：财政局副局长赵碧建，财政局国有资源管理办公室主任吴银波，财政局工作人员陈波。

2013 年 7 月，市委机构编制委员会正式批复，经开区设立国有资产经营管理服务中心，隶属财政局管理，属副科级事业单位，定编 6 人。

2014 年 12 月，成立国有资产和融资监督管理筹建办公室，归口财政局管理，分管负责人经开区副调研员陈学贵，主任科员郑朝霞为筹建办公室负责人，工作人员舒尚文、梁英。

二、资产经营

运营平台　2007 年 3 月，常德经济技术开发区成立“湖南常德市德源投资开发有限公司”（简称德源公司）。德源公司负责承担经开区国有资本运营。2009 年 11 月，德源公司更名为德源集团公司。

2011 年 6 月，常德市政府批准，德源公司为中 I 型企业。德源公司注册资本 10000 万元，其中货币资本 6500 万元，非货币资本 3500 万元。具有三级房地产开发资质。该公司的经营范围包括：城市基础设施建设投资开发、农村基础设施建设投资开发、房地产开发与经营及棚户区改造开发、建筑工程的承揽、

湖南常德市德源集团公司大楼拍摄于 2015 年 5 月 8 日

区域内砂石厂、混凝土生产经营。

2015 年底，德源有员工 70 余人(不包括德源物业公司基层服务人员)，其中班子成员 5 人，中层管理人员 14 人，本科以上学历 26 人，大学专科学历人数 28 人，专业技术人员 21 人。德源公司下设项目管理委员会、绩效管理委员会、投融资管理委员会、综合管理部(人力资源部)、融资财务部(内审部)、投资发展部(法律事务部)、项目工程一部、项目工程二部；有三家全资子公司，即常德德源土地开发经营有限公司、常德德源园林绿化有限公司、常德政德源物业服务有限公司，控股德山建设有限公司，入股常德德源混凝土有限公司、湖南德源高新创业投资有限公司、常德市农村商业银行、湘源建设工程有限公司德源分公司、湖南天顺建设有限公司。

棚改及安置房建设 2009 年，新建“青山小区”廉租房项目，占地面积 8000 平方米，建筑面积 15525 平方米，新建“力元新材五一安置房”，建筑面积 1791 平方米，开发“樟木桥农贸市场”，总面积 4262.4 平方米。2011 年，新建“德政园”廉租房，建筑面积 3100 平方米；“造福山”廉租房，建筑面积 31000 平方米，新建樟木桥廉租房 234 套，总建筑面积 13290 平方米。2012 年，新建成“崇德公寓”，建筑面积 6500 平方米。2013 年，建成青山安居工程 1＃楼 1、2＃楼。2014 年，完成安置房建设 60000 平方米，青山小区、龙潭安小区、永丰小区公租房、廉租房 37000 平方米。

基础设施建设 2008 年，德源公司参与“三一重工常德工业园”项目建设。2011 年，BT 融资项目“尚德路”由广东心裕集团承建，道路全长 11 公里；启动“香火路”“十号路”等九条十标段总长 13.96 公里的道路建设工程；完成防洪大堤老码头至新兴嘴全长 15.7 公里的防洪大堤建设工程；修建总建筑面积为 32257 平方米的崇德中学。2012 年，完成二号路、桃林东路东延段、海德路一标、乾明南路南段、G207 湖南省柴油机厂路段改造、四号路和善卷路七条七标段总长 11.9 公里的道路建设；完成松林路(东区锂电子项目通道)和德山变出线(通道)道路工程；新建 9 条长 19 公里尚德路、德山大道南延、三一路、中联路、政德路、海德路二标、松林路、长安路一二标的市政道路工程；完成德山防洪堤老码头和尚桥段全长 2.6 公里的防洪大堤建设工程。2013 年，新建仰止路、海德路二标、长安路一标、中联路、龙梅街、松林路、政

常德经开区中小企业及电子信息产业园拍摄于 2015 年 5 月 11 日

德路、望江路、文峰路、善卷中路、乾明中路、茅弯路 12 条道路总长 9 公里。完成德山防洪堤 k0＋980－k2＋000 段防洪墙的建设；完成善卷文化广场和茅湾大桥工程建设项目。2014—2015 年，完成尚德路南标、德山大道南延一、二标等 41 个道路建设项目，共计长度 75 公里；完成四合垸一期、三合垸等 3 个防洪堤段项目，共计长度 6.6 公里；建成瑶湖公园、沅水二桥景观带等景观工程 3 个，面积 260 亩。

专业园区建设 2009 年，新建电子信息产业园 1＃、2＃标准厂房，总建筑面积 15303 平方米；新建中小企业创业园第一期工程，总建筑面积 110000 平方米。2011 年，新建电子信息产业园 3＃、4＃标准厂房，总建筑面积 44395.56 平方米。2012 年，新建中小企业创业园 A 区 1＃、3＃厂房，建筑面积约 28000 平方米。2013 年，新建中小企业创业园 B 区 1＃—4＃楼。2014 年，新建标准化厂房 62000 平方米，其中中小企业创业园 42000 平方米，三升光电产业园 20000 平方米。2015 年，新建三创大楼，42300 平方米。

房产开发 2011 年，开发"德源一品"一期商住楼，建筑面积 4826.83 平方米。2012 年，开发"德源康城"，建筑面积 47896 平方米。

土地开发 2008 年，德源集团完成土地开发 1441.42 亩；2009 年，完成土地开发 1316.19 亩；2010 年，完成土地开发 968 亩；2012 年，完成土地开发 1136 亩；2013 年，完成土地开发 2549.418 亩；2014 年，完成土地开发 1600 亩；2015 年，完成土地开发 6852 亩。九年时间，德源集团共完成土地开发 15863.028 亩。

投资 2009 年 11 月，德源公司入股湖南省湘源建设工程有限公司 150 万元，占股 3％。2010 年 1 月，认缴湖南德源高新创业投资有限公司出资额 2000 万元，占股 16.7％(2012 年德源高新创投公司入股湖南嘉盛点套新材料股份有限公司 1000 万元；入股安徽长城军工有限公司 1023 万元)。2011 年 2 月，认缴常德德源混凝土有限公司出资 280 万元，占股 28％。2011 年 11 月，入股常德武陵农村商业银行 850 万元，占股 1.67％。2012 年，对常德德源棚户区改造投资 5000 万元，占股 100％。2013 年 8 月，入股市德投沥青混凝土公司 900 万元，占股 30％。2014 年 2 月，对湖南德投公司投资 850 万元，占股 8.5％。2015 年 5 月，对市德源物业公司投资 50 万元，占股 80％。

资产经营 2015 年经营性房产合计平方米 313864.57 平方米，经营收入 9841080 元。其中中小企业园厂房 286876 平方米，开发区施行免二减三的政策，租金 4—8 元/平方米·月，合计 2395720.16 元，经开区补贴 600 万元。小企业园宿舍 15337.22 平方米，租金 6 元/平方米·月，合计 1104279.84 元；安置小区门面合计 11651.35 平方米 ，永丰小区 1866.57平方米，租金 10 元/平方米·月，已租 1555 平方米，合计租金 186600 元，茶叶岗小区合计 5042.2 平方米。一楼 2348 平方米，租金 8 元/平方米·月，已租 280 平方米，合计租金 26880 元，二楼 2694.2 平方米，租金 4 元/平方米·月，已租 1178.2 平方米，租金

50000 元。青山小区门面合计 4642.58 平方米。一楼门面 2210.44 平方米，二楼 2432.14 平方米，均价 10 元/平方米·月，已租 230 平方米，租金 27600 元；公安分局门面 104 平方米，40 元/平方米·月，租金 50000 元。

三、国有资产监督

审计监督　2014 年 11 月 6 日至 2015 年 2 月 2 日，市审计局派出审计组对时任德源公司董事长邹吉茂，党委书记、总经理莫众茗在 2012 年 1 月至 2014 年 6 月任职期间的国有资产经营进行了审计。审计综合情况是：2012 年 1 月至 2014 年 6 月，德源公司营业收入 8.2 亿元，经营支出 8.87 亿元，取得营业外收入 1.22 亿元，实现净利润 0.69 亿元邹吉茂、莫众茗任职期间，推进园区项目，实现企业自身原始积累和发展，德源公司从专职融资、承担财政拨款建设任务的平台公司，成为融资、投资、开发、建设和经营的集团公司；从最单一的银行借款，发展到集信贷、信托、租赁、BT、发行企业债权等多种方式并存的融资方式，拓宽了融资渠道，为项目建设推进提供资金保障。

财务监督　2010 年 3 月 26 日，经开区工委扩大会议纪要第三号，要求德源公司完善内部结构、人才引进、资金使用、项目决策、奖励分配、考核评价等内部管理机制；明确公司职责和总经理职责，理清董事会的决策程序；明确需要工委、管委会决策、备案的事项和相关程序。

2011 年 12 月 23 日，经开区管委会《关于印发常德经开区财政性资金委托投资建设项目管理办法的通知》，明确了德源公司负责财政性资金委托投资建设项目建设资金的筹措、按照计划支付项目资金、投资管理；负责具体组织项目的立项、设计、招标、实施和竣工验收，对工程建设各环节进行管理。

2014 年 4 月 22 日，经开区财政局印发《关于下达 2014 年建设资金(含融资资金)计划的通知》，要求融资资金计划安排建设项目明细。是年 10 月 28 日，根据市政府有关常德忠旺项目现场办公会议精神，忠旺项目落地前所需承担的 8000 亩土地征收、报批、拆迁、补偿、安置、“三通一平”、基础设施建设及项目立项、环评费用和项目落地后建设一条铁路货物专线、一个货运码头及仓库等费用，由市、区两级财政各负担 50%。为加强项目资金管理，保证项目的推进，市忠旺项目工作推进领导小组办公室《关于印发〈常德忠旺项目资金管理办法〉的通知》，对项目明细的确定，项目资金的统一、统一管理、专项核算进行了规范。

第十一节　西洞庭管理区国有资产管理

一、管理机构沿革

1991—2015年，西洞庭农场(2000年7月更名为西洞庭管理区)未设立专门的国有资产管理机构，国有资产先后归口农场计划财务科和管理区财政局管理。

1991年1月至2000年8月，西洞庭农场(区)的国有资产管理职能与职责，归口由农场计划财务科行使和履行。负责全场(区)工商企业及行政事业单位的固定资产、流动资金、专用基金、基本建设资金、水利电力设施、公有住房等国有资产的监管、清查、处置工作。

2000年9月22日，根据省委、省人民政府《关于国有大中型农场体制改革的意见》(湘发〔2000〕4号)精神，经市委常委会议研究，并报省机构编制委员会办公室批复(湘编办〔2000〕18号)同意，西洞庭管理区建立一级财政，成立"常德市西洞庭管理区财政局"，原农场计划财务科机构及职能职责并入区财政局，国有资产管理职能与职责归口由区财政局行使和履行。负责全区行政事业单位所占有、使用、闲置的各类资产、房地产、设备设施等国有资产的监管、清查、处置工作。

领导人员名录

计划财务科(1991.1—2000.8)

科　长　付上翔(1991.1—1994.6)

　　　　罗新庭(1994.6—2000.8)

副科长　罗国欣(1995.5—1999.9)

　　　　曾正飞(1995.5—2000.8)

　　　　杨国军(1999.5—2000.8)

财政局(2000.9—2015.12)

局　长　曾正飞(2000.9—2006.6)

　　　　谢学文(2006.6—2013.6)

　　　　杨国军(2013.6—2015.12)

　　　　黄幼男(2015.12—)

副局长 杨国军(2001.9—2013.6)

谢学文(2002.6—2006.6)

李冬萍(2002.6—2005.12)

朱金灵(2007.3—2015.12)

姚益民(2012.5—)

刘曙光(2012.5—)

刘玉文(2015.12—)

二、国有资产经营

转换经营机制 1989年,西洞庭农场在国有企业实行工资总额与经济效益挂钩的办法,扩大企业自主权,实行"责、权、利"相统一,全场工业由生产型向经营型转变。

1990年,试行企业经营责任制;一是包管齐下,完善包干经营,制定厂长目标管理责任制。二是完善上缴办法和分配办法,确定利润基数。工资分配同工作实绩挂钩,实行计件工资和效益工资,并且与质量指标、消耗指标、安全生产相结合。

1994年,努力建立"现代企业制度"。对农场工商企业根据不同情况,按责任制、目标管理、股份制、租赁制等管理形式,实行统一领导、强化调控、分级负责的管理办法。农场对所属企业实行统筹规划、宏观调控、独立核算、自负盈亏、多机制运行、定额上缴和"目标考核"的管理办法。

1995年,对企业实行"两定两挂"。以销售产量或实物产量定工资,以效益定奖金。生产经营指标与工资挂钩,上缴考核指标与奖金挂钩。为实施企业法,湖南省国营西洞庭工贸集团公司(1993年成立)和农场一起将所属企业进行分类管理,分为直管型、控股型、参股型。集团公司实行总经理负责制,直接对农场负责。对下属企业实行直接管理和授权管理,均实行"厂长负责制",按目标管理或按股份分红等形式收取利润费用。

1996年,西洞庭农场对工业实行"四按一否决"的目标管理,即按产品销量、产销率和货款回收率挂钩后,核工资;按实现利润与上缴利润税金费用和控制管理费支出挂钩后,定奖金;按完成固定资产投入额设单项奖;按完成综合指标评先进;实行安全生产一票否决。同时,农场制定了《关于大力发展工商企业的若干奖励办法》,设荣誉奖、职级奖、高效奖、扭亏奖、引资奖。

从20世纪80年代末期开始,西洞庭农场试行多种形式的改革,包括责任承包、资产租赁、股份制改造、关停并转等。这一系列改革措施和办法虽然对国有企业走出困境起到了一定的积极作用,也为后来国有企业的转型和进一步改革积累了经验。但由于始终没有突破体制上的瓶颈，至90年代末期，农场国有企业中有的举步维艰，有的停产歇业，有的濒临破产，有的被市场淘汰。面对这种状况，农场党委审时度势，痛下决心，推动工商企业的改革。1998年，成立以农场党委书记、厂长王启林为组长，有关场领导为副组长，多个部门共同参与的"西洞庭农场企业改制领导小组"下设清产核资组、社会保障组、法律政策组、办公室。制定了企业改制与重组的基本原则，即以"卸包袱、促发展、保稳定"为目标，整体推进、一厂一策、重点突破、上下连动、企业先行、综合配套、促进发展。

2000年，西洞庭农场对国有企业实行战略性调整，大力发展私营企业，壮大一批中型企业，促进多种所有制，多种经营方式共同发展。工贸集团公司代表农场行使国有资产所有者的职权，直接管理和监督国有资产的经营。推进公司制改革，严格规范法人治理结构，实现管理制度创新，探索用人机制，改革分配制度，完善约束机制，调整和完善招商政策。

股份制改造　1993年，西洞庭农场将"西洞庭彩色印刷厂"股改为"西洞庭彩印股份有限公司"。1998年，西洞庭管理区将西洞庭机制砖瓦厂改制为股份合作制企业，更名为"西洞庭砖瓦有限公司"，农场工贸集团公司占有21%的股份，砖瓦有限公司职工占有79%的股份，股东大会选举成立董事会、监事会，李祖桥当选公司第一任董事长，原厂长肖尚志调农场经委工作。

"两个置换"西洞庭农场机制糖厂创办于1970年。1983年与造纸厂分离，并逐年扩建至日榨甘蔗2400吨的国有中Ⅰ型企业。1998年后，由于农户种植甘蔗积极性不高，加上市场糖价回落，企业效益不佳，年年亏损。2000年农场党委对糖厂实行"承债双买断"改制，并更名为"常德西洞庭湘陵糖业有限公司"。

国营西洞庭农场罐头厂始建于1977年，先后多次实行目标承包，两次租赁经营，一次股份制改革，但始终没能走出困境，到2001年底企业资不抵债，处于停产状态。2002年初，区党委、管委决定，将罐头厂整体出让，并对企业职工进行身份置换。5月23日，肖立安等6人以235万元的价格收购了该厂的全部资产，并成立常德汇美食品公司，为民营企业。

1998年4月，西洞庭农场成立"西洞庭农场企业改制领导小组"，农场党委书记、场长王启林任组长，有关场领导为副组长。领导小组下设清产核资组、社会保障组、法律政策组、办公室。制定企业改制与重组的基本原则，即以"活企业、卸包袱、促发展、保稳定"为目标，整体推进、一厂一策、重点突破、上下连动、企业先行、综合配套、促进发展。

1998年5月，首先在西洞庭轻型汽车修配厂进行破产试点。该厂前身为西洞庭农场农机修配厂，1958年创建，主要修理农机具，后兼加工销售粮油棉。1978年与农产品加工车间分离，单独成立西洞庭轻型汽车修造厂，新上造纸胶辊项目。1989年，增添中巴车改装生产线。1998年3月，有职工187人，退休职工40人，拥有固定资产近600余万元，四条生产线，即胶辊、机械加工、中巴改装。通过破产重组，实行"两个置换"改革，该厂被更名为“常德国洋机械有限公司”,谢国平担任董事长。

2000年7月8日,中共西洞庭区委、区管委会根据中共湖南省委、省人民政府《关于国有大中型农场体制改革的意见》(湘发〔2000〕4号)精神,制定出台《关于转换企业国有产权置换职工身份的若干意见》(西管发〔2000〕17号),成立“西洞庭管理区国有企业改革领导小组”,下设国有企业改革办公室,领引、指导、实施国有企业“两个置换”体制改革工作。

2001年,西洞庭砖瓦有限公司实行“两个置换”改革,农场买断职工身份,171名职工参股,每股6000元,以102万元的价格买断企业产权,李祖桥被选为公司董事长。

国营西洞庭棉纺厂,1987年开始筹建,1989年底投入生产,有纺锭5000锭,1991年发展到10000锭,工人400多人。但由于产品单一,只生产棉纱,附加值低下,特别是一投产就遇到了全国产能严重过剩,全行业严重滑坡的局面,所以一直艰难运行。坚持到1996年,因企业亏损过大,包袱过重,不得不停产歇业。1997年底通过实行责任承包,自负盈亏的办法重新启动生产,但苦苦支撑几年后仍无起色。2001年,因资不抵债被迫宣布破产。管理区对职工身份进行了置换。破产清算期间,熊益云等5人租赁破产企业所有厂房设备,成立“常德亚佳纺织有限公司”。2002年底,熊益云等3人共同出资收购该厂,更名为“常德银骏纺织有限公司”,熊益云任董事长。

国营西洞庭农场罐头厂始建于1977年,先后多次实行目标承包,两次租赁经营,一次股份制改革,但始终没能走出困境,资产728万元,负债956万元,资产负债率131%。到2001年底,企业资不抵债,处于停产状态。2002年初,区党委、管委决定,将罐头厂整体出让,并对企业职工进行身份置换。5月23日,肖立安等6人以235万元的价格收购该厂的全部资产,并成立常德汇美食品公司,为民营企业。管理区以每年200元的标准买断277名职工工龄,并撤销原罐头厂留守机构,人员及社会事务均移交沙河居委会管理。

国营西洞庭粮油食品总厂,创建于1955年,从事粮食、油粮、棉花等农产品的收购、仓储、加工与经营。2000年5月,企业宣告破产,进行“两个置换”。农场以每年230元的标准买断全厂285名干部职工身份。在破产清算过程中,由原副厂长彭树华带领部分干部职工集资租赁,以“常德远邻粮油棉有限公司”名义承包破产企业,维持运转。2001年5月,由原破产企业部分职工100余人共同出资380万元买下该厂,企业更名为“常德峰威粮油棉有限公司”。2005年更名为“湖南广益粮油棉有限公司”,陈湘益任董事长。

至2004年,先后有粮油加工厂、化工厂、彩印厂、造纸厂、棉纺厂、糖厂、四纸厂进行破产清算改制重组。同时,其他改制方式也一并推进,如杰豪包装公司的股份制改造,罐头厂和二纸厂的整体出让,五家砖瓦厂职工参股的股份制改造等。至2004年底,西洞庭管理区工商企业的改制工作结束。

西洞庭管理区2000—2010年国有工业企业“两个置换”情况一览表

表6-11-1

企业名称	置换时间	资产总额(万元)	负债	置换职工人数(人)	改制方式	重组企业	重组企业法人代表
国营西洞庭棉纺厂	2001.1	不详	不详	不详	收购	常德银骏织纺有限公司	熊益云
国营西洞庭粮油食品厂	2001.5	380	不详	285	收购	湖南广益粮油棉有限公司	陈湘益
西洞庭农场机制糖厂	2000.5	1500	8973.58	545	收购	常德西洞庭湘陵糖业有限公司	陆　鹰
国营西洞庭农场罐头厂	2002.5	235	不详	277	收购	常德汇美食品公司	肖立安
国营西洞庭造纸厂	2001.1	1800	不详	不详	收购	常德天宏纸业有限公司	不详
西洞庭机制砖瓦厂	2001.1	102	不详	171	收购	重组企业名称不详	李祖桥
西洞庭农场五分厂瓦砖厂	2000.7	76	不详	105	收购	西洞庭金山砖瓦有限公司	姚必清
西洞庭农场三分厂砖瓦厂	2000.5	92	不详	117	收购	西洞庭金顺砖瓦有限公司	刘多霞
西洞庭农场二纸厂	2000.1	不详	不详	94	不详	西洞庭隆鑫造纸有限公司	杨子龙
西洞庭轻型汽车修造厂	2000.5	600	不详	227	不详	常德国洋机械有限公司	谢国平

第十二节　西湖管理区国有资产管理

一、管理机构沿革

1991—2015年，西湖农场（区）未设立专门的国有资产管理机构，国有资产先后归口农场计划财务科和管理区财政局管理。

1991年1月至2000年8月，西湖农场（区）的国有资产管理职能与职责，归口由农场计划财务科行使和履行。负责全场（区）工商企业及行政事业单位的固定资产、流动资金、专用基金、基本建设资金、水利电力设施、公有住房等国有资产的监管、清查、处置工作。

2000年9月，常德市财政局下发《关于西湖农场建立财政体制的通知》（常财预字〔2000〕93号），明确西湖管理区建立一级财政。2001年3月，成立常德市西湖管理区财政局,原农场计划财务科机构及职能职责并入区财政局,国有资产管理职能与职责归口由区财政局行使和履行。负责全区行政事业单位所占有、使用、闲置的各类资产、房地产、设备设施等国有资产的监管、清查、处置工作。

领导人员名录

计划财务科(1991.1—2000.8)

科　　长　朱云珍(女)(1991.1—2002.12)

党支部书记　刘春祥(1991.1—1994.1)

朱云珍(女)(1994.1—1998.1)

谌贵诚(1998.1—2002.12)

副 科 长　朱礼端(1991.1—1996.6)

陈署荣(1995.1—2000.12)

王在勤(1995.1—1998.1)

谌贵诚(1998.1—2002.12)

财政局(2000.3—)

局　　长　谌贵诚(2002.12—2010.6)

吴鹏伟(2010.6—)

副 局 长　王在勤(2002.12—2007.5)

罗解恒(2002.12—2010.6)

徐广湘(女)(2007.5—)

刘词顺(2008.5—2010.12)

钟益新(女)(2011.4—)

二、清产核资

西湖国有工商企业的清产核资工作分为两个阶段。

第一阶段:1991 年前后,西湖国有企业主管部门组织专人对西湖造纸厂、西湖制药厂、西湖食品总厂、西湖毛巾厂、西湖甜叶菊糖甙厂,西湖棉麻土产公司、西湖贸易公司、西湖饮食服务公司等 15 家国有企业进行清产核资,核定企业总资产净值为 4027.07 万元。

第二阶段:2002 年实行“两个置换”改革,必须清产核资,摸清家底,方可确定改革措施、对策。此时,企业主管部门再次组织专人,逐企业开展清产核资,最终核定企业总资产净值为 5397.25 万元。

三、产权管理

资产评估 2000 年 12 月，西湖三角堤砖瓦厂经评估核定有固定资产 91.66 万元。

2001 年 2 月，西湖食品总厂经评估核定有固定资产净值 159.43 万元。

2001 年 2 月，西湖农机修造厂经评估核定有固定资产净值 13.81 万元。4 月，西湖建材厂经评估核定有固定资产净值 34.28 万元。4 月，西湖棉麻土产公司经评估核定有固定资产净值 270 万元。7 月，西湖饮食服务公司经评估核定有固定资产净值 39.66 万元。

2002 年 2 月，西湖贸易公司经评估核定有固定资产净值 178.31 万元。8 月，西湖药材公司经评估核定有固定资产净值 69.38 万元。西湖制药厂经评估核定有固定资产净值 1273.6 万元。

2004 年 5 月，西湖甜叶菊糖甙厂经评估核定有固定资产净值 89.16 万元。5 月，西湖印刷厂经评估核定有固定资产净值 25.1 万元。6 月，西湖粮油贸易公司经评估核定有固定资产净值 49.85 万元。

产权流动 1994—1996 年，汽车运输公司先后将 7 辆大型客运汽车折价卖给个人私营，共收资产处置变现金额 36.94 万元；将公司门面 8 间计 183.75 平方米折价卖给个体户经商，共收资产处置变现金额 19.85 万元。

1998—2000 年，西湖航运公司先后将 7 艘钢质甲板货运船舶和 2 艘钢质甲板客运船舶折价卖给个体户私营，共收资产处置变现金额 56.03 万元。

2002 年 3 月，西湖管理区对航运公司实行“两个置换”，将该公司的机械装卸码头、办公室 7 间及地下室 7 间、3 艘钢质甲板机动船及其附属设施、硫化碱厂、港航所房屋 3 间、仓库 40 平方米、160 千伏变压器及配电屏等国有资产，以竞标价 60 万元卖给罗平忠等人私营，组建西湖区联兴航运有限公司。2010 年 9 月，西湖管理区对汽运公司实行“两个置换”体制改革，将该公司的主站场、办公楼、修理厂、候车室、地产等国有资产（总建筑面积 2371.19 平方米）折价卖给常德市文华汽车运输有限公司，共收资产处置变现金额 275 万元。

收益管理 1987—2000 年，场（区）属工商企业的公用房屋、建筑设施、机械设备、仪器用具、运输工具、地产等国有资产，由农场计划财务科建立固定资产总账，使用单位建立固定资产明细账，实行谁使用，谁管理，谁维修的制度。使用单位按规定提取固定资产折旧费，40%交农场计划财务科统一安排使用，60%留给单位使用。对企业固定资产实行归口分钱管理和有偿调拨制度，所调拨固定资产，由企业与计划财务科相应调整固定资产账户。此期间内，场（区）属企业国有资产均按农垦部及省农垦局有关规定进行管理、使用、处置。

四、资产经营

推行承包制 20世纪80年代末期,西湖农场对直属工商企业实行全员风险抵押承包责任制。农场于年初核定企业产值、成本、利润、税金等风险抵押承包经济指标,抵押金全员承担,风险全员共负,超利分成,亏损自负,年终按考核指标完成之比兑现奖惩。1991年,农场对企业厂长(经理)实行岗位经济目标管理责任制。年初核定企业厂长(经理)岗位经济目标任务,由各企业法人代表与场长(主任)签订《岗位经济目标管理责任状》,落实年度经济目标任务。农场(区)对各企业年度经济目标管理责任制所定指标任务,每月进行检查,半年进行小结,年终进行考核、验收、评分,按岗位经济目标管理责任状的规定兑现奖惩。1996年,农场放宽企业经营自主权,由企业自选经营形式。全场有砖瓦厂、食品总厂、建筑工程公司、建材厂、农机修配厂、造纸厂、航运公司、汽运公司、贸易公司等企业实行车间(班组、车船)承包经营责任制,统一计划,统一管理,统一运作,分户核算、分配。此后,其他企业也都相应实行各种形式的经济指标承包经营责任制。企业内部承包经营形式,一直运作至2000年。

转换经营机制 20世纪80年代初,西湖农场国有工业企业已逐步开始转换经营机制。1988年1月,三角堤砖瓦厂在全场率先打破"三铁一大"(铁饭碗、铁工资、铁交椅、大锅饭),实行《岗位定额联产计酬责任制》,各车间职工实行计件工资制,以职工当月产量或完成的工作量计发工资。随后,食品总厂、建材厂、机修厂等工业企业实行计件工资制,按职工当月产量计发工资。同时,场部对直属工业企业造纸厂、制药厂、毛巾厂、建筑工程公司等实行全员风险抵押承包制。

1990年以后,随着民营商业的兴起,西湖农场商业企业竞争压力增大。加上人员多、包袱重、管理不善等原因,造成经济成本增加、营业收入减少、利润为零或亏损的局面。面对此种局面,国有商业企业开始逐步推行"四放开"(经营放开、价格放开、用工放开、分配放开)。1990年下半年开始,先后有贸易公司、饮食服务公司、粮油贸易公司、药材公司改革分配制度,改企业"大锅饭"为班组"小锅饭",实行柜台、班组集体承包。然而,此种分配制度仅打破了企业"大锅饭",未打破柜台、班组"小锅饭",职工的积极性并未完全调动起来。1993年3月起,所有商业企业彻底打破"大锅饭",实行柜台个人承包经营。从2001年开始,农场国有企业先后实施"两个置换"的经济体制改革。

兼并联合 1990年1月,农场食品总厂兼并纸箱包装厂,合并银行账户,分户核算。1991年3月,航运公司兼并农场柳林嘴搬运队,由其统一经营,统一管理,统一运作,分户核算。1995年1月，农场将物资公司、建材厂兼并至建筑工程公司，二者由其统一配置资源，统一经营管理，统一提存上解，保留银行账户，分户核算。将汽车运输公司兼并至农机交通监理科，保留银行账户，统一管理，单独核算，自负盈亏。上述兼并经营企业，一直统管分算运营至实行“两个置换”体制改革。

股份制改造 西湖三角堤砖瓦厂成立于1976年，2003年3月，实行“两个置换”经济体制改造，该厂由57名职工出资60万元购买，更名为西湖东旺砖瓦厂，成为股份制企业。

西湖造纸厂，始建于1958年，1972年移民建场后经过几次改造更新。1999年3月，该厂实行体制改革，成立股份制的“湖南德瑞纸业有限公司”。后因经营不善，亏损严重，公司破产还债。同时恢复西湖造纸厂名称，启动对外租赁经营联系工作。2001年，该厂由陕西西安市白玉纸业集团租赁经营。2003年4月，白玉纸业集团以345万元购买西湖造纸厂。

西湖食品总厂，成立于1973年，2001年实行“两个置换”经济体制改革，该厂将财产及土地使用权作价40万元，由本厂21名职工购买，重新组建西湖食品有限责任公司，成为股份制企业。

西湖棉麻土产公司，成立于1973年，2001年实行“两个置换”经济体制改革，该公司由常德市棉麻公司出资236万元购买，建立新的棉花收购、加工、经营企业。后因各种原因，该企业又几经转手，2010年转卖给一名姓张的澧县商人。

“两个置换” 2000年7月8日，中共西湖区委、区管委会根据中共湖南省委、省人民政府《关于国有大中型农场体制改革的意见》(湘发〔2000〕4号)精神，制定出台《关于转换企业国有产权置换职工身份的若干意见》(西管发〔2000〕17号)。同时，成立“西湖管理区国有企业改革领导小组”，陈本祥任组长，张铁光、李德琦、谌贵诚任副组长，阳立群、傅彪、王在勤、罗解恒、谢芳郊、汪青、封楚生为成员。下设国有企业改革办公室，谌贵诚兼任办公室主任。企业改革办公室(以下简称企改办)具体负责领引、指导、实施国有企业“两个置换”体制改革工作。

“两个置换”的方法与步骤是：(1)制定实施方案。具备“两个置换”条件的企业自行清产核资，界定产权后，制定详细的改革方案。(2)提出书面申请。企业改革实施方案经职工代表大会审议通过后，向区企改办提出书面申请。(3)搞好资产评估。区企改办接到企业书面报告和改革方案后，组织相关部门对企业资产进行评估、审核、界定、折价，报区企业改革领导小组审批后实施。(4)处置国有产权。清查核实资产，收缴应收款，变卖企业资产，变固定资产、地产、物资为流动资金现款，用作买断企业职工工龄的补偿资金。(5)扶持企业重组。符合企业重组条件的改制企业，按照西管发〔2000〕17号文件的规定给予优惠，扶持其重组。(6)办理重组手续。重组企业根据重组形式，按照西管发〔2000〕17号文件有关规定,及时依法办理企业变更登记手续。

是年,西湖区棉麻土产公司率先施行“两个置换”的体制改革,拉开全区国有企业体制改革的序幕。按照西管发〔2000〕17号文件有关规定,区财政局对该公司国有股权及国家所有者权益、无形资产、土地资产等国有产权进行评估、定价、处置,依规置换企业国有产权。共处置棉麻土产公司国有资产净值(1980年不变价)231.96万元,收回资产折价变卖金额236元,资产处置变现率为101.74%;共置换职工身份185人,核发工龄补偿金147.14万元。此后,对全区国有工商企业的“两个置换”体制改革,均借鉴棉麻土产公司改革的成功经验,采取“卖、股、破、靠、分”等形式,因企制宜,一企一策,逐企实施,不留死角。

国有工商企业“两个置换”体制改革到位后,全区17家改制企业中有7家转体为私营企业,重组复产率为41.18%;有10家企业破产倒闭,破产率为58.82%。国有资本转体运营的主要形式有:企业内部重组、股份制经营、引资出售、租赁经营、出售改作他用、分割处置等。对三角堤砖瓦厂、建筑工程公司实行企业内部重组;对粮油贸易公司、甜叶菊糖甙厂、西湖航运公司实行股份制经营;对西湖制药厂、棉麻土产公司、西湖毛巾厂、西湖造纸厂实行引资出售(其中,西湖造纸厂转体民营后于2007年2月25日宣告破产);西湖农机修配厂,被改建成西湖工商分局;西湖印刷厂,被改建成民宅小区;兴盛实业公司被改建成民宅小区;西湖药材公司被改建成西湖区中心幼儿园(私营);西湖食品总厂拟改建成西湖文化广场;对西湖贸易公司、西湖饮食服务公司资产进行分割处置,化小出售给个体户经商。

至2010年,先后有17家区属国有工商企业施行“两个置换”,共置换企业国有产权5554.81万元,获取处置国有资产变现金额1657.20万元,全额用于买断职工工龄和偿还债务,国有资产处置变现率为29.83%;共置换国有工商企业职工身份2269人,买断职工工龄共核发工龄补偿金1021.04万元。先后施行“两个置换”改革的17家国有企业中,有工业企业11家,共处置企业国有资产净值(1980年不变价)4906.29万元,国有资产处置变现总金额896.93万元,国有资产处置变现率为18.28%,共置换职工身份1731人,核发工龄补偿金677.33万元;有6家商业(服务业)企业置换国有产权,累计处置国有资产净值(1980年不变价)648.52万元(不含汽运公司79.36万元),共收资产折价处理变现金额485.27万元(不含汽运公司275万元),国有资产处置变现率为74.83%,共置换职工身份538人(含汽运公司21人),核发工龄补偿金343.71万元(含汽运公司24.45万元)。2014年,全区只剩下自来水公司与电力公司2家国有企业。

五、国有资产监督

审计监督 1991 年，管理区审计部门对全场 21 家企业进行财务收支和经济效益审计，下达审计决定书 4 份，共收缴违纪金额 14661 元；对果脯糖厂、砖瓦厂、印刷厂、甜叶菊厂等法人代表进行离任经济责任审计，均未发现违纪问题。1992 年，管理区审计部门对食品总厂、肉食水产站、农机修配厂、建筑公司、华湘公司、毛巾厂等法人代表进行离任经济责任审计，收回违纪金额 6027 元。1996 年，对 3 家企业法人代表进行离任经济责任审计，共查出违纪金额 35869 元。1998 年，对棉麻公司、电力公司、粮油公司、甜叶菊厂、毛巾厂、物资公司、造纸厂等企业法人进行离任经济责任审计，均未见违纪行为。1999 年，对饮食服务公司、食品公司、食品总厂、贸易公司、棉麻公司等单位法人代表进行离任经济责任审计，查处食品公司 5.4 万元违纪行为。2000 年，对药材公司法人代表进行离任经济责任审计，发现漏交所得税 0.5 万元。2003 年对造纸厂、贸易公司收支进行审计，收缴违纪金额 2.03 万元。2010 年，完成经济责任审计项目 12 个，财务收支审计 14 个，查出违纪金额 22.59 万元、损失浪费金额 50 万元、管理不规范金额 1280 万元，收缴违纪金额 22.59 万元。

财务监督 1994 年，管理区财政部门先后对电力公司、物资公司、种子公司、药材公司、粮油公司、制药厂等 10 家单位的 1993 年度年终分配和年终奖金发放情况进行检查，查处违纪金额 7.36 万元。1998 年，对 19 家场直工商企业进行财务、物价、税收大检查，共查出成本倒挂资金 343.39 万元，乱挤乱摊成本 35.0645 万元，漏提少提税金 52038 元。

考核评价 1991 年至“两个置换”经济体制改革前，西湖国有工商企业由企业主管部门负责考核评价。考核评价的依据是年初制定的生产经营责任制和其他各项规章制度，实行工资与产量、质量、成本消耗等挂钩。年终，主管部门组织专门的考核工作班子进入各企业，根据责任制上的各项指标逐项考核评比，兑现奖惩。

西湖管理区2000—2008年国有企业"两个置换"情况一览表

表6-12-1

置换企业名称	资产总额(万元)	负债(万元)	负债率%	置换方式	置换时间	置换职工人数(人)	离退休人数(人)	资产处置方式	改制后去向
西湖建材厂	34.28	55.49	161.87	非破产改制	2001.5	19	1	整体资产公开拍卖	解散走人
棉麻土产公司	231.9	3456	1490.3	非破产改制	2001.5	185	50	整体资产公开拍卖	解散走人
饮食服务公司	39.66	18.16	45.79	非破产改制	2001.8	35	不详	整体资产公开拍卖	解散走人
西湖食品总厂	159.43	361.2	226.56	非破产改制	2001.10	117	不详	整体资产协议转让	重组
纸箱包装厂	7.18	7.18	不详	非破产改制	2001.10	21	不详	整体资产协议转让	重组
建筑工程公司	30.12	79.58	264.21	非破产改制	2001.10	162	63	整体资产公开拍卖	重组
西湖贸易公司	178.31	715.37	401.19	非破产改制	2002.3	218	57	整体资产公开拍卖	解散走人
农机修造厂	13.81	60.25	436.28	非破产改制	2002.4	29	7	整体资产公开拍卖	解散走人
航运公司化工厂	20	不详	不详	非破产改制	2002.9	20	不详	整体财产公开拍卖	解散走人
西湖药材公司	69.38	不详	不详	非破产改制	2002.9	38	7	整体资产公开拍卖	解散走人
西湖制药厂	1273.6	37.79	2.96	非破产改制	2002.10	68	不详	整体资产公开拍卖	重组
西湖造纸厂	2897.26	1012.6	34.95	非破产改制	2002.10	903	31	整体资产协议转让	重组
三角堤砖瓦厂	91.66	114.27	124.7	非破产改制	2003.3	101	51	整体资产协议转让	重组
粮油贸易公司	49.85	301.18	604.17	非破产改制	2004.3	41	不详	整体资产公开拍卖	解散走人
甜叶菊糖甙厂	89.16	388	435.17	非破产改制	2004.5	62	4	整体资产公开拍卖	重组
西湖印刷厂	25.1	39.68	158.09	非破产改制	2004.7	23	7	整体资产公开拍卖	解散走人
西湖毛巾厂	104.83	329.1	313.94	非破产改制	2004.9	127	不详	整体资产公开拍卖	解散走人
兴盛实业公司	81.72	218.35	267.19	非破产改制	2006.5	44	3	整体资产公开拍卖	解散走人

注:1.自来水公司未见置换情况;西湖食品公司置换时被另公司代替,未见具体内容;华湘企业公司未到置换年代即已先行倒闭;西湖物资公司的置换内容包含到了建筑工程公司中。

第七章 国有企业选介

第一节　常德市城市建设投资集团有限公司

一、企业沿革及概况

1998 年 9 月 9 日，常德市城市建设投资集团有限公司前身——常德市城市建设投资开发有限责任公司（加挂常德市城市资产投资经营公司）成立，注册资本 5000 万元，1998 年 8 月 31 日办理了全民事业单位法人登记手续（正科级事业单位），1999 年 9 月升格为副处级自收自支事业单位。1999 年，按照市委、市政府的要求，以市国资委作为出资人，将公司注册资本增加至 3 亿元。

1998 年 9 月至 2005 年 1 月，公司归口市住建局管理。从 2005 年起，公司归口市国资委管理。

常德市城市建设投资集团有限公司办公大楼。2013 年 5 月开工建设，2014 年 9 月竣工，用地面积 3483 平方米，建筑面积为地上 17609 平方米，地下 2483 平方米

2008 年，根据《常德市人民政府办公室关于印发〈常德市城市建设投资开发有限责任公司、常德市经济建设投资公司融资平台建设方案〉的通知》（常政办函〔2008〕58 号）文件精神，在原公司基础上，通过整合城市优质资源，城投

集团正式成立。集团公司性质定义为国有独资中Ⅰ型企业,发展目标定位为“投资主体,集团管理,利润中心”。

2010年,根据市委21次常委会议和市政府38次常务会议精神,公司对中房集团常德房地产开发公司、常德市经济适用住房开发中心和常德市房地产开发公司3家企业进行了整体接收,并于2011年1月完成对这3家企业整合重组,新成立常德市天源住房建设有限公司和常德市天润土地开发经营有限公司两家全资子公司。两家公司注册资本均为1亿元,性质为国有中Ⅰ型企业。前者主要从事房地产开发经营、棚户区改造及政策保障性住房的开发经营等业务;后者主要从事片区土地整理开发经营等业务。

至2015年底,城投集团注册资本5亿元,资产总量为610亿元,净资产302亿元。城投集团现有员工1517人。全资子公司8家,即常德市西城新区投资建设开发有限公司、常德市城投龙马建设项目管理有限公司、常德天健置业有限公司、常德市公用资产管理经营有限公司、常德市天源住房建设有限公司、常德市天润土地开发经营有限公司、常德市智慧谷投资发展有限公司、常德市天智教育投资发展有限公司。参股公司7家,即常德市江南城市发展有限公司、常德市中瀚水务有限公司、常德武陵农村商业银行、常德武陵双鑫小额贷款公司、市中沅市政公司、华南光电科技股份有限公司、湖南中正工程建设咨询有限公司。投资基金1家,即国开(北京)精诚基金。城投集团内设6个部室:办公室(法律事务部)、人力资源部(纪检监察室)、财务中心、融资中心、项目管理部、市场发展部。公司的经营范围为:从事城建项目及城市基础设施、城市郊区基础设施、农村路网的投资开发、建设,城区棚户区改造、片区土地开发经营和城市水务、制药产业的投资经营,委托承办城市公用资产与特许的公用事业项目的经营与管理,房屋租赁,户外广告设计、制作、发布、城建项目的咨询服务。

城投集团主要职能职责包括资金筹措、投资建设和国有资产保值增值。

资金筹措职能。负责为常德市城市基础设施、城市郊区基础设施、农村路网的投资开发、建设,城区棚户区改造、片区土地开发经营和城市水务、制药产业等项目筹措资金,充当常德市政府与市场之间的桥梁,不断为常德市城市建设筹措资金,解决城市基础设施建设资金短缺的难题。

投资建设职能。通过各种方式筹集资金,从事城市基础设施项目的投资建设,包括城市基础设施、城市郊区基础设施、农村路网的投资开发、建设,城区棚户区改造、片区土地开发经营和城市水务建设等。

国有资产保值增值。对现有城市资产通过有效的经营和利用,确保国有资产的保值增值,防止国有资产的流失。

领导人员名录

常德市城市建设投资开发有限责任公司(1998.9—2008.12)

董　事　长　吴泽波(1998.10—2007.4)
毛跃进(2007.4—2008.5)
赵国平(2008.5—2008.12)

经　　　理　吴泽波(1998.7—2000.9)

总　经　理　吴泽波(2000.9—2007.4)
刘奇志(2008.7—2008.12)

副总经理　钟晓曦(2001.3—2002.2)
杨立新(2000.3—2006.9)
万桃清(2002.3—2008.7)
陈昌忠(2002.3—2008.7)
陈杞良(2003.9—2004.8)

纪　检　员　张　炯(2003.8—2004.3)
黄健兵(2005.10—2006.4)
钟晓曦(2006.4—2008.7)

工会主席　陈杞良(2001.2—2003.8)
张　炯(2003.8—2004.3)
黄道家(2005.1—2006.3)
钟晓曦(2007.5—2009.9)

总会计师　李丽萍(2003.9—2004.8)

总经济师　黄道家 (2004.8—2006.3)
黄健兵(2006.3—2008.7)

总工程师　涂义文(2006.3—2008.7)

常德市城市建设投资集团有限公司(2008.12—)

董　事　长　赵国平(2008.5—2015.12.31)
方际三(2015.12.31—)

总　经　理　刘奇志(2008.7—2009.7)
黄健兵(2009.7—2014.7)
方际三(2014.5—2015.12.31)
余　俞(2015.12.31—)

副 总 经 理 黄健兵(2008.7—2009.7)
黄小锋(2008.7—2009.6)
曾　松(2009.8—2014.1)
涂义文(2009.9—2011.1)
吴先勇(2010.4—2012.12)
唐　铁(2011.1—2012.12)
杨立新(2012.12—)

总 经 济 师 涂义文(2008.7—2009.9)
钟晓曦(2009.8—2011.1)
杨立新(2011.1—2012.12)
孙　兢(2012.12—)

纪 委 书 记 钟晓曦(2008.7—2009.8)
林　红(2009.9—)

工 会 主 席 林　红(2009.9—)

总经理助理 杨立新(2009.8—2011.1)
孙　兢(2011.1—2012.12)
吕永新(2013.3—)

财 务 总 监 易先云(2014.1—)

二、融资、建设与经营

融资　2008—2015年,公司实现融资520.8227亿元,共审核通过了49亿元企业债券,25亿元中期票据和3亿元私募债,其中已发行30亿元企业债券和3亿元私募。

建设　2008—2015年,公司完成项目建设投资212.5亿元。这个时期,建设了"一桥三路"(桃花源大桥、常德大道、桃花源北路、桃花源路暨机场快速路)、三馆(规划展示馆、美术艺术馆、城建档案馆)、三中心(青少年活动中心、妇女儿童中心、科技展示中心)、白马湖公园、丁玲公园、教育产业园公租房、湖南幼儿师范高等专科学校等,66个项目建成竣工,完成投资88.12亿元。同期,白马湖一期、二期、青林、聚宝、杨桥、南坪六组、南坪五组安置小区等20个安置房项目建成竣工,完成投资12.49亿元。按照市委、市政府规划,城投公司从2011年启动棚改工作,承担棚改项目共计9个(老西门棚改、天源星城、天源鑫座、天源599、长胜桥棚改、益高棚改、船码头棚改、河洑老镇棚改、江南星城棚改),总投资176.74亿元。截至2015年底,完成投资21.30亿元,开工面积38.24万平方米,竣工面积

30.49 万平方米。

土地整理 2011—2015 年，完成土地整理面积 5000 亩，出让面积 4000 亩，总投资 24 亿元，实现出让总收入 73 亿元，出让净收益 49 亿元。

经营 2008—2015 年，公司经营收入 6.54 亿元，支出 4.11 亿元，利润 2.43 亿元。公司从 2014 年开始启动转型和经营布局。2015 年，在继续做好城市基础设施建设项目外，公司按照“适应新常态、促进新发展”的指导思想开始了由融资平台向产业经营实体转型的发展思路，以“资本”为纽带，激发国有资本活力。2015 年，根据市场现状，公司从产品意识、品牌意识、价值意识等经营意识的全面树立出发，选择布局了房地产、园区经营、城市水务、城市公共资产经营四大经营性产业项目，与传统产业一起构筑了公司未来发展的产业支柱，为公司长远发展奠定了坚实的基础。

城投集团 2008—2015 年投融资指标一览表

表 7-1-1 单位：亿元

年度＼类别	融资			投资		
	年计划	完成额	%	年计划	完成额	%
2008	—	5.1214	—	1	0.6727	67.27%
2009	—	66.298	—	—	7.7	—
2010	50	51.87	103.74%	14.8	18.73	126.55%
2011	30	40.71	135.27%	22.02	28.3	128.52%
2012	50	57.54	115.68%	38.82	39.91	102.81%
2013	50	60.31	120.62%	32.92	34.69	105.38%
2014	60	100.0033	166.67%	35.34	36.43	103.11%
2015	60	138.97	231.62%	39.94	46.09	115.4%
合计	—	520.8227	—	—	212.52	—

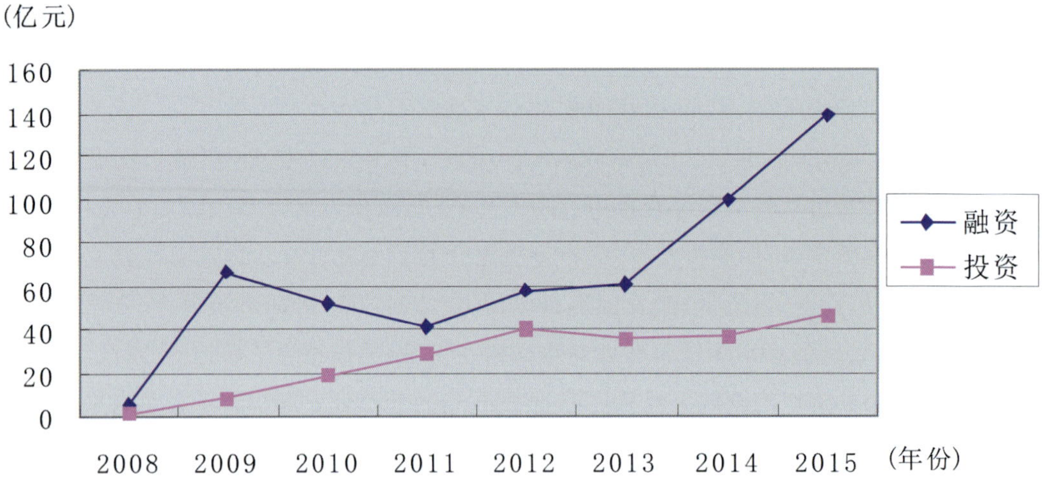

城投集团2008—2015年融投资变化情况示意图

三、企业管理

治理结构 公司直属市政府,归口市国资委管理;市国资委履行出资人职责。公司董事会由5人组成,董事会设董事长1人,董事长为公司法定代表人;公司监事会由5人组成,监事会设主席1人;公司经理层由5人组成,设总经理1人,财务总监1人,纪委书记、工会主席1人,副总经理1人,总经济师1人、总经理助理1人。

内部管控模式 公司内设办公室(法律事务部)、人力资源部(纪检监察室)、财务中心、融资中心、项目管理部、市场发展部六个部室,主要负责集团内部管控和资本经营,而子公司负责具体项目管理和经营业务。

运作模式 公司的项目投融资运作模式是:经营性项目由城投公司自身融资、投资,自主经营,自求平衡,如汽贸城项目、棚户区改造等;城市道路、公园、学校场馆等政府公益性基础设施项目,由城投公司融资代建,以"城投投资、政府回购"的运作模式,实行项目投资平衡;城市基础设施重大项目以BT形式解决项目建设资金,如桃花源大桥、常德大道等。在上述三类项目中,第二和第三类由政府匹配资源,在中长期阶段内实现平衡,融资建设(投资)实行一体化运作,即筹措的资金由城投公司自身负责项目建设与管理。市财政局融资办通过"城建项目资金管理系统"对公司项目资金使用情况进行网上监管。

第二节　常德市经济建设投资集团有限公司

一、企业沿革及概况

1992 年 8 月 24 日成立常德市经济建设投资公司(简称经投公司)。该公司归口市发改委管理,主要从事城市项目投资建设。

2008 年 5 月,根据市政府办《关于印发〈常德市城市建设投资开发有限责任公司、常德市经济建设投资公司融资平台建设方案〉的通知》(常政办函〔2008〕58 号)文件,在经投公司基础上,组建"常德市经济建设投资集团有限公司"(简称经投集团)。经投集团属国有独资中Ⅰ型企业,归口市国资委管理,注册资本 2000 万元。2014 年底,资产规模达 586.8908 亿元,注册资本增加到 10 亿元。其主要职能为融资投资、土地收储和一级开发、城市基础设施建设、自主发展经营等。经投集团内设办公室、财务审计部、投融资部、人力资源部、项目管理部、土地拆迁部等六个管理部门;下辖 16 家子公司,员工 3217 名,其中,中级以上专业技术人员 51 名。2014 年底,经投集团实现收入 26 亿元,实现利润 7.5 亿元。其中,自主经营项目利润总额 1.3 亿元,上缴税费 1.5 亿元,经远、经泽、经发展等 7 家公司年利润超千万元。

经投集团办公大楼。位于武陵区柳月大道。2001 年开工建设,2003 年竣工,占地面积 7639.08 平方米

常德市经投集团 2015 年下属公司

一级公司:常德市金禹水利投资有限公司、常德市公共交通有限责任公司、常德市经泽建设开发有限责任公司、常德市经致远土地整理开发有限公司、常德市穿紫河建设开发有限公司、常德金柳置业有限公司

二级公司:常德市太阳山森林公园建设经营有限公司、常德市经缘投资开发有限公司、常德市经为资产经营有限公司、汇丰小额贷款股份有限公司、汇佳小贷公司、常德湘雅医院、湖南泰达置业有限公司、湖南经远建筑有限公司、湖南经发展投资咨询有限公司、常

德市经康药业有限公司。

三级公司:常德市出租车公司、常德市旅游运输公司、常德市经山水投资有限公司、常德市经万和物业服务有限公司、常德市经为园林绿化工程有限公司。

领导人员名录

常德市经济建设投资公司(1992.8—2008.6)

总经理 黄定华(1992.8—2001.10)

曾建坤(2001.10—2008.5)

书记 杨永昌(1998.5—2001.5)

何英望(2001.5—2008.5)

副总经理 杨永昌(1993.6—1998.5)

邱良辉(1996.2—2002.4)

曾建坤(2000.11—2001.10)

黄晓锋(2002.4—2008.5)

李宏岸(2006.6—2008.6)

总会计师 王中平(1992.8—2002.4)

纪检员 李宏岸(2002.4—2006.9)

陈孝和(2006.9—2008.7)

常德市经济建设投资集团有限公司(2008.6—)

董事长 刘凡荣(党委书记,2008.6—)

总经理 梁明华(2008.6—2014.7;其中,2008.6—2010.02 任党委委员;2010.3—2014.7 任党委副书记)

曾克非(党委委员,2014.7—)

副总经理 徐道国(党委委员、财务总监,2008.6—2014.1)

蒋向明(党委委员、财务总监,2014.1—)

李宏岸(党委委员,2008.6—2011.3)

陈孝和(纪委书记兼工会主席、党委委员,2008.7—2011.1)

朱立平(党委委员,2011.1—)

雷元才(党委委员,2011.1—)

纪委书记兼工会主席 段军(党委委员,2010.4—)

总经济师 朱立平(党委委员,2008.7—2011.1)

向臻玉(党委委员,2011.1—)

二、项目建设

城投集团责任区域为，东起芦山乡二广高速，西至皂果路，南起马家吉沅江大堤，北连太阳山，总面积40平方公里。在区域开发顺序上，按照“先地下，后地面，再地上”的推进原则，先行安排主干道路网建设，拉开片区框架，再安排环境治理项目，并快速跟进重点带动性项目建设，为片区成型做好准备。

责任区域内规划建设项目256个，总投资约464亿元，2014年，已完成投资163.7亿元。其中，在建项目84个，已竣工项目67个，启动前期工作的项目105个。

2008年，完成紫缘路桥项目桩基础工程。收回武陵监狱国有土地使用权，公交总站、德山公交场站进行土地平整。10月22日启动柳叶湖国际马拉松赛道项目。是年，完成投资1.4亿元。

2009年，开工建设柳溪路、洞庭大道东延段一期工程以及岩子堰、万寿等6个安置小区项目。紫缘桥、七里桥安置小区一期工程等续建项目、太阳山旅游基础设施部分工程及公交站场等续建项目均在2010年初竣工或部分竣工；太阳大道、万寿路、建设路东延、文化会展中心在2010年开工。这年共完成投资7.85亿元。

2010年，完成柳泉路工程、紫缘路桥工程太阳山片区项目、安置小区项目共33个，完成柳叶大道东段改扩建项目，建设常德剧院、文化会展中心、柳叶湖旅游接待中心。是年，共完成投资16.82亿元。

2011年，进行北部新城建设项目、穿紫河片区项目、太阳山旅游项目、马家吉河综合整治工程、柳溪路、沾天湖东岸栈桥等9个续建项目，建设常德湘雅医院、大剧院、会展中心。完成东湖巷、青阳阁、光荣路等6个棚改项目，岩子堰、万寿等7个安置小区，公交总站、鼎城公交站、皂果路公交站的建设工程。这年，共完成投资29.7亿元。

2012年，进行北部新城建设，完成东江片区项目、太阳山景区、民生项目建设。是年，共完成投资37.3亿元。

2013年，完成如下工程建设：13条道路、3座桥梁、武陵阁地下停车场、接待中心、湘雅医院项目、常德大剧院项目、戴家岗片区、湘西北旅游集散中心、环湖大道和路网建设、北部新城开发、柳叶湖环湖大道、沾天湖东岸栈桥、东常高速白鹤山入城口道路、白鹤路、紫缘路北延工程、东山路、松风路、东出城口洞庭大道东延线二期工程、37个安置小区、棚改房经泽景园、福园和湖畔、致华园（杨家巷棚改项目）一期工程。是年，共完成投资44.1亿元。

2014年，完成在建道路24条，建设管网18公里、桥梁8座、竣工道路27条（完工道路

98 公里),建成管网 25 公里、桥梁 5 座。柳叶湖片区、穿紫河片区和东江片区路网骨架已成型。是年,共完成投资 21.25 亿元。

三、融资

2008 年,经投集团制定“10 年投融资目标”,设置“还本付息风险可控体系”,有序开展融资工作,建立健康资金循环链和偿债基金体系。是年融资贷款 1.4 亿元。

2009 年,全年实现融资 40.63 亿元,其中融资贷款 32.85 亿元,BT 融资[①] 7.78 亿元,完成计划任务的 102%。

2010 年,实现融资 40.51 亿元,其中银行融资 28.16 亿元,BT 融资 12.35 亿元。

2011 年实现融资 44.04 亿元,其中直接融资 22. 04 亿元,BT 融资 22 亿元,占年度考核任务的 111%。

2012 年实现融资 70.87 亿元,实际到账资金 58 亿元,为年计划的 177.2%,同比增长 61.7%。获得银行授信 96 亿元。

2013 年实现融资 57.8 亿元,实际到账 55.35 亿元,占全年目标考核任务的 105.1%,累计融资 250 亿元(其中 BT 融资 42.58 亿元)。

2014 年全年完成融资 144.99 亿元,占全年任务的 181.23%.截至 2014 年底,经投集团累计融资 307.56 亿元,已还本付息 125.65 亿元(还本 78.7 亿元,付息 46.95 亿元)。其中,2014 年还本付息 53.5 亿元(还本 31.95 亿元,付息 21.55 亿元)。

2014 年,经投集团完成融资 144.99 亿元(其中三期企业债券 17 亿元),占全年任务的 181.23%,到账资金 113 亿元。

四、企业经营

医疗 2013 年,投资 18 亿元,建设常德湘雅医院。现已开工建设,完成了地下层建设,开始主体结构施工。2014 年,与常德市第二人民医院进行战略合作,帮助该医院改造提质,开工建设儿童住院楼和医技楼。

房地产 2014 年,经投集团在推进项目建设的同时,拓展房地产、建筑安装等自主经

① BT 是 Build(建设)和 Transfer(转让)两个英文单词的缩写,其含义是:政府通过合同约定,将拟建设的某个基础设施项目授予企业法人投资,在规定的时间内,由企业法人负责该项目的投融资和建设,建设期满,政府按照等价有偿的原则向企业法人协议收购的商业活动。

营业务。下属泰达置业、经泽公司两家房地产公司销售收入过亿元，累计签订棚户改造项目、安置房建设项目合同约 50 亿元。至年底，经投集团共自主摘牌土地 600 多亩。

服务业　公司旗下拥有酒店 6 家，其中注入资产为芷园宾馆、常德华天大酒店、常德国际大酒店、凯悦大酒店、金沙大酒店。2009 年，经投集团投资建设常德太阳山风景区。该景区占地 30 亩，开阔壮观的盘古广场和金顶太阳殿已经完工，广场中的"太阳神神像"被上海大世界吉尼斯总部授予"年代最久的楚人祭祀天然太阳神像"。2013 年，经投集团在北部新城投资建设的五星级锦江大酒店，该工程主体结构于 2014 年 7 月完工，同年 11 月开始内部装修。经投集团旗下的公交公司，为提升公交服务质量和运营效益，按照"一城一交"城区客运管理模式，2013 年初投入运营湖南首条快速公交系统；2013 年，经投集团投资开发竹木、花卉等专业商业市场，常德竹木批发市场已竣工投入使用。同年 4 月，位于柳叶湖白鹤山乡赵工桥村的常德花卉市场进入施工市图设计阶段。同时，船码头机埠、夏家垱泵站改造工程已竣工并交付使用，其中，船码头机埠成为全省成功应用先进水资源处理设计理念的示范工程、样板工程。穿紫河公司推进片区项目建设。穿紫河沿线柏子园、粟家垱、楠竹山、余家垱、杨武垱、尼姑桥泵站都已相继开工建设。2014 年，在桃花源景区投资建设改造桃花源大酒店，现已经进入施工设计阶段。有 1 座加油站开工建设。

五、企业管理

资源整合　2014 年底公司将原有的 15 家子公司进行资源整合与合并，按医疗、金融、旅游、房地产和现代服务业 5 大产业布局形成经营性企业 9 家，城建投资类企业 6 家；在 2015 年又对其中的 4 家公司进行进一步整合，主要负责人兼职，实行"两块牌子一套人马"式的管理模式，进一步精简优化结构，推行扁平化管理，减少管理层次。同时，加强二级法人与分管领导的责任，分管领导的考评及绩效奖励与分管企业的效益挂钩，在公司内部实行双向选择，双向选择包括部长、董事长选择和其他人员选择。部长、董事长的选择分为 2 个部分，分别为集团领导班子投票和所属部门（公司）全体职工投票，其中任一得票率低于 60%的，该部长、董事长不再担任任何职务，安排到员工岗位工作。经投票选择后继续留任的部长、董事长，对公司的其他人员（其他班子、骨干和员工）进行选择，未被选择的工作人员，由集团公司人力资源部提供岗位空缺信息，由本人自主联系工作岗位，找到合适岗位的，由接收单位开具同意接收函，人力资源部办理手续，1 月内未找到合适岗位的，按劳动合同法规定解除劳动合同，自主择业期间按新进员工试用期工资发放。

绩效考核　公司内部对下属各子公司实行 A、B 类的分类管理，年度利润在 1000 万元以上的经营类公司、投资完成在 5 亿元的城建类公司以及具备两项职能的公司投资额

2亿元以上且利润超过300万元的按A类公司管理,A类公司无论是平均公司总额、奖金系数、职数配备均高于其他公司;签订年度目标责任状,将任务分解到公司、各部门,严格落实年度目标责任制考核,根据年度考核情况,对工资奖金等福利实行浮动管理,实行特殊贡献奖制度,超额完成工作任务的利润进行分成奖励,投资与融资分别进行固定奖励,鼓励公司积极创新争取效益。集团主要负责监督考核,下属公司的人员选用、收入福利与其创造的效益挂钩。

第三节　湖南常德欣运集团股份有限公司

一、企业沿革及概况

1997年12月,经湖南省经贸委批准,原常德汽车运输总公司改制为湖南常德欣运集团股份有限公司,1998年7月28日工商登记成立,公司注册资本金4265万元。该公司为国有控股大型道路旅客运输骨干企业,具有国家道路旅客运输一级经营资质。经营范围:班车客运、包车客运、旅游客运,站场服务,销售汽车配件,场地、房屋出租,广告经营,汽车修理,货物联运、托运,提供仓储,成品油销售,驾驶员培训。通过发展壮大,至2015年底,总资产已达7.2648亿元。集团现管辖13个分公司,31个全资或控股子公司,内设12个内部机构。现有职工1159人,其中中级职称人员23人。现有营运车辆1204台,开行客运班线近395条,旅游运输牌25块,运输网络分布于全国24个省(市)122个县级以上城市。集团公司为湖南省湘运协会会员单位,拥有分布在常德及各县市的三级以上客运车站12个,日发班车次6578个,年发送旅客量1600多万人次。拥有10家一、二类汽车修理厂。通过产业转型拓展,旅游客运、公交客运、校车服务、驾驶员培训、油料销售、投资与资产管理服务、物流快运、广告经营、物业管理、地产开发、旅行社等业务得到迅速发展。公司从2006年起实施ISO9001质量管理体系和GB/T28001—2001职业健康安全管理体系,取得湖南省著名商标,被授予维护消费者合法权益先进单位。

领导人员名录

湖南常德汽车运输总公司(1993.1—1998.7)

总　经　理　刘绪堂(1990.8—1993.10)

陈　欣(1993.10—1998.7)

党 委 书 记　刘绪堂(1993.10—1995.1)

陈　欣(1995.4—1998.7)

副 总 经 理　江正泉(1990.8—1998.7)

孔令全(1990.8—1998.7)

顾成华(1993.1—1996.8)

杜惠斌(1992.12—1997.9)

侯建林(1995.1—1998.7)

马承仕(1996.2—1998.7)

纪 委 书 记　王运顺(1986.1—1998.7)

工 会 主 席　刘世元(1986.1—1998.6)

总 会 计 师　石菊初(1993.11—1995.12)

顾　　问　刘标香(1993.11—1996.3)

刘阁辉(1993.11—1996.12)

调 研 员　丁继年(1985.1—1995.12)

朱日顺(1988.2—1996.5)

总经理助理　侯建林(1993.11—1995.10)

皮爱华(1996.11—1997.12)

湖南常德欣运集团股份有限公司(1998.7—2014.12)

1.1998.7—2004.12

董事长、总经理　陈　欣(党委书记,1998.10—2004.8)

党委副书记　江正泉(纪委书记,1998.7—2009.6)

副 总 经 理　侯建林(1995.10—2003.12)

马承仕(1998.9—2004.6)

皮爱华(1998.9—2015.6)

李明辉(1998.9—2006.4)

工 会 主 席　谷正雄(1998.9—2009.1)

顾　　问　王运顺(1998.9—1998.12)

孔令全(1998.9—2001.9)

刘世元(1998.9—2002.4)

2.2004.12—2005.10

党 委 书 记　罗忠义(临时,2004.12—2005.10)

党委副书记　陈明哲(临时,2004.12—2006.12)

党委副书记　江正泉(纪委书记,1998.7—2009.6)
副总经理　皮爱华(1998.9—2015.6)
总经理助理　陈　晖(2005.11—2011.8)
杜惠斌(2005.11—2011.8)

3.2005.10—2006.12

董事长　罗忠义(党委书记,2005.10—2006.12)
总经理　陈明哲(党委副书记,2006.12—2010.2)
党委副书记　江正泉(纪委书记,1998.7—2009.6)
副总经理　皮爱华(1998.9—2015.6)
李明辉(1998.9—2006.4)
工会主席　谷正雄(1998.9—2009.1)
总经理助理　陈　晖(2005.11—2011.8)
杜惠斌(2005.11—2011.8)

4.2006.12—2009.2

董事长　胡颖锋(党委书记,2006.12—2010.4)
总经理　陈明哲(党委副书记,2006.12—2010.2)
党委副书记　江正泉(纪委书记 ,1998.7—2009.6)
副总经理　皮爱华(1998.9—2015.6)
党委副书记　皮爱华 (2008.12—2015.6)
工会主席　谷正雄(1998.9—2009.1)
纪委书记　张承军(2008.11—)
总经理助理　陈　晖(2005.11—2011.8)
杜惠斌(2005.11—2011.8)

5.2009.2—2014.5

董事长　陈明哲(党委书记,2010.3—2014.5)
总经理　陈明哲(2006.12—2011.1)
李智勇(党委副书记,2011.1—)
副总经理　皮爱华(常务;党委副书记,2008.12 —2015.6)
谷正雄(2009.2—2015.10)
陈　晖(2011.8—)
杜惠斌(2011.8—)
纪委书记　张承军(2008.11—)

工 会 主 席　王　辉(2009.2—)
总经理助理　陈　晖(2005.11—2011.8)
杜惠斌(2005.11—2011.8)
李　军(2011.8—)

6.2014.6—

董　事　长　鄢炳成(党委书记,2014.6—)
总　经　理　李智勇(党委副书记,2011.1—)
副 总 经 理　皮爱华(常务;党委副书记 2008.12—2015.6)
陈　晖(党委副书记,2014.10—)
谷正雄(2009.2—2015.12)
杜惠斌(2011.8—)
赵爱国(2015.7—)
汪雪娟(2015.7—)
纪 委 书 记　张承军(2008.11—)
工 会 主 席　王　辉(2009.2—)
总经理助理　李　军(2011.8—)

二、企业经营管理

1993 年,公司推行企业内部经营机制转换,实行全员风险抵押,对公司部分下属二级单位试行租赁经营模式。对客运车辆逐步实行单车风险抵押承包和货车租赁承包的经营管理机制。

1997 年开始筹备按照现代企业管理制度对公司进行改制,筹备组建股份有限公司。1998 年成立股份公司后,按照股份有限公司运作。1998 年在常德地区范围内市区至各县市、漆河开通“欣运快巴”直达运输,实行“公车公营”。

从 2004 年起,公司全面实行“目标管理、指标考核、工效挂钩、超奖欠罚”的经营目标管理机制,司属各单位管理人员的绩效工资与企业收入、上交款、成本、利润、安全、质量、稳定指标及本人岗位职责履行等情况挂钩,按照《经营目标管理总则及考核办法》,每月集团公司对部室人员、二级单位班子成员和财务科长的工作进行考核,二级单位对本单位员工实施考核,对没有完成目标任务、安全和维稳工作不达标、违规违纪等现象进行处罚,对超额完成目标任务的予以奖励,通过层层考核,不断规范公司内部管理,使公司逐步走上健康发展的道路。

2007年起对客运车辆实行公车承包和公车公营的公司化经营模式。同时,积极培育企业竞争力,拓展发展空间,实行产业调整转型,发展旅游运输、公交运输、校车服务、汽车贸易、油料销售、物流快运、广告经营、投资及资产管理等,截至2015年,共发展旅游车辆21台、公交车辆65台,国标校车72台,年油料销售突破12664吨,广告收入达62.3万元,成立欣运投资公司,使公司发展一年一个台阶,企业收入和经济效益年年攀升,固定资产大幅度增长,招揽收入从2004年的15200万元增加到2015年的35561万元,增长了20361万元,增长了134%,企业收入从2004年的10627万元增加到2015年的12859万元,增长了2232万元,增长了21%。

三、企业改制

1998年7月28日,由常德汽车运输总公司改制成立湖南常德欣运集团股份有限公司,总股本4265万元,常德市交通局持2115万股,常德汽车运输总公司工会持1800万股,常德市公共交通总公司持200万股,常德市德山林场持100万股,常德市经纬实业有限公司持50万股。

2003年5月22日常德市国有企业产权制度改革领导小组办公室同意常德欣运集团股份有限公司实施“两个置换”(职工国有身份置换、企业国有资产置换),并派出“两个置换”工作组进驻公司,当年10月实行国有资产置换,由原企业法人代表陈欣通过资产拍卖方式买受。在产权置换进行的同时,职工身份置换工作也在逐步推进。

2004年8月6日,陈欣被调查,市委、市政府组成106人的工作队进驻集团公司,并在各县市分子公司派驻工作组长,开展全面工作,推进企业改制。2005年常德市中级人民法院以(2004)常民一初字第7号、湖南省高级人民法院以(2005)湘高法民终字第39号民事判决公司整体资产拍卖无效。2005年12月15日,常德市国资委同意公司恢复原有股本结构,公司恢复为国有控股的股份有限公司。2006年12月底,市委、市政府搭建欣运集团新的领导班子,驻欣运集团工作队全部撤离公司。

四、安全生产管理

1994年7月,总公司制定《行车安全管理办法》;1995年5月,制定《企业内部准驾证有关规定》;1996年1月,制定《安全生产综合管理办法》;2000年10月,制定《机务管理办法》;2010年1月,出台《GPS监控系统管理制度》,组建集团公司和分子公司两级GPS和3G频率监控平台,对营运车辆实行实时动态监控。

2011 年 7 月，推行营运车辆凌晨 2 时至 5 时停车休息制度。各分子公司、车队根据交通运输部《交通运输企业安全生产标准化考评管理办法》进行安全标准化达标考评，全部取得交通运输企业安全生产标准化考评机构认定的三级资质。

2012 年 9 月，下发《加强安全管理、严管严处企业内违法违规行为的规定》。2013 年开始，各车站按照文件要求推进安全达标工作，桃源黄花井汽车站、常南汽车总站、南坪客运总站、安乡子龙车站相继安全生产标准化达标验收合格。2014 年 8 月，为了遏制营运车辆超速、超员、疲劳驾驶、凌晨 2—5 点未停车休息等违法违规行为，制定《安全管理补充规定》，每 10 天对全司违法情况进行通报，对连续两次排名第一的分公司、车队安全第一责任人进行约谈，对相关责任人进行处理；同时加强对驾驶员培训再教育工作。

2014 年共计培训新进、违法驾驶员 737 人。每年年初制定下发《年度安全机务工作要点暨目标管理考核办法》等相关安全管理制度，及时传达到集司各分(子)公司进行宣传、教育、落实、执行，使各项安全管理工作有章可循、有规必行，安全管理工作正趋于制度化、规范化、常态化。每年春运向基层派驻春运督导组，严格督导检查，严格实行安全事故责任追究，严格处罚安全违法行为，强化对驾驶人的安全教育培训，建立应急救援和演练联动机制。严格执行客运站安全管理制度，严格落实车辆安检合格发班制度。

1997 年 4 月 9 日总公司党委举办党总支、支部书记学习班

2015 年，集团公司下发《加强老旧车辆安全管理工作的通知》，对运营 8 年以上车辆进行一次安全隐患彻底的大排查。6 月，出台《营运车辆报废管理办法》，加强公司营运车辆报废管理，维护营运车辆所有人、承包经营人和旅客的合法权益。根据全国范围开展的“安全带——生命带”专项活动，出台《安装和佩戴“安全带”工作的管理办法》。10 月，落实“一岗双责”制，推行《安全岗位风险绩效考评办法》。出台《2015 年 GPS 监控管理办法》，进一步规范了道路运输 GPS 监控管理系统的使用和管理。同时，下发《欣运安全快报》38 期，对安全隐患排查情况、GPS 监控车辆违法、3G 视频违法、行车责任事故、安全基础工作等情况进行通报，起到了很好的安全宣传警示教育作用，违法违规行车行为大幅度降低，安全形势平稳有序。根据集团公司年度安全规划，积极开展驾驶人安全宣传教育培训，2015 年共举办驾驶人安全培训学习班 23 期，培训驾驶人 1266 人次。建立健全了应急救援制

度和事故预案演练制度，按安全生产标准化的要求配备了应急救援人员和设施设备。严格执行客运站各项安全管理制度，落实车辆安全检查，确保了安全生产，杜绝了重特大安全生产事故发生，各项安全指标远低于预控范围，且呈现逐年下降的趋势。

五、企业党建与文化建设

1997 年 4 月 9 日至 11 日，总公司党委举办“迎香港回归祖国、创企业美好明天”党总支、支部书记学习班。

同年 4 月 30 日，总公司团委举行了庆“五四”“爱岗敬业”演讲赛。来自各县市公司、直属单位的十七位参赛选手参加了演讲赛。

1997 年 4 月 30 日总公司团委举行庆“五四”“爱岗敬业”演讲赛

1999 年 9 月 28 日上午，欣运集团庆祝中华人民共和国成立 50 周年文艺会演在星宇大酒店舞厅隆重举行。

2005 年 3 月，集团公司开展以“为基层服务、为员工服务、为业主服务、为旅客服务”为主要内容的“四个服务”教育活动。

2008 年 10 月 6 日至 7 日，集团公司在常德汽车总站隆重举办法律知识抢答赛。

2009 年 6 月 5 日 ，集团公司工会联手中国平安保险常德支公司在太阳山森林公园举行 “平安杯”员工登山竞赛活动。

2011 年 6 月 28 日下午，集团公司庆祝建党 90 周年七一表彰大会暨红歌比赛在常德芙蓉大酒店桃花源剧场隆重举行。10 月 26 日上午，集团公司领导班子和中层主要骨干共 90 人到武陵监狱警示教育基地，接受警示教育。观看戒备森严的监区服刑人员的生产车间、宿舍、食堂、学习和活动等场所。随后召开现场警示教育大会。武陵监狱纪委余书记介绍监狱建设和管理服刑人员教育改造等基本情况。

2012 年 1 月 11 日下午，由市国资委主办、欣运集团承办的国资系统“和谐国资 2012 年新春团拜会”在湖南文理学院音乐厅隆重举行。

2013 年 5 月 10 日上午，集团公司成功举办了“企业在我心中”为主题的演讲比赛。

六、重大建设及投资事项

站场建设　1993—2015 年，幸运集团新建、改扩建、置换及合股经营汽车客运站场 17 个，累计投资约 34320 万元，总建筑面积 94865.4 平方米，停车场硬化 206600 平方米，总用地面积 659.1 亩（其中净增加土地 497.1 亩，参股土地 91 亩）。

商业设施及第三产业　1993—2015 年，幸运集团新建各类商业门面、酒店、市场、车辆保修设施 12 项，累计投入资金约 2980 万元，总建筑面积 28716 平方米。

住宅及集资建房　1993—2015 年，幸运集团累计投入资金约 300 万元。修建职工住宅 9960 平方米（后参与房改）；同时为改善职工住房条件，采用集资建房方式，共修建集资房 509 套，其资金为职工集资解决。

基础设施维修　自 1993—2015 年，先后投入资金约 1100 余万元，对全司所辖各县级以上车站各类生产服务实施进行全方位的大修和维修。

1993—2015 年，欣运集团新建、改扩建汽车站场、商业门面、酒店、住宅 133541.4 平方米，硬化停车坪 206600 平方米，牵头建设集资住宅 509 套，净增土地 497.1 亩，置换土地 46 亩，合股增加土地 91 亩，累计投资 38600 万元。

欣运集团 1993—2015 年基本建设情况一览表

表 7-3-1

序号	站场建设	建设规模（平方米）	用地规模（亩）	停车规模（平方米）	总投资（万元）	竣工年份	备注
1	津市汽车站	3500	26	6000	400	1993	已置换，原址建设
2	澧县汽车站	3700	46	8000	450	1995	原址建设
3	鑫龙短途停车场	—	—	6000	110	1995	原址建设，后改驾校
4	桃源汽车北站	1100	14.5	8000	600	1999	已转为桃源驾校
5	石门汽车东站	530	45	10000	600	1999—2003	已置换
6	常德南坪客运总站	7987	50	23000	3000	2001	含短途停车坪
7	桃源黄花井汽车站	4938	61	22000	1800	2005	合股经营
8	津市桥头车站	3100	30	8000	1100	2005	合股经营
9	汉寿汽车总站	6100	54.5	15000	1950	2006	—

续表 7-3-1

序号	站场建设	建设规模（平方米）	用地规模（亩）	停车规模（平方米）	总投资（万元）	竣工年份	备注
10	常南客运站收购改造	9581	37	13000	4000	2007	—
11	保和堤车站	530	15	7000	750	2008	收购配套改造
12	安乡黄山头车站	100	13.5	3000	150	2009	置换配套
13	澧县甘溪汽车站	2560	13	5000	1300	2010—2011	—
14	南坪短途客运站	830	—	—	510	2010	搬迁改造
15	临澧安福车站收购改造	11000	50	22000	4000	2008—2011	—
16	安乡子龙汽车站	7200	75	15000	4000	2008—2011	—
17	石门永固汽车站	11000	58	25000	7000	2012—2014	—
18	河伏驾校	1300	112.35	—	—	2015—2016	租地
19	常北临时站	1500	25.8	10600	—	2015—2016	租地、已投产
20	澧县汽车站	18309.4	116.6	30000	16422.92	2015—2018	已征地，设计等
小计		94865.4	843.25	236600	48142.92	—	其中净增地380.5亩

欣运集团 1993—2015 年重大项目投资情况一览表

表 7-3-2　　单位：万元

项目名称	投资额	注册资本
星宇大酒店	—	500
南坪客运站	—	5000
投资参股湘高速	—	450
黄花井汽车站	—	1902.4
合资津市客运站	—	571.2
收购兴达客运公司	454.5	—
汉寿汽车总站	—	1202.5541
建立桃源欣运驾校	—	10
常南汽车总站	—	4184.4803

续表 7-3-2

项目名称	投资额	注册资本
澧县通达客运公司	110.1031(购置费)	50
建设津市保河堤汽车站	877.98	—
澧县甘溪汽车站	1147.91	—
宜城公交	—	48
收购临澧安福汽车站	4458.808	—
南坪总站短途汽车站	573.5929	—
收购临澧广天公交公司	205	—
收购临澧平安客运公司	68.6409	—
撬装式加油站	158	—
安乡子龙汽车站	4581.6853	—
石门永固汽车站	3437.1716	—
成立汉寿公交公司	—	50
收购美景客运有限公司	1581.5	223.25
成立旅游运输公司	—	100
成立津市校车公司	—	20
成立澧县校车公司	—	20
成立桃源校车公司	—	20
成立欣运投资公司	—	5000
成立石门实业开发公司	—	100
成立欣盛汽车维修公司	—	200
成立指南针网络约租公司	350	—
成立欣运广告公司	—	50
成立欣运物流公司	—	2000
成立国际旅行社	—	50
成立常德市欣运汽车租赁公司	—	300
成立津市市欣运汽车租赁公司	—	100

欣运集团 1993—2015 年主要经营指标

表 7-3-3　　　　单位:万元

年份	营业收入			利润总额	净利润	上交税金
	其中	主营业务收入	其他业务收入			
1993	4324.10	4063.19	260.90	-680.43	-680.43	253.52
1994	4762.18	4501.27	260.90	7.86	7.86	242.35
1995	5522.37	5237.03	285.34	26.25	26.25	194.96
1996	6198.74	5753.81	444.93	37.28	16.32	223.03
1997	6876.08	4824.71	2051.37	46.87	31.40	365.90
1998	6017.12	4824.58	1,192.53	275.94	184.88	189.77
1999	10002.92	9779.75	223.17	281.27	169.20	246.00
2000	7291.37	6999.06	292.31	287.11	192.36	306.01
2001	6742.88	6447.23	295.64	146.35	98.06	297.02
2002	8817.51	8523.69	293.83	84.79	5680.65	345.82
2003	0.00	0.00	0.00	0.00	0.00	0.00
2004	0.00	9890.48	0.00	-271.93	-271.93	324.07
2005	11694.86	10828.35	866.51	76.09	76.09	319.55
2006	15586.58	14763.57	823.01	147.40	147.40	702.24
2007	17819.48	16784.11	1035.37	1149.01	790.02	692.63
2008	19759.55	18414.93	1344.61	975.66	723.73	2144.40
2009	21787.06	19933.26	1853.80	979.06	726.56	1222.58
2010	29644.56	27750.52	1894.04	233.27	135.11	3821.13
2011	29640.50	27914.54	1725.96	261.66	172.78	1507.92
2012	30862.38	29017.79	1844.59	201.92	108.86	1575.16
2013	33332.40	31437.09	1895.31	200.97	85.99	1914.24
2014	34113.08	32164.45	1745.74	286.66	201.58	1531.12
2015	36019.43	32643.30	1870.90	369.55	194.49	1626.36

第四节　常德市现代农业投资开发有限责任公司

一、企业概况

常德市人民政府办公室发出《关于印发〈常德市现代农业投资开发有限责任公司组建方案〉的通知》(常政办函〔2013〕82号),2014年1月13日,成立常德市现代农业投资开发有限责任公司(简称农投公司)。该公司属全资国有企业,注册资本5亿元,中Ⅰ型,直属市政府,归口市国资委管理。公司位于常德市武陵区三岔路办事处长庚路社区洞庭大道3738号(五强溪水电厂生产调度大楼8楼)。公司暂设综合部、财务部、工程部、投资和风控部4个职能部门。截至2015年,公司拥有6家子公司:常德市燧人基业典当有限公司、常德市卓然基业建设项目管理有限公司、常德市东山秀峰文化发展有限责任公司、常德市圣禹基业融资性担保有限公司、湖南武陵秀峰茶业有限公司、常德中科现代农业投资管理中心(有限合伙)。公司现有员工56人,其中具有硕士学位4人,高级职称2人,全国注册师3人。

领导人员名录

董事长、党总支书记	汪国平(2014.1—)
总经理、党总支副书记	周　枭(2014.6—)
财务总监	杨云刚(2014.1—)
副总经理	陈　凡(2014.1—)
	李崇顺(2014.1—2015.7)
监事会主席、纪检员	潘　洁(2014.4—)
工会主席	潘　洁(2014.4—2015.3)
	谭春波(2014.1—)

二、企业经营

2014年2月12日,农投公司启动"常德生物谷现代农业科技产业园"规划招标。4月8日开标。之后,先后召开5次方案评审会。9月25日,市规划局组织专家评审会对该规划进行评审。10月9日该规划通过市规委会审批。12月23日,市政府下发《常德市人民政府关于〈常德市现代农业科技产业园控制性详细规划〉的批复》(常政函〔2014〕219号)。

6月26日,公司与中融华资投资基金管理(北京)有限公司签署战略合作协议,共同搭建常德现代农投平台。

9月22日,在农投公司会议室,副市长朱晓平主持召开常德国家农业科技园区规划专家论证会。省科技厅处长刘琦、省农业厅处长李建国、省农科院副巡视员蔡立湘,市政府副秘书长郑志鹏、市委农村部工会主席伍先开、市科技局局长赵星等参加会议。会议邀请中国农业大学、中国农科院、湖南省科技厅、农业厅、省农科院、湖南文理学院和常德市农科所7位评审专家对《常德国家农业科技园区规划》进行论证。专家一致认为常德国家农业园区具有良好的基础,区域代表性强,园区建设方案的功能区设计合理,建设内容和预期目标可行,具备了建设国家农业科技园区的条件,建议修改完善后尽快申报。

9月26日,农投公司举行公司挂牌仪式。

9月29日,第一家子公司,常德市燧人基业典当有限公司注册成立。周枭任公司董事长;注册资本金5000万元;办公场所为常德市武陵区皂果路899号天济公馆一楼;经营范围为动产质押典当业务、财产权利质押典当业务、房地产抵押典当业务、限额内绝当物品的变卖、鉴定评估及咨询服务以及商务部依法批准的其他典当业务。

10月21日,第二家子公司常德市卓然基业建设项目管理有限公司注册成立。陈凡任公司董事长;注册资本金1.2亿元;公司地址为常德市武陵区洞庭大道3738号五强溪水电厂生产调度大楼8楼;经营范围为建设项目管理服务、房屋建筑、公路工程建筑、市政道路工程建筑、桥梁工程建筑、水利工程建筑、房地产开发、土地综合开发、经营与整理、物业管理、建筑材料销售。

11月12日,以常德市现代农业投资开发有限责任公司(法定代表人汪国平)为主发起人,与其他五名自然人严达、雷芳义、彭长秀、张维新、张维民一致同意出资设立常德市圣禹基业融资性担保有限公司。

12月11日,第三家子公司常德市东山秀峰文化发展有限责任公司注册成立。汪国平法人代表,兼任公司董事长;注册资本金5000万元;办公地址在常德市武陵区洞庭大道3738号五强溪水电厂生产调度大楼8楼;经营范围为文化产业投资、开发及经营;文化活动组织、策划、管理;文化产品、珠宝玉石、工艺美术品的销售;花卉、蔬菜、水果、茶叶、中药材种植、销售;文化旅游度假区建设、文化旅游项目建设投资;酒店建设投资及管理;景区开发与资产管理、景区内旅游客运专线投资和管理。

12月24日,湖南新界农业高科技有限公司发起人签约仪式在农投公司会议室举行。夏新界博士、西湖管委会主任余俞、西湖管委会工会主席熊勇忠、丰润公司董事长黄志伟以及农投公司领导班子成员、中层干部等参加此次签约仪式。

12 月 31 日，副市长朱晓平带队，在长沙参加第六批国家农业科技园区视频答辩会。会上，副市长朱晓平向科技部领导和专家汇报常德国家农业科技园区创建情况。

2015 年 2 月 16 日，经国家科技部等权威机构的考察研究认定，根据《关于第六批国家农业科技园区建设的通知》（国科办农〔2015〕9 号）文，常德农业科技园被正式评为第六批国家农业科技园之一。

4 月 14 日，常德市东山秀峰公司与瑞士格尼斯公司就合作开发东山峰旅游项目进行签约仪式。主要着眼于引入瑞士旅游目的地管理以及瑞士小镇的概念，富有瑞士风格的四季活动；合作投资实施项目；宣传、推广东山峰旅游资源以及委项目寻找引荐投资者或者运营商。该仪式在农投公司 8 楼会议室举行，出席该仪式的有格尼斯首席执行官马瑞（Marco Rhyner）、石门县副县长车立平、东山峰管理区书记龚云林、石门县旅游投资公司郑桂珍、常德农投公司全体班子成员及中层骨干。

5 月 6 日，农投公司启动国家农业科技园区项目施工。现代农业科技产业园位于常德市西城新区，西起渐河，东至丹溪路，北起柳叶大道，南抵洞庭大道，总用地面积约 200 公顷（3000 亩），建设总投资约为 25 亿元。园区主要建设分三部分：科研孵化中心与科研基地，面积约为 1045.7 亩；现代农业博览区，面积约为 714.6 亩；市政配套项目，面积约为 1074.5 亩。截至 2015 年底，滨湖路西延工程路基已全部完成，桥梁桩基础已全部完成，承台、立柱已完成 80%。

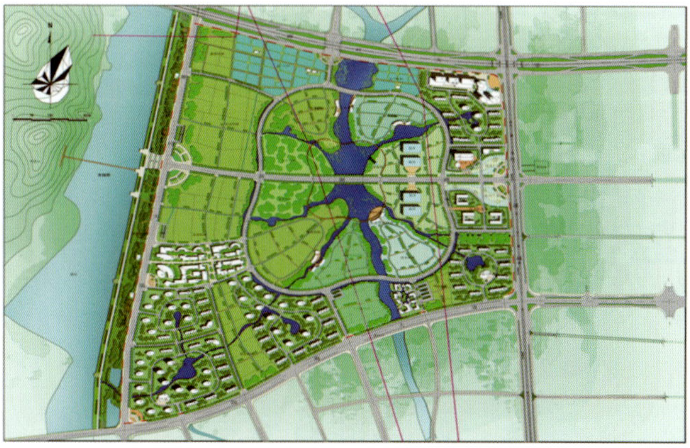

常德市现代农业科技产业园样图

5 月 29 日，市金融办通过关于常德市圣禹基业融资性担保有限公司（筹）筹建申请的初审意见。

7 月 9 日，农投公司管理层代表与中科招商高层代表在北京中科招商总部签署合作协议，双方拟在常德市共同发起设立成立农业产业基金（有限合伙）。基金首期募集 2 亿元，由双方共同联合运营管理基金。基金的设立将推动环洞庭湖生态农业建设，引导社会资本积极参与农业产业投资，为常德地区涉农企业发展，增强区域经济活力等方面发挥积极作用。

7 月 15 日，省金融办通过关于常德市圣禹基业融资性担保有限公司筹建资料的审查意见。

8 月 3 日,农投公司投资的“中鑫富盈盛世新三板Ⅰ号”基金完成对天星资本的定增出资,公司投资额为 3000 万元,其中夹层级 2000 万元,优先级 1000 万元。天星资本是一家创业投资公司,新三板投资领域领军机构,该公司已经通过证监会审核(股票代码 835095),正在等待正式挂牌上市。

9 月 7 日,第四家子公司常德市圣禹基业融资性担保有限公司注册成立。法人代表为杨云刚;注册资本金 10000 万元;公司地址在常德市武陵区洞庭大道 3738 号五强溪水电厂生产调度大楼 8 楼;经营范围为在常德市范围内办理贷款担保、票据承兑担保、贸易融资担保、项目融资担保、信用证担保、经监管部门批准的其他融资性担保业务;诉讼保全担保、投标担保、预付款担保、工程履约担保、尾付款如约偿付担保等履约担保业务,与担保业务有关的融资咨询、财务顾问等中介服务,以自有资金进行投资。

10 月 10 日,常德市圣禹基业融资性担保有限公司举行揭牌开业仪式。

2015 年 10 月 10 日常德圣禹公司揭牌开业

10 月 23 日,农业科研大楼设计方案,经常德市人民政府第 34 次常务会通过。

12 月 2 日,成立湖南武陵秀峰茶业有限公司,该公司为混合所有制有限责任公司,注册资本金 3000 万元,由农投公司发起并占股 49%,与市供销集团公司、桃源百尼茶庵茶业、石门壶瓶山茶业以及市成邦房产联合组建。

12 月 16—18 日,市政府组织农投公司主要领导,就引入北大未名集团来常合作事宜,对未名集团总部和巢湖基地进行考察,并完成了考察报告。

12 月 23 日,专项建设基金 7000 万元向国家发改委申报成功。

2015 年 12 月 30 日常德中科现代农业投资管理中心第一次合伙人大会

12 月 30 日,由深圳市前海中科招商创业投资管理有限公司、常德农投、常德交投、常德桃花源文化、常德圣禹、姚颖共同合伙成立的常德中科现代农业投资管理中心(有限合伙),第一次合伙人会议在农投公司 8 楼会议室以现场会议的形式召开。本基金主要对洞庭湖生态经济区及长江经济带战略新兴产业进行战略投资，以获取资本增值收益。

12 月 30 日，常德市圣禹基业融资性担保有限公司与中国建设银行股份有限公司常德分行授信签约仪式在农投公司 8 楼会议室举行，预示圣禹基业担保业务正式展开。

三、企业管理

2014 年 6 月 30 日，经领导班子、中层骨干研究通过了公司议事制度，该制度内容包括公司章程、董事会议事规则、监事会议事规则、重大事项议事规则、党组会议事规则、董事长办公会议制度、工作调度会会议制度共七章。

7 月 7 日，农投公司研究、制定、公布《人事管理制度》。该制度包括月度工作评价制度、年度岗位责任制度考核办法和人力资源管理制度，对公司员工的聘用、试用、考核、奖惩、福利等做出规定。

7 月 14 日，农投公司研究、制定、公布《投资管理制度》。该制度包括投资管理制度和经济合同管理暂行办法，对投资决策、流程、风险防控、合同签订及变更进行详细的规定。

8 月 13 日，常德市燧人基业典当有限公司全体员工参与由省典当协会组织的职业资格培训与考试，全部获得典当执业资质。

11 月 17 日，成立第一届投资决策委员会。组成人员为：汪国平（董事长）、周枭（总经理）、杨云刚（财务总监）、陈凡（副总经理）、潘洁（监事会主席）、李崇顺（副总经理）、杜少波（财务部部长）、黄磊石（法律顾问）。

2015 年 1 月 20 日，根据实际情况，农投公司新增《物资采购管理制度》该制度规定公司物资采购申报、审批、询价、采购、验收的流程，明确要求询价和验收必须由综合部和财务部共同完成。

8 月 3 日，召开公司股东大会，审议通过由原董事会成员：汪国平、伍中福、岳克己、肖全龙、黄志伟、陈凡，现变更为：汪国平、周枭、肖全龙、黄志伟、陈凡；原监事会成员：鄢辉霞、唐曾晶、王维国、陶佟、蒯大鹏、韩昌利，现变更为：潘洁、谭春波、蒯大鹏。

四、企业文化

2014 年 1 月 13 日，农投公司聘请广告公司设计农投公司标识。经过反复征求意见、数次集体讨论，最终确定以象征农业的绿色为底色,将“常德农投”的拼音首写字母“C.D.N.T”变形融合的标志。标识确定后,公司印制带有LOGO的资料夹、信笺、笔记本、茶杯等。

3月12日,市委第三十一督导组在农投公司8楼会议室召开“学习党的群众路线教育实践活动动员会”,会上公司党总支书记汪国平作动员报告,市委第三十一督导组组长陈义佳作重要指示。会议明确要以“照镜子、正衣冠、洗洗澡、治治病”为总要求,集中解决农投公司存在的“四风”问题,实现自我净化、自我完善、自我革新、自我提高。此次会议的召开标志着农投公司第二批党的群众路线教育实践活动正式启动。

5月22日,公司召开全体党员、干部会议,参会13人,由党总支书记汪国平主讲《党的历史》《现代国内外经济发展形势》专题,对党的光辉历程进行一个简要回顾,以及分析现阶段国内外经济发展对农业产业发展的影响。

7月15日,公司组织党员干部、入党积极分子等13人参观老革命家林伯渠故居,瞻仰先贤风采,缅怀先辈功绩。

2015年4月24日,公司组织全体员工集中进行党风廉政学习。会上,公司监事会主席、纪检员潘洁传达4月21日“全市落实党风廉政主体责任和监督责任工作”会议的精神;公司全体员工观看警示教育片《高速路上的腐败陷阱》和《以案说纪》。董事长汪国平强调党风廉政建设工作的主体责任和监督责任,并表态,在党风廉政方面请大家监督。

6月19日,党总支书记汪国平在公司8楼会议室为全体党员领导干部上《大力践行“三严三实”,真抓实干谋事创业》党课,对公司党员领导干部存在的问题进行深入剖析,并就公司开展“三严三实”专题教育的有关安排和要求作出部署。

7月1日,为庆祝建党94周年,公司在华天4楼会议室举行先进党员及党务工作者表彰大会暨演讲比赛。

2015年7月1日,农投公司举行表彰大会暨演讲比赛活动

第五节 常德市现代工业发展投资有限公司

一、企业沿革及概况

1996年7月，根据常德市人民政府《关于同意成立常德市经济技术投资有限公司的批复》(常政函〔1996〕18号)文件，成立常德市经济技术投资有限公司(简称“经技投公司”)。该公司注册资本1000万元；编制16人；内设投资部、担保部、风险管理部、财务部、综合部5个机构；下辖1个子公司，即常德科仪医疗器械有限公司。经技投公司属国有中Ⅱ型独资企业，隶属市经信委管理。1996年7月，由丁铁根担任董事长、总经理；1999年1月，由吕付勇担任董事长、党支部书记、总经理；2010年10月，吕付勇退休，胡育禾接任董事长、总经理，赵克恩担任党总支书记。2014年6月，经技投公司与中达公司整合。

经技投公司与常德市善德小额贷款担保公司、中科芙蓉创业投资公司按照三块牌子一套班子的机制运行。

2007年3月，市政府国有资产监督管理委员会(以下简称“市国资委”)批准成立常德市中达国有资产经营管理有限公司(简称“中达公司”)。该公司注册资本60万元；内设综合办公室、财务部、资产管理部3个机构。中达公司属国有独资企业，隶属市国资委管理。中达公司成立之初的主要业务是从事市政府和市国资委授权的国有资产经营管理，对授权经营的有形和无形国有资产实施出租、出售、产权转让、项目开发等。2009年3月，根据第1次章程修正案，中达公司经营范围由原来的“从事市政府和市国资委授权的国有资产经营管理，对授权经营的有形和无形国有资产实施出租、出售、产权转让、项目开发等”修正为“从事市国资委授权的国有资产经营管理，对授权经营的国有资产代理、出租、出售、产权转让、项目开发、白酒类经销。”公司注册资本从60万元变更为850万元。2010年6月，根据第2次章程修正案，中达公司经营范围由“从事市国资委授权的国有资产经营管理，对授权经营的国有资产代理、出租、出售、产权转让、项目开发、白酒类经销(以工商部门核定为准)”修正为“从事市政府和市国资委授权的国有资产经营管理，对授权经营的有形和无形国有资产实施出租、出售、产权转让、项目开发，原装酒类经销(以工商部门核定为准)，投资与资产管理。”2012年2月，根据第3次章程修正案，中达公司注册资本从850万元变更为3500万元。2013年6月，根据第4次章程修正案，中达公司经营范围由“从事常德市国资委授权的国有资产经营管理，对授权经营的国有资产代理出租、出售、产权转让、项目开发,原装酒类经销(以工商部门核定为准),投资与管理”修正为“从事常德市国资委授权的国有资产经营管理,对授权经营的国有资产代理出租、出售、产权转让、项目开发,投资与资产管理,广告制作、代理、发布。”

2014年6月,市政府根据中共常德市委常委会议(2014年第7号)精神,整合常德市经济技术投资有限公司和常德市中达国有资产经营管理有限公司,成立常德市现代工业发展投资有限公司(简称“市工业投公司”)。市工业投资公司注册资本1亿元;人员编制41名;内设办公室、财务融资部、投资项目部、风险管理部等4个内部机构;下辖公司及控股参股公司主要有:常德市善德融资担保有限公司、常德市西洞庭鑫达小额贷款股份有限公司、常德中科芙蓉创业投资有限责任公司、常德市中达国有资产经营管理有限公司、常德鸿运港务有限公司、常德顺达汽车租赁有限公司、常德市国兴出租汽车有限公司、常德市科仪医疗器械有限公司等。市工业投公司性质属国有中Ⅰ型独资企业。市工业投公司设董事长1名,总经理1名,副总经理3名,监事会主席1名。

领导人员名录

董事长、党委书记 陈明哲(2014.6—)
总经理、党委副书记 莫众茗(2014.6—)
副总经理 赵克恩(2014.6—)
副总经理 黄　军(2014.6—)
副总经理、工会主席 熊亚士(2014.6—)
纪委书记、监事会主席 王　霞(2014.6—)

二、企业经营

投资　市经技投公司原属国有中Ⅱ型独资企业,从1996年就致力于向本土企业提供小额度、临时性、周转性流动资金借款。1998年,常德遭遇特大洪水袭击,企业受灾,外放资金回收难。同年,又遇国家3次降息,使市经技投公司效益受到较大影响,业绩下滑。1999——2005年,由于常德市国有企业改制,经技投公司之前外放资金的多家企业破产,资金无法收回,效益受到重创。2006年,经技投公司确定“效益优先,争创第一”的工作目标,经营重点为着力扶持全市中小企业发展,业绩逐年攀升。但由于市经技投公司资本总量一直不大,收益难以达到预期目的。

市工业投成立后,加大融资支持力度,直接扶持中小微企业。两年来,通过企业项目库信息资源分析,市工业投想方设法融筹资金,突出重点加强融资帮扶,集中调度用活资金 5.57 亿元直接扶持中小微工业企业,帮助部分工业企业抵抗经济下行压力。

担保 担保业务主要由常德市善德融资担保有限公司开展。常德市善德融资担保有限公司原与市经技投公司合署办公,主要业务为城镇下岗失业人员(提供《就业失业登记证》)、就业困难人员、军队退役人员(提供《复员退伍军人证》)、毕业 5 年内的高校毕业生(提供毕业证)、农村妇女、失地农民等自谋职业、自主创业人员;由 2 名以上符合贷款条件的人员组织起来的就业再就业合伙经营企业,对当年新招用符合小额担保贷款申请条件的人员达到企业现有在职职工总数 30%(超过 100 人企业达 15%)以上的劳动密集型小企业。2011 年,常德市善德融资担保有限公司主攻中小微企业担保,并尝试履约担保、保函担保,以增加担保收益。2013 年,市财政先后拨付小额贷款担保专项基金 4000 万元,专款存在协作银行,封闭运行,专款主要用于市直六区的扶持创业促就业小额贷款的担保工作。同时,公司与武陵农商行、鼎城信用联社、汉寿信用联社、中国邮政储蓄银行常德分行分别签订整体担保合同,建立长期合作关系,贷款放大比例为 5—8 倍。同年 8 月,常德市善德小额贷款担保公司累计办理贴息担保贷款 2.1 亿元,为全市近 4 万人提供创业和就业岗位。

2014 年 6 月,公司整合并入市工业投公司。2014 年底,常德市善德融资担保有限公司已增资扩股至 1 亿元,湖南省金融办于 2014 年 12 月底正式颁发融资性担保经营许可证。

小额贷款 2012 年 6 月,常德市西洞庭鑫达小额贷款股份有限公司(以下简称"鑫达小贷公司")成立,承担小额贷款业务。2014 年度,鑫达小贷公司发放各类贷款 1.8 亿元;贷款周转次数 3.15 次;实现业务收入 1099.33 万元;净利润 337.27 万元;到期贷款本息回收率 98.72%;2015 年累计发放贷款 2.6 亿元,完成经营收入 1631.16 万元,实现利润 1067.62 万元,上缴税收 427 万元。2015 年,鑫达小贷公司还在西洞庭"鑫湖缘时代广场"购置了 3 间门面和 3 套公寓并已全部装修,为公司增加固定资产近 600 万元,也为公司今后的转型发展奠定了基础。在 2014、2015 年度全市小额贷款公司系统检查评比中,鑫达小贷公司位列第一梯队。

风险投资 风险投资业务主要由常德中科芙蓉创业投资有限责任公司(以下简称"中科芙蓉")开展,主要对全国高成长的拟上市企业进行股权投资。

2014 年 6 月,中科芙蓉并入市工业投公司,加大本地工业企业风投力度,截至 2015 年底,已建立本市工业企业项目库,已完成对常德市本土 10 多家拟上市企业的前期考察和项目推荐工作,完成 7 家企业的股权投资,投资金额达 7665.21 万元。公司注册地也迁至德山经开区;先后走访摸底本地工业企业 50 余家,并从中筛选确定多家企业重点辅导,现已在经开区等地风投新材料、新能源等多家企业。

国有资产经营管理 常德市中达国有资产经营管理有限公司(以下简称"中达公司")承担国有资产经营管理工作。中达公司原隶属市国资委管理。主要从事市国资委授权的国有资产管理、股权管理、融资与投资,并对国资收益进行管理和再投资,对授权经营的国有资产代理租赁、转让与托管。2007年以来,市国资委先后向中达公司授权和划拨市直破产改制后企业剩余的不良资产共计3.156亿元。其中实物资产(房屋和土地等)9638.1494万元;股权投资5210.5231万元;不良债权1.6712亿元。市国资委所授权资产都源于市直企业破产改制后剩余的资产,80%—90%剩余资产有纠纷、有瑕疵,情况复杂,处置困难大,可变现能力差,维权和管理要花费很大精力和代价。中达公司克服困难,追讨债务,变现、盘活资产。

2014年6月,中达公司整合并入市工业投公司。截至2014年底,中达公司累计实现经营收益7465.61万元,其中盘活资产3858.66万元,股权处置及股权投资收益2154.16万元,清收不良债权1457.79万元。

项目建设 市工业投融资3个亿代建省、市重点招商项目——常德汉能项目标准化厂房及附属设施,2015年3月开工建设。截至2016年6月,汉能项目一期工程主体厂房已全部完工,二期工程已近尾声,基本完成标准化厂房主体工程建设。

市工业投公司成立两年来,共为700多家中小微工业企业及"双创"群体提供了15个多亿循环金融服务;自身经营效益也大幅度提升,其中,2014年完成经营收入比上年增长60.26%,实现利润比上年增长295.42%;2015年完成经营收入3000万元,比上年同期增长94.48%,上缴税收近600万元,比上年同期增长58.89%,实现利润近千万元(不包括小贷公司),比上年同期增长87.65%。

三、企业党建、文化建设

党的建设 成立两年来,市工业投公司坚持党要管党、全面从严治党,大力加强企业党的建设,有力保证了企业可持续发展、科学发展,为实现弯道超越奠定了基础。一是认真学习贯彻党的十八届四中、五中全会精神及习近平总书记系列重要讲话精神,积极推进"三严三实"专题教育活动及"一进二访"活动,同时继续深入开展党的群众路线教育实践活动;二是认真抓好党的组织建设,目前市工业投公司党委、纪委均已正式成立,并设立了五个基层党支部,基层组织班子及党务工作人员均已配齐,正按照上级党组织的要求开展工作;2015年推选2名同志参加市直机关工委举办的入党积极分子培训班。三是认真抓好创先争优工作,积极推进党员岗位示范、员工岗位争先活动,涌现出了一批优秀党员、优秀员工;同时,积极开展市级文明单位创建工作,经全体员工共同努力,该公司荣获"2015

年度常德市文明单位”光荣称号。四是抓好企业党风廉政建设，层层签订《党风廉政建设责任书》，强化责任制落实，加强日常监管；按照市纪委、监察局及市国资委纪委的要求，编写了《大额度资金运作风险防控范例》，相关部门共排查出廉政风险点24个，提出措施41条，排查覆盖率100%。五是加强关键节点廉政风险防控，在涉及汉能项目招投标、公开招聘新员工、大额资金使用、企业流动资金贷款等“三重一大”事项时一律实行民主决策，通过贷审会、班子会、董事会、监事会、党委会等依法各自按程序决定。

文化建设 一是开展针对性培训教育，促进员工素质提升。2015年，先后派出30余名干部职工参加省、市国资委及金融担保行业协会举办的企业管理培训和业务培训学习，同时聘请专业教育机构制定、实施年度员工培训计划，请资深老师来公司为全体员工进行专业及文明礼仪、职业素养培训学习，共组织针对性强化内训十余次；2015年底，为了让新招的十多名大学生员工更快融入团队，公司组织全体年轻员工到河洑“兄弟连”进行拓展训练。二是抓好群团工会及关心关爱工作，打造人文关怀环境。工会及时主动对生病住院的职工探望，职工过生日时送上祝福，每年“六一”儿童节、“三八”妇女节、“八一”建军节等节日开展慰问工作；制作了统一工作装，高温防寒费及时发放，等等，将企业的温暖送到了职工心坎。三是寓教于乐，以活动添活力。公司经常组织登山、骑行、球类比赛、郊游等各类活动，挖掘职工的兴趣爱好，展示职工的才艺风采，丰富了员工文化生活，增强了企业凝聚力。

第六节 财鑫投融资担保集团有限公司

一、公司沿革及概况

常德财鑫投融资担保集团有限公司（简称“财鑫集团”）的前身是常德财鑫投资担保有限公司，于2008年4月8日成立，2014年3月重组升格为集团公司，现注册资本10亿元。

财鑫集团实行理事会领导的管理机制，归口常德市人民政府国有资产监督管理委员会监管，由常德市财政局主管。内部机构有综合部、纪检监察室、工会、财务部、技术信息部、担保一部、担保二部、担保三部、风险管理部、资产管理部、投资部、科技担保部、事业发展部等13个职能部室；控股常德市武陵区双鑫小额贷款股份有限公司、常德财鑫科技担保有限公司、常德沅澧产业投资控股有限公司、常德财鑫典当有限公司、常德财鑫广场投资开发有限公司、常德市中小企业投资咨询中心6家子公司；下辖津市、澧县、桃源、安乡、鼎城、石门、汉寿7家分公司;管理控制湖南达晨财鑫创业投资有限公司、常德三鑫产业促进有限公司、常德西洞庭科技园区开发有限公司;组建常德市融资担保信用协会。

领导人员名录

常德市财鑫担保有限公司(2008.4—2014.4)

董事长 何克明(2008.4—2014.4)

总经理 苏和平(2008.4—2014.4)

副总经理 陈正辉(2008.4—2014.4)

王　剑(2012.3—2014.4)

财务总监 童耀乐(2011.5—2014.4)

工会主席 曾　红(2013.11—2014.4)

风控总监 胡晓玉(2014.2—2014.4)

常德市财鑫投融资担保集团有限公司(2014.4—)

党委书记、董事长 何克明(2014.9—)

总经理 尹　翔(2014.9—)

副总经理 陈正辉(2014.9—)

王　剑(2014.9—)

财务总监 童耀乐(2014.9—)

纪委书记 曾　红(2014.9—)

风控总监 胡晓玉(2014.9—)

二、融资担保

2008年4月8日,常德市人民政府决定,整合常德农欣融资担保公司、湖南芷兰教育融资担保公司、常德市中小企业信用担保中心3家担保公司资源加以,设立常德财鑫投资担保有限公司(以下简称"财鑫担保公司"),公司于2009—2013年期间先后经历5次增资,注册资本金从起初的2.1亿元激增至10亿元。

在银担合作上,大力开拓合作领域,建立互信关系,走出了一条富有常德特色的合作之路。2013年1月,首开全省先河,成功发行中南五省第一支区域集优中小企业集合票据,该票据惠及常德4家优质企业,总额为2.6亿元,期限3年。截至2015年12月,实现了与驻常德市和省会长沙21家金融机构的全面合作。农业银行、华融湘江银行、兴业银行等担保放大倍数达到8倍以上,国家开发银行和交通银行等达到10倍,与长沙银行常德科技支行就科技型企业贷款担保项目实行风险分担。在融资担保实践中，公司充分发挥“五位一体”的融资联动工作机制，先后开发了财政背景、工业园区、主流客户、产业集群四大板块业务。同时，拓展主业外延，在担保产品上开展业务创新，主攻履约担保和保函担保的非融资担保业务。推出信用保、惠企保、平台保、助贷保、置换保、过桥保、商务保、兜底保、联合保九大担保产品。

截至 2015 年 12 月，融资担保业务总量累计实现 209.69 亿元，惠及中小企业 2787 户/次，进入湖南省中小企业核心服务机构序列。

三、小额贷款

2009 年 12 月 7 日，根据中国银行业监督管理委员会《关于小额贷款公司试点的指导意见》(银监发〔2008〕23 号)，常德财鑫投资担保公司作为主发起人，经湖南省金融办批准和常德市工商行政管理局注册登记设立常德市武陵区双鑫小额贷款股份有限公司(简称“双鑫小贷公司”)。双鑫公司注册资本 3500 万元，法人股东和自然人股东 11 名，财鑫担保公司出资 1050 万元，以 30%的股权控股。

2010 年 11 月，双鑫小贷公司根据《湖南省小额贷款公司增资扩股暂行办法》，召开股东大会，通过小贷公司增资扩股的决议，新增股本 6500 万元，使股本达到 1 亿元。增资以后，股东为 12 人，财鑫担保公司股本为 3500 万元，占总股本的 35%。

2011 年 7 月，双鑫小贷公司嫁接广州花都万穗小贷公司的微贷技术，成立微型贷款部，与商业银行错位经营，推出额度在 5000 元至 30 万元之间的微贷业务，开发农家乐、创业宝、同业喜、过桥贷、鑫易贷、信用金、幸福达、放大贷 8 大小贷产品，避免与商业银行的同质化竞争。

2014 年 6 月，常德市武陵区双鑫小额贷款股份有限公司经湖南省金融办批准，注册资本金由 1 亿元增资到 1.8 亿元(其中，常德财鑫投融资担保集团有限公司出资额达到 8000 万元，占总股本的 44.44%)，市场竞争力得到了进一步提升。截至 2015 年 12 月，已累计投放贷款近 2656 笔，投放金额达 40.93 亿元，被客户视为“小企业的‘血站’，生意人的‘氧吧’”。该公司被湖南省金融办授予“2011 年湖南省小额贷款公司最佳发展潜力奖”“2012 年湖南省小额贷款公司最佳社会贡献奖”，被中国小额信贷机构联席会评为“2012 中国小额贷款公司竞争力 100 强”“2013 中国小微金融最佳社会责任奖”。

四、创业投资

2011年3月，常德财鑫投资担保公司作为主发起人，与深圳达晨创业投资公司合作，联合设立常德达晨财鑫创业投资有限公司，注册资本1.01亿元，共有9名企业法人股东和3名自然人股东。2011年10月26日，公司更名为湖南达晨创业投资有限公司。

2014年1月，由财鑫集团作为主发起人设立常德沅澧产业投资控股有限公司，对外实行自主投资。截至2015年12月，两家公司已投资7家企业，投资总额12176.7万元。其中，广东蓝色火焰文化传媒有限公司和湖南新合新生物医药有限公司实现并购上市。

五、风险管控

2008年4月公司制定“项目零风险、资本零损失、流程零缝隙、专业零盲区”的风险防控目标。2009年8月，公司成立以董事长何克明为组长的风险领导小组，实行分片包干责任管理。同时，根据社会诚信缺失，企业信用欠佳，经济环境复杂的实际，规范融资担保和小贷业务的运作流程，实行项目每日调审制，强化了保前保后和贷前贷后的监控管理。

同年12月，公司按照项目正常、关注、次级、可疑和损失的5个层级，制定风险等级分类标准及责任追究办法，保证了项目投资的准确化和控险责任的严肃性。截至2015年12月，公司处置和化解风险项目135个，挽回资金损失35063.5万元，担保代偿率为1.59％，净损失率为0.8％，小贷不良率仅为2.8％，净损失率仅为0.9％。

第七节　常德市交通建设投资集团有限公司

一、企业沿革及概况

2010年1月，市政府组建成立常德市交通建设投资有限公司。2015年12月25日，公司更名为常德市交通建设投资集团有限公司（以下简称市交建投集团）。公司为中Ⅰ型国有独资企业，注册资本4.09亿元，直属常德市人民政府，接受市交通运输局、市财政局、市国土资源局的业务领导。公司注册地址为常德市武陵区城北办事处健民巷社区建设中路大高山街90号。

市政府常政办函〔2009〕83号文件规定，公司实行自主经营、独立核算、自负盈亏、自我发展、自我约束，承担以下5项职责：负责市本级政府二级收费公路债务及交通基础设施建设债务管理工作；负责城市高速公路环线、公路外延线、城际铁路、城区港口码头等市本级交通基础设施项目建设、开发以及收益性项目开发运营管理工作；参与国、省干道公路建设；负责市本级交通基础设施建设融资工作；对接省交通融资平台并争取其融通资金支持。

经过6年发展，到2015年底，公司内设七个部室（办公室、人力资源部、财务审计部、项目管理部、融资与合约部、投资管理部、土地整理部），下辖全资子公司四个（常德市道远项目建设管理公司、常德市地利资产经营公司、常德市长平土地经营公司、常德登泰置业公司），参股公司和入伙企业六个（常德市天时沥青混凝土有限公司、常德市人和建设有限公司、常德市武陵区双鑫小额贷款股份有限公司、常德市财鑫典当公司、常德中科现代农业投资管理中心、常德农商行），投资经营领域涉及交通、金融、建筑、房地产等多个行业。2015年，公司总资产为97亿元，2015年经营收入为3229.58万元，经营利润为1397.54万元，职工70人。

领导人员名录

董事长	谢志坚（2010.1—）
总经理	谢志坚（2010.1—2012.9）
	宋小华（2012.9—）
副总经理	彭孝义（2010.1—）
	刘树高（2010.1—）
	徐　华（2013.12—）
财务总监	王晓林（2011.5—2014.6）
	徐联玉（2014.6—）
监事会主席、纪检员	杨慧霞（2015.3—）

2014年8月，根据常德市投融资体制改革要求，公司领导班子成员身份全部脱离原单位，转至企业。

二、投资融资

市交建投公司自成立到2015年，先后承担朗州路北延线（北出城口）、二广高速芦荻山互通连接线(东出城口)、“三改四化”路改项目(洞庭大道和皂果路)、G319G207 城区段改线、丹溪路工程等 6 个项目 41.1 亿元的融资建设任务,承担 G319 桃花源景区改线、沅澧城镇快速干线、东常高速芦荻山出口 10.58 亿元的融资任务,投融资任务总规模为51.68 亿元。

2010—2015 年,市交建投集团积极创新融资方式,在充分利用信用贷款等传统融资工具的同时,开辟了融资租赁、银行间市场工具、私募公司债等新型融资渠道。2010—2015 年,经报市财政局、市国资委同意,公司共签订融资协议 42.568 亿元,根据项目投资进度到位资金 40.568 亿元,融资期限均为 3—5 年,融资综合成本为 7.3%。

常德市交通建设投资集团 2011—2015 年投资情况一览表

表 7-7-1　　单位:万元

年 度	当年投资建设的项目	完成投资额
2011	朗州北延线(北出城口)	3000
2012	朗州路北延线(北出城口)、二广高速芦荻山互通连接线(东出城口)、G319G207改线项目	51000
2013	洞庭大道综合改造工程、皂果路综合改造工程、洞庭大道柏园桥改建工程、朗州路北延线(北出城口)、二广高速芦荻山互通连接线(东出城口)、G319G207 改线项目	57800
2014	二广高速芦荻山互通连接线(东出城口)、洞庭大道柏园桥改建工程、G319G207改线项目、沅澧城镇快速干线项目	77000
2015	二广高速芦荻山互通连接线(东出城口)、G319G207 改线项目、丹溪路新建工程、沅澧城镇快速干线项目、东常高速芦荻山出口	81000

三、项目建设

朗州路北延线　朗州路北延线是常德市城区北出城口。该工程南起罗湾大桥,北至太阳山收费站,道路全长 1534 米,宽 30 米。路面结构为沥青混凝土。该道路总投资 1.1 亿元,于 2011 年 9 月 26 日开工建设,于 2013 年 12 月竣工。

朗州路北延线实景。2011 年 9 月 26 日开工建设,2013 年 12 月竣工

二广高速芦荻山互通连接线工程(东出城口)　二广高速芦荻山互通连接线工程属省重点工程，是常德市城区东部快速出口通道，对充分发挥二广高速辐射作用，扩展城市骨架，拉动东江片区经济社会的发展具有十分重要的意义。道路全长 5.8 公里，宽 110 米，按城市快速路建设，主道双向 6 车道，辅道双向 6 车道，其中 8 处立交，马家吉河以东主路为全程高架，是常德市第一次采用全程高架设计，总投资约 18 亿元，由市交建投集团和市经建投集团共同建设，其中市交建投集团负责建设兴隆路至芦荻山收费站 2.576 公里路段，投资约 9.2 亿元。该工程于 2013 年 5 月开工，2014 年底主道竣工通车，2016 年春节前全线通车(通车后命名为“迎宾大道”)。

迎宾大道于 2013 年 5 月开工，2014 年底主道竣工通车，2016 年春节前全线通车

洞庭大道综合改造工程和皂果路综合改造工程　洞庭大道综合改造工程全长 5443 米，宽 36 米，改造内容包括洞庭大道路面整体改为沥青路面及柏园桥拆除重建等，总投资 1.51 亿元。新柏园桥为城市景观桥梁，长约 90 米，宽约 50 米。该项目于 2013 年 7 月 23 日进场施工，道路于 2013 年 10 月通车，洞庭大道柏园桥于 2014 年 7 月份竣工通车。

洞庭大道，2013 年 7 月 23 日工程队进场施工改造，2013 年 10 月通车

皂果路综合改造工程全长 3967 米，常德大道至洞庭大道宽 50 米，洞庭大道至人民路宽 30 米，改造内容包括皂果路整体改造为沥青路面等，总投资 4754 万元。该项目于 2013 年 9 月 3 日开工，2013 年 11 月通车。

G319G207 城区段改线项目　该项目属省重点建设工程，起于常德市鼎城区石门桥镇，起于常德市鼎城区石门桥镇 G319 线与 X048(K1327＋100)线相交处，止于武陵区丹洲乡沅水四桥北岸，线路全长 22.1 公里。道路全线按一级公路标准建设，设计时速采用

沅水四桥现场施工图。该桥于 2015 年 2 月开工，工期 33 个月

80公里/小时，路基宽度24.5米，其中新建特大桥1座(沅水四桥)，新建大桥1座(枉水大桥)，项目总投资估算为12.06亿元。G319G207城区段改线建成后，将改变G319G207线穿常德市城区而过的现状，成为城区的一段环线，极大拓展城市空间；特别新建的沅水四桥特大桥桥型采用五塔部分斜拉桥，属常德市设计最前沿的桥梁。

丹溪路 丹溪路是常德市规划路网南北向主干道，设计速度60公里/小时，双向6车道，沥青混凝土路面。南起武陵区丹洲乡沅水四桥北岸，北至鼎城区灌溪镇太阳大道，接沅澧快线一号大道。道路全长13.144公里。项目总投资158559万元。丹洲隔堤以北路幅宽60米(其中人行道宽5米，非机动车道宽6.5米，机非隔离带宽4米，中央隔离带宽6米，两侧机动车道各宽11.5米)；丹洲隔堤以南路幅宽度46米(其中人行道宽3米、非机动车道宽5米，机非隔离带宽2米，中央隔离带宽3米，两侧机动车道各宽11.5米)。建设内容主要包括：道路工程、市政管线工程、道路照明及附属工程。

常德港德山港区千吨级码头工程项目 该项目属省立项交通项目，码头一期工程港址位于常德市沅水右岸公铁两用桥下游约3公里，建设1000吨级件杂货泊位4个，设计年货物吞吐量为件杂货112万吨，总投资2.5亿元。

沅澧城镇快速干线 沅澧城镇快速干线总里程500公里，用“四纵三横”7条高等级公路把常德市沅水、澧水流域的区县(市)串联起来，形成类似棋盘的网格，将全市沅水流域和澧水流域的常德经济技术开发区、鼎城工业园、石板滩工业园、临澧工业园、澧县工业园、石门工业园、津市工业园七大工业园通过路网串联，功能定位为“快速干线、产业长廊、城镇集群、绿色通道”。该项目按城市主干道和城市快速路标准建设，市交建投集团负责市本级奖补资金的筹措与管理，其中仅一号大道和二号大道市交建投集团就需筹措8亿元。

四、自主经营

2011年，市交建投推行资金理财、资产租赁等经营工作，整体创收814万元。

2012年，市交建投参股天时沥青混凝土公司和地胜管道厂，沥青、碎石、钢材等材料进入实质性经营阶段，全年共完成经营收入1120万元，同比增长37.5%。

2013年，市交建投子公司天时沥青混凝土公司成功中标“三改四化”路改供料单位，完成洞庭大道、皂果路、建设路、育才路、丹阳路、常德大道、鼎城区善卷路、经开区德山大道等路段的路面摊铺，全年共完成沥青混凝土销售21万余吨。地胜管道厂建成两条生产线，实现管道销售业务434.65万元。是年，市交建投实现经营收入1217万元，同比增长8.7%。

2014 年，市交建投参股常德人和建设有限公司和财鑫典当有限公司，实现经营收入 1390 万元，同比增长 14%。

2015 年，市交建投集团推动土地经营、房产开发、绿化、车贷、加油站五项新业务的实质性运作，成立长平土地经营公司和登泰置业公司两家全资经营性子公司，丹阳路车站资产开发完成摘牌挂前所有工作，绿化产值完成 1200 万元，车贷业务实现利润 20 万元，朗州路北延线加油站完成省里审批手续。确定“德山码头、常德中科现代农业投资管理中心、常德农商行、湖南水技术有限公司、常德新兴产业创业投资基金”五项股权投资。2015 年，确定的股权投资总额达到 1 亿元。同年，市交建投集团完善经营管理体系，调整机构设置，增设专事股权管理的投资管理部，完善子公司管理机制，全资子公司实行责任制经营，改革经营业绩奖惩考核办法。全年共实现经营收入 3229.58 万元，缴纳营业税、城建税、教育费附加、企业所得税、增值税、个人所得税、税费、契税、耕地占用税 1117 万元，经营利润完成 1397.54 万元。

五、文化建设

2010 年，市交建投确定公司发展的企业宗旨、经营理念、企业精神、奋斗目标、企业口号等企业文化理念。企业宗旨：服务交通事业，促进常德发展。经营理念：诚信、团结、务实、高效。企业精神：品质至上，追求卓越，成就你我。奋斗目标：领时代风华，创交通伟业。企业口号：追求卓越品质，构筑交通丰碑。同时，开展常德公墓清明祭奠扫墓、云南干旱捐款、井冈山红色之旅、国防教育日、贫困党员帮扶、寒门学子入学资助等活动。

2011 年，市交建投推出存好心、说好话、办好事、尽好责、做好人的“五好员工”争创活动，开展向全国先进典型杨善洲学习、“红歌颂党”演唱、常德公墓清明扫墓、寒门学子入学资助等多种健康有益活动。

2012 年，市交建投开展“五型”班子建设（“和谐型”班子、“学习型”班子、“创新型”班子、“务实型”班子、“廉洁型”班子），为全体员工树立良好“风向标”。同时，组织全体员工集体学习法律法规、企业管理、项目建设等方面知识 6 次。

2013 年，市交建投组织全体员工集体学习项目建设知识 2 次，组织专业技术人员到外对口业务学习 3 次，组织各部门开展岗位培训近 10 次。印发《改进工作作风的若干规定》，从办文办会、公务接待、车辆管理等方面着手改进作风。对廉政风险防控工作实行动态管理，组织公司全体人员参观武陵监狱。

2015 年，市交建投集团开展“三严三实”专题教育活动，开展主要负责人上党课、专题民主生活会、基层党组织生活会、民主评议党员会等学习教育活动，深入治理“庸、懒、散、慢、乱”问题；定期开展劳动纪律检查。同年，市交建投集团开展团队文化建设，建立人才竞争机制，开展中层骨干竞岗。组织全体员工开展业务知识集中学习，组织员工到澧县码头铺观斗村开展“一进二访”活动，组织员工为扶贫对象捐款30100元、捐衣180余件，捐书120余本。

第八节　湖南常德路桥建设集团有限公司

一、企业沿革及概况

湖南常德路桥建设集团有限公司有40多年的经营发展史。其前身是1974年成立的湖南常德公路总段汽车队，1991年12月更名为常德市公路总段道桥建设工程处，1995年9月更名为湖南常德公路桥梁建设总公司，2001年2月进行股份制改造，更名为湖南常德路桥建设有限公司，2012年3月经常德市人民政府批准，以湖南常德路桥建设有限公司为基础变更组建为湖南常德路桥建设集团有限公司，属国有独资中Ⅰ型企业，集团公司注册资本金50100万元，市委市政府委托市公路局归口管理，市国资委监管。

至2015年，集团公司有员工245人，其中，高级职称32人，中级职称115人；一级建造师21人，二级建造师17人。拥有各类齐全的专业施工设备500余台（套），年施工能力逾5亿元。集团公司有全资子公司4家，即：常德大德公路勘察设计有限公司、常德海赛沥青经营有限公司、常德厚德交通工程有限公司、湖南俊德房地产开发有限公司；控股公司1家，即常德市上德工程试验检测有限公司（控股51%）。

常德路桥集团公司是住建部批准的壹级公路工程施工企业，具有公路工程施工总承包壹级、公路路面工程专业承包壹级、公路路基工程专业承包壹级、公路交通工程专业承包交通安全设施分项资质、公路工程试验检测综合乙级、房屋建筑工程施工总承包叁级等资质。集团公司经营范围涵盖道路桥梁工程建设、国省干线公路、交通基础设施的设计与交通科技产品开发、市政工程施工、沥青储运加工和施工、房地产开发、房屋建筑工程施工及其相关投融资等领域。

领导人员名录

湖南省常德公路养护总段工程汽车队（1974.3—1987.6）

党 支 部 书 记　夏庆余（1984.11—1988.12）

党支部副书记　夏庆余(1974.9—1984.11)
工会主席　夏庆余兼任(1985.3—1988.12)
队长　朱能胜(1974.6—1980.9)
副队长　朱能胜(1980.9—1984.11)
李　平(1984.11—1987.6)

湖南常德公路总段机械工程队(1987.6—1991.12)

党支部书记　朱能胜(1987.6—1988.12)
赵国祥(1988.12—1993.2)
工会主席　朱能胜(1988.12—1991.5)
队长　李　平(1987.6—1988.12)
杨波泉(1988.12—1993.2)
副队长　杨波泉(1987.6—1988.12)
陈照发(1988.12—1993.7)

常德市公路总段道桥建设工程处(1991.12—1995.9)

处长　杨波泉(1991.12—1996.1)
副处长　陈照发(1991.12—1993.7)
谢大明(1993.7—1995.1)
党支部书记　赵国祥(1988.12—1993.2)
朱能胜(1993.2—1995.1)
工会主席　杨永德(1992.7—1995.1)

湖南常德公路桥梁建设总公司(1995.9—2001.1)

党委书记、总经理　李祖云(1996.1—1998.3)
李祥万(1998.3—2001.2)
曲　斌(2001.2—2004.11)
党委副书记　彭西林(1996.1—1997.3)
党委副书记、工会主席　甄　平(1997.3—1999.2)
彭西林(1999.2—2001.2)
工会主席　刘焕忠(1996.1—1997.3)
副总经理　刘永春(1996.1—1997.3)
黄弋夫(1997.3—2002.2)
熊先富(1996.1—2000.2)
聂　瑛(1997.3—2000.2)

曲　斌(1997.3—2001.2)
欧阳昌文(1999.2—2002.2)
朱传宏(1999.2—2004.11)
邓小燕(2000.2—2007.5)
胡　兵(2002.2—2004.9)

湖南常德路桥建设有限公司(2001.2—2012.4)

党委书记、总经理 曲　斌(2001.2—2004.9)
董事长 朱传宏(2004.9—2005.10)
董事长、总经理 胡　兵(2005.10—2011.4)
董事长 贺跃斌(2011.11—2012.4)
总经理 胡　兵(2004.9—2005.10)
胡志忠(2011.4—2012.4)
党委书记 刘亚龙(2007.5—2012.4)
党委副书记工会主席 杨永德(2002.2—2009.3)
工会主席 罗　英(2009.3—2012.4)
副总经理 章　兵(2001.2—2007.5)(2009.7—2011.4)
胡志忠(2002.2—2007.5)(2009.3—2012.5)
胡　兵(2002.2—2005.10)
潘道辉(2002.2—2012.5)
刘春复(2004.3—2007.5)
邓晓泉(2004.3—2007.5)
余泽安(2007.5—2012.5)
罗　英(2008.3—2012.5)

湖南常德路桥建设集团有限公司(2012.4—)

董事长、党委书记 顾　晓(2012.4—)
总经理、党委副书记 贺跃斌(2012.4—2015.10)
总经理、党委副书记 裴德友(2015.10—)
党委副书记、工会主席 袁　丽(2012.5—2014.7)
党委副书记、工会主席 罗　英(2014.7—)
副总经理 郭耀武(2012.5—)
潘道辉(2012.5—)
叶三林(2014.7—)

总会计师、纪委书记 余泽安（2012.5—）

二、工程项目建设

公司积极参与省内外各类公路桥梁工程项目的建设。曾参与湖南省最长的公路大桥——汉寿仓儿总大桥以及常德柳叶湖大桥和澧县张家滩大桥、鄂尔多斯沿黄一级公路大桥等十余座大型桥梁的施工建设。公司参与承建的湖南省常德至张家界高速公路更是荣获了中国公路建设行业协会颁发的“2009 年度公路交通优质工程一等奖”。2012 年，集团公司组建后，不断拓展工程业务范围，2014 年以来，参与常德市城区“三改四化”和北部新城等市政项目建设，为本市的城市建设和经济发展发挥了积极作用。

常德市北部新城 25 号桥。2014 年 5 月开工建设，2015 年 9 月建成通车。该桥位于北部新城蚂蟥溶环湖路上。设计标准为 100 年

湖南常德路桥建设集团 1997—2015 年工程项目建设一览表

表 7-8-1

工程分类	工程项目名称	建设时间
路基工程	长沙绕城（北段）高速公路	1997—1999 年
	湘潭至邵阳高速公路	2000—2002 年
	临湘至长沙高速公路 02B 标	2000—2002 年
	衡阳至枣木铺高速公路	2001—2002 年
	常德岗市至临澧一级公路	2001—2007 年
	湖南省常张高速公路 23 标	2003—2005 年
	湖南省醴潭高速公路 6 标	2004—2007 年
	湖南省常吉高速公路 8 标	2005—2008 年
	江西景婺黄（常）高速公路 A6 标	2004—2007 年
	湖南道贺高速公路 A1 标	2008—2011 年
	湖南省通平高速公路 4 标	2009—2012 年
	湖南省醴陵至茶陵高速公路 1 标	2009—2013 年
	贺州至富川一级公路（BT 项目）1 标	2012—2014 年
	湖南省衡大高速公路 2 标	2003—2005 年
	湖南省江永至永济亭公路工程 1 标	2007—2010 年

续表 7-8-1

工程分类	工程项目名称	建设时间
路基工程	湖南省江永至永济亭公路工程 2 标	2007—2010 年
	湖南省新化至溆浦高速公路 TJ04	2010—2014 年
	X021 石门至盘塘公路改建工程 A4	2008—2013 年
	X021 石门至盘塘公路改建工程 A5	2008—2013 年
	S303 线石门县城至南北镇公路改建工程 A4 标	2009—2012 年
	S205 津市渡口至汉寿良荆界公路 A1	2008—2013 年
	S205 津市渡口至汉寿良荆界公路 A2	2008—2013 年
	S205 津市渡口至汉寿良荆界公路 A3	2008—2013 年
	S205 津市渡口至汉寿良荆界公路 A6	2008—2013 年
	G207 线樟木桥至界牌公路改建工程 A1	2008—2012 年
	G207 线樟木桥至界牌公路改建工程 A3	2008—2012 年
	G207 线樟木桥至界牌公路改建工程 A4	2008—2012 年
路面工程	凌津滩一级公路	2003 年
	永连二级公路水泥砼路面工程	2000—2001 年
	S306 线沥青砼路面改造工程	2012—2013 年
	东莞常虎高速公路沥青砼路面工程	2009—2010 年
	湖南省娄新高速公路沥青砼路面工程	2011—2012 年
桥梁工程	鄂尔多斯沿黄一级公路树林召至独贵塔拉 SDLJ—1 合同段	2009—2014 年
	省道 S205 汉寿沅水大桥第四合同段	2005—2008 年
	S304 线三江大桥加固维修工程	2012—2013 年
	G207 张公庙大桥加固改造工程	2012—2013 年
市政工程	常德市北部新城 25 号桥梁新建工程公私合作（PPP）项目	2014—2015 年
	常德市武陵大道（桥梁）改造工程	2013—2014 年
	尚德路东风河桥（K5＋391.6）、长安路东风河桥（K0＋059）工程	2014—
	长庚路（常德大道—柳叶路）杨桥河大桥、张家港大桥工程	2014—
	常德市柳叶大道白马桥改造工程	2015—
	G319G207 常德城区段改线工程第 A 合同段	2015—
	沅澧快速干线（鼎城段）第六合同段	2015—

三、队伍建设管理

2012 年 5 月，集团公司党委会同市公路局组织人事科对内、外公开招聘办公室主任，通过笔试、面试、考察等程序，经集团公司党委研究，确定罗春平为聘用人选。5 月 30 日，市公路局党委任命郭凡任集团公司财务审计部部长；周刚任集团公司工程部部长；章霞任集团公司办公室副主任、人力资源部副部长；陈立君任集团公司经营开发部副部长。7 月，集团公司出台各项管理制度（试行稿）。该制度体系包括子公司管理、经营开发工作管理、工程管理、固定资产管理、设备管理、工程质量管理、财务管理、内部审计、人力资源管理、党委工作、工会管理、纪检监察等 12 个类别。8 月，常德市公路管理局出台《关于印发〈常德市公路管理局企业监管办法（试行）〉的通知》常路〔2012〕112 号文件，文件对企业薪酬管理的审核、审批、企业薪酬组成、员工基本薪酬总额的确定、企业绩效薪酬的基数和提取、企业管理者绩效薪酬等方面做出了规定。集团公司现行的薪酬体系由基本薪酬、绩效薪酬、奖金三部分组成。当年如没有产生盈利，则只发放基本薪酬；完成目标任务的，绩效薪酬以当年确定的目标净利润扣除企业所得税后为基数按 40% 预提计入成本；超额完成目标利润的，超过部分计提奖金。项目部的项目班子交纳风险抵押金，项目其他人员可自愿选择交纳风险抵押金，如不愿参与风险抵押的，实行岗位工资制，不参与绩效分配。

2014 年 4 月，集团公司组织党员、干部到林伯渠故居、临澧县博物馆参观学习，进行爱国主义及革命传统教育活动。8 月，集团公司召开党员大会，经民主选举，叶三林、孟志敏、胡志忠三名同志当选为集团公司党委委员。10 月，集团公司根据常德市人民政府办公室《关于印发〈常德市公路管理体制改革方案〉的通知》（常政办发〔2014〕5 号）文件精神，制定出台《人员归位工作实施方案和相关管理制度试行稿》，该试行稿包括人员归位工作实施方案、保障性子公司管理办法、风险性子公司管理办法、薪酬管理办法、资质维护管理办法、项目经理选拔办法、项目经理绩效考核办法、风险抵押金交纳与返还办法等内容。

2015 年 4 月，集团公司党委班子、中层干部，各子公司班子、各在建项目班子在公司 6 楼会议室观看《高速路上的腐败陷阱》警示教育片，通过影片对真实案例的深入剖析，为大家上了一堂深刻的反腐倡廉警示教育课。5 月，集团公司董事长、党委书记顾晓结合中央、省、市开展“三严三实”专题教育要求，联系工作实际，以“明白做人、干净做事、勇于担当、谋求发展”为题，为集团公司党委班子、机关党员、各子公司班子成员上了一堂生动深刻的专题党课。6 月 28，集团公司党委组织本部党员、入党积极分子赴井冈山红色教育基地开展“重走革命路 永葆先进性”主题活动。9 月，集团公司组织中层以上干部 31 人，前往武陵监狱开展现场警示教育活动。11 月，集团公司在广泛征求各子公司、项目部干部职工对管理制度建议、意见的基础上,对各项管理制度进一步修订完善。

四、企业文化建设

2012 年 5 月,集团公司网站开通,网站共开设有“集团简介、新闻中心、资源荣誉、工程案例、人力资源、企业文化、党群工作、公示公告”八个栏目。9 月,在市公路局举办的建设廉洁常德公路文化活动中,集团公司董事长、党委书记顾晓获廉政党课讲义二等奖;莫亚平获廉洁诗歌作品二等奖、建设廉洁常德公路演讲比赛三等奖。同月,集团公司被市公路局评为 2012 年读书活动优秀组织单位,顾晓撰写的《直视现状 谋求发展》、袁丽撰写的《要有勇气做出改变》被市公路局评为一等奖,莫亚平撰写的《细节之美》被市公路局评为二等奖,孟志敏撰写的《“艺术化”的经济学》、郭凡撰写的《阅读与悦读》、罗英撰写的《读〈苦难辉煌〉后有感》被市公路局评为三等奖。

2013 年 3 月,出台《集团公司企业文化实施方案》,该方案明确推进企业文化建设的指导思想、基本原则、工作任务、实施步骤、组织领导与保证。方案构建了企业文化理念体系,确定了企业形象标识。5 月,出台《集团公司新闻宣传、信息调研奖励办法》,办法对新闻宣传、信息调研工作的工作要求、采用对象、奖励范围、报送要求、奖励标准、计奖原则和兑现办法做出了明确规定。10 月,在市公路局组织开展的以“新常德新创业”为主题的优秀心得体会评选活动中,顾晓撰写的《真抓实干谋发展 同心共圆常德梦》被评为一等奖,胡志忠撰写的《复兴之路与中国梦》、刘君撰写的《原来我可以这样活》、朱方兵撰写的《“中国梦”托起“现代常德、幸福家园”的明天》被评为三等奖,罗英撰写的《好的书是前行的明灯》、邓小燕撰写的《我看常德“三改四化”》、曾平撰写的《强化创新意识 提高创新能力》、孟志敏撰写的《读书随想》被评为优秀奖。

2014 年 12 月,集团公司对刊登发表在集团公司网站及市公路局、市政府等网站的公司职工新闻报道按照《集团公司新闻宣传、信息调研奖励办法》予以奖励。

2015 年 4 月,集团公司下发《关于进一步加强宣传报道工作的通知》文件,就宣传集团公司改革发展的情况及成果,塑造良好企业形象,提高企业知名度,弘扬企业文化,加强精神文明建设,进一步明确了各责任主体、报送内容、报道原则、报送要求、奖励考评等方面的内容。

第九节　常德市自来水公司

一、企业沿革及概况

企业基本情况　常德市自来水公司始建于1958年，1993年10月4日，经省经委、计委、统计局、财政厅、人事厅审核，认证公司为中型一档企业。公司以供水经营为主，集安装、维修、设计为一体。同时，公司具有市政公用工程施工总承包二级资质。

常德市自来水公司办公大楼，位于武陵区人民路2683号

公司日供水能力35万立方米。截至2015年底，公司总资产91900万元，净资产15900万元。在职员工743人，其中初级工程技术人员47人，中级工程技术人员38人。公司供水辐射面积近500平方公里，拥有直径75毫米以上的供水主干管线875千米，拥有供水客户17万余户，城市供水普及率达到100%，水质综合合格率达99.5%以上。

公司下设十一个职能部室(办公室、企划研究室、企业管理部、生产技术部、供水管理部、人力资源部、财务审计部、党群工作部、供水稽查队、工会办、客户服务部)，两厂两所(沅南水厂、沅北水厂、沅北营业所、德山营业所)，三个经济实体(沃特市政工程总公司、管道维修中心、物业管理有限公司)。公司连续三年(2011—2013年)在全市优化经济环境测评中位居小组第一名，被市政府连续三年(2009—2011)评为“创市民满意工作红旗单位”，连续两年(2011—2012年)被市委、市政府评为“市直单位效能建设与优化环境工作效果评估一等奖”，连续十四年(2001—2014年)被市消委评为“维护消费者合法权益先进单位”。

1986年6月，市自来水公司建立德山和大西门两个收费点。2006年5月，公司客户服务中心建成投入运行，推出了“一站式”服务。同年6月，德山营业所成立暨德山客户服务大厅落成。2008年10月，公司在河洑镇设立收费点，结束了该镇18年的转供水历史。

至此,全市供水营业服务网点增至11个。

企业组织机构调整 1994年4月,公司成立“城建管理监察大队供水监察中队”。“中共常德市自来水公司总支委员会”升格为“中共常德市自来水公司委员会”。1995年7月,公司成立武装部,陈昌贵任第一部长,罗梅庭任部长。同年11月,公司水表检测站成立。1997年1月24日,公司内部进行机构调整。撤销设备科、能源科、供应科。新设动力科、计量检测中心、设备维修中心。7月,“常德市自来水公司机关支部”升格为“机关总支委员会”,下设四个支部。1998年2月,公司成立科技开发中心。

2000年,公司设立审计科,净化剂厂从劳动服务公司剥离,监察中队与营业所分开,职教办划归劳动人事科。年底完成养老保险制度、医疗保险制度的改革。2001年对公司机构及中层人员进行调整,建立供水投诉站,确立“一室七部”(办公室、企业管理部、生产技术部、经营管理部、人力资源部、财务审计部、政治工作部、武装保卫部)。科技开发中心并入设备维修中心,水表检定职能归口维修中心管理。同年,公司实施修订后的《部门工作标准》。2004年公司整合原有部门。新增客户服务中心、总工办;撤销设备维修中心、净水剂厂,调整水表检定站职能;监察中队升格为正职部门。

2012年,公司新增职能部门6个,企划研究室(正职),行政事务中心(副职,隶属办公室),新闻宣传中心(副职,隶属党群工作部),供水调度中心(副职,隶属生产技术部),工程管理办(副职,隶属供水管理部),职教办(副职,隶属人力资源部);撤并部门2个,撤销政治工作部(正职)、武装保卫部(正职),合并组建党群工作部(正职);更名部门4个,经营管理部更名为供水管理部(正职),客户服务中心更名为客户服务部(正职),供水监察中队更名为供水稽查队(正职),信息中心更名为计算机管理中心(副职,隶属生产技术部)。部门职责更加细化,任务更加明确具体;对江北城区实施抄表与收费职能分离,将沅北营业所的收费职能划归客户服务部,完成了收费与窗口服务的整合。是年,将中共自来水公司委员会所辖11个支部和1个党总支,调整为10个支部,撤销公司总部党总支部及所属行政一支部、行政二支部、政工支部、老年支部,设立总部一支部、总部二支部、老年支部。

至2015年底,公司有11个职能部门,两个水厂,两个营业所,四个经济实体。11个职能部门为:办公室(含行政事务中心、档案馆)、企划研究室、企业管理部、生产技术部(含计算机管理中心、供水调度中心、水质监测站)、供水管理部(含水表检定站、工程管理办)、人力资源部(含职教办)、财务审计部、党群工作部(含团委办、新闻宣传中心)、供水稽查队、客户服务部、工会办。

领导人员名录

经　　理　陈昌贵(1991.2—2000.1)
　　　　　姚旭辉(2000.1—2009.7)
　　　　　曾　杰(2009.7—)
党委书记　胡元林(1993.9—2001.1)
　　　　　姚旭辉(2000.1—2009.7)
　　　　　周　峰(2009.7—2012.8)
　　　　　陈昌忠(2012.8—)
纪委书记　罗梅庭(2002.7—2009.12)
　　　　　李日奇(2009.12—2012.5)
　　　　　李庭军(2012.5 —)
副 经 理　姚旭辉(1995.7—2000.1)
　　　　　李日奇(1995.7—2012.7)
　　　　　张湘德(1998.5—2008.2)
　　　　　罗梅庭(2000.5—2002.7)
　　　　　曾　杰(2000.5—2009.7)
　　　　　刘双模(2001.4—2009.6)
　　　　　刘　臻(2002.7—2007.7)
　　　　　李庭军(2008.1—)
　　　　　王恿鲑(2008.2—)
　　　　　龙　成(2012.5—)
党委委员　李日奇(2002.8—2012.7)
　　　　　李庭军(2002.8—)
　　　　　王恿鲑(2008.3—)
　　　　　郑登龙(2008.3—2008.7)
工会主席　郭建堂(1995.7—2002.7)
　　　　　陈春雨(2004.1—2016.11)
　　　　　秦德喜(1991.2—2000.5)
总工程师　刘远炎(2000.5—2002.1)
　　　　　李庭军(2002.7—2008.7)
　　　　　朱继斌(2008.7—)

二、企业管理与改革

1993年10月，市自来水公司改革劳动工资制度。改等级工资制为岗位、技能工资制度。公司制定出技术标准、工作标准、管理标准三大企业标准，约30万字。

1995年10月，公司实施《常德市自来水公司管理实施细则(试行)》。11月，公司三届三次职工代表大会讨论通过全员劳动合同制度，实施《市全员劳动合同制管理暂行规定》。

2002年3至6月，市自来水公司组织第一批水质检验工刘辉、印继红、吴国晖等十人参加全省建设系统的职业技能鉴定，全部通过鉴定。

2004年3月，公司改革目标管理考核模式，推出《二〇〇四年部门及中层目标管理责任制》。7月，公司财务审计部开始对应收水费采用新的核算方式，将应收水费直接并入公司财务核算，加强应收水费管理。

2005年3月，公司出台《营业抄收质量管理考核实施细则》《物业管理质量考核实施细则》《财务审计质量管理考核实施细则》《管网抢修管理考核实施细则》《安装工程质量管理考核实施细则》《客户质量管理考核实施细则》。

2008年，公司投资246万元打造三套网络系统，搭建全新服务平台。全面重建营业收费系统，有效地提高了缴费效率；新建供水热线服务系统，并对供水服务热线进行搬迁，既完善了热线的对外服务项目，又促进了对服务热线的监管；建成企业内部办公自动化系统和公司门户网站系统，开通网上报警、报修业务，实现水费、水价和停水信息的自助查询。

2009年6月，常德市人民政府办公室出台《常德市城市二次供水管理办法(暂行)》(常政办发〔2009〕14号)，该办法颁布实施，规范指导了常德市二次供水行业发展。是年8月，市自来水公司加强全额预算管理。建立由各预算部门、预算管理领导小组、党政联席会议构成的三级预算管理体系；加强各项计划内和计划外费用的控制。对辅业财务人员实行派驻管理，重点加强对辅业宏观经济运行情况的监管。同时，启动沃特公司转机建制的试点工作，推出《绩效考核管理实施细则》《薪酬分配制度》等。9月，启动整章建制工作。公司对原有的各项管理制度和标准进行清理、修订、完善，废止过时的制度，针对新情况创新管理制度。

2011年5月，公司“一门式受理平台”和“集中式处警平台”正式运行。通过明确供水故障分类处理时限、开展处警情况常态通报，制定复杂问题和多次处警业务解决方案，热线平台的运转更加规范，供水服务正全面向“全勤服务、全效处警”目标迈进。

2012年，完善和出台40项管理制度、部门工作职责，定稿技术标准。目标管理实行全覆盖。对两所(沅北营业所、德山营业所)水量及水费回收目标进行精细测算和调整,将售水量目标考核计量方式调整为实收水量,将水费收入的考核计量方式调整为当年实收,并实行分阶段、分比例,按用水性质进行分类考核;加强水厂人力与管理成本的考核,对生产成本实行分项考核;对供水稽查的目标进行更精细、合理化调整,增强了可操作性;对职能部室设立部门基金,用于部门绩效考核、部门员工绩效激励与业务建设,实现了部门责权利的有机统一;对辅业制定全新的经营目标管理模式,直接将经营业绩与绩效奖罚挂钩,激励辅业部门的工作积极性。绩效管理考核全面优化。完善绩效管理考核制度,修订《绩效管理考核实施办法》和《部门绩效管理考核实施细则》。

由于原《常德市城市二次供水管理办法(暂行)》对于二次供水水质、如何保障公众饮水安全等问题规定不够明确,2014 年,就原暂行办法中的城市二次供水管理、保证城市二次供水水质、水压和供水安全的问题进行了调整和完善,并对保障公众身体健康作出规定。11 月,常德市人民政府办公室下发《关于印发〈常德市城市二次供水管理办法〉的通知》(常政办发〔2014〕32 号)文件。该办法自 2014 年 12 月 1 日起实施,同时废止 2009 年常德市人民政府办公室印发的《常德市城市二次供水管理暂行办法》(常政办发〔2009〕14 号)。是年,公司实行"定额抄收管理",并对抄表员进行薪酬、岗位改革,分别向公司国有身份员工及在岗聘用工重新招聘抄表员,实现抄表员抄录完全责任制。是年,完成沅北营业所抄表员 2014 年绩效考核方案的调研编制工作,从解决抄表基数的核定及绩效考核方式标准等主要问题着手,公司通过《2014 年沅北营业所抄表员绩效考核方案》,内容包括:取消"计件抄收模式",实行"定额抄收管理";实行重新划区、定向抄收;实行自愿选择、定员补员等内容。

2015 年,公司集结出版《技术标准》与《安全生产标准化管理规范》,清理、修订《供水业务操作流程标准》等 9 项制度。

三、企业技术改造与技术革新

1993 年 4 月 9 日公司为精确地控制加氯、加矾量,确保水质符合要求,从美国引进的 Fcd033C3(前)Fc4013G3(后)自动加氯机和从德国引进的 MAKRD－126b－HMllo－1500PD 型自动加矾机,因工艺需要,加氯机(后)设计投加量为 10 千克,加氯和加矾设备都选择自动设备,是为了满足设计工艺要求,均能实现自动控制,不需要人工操作,实现投加量更精准。安装调试设备投入运行后,加快了水厂生产自动化建设。

1994 年 8 月,黄家巷水厂一泵房竣工投产。同年,大西门水厂对普通快滤池进行挖潜改造,出水量由原来的 8000 立方米/日提高到 10000 立方米/日,供水规模达到 50000

立方米/日。对黄家巷水厂部分设备进行技改,分别将机械式吸泥车改为单管虹吸式吸泥车;充水排气改为真空泵排气。公司投资30万对黄家巷水厂供电线路作重大调整,西水线由1250千伏安改为1000千伏安、陵水线由950千伏安改为800千伏安;取水泵房、二泵房均由两台变压器供电。

1995年9月,自来水公司建成水表检测大楼,投资金额51.56万元。省技术监督局考核合格后由市技监局验收,正式授权,结束了常德市大口径水表不能自检的历史。1998年,省、市计量行政部门再次对水表检定站计量标准考核合格并授权。

2000年,该公司在供水主干管线上,首次引进、安装最先进的管材球墨铸铁管,并逐步取代水泥管。球墨铸铁管具有防生锈、强度好、不易老化等特点。

2002年,公司营业所启用新(MIS)收费系统。新系统相比原系统设计更为严谨,具有客户资料设置齐全、录数快、效率高、用户信息多渠道查询等优点。新系统对用户电话号码进行录入,用户缴费只需报出电话号码便可,并且在用户欠费后系统会自动提示,以免因欠费停水造成不必要的麻烦。新系统被启用后,用户反映好,比原系统缴纳费用更方便、快捷、人性化。

2005年7月,水质监测站顺利通过湖南省质量技术监督局的计量认证复查,并通过包括生活饮用水及水源、水处理剂氯化铝、瓶装饮用纯净水的共3类66项检测能力。

2007年初,公司启动数字、远传水表试点。为提高抄表工作效率和准确性,减少日益增长的抄表工作量,启动数字远传水表的试点工作。市物价部门在对远传水表进行成本审核的基础上,出台DN15-200的水表价格文件。2008年数字远传水表正式推广,有颐和电信、新玉园等17个小区,共2891户安装使用数字远传水表。该项工作走在全省前列。

2008年9月,自来水公司建成水质监测大楼,并新添置美国安捷伦789OAGC气相色谱仪、美国戴安ICS—900离子色谱仪、德国BOD测定仪、意大利溶解氧测定仪等水质检测仪器。是年,公司在13个营业网点成功搭建网络水费查询服务平台。次年11月8日,公司开通收费系统水费语音自动催缴和网上银行缴费功能。同年10月,公司首次推出工商电子银行网上欠费查询及缴费业务,进一步拓宽了缴费平台。

2015年6月,自来水公司对改造升级的水质监测中心装修工程进行竣工验收。公司投资1400万元,将沅南水厂原办公楼改建成总面积2500平方米的高标准水质监测站,添置高科技水质检测仪器设备,加强了检测人员的培训。12月,公司开通支付宝网上缴纳水费服务,拓宽了客户的缴费渠道。

四、企业文化建设

1993 年 1 月 19 日，副省长周伯华来公司视察工作，并为公司成立 35 周年题词“繁荣供水事业，促进城市建设”。8 月 22 日，国家建设部部长侯捷来司视察工作，随行有副省长周伯华、省建委主任高锦屏等，侯捷为公司建司 35 周年题词“发展城市供水，振兴常德经济”，高锦屏为公司 35 周年题词“常水水流千家，常德德泽万户”。11 月公司举行建司 35 周年庆典活动，《常德市自来水公司 35 周年纪念画册》被编印成册。

2000 年 3 月，公司将本年定位“管理 · 效益”年，提出各项奋斗目标，重点加强对部门管理水平和节能降耗实效的考核，年度出版了一本由公司员工投稿撰写的《管理论文集》。

2001 年 4 至 9 月，自来水公司创刊《常水信息》，改版发行《风帆》，创办《管理论坛》，为广大干部职工提供了为企业发展出谋划策的平台。

2004 年 2 月，公司供水服务工作誓师动员大会在公司俱乐部召开，经理姚旭辉主持会议，确定 2004 年为“服务年”，提出“365 日为人人”的服务理念。10 月 13 日公司“信息化工程建设与发展规划”专题会议召开，会议提出公司信息化建设的指导性意见。

2006 年 8 月，公司网站发布运行。为满足人民群众对城市供水服务的需要，方便用户快捷便利地了解供水信息、查询水质水价、网上报修等，公司打造了网站平台，更好地与用户进行交流互动。公司网站包含常水动态、停水通知、水质报表、行业动态、信息公开、用水常识、科技动态、政策法规、网上服务等几个版块的内容，用户可以通过网站全方面地了解公司信息。

2009 年，市自来水公司投资 246 万元打造四套网络系统，搭建全新的服务平台。全面重建营业收费系统，提高了缴费效率；新建供水热线服务系统，并对供水服务热线进行搬迁；建成企业内部办公自动化系统和公司门户网站系统，开通了网上报警、报修业务，实现了水费、水价和停水信息的自助查询。

2013 年 3 月，市自来水公司组建常德水志愿者服务队伍，打造常水志愿服务品牌，开展常水志愿者招募活动。常水志愿服务队的服务范围为供水便民维修、社区志愿服务、敬老助残社会关爱、自然公益环保、文明礼仪倡导等。至 2013 年底该队伍共有志愿者 500 余人，主要以自来水青年员工为主，涵盖公司领导、共产党员、青年突击队员。

2014 年 2 月，市自来水公司建立职教培训信息平台，实现培训资料的共享。与湖南城市学院就“给排水专业”开展学历教育合作，组织员工报考该校“给排水专业”的专科、本科，通过成人高考后，该校组织老师进行面授。市自来水公司有 60 位员工、区县市自来水公司 20 名员工，共 80 人分两批进行学习。

2015 年 8 月,市自来水公司与湖南城市学院联合组织的“给排水”专业学历教育培训班在公司七楼会议室开班。石门、鼎城、汉寿等兄弟自来水公司及市公司共 80 名学员参加学习。

五、重大项目建设

1996 年 9 月,市自来水公司完成常德飞机场管线安装一、二期工程施工任务,耗资 285.67 万元。该工程管线长 8483.3 米,其中 Dg600 砼管 1396 米,Dg300 砼管 6915 米、钢管 156.3 米。劳动服务公司承建该管线安装工程。

1997 年 6 月,市自来水公司完成柳叶路管线工程施工,耗资 172.45 万元。该工程从丹阳路至柳叶湖,管线长 3092 米,其中 Ø400 钢管 427 米,Ø400 铸管 86 米,Ø300 铸管 50 米,Ø100 铸管 12 米,Ø 钢筋混凝土管 2517 米,由公司劳动服务公司承建。9 月,富昌路、有德路管道安装工程施工完成,耗资 83.14 万元。该工程从桃林路沿富昌路到樟木桥粮库,管线长 1768 米,全为 Ø300 钢筋混凝土管,由公司劳动服务公司承建。10 月,为配合沅江防洪坪的修建,公司投资 60 余万元对大西门水厂输水管、机修车间进行工程改造,并重修栈桥。

1998 年 3 月,市自来水公司耗资 800 万元购置市外贸大院(在市自来水公司旁)正式移交,面积 7470 平方米,满足了公司业务拓展需要。

2002 年 4 月,由中国水利水电第八工程局承建的四水厂过江管成功沉底,长度 1032 米,直径 1.2 米,其中敷设在江底的管线长度为 912 米,过江管两端分别地处鼎城区武陵镇王家铺村和武陵区东郊乡皇木关村,被誉为“三湘第一管”。该管道铺设完成后,满足了城东地区的供水要求,解决该片区水压偏低问题。

2002 年 4 月 8 日由中国水利水电第八工程局承建的四水厂过江管成功沉底,长度 1032 米,直径 1.2 米

2003 年 5 月,市自来水公司铺设人民东路管线,全长 2.1 公里,DN800 毫米,东起 207 国道入城口,西至芷园沅安路口。大西门水厂停产。10 月,四水厂并网供水。

2004 年 10 月,市自来水公司投资 900 万元建成四水厂至德山供水主管。18 日,四水厂成功向德山片区供水。同时，公司对德山水厂实施停产，顺利地完成公司生产格局的调整，日供水能力为35万立方米。

2005年8月，市自来水公司开工建设穿紫河引水工程。该工程总投资2100万元，全长2570米，均采用DN1.3米的钢管铺设，整个工程分为五个标段。12月18日，穿紫河引水工程完工试通水。

2006年10月，市自来水公司启动管网压力监控系统的改造工程。该工程包括对常德市城区11个测压终端改造为GPRS终端、数据通信的实现、压力监控系统的开发，历时1个月。压力监控系统的改造，为公司合理的生产调度提供科学依据，更好地满足了市民对供水压力的需求。

2007年12月，市自来水公司完成武陵区、武陵镇供水管网普查。公司投资180万元，历时18个月的市城区管网普查工作于12月21日通过验收。整个普查共标注和测量管道特征点53883个，探明管道长度668公里，其中口径大于等于100毫米管道449公里，探查面积达到62平方公里，整理输出比例为1∶1000的管线成果图189张。

2010年12月，市自来水公司100多名施工人员连续断水作业10个小时，按预定计划顺利完成城区DN1400主水管与龙港路给水工程新建项目（洞庭大道—紫菱路）DN1200管道的对接，标志着西城新区的居民正式纳入城区供水主动脉的辐射范围。

2014年，完成东靳驮水厂的收购工作，完成对灌溪工业园鼎盛水厂、华南水厂供应区域的市政供水；完成《常德市城区及周边（500平方公里）城乡供水一体化方案》。开展江北城区水表清查整改及供水客户走访工作，摸清了在网水表情况，优化了抄收环境。

2015年，市自来水公司筹资投入5335万元，建设供水主管、支管及入户管网625公里，完成花山村加压泵站建设，处置东靳驮水厂、鼎盛水厂等15座小水厂，解决了城市周边1.68万户6.4万人的安全饮水问题，该工程在市人大组织的城乡供水一体化视察中得到肯定。是年，公司加强旧城管网改造，改造老旧管网18公里，解决了近9平方公里的管网瓶颈问题，老城区的供水压力得到了更好的保障。

2015年8月，常德市城市建设投资集团有限公司和常德市自来水公司共同出资成立中瀚水务有限公司。该公司经营范围为水污染治理、城镇水务项目建设与经营管理，主要从事水源保护、城镇供水、二次供水、“节约用水”、防涝排水、污水处理、污泥处理、水务科研、水产开发以及海绵城市建设等相关业务。

第十节 常德市建筑勘测设计院

一、企业沿革及概况

1975年5月,常德地区建设局设立设计室;1984年12月,设计室被更名为常德地区建筑勘测设计院;1988年11月又更名为常德市建筑勘测设计院。2000年1月根据《关于市建筑勘测设计院,市规划建筑设计院机构规格的通知》(常编发〔2000〕2号),市建筑勘测设计院升格为到副处级事业单位,现归口市住建局管理,院址在常德市滨湖中路怡景花园1号楼4层、5层、6层、7层,是常德市成立最早、专业配置最全的建筑勘察设计单位。该院具有建筑工程、城市规划、市政工程、园林绿化景观、岩土工程勘察、岩土工程勘察咨询及监理、工程测量及科技咨询、建筑工程监理与咨询等多项资质。其中,建筑工程设计、岩土工程勘察和科技咨询均为甲级资质。2015年12月,该院有职工130余人,专业技术人员100余人,其中各类高级职称人员25人,中级职称70余人,各类国家注册师40多人。院下设办公室、总工办、生产经营科、建筑室、结构室、设备室、市政室、景观规划分院、工程勘测分院、岩土工程测试中心及由院入股的常德市智立建设监理有限公司。该院现拥有固定资产3000余万元。

领导人员名录

常德地区基本建设局设计室(1975.5—1984.12)

主　　任　袁长清(1975.5—1980.7)

　　　　　　林祥耿(1980.8—1984.12)

书　　记　曹川海(1980.8—1983.10)

　　　　　　刘谷良(1983.11—1984.12)

副 主 任　陈辉湘(1975.5—1984.12)

　　　　　　刘　衍(1975.5—1980.7)

常德地区建筑勘测设计院(1984.12—1989.3)

院　　长　方哲丰(1984.12—1989.3)

书　　记　张晓棠(1984.12—1989.3)

副 院 长　李光德(1984.12—1989.3)

总工程师 刘仲儒(1984.12—1989.3)

总建筑师 张大刚(1984.12—1989.3)

常德市建筑勘测设计院(1989.4—)

院　　长 王自千(1989.4—1998.4)

袁劲松(1998.4—2001.2)

胡少华(2001.2—2001.11)

吕正跃(2001.11—2007.4)

陈佩荣(女)(2007.4—2013.10)

廖学军(2013.10—)

书　　记 王自千(1989.4—1998.4)

袁劲松(1998.4—2001.2)

胡少华(2001.2—2001.11)

吕正跃(2001.11—2007.4)

马泽民(2007.4—2013.10)

廖学军(2013.10—)

副 院 长 唐泽龙(1989.4—1998.4)

李光德(1989.3—1998.4)

杜文孝(1989.4—1998.4)

孙道源(1989.4—2001.2)

熊昌彬(1989.4—1998.4)

于坤喜(1989.4—1998.4)

陈兴坤(1989.4—2001.11)

林　凡(1989.4—)

郑建华(2001.11—2013.10)

张正先(2007.4—)

涂　臻(2007.4—)

总工程师 刘仲儒(1989.3—1998.4)

郑建华(1998.4—2013.10)

王月芳(2013.10—)

总建筑师 贺大坤(返聘,2001.2—2013.9)

林　凡(2013.10—)

总规划师 张正先(2013.10—)

工会主席　李　艳(女)(2007.4—)

二、设计与勘测

2003 年,全院新接规划设计项目 25 项,其中总体规划 1 项,专业规划 1 项,详细规划 23 项;完成施工图及初步设计 44 万平方米;工程地质勘察项目 79 项,钻探进尺 20981.68 米;测量项目 16 项;城市道路设计 14.6 公里,全年累计新接规划、勘测及设计业务达到 900 万元,实际完成勘察设计产值接近 750 万元,设计费入账收入也达到了 380 多万元。

2004 年签订规划、建筑设计及勘测合同共计 173 项;合同产值额达 600 余万元,全院年度实际结算收入 430 万元,完成设计总建筑面积 100 万平方米,市政道路设计 11.5 公里,勘察钻探进尺近 20000 米。

2005 年共签规划、建筑设计及勘测合同共计 209 项;合同产值额达 775.42 万元,全院年度实际结算收入 551 万元,完成设计总建筑面积 110 万平方米,市政道路设计 13 公里,规划设计 168.3 公顷,勘察钻探进尺 23636.8 米。

2006 年新签规划设计项目 26 项,建筑设计项目 72 项,工程地质勘察 87 项,城市道路设计 10 项,全年新签设计合同产值额 1366.2 万元(含上年未签合同的接转项目),其中,土建设计 79 项,合同产值 694.68 万元;市政项目 13 项,合同产值 315.64 万元;规划与景观设计项目 26 项,合同产值 75.7 万元;工程勘测项目 98 项,合同产值 280.19 万元;岩土工程测试中心 15.8 万元。建筑勘测院全年完成设计产值 1200 多万元,全年设计费入账收入 600 余万元。

2007 年共签订规划设计、市政工程设计、土建工程设计和工程勘察合同 160 项,其中土建设计 68 项,工程勘察 64 项,规划设计 17 项,市政工程设计 11 项。勘察设计到账收入 550 万元。

2008 年签订规划、市政工程、土建工程和工程勘察合同 180 项,其中土建设计 80 项,工程勘察 69 项,规划设计 19 项,市政工程设计 12 项。勘察设计到账收入近 600 万元。

2009 年全年新签土建工程设计、工程勘察、规划设计、市政工程设计合同 215 项,合同产值 1780 万元,预计完成产值 1600 万元。目前共完成建筑施工图设计 57.19 万平方米,市政道路设计 10.63 公里,工程勘察钻孔 2675 个,工程测量 4.2 平方公里。实际到账收入 1002 万元,完成利税 100 万元。完成了海德路的改建工程、德山四号路、长安路、柳叶大道续建工程、桃源县城污水处理厂管网工程、桃花源路及机场路的勘察等。

2010 年共签订了勘察设计合同 197 项,其中建筑工程 79 项,完成施工图设计 91 万平方米;市政工程 14 项,完成道路设计 8.6 公里;工程勘察 105 项,完成钻孔数 3962 孔,钻探进尺 55159 米;工程测量 24 项,完成道路测量 7.5 公里;规划设计 17 项,完成规划总面积 520 公顷。勘察设计合同产值 1760 万元,财务到账收入 1000 万元(含往年项目收款),上缴利税 152 万元。

这些勘察设计项目主要包括白马湖公园、柳叶大道、长庚路、高泗路、东风安置房、沙港安置小区、体育生态园规划等设计,以及桃花源机场路、洞庭大道桥、长港桥等项目的工程勘察和测量。

2011 年,全年完成新签土建工程设计、工程勘测、规划设计、市政工程设计合同共 214 项,合同产值 1800 万元,预计完成产值 1600 万元,实际到账收入 1200 万元,完成利税 308 万元。生产经营收入与去年同期相比上涨约 13%。完成了长港河水系治理及景观设计、新河路(紫菱路—龙港路)道路设计、柳叶湖“美丽山庄”规划以及伟星·金域蓝湾、洞庭春晓、鸿瑞和府等大型住宅小区设计。

2012 年主要经济指标完成情况:新签土建工程设计、工程勘测、规划设计、市政工程设计合同 206 项。其中土建项目 62 项,市政规划项目 27 项,勘察测量项目 117 项,新签合同产值 1883 万元,预计完成约 1300 万元,实际到账收入 1857 万元(含往年项目结转)。建筑设计方面完成了环保局办公大楼设计;市政设计方面完成了长安路、松林路初步设计;规划设计方面完成了穿紫河景观设计、常德市消防设计规划;勘察方面完成了尚德路、夏家垱水系治理以及楠沙湾棚户区改造;测量方面完成了竹根潭路(桃花源路—芙蓉路)。

2013 年院新签合同项目 259 项,其中土建 65 项,市政 18 项,规划 21 项,勘测 155 项,新签合同产值 2541 万元,实际入账 1825 万元(含历年结转资金),完成了德山德源中小企业创业园 B 区二期、津市丰华城一期、柳叶湖文化产业园规划、常德大道至二广高速芦荻山互通连接第二标、聚宝雨水泵站勘察、柏子园机埠滤池勘察以及“三改四化”128 条小街小巷设计。

2014 年新签合同 366 项(不含零星项目),合同产值 8000 余万元,其中,院接工程 113 项,金额 5000 余万元;土建一室自接业务 30 项,金额 750 余万元;土建二室自接业务 29 项,金额 300 余万元;规划室自接业务 21 项,金额 780 余万元;市政室自接业务 5 项,金额 50 余万元;勘测室自接业务 126 项,金额 860 余万元;实际入账 3500 余万元(含历年结转资金),税前利润 430 余万元,上缴税费 500 多万元,正在设计或已完成了津市丰华城一期、柳叶湖文化产业园、德山三创大楼、常德经开区沅水防洪堤和尚桥至二广高速堤段综合整治,市规划局委托的常德市路改工程,紫缘路跨湖管线工程等一些重点工程设计。

2015 年新签订勘察设计合同产值 4400 多万,实际入账 3300 余万元(含历年结转资金),其中土建 1365 万元,市政 1000 余万元,规划 200 余万元,勘测 612 万元,上缴利税 500 多万元,但较上年同期有所下降,完成了湖南常德穿紫河特色商业街“爱情岛”项目修建性详细规划与建筑设计,汉寿县“三改四化”芙蓉大道改造工程设计,常德15千米柳叶湖环湖风光带景观工程设计,常德市保障性安居工程“十三五”规划、三一翡翠湾等7个小区海绵城市专项设计等一些重点工程设计。

建筑勘测设计院1991—2015年代表性设计作品

1991—1998年:市芷园宾馆接待楼工程、常德地区人民医院大病房、常德中心广场、常德市桃林宾馆五号楼、常德市高等专科学校教学主楼、常德市基础大学教学楼、常德市畜产进出口公司、常德市桥头小学教学楼、常德市邮电局综合楼、常德卷烟厂技配中心、常德市石油公司综合楼、常德机场航管楼、常德市石门一中科技楼、常德市社保所离退休活动中心、常德市检察院侦技楼、常德市城区防洪大题整治工程测量及水文测量工程、常德防洪大堤修测工程勘察、常德市城区沅江大堤工程勘察。

1999年:常德市天主教堂,湖南文理学院东院教学楼,市火车站站前广场,市诗墙抗洪纪念碑,市污水净化中心,市武陵大道北段,市沅安路,市城区沅江大堤工程勘察、测量。

2000年:洞庭水产养殖研究中心、市光荣路。

2001年:常德市园林绿地系统规划、常德市大桥西区控制性详规、市师范学校科教楼、市建设局大楼、市春天百货。

2002年:沅江大桥风光带详细规划、芷兰中学体育场看台、常德职业技术学院实验楼、市规划局规划展示综合楼、市人民政府新办公大楼、市中区商业步行街,市金地香榭住宅。

2003年:常德市近期建设规划、常德市城市消防规划、常德市第四医院急诊综合楼、常德市七中教学大楼、江南城区体育休闲广场。

2004年:新世纪汽贸城、汉寿龙阳国际大酒店、市九重天花园。

2005年:市首创名苑,市芷兰实验中学综合楼、教学楼、图书馆,湖南文理学院办公楼改造、实验楼广场绿化,白马湖桥等设计。

2006年:金城领域商住楼、金健置业水榭花城西城、柳叶湖风光带景观工程、市常德大道改扩建工程。

2007年:武汉东光房产紫薇佳园、市广德花园小区、市一中办公楼、恒安纸业车间和仓库、蓝湖郡小区、金城2008小区。

2008年:高山街文化影视城、东莞(常德)工业园、常德移动公司4SM网铁塔扩容、中房集团康桥蓝湾、达门船舶厂船体车间扩建工程。

2009年:白马湖环境综合治理(白马湖公园)、市白马湖中学、红卫小区、武陵区人民武装部、沙港路(朗州路—荷花路)。

2010年:柳叶大道(常德大道—环湖路段)。

2011 年:瑞祥和府、沅江公馆、江北水系治理工程、润景苑别墅。

2012 年:七里桥安置小区、残疾人康复托养中心、市高职院南湖广场设计、首创名苑二期。

2013 年:锦汇苑小区、津市市城市综合体、德山水滋澜小区、万建紫庭小区、红都华庭小区、市沅江两岸室外亮化、市特殊涉毒人员收治中心院落改造。

2014 年:柳叶湖文化产业开发项目、穿紫河桥工程详勘、七里桥工程。

2015 年:华侨城·欢乐谷停车场地块设计、常德经开区科技企业孵化器设计、桃花源公共租赁及棚户区安置房 1 号楼、2 号楼,湘西自治州龙凤置业有限公司文峰豪廷、常德市沅江两岸室外建筑景观亮化工程(一期)、汉寿县“三改四化”芙蓉大道改造工程设计、常德市江北城区棚户区改造规划(2015—2017)、德国汉诺威水有限公司委托的常德市穿紫河改造项目子项目、“爱情岛”和“德国街”。

三、企业管理

员工队伍建设 1991—2015 年,建勘院高规格引进各类专业设计人员近 50 名。其中,硕士研究生 2 名,本科生 5 名。在引进人才的同时,各专业负责人也加强对他们的培养和提升,特别是方案室、市政室在这方面做了大量工作。他们针对新进人员对业务不熟悉,无法独立做项目的这一情况,首先明确师傅,师傅分配设计任务,事先指导,做到师傅带、徒弟做,做到传、帮、带。同时室里还规定徒弟在第一合同期的第一年所做的项目;师傅可以提取效益工资的 50%,第二年提取 30%,第三年提取 20%。第一合同期满后由师傅和室主任、主任工程师鉴定是否出师,出师后师傅不再提取效益工资。

制度建设 1991 至 2015 年建勘设计院相继制定《生产项目管理制度》《差旅费管理制度》《零星工程设计咨询管理办法》《设备管理办法》《土建工程校审大纲》《技术资料成果管理规定》《图书借阅管理规定》等一系列规章制度,并对单位原有的规章制度进行修改完善,制定管理制度汇编。

第十一节　常德市规划建筑设计院

一、机构与队伍

机构　1989年4月，原常德市(现武陵区)规划勘测设计院和常德市建筑设计院合并组建常德市规划建筑设计院，隶属市建委的正科级事业单位，实行企业化管理。是时，资质等级为国家乙级勘察设计单位，负责常德市城市规划、市政工程建设、建筑工程设计及工程、地形、大地和地籍测量的技术咨询和科研工作。拥有经营场地(设计办公楼及库房)2125平方米，内设管理科室有办公室、总工程师办公室、生产办公室，全面质量管理办公室。技术科室有设计一室(规划、市政)、设计二室(建筑)、设计三室(建筑)、设计四室(测绘)。2000年1月，根据《关于市建筑勘测设计院、市规划建筑设计院机构规格的通知》(常编发〔2000〕2号)，市规划建筑设计院升格为副处级事业单位，仍归口市建委管理。2003年9月，市规划建筑设计院取得建筑工程甲级资质，成为湘西北地区第一家拥有甲级资质的设计单位。2010年3月，市规划建筑设计院由市住建局划归市规划局管理。2012年3月，市委编委办同意，增加10个编制，常德市规划建筑设计院自收自支事业编制增加到90名。

领导人员名录

院　　长　张大刚(1989.4—1991.6)
李雷声(1991.6—1993.12)
康存前(1993.12—)

书　　记　李雷声(1989.5—1991.6)
沈子江(1991.6—1996.3)
杜文孝(1996.3—2007.3)
汤巨龙(2007.3—)

副 书 记　旷建新(2006.9—)

副 院 长　刘吾三(1989.4—1990.7)
孙道源(1990.4—1994.5)
李雷声(1989.4—1991.6)

钟叙铣(1989.5—1995.8)
鄢大富(1994.5—2010.8)
旷建新(1999.4—)
王腊云(2006.9—)
张　成(2010.8—)

总工程师 张大刚(1989.4—1991.6)
钟叙铣(1991.6—1995.8)
杜文孝(1996.3—2010.8)
刘　忠(2010.8—)

总建筑师 张　成(2006.9—)

总规划师 王腊云(2006.9—)

工会主席 周伯华(1992.3—1997.3)
杜文孝(1997.3—2001.7)
何仁斌(2001.7—)

队伍 1991 年,全院有干部职工 71 人,其中专业技术人员 66 人。离退休人员 7 人。

2010 年,在职员工 135 人,其中高级职称人员 17 人,中级职称 49 人,各类注册师 31 人,有在职中共党员 43 人,研究生 9 人。张成同志任副院长、总建筑师,任命刘忠同志为总工程师,增补傅关平同志为院支部委员会委员。甘林辉获得注册设备师职业资格。

2015 年,在职员工 198 人,专业技术人员 180 人,其中高级职称人员 19 人,各类注册师 36 名,硕士研究生 20 人,博士生 1 人。12 月,经院务会和院党支部研究,该院团支部进行了改选,由规划二室年轻工程师王柏淏担任团支书,高昕雯、王帅、杨庆辉、叶宗朋、杨凤娇、黄河、罗广林、杨拓 8 名年轻职工任院团支部委员。

二、建筑工程与规划设计

建筑工程设计 1992 年 5 月,市规划建筑设计院制定工序管理表,把建筑工程各专业的 38 张工序流程图体现在 8 张工序管理表上。配置从中国建研院引进的“多层及高层建筑结构空间分析程序”“高层建筑普通箱基与防空地下室箱基通用程序”等六项软件。

1998 年,完成建筑设计项目 38 个,面积 20.98 万平方米,初步设计 5 项,投资 1.42 亿元。市体育中心体育场工程设计获湖南省 1998 年度优秀设计二等奖。4 月送选的三个方案参加“迈向二十一世纪的中国住宅”竞赛,其中一个方案入选建设部参加决赛。8 月,由院长康存前带队的一行 4 位技术专家到西藏隆子县进行设计,克服严重的高原反应,完成西藏隆子县城政府办公大楼、县中学综合大楼等施工图设计。10月,市规划建筑设计院为湖南省建筑师学会学术年会创作建筑总体设计一份。

2001年,全年完成初步设计7项,面积33万平方米,投资1.9亿元;施工图48项,1.948万平方米,投资1.62亿元。优质项目有以张成同志为设计负责人的市管道燃气调度中心、以杨正喜为设计负责人的市消防大厦、以陆春同志为设计负责人的市一中体育馆设计项目。

2002年,全年完成施工图46项,24.086万平方米,投资2.45亿元。完成较大项目有金健置业H组团、金健米业A组团高层设计、荣星公司综合楼、农产品大市场等。在工程勘察设计“四优”评选中,常德市第一人民医院外科住院大楼获市优一等奖、省优三等奖;市人民路商业步行街获市优一等奖、省优三等奖;市长怡中学教学楼获市优二等奖、省优三等奖;市一中大门、市政建设总公司综合楼、鼎城区法院审判中心大楼均获市优三等奖。

2003年,完成建筑设计38项,面积15.8万平方米,投资9480万元。优秀项目市十一中学教学楼、市一中体育馆和市区管网普查设计均获湖南省优秀设计三等奖。2004年,完成建筑设计40项,建筑面积41.577万平方米,总投资2.2238亿元。2005年,完成建筑设计55项,建筑面积48.5万平方米,总投资2.91亿元。在省市优秀设计评选中,常德市高职院风雨操场、看台获湖南省优秀设计表扬奖,湖南文理学院老干活动中心获常德市优秀设计三等奖。

2007年,完成建筑设计项目110余项,建筑面积70万平方米,总投资5.6亿元。项目总建筑师制度造就的优秀项目有:何仁斌为项目总建筑师的朝阳佳苑小区云锦纺织工业园、杨正喜为项目总建筑师的拥有20万平方米的太阳城住宅小区、陈昌平为项目总建筑师的拥有6万平方米的新城外滩小区、郭定善为项目总建筑师的颐和电信小区、刘南清为项目总建筑师的君蓓苑小区、罗沅杰为项目总建筑师的移动公司铁塔基础工程。

2008年,完成初步设计70.6万平方米,投资14.9亿元,施工图设计63项,39万平方米,投资14.9亿元。优秀项目有:水榭花城中城(一期)获湖南省优秀设计三等奖;鼎城一中景新教学楼、常德交通旅游学校教学楼均获常德市优秀设计三等奖;在省建设厅发起的“嘉盛地产杯湖南省中小套型住宅设计方案竞赛”中,戴亮、李英慧、庹潇文设计的“绿色蜗居”被评为优秀方案竞赛三等奖。

2009年,完成初步设计7项,10万平方米,投资1.8亿元,施工图设计40项,58万平方米,投资7亿元。援助项目“古丈县会务中心”设计获2009年度湖南省优秀设计二等奖。

2010年,完成初步设计9项,56.2万平方米,投资10.5亿元。

2011年,完成建筑工程项目设计58项,建筑面积73.8万平方米。由副总建筑师段祥云为总设计,杨斌、鲁海霞、邓金枝参与设计的“常德卷烟厂员工活动中心工程”获省优秀设计三等奖。在省建设厅组织的“保障性住房方案设计竞赛”活动中，段祥云、李琴设计的“朗湘居方案”获优秀奖。

2012 年，土建设计完成工程 55 项，建筑面积 54 万平方米。

2013 年，土建设计完成工程 66 项，建筑面积 111.2 万平方米。罗宗伟为首设计的“滨湖公园管理用房及游客休息室”获湖南省优秀设计三等奖，这也是常德市唯一的土建工程类获奖项目。

2014 年，土建设计完成项目 65 个，建筑面积为 47.6 万平方米，代表性的项目有常德市河洑、芦山两大出入城口的高速收费站以及常德“两师两校”(两师指常德师范学校和桃源师范学校，两校指常德高级技工学校和常德工业学校)大门方案。

2015 年，土建专业签订设计合同数为 30 个，合同金额为 3267 万元，到账收入为 2843 万元，代表性的项目有常德河街设计、白鹤山集镇提质改造工程设计等。2015 年 7 月，作为常德海绵城市建设的第一个范例项目，由市规划建筑设计院主持设计的穿紫河水系生态治理——船码头机埠改造工程获 2015 年度湖南省优秀工程设计一等奖，创造了该院获奖等次的新高度，这也是常德市范围内首次获得该奖项。该设计项目负责人为给排水专业高级工程师付晓娟，主要设计人员为郑昶、戴亮、曾武钢、黄晔、黄科文、杨斌、陆雄伟、王强、吴丽。

城乡规划设计　1992 年，开展质量控制活动，其中规划一室的“东 A 区控制性详细规划研究”于 5 月上报省勘察设计协会参评。

1998 年，完成总体规划 16 平方公里，详细规划 2.58 平方公里。7 月，在紫兰居住小区总平面规划设计招标中一举中标。8 月，完成西藏隆子县城总体规划。在遭遇百年不遇的特大洪水之际，派出 10 名技术人员到澧县灾区，对澧南垸和官垸进行总体规划、控制性详规和修建性详规设计。

2000 年 8 月，完成石门县皂市镇总体规划设计。

2005 年，完成总体规划 5.6 平方公里，控制性详细规划 3.62 平方公里。完成的项目有江南城区道路路网规划、落路口控制性详细规划、皂市镇总体规划、河洑镇总体规划。是年，在省优秀设计评选中，常德市近期规划设计获省优秀设计三等奖；园林专业研究生戴亮在中、日、韩国际设计大赛上获第三名。

2010 年，完成总体规划 8 平方公里，专项规划 0.12 平方公里，控制性详细规划 0.18 平方公里，修建性详细规划 4.8 平方公里；设计完成常德市“一纵三横”街景整治规划；完成常德市武陵区棚户区改造规划设计、江北城区道路专项规划设计和常德市人防工程规划设计。

2015 年，规划专业签订设计合同数为 27 个，合同金额为 1158 万元，到账收入为 1136

万元。5月,上级指定市规划建筑设计院派出一名规划专业技术人员赴隆子县住建局开展为期半年的短期技术援藏服务,规划二室年轻工程师王柏淏同志主动提出申请,并顺利完成了任务。由副院长兼总规划师王腊云,以及规划一室邓松青、王显敏等参与的合作项目“常德经济技术开发区东风河片区控制性详细规划”荣获2015年度上海市优秀工程咨询成果一等奖;由规划二室阳国仁、郭翔、樊盛参与的合作项目“常德中心城区及周边区域水系专项规划”荣获深圳市第十六届优秀城乡规划设计三等奖。在湖南省2015年度优秀城乡规划论文竞赛中,王帅撰写的《观光农业园景观浅析》、曹珂撰写的《城市废弃地的人居环境改造——秦皇岛汤河公园和纽约高线公园的比较》荣获三等奖,李倩兰、黄晔、王显敏、刘翊、黄科文、高昕雯、任奇伟、戴亮、胡桢颖各自撰写的论文获得了表扬奖。

市政工程设计 1989年8月撤区建市后,常德市委市政府把工作的重点放在工农业生产上,对旧城的改造和市政建设项目的投入相对较弱,因此在较长一段时间里,市建筑规划设计院在市政工程设计方面的工作量较少。1989—1997年,每年市政工程的设计量都只有2—3项,最多的1994年,也只有4项。这以后,随着城市建设的迅速发展,市政建设工程增多,市建筑规划设计院完成的市政工程设计也随之增加。仅1998年,市规划建筑设计院完成的市政工程设计就有6项。

2001年,完成市政工程规划设计15项,2002年,又增加到18项。经过数年的发展,市规划建筑设计院设计水平也有很大提高。至2004年,市规划建筑设计院市政道路设计资质升为乙级。

2005年,完成市政项目12项,总投资2.01亿元。完成的主要市政工程有德山开发区有德路、善卷路、青山街道路设计,市城区人民西路、龙港路,德山医院拱桥设计。德山开发区莲池路新建工程获市优秀设计三等奖。

2008年,市规划建筑设计院完成的市政项目攀升到23项。以后几年,市规划建筑设计院完成的市政项目都在20项左右。同时也出现了一批有影响的获奖工程项目。2008年,常德大道获市优秀设计二等奖;2011年,傅关平、李晋华、张杰、郑亮、鄢晓佳、胡碧衡、田忠义、甘林辉、戴亮、邓金枝参与设计的“朗州路延线工程”获省优秀设计三等奖。

2013年,常德“三改四化”城市建设拉开帷幕,其中路改设计由市规划建筑设计院承担,该年完成市政道路设计105.7公里,涉及总投资37.5亿元,包括江北城区的20条主次干道、德山开发区的4条主次干道以及江南城区的11条主次干道,设计费合同金额为3467万元,到账收入为1279万元。

2015年度,市政专业签订设计合同数为35个,合同金额为2448万元,到账收入为805万元。由于常德城区“三改四化”路改已基本完成,市规划建筑设计院努力将业务向下面区县延伸。

市规划建筑设计院 1989—2015 完成市政工程设计一览表

表 7-11-1

年份	设计项目	
	项目数	项目名称
1989	2	沅水大桥南引道改造工程、滨湖路污水泵站过江管设计
1990	3	人民西路改建过程、德山洞庭路交叉口建设过程
1991	2	征地拆迁事务所民宅搬迁总平面
1992	3	鼎城北路(武陵大道北段)、德山桃林路、善卷路、枉水大桥
1993	2	富昌路、有德路
1994	4	有德中路、武陵大道南段、丹阳路、德山中路
1995	1	武陵区政府青年路
1996	2	洞庭大道、朗州路口人行天桥
1997	1	火车站站前正街地道设计
1998	6	育才路、南坪路火车站段(现为常德大道)等
1999	5	常乐路、长庚北路、德山崇德路、石门县迎宾南路、沙港路
2000	9	德山北路、北站人行天桥、柳叶路、崇德西路、朝阳路、岩河路、德山莲池路、岩潭路、南坪西路
2001	15	新河路、芙蓉路、南坪西路、楠竹路、石门县皂市镇道路、乾明路等
2002	18	人民东路、沅安路、中区道路、崇德西路等
2003	6	柳叶西路、花山旅游公路、乾明路、洞庭大道、常德大道、三星路
2004	8	乾明路、沅安路延伸段、新河路等
2005	12	有德路、善卷路、青山街道路设计，市城区人民西路、龙港路、德山医院拱桥，常德大道接线、朗州路路面修复等
2006	11	德山南路、常澧路、仙源路、灌溪镇、岗中大道、兴工大道、邓家坪大道、中心路、紫菱中路、三间路、崇德路
2007	38	桃林东路、人民西路、金丹路、西湖道路改造等
2008	23	朗州路北伸线、体育生态园道路、德山二号路、紫菱西路、荷花北路、朝阳路(洞庭大道—柳叶路)、善卷路、育才西路新建工程、洞庭大道东段、花山路、竹叶路、芙蓉路(滨湖路至常德大道)等
2009	25	乾明南路、德山十号路、紫菱西路、竹叶路、滨湖西路、德山北路改造工程、洞庭大道西段等

续表 7-11-1

年份	设计项目	
	项目数	项目名称
2010	25	朝阳路(柳叶路—洞庭大道)新建工程、朝阳路(紫菱路—柳叶路)新建工程、学院路排水整治工程、洞庭大道东沿线排水整治工程、乾明南路(兴德路—二号路)工程、常德大道(德山段)望江路路面改造、建设东路、洞庭大道人行道板改造(4.5.6 标段)、复基路、滨湖西路(金丹路—芙蓉路)、武陵工业园道路、南坪西路等
2011	22	朗州路北伸线、皇经路、中联路、金霞中路、马家吉沿河大道、双拥路排水改造工程、复基路(紫缘路、环湖路)新建工程、碑吉边路新建工程、三闾南路(启明路—中心路)、芙蓉北路(柳叶大道—常德大道)新建工程等
2012	23	德山南路、文峰路、建新路、善德路、河洑山路、鼎城路(西站路—红云路)、仰止路(文峰路—望江西路)、常德大道德山段交通设施改造工程、北横三路排水工程、永安东路新建工程、善卷变进场道路、德山变出线小路、常馨经编路等
2013	14	常德大道临时排水泵站、十号路、仰止路(文峰路—望江西路)、善卷文化广场挡土墙新建工程、桃林路、善卷路路灯改造项目、白鹤路(二广高速连接线—环湖大道)道路工程、二广高速连接线(古田路—白鹤路)、岩子堰路(皂果路—环湖路)、常德大道、桃林路、德山大道道路维修、护安路(洞庭大道—紫缘路)新建工程、(常德市江北城区 20 条、德山 3 条、鼎城区 11 条主次干道道路改造工程)、长张高速人行天桥护壁桩工程、人民路东延线工程设计、善卷变排水管工程
2014	37	旺企路及支路道路工程设计、常丹路修复工程设计、杨家港路桥一、桥二新建工程、蚂蟥溶沿山路工程设计、莘子路道路工程设计、船码头机埠改造工程步行通道、长港路(柳叶大道—紫菱路)新建工程、东风路(沙港路—新河路)新建工程、乾明中路新建工程、乾明中路(同德路—尚德路)新建工程、建新路(阳明路—桃花源路)新建工程、常德市工人文化宫前坪改造工程、常德市委党校道路改造工程、桃花路新建工程、高教路新建工程、姚湖路新建工程、常东路(竹山巷—常德大道)新建工程、桃源县城区污水处理厂管网完善配套项目、承德路(善卷路—乾明中路)新建工程、三闾南路工程设计、城乡饮用水一体化可行性研究报告、三一路(柱水南路—德山南路)新建工程、善卷南路(兴德路—怀德路)新建工程、柏园桥亮化工程、沅澧快速干线鼎城(莲花路—太阳大道)段变更工程设计、鼎城区桥南人防工程所在地道路改造、丹溪路(沅水四桥—太阳大道)设计、芙蓉北路(筑基路—常德大道)新建工程设计、金霞中路(阳明路—红云路段)改造工程设计、皂果北路道路桥梁工程设计、乾明北路(望江西路—莲池路) 新建工程、杨桥河路、窑港路、沅安路、奔富路
2015	30	樟桥路改造工程、莲池路改造工程、龙港北路(常德大道—筑基路)新建工程、常德市武警机关道路改造工程、方家巷改造工程、湘西北汽贸城北区主次干道及景观项目、柱水桥桥面改造工程、常德市五县一市天然气输配管道工程、邵家垱泵站新建工程、东风南路(柳叶大道—沙港路)新建工程、319 国道改建项目、长港泵站新建工程、万金障雨水泵站新建工程、刘家桥机埠和甘垱机埠新建工程、柳胜路(柳叶大道—柳溪路)新建工程、紫菱西路(皂果路—芙蓉路)补充合同、白鹤山柳叶大桥照明工程、(白鹤山集镇道路新建工程设计和测量、污水泵站和垃圾中转站、绿化景观工程和两个牌坊两处水景设计)、白鹤山集镇停车场新建工程、夕照路(常德大道—筑基路)新建工程、刘家坪路(护安路—老堤障路)新建工程、滨湖西路(丹溪路—桃花源路)新建工程、中联路(柱水南路—乾明南路)新建工程、茅湾桥接线工程、常德市海绵城市建设工程(一期)环形水系初步设计、筑基路(芙蓉路—桃花源路)新建工程、唐家溶污水泵站工程、水电八局常德生活基地等棚改配套污水管网建设工程、盐业路(高泗路—沅安路)新建工程

三、建设工程测绘

1992 年 3 月，常德市规划建筑设计院测绘许可证由丙级升为乙级。

1990 年—2010 年间，测绘室主要承担地形图测量及局部地形图修测、道路带状地形图、纵横断面测量及道路放线测量。

1998 年 6 月，院长康存前带队旷建新、蔡新进、向湘粤完成西藏隆子县 1.9 平方公里 1∶2000 地形图测量。

2005 年，完成花山路道路测量 8.5 公里，该项目荣获湖南省建设厅优秀勘测设计三等奖。

2011 年 1 月，常德市规划局整合该局研究中心与常德市规划建筑设计院测绘技术力量，成立常德市规划建筑设计院测绘分院。测绘分院具有乙级测绘资质，有工作人员 30 人，其中在编 7 人。有工程师 4 名、助理工程师 3 名、技师 1 名、助理经济师 1 名、高级技工 4 名、测量工 2 名；有全站仪 7 台、GPS 接收机 3 台、水准仪 2 台、计算机 30 台、绘图仪 2 台、打印机 3 台、复印机 1 台。主要职能及业务工作为常德市航测地形图管理应用及更新、地形测量、城市规划定线测量、市政道路工程及地下管线测量、建筑工程竣工测量等。

至 2012 年，测绘分院在做好规划定线测量和竣工测量的同时，还组织完成常德市规划区 308 平方公里地形图航测编绘工作，将和前期已完成的 400 平方公里航测地形图，用于数字常德基础数据库建设；为常德市污水排水总体规划、消防总体规划、柳叶湖创建国家级旅游度假区总体规划、城市绿地系统规划、广告总体规划、文化教育产业园、渐河西岸概念规划、灌石工业新城、灌溪镇白马岗村总体规划等规划编制项目修测地形图累计 285 平方公里，为常德市警用地理信息基础应用平台、电力地理信息系统（GIS）等信息化建设项目和供水管网普查、江北城区水系改造、砂石场整治等市政工程提供地形图合计 856 平方公里，并完成万寿路、金霞东路等道路工程的定线测量，完成常德大道、沙港路、龙港中路、沙河南路等道路工程的竣工测量和地下管线测量，为常德市行政中心规划方案、棚户区改造、公寓楼安置、经适房、廉租房等工程提供测量服务。

2013 年，测绘分院完成建筑物定点放线 422 件 1688 点，竣工测量 98 宗 343 万平方米，庭院管线测量 243 平方公里；修测地形图 184 宗 7500 万平方米；组织完成“三改四化”武陵大道、常德大道等 20 条道路纵横断面测量 55.7 平方公里，沾天湖、穿紫河等水系高程点测量 54 点，武陵桥、七里桥等 3 座桥梁测量；完成永安路、金霞西路等 2 条道路定线测量，朗州北路、紫缘路等 3 条道路竣工测量；澧县杨家坊乡回龙峪村、津市棠华镇官堰村地形测量 4.5 平方公里，测量收入达 346.3 万元。

2014年,测绘分院共放线93宗542件,修测地形图121宗约2500万平方米,完成竣工测量71宗共240万平方米、庭院管线测量193.6平方公里;组织完成"路改"项目道路竣工测量33条67.8公里807万平方米(其中市江北城区21条,鼎城区6条,德山3条),完成"完美社区"修测45个91.7万平方米,完成白马湖公园、丁玲公园、桃花源大桥、武陵桥、柏园桥、穿紫河桥、武陵阁停车场等市政项目竣工测量11宗196.6万平方米。先后抽调20人参与"数字规划"建设,负责城市规划区572平方公里基础地理信息的入库整理、质量检查、重要区位的更新测量等工作。

四、管理

1993年3月,市规划建筑设计院制定《全面质量管理奖惩制度》,设立全面质量管理工作专项奖,并规定根据职工在全面质量管理中的质量意识及所做贡献合理发放奖金。5月,市规划建筑设计院制定《职工经济责任承包制》,规定职工可以通过自愿申请,并经所在室主任签署意见,报院领导批准后,在沿海经济发达地区承接设计业务,承包期一次签订须在半年以上,并按季度向院里交纳承包费。

2005年1月,该院实行与技术、经济目标管理责任制相适应的分配制度,受到市人事局工资分配主管部门肯定;市规划建筑设计院参照《民用建筑设计劳动定额》,修订《建筑工程专业工作量分配办法》,对不同项目的各专业工作量做出科学、合理的规定,为单项工程奖金分配提供了更细化的依据。

2007年2月,针对施工图审查中出现一次性通过率低的问题,市规划建筑设计院下发《关于加强施工图设计质量管理的规定》,并规定每季度召开一次"质量例会",发布施工图审查情况反馈意见表,提高图纸质量。当年第三季度施工图一次性通过率达到91.07%,而2006年同期仅为15.79%,提高86个百分点。

2010年12月,制定《行政后勤管理制度》《生产经营管理制度》和《质量技术管理制度》三大内部管理制度,并印刷成册,人手一册。

2013年1月,该院出台政策鼓励员工报考资质升级需要的各类注册师,规定在往年考试中分数超过及格线80%以上的,可以申请报销考试费用。政策出台以后,报考并考取注册师的人数较往年大幅提升,当年有2人参加了注册建筑师的考试,其中邓静考过二级注册建筑师,被提拔为建筑一室副主任;15人参加注册结构师的考试,有4人参加了注册规划师的考试,其中娄静通过考试,并被提拔为规划一室副主任;有11人参加注册设备师的考试,有2人参加注册造价师的考试,有5人参加了注册咨询师的考试。

2014年3月初,该院成立图文中心,在所有设备配备齐全后,于4月底正式运行,完成出图晒图任务，当年实现产值48万元。同时，成立以院长康存前为首的七人采购小组，规定凡单价超过3万元的设备或办公用品，均由采购小组协商确定后购买。12月，该院修改和补充《建筑工程、市政工程专业工作量分配办法》，规定除项目负责人按3%，管线综合按4%、概算按4%固定比例分配外，其余专业按各专业投资占总投资额的比例计取。其中给排水专业乘以1.1的难度调整系数，绿化专业所占比例不足3%时按3%计取。

2015年2月，市规划建筑设计院制定《渲染图绘制管理规定》。3月，该院制定《图文中心劳动分配管理暂行办法》，图文中心进行独立核算，工作人员由行管人员转为生产人员，实行固定档案工资加产值提成的劳动分配制度。同时鼓励图文中心在保证完成院里晒图出图任务的前提下，对外自主承接业务。图文中心2015年度的产值为70万元。8月，该院制定《关于专业技术人员招聘及引进的管理办法》，详细规定各专业引进人才的最低标准。

第十二节　常德广积米业有限公司

一、企业概况

常德广积米业有限公司属国有控股企业。该企业成立于2001年3月，在常德市米业公司“两个置换”基础上重组而建立的。是时，该公司内设办公室、仓储部、营销部、财务部、质管部、生产部、人力资源部、产业办、物管部、改革办等机构。2007年9月，广积米业有限公司与东门粮食储备库从城区搬迁至常德经济开发区（德山），首期建设100亩，新建办公楼1栋、生产车间1栋、仓库4楼8廒，倒班楼1栋，总建筑面积10800平方米。2008年，该公司股东大会决议，引进民营资本，自然人蔡佐出资515.2万元购买公司工会所持员工股份。股本结构变为，国有股54%，自然人蔡佐46%。李秀成任董事长，蔡佐任总经理。至2010年底，该公司注册资本1000万元（2012变为2200万元），总仓容64000吨，固定资产总额6000万元，建筑总面积21300平方米。

领导人员名录

董　　事　　长　毛先红（党委书记，2002.3—2008.5）
李成秀（2008.6—，其中2008.6—2013.2任党委书记）
总经理（法人代表）　苏青林（2002.2—2002.8）

	毛先红(2002.9—2008.6)
	蔡　佐(2008.6—2020.9)
副董事长	刘润华(党委副书记,2002.2—2005.5)
副经理	尤顺如(2002.2—2005.10)
	舒福荣(女)(2002.2—2015.10)
	李成秀(2005.3—2008.5)
执行经理	尹明德(2008.06—2010.8,党委书记 2013.3—)
	毛先红(2011.1—2013.2)
	杨金刚(2013.3—)
监事会主席兼工会主席	孟玉华(2002.2—2005.5)
	孙永忠(2005.6—2010.9)

二、生产经营

1998 年,广积米业有限公司实施“公司+基地+农户”的农业产业链,把分散的零星种植的千家万户组织起来,成形“一乡一品”“一村一品”“一地一品”的优质稻开发,涵盖常德市 9 个区(县、市)90 个乡镇。

2001 年 3 月,广积米业有限公司秉承“绿色、环保、诚信、健康”理念,率先在食品分公司建成全市首家放心米粉生产线,其生产线为全不锈钢材料制成。该生产线日产鲜湿米粉 12000 公斤,占全市日需求量的 30%。是年,广积米业被确定为省级农业产业化龙头企业;2002 年,广积米业公司根据省政府文件精神,依法取得水稻种子经营资格,生产经营水稻常规种子,从事优质水稻种子繁育、提纯、生产、示种示范、推广等工作。

2001 年,广积米业有限公司“芙蓉贡米”“中国香米”“江南软米”三大系列等 20 多个品种获得农业部绿色食品认证中心认证标志,绿色食品基地 50000 亩,分布在鼎城区石板滩镇、灌溪镇、蔡家岗镇。

2002 年,广积米业开始规范设计各种品种规格的优质米包装,提出“立足本省、辐射周边、面向沿海、走向国际”16 字的营销方针,先后在广东、广西、福建、四川、浙江、湖北、江西、重庆、贵州等 16 省市设立总经销,在湖南各地州市设立经销商,并先后进入沃尔玛、家乐福、新一佳、家润多、步步高、大润发等连锁超市。

2003—2008 年,广积米业有限公司升级换代生产设备,提高生产效率及产品质量。将砻谷机由皮带传动改为齿轮传动;将精米抛光机由卧式改为立式;引进日本安西色选机,新购武汉正大抛光机;引进日本佐竹 160 型色选机;将砻谷机再次换代,改为气动控制砻谷机；再次引进日本佐竹 800 型大容量色选机。

2009 年，广积米业新建面条车间一栋，安装机电一体化面条生产线，加工能力为年产 6000 吨面条；新建储粮仓库 5 栋 11 廒，仓容 33200 吨，水泥路面 6000 平方米，总建筑面积 10500 平方米，总投资 3000 多万元。

2010 年 10 月，广积米业公司投资 350 万元(其中维修经费 150 万元)，购买汉寿县粮食局大南湖粮站。该粮站占地 26.35 亩，仓房 5 栋，仓容 12900 吨。

人物

该志书收录1991—2015年市属国有企业的省以上“劳动模范”“三八红旗手”“五一劳动奖章”获得者及高级专业技术人员。这些人物在国有资产经营、管理过程中做出过突出贡献。

一、劳动模范简介

劳动模范包括全国和省级劳动模范。

陈仕远

陈仕远，男，汉族，1944年5月出生，湖南石门人。1967年12月参加工作，1986年6月加入中国共产党，高小学历，已退休。

陈仕远在青峰煤矿工作期间，历任班长、副队长、队长、党支部书记。他在提升职工队伍的整体素质的同时，努力提升自己的素质。坚持全区第一、预防为主，围绕加强安全监管、服务生产经营的目标，抓好基础工作。以排查和消除隐患为重点，强化全队安全生产意识，杜绝“三违”现象，改善安全生产作业环境，提高安全生产管理水平。所在工队年年完成或超额完成各项经济指标，正规循环作业达到矿定标准，工队实现安全生产，无死亡、无重伤、无重大设备事故，成为生产工区的一面旗帜。

陈仕远所在队班民主管理制度健全，队务公开透明，收入分配公开公正，班组队伍稳定，职工团结和睦，遵纪守法，作风正派，爱岗敬业，勤奋工作，职工坚持出满勤，无违法违纪发生，完成生产任务突出。由于团结民主，全队协作精神强，战斗力不断提高。他所带领的工队在全工区名列前茅，多次夺取“流动红旗”，他本人也深受全队职工爱戴。

1989年7月被国家能源部授予“劳动模范”光荣称号，1997年10月被湖南省人民政府认定为“劳动模范”。

陈寿山

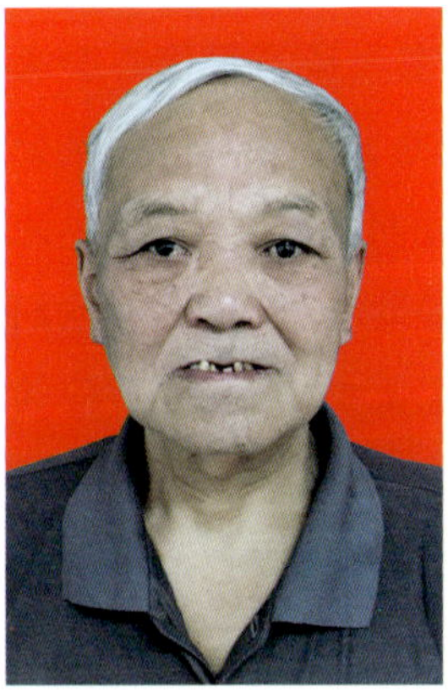

陈寿山，男，汉族，1950年3月出生，湖南常德武陵人。1968年12月参加工作，1962年2月加入中国共产党，湖南省七一机械工读学校铸造专业毕业，中专学历。曾任湖南七一机械股份有限公司（原常德七一机械厂）一车间造型一班班长，已退休。

陈寿山热爱本职工作，忠于职守。翻砂造型是机械行业最脏最苦最累的工种。他自1968年入厂后，一干就是34年，特别是由于他长年在粉尘环境里工作，患上了硅肺病，领导多次表示要为其调换工种，但他总是婉言拒绝。他家离厂区十多公里，且家有80岁高龄病母和一个痴呆弟弟，但他一心扑在工作上，从未缺勤。除了母亲病故请三天丧假外，他在造型生产岗位上坚守34年；近五年，他完成十年的工作量。

他刻苦钻研，大搞技术革新，为企业新品上马扫清了障碍。特别是重达1.2吨的机架，组合的泥芯多，在七一机械厂乃至全国也属首例。陈寿山和他的工友们认真分析，终于攻克了这个行业难题。他积极开展质量控制活动，使产品质量得到很大提高，仅生产70泵弯管这一项技术就为企业创效益15万多元。

2000年4月陈寿山被湖南省人民政府授予“劳动模范”称号。

陈折峰

陈折峰，男，汉族，1973年11月出生，常德市武陵区人。1994年3月参加工作，2007年6月加入中国共产党，高中文化，现为常德市公共交通有限责任公司1路线375＃车组驾驶员。2008年4月陈折峰被常德市政府授予“劳动模范”称号，2010年12月被湖南省人民政府授予“劳动模范”称号。其主要优秀事迹表现在：

铁心苦练。他请教内行、不断摸索，总结出“静、稳、让”三字安全行车法，13年安全行车75万公里无事故；他反复试验、潜心研究，总结出“慢起步、柔进档、中速行、缓进站”十二字节油法，通过在各分公司、各线路实践，效果显著，成为公司节能增效的优秀典型。

用心服务。在行车中，不论面对哪类乘客，他服务态度一个样；不论车厢人多人少，他规范操作一个样；不论车辆运行正常与否，他服务质量一个样；不论个人情绪好与坏，他服务要求一个样。工作 13 年，未发生一起乘客投诉事件。

热心助人。他把“维护乘客利益，当乘客忠诚卫士”当作座右铭。当车厢发生各种“突发”情况时，他首先以保护乘客利益为己任。乘客遗失在他车上的东西从不用担心会丢失，他都会妥善保管上交分公司，或主动寻找失主归还失物。1 路线是公司最老的一条公交线，也是公司效益最好的一条线，全线有 22 台公交车，共有 51 名司机，青年人居多。陈折峰深知，只有百花齐放才能春色满园，为此他注意带好身边的年轻驾驶员，积极为他们传授驾驶技术和经验。2008 年的那场冰冻灾害期间，安全驾驶成了重中之重，为了使徒弟们能够安全行车，本应公休的他毅然在凌晨 4 点半就来到了车队。他逐个站在徒弟驾驶室，给他们讲解冰上行车要领并亲自指导操作，使大家很快就掌握了恶劣天气的行车技术。他带出的徒弟年年被评为先进个人、安全标兵，他所在车组年年被评为红旗车组、优秀车组。

作为一名普通的驾驶员，陈折峰的工作是平凡的，既没有激动的豪言壮语，也没有惊天动地的壮举，十米车厢内，他始终坚持一步一个脚印，默默地展示着自己的人生价值，奉献着公交人的热情。

戴卫良

戴卫良，男，汉族，1971 年 9 月生，湖南省汨罗市人。1971 年 7 月加入中国共产党，大学本科学历，华中科技大学计算机专业毕业，大学本科学历，硕士学位，机械工程师，高级技师，烟草行业国家裁判，湖南中烟工业有限责任公司常德卷烟厂设备工程部副部长。

戴卫良编写了一本手册《包装机操作和维修》。独立设计了变形烟包检测装置，弥补了小包外观照相检测系统的不足，杜绝了商标纸粘贴不牢，铝纸外露烟包和变形烟包流入下一道工序的现象。

戴卫良创办的《技术培训工作简报》，将各类技术难题和生产中的典型故障案例以报刊的形式及时对操作维修人员进行培训，为设备正常运行提供了保障。他编写了《GDX2

拆卸搬运安装调试作业指导书》和《新编 GDX2 应用培训教材》，把维修经验和技术传授给他人。2009 年他撰写的技术论文《GDX1 和 X2 烟库传动装置的改进》被省设备管理协会评为一等奖。

2010 年 12 月戴卫良被湖南省人民政府授予“劳动模范”称号。

戴作均

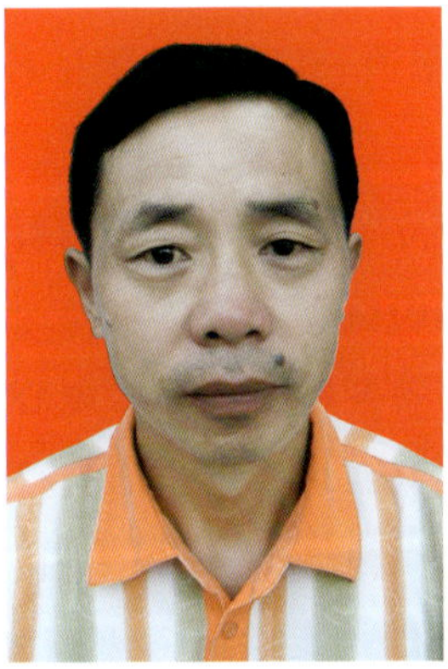

戴作均，男，汉族，1963 年 8 月出生，湖南澧县人。1984 年 3 月参加工作，1994 年 3 月加入中国共产党，高中学历。2008 年月任方石坪煤矿副矿长，现任石门恒峰矿业有限责任公司副经理、工会主席。

他爱岗敬业。甘当井下采煤工，在井下一干就是 24 年。1998—2004 年累计下井 2500 多个工作日，7 年时间干了 10 年的工作。他勇于创新，为增产节约做出了重大贡献。方石坪井 230 东边有一块按常规不可采的煤，采用少放炮、手镐回煤方法，被他所带领的采煤三队挖出原煤 1 万吨，直接增加 30 多万元的经济效益，仅 2003 年一年就节约材料费 41800 元。他严守规程，坚持安全生产。他每天提前到达工作面，提前交接班，累计处理隐患 1500 多处；所带的生产作业队连续实现 7 个安全生产年。

1995—2004 年数次被赤峰事业总公司评为先进生产者、劳动模范、优秀共产党员。2005 年 4 月被国务院授予“全国劳动模范”称号。

丁时满

丁时满，女，汉族，1960 年 3 月出生，湖南常德武陵人。1977 年 8 月参加工作，1993 年 3 月加入中国共产党，高中学历。历任常德船舶厂、常德达门公司船体车间电焊工、焊工班班长、生产部焊接检验工。

丁时满对技术精益求精。1992 年秋天，船舶厂承接岳阳化工总厂的 70 米化学品趸船，因为这艘船的管道是输送化学品的，必须保证无泄漏，而直径 3000 毫米的大无缝钢管对焊接要求一面烧焊、两面成形，这种焊在常德船舶厂还从未有人烧过，派人试着烧也失败了。丁时满自动请缨,在岳化派来的技术人员指导下,边摸索,边试着焊,经过一个多月的努力,终于攻克难关,顺利完成任务。

丁时满乐于吃苦。在建造24辆汽车渡船大跳板接拢时,碗口粗的铁铰链要焊接到船体上,难度很大,有的焊工施工几次都过不了关。丁时满对跳板吊架调整角度,跪着进行施焊,一跪就是半天,而且连续作战,连星期天也不休息,受到了船方的好评。

1994年夏天,豪华客轮"桃花源"号正在紧张地施工,在锚链尖舱施焊时,整个尖舱只有500、400毫米大小,而深有1.6米,是作业难度最大的地方。丁时满迎难而上,钻进尖舱,拿起焊钳就烧,浓烈的焊烟熏得她透不过气,隔一会儿就得钻出来透一口气,浑身上下都被汗水湿透了,她在舱内硬是咬着牙坚持了三小时,完成了任务。

随着改革开放的深入,常德船舶厂与荷兰达门造船公司合资成立了常德达门船舶有限公司。合资公司承接的外国船,焊工的技术资格必须获得国际认船级焊工认可。要通过焊工国际认可并非一件简单的事,而且外国专家要求很严。丁时满带领七名焊工虚心向外国专家请教,不断地进行操作试验,终于学而有成。一个多月后,八名焊工全部获得法国BV船级社焊工认可证书,丁时满的焊工技术第一位。荷兰焊接专家贾特先生说:"她烧的焊同我一样OK!"

丁时满严把质量关。1997年,丁时满离开了焊工岗位,进入生产部担任焊接检验工。两年来,她先后对常德一号挖泥船、65米趸船、丁二烯化学品运输船等十多艘船舶进行焊接检验。由于常德一号挖泥船是常德船舶厂为挤入国家"百船计划"而决定建造的一艘样板挖泥船,吃水浅、自动化程度高、挖泥量大、排距远,技术要求相当高。丁时满在认真按照国际标准进行质量把关的同时,亲自对焊接人员进行技术指导,从而保证了该船的焊接质量。该船竣工后,水利部百船办来厂考察时,对该船的技术、工艺给予了充分的肯定。邹家华副委员长亲自为该船题写"常德一号挖泥船"船名。

2000年2月丁时满被湖南省人民政府授予"劳动模范"称号。

樊爱红

樊爱红,女,汉族,1973年6月出生,湖南澧县人。1989年8月参加工作,2001年7月加入中国共产党,高中学历。现为桃源杰新纺织印染有限公司细纱车间丙班挡车工。

1989年8月,年仅16岁的樊爱红成为桃源纺织印染厂细纱车间的挡车工。从进厂的那天始,每天坚持业余"练兵"一小时。次年,她从无级手上升到一级手。

她每天坚持提前40分钟进班，做完清洁工作后就检查补齐空锭，她所看机台的断头率和空锭率最少。她主动要求多看锭，并经常协助邻近机台处理断头、开花等情况。每年业余时间培训新工达300个小时，而且不要分文报酬。年年获得厂部授予的“先进工作者”“生产标兵”“劳动模范”称号。

企业改制后，她的工作态度丝毫没有改变。她家庭经济困难。但她几年来坚持出满勤。多次获得公司“优秀员工”等称号。2008年7月，她代表企业参加湖南省第二届“东信杯”细纱工职业竞赛，获得第四名，并获湖南省劳动和社会保障厅授予三级资格证书。

2000年5月樊爱红被湖南省人民政府授予“劳动模范”称号。

高永香

高永香，女，汉族，1963年9月出生，湖南澧县人。1980年12月参加工作，1993年7月加入中国共产党，大学专科学历，湖南云锦集团股份有限公司高新分公司综合部职工。已退休。

高永香踏实肯干。参加工作20多年来，视细纱机为好伙伴，每天工作10多小时；自1991年以来，她连续8年摘下3个“最”的桂冠：技术最精、产量最高、质量最好；在长期的生产实践中，她逐步总结出细纱挡车“五看要领”：一看断头多少，二看粗纱大小，三看机台清洁，四看细纱成形，五看回花消耗，她还把这套方法传授给更多挡车工，使众多挡车工从中获益，她的徒弟个个成为优级手。

2001年9月，高永香所在的工厂被云锦公司收购。她走上基层管理工作岗位后，一如既往尽心负责，很快把原来不被看好的轮班带成全公司的先进集体。

1997年5月高永香荣获“全国五一劳动奖章”，2000年5月被国务院授予“全国劳动模范”称号。

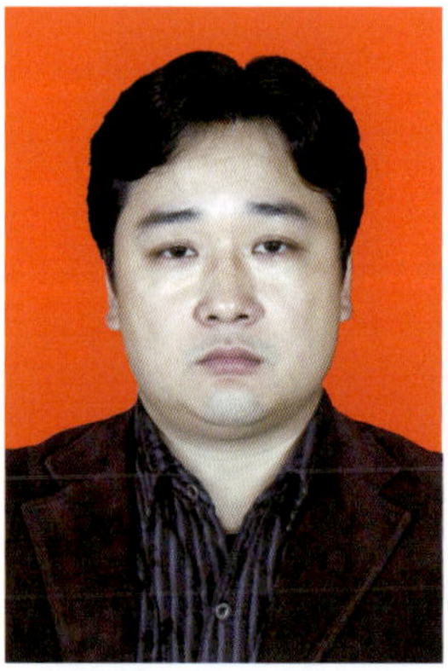

郭　磊

郭磊，男，汉族，1972年2月出生，湖南桃源人。1998年5月参加工作，2004年7月加入中国共产党，长沙交通学院道路工程专业毕业，大学本科学历，工程师，常德市市政建设总公司沥青混凝土搅拌站站长。

沥混站是常德市市政建设总公司的下属单位，主要从事沥青混凝土生产和路面施工。2004年郭磊担任市政沥青混凝土搅拌站站长。他以站为家，吃苦耐劳，扩大业务，拓展市场。他改变以前等待上级公司安排工程任务的做法,主动上门与私营企业、业务厂商联系。在他带领下,沥混站运用先进的施工技艺、过硬的质量、合理的价格赢得了市场,沥青站的业务连创历史新高。2004年以来,郭磊主持参与了大小工程上百项,工程质量优良率90%以上。尤其从2007年开始的连续3年,沥青站经济效益保持20%的增长,为市政公司创造了良好的经济效益。

2010年12月郭磊被湖南省人民政府授予"劳动模范"称号。

何惠清

何惠清,男,汉族,1936年8月出生,广东兴宁县人。1954年8月参加工作,1983年6月加入中国共产党,汉口汽车制造学校机电制造专业毕业,中专学历,高级经济师。曾任常德七一机械厂厂长、党委书记。1997年9月退休。

上任之初,该企业生产的产品多,技术含量低,消耗高,效益差,企业竞争力弱,生产经营陷入窘境。为了摆脱困境,他和厂其他领导,依靠群众,开发新产品。经过两年的努力,成功开发烟草包装机械等20多种技术含量较高,效益较好的产品。从此企业经济效益逐年提高。在此基础上,顺应形势狠抓企业内部管理和技术改造。企业被评为省、市文明建设先进单位,省、市先进企业。"七五"期间,工厂在税利、工业净产值和总产值三项指标的增长速度在中国机械工业部1420家骨干企业中名列第32、75和100位;在全省57家骨干企业中名列1、2、3名。1993年进入国家统计局发布的"中国500家最大机械工业企业行列",按利税总额排序位居第221位,企业从中型企业升格为大型企业。

1995年4月被湖南省人民政府授予"劳动模范"称号。

何香芳

何香芳,男,汉族,1933年3月出生,湖南安仁县人。1951年2月参加工作,1985年6月加入中国共产党,湖南省机要干校机要专业毕业,中专学历。曾任常德市电池厂工程师、技术科长。已退休。

何香芳大搞技术革新。一是研制新产品。乙炔黑是生产电池的三大主要原材料之一。由于价格不断上涨,企业成本增加。他提出用炭黑代替乙炔黑生产锌锰电池。他反复试验,获得成功。该成果1991年4月通过省级鉴定，1992年获常德市科技进步二等奖，并在全省电池行业中推广使用。1989—1991年降低生产成本20.52万元，节省电力74万多千瓦时，节约资金8.8万元。二是控制锌筒壁厚的均匀度。1987年初，厂领导提出改进挤压工艺控制，节约锌材用量的主张。该成果于1987年在武汉中南电池会议上被作为经验介绍。同时，由省经委颁发优秀质量小组证书。正式投产后，1989—1991年为企业节约锌矿90吨，价值37.8万元。三是研制提高电池防泄漏性能，改进封口工艺。1990年，何香芳加强纸川密闭，提高封口温度，使产品合格率提高到99%以上。当年，损失较上年度减少5万元。1983年R20型"德山"牌电池被评为全国同类产品质量第一名，1984年被评为省优产品，1991年"德山"牌电池被评为5A级产品。

1990年7月被轻工业部授予"全国劳动模范"称号。

胡金梅

胡金梅，女，汉族，1969年11月出生，湖南澧县人。1987年3月参加工作，常德技校棉纺织专业毕业，中专学历。现为湖南东信棉业(常德)有限公司后纺织、车间筒摇挡车工。

胡金梅长期坚持利用休息时间苦练操作，每月业余练兵时间达30小时以上，操作技术日趋娴熟。在1991年8月常德市举办的棉纺织操作技术比武赛上获得"市级操作能手"光荣称号。1992年至今曾先后10次获得常德纺织厂、佳润公司、东信公司操作运动会筒摇挡车第一名。2002年2月获东信集团公司操作明星光荣称号；2002—2004年连续三次荣获集团公司操作能手光荣称号。为了实现优质高产，胡金梅一是多看锭；二是每天坚持提前45分钟进班检查机械性能和交班质量；三是班前、班中、班后做好清洁工作，以保证筒纱质量；四是做到眼尖、手快、腿勤。自1999年以来，她每月平均完成筒子产量2500公斤以上，筒子成形合格率、接头合格率达100%。她言传身教，把自己的技术传授给新工人。近十年来，她义务培训学徒80余人。

2005年5月胡金梅被湖南省人民政府授予"劳动模范"称号。

胡兆福

胡兆福，男，汉族，1962年8月出生，湖南华容人。1984年7月参加工作，1988年6月加入中国共产党，中共湖南省委党校经济管理专业毕业，在职研究生学历。现任常德市煤管局局长、党组副书记。

胡兆福敢于担当负责。在青峰煤矿任矿长之初，他顶住诱惑和压力，配合市有关部门整顿关闭非法煤矿。2002年5月，连降暴雨，井下水位猛涨。他连续奋战两日两夜没出井，筑起三道挡水墙、架设近千米的排水管，确保了矿井安全。

胡兆福心系百姓。在青峰煤矿任矿长期间，他与矿工同吃同住，倾听群众心声；制定向一线职工倾斜的劳动工资、生活福利、政治待遇等制度。为改善井下作业环境，挤出资金开掘上千米的专用通风巷道；他为上千职工解决社会福利问题，还为职工在城区修建200多套经济适用房。

胡兆福善学习，精管理。他坚持不懈加强学习，成长为既懂技术，又懂经营、管理的复合型人才。他任青峰煤矿矿长后，发挥技术优势，通过技术革新，改善煤矿安全，煤炭产量提升，生产成本下降；任职10年，该矿年产煤均在18万吨以上，销售收入年年攀升，2004年销售收入就达到5519万元，比上任前的1997年增加2842万元，综合产值翻番。

2005年5月胡兆福被湖南省人民政府授予“劳动模范”称号。

黄冬枝

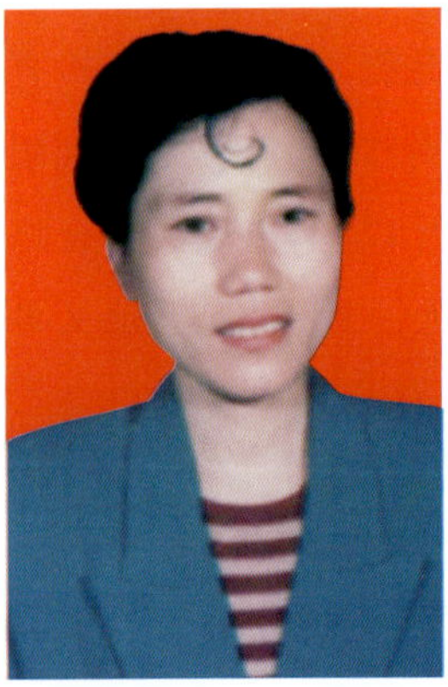

黄冬枝，女，汉族，1951年11月出生，湖南常德市武陵区人。1968年11月参加工作，1990年12月加入中国共产党，初中学历，现为常德市公共交通有限责任公司退休职工。

1980年2月，黄冬枝被调入公交公司从事售票员工作。敬业爱岗是她踏上售票员工作岗位那天起就立下的誓言，她是这样说的也是这样做的。凭着一股韧劲她克服了一个又一个工作难关，她的车组营运收入名列前茅，年年超收，司乘人员出勤率达100%。为了提高生产效率，增加营运收入，她在运营中注意观察，掌握营运高峰，把线路上最真实、准确的营运情况提供给车队领导，以便于安排最科学的营运时间表；为给乘客提供良好的乘车环境，她每天坚持半小时的清洁工作，并督促司机检查车辆卫生。乘务员除了做好服务工作外，协助司机安全驾驶、搞好车辆卫生也是义不容辞的责任，每到冬季大雪天，车辆发动机都容易被冻，为了保证车辆性能完好，按时发班，她早上4点多就起床烧开水并用保温瓶带去停车场协助司机给车辆解冻预热，在行车途中还不时地提醒司机减速慢行，协助做好安全营运宣传工作。她经常说“用力工作只能把工作做好，用心工作才会把工作做得优秀”，工作中，她对待乘客如亲人，从未与乘客发生票务纠纷；针对不同乘客群体，她总结出“四心”服务工作法，即对老年人要热情关心，对外地乘客要热心帮助，对小学生要关心爱护，对残疾人要细心照顾。遇到外地乘客时，她总是换位思考，耐心解答他们的问询，并及时提醒他们下车。对拿行李的民工，从来不吆喝，总是用平和的语言和他们交流。老幼病残孕乘客，怕摔怕碰着，她就搀扶上下车，重点照顾；上班族乘客最急的是按时上班，她尽量等他们；外地乘客既怕上错车，又怕坐过站，她百问不烦，到站提醒，请他们坐“放心车”；中小学生天生活泼，她就不间断地引导提示他们，维护公共秩序，注意交通安全。多年来，黄冬枝凭着自己丰富的工作经验，过硬的服务本领，凭着一颗真诚的心，换来了乘客的满意。

2001年，在乘务员岗位工作了21年的黄冬枝光荣退休。然而，她甘于奉献的脚步却没有停下，她自发组织老职工在人流高峰期在学校附近的站台执勤、服务，引导乘客有序乘车；组织公司老职工担任优质服务监督员，对司乘人员的服务行为进行义务监督。黄冬枝说，作为乘务员她已经退休了，但作为劳动模范她要为公司的发展贡献自己毕生的力量。

1995年4月，黄冬枝被湖南省人民政府授予“湖南省劳动模范”荣誉称号。

黄晓时

黄晓时，男，汉族，1953年11月出生，湖南澧县人。1995年8月参加工作，1971年2月加入中国共产党，湖南大学化工无机专业毕业，大学本科学历，历任湖南雄黄矿副矿长、党委书记、矿长、市冶煤化工行业管理办书记等职。

湖南雄黄矿是以开采雄黄和冶炼砒霜为主的生产企业，属有毒有害化学矿山。20世纪70年代该矿相继建成化工分厂、水泥分厂等。1988年以后，企业遇到前所未有的困难，工资不能按时发放，职工纷纷要求调离。1993年6月，黄晓时接任矿长、党委书记。他针对企业内部运行机制不适应市场经济体制的情况，大刀阔斧地改革。健全完善各项管理制度，坚持党政工联席会议制度，实行决策民主化、科学化;完善内部承包制;改进分配办法;放开用工权;发布各项制度的标准。先后组织资金600多万元,完成硫酸沸腾炉等技改项目10多个,以优质产品、优质服务为依托,争取用户。经过努力,雄黄创部优产品,其他产品合格率达100%。

1994年4月黄晓时被中华人民共和国化学工业部授予“劳动模范”称号。

贾运东

贾运东,男,汉族,1934年5月出生,湖南临澧人。1957年8月参加工作,华东工学院机械设计专业毕业,大学本科学历。1959—1983年在辽宁省海城纺织机械厂工作,1983年调入常德市第一纺织机械厂任厂长。1991年卸任厂长,任常德市第一纺织机械厂顾问。1984—1993年兼任原常德市(现武陵区)政府第四届、五届、六届政协副主席。

贾运东大学毕业后一直从事纺织机械技术设计、新产品研制工作。在辽宁工作期间,参与几十项产品设计和研制工作,其中研制成功的全自动络筒机,其功能达到国际先进水平,被列为原纺织工业部重点开发项目。贾运东1977年被评为辽宁省先进科技工作者、轻工部先进科技工作者。1978年当选辽宁省海城县人大代表。1979年被评为辽宁省“双革”能手、鞍山市劳动模范。1980年被评为鞍山市先进工作者。

1983年,原常德市人民政府为引进人才,贾运东被调入常德市第一纺织机械厂任厂长,任期内以开发新产品为主线,将一个单一的纺织机械配件生产厂发展成能生产多项成台产品和纺织器材的综合性企业。新建厂房7500平方米、仓库2000平方米,新修职工宿舍3栋。

2007年10月贾运东被湖南省人民政府认定为“劳动模范”。

李明三

李明三,男,汉族,1952年3月出生,中共党员,大学专科学历。常德卷烟厂副厂长,经济师。

李明三负责卷烟销售工作。1995年他受命于危难之际。通过艰辛的努力和扎实的工作,建立强大、稳固的省外市场网络。仅1999年西北市场由原来的年销量不足2000箱,单箱销售收入1800元的水平,升至年销售20000箱,单箱销售收入14000元的水平。李明三积极推行品牌发展战略，参与开发湖南省第一支极品卷烟“芙蓉王”，通过科学策划和成功运作，在全国50多个同档次卷烟中脱颖而出。1999年，该产品产销量达5万箱，为国家创造巨额税收。他主持参与开发的芙蓉后品牌系列，在1999年度销售达10万箱，成为全国性大品牌。李明三以高尚的敬业精神和卓越的领导才干带出了一支能打能拼、吃苦耐劳的销售队伍，在市场经济大潮中舞活了销售龙头。1995年销售收入仅20.7亿元，实现税利只有9.8亿元，而1996年、1997年、1998年分别完成销售收入32.3亿元、35.7亿元、42亿元，实现税收16.2亿元、17.7亿元、22.4亿元。1999年在卷烟市场持续疲软的情况下完成销售收入48.25亿元，比上年净增7亿元，增幅为14.88%，实现税利26.61亿元，比上年增长18.79，在当时省内9家烟厂排名第一。

2000年，李明三被湖南省人民政府授予“劳动模范”称号。

刘定国

刘定国，男，汉族，1963年8月出生，湖南常德武陵人。1980年10月参加工作，1992年7月加入中国共产党，大专文化。现任自来水公司管道维修中心主任。

刘定国在自来水公司先后从事司泵、计量鉴定、管网安装、工程勘测、管道维修等工作。35年来，他爱岗敬业、勤奋务实，以精湛的技术、优质的服务，赢得用户赞誉。

刘定国业务娴熟，技术精湛。30多年来，他努力学习钻研和掌握水泵司泵、计量鉴定、对外安装、工程勘测、管道维修专业知识、技术，成为岗位技术能手。1998年8月，他了解到金桥市场经济户水费奇高。他凭经验判断是水管产生漏损导致总表和分表差额太大，分摊水费当然高。他沿管线检查，查出漏点，即刻与同事抢修管道。仅此一项，为经营户每月节约水费7000余元，受到商户好评。他研究出新型管道黏合剂——“水不漏”，将维修恢复供水时间提前2小时。2004年7月，德山纺织机械厂片区水压不够，德山水厂准备改管。他准确判断应该是阀门脱落。他深夜下到已开挖的洞里探听，准确找到漏水闸门，并维修，解决了水压低的问题，为公司节约20多万元。

刘定国忠于职守，无私奉献。他无论严寒酷暑，走遍市区大街小巷，对每条街道的特征、建筑物、路况、官网，了如指掌。探漏是他和同事们的辛苦活。他白天完成维修任务，夜间就当“夜猫子”沿街查探，直到凌晨3时收工回家。一年中他有200天坚持夜查，毫无怨言。2003 年 9 月,在常德市海关地段发现 600 毫米主水管因地基下沉导致水管漏水,漏水量高达每小时 60 吨。他与同事及时抢修,为公司每月挽回经济损失 40000 多元。1999 年除夕,市城区朗州路气象局路段发生供水管爆裂。接到通知时,他正好陪父母、妻儿吃团年饭。军令如山。他迅速赶赴现场。经勘查,发现爆管位置处于地下 1 米多深的地方,需要开挖路面,更换铸管。停水,将影响几百户居民用水。他带领维修队员冒着严寒,挖泥、运土、维修、排除险情,大年初一上午,水管终于修复。2001 年 8 月 23 日,医生给他做了胆囊切除手术,正躺在医院治疗。突然接到供水 110 通知,市城区长蒿路管道断裂。他捂着伤口乘车来到现场,立即参与抢修,在用力使用工具时,伤口钻心地痛,一头栽倒在抢修现场。

2005 年 5 月,刘定国被评为"湖南省劳动模范"。他所带领的管道维修团队于 1996 年 5 月被授予"湖南省青年文明号"荣誉称号;2004 年 10 月,被共青团中央授牌为"全国青年文明号"。

罗　毅

罗毅,男,汉族,1948 年 12 月出生,曾任常德烟草工业机械厂科长、副厂长,常德卷烟厂副厂长、常务副厂长、厂长兼党委书记等职。

罗毅主持开发全国一流精品卷烟"芙蓉王"。几年来,仅此品牌为企业创收近 50 亿元,为国家上交税收 20 多亿元;主持开发新产业,创建了 12 个经济实体,形成两个年收入上亿元的产业;组织主持"九五"高起点技术改造,科技投入近 10 亿元,企业拥有一流的卷烟设备;长期严格要求自己,廉洁奉公,从不搞特殊化;着力以产业带动地方经济,帮助山区建希望小学,扶助贫困学子、下岗工人、生病农民,为文化、体育事业捐款,为治理沅水、抗洪救灾捐物捐款。

罗毅主持常德卷烟厂全面工作后,经济增长幅度由全行业的 50 位以后上升到前五名,企业已跻身全国烟草行业十强。企业先后获得全国"五一劳动奖章"等 30 多项荣誉。他被湖南省人民政府授予"劳动模范"称号、全国烟草行业劳动模范、获得 "全国五一劳动奖章"等 30 余项荣誉。2000 年,获得"全国劳动模范"称号。

聂祚辉

聂祚辉，男，土家族，1973 年 7 月出生，湖南石门人。1991 年 8 月参加工作，2004 年 10 月加入中国共产党，初中学历，常德青峰煤矿四工区掘进一队队长兼采掘党支部书记。

聂祚辉担任队长以来，每天坚持最少下一个井，累计已下井 2600 多个，9 年干了 11 年的活。他带领的掘一队完成开拓进尺 3100 多米，完成重点工程 20 多个。

他任队长以来，始终坚持值班到现场，亲自处理安全隐患，杜绝重伤及以上事故，连续九年实现安全生产年。他对职工热情帮助。职工家庭困难，他全力相助。

他精细管理，争创效益。队里的周五学习制度，他长期坚持，从不间断；他注重提高职工实际操作能力，经常手把手地给职工传授掘进技术。2005 年，他所带领的掘一队被矿评为标准化建设样板队。

2010 年 8 月，聂祚辉被湖南省人民政府授予“劳动模范”称号。

舒天顺

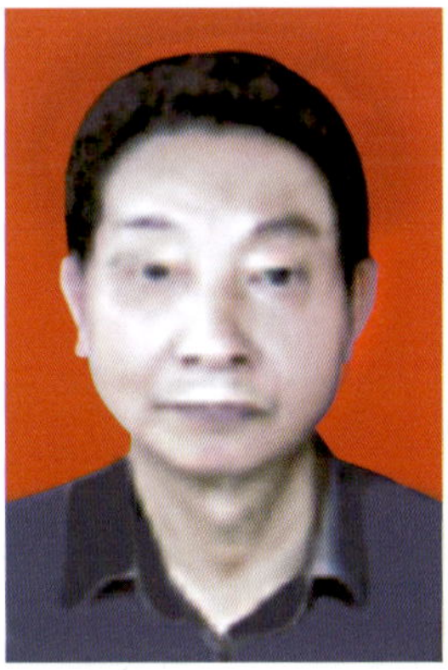

舒天顺，男，汉族，1941 年 12 月出生，湖南沅陵人。1959 年 12 月参加工作，1965 年 8 月加入中国共产党，湘西矿山工业学校机电专业毕业，中专学历。曾任常德滨湖印刷厂厂长、党委书记。

1990 年 8 月，舒天顺担任常德滨湖印刷厂厂长兼党委书记。此时，已是企业处于危难之时，他果断提出“抓开发，拓市场；抓生产，促营销；抓技改，求发展；抓质量，上水平；抓管理，增效益”。几年间，共投入近 3000 万元对企业进行技术改造。同时，引进技术人才，积极开发高加价值产品；重新修订企业内部经济责任制，使分配向一线职工倾斜，对技术骨干实行岗位津贴；推行岗位技能工资。此举，极大地调动了职工的积极性，企业很快走出了困境。自 1991 年起，企业生产连年迈上新台阶。同时，舒天顺为职工兴建宿舍 128 套，改扩建宿舍 60 套。连续八年为职工晋升效益工资，为全厂职工购买家庭财产保险，解决了一批职工的子女就业问题；大搞厂区绿化，兴建两个厂区花园，改善了职工的生产生活环境。从而使全厂职工心往一处想，劲往一处使，企业连续八年保持“三同步”(产值、销售收入和实现利税同步增长)，“四不欠”(不欠国家的税、财政的费、银行的息和职工依法所得)。企业的固定资产和生产能力比1990年翻了一番多,并跻身全国印刷企业百强。

1996年7月,舒天顺被湖南省人民政府授予“劳动模范”称号。

唐红云

唐红云,女,汉族,1966年11月出生,湖南桃源人。1984年2月参加工作,1992年6月加入中国共产党,湘西金矿技工学校棉纺织专业毕业,中专学历。现为桃源杰新纺织印染有限公司细纱车间丙班操作员、技师。

唐红云从技校毕业被分配来到桃源纺织印染厂。她苦练内功,技术过硬。3个月下来,她以单项接头75秒10根管的成绩崭露头角。1985年,她破例被车间选为“操作苗子”,参加当年厂部操作运动会,取得细纱挡车第四名的好成绩。1988年初,她参加常德市操作运动会,又以全套98.43分、单项99.2分的好成绩夺得细纱挡车第一名。她摸索的细纱挡车接头法,在省内外一些纺织厂家推广,被称为“红云操作法”。1990年5月在湖南省纺织工业厅举办的第三届操作比赛中获得细纱挡车第一名,荣获湖南省纺织工业厅操作能手称号。

1992年2月唐红云获“湖南省城镇妇女巾帼建功先进个人”称号;1992年3月获“全国纺织工业巾帼建功标兵称号”;1994年12月获“全国纺织工业劳动模范”称号;1996年1月荣获“湖南省杰出青年岗位能手称号”。

庹世根

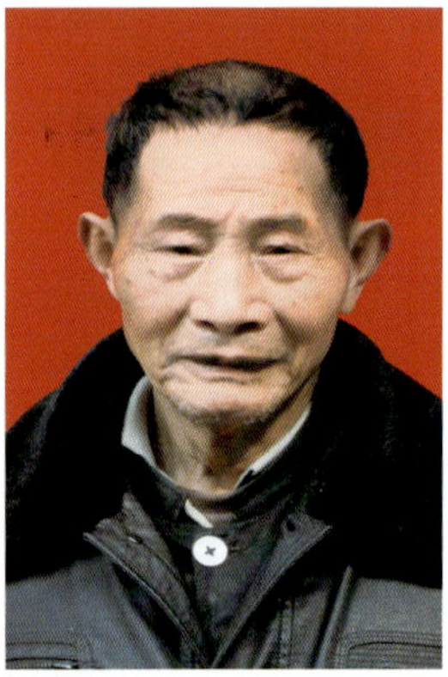

庹世根,男,汉族,1924年12月出生,湖南桑植人。1957年9月参加工作,1954年1月加入中国共产党,初小文化,常德青峰煤矿退休职工。

1957年庹世根从农村来到矿山,成为矿工。1969年9月调到青峰煤矿担任队指导员、工区副主任。为了搞好生产,他苦练内外功,迅速成长为优秀的工人和指挥员。20多年来,他关爱职工,把维护职工利益和为职工办实事、做好事放在首位。职工生活上有困难,他送温暖,做贴心人,经常出钱出力为职工解决饭菜票无着落的问题,从自己不多的工资中挤出部分钱资助他人子女上学，使职工安心上班，稳定职工队伍，促进了矿山的生产经营。他吃苦在前、享受在后。经常带班跟班，和工人同吃同住，把带领职工干事创业作为第一任务记在心，成为名副其实的领路人。23 年风雨无阻，坚持出满勤。工区年年完成生产任务，年年实现安全生产，创造了 15 年无工亡事故的历史记录，受到常德地区煤炭工业局和常德地区行署的高度赞扬。

1979 年 1 月，庹世银被国家煤炭部授予“劳动模范”称号，1997 年 12 月被湖南省人民政府确认为省劳动模范。

汪雪娟

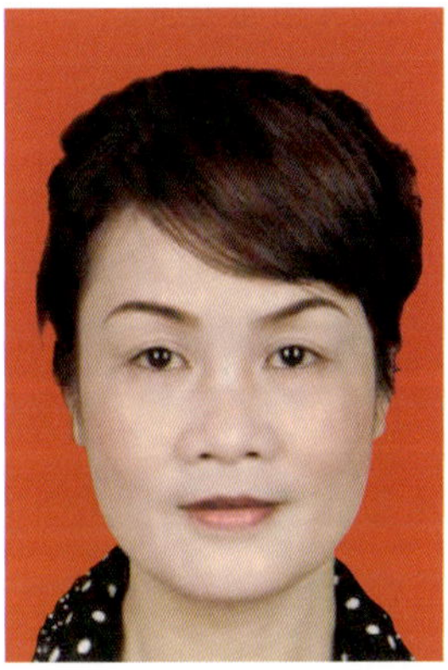

汪雪娟，女，汉族，1964 年 11 月出生，湖南常德武陵人。1980 年 11 月参加工作，1998 年 8 月加入中国共产党，中共常德市委党校经济管理专业毕业，大学专科学历，现任湖南常德欣运集团股份有限公司副总经理。

汪雪娟同志担任常德汽车总站经理后，积极拓展客运市场，有效地整合站场资源，从 2012 年起连续 3 年的招揽收入突破亿元大关，使常德汽车总站成为欣运集团的龙头企业。在她精心组织策划下成立了“小白鸽”服务班组，树立了常德市交通行业窗口服务品牌形象。为解决留守儿童出行困难，开展了“邮寄儿童”特殊服务项目，活动当年共“邮寄儿童”28 例，此项服务得到了社会各界的高度关注和广大旅客的赞许。她所管理的汽车总站 2007 年获省级精神文明建设窗口单位荣誉称号，在交通部道协举办的全国旅客满意客运站评选活动中，获得了旅客满意客运站的称号。汪雪娟本人因其突出表现，2010 年以来先后获得了首届全国道路运输站场优秀站长、中共常德市委授予的“创先争优优秀共产党员”、常德市政府授予的“常德市劳动模范”等荣誉称号。

2015 年 4 月，汪雪娟被湖南省人民政府授予“劳动模范”称号。

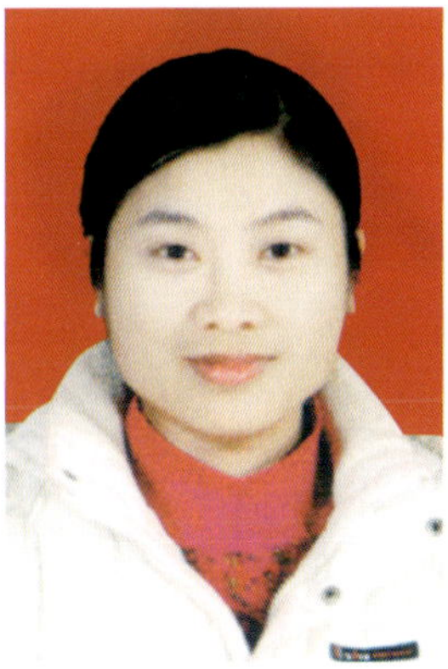

杨新伟

杨新伟，女，汉族，1972 年 11 月出生，湖南常德市武陵区人。1997 年 4 月参加工作，1999 年 12 月加入中国共产党，中央党校法律专业毕业，大学本科学历。2001 年 11 月当选为中共湖南省第八届党代会党代表，现任常德市公共交通有限责任公司票务中心主任。

1997 年始，杨新伟在 1 路公交车上从事驾驶工作。参加工作后很快凭借娴熟的驾驶技术、优质的服务技能、出色的工作表现从众多驾驶员中脱颖而出。她长期做到四个坚持:坚持着装挂牌上岗;坚持使用文明礼貌用语;坚持正确地使用报站器;坚持保持车辆卫生整洁。对车辆做到三勤:勤检查、勤修理、勤保养。为方便乘客,她在车厢内添置市区旅游图;在方便袋里备有晕车药、创可贴、针线包、纸、笔;根据不同时节更换车厢内的欢迎标语;在前门投币处竖起"无烟车厢"警示牌。每天下班,无论多累,她总是仔细对车辆进行大扫除,车厢、玻璃脏了,用洗衣粉精心地擦,地板上有口香糖等不易除去的污垢,用钢丝球、小刀片一点一点地刮,扶手、座位、卫生死角,一遍一遍地擦,用汗水努力为乘客营造温馨、舒适的乘车环境。为方便乘客,她苦练基本功,利用不当班时间了解沿线工厂、学校、商业区、旅游景点的分布情况,努力使自己成为常德的"活地图"。积极参加公司组织的培训班学习英语和哑语,通过不懈努力,她的综合服务水平得到提高。换岗后,她始终以一个劳模、党员的标准严格要求自己。她针对票务中心各岗位工作职责,先后就科员工作行为规范、点钞、收钞工作流程、安全巡查、运钞车管理等方面制定了一系列规章制度。无人售票线路有些旧箱子锁不好开,遇到这种情况,就要破袋取钱,为了节省开支,她从家里带来针线与几名管理人员一起缝补钱袋,几年来为公司节省开支3万多元。为避免票款的流失,她创新设计制作站台封口锁,几年来为公司创收40多万元。为规范员工行为、增强工作效率,她身体力行带头做好表率,每天坚持到点钞现场进行安全巡查,发现问题,及时进行督促提醒、整改落实。票务中心现有人员70多人,她像经营自己的家一样经营着这个大家庭,一有时间就和大家聊家常,了解职工的工作生活情况,对困难职工及时向工会汇报申请援助;遇职工生病、家里老人,组织大家一起前往慰问;遇到点钞高峰期或内部人员上班时突发疾病等特殊情况,总是主动顶班。

1999年3月,杨新伟被湖南省总工会授予"先进女职工"光荣称号;2000年4月被湖南省人民政府授予"劳动模范"称号。

曾献兵

曾献兵,男,汉族,1965年10月出生,研究生学历,硕士学位。先后担任技术员、车间副主任、车间主任、党总支书记、厂长助理、副厂长、常务副厂长兼党委副书记。2000年8月,任常德卷烟厂厂长、党委书记。

企业规模效益高速增长。从他接手前的1999年卷烟规模、销售、税收、利润分别为68万箱、46亿元、25亿元、2.4亿元,到2004年底,在消化兼并重组企业全部亏损6亿元的情况下就分别达到了131.4万箱、129亿元、77亿元、11.7亿元,近5年累计达到了销售收入357亿元、税利241亿元、利润30亿元。企业品牌价值不断提升。创建国家技术中心、博士后科研工作站,创出9项具有主动知识产权的科研成果,"芙蓉王"卷烟获中国名牌等多项殊荣,1999年产销规模4.6万箱,实现含税销售收入19.9亿元、税利13.7亿元,到2004年就迅速增长到了产销规模18.7万箱,销售收入84.2亿元,税利62.6亿元。推行人事制度改革。两次大规模的干部人事制度改革,使中层干部职数由原来的143个精简到105个,40多个后备干部得到提拔。实施"五定"分流用工制度改革,主业编制由3500个调整至2600个,总体减员900人,减员员工得到妥善安置,待遇得到了保证。

1999年,曾献兵被湖南省烟草专卖局评为先进个人;2000年,被常德市人民政府评为第四届常德市杰出青年企业经营者;2005年,被国务院授予"全国劳动模范"称号。

曾友贵

曾友贵,男,汉族,1941年8月出生,湖南常德鼎城人。1960年9月应征入伍,1985年5月加入中国共产党,初中学历,1962年12月转业。1981年8月调常德汽车运输公司任182车队客车驾驶员,欣运集团职工;已退休。

曾友贵对驾驶工作极端负责。他驾驶的是进口三菱豪华客车。该车配件供应和维修困难。为保持客车良好行驶状况,他每天坚持对车辆做好出车前、行使中和收车后的机件检查。同事下班了,他经常一人还在车库里爬在车底,从大件维修和小小螺丝紧固,都要亲自看,从不开"老爷车"。为解决配件供应困难的问题,他常利用到长沙接班前后休息时间,主动联系采购材料,为单位排忧解难。

1995年4月,曾友贵被湖南省人民政府授予"劳动模范"称号。

张治水

张治水,男,汉族,1933年5月出生,江西新余人。1950年5月参加工作(参军),1975年7月加入中国共产党,华中工学院机械制造专业毕业,大学本科学历,高级工程师。曾任常德二纺机厂技术科长、总工程师、厂长、厂长顾问。

张治水1961年毕业被分配到常德农机修配厂,任技术员。他深入车间,现场解决技术问题,是该厂的"技术权威"。他找准企业发展方向,开发新产品,使企业于1973年起从200余人、只能修修配配的小厂,一跃成为1300多人、生产柴油机的国内知名的专业制造企业。

1984年在常德二纺机濒临倒闭的情况下,张治水临危受命,出任常德二纺机总工工程师,同年任常德二纺机厂厂长。在他任厂长五年期间,二纺机从生产麻纱的初加工设备(煮麻容器、敲麻机),拓展到生产麻纱的细加工设备(粗纱机、细纱机),并用自己生产的粗纱机、细纱机装备了一个4000锭的中型麻纺试验厂。一条龙的成套设备,"一站式"的安装、调试和纺纱培训,使得产麻区诸县竞上麻纺厂,一时间产品供不应求。五年间,企业的固定资产从780万增加到1600万,翻了一番,年产值从500多万增长到2000多万,增长了400%,利润从30万增加到800万,增长了2600%,上缴利税近千万。开发引进了国内首创的地毯箭杆织机(重30吨)。生产的36支金龙牌麻纱在深圳出口享有盛誉,供不应求,创汇上千万美元。使一个长期不景气的企业一跃成为利税大户,是该厂自建厂以来最兴旺的时期,成为常德地区的明星企业。

由于过度劳累,张治水感染了肺结核和肺气肿。于1990年8月他被任命为厂长顾问至1993年退休。退休后受聘于深圳一家港资企业。此时,原企业(二纺机)的技术和经营又发生了危机,广大职工强烈要求他返聘回厂。张治水毅然辞去港资企业的高薪,回到了他原生活和施展宏图的地方,当时,常德电视台在新闻中播到:"张治水同志,这个武陵之子,放弃港资企业的高薪,为了家乡的建设,又回来了。"张治水回厂后,受聘为厂总工程师,继续发挥技术攻关和企业决策顾问作用,直到1997年,一干又是五年。

1995年5月,张治水被中国纺织总会授予"劳动模范"称号。

郑建华

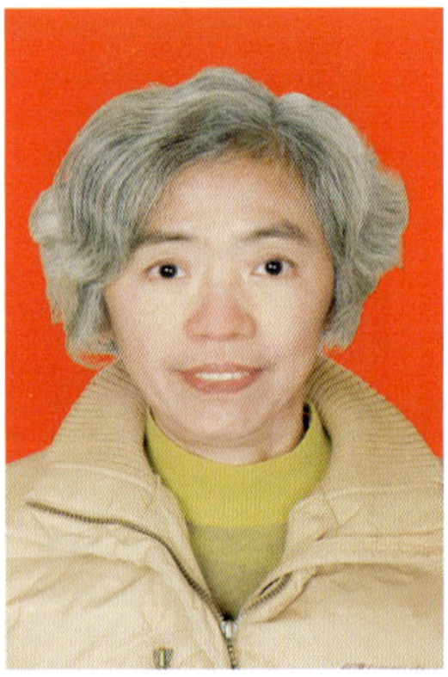

郑建华,女,汉族,1956年3月出生,湖南桃源人。1977年12月参加工作,无党派,湖南大学土木系工民建专业毕业,大学本科学历,一级注册结构师、注册造价师,常德市建筑勘测设计院副院长兼总工程师。

郑建华工作认真负责。她的主要职责是制定全院工作方案、审定施工图、分析和处理现场各种实际问题。她经常加班审核图纸,对于设计上有疑难的地方,她反复核算,找出问题所在,并与设计人员认真商讨,完善设计方案。她没有休过完整的节假日,只要工作需要,她经常上工地为施工方解决实际问题,提出合理建议。她善于科技创新。由她研究出的16吨轮胎吊最大超载起重量和吊车尾部应增加的配重，为挖掘吊车潜力起了重要作用；在市政府紫桥宾馆桩基础设计中，用科技创新的手段，将原设计的钻孔桩改为适用本地的振动灌注桩，仅此一项，为甲方节约资金上百万元。她多次到湖南大学参加高等专业人员的专业知识培训与考试，先后取得高级职称并考取了一级注册结构师、注册造价师等资格证。她的敬业精神和无私奉献，深得全院职工的拥护和爱戴。

2007 年 10 月，郑建华获“全国建设系统劳动模范”称号。

朱晚秀

朱晚秀，女，汉族，1949 年 12 月出生，湖南常德武陵区人。1972 年 3 月参加工作，1995 年 7 月加入中国共产党，初中学历。原常德市武陵百货大楼副食品经营部主任。

朱晚秀吃苦耐劳。她担任副食品经营部主任，团结员工，连续四年超额完成销售计划和利润计划，五年干了十年的活。她苦练内功。积极参加全市服务行业开展“五包五扎”大练兵。经过苦练，她成为“五包五扎”能手。清理仓库是一件苦差事，朱晚秀自告奋勇参加，她带上一名员工，用几天时间就把仓库整理得干干净净，有条不紊，账目、食品一清二楚。店里推广了她的清仓整库经验。她热爱本职。每天早上 7 点上班，打扫卫生、整理商品，每天晚 8 至 9 点才回到家里，日日、年年如此。她对待顾客特别关心，被群众誉为贴心的营业员。

1995 年 4 月，朱晚秀被湖南省人民政府授予“劳动模范”称号。

二、“三八红旗手”及“五一劳动奖章”获得者简介

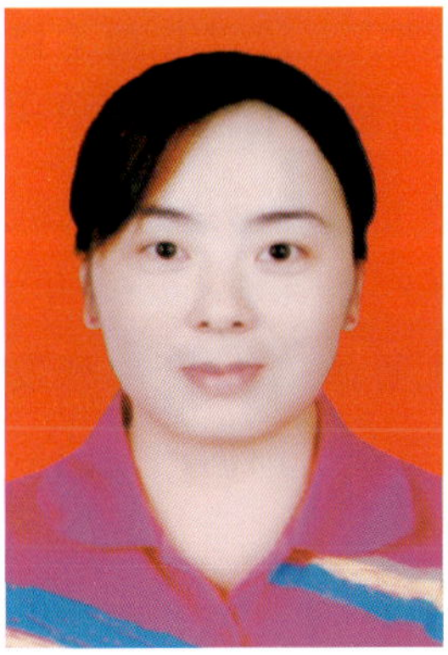

陈学科

陈学科，女，1977 年 3 月 18 日出生，湖南常德武陵人。1998 年 4 月参加工作，2002 年 7 月加入中国共产党。沈阳化工学院工商管理系毕业，大学本科学历。现为常德市公共交通有限责任公司 1 路线 375＃车组驾驶员。

陈学科作为一名长期从事公交车驾驶员兼乘务员工作的女司机。十几年来，她爱岗敬业，刻苦钻研技术，安全行车 110 万公

里无事故;十几年来,她无私奉献,视乘客为亲人,优质服务,温暖着千万乘客的心田;十几年来,她遵章守纪,无论酷暑严寒,从不迟到早退,常常是提前来公司检测车辆,确保车辆的安全运行。从手握方向盘的那一天起,她就把乘客的安危牢记在心,平时出车,她注意保持良好的驾驶心态,总结出"不违规操作、不疲劳驾驶、不开带病车",保持"好心情、好习惯、好性格"的"三不、三好"安全驾驶法。为了让乘客坐着放心舒适,开车时尽量不踩急刹车,中速行驶,低速进站,停稳开门,关门起步。驾车十多年,她安全行车100多万公里,无任何大小事故。她勤于学习。她利用休息时间看书,研究汽车保修和驾驶技术,摸索节油技巧,并与同事们一起探讨,总结出一套"慢起步、柔进档、中速行、缓进站"的节油方法,使油料明显节约,为车队降低营运成本。坚持文明、微笑服务,把乘客当亲人对待。她所驾驶的1路线行驶于城区最繁华的路段,要经过人民路、商业步行街、宾馆、学校等多处人群密集区,车多人多,车子走走停停,车厢内难免会有晕车的乘客,为了缓解这种晕车现象,她在车厢内准备风油精、清凉油、橘子皮来防止乘客晕车,缓解乘客不适,环保了车厢环境,得到乘客交口称赞。

2002年10月,她所在的线路被团中央评为国家级"青年文明号"线路,2008年被国家总工会评为"工人先锋号",她所在的车组连年被公司评为"红旗车组""优秀共产党员车组",她本人连年被公司评为"安全标兵""服务标兵";2003年10月,被湖南省总工会评为"芙蓉百岗"明星;2005年10月、2006年10月,被授予市级优秀共产党员的称号。2007年12月被建设部评为"全国建设系统劳动模范"、2009年3月被市妇女联合会评为常德市首届"十大杰出女性",2010年1月被全国妇联评为"全国三八红旗手"。

陈汉清

陈汉清,男,汉族,1967年10月出生。研究生学历,硕士学位。现任常德卷烟厂技术中心卷烟工艺工程师。

陈汉清作为高级人才被引进到常德卷烟厂。1997年他主持"黄芙后"香料的配方设计工作。1998年参与烟草薄荷片使用技术的研究,通过改进薄片防水胶的性能和香精香料的配方,提高了薄片在卷烟配方中的利用率,改善了卷烟产品质量。2000年,他在芙蓉王(小)的产品研制过程中,成功配置出了新香料,开发出了具有国际口味,中国特色的英式烤烟,填补了国内产品的一项空白。

1997年,陈汉清荣获常德卷烟厂特殊贡献奖,2000年被评为常德卷烟厂"双文明建设标兵”,同年,其研制的浸泡法梗处理新工艺获国家专利并评为优秀成果。2001年,陈汉清荣获“全国五一劳动奖章”。

胡长明

胡长明,男,汉族,1963年12月出生,中共党员,大学专科学历。常德卷烟厂驻青海省片区业务经理。

胡长明在销售岗位上创造出突出业绩。他扎根青海市场,使常烟产品在青海市场从无到有,从少到多,稳步攀升。仅2002年,他个人销售卷烟4300箱,实现销售收入2.6亿元;他历时两个月,行程数千里,走访以西宁为中心的28个地州市县,掌握大量第一手市场资料,撰写68篇市场专题报告,为企业营销决策提供了大量依据。为维护常烟品牌,不顾危险,配合查获假冒芙蓉系列品牌卷烟近500件。

2002年,胡长明荣获湖南省烟草专卖局“省外卷烟市场开拓先进个人”称号,2003年荣获“全国五一劳动奖章”。

胡玉成

胡玉成,男,汉族,1938年7月出生,湖南常德经济开发区人。1963年8月参加工作,1974年7月加入中国共产党,北京钢铁学院机械专业毕业,大学本科学历,常德七一机械厂总工程师。已退休。

胡玉成毕业后被分配到北京钢铁研究总院,荣获国家发明一等奖。1984年4月,胡玉成被调入常德七一机械厂,先后任产品研究所所长、总工程师,1989年12月被授予高级工程师职称。先后主持并参加“真空包装机”等产品的研制与开发。1990年,他主持研制的中速卷烟包装机组荣获中国烟草总公司科技进步二等奖。在七一厂工作期间,他立足本职,着眼企业的长远发展,积极组织全厂科技人员开发研制新产品,使企业的经济效益年年以两位数增长。

1993年4月,胡玉成荣获“全国五一劳动奖章”,同时被湖南省人民政府授予“劳动模范”称号。

李拥军

李拥军，男，汉族，1973年9月出生，湖南澧县人。1992年5月参加工作，2000年7月加入中国共产党，中国劳动关系学院毕业，大学本科学历。曾任常德羊儿山煤矿副矿长。

2001年，李拥军担任羊儿山煤矿金泉工区掘进一队队长后，哪里任务最艰巨，就带队冲向哪里。在困难面前，他迎难而上，模范带头，与工人一道苦干实干，仅用四个多月时间，就保质保量保安全完成了240米大断面岩巷掘进任务。几年来，他带领一支20多人的农民工队伍，靠人工打眼、放炮，累计完成开拓6900多米。年年超额完成任务，年年实现安全生产，为企业的生存发展做出了杰出贡献。

李拥军参加工作后，连续五年被评为矿先进生产者，连续八年被树为矿安全生产标兵，记功一次。2006年5月，李拥军荣获“全国五一劳动奖章”，同时被湖南省人民政府授予“劳动模范”称号。

刘成模

刘成模，男，汉族，1959年2月出生，1981年8月参加工作，湖南省化工学校仪表自动化专业毕业，中专学历。曾任常德锦纶厂自动化控制室副主任。

刘成模1981年学校毕业后，被分配到常德树脂厂工作。他发挥技术优势为企业生产服务。他设计安装多套压力、温度等自控系统，解决了原手工操作劳动强度大、产品质量得不到保障的难题。1990年企业转产生产棉纶化纤，他先后参加与外国专家的技术交流、设计会谈和商务谈判，并赴意大利参加技术培训。回国后，成功组织投资1亿多元的进口棉纶设备安装工作。他吸收、消化国外设备的先进自动控制技术，在国外设备采购困难且价格昂贵的情况下，他设法修复进口电气设备，为企业节约资金200多万元。在节能改造方面，利用所学变频节能技术对高耗能设备进行技术改造，为企业节约上百万元电费。他利用自己的技术专长，修旧利废，为厂节约。一块价值达6000多元的进口818智能仪表损坏，被外国专家扔掉，需更换新的。他将外国专家扔掉的仪表捡回来，查阅资料，反复修理、测试、检验，用国产元代件，终于将它修复，各项功能均达到原有水平；他为企业技术革新和技术改造6项，精心修复各种仪表和传感器等50多台套，修复各类变频机控制板10块，为企业节约资金32万元。

1998年，刘成模荣获“全国五一劳动奖章”，同时被湖南省人民政府授予“劳动模范”称号。

刘东山

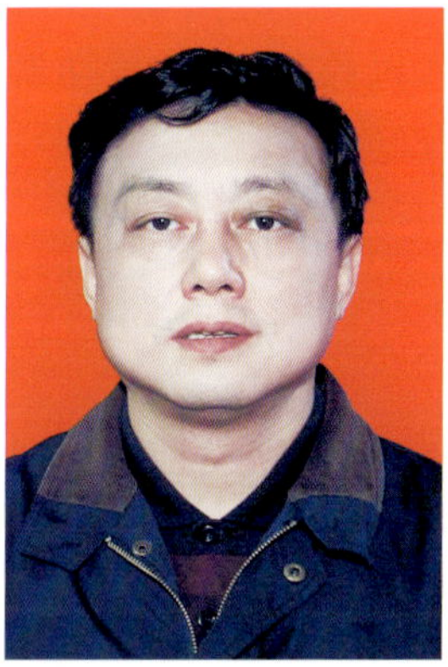

刘东山，男，汉族，中国共产党，大学专科学历。常德卷烟厂卷烟配方高级工程师。

1994年，市卷烟厂开发了湖南第一支高档精品卷烟“芙蓉王”。十一年来，“芙蓉王”从当年产销35.8大箱发展到现在的23.2万大箱，累计实现销售收入400亿元。刘东山作为“芙蓉王”产品配方维护的负责人，潜心研究配方技术和原材料品质，强力挖掘潜在的烟叶资源，确保“芙蓉王”产销量实现每年30%以上的增长幅度。

刘东山从1999年开始承担“低次烟叶消化”“配方成本节约挖潜”等项目的研究。通过对配方的调整，降低烟叶配方成本。1998—2000年消化了按正常标准不能进入配方的低次级烟叶33万多担，节约资金1000万元。

刘东山掌握了一套混合型卷烟开发技术理论和实践经验。以他为主研究的调温调湿处理白肋烟工艺为国际首创，达到了国际领先水平。近几年，他研究开发数十个品种、100多个口味的外销混合型品牌，绝大多数获外商认可和获批量生产订单，提高了企业在国际上的知名度。

2006年，刘东山荣获“全国五一劳动奖章”，同时被湖南省人民政府授予“劳动模范”称号。

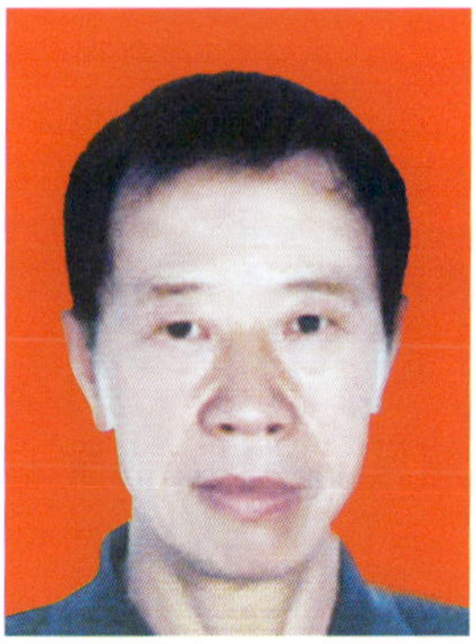

刘圣山

刘圣山，男，汉族，1946年11月出生，湖南醴陵人。1964年8月参加工作，1965年8月加入中国共产党，高中学历，湖南石门特种水泥有限公司质量总监。

刘圣山1990年由湘水泥厂调入湖南石门特种水泥有限公司。他一到公司，便将一仓库改建成化验室。他组织培训年轻技术员，从理论知识的讲授到实际操作的演练，将数十名年轻人培训技术骨干，有效地解决了人才的大问题。

他从原燃材料的进厂到水泥成品的销售出厂，每个环节，每项数据，他都明白无误地记录在案，随时查看，指导生产。在新成品的试制过程中，他坚持连续数日蹲守在生产现场，实在困乏，就地打盹，缓解疲劳。正是由于以他为代表的一批技术员工努力试验，公司相继成功研发出低热水泥、大坝水泥、中热微膨胀水泥及其他多个新型水泥品种，形成系列，增强了企业的市场竞争力。他数十年如一日，视厂如家，视厂胜家。别人娱乐去了，他在工作；别人休息了，他还在工作。

1997 年 4 月，刘圣山荣获“全国五一劳动奖章”，同时被湖南省人民政府授予“劳动模范”称号。

刘世林

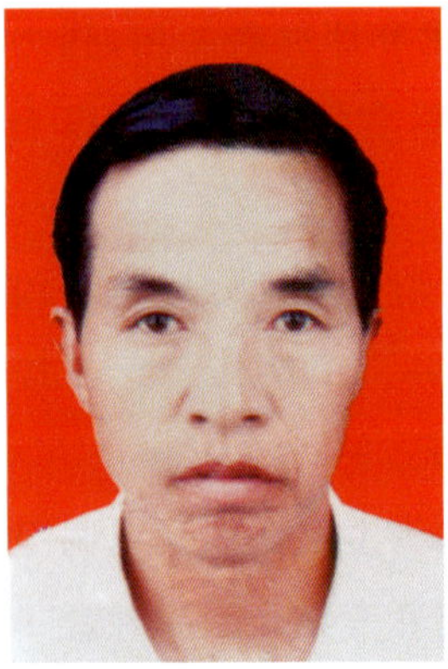

刘世林，男，汉族，1954 年 8 月出生，湖南临澧人。1971 年 12 月参加工作，1988 年 7 月加入中国共产党，初小学历，曾任常德市船舶厂船长。

他参加工作后，坚持边学文化，边学技术，很快掌握了驾驶技术。自 1982 年担任驾驶员后，未发生过安全责任事故，共安全航行 21 万里。为完成和超额完成运输生产任务，他带领全轮队船员不分日夜拼命干，创造了多个先进航次。至 1990 年，他参加工作 20 年，有 14 个春节没有在家吃过“团年饭”。他未休完的公休假计有 475 天，全部上了“奉献班”，年年被评为公司先进工作者。1988 年他担任船长以后，他所领导的轮队连续 2 年被授予“青年号”称号。1989 年至 1991 年连续三年被常德市直工委评为优秀党员。

1991 年 4 月，刘世林被中华全国总工会授予全国“优秀生产能手”称号、获“全国五一劳动奖章”。

庞姣娥

庞姣娥，女，汉族，1973 年 6 月出生，湖南津市人。1996 年 11 月参加工作，成都理工大学水文地质与工程地质专业毕业，大学本科学历，工学学士学位，常德市建筑勘测设计院岩土高级工程师。

庞娇娥对工作极端负责。2005 年以来，庞姣娥共主持完成大中型勘察项目 100 多项(担任项目、技术负责人)，合格率 100%，其中获省优二等奖工程三项，市优一等奖工程三项，特别是由她承担的馨香庭院工程勘察获全国工程勘察三等奖，是常德市到 2009 年为止唯一获国家优秀奖的项目。勘察工作中，为了获得准确可靠的原始资料，无论严寒酷暑，还是雨雪风霜，她都要深入工地现场，认真搜集第一手资料，任务紧张时加班加点。热情周到地做好后期服务，能及时圆满地完成单位的各项任务。

庞娇娥不断学习和更新专业知识。她多次参加短训班深化专业知识学习，系统掌握岩土工程勘察专业理论知识，能熟练地阅读本专业外文资料，独立解决较为复杂的疑难问题。对基坑渗流稳定性评价、软土地基处理方案分析等方面积累了丰富的经验，在馨香庭院勘察中对软弱下卧土进行反复论证分析，提出的基础方案经济合理，为业主单位节约工程经费 300 多万元，受到业主好评。

2009 年 10 月，庞娇娥荣获"全国五一劳动奖章"，同时被湖南省人民政府授予"劳动模范"称号。

肖启培

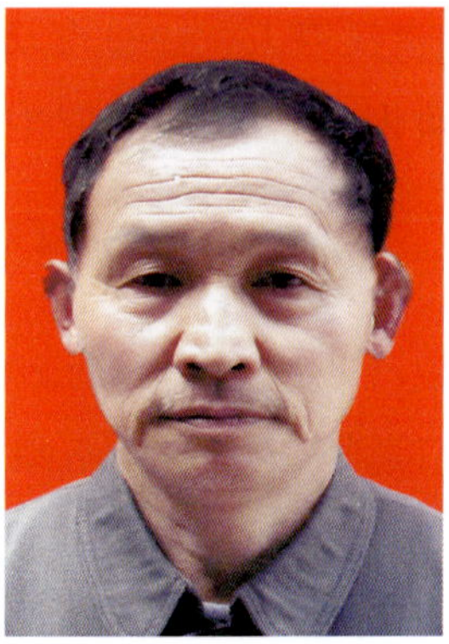

肖启培，男，汉族，1945 年 4 月出生，湖南临澧人。1970 年 4 月参加工作。1976 年 6 月加入中国共产党，初中学历。原任赤峰煤矿堰垭工区开拓一队队长。已退休。

他 20 多年如一日，勤勤恳恳，任劳任怨。1988—1990 年全队累计完成开拓进尺 3188 米，占计划的 118%，高于本矿其他队 40%。1988 年、1989 年连续两年进尺均突破 1000 米大关，达到国家等级标准，单位材料成本比计划下降 18.28%，节约材料总额 23654 元。掘进巷道工程质量达到了国家部颁标准。

他在 23 年的矿山工作中 22 次被评为先进生产工作者、劳动模范、优秀共产党员，1989 年被评为常德市劳动模范；1990 年被湖南省总工会记特等功一次，同年被评为湖南省劳动模范，1990 年 4 月全国总工会授予他全国"生产能手"称号，并获得"全国五一劳动奖章"。

杨伟仁

杨伟仁,男,汉族,1934年3月出生,大学专科学历,经济师。

从1950年起,他长期从事企业管理工作,先后担任10多家企业的厂长和企业主管部门负责人,都取得很好成绩。1981年毛遂自荐在停产的常德钢厂基础上筹建常德第一家化纤企业丙纶厂,实现了当年建厂、当年投产、当年盈利30万元的好成绩,并在此基础上进行技术改造,引进西德高速纺丝设备,使丙纶厂跃上年产值数千万元、利润超百万元的中型企业。1988年主动要求到濒临破产的市化纤厂任厂长,开发生产出烟用丝束新产品,使化纤厂成为年产2000多万元、利润300万元的明星企业,并引进意大利先进设备,进行技术改造,与常德烟厂联合成为常德市当时最大的股份制企业。

1992年5月,杨伟仁荣获"全国五一劳动奖章",同时被湖南省人民政府授予"劳动模范"称号。

袁建华

袁建华,男,汉族,1970年2月出生,湖南汉寿人。1990年7月参加工作,湖南工程学院电气工程及自动化专业毕业,研究生班结业。湖南中烟工业有限责任公司常德卷烟厂一车间设备工程部电气主管,电气系列五级专家。

1990年袁建华大学毕业进厂。他在生产一线一干就是20年,从一名普通的员工成为常德卷烟厂的培训师、电气技术五级专家、企业首位主任工程师。2000年至今,他一直参与企业重点工程建设与芙蓉王生产线技术改造工作;主持或参与重点工程18个电气子项目的技术协议谈判;在国家局中式卷烟制丝生产线重大专项的研究课题"芙蓉王品牌制丝生产线核心技术研究"中,他主持分组加工模式下的管控技术研究,在生产线构件化、信息同步等方面取得重大突破,成为行业数字化生产的一面旗帜;他主持车间加香系统技术改造,1995年获得省烟草系统质量控制成果一等奖和国家烟草专卖局质量控制成果二等奖;他主持烟丝自动加香改造、叶丝在线膨化控制系统改造、梗线电控柜PLC改造、真空回潮机PLC改造,为企业节约资金近100万元。

1999年4月荣获"全国五一劳动奖章",同时被省人民政府授予"劳动模范"称号。

张燕洁

张燕洁，女，汉族，1941年7月出生，湖北黄陂人。1963年10月参加工作，1980年7月加入中国共产党，新疆邮电学校长途电信会计专业毕业，大学专科学历，高级经济师。曾任常德市中心商贸公司总经理、董事长、党委书记。

张燕洁大胆改革创新。在前进商店任经理期间，张燕洁不畏风险，提出实行承包经营制，改革内部工资和奖金分配方案，一举改变商店长期亏损局面，三年为国家创税177.6万元，年平均增长20%以上。其经验被商业部向全国推广。在任常德市工业品商贸中心经理期间，她带领职工积极开拓经营，当年就上缴税利22万元。1986年，张燕洁受命组建常德市中心百货大楼，并任经理、书记。张燕洁狠抓企业规范管理。她推行规范管理，使企业管理走上科学化、规范化、高水平的管理轨道。中心百货大楼4年为国家创利税1018万元。她创造的企业规范管理经验，受到商业部及省、市领导的高度重视，市商业局和省商业厅先后在中心百货大楼召开了现场会。全国商业、供销、粮食、石油等行业许多企业借鉴了她的管理经验。

1989年3月，张燕洁被授予"全国三八红旗手"称号，1990年被授予湖南省"劳动模范"称号，1990年3月被授予"全国优秀经营管理者"称号；1990年3月荣获"全国五一劳动奖章"。

张金华

张金华，女，汉族，1963年2月出生，中共党员，高中学历。湖南金帛化纤有限公司产品一部后纺织技术员。

张金华爱岗敬业。自参加工作以来，她一直工作在生产第一线，连续6年被企业评为"先进工作者"。她为解决生产中的问题经常加班加点，带病坚持工作，有时几天几夜坚守在车间不回家休息。她对技术精益求精，刻苦钻研生产技术。在生产实践中不断提高自己解决实际问题的能力，使工作时能得心应手，迅速处理生产中发生的问题。针对一线生产中的工艺、操作中的各种问题，提出多项合理化建议。

2007年4月，张金华荣获"全国五一劳动奖章"，同时被湖南省人民政府授予"劳动模范"称号。

三、高级专业技术人员表

常德市 1991—2015 年市属国有企业高级专业技术人员一览表

表 1

姓 名	性别	出生年月	工作单位	专业技术职称
张如道	男	1945.3	津轮运公司	高级政工师
罗炎富	男	1942.4	津市粮油购销公司	高级政工师
任长新	男	1936.7	津市轮船运输公司	高级工程师
张敬贵	男	1948.8	常德羊耳山煤矿	高级政工师
雷北海	男	1950.7	常德羊耳山煤矿	高级政工师
王一兵	男	1936.12	常德赤峰煤矿	高级政工师
魏才勇	男	1940.12	常德卷烟厂	副主任医师
綦景星	男	1935.5	常德卷烟厂	高级经济师
黄注传	男	1944.6	常德卷烟厂	高级工程师
周大章	男	1937.7	常德卷烟厂	高级审计师
胡朝信	男	1943.1	常德卷烟厂	高级工程师
朱子高	男	1942.9	常德卷烟厂	高级工程师
王兆惠	男	1943.9	常德卷烟厂	高级工程师
唐承漠	男	1944.7	常德卷烟厂	高级工程师
邓振新	男	1937.1	常德卷烟厂	高级政工师
杜国清	男	1942.5	常德卷烟厂	副主任医师
莫鹤轩	男	1937.12	常德卷烟厂	副主任医师
程明才	男	1944.11	常德卷烟厂	高级政工师
黎银斌	男	1944.11	常德卷烟厂	副主任医师
宋家盛	男	1932.5	桃源纺织印染厂	高级政工师
曾献文	男	1955.3	桃源纺织印染厂	高级工程师

续表1

姓 名	性别	出生年月	工作单位	专业技术职称
曾曙芬	男	1934.3	桃源纺织印染厂	高级工程师
龚金仲	男	1931.6	桃源纺织印染厂	高级政工师
彭玉兰	女	1939.1	桃源纺织印染厂	高级政工师
李柏林	男	1935.3	桃源纺织印染厂	高级工程师
陈满梅	女	1948.8	桃源纺织印染厂	高级工程师
龙熙超	男	1944.11	桃源纺织印染厂	高级工程师
马金谷	男	1938.5	桃源纺织印染厂	高级工程师
毛安国	男	1944.11	桃源纺织印染厂	副主任医师
谭德年	男	1941.12	桃源纺织印染厂	高级工程师
金茂福	男	1947.11	桃源纺织印染厂	高级工程师
费承铮	男	1936.8	桃源纺织印染厂	高级工程师
龙一平	女	1945.12	桃源纺织印染厂	副主任医师
潘太耀	男	1947.4	桃源纺织印染厂	高级政工师
罗府朝	男	1945.12	桃源纺织印染厂	高级工程师
郑英辉	男	1939.12	桃源纺织印染厂	副主任医师
戴荣良	男	1946.8	桃源纺织印染厂	高级经济师
史彩章	男	1946.2	桃源纺织印染厂	高级工程师
何光国	男	1944.12	桃源纺织印染厂	高级工程师
李兰珍	女	1951.2	桃源纺织印染厂	高级工程师
刘存玄	男	1943.11	常德石门磷肥厂	高级工程师
文进康	男	1944.4	三江口水电	高级工程师
权明汉	男	1946.7	石门磷肥厂	高级工程师
贾国莲	女	1944.3	湖南特种水泥厂	高级政工师

续表 1

姓 名	性别	出生年月	工作单位	专业技术职称
杨翠平	男	1952.10	湖南特种水泥厂	高级政工师
高移元	男	1935.8	湖南特种水泥厂	高级工程师
雷志峰	男	1936.4	石门雄黄矿	高级工程师
佘金华	男	1952.3	常德广福桥煤厂	高级政工师
沈长清	男	1936.10	常德青峰煤矿	高级政工师
葛毓成	男	1944.11	常德青峰煤矿	高级工程师
上官彪	男	1942.12	常德青峰煤矿	高级政工师
陈绍明	男	1936.1	七一机械厂	高级工程师
曾校良	男	1942.11	七一机械厂	高级工程师
韩继礼	男	1940.3	七一机械厂	高级工程师
杨宏君	男	1946.6	七一机械厂	副主任医师
张爱民	男	1946.8	七一机械厂	高级工程师
谭建国	男	1944.8	七一机械厂	高级政工师
周子安	男	1949.2	七一机械厂	高级政工师
周如愚	男	1932.6	七一机械厂	副主任医师
郭嘉燧	男	1940.3	七一机械厂	高级工程师
程少清	男	1937.2	七一机械厂	高级工程师
邱　毅	男	1944.10	常德市造纸厂	高级工程师
肖正谊	男	1936.7	常德市酒精厂	高级工程师
李汉荣	男	1936.6	常德市酒精厂	高级工程师
段正祥	男	1936.10	常德涤纶厂	高级工程师
陈学猷	男	1935.1	常德市棉纺厂	高级工程师
周文林	男	1934.6	常德市棉纺厂	高级工程师

续表1

姓 名	性别	出生年月	工作单位	专业技术职称
章锦丽	女	1936.3	常德市棉纺厂	副主任医师
欧阳金蝉	女	1941.12	常德市棉纺厂	高级会计师
胡开明	男	1938.11	常德市棉纺厂	高级政工师
杨映华	男	1944.1	常德市棉纺厂	高级工程师
毛容卿	男	1940.8	常德市棉纺厂	高级工程师
吴万杰	男	1942.11	常德市棉纺厂	高级政工师
王金刚	男	1947.5	常德市棉纺厂	副主任医师
陈黔平	男	1955.2	常德市棉纺厂	高级工程师
杨世毕	男	1953.12	常德市棉纺厂	高级政工师
李云峰	男	1946.2	常德市棉纺厂	副主任医师
段正宇	男	1945.5	常德市棉纺厂	副主任医师
廖春富	男	1948.12	常德市棉纺厂	高级政工师
宴世尧	男	1940.11	常德市二纺机厂	高级经济师
裘有林	男	1941	常德市二纺机厂	高级工程师
熊德樵	男	1937.6	常德市二纺机厂	高级工程师
刘海炎	男	1939.7	常德市二纺机厂	高级工程师
张运时	男	1934.3	常德市仪器厂	高级工程师
胡一甫	男	1943.1	常德市仪器厂	高级工程师
王惠光	男	1941.4	常德电机厂	高级工程师
廖慰祖	男	1941.4	常德电机厂	高级工程师
杜方桃	男	1943.11	常德电机厂	高级工程师
张家隆	男	1937.7	常德电机厂	高级工程师
丁国礼	男	1939.5	常德电机厂	高级工程师

续表 1

姓 名	性别	出生年月	工作单位	专业技术职称
曾克武	男	1951.8	华晶玻璃有限公司	高级会计师
曾成珍	男	1939.4	常德玻璃厂	高级工程师
熊丽村	男	1945.11	常德石门磷肥厂	副主任医师
李定邦	男	1941.11	中央粮食储备	高级政工师
颜昌健	男	1948.4	樟木桥粮库	高级政工师
付树林	男	1937.12	湖南六〇一矿	高级工程师
刘镇仙	男	1933.7	湖南六〇一矿	高级工程师
王永忠	男	1938.1	湖南六〇一矿	高级教师
李玉发	男	1937.9	湖南六〇一矿	高级工程师
彭国江	男	1936.11	湖南六〇一矿	高级工程师
杨万和	男	1939.9	湖南六〇一矿	高级工程师
申幼廉	男	1937.2	湖南六〇一矿	高级工程师
朱沅娥	女	1943.10	常德市轴承厂	高级工程师
唐慧青	男	1939.9	常德市轴承厂	高级工程师
陈立山	男	1942.4	常德市轴承厂	高级政工师
费　琦	男	1941.5	常德市轴承厂	高级经济师
徐世献	男	1949.5	常德市轴承厂	高级工程师
刘春蝉	女	1942.12	常德市有线电厂	高级经济师
沈菊英	女	1944.3	常德市有线电厂	高级经济师
宋光明	男	1944.12	常德市有线电厂	高级工程师
贺春英	女	1945.2	常德市有线电厂	高级工程师
童方文	男	1940.9	常德市有线电厂	高级工程师
谢玲知	女	1945.7	常德市有线电厂	高级工程师

续表 1

姓 名	性别	出生年月	工作单位	专业技术职称
陈国华	男	1941.12	常德市有线电厂	高级工程师
覃正籍	男	1945.12	常德市有线电厂	高级工程师
黄静秋	男	1945.8	常德市有线电厂	高级工程师
龚树林	男	1940.5	常德市有线电厂	高级工程师
陈海秀	女	1946.12	常德市有线电厂	高级工程师
彭开明	男	1950.11	常德市有线电厂	高级工程师
傅德卿	男	1940.8	常德市有线电厂	高级工程师
冯十全	女	1952.4	常德市湘北工贸进出口公司	高级会计师
贺介舫	男	1946.4	常德市明胶厂	高级工程师
贺光碧	女	1938.8	常德市明胶厂	高级工程师
陈巨卿	男	1943.2	常德市面粉厂	高级工程师
卜惠波	女	1944.3	常德市医药公司	高级经济师
张志辉	男	1937.11	常德市水表厂	高级工程师
王瀚襄	男	1927.12	常德市水表厂	高级工程师
彭跃阶	男	1947.12	常德市汽修厂	高级工程师
谢秀飞	男	1942.7	常德汽车修造厂	高级工程师
陈周颐	男	1939.11	常德汽车修造厂	高级工程师
任则弟	男	1930.2	常德轮船运输公司	高级工程师
汤则礼	男	1934.3	常德轮船运输公司	高级统计师
周锡麟	男	1934.9	常德市欣运集团	高级会计师
李荣华	男	1936.12	常德市欣运集团	高级统计师
彭建辉	女	1956.11	常德市欣运集团	高级统计师
王建民	男	1947.11	常德市欣运集团	高级政工师

续表 1

姓名	性别	出生年月	工作单位	专业技术职称
田守志	男	1944.9	常德市欣运集团	高级工程师
何金男	男	1937.3	常德市物资局	高级工程师
刘国权	男	1938.3	常德市钻石公司	高级经济师
赵友菊	女	1943.9	常德市棉麻公司	高级工程师
刘绍禄	男	1946.9	无线电专用设备厂	高级工程师
韩启顺	男	1934.1	常德市化工机械厂	高级工程师
唐贤德	男	1945.8	常德市化工机械厂	高级工程师
黄桂良	男	1933.7	常德粮食机械厂	高级工程师
敖必友	男	1946.8	常德粮食机械厂	高级工程师
马继生	男	1945.3	常德粮食机械厂	高级工程师
徐　浩	男	1945.5	常德船舶厂	高级工程师
丁时成	男	1937.6	常德粮油锅炉厂	高级工程师
刘光元	男	1932.1	常德市包装公司	高级工程师
段基祥	男	1944.1	常德市变压器厂	高级工程师
杨从荣	男	1939.5	常德变压器厂	高级工程师
黎明安	男	1943.5	常德变压器厂	高级工程师
秦普熏	男	1932.6	常德市农资公司	高级政工师
张远武	男	1932.12	常德市盐业公司	高级经济师
胡年胜	男	1944.12	常德市粮食局	高级工程师
郭　明	男	1942.8	常德船舶厂	高级工程师
聂胜保	男	1946.9	常德船舶厂	高级工程师
谢广哲	男	1935.12	常德青峰煤矿	高级工程师
颜韵篑	男	1937.4	常德青峰煤矿	高级工程师

续表 1

姓 名	性别	出生年月	工作单位	专业技术职称
刘明山	男	1945.11	常德广福桥煤矿	高级工程师
刘昌运	男	1935.1	常德食品总厂	高级工程师
陈万辉	男	1947.11	常德市塑料一厂	高级工程师
曹志挺	男	1936.11	常德通用机械厂	高级统计师
刘长龄	女	1936.8	常德市自来水公司	高级政工师
秦德喜	男	1940.10	常德市自来水公司	高级工程师
孙长贵	男	1934.6	常德市工程公司	高级工程师
李修和	男	1935.6	常德市工程公司	高级工程师
鄢光福	男	1937.6	常德市工程公司	高级工程师
顾　晴	男	1941.10	常德市工程公司	高级工程师
李子渊	男	1941.3	常德市工程公司	高级工程师
谢荣辉	男	1936.10	常德市工程公司	高级工程师
伍子琦	女	1943.12	常德市工程公司	高级工程师
代文成	男	1940.6	常德市工程公司	高级工程师
李栋森	男	1943.12	常德市工程公司	高级工程师
戴景文	男	1931.8	常德市工程公司	高级工程师
王慎德	男	1936.3	常德市工程公司	高级工程师
徐学忠	男	1937.9	常德市工程公司	高级经济师
赵益民	男	1945.1	常德市工程公司	高级工程师
唐必福	男	1940.11	常德市农林工业建筑设计院	高级工程师

续表 1

姓名	性别	出生年月	籍贯	工作单位	专业技术职称
陈红阳	男	1970.11	常德武陵区	湖南常德路桥建设集团有限公司	公路与桥梁专业 高级工程师
陈立君	男	1974.10	湖南汉寿	湖南常德路桥建设集团有限公司	公路与桥梁专业 高级工程师
陈　文	男	1970.11	常德武陵区	湖南常德路桥建设集团有限公司	高级工程师 (公路与桥梁专业)
邓晓泉	男	1968.11	常德武陵区	湖南常德路桥建设集团有限公司	高级工程师 (公路与桥梁专业)
丁爱华	男	1974.4	常德武陵区	湖南常德路桥建设集团有限公司	高级工程师 (公路与桥梁专业)
段建军	男	1974.6	湖南安乡	湖南常德路桥建设集团有限公司	高级工程师 (公路与桥梁专业)
方　晖	男	1971.7	常德武陵区	湖南常德路桥建设集团有限公司	高级工程师 (公路与桥梁专业)
顾　晓	男	1973.8	常德鼎城区	湖南常德路桥建设集团有限公司	高级工程师 (公路与桥梁专业)
郭耀武	男	1973.4	常德澧县	湖南常德路桥建设集团有限公司	高级工程师 (公路与桥梁专业)
胡志忠	男	1970.12	湖南临澧	湖南常德路桥建设集团有限公司	高级工程师 (公路与桥梁专业)
简洁明	男	1973.1	常德武陵区	湖南常德路桥建设集团有限公司	高级工程师 (公路与桥梁专业)
李常平	男	1972.9	湖南安乡	湖南常德路桥建设集团有限公司	高级工程师 (公路与桥梁专业)
刘振文	男	1962.11	常德武陵区	湖南常德路桥建设集团有限公司	高级工程师 (公路与桥梁专业)
卢大峰	男	1972.4	湖南澧县	湖南常德路桥建设集团有限公司	高级工程师 (公路与桥梁专业)
罗余英	女	1975.3	常德武陵区	湖南常德路桥建设集团有限公司	高级工程师 (公路与桥梁专业)
潘道辉	男	1970.2	湖南安乡	湖南常德路桥建设集团有限公司	高级工程师 (公路与桥梁专业)
谭建初	男	1974.11	常德武陵区	湖南常德路桥建设集团有限公司	高级工程师 (公路与桥梁专业)
唐克遥	男	1971.5	永州零陵区	湖南常德路桥建设集团有限公司	高级工程师 (公路与桥梁专业)
万建平	男	1973.11	常德武陵区	湖南常德路桥建设集团有限公司	高级工程师 (公路与桥梁专业)
王文斌	男	1972.2	湖南汉寿	湖南常德路桥建设集团有限公司	高级工程师 (公路与桥梁专业)

续表 1

姓 名	性别	出生年月	工作单位	专业技术职称
康存前	男	1961.3	常德市规划建筑设计院	高级工程师
王腊云	男	1966.12	常德市规划建筑设计院	高级工程师
张　成	男	1971.7	常德市规划建筑设计院	高级工程师
刘　忠	男	1963.3	常德市规划建筑设计院	高级工程师
何仁斌	男	1964.10	常德市规划建筑设计院	高级工程师
傅关平	男	1967.5	常德市规划建筑设计院	高级工程师
段祥云	女	1971.12	常德市规划建筑设计院	高级工程师
郭定善	男	1964.7	常德市规划建筑设计院	高级工程师
李晋华	女	1968.7	常德市规划建筑设计院	高级工程师
周　曦	男	1976.8	常德市规划建筑设计院	高级工程师
鲁海霞	女	1974.2	常德市规划建筑设计院	高级工程师
胡桢颖	女	1977.10	常德市规划建筑设计院	高级工程师
戴　亮	男	1980.6	常德市规划建筑设计院	高级工程师
陈丽鸣	女	1961.11	常德市规划建筑设计院	高级工程师
付晓娟	女	1967.11	常德市规划建筑设计院	高级工程师
甘林辉	男	1975.5	常德市规划建筑设计院	高级工程师
郑忠伟	女	1968.12	常德市规划建筑设计院	高级工程师
邓金枝	女	1964.7	常德市规划建筑设计院	高级工程师
向湘粤	男	1960.1	常德市规划建筑设计院	高级工程师
郑建华	女	1956.3	常德市建筑勘测设计院	高级工程师
易法银	男	1952.6	常德市建筑勘测设计院	高级工程师
林　凡	男	1969.1	常德市建筑勘测设计院	高级工程师
涂　臻	男	1969.4	常德市建筑勘测设计院	高级工程师

续表1

姓名	性别	出生年月	工作单位	专业技术职称
王月芳	男	1964.9	常德市建筑勘测设计院	高级工程师
张正先	女	1968.4	常德市建筑勘测设计院	高级规划师
田　艳	女	1965.2	常德市建筑勘测设计院	高级工程师
陈兴坤	男	1963.11	常德市建筑勘测设计院	高级工程师
黄资祥	男	1966.3	常德市建筑勘测设计院	高级工程师
康卫国	男	1964.12	常德市建筑勘测设计院	高级工程师
黄　捷	男	1965.7	常德市建筑勘测设计院	高级工程师
吴　娟	女	1974.2	常德市建筑勘测设计院	高级工程师
凌金立	男	1965.2	常德市建筑勘测设计院	高级工程师
管宏武	男	1969.1	常德市建筑勘测设计院	高级工程师
易建军	男	1954.8	常德市建筑勘测设计院	高级工程师
庞姣娥	女	1973.6	常德市建筑勘测设计院	高级工程师
梁　军	女	1962.9	常德市建筑勘测设计院	高级工程师
张　凌	男	1975.3	常德市建筑勘测设计院	高级工程师
张春红	女	1978.4	常德市建筑勘测设计院	高级规划师
易宏志	男	1978.6	常德市建筑勘测设计院	高级工程师
喻伟宁	男	1974.4	常德市建筑勘测设计院	高级工程师
黄利英	女	1974.4	常德市建筑勘测设计院	高级工程师
方　乐	男	1977.4	常德市建筑勘测设计院	高级规划师
匡丹丹	女	1979.4	常德市建筑勘测设计院	高级工程师
陈　晖	男	1981.2	常德市建筑勘测设计院	高级工程师
张　涛	南	1981.6	常德市建筑勘测设计院	高级工程师
王　鹏	男	1977.1	常德市建筑勘测设计院	高级工程师

续表 1

姓 名	性别	出生年月	工作单位	专业技术职称
易 萍	女	1972.2	常德市建筑勘测设计院	高级工程师
彭荣跃	男	1938.4	常德市建筑勘测设计院	高级工程师
熊德忠	男	1938.1	常德市建筑勘测设计院	高级工程师
林首能	男	1938.2	常德市建筑勘测设计院	高级工程师
王先桂	女	1946.12	常德市建筑勘测设计院	高级工程师
贺用才	男	1943.12	常德市建筑勘测设计院	高级工程师
李立珍	女	1946.11	常德市建筑勘测设计院	高级工程师
伍之富	男	1946.1	常德市建筑勘测设计院	高级工程师
卜建华	男	1969.3	常德市建筑勘测设计院	高级工程师
申素斌	女	1975.10	常德市建筑勘测设计院	高级工程师
陈昌忠	男	1963.5	常德市自来水公司	高级政工师
王恿鲑	男	1971.9	常德市自来水公司	高级政工师
张进华	男	1977.11	常德市自来水公司	高级政工师
彭荣武	男	1968.8	常德市自来水公司	高级政工师
罗 蕾	女	1974.11	常德市自来水公司	高级政工师
李庭军	男	1963.7	常德市自来水公司	机械高级工程师
龙 成	男	1974.12	常德市自来水公司	给排水高级工程师
朱继斌	男	1969.3	常德市自来水公司	给排水高级工程师
邱宪才	男	1974.1	常德市自来水公司	给排水高级工程师
熊跃国	男	1969.7	常德市自来水公司	给排水高级工程师
沈子钰	女	1969.1	常德市自来水公司	档案副研究馆员
张 俊	男	1965.10	常德市自来水公司	化学高级工程师
蒋 华	男	1971.7	常德市自来水公司	工民建高级工程师

文件辑存

常德地区 劳动人事局 财政局 经济委员会
印发“关于推行企业工资总额与经济效益挂钩
浮动的暂行办法(试行)”的通知

常经企字〔1988〕第 5 号

各县市有关部门,地直有关委、办、局(公司):

现将《关于推行企业工资总额与经济效益挂钩浮动的暂行办法(试行)》发给你们。请你们组织力量,立即着手,一户一户企业测算、审定挂钩方案。此项工作务必在一季度内基本完成。

一九九八年元月二十六日

关于推行企业工资总额
与经济效益挂钩浮动的暂行办法(试行)

为了深化企业改革,进一步完善承包经济责任制,为进一步搞活企业内部分配创造条件,特制定本办法。

一、挂钩的具体形式

（1）工资总额与经济效益挂钩浮动，可以采取多种具体形式。包括：工资总额与实现利税挂钩，与上缴利税挂钩，与产品实物量挂钩，与创汇额挂钩，与总产值或净产值挂钩，与销售挂钩，与实际工作量挂钩等。可以根据企业的不同情况，选择其中一种（单挂钩）或两种（双挂钩）形式。实行挂钩浮动。但就我区总的情况看，工资总额与实现利税挂钩和与上缴利税挂钩应作为主要形式。

二、工资总额的内容和资金来源

（2）工资总额的构成。应按国家统计局关于工资总额构成的规定计算。挂钩时，工资总额还应包括实发奖金总额。即：原有工资总额＋奖金总额＝挂钩工资总额。但奖金总额中不包括已进成本的原材料节约奖、技改单项奖、现代化成果奖等。

（3）挂钩工资总额的资金来源：工资总额和奖金总额的基数部分以及增长部分，一律进入成本；实现利税基数部分相应地剔除奖金基数后计算。

（4）实行挂钩浮动后，除因新建、扩建项目增加劳动力和政策规定必须安排的转业、复员退伍军人需相应增加工资总额外，实行增人不增工资总额，减人不减工资总额。

三、基数挂钩比例的确定

（5）经济效益（无论采用何种指标）基数和工作总额（含奖金）基数。一般应按1987年的实际实现数确定。效益指标凡1987年实现数或上缴数低于前三年平均数的，应采用前三年平均数为基数；1987年实现数或上交数高于前三年平均数较多的，也可在两者之间选择确定。无论采用何种基数、效益指标和工资总额（含奖金）应是同口径相对应的。

（6）挂钩比例。以实现利税指标挂钩形式为例，一般应在1∶0.5－1∶0.7之间核定。即实现利税每增长1％，工资总额（含奖金）可相应地增加0.5％－0.7％。凡实现利税额小于工资总额的，挂钩比例应在1∶0.1－1∶0.4之间确定。但新增工资总额最多不能超过新增利润部分的45％。当经济效益指标没有完成，即低于基数部分时，工资总额应同比例相应下浮，但以20％为限。

（7）凡实行工资总额与产品实物量挂钩的企业，要同时与经济效益挂钩（双挂钩），凡亏损企业同时与亏损额挂钩，即当年亏损额小于承包数时，单位产量工资含量不变，大于承包数时，要将超额部分在工资总额内抵减，但最多以不超过工资总额20％为限。盈利企业则同时与实现利税挂钩，即当年实现利税大于承包数时，单位产量工资含量不变，小于承包数时，其差额应在工资总额中抵减。同样，最多以不超过20％为限。

（8）基数一律实行环比。但当某年完不成指标、工资下浮后，下一年度应实行定比。

（9）无论实行哪种形式的挂钩，除了前述主体效益指标外，还应再选择几个指标连锁，如产品质量、生产安全、矿山的开拓进尺等，以提高效益考核的全面性。这些连锁指标，采取只罚不奖的办法,完成了不另类,完不成要相应扣减工资总额。

四、承包后挂钩的计算公式

(10)工资总额与实现利税挂钩浮动的计算公式是:

当年实现利税净增加额=核定实现利税基数×当年实现利税毛增加额/核定实现利税基数+核定工资总额基数×工资浮动系数。

当年新增工资总额=上年工资总额基数×工资浮动系数×当年实现利税净增加额/上年实现利税基数。

(11)工资总额与上缴利税浮动,鉴于上缴利润指标在承包时已经包死,不会再有弹性,可按下列办法计算:用应交55%的所得税部分还贷的,减半视同上缴;用其余45%留利部分还贷的,全部视同上缴;凡开发新产品而享受减免税的,其减免部分视同上缴。

五、审批权限和控制办法

(12)凡实行挂钩的企业,按照隶属关系,由同级劳动人事部门为主进行审批。

(13)工作总额的发放,可随工资总额来源的增加而增加,但是必须瞻前顾后,留有余地,建立起企业工资风险基金,以丰补歉;而不要分光吃尽,更不能寅吃卯粮。对于超过基数发放过多的,要照章缴纳工资调节税。对于弄虚作假,虚报经济效益的,一经发现,要追究领导者的责任,并追回多提、多发的奖金。

(14)本办法适用于工业、交通、建筑安装、商业、供销、外贸、物资、农林场等国营企业。

一九八八年元月二十六日

中共常德市委、常德市人民政府关于进一步促进国有工业企业发展的若干规定

常发〔1995〕9 号

国有工业企业是全市经济发展的支柱。为了搞活国有工业企业，进一步促进全市工业发展，实现我市"兴工、强农、富市"的战略目标，特制定以下规定。

1.积极稳妥地推行企业产权制度改革。大中型企业要创造条件，组建有限责任公司，逐步建立符合现代企业制度的运行机制。小型企业要重点推行租赁经营、股份合作、国有民营、合资、嫁接、产权转让等项改革。少数长期亏损，资不抵债的企业要依法破产还债，重组产权。

2.鼓励优势企业兼并、租赁企业。优势企业可采取承担债务的形式兼并亏损企业，通过行政划拨取得被兼并企业占用的土地使用权。为其办理产权变更和工商注册等手续的部门只收取工本费用；银行对被兼并企业所欠的贷款，按国家有关政策规定，在报请上级银行批准后，实行停、减、缓息等优惠政策。优势企业租赁亏损企业，在交纳足额租赁费，保证租赁设备完好率达到行业标准的前提下，出租企业前 3 年按实现利润所缴纳的所得税，由财政全额返还给承租企业，计入承租企业的实收资本。

3.建立以所得税返还为主要来源的工业发展基金。从 1995 年起，每年由市财政从市属企业入库所得税中安排 500 万元工业发展基金，并将本年度市属预算内工业企业入库所得税中超上年度的部分主要补充工业发展基金，由市经委择优安排有偿使用，或经政府批准解决个别企业生产经营中的特殊困难。成立市经济技术投资公司后，工业发展基金作为该公司的资本金，实行有偿滚动使用，到期收回。重点用于发展支柱产业和拳头产品，扶持当年扭亏有望的企业开发新产品和上短平快技改项目，或补充短期急需流动资金，还可用于工交企业贷款贴息。经济技术投资公司开户在市信托投资公司。有关工业发展基金的具体管理办法由市经委拟定，报市政府批准后实施。财政、审计部门对工业发展基金的使用与管理实行监督。

4.加快企业技术改造，增强发展后劲。从 1995 年起，企业利用自有资金进行技术改造或补充流动资金等所形成的资产，三年内免征国有资产占用费。

5.支持和鼓励企业招商引资。对引进内资有功的人员，由受益企业比照市人民政府办公室常政办发〔1995〕3 号文件关于引进外资的奖励规定计发奖金。

6.鼓励位于城区繁华地段的工业企业搬迁和技术改造。其新征土地缓交出让金,新建厂房的投资方向调节税可适用零税率,并免交配套费。允许有房地产开发资格的公司利用企业闲置土地从事房地产开发,土地使用权出让金由政府投给企业,计入国有资产。

7.选择部分企业实行先征后返的税收目标管理办法。在确保全市工业入库税收逐年增长的前提下,对少数历史包袱重、发展潜力大的税源大户,实行先征后返的税收目标管理,即税务部门按规定征收,超目标部分由财政返还。返还的资金主要用于企业的技术改造或补充自有流动资金,也可消化企业的历史包袱。实行这一办法的企业,每年初由经委商财政、税务部门确定,并报同级政府批准。

8.鼓励企业盘活呆滞资金。凡收回两年以上拖欠货款,处理两年以上产品积压盘活的资金,银行不扣贷,继续留给企业使用。对企业弥补历年亏损、消化潜亏盘活的资金,银行除继续留给企业使用外,并给予"活一贷一"的特别鼓励。银行对积极盘活呆滞资金,成效显著的企业,在同等条件下,优先给予贷款支持,促进企业加速资金周转,提高资金的使用率,缓解生产经营资金不足的矛盾。

9.采取多种措施补充企业生产经营资金。企业按《企业会计准则》《企业财务通则》的规定提取的10%的盈余公积金可作为生产经营资金使用;在清产核资中资产重估增值所增提的折旧费、机器设备加速折旧的增提部分,主要用于生产经营。

10.大力开展"扶困"工作。从1995年开始,有计划地组织经济实力较强的大中型工业企业,包括中央、省属驻常企业,对口扶持特困企业,帮助开发产品,提供技术和加工业务,改善企业管理,使其尽快走出困境。"扶困"有关费用,可计入工厂成本。扶困的具体工作由市经委牵头组织实施。

11.提倡特困企业职工自谋职业。特困企业职工在城区从事政府鼓励的且符合城市管理规定的第三产业,有关部门凭市经委出具的特困企业职工证明,为其优先办理注册登记手续,免收所有办证费用;特困企业职工个人或合伙外出承包,除缴纳社会劳动保险费外,可免交承包费用;鼓励和支持特困企业职工合伙或个人租赁本厂的厂房、设备办企业。

12.继续推行扭亏增盈目标管理责任制。凡当年完成市扭亏办下达的扭亏增盈目标任务的厂长、书记,其年工资可按本企业职工年平均工资的两倍计发,为完成目标任务的,下浮一级工资;连续两年完不成任务的,视情况作出处理,直至降职使用。

13.把扭亏增盈目标任务纳入工效挂钩的指标体系一并考核。凡当年完成扭亏增盈目标任务的企业,根据职工实际平均工资增长应低于本企业劳动生产率增长幅度的原则,相应增提效益工资;凡当年完不成目标任务的,效益工资相应下浮。亏损企业不得发放奖金。

14.设立工业扭亏增盈活动基金。每年从工业发展基金中安排20万元,设立工业扭亏增盈活动基金,奖励在扭亏增盈工作中成绩突出的单位和个人。工业扭亏增盈活动基金的使用,由市扭亏增盈办公室提出方案,并报分管市长批准。

15.健全扭亏增盈工作机构。市、县两级都要成立扭亏增盈办公室,从经委、财政、工商银行各抽调一名工作人员,办公室设在同级经委。扭亏增盈办公室的主要职责是:对同级党委、政府有关扭亏增盈工作部署和重大决策的贯彻落实情况进行督查;对企业使用扭亏增盈基金(包括工业发展基金)实行监管;定期调度分析情况,总结推广经验,向上级扭亏增盈办公室报告工作;制定所属国有工业企业扭亏增盈的目标计划及措施,并组织考核评比。

16.有计划地从党政群机关和国有大中型企业选派年轻干部到亏损企业任职。凡自愿申请,按干部管理权限经组织人事部门与经委共同考察,批准到亏损企业任职的机关干部,可保留机关编制。选派到亏损企业任职的机关和大中型企业干部,均可享受原单位工资福利待遇,并在任职企业领取职务津贴。对任职期间成绩突出的,年终应优先考虑将其评为优岗,并给予奖励。对其中特别优秀的人才应破格提拔。

17.推行厂长年薪制试点。从1995年开始,选择一批大中型企业推行厂长年薪制试点。具体实施办法由经委会同有关部门拟定。

18.认真贯彻执行中央、省、市政府有关制止“三乱”的一系列文件精神,切实减轻企业负担。任何部门和单位不得以任何理由向企业乱收费、乱集资、乱摊派。企业对各种摊派和不合理收费、罚款、集资有权抵制,并可向纪检、监察机关举报。对不加抵制,为“三乱”开方便之门,给企业造成经济损失的厂长,要追究其行政责任;对利用职权乱摊派、乱收费、乱集资的部门和单位,一经查实,除由财政从拨给该单位的行政事业经费中全额扣除外,还要对情节严重、影响很坏的直接责任人给予行政处分,构成犯罪的,依法追究其法律责任。

19.切实加强对工业生产的领导。市县两级继续坚持几大家领导联系盈亏大户制度。市委常委会至少每半年召开一次议工会;市工业领导小组至少每个季度召开一次协调会,研究解决工业发展中的重大问题。各区县(市)委常委会及工业领导小组也要坚持定期“议工”,加强对工业生产的具体组织领导。市、县各部门要转变职能,主动服务企业,支持工业发展。要尽可能减少工业部门的领导陪会,以集中精力抓工业。

20.以上规定从发文之日起执行。农场、商业、粮食、供销等部门工业企业可参照执行。市委、市政府过去制定的有关促进工业发展的政策措施,如有与上述内容不一致的,以本规定为准。

中共湖南省常德市委

常 德 市 人 民 政 府

1995年5月7日

常德市人民政府印发《关于市直国有企业破产若干问题的办法》的通知

常政发〔1996〕18 号

市直各有关单位：

为加快企业改革步伐，确保市直国有企业破产工作有序进行，经研究，同意印发《关于市直国有企业破产若干问题的办法》，请遵照执行。

一九九六年十月二十五日

关于市直国有企业破产若干问题的办法

为加快企业改革步伐，确保市直国语企业破产工作依法、有序地进行，根据国家有关法律和省委、省政府的有关文件精神，结合我市实际，特制定本办法：

一、关于企业破产过程中的问题

1.严格依法实施破产。坚持有利于企业转机建制，有利于经济发展，有利于社会稳定的工作指导方针，积极、慎重、公正、依法审理破产案件，保护债权人、债务人及破产企业职工的合法权益。严格按照《中华人民共和国企业破产法(试行)》(以下简称《破产法》)、国务院国发〔1994〕59 号文件、省人民政府湘政发〔1995〕19 号文件、省委、省人民政府湘发〔1996〕14 号文件精神处理破产过程中的有关问题。

2.严格规范部门收费。破产企业严重资不抵债，资金奇缺，清算费用都难以保证，需要有关部门和社会各界的大力支持和给予优惠。本着从实际出发，尽量减轻破产企业负担的原则，在破产企业资产清算、评估、拍卖等过程中，国土、审计、国资、房产(原未登记发证的除外)等部门一律只收工本费，各类中介机构的评估费一律减半收取。国有土地(原未登记发证的除外)出让或过户时，一律免收各种费用；企业内部“退二进三”改变土地使用用途的，免收有关规费。电力、邮电、供水设施过户时，经双方协商，可减免有关费用。今后，任何部门向破产企业收取的各种费用，凡违反以上规定的，均可拒付。

3.为确保破产清算工作的正常进行和维持破产企业职工基本生活，在破产期间(从法院宣布企业破产起至法院裁定破产终结止），电业、供水、邮电等部门不得以破产欠款为由停电、停水、停企业公用电话。

4.破产企业退休职工的退休金和在职职工的失业救济金，在破产期间，分别由劳动社保和失业救济部门依照规定按期发放。租赁生产经营的上岗职工，由租赁方发给工资，劳动部门不再发救济金。

5.企业宣布破产后，企业原存入各金融机构的各项资金一律冻结，法院解冻后，这些资金只能清算组按《破产法》规定的顺序使用，任何单位和个人不得扣留或挪用。

6.任何单位和个人，都必须服从大局，积极支持企业依法实施破产，为破产工作创造良好的外部环境，不得超越法律规定的范围，干预、刁难、破坏正常的破产清算工作，否则，将严肃查处，直至追究法律责任。

二、关于企业破产后重组问题

7.企业破产后可采取以下3种方式处置：一是对于符合产业政策，又有好的产品的，可将原企业在职职工和安置职工的资产进行重新配置，组建起新的企业；二是对于重组缺乏基础但又有一定生产条件的，其安置职工的资产可由其他企业接受，人员由接受企业安排；三是对企业破产后无条件，又无其他企业接受的，原企业随破产而消亡，人员通过变卖安置职工的资产一次性买断工龄或采取其他途径安置。

8.破产企业重组的原则：企业破产后重组，必须依法办理开业登记。企业重组必须按改革的要求，分别采取股份有限公司、有限责任公司、股份合作制企业等形式。重组企业可设国有股、法人股、个人股等。破产企业职工，参加企业重组其清偿给职工的安置费、原欠职工工资、集资款以及上岗出资均视为职工个人股。按上述形式新组建的企业一律依法设立股东会、董事会。实行董事会领导下的经理（厂长）负责制，董事长为公司法定代表人。

9.未纳入破产的富勒烯设施，有条件的可以单独组建生活服务性公司，独立核算、自负盈亏；不具备条件的可作为新组建企业的公益性资产对待。

10.破产企业离退休人员养老保险的资产，能变现的，变现后交社保部门，今后由社保部门直接给离退休人员发放离退休费。不能变现的，留重组企业作为公积金，离退休人员留重组企业参加社会养老保险统筹，与其他企业其退休人员同等对待。

三、关于失业职工安置问题

11.积极为破产企业失业职工创造再就业机会。政府有关部门，应依法通过多种途径为破产企业失业职工提供重新就业的机会，妥善安置好破产企业失业职工。职工应遵循双向选择、竞争就业的原则接受择优录取。就业方式可包括组织调动、劳务输出、劳务部门介绍就业、自谋职业等。

12.面对社会上各种就业机会，在同等条件下，有关部门、单位必须优先录取破产企业失业职工。今后,国有、集体、中外合资企业,在录用、招聘职工时,必须安置占录、凭职工总数30%以上的破产企业失业职工。

13.鼓励企业积极安置破产企业失业职工就业。凡自行接收破产企业失业职工就业的,可以比照安置待业人员的减免税规定,给予税收照顾,具体减征手续按税收管理权限报批。

14.为破产企业失业职工自谋提供优惠政策。对因破产而一次性买断的职工,市政府委托劳动部门发给《买断职工失业优惠证》,职工自谋职业时,可凭证享受以下优惠政策:

(1)自找经营场所后,在向工商等有关部门申办各类证照时,有关部门只收取证照工本费。

(2)经营期间,在服从统一管理、照章纳税的前提下,可凭证向有关部门申请免交三年的工商、城管、治安、卫生管理费。

(3)个人兴办实体时,如自有资金占所需资金30%以上,在有抵押担保的基础上,金融机构应准予优先贷款。

(4)已参加养老保险社会统筹的破产企业,其失业职工(不含买断的农协工)原有的连续工龄视为缴纳养老金年限;失业期间可自费继续按期、按标准缴纳养老保险基金,待缴至符合退休条件时,由社会保险机构按规定审批办理养老保险手续和给予养老待遇;失业后重新就业并按社会统筹办法缴纳养老保险基金的,其原来的缴纳养老基金年限(含失业期间自费缴纳的年限)与重新就业后缴纳养老基金年限合并计算。

15.破产企业已农转非的农协工,可参照正式职工实行一次性买断,并发给《买断职工失业优惠证》,享受有关优惠政策。

16.破产企业中因工致残或者因工患有严重职业病、血吸虫病,全部或者大部分丧失劳动力的职工,依据劳动部、卫生部、全国总工会劳险(1992)6号文件和省劳动厅、总工会、血防领导小组办公室湘劳(1996)211号文件精神,经劳动行政部门鉴定确认后,办理退休手续。因病完全丧失劳动能力、确系无法治愈而又不具备退休条件的职工,经报劳动行政部门鉴定认可,可按国务院国发(1978)104号文件办理退职手续,其退职费按每月工资的40%计发,不足当地最低生活费标准的,按当地最低生活费标准发给生活费。上述人员所需费用,有变现能力的破产企业,将资金交社保部门,退休、退职人员由社保部门负责管理;无变现能力的破产企业,破产重组后,由重组企业负责管理上述人员。

本办法自发文之日起执行。今后如与上级有关规定不一致的,以上级规定为准。

1996年10月25日

常德市人民政府办公室
关于印发《常德市国有企业
厂长(经理)年薪制试行办法》的通知

常政办发〔1996〕40号

各区、县(市)人民政府,市直有关单位:

市人民政府同意《常德市国有企业厂长(经理)年薪制试行办法》,现印发给你们,望结合实际贯彻执行。

一九九六年八月二十三日

常德市国有企业厂长(经理)年薪制试行办法

为了加快建立社会主义市场经济体制,培养适应市场竞争的优秀企业家队伍,增强企业厂长(经理)对国有资产运营的责任感,提高劳动效率和企业经济效益,根据上级有关文件精神和外地试点经验,结合我市实际,特制定本试行办法。

一、厂长(经理)年薪制的含义与适用范围

厂长(经理)年薪制是以年度为周期,根据企业生产经营规模和国有资产增值情况、经济效益完成情况、厂长(经理)责任大小及风险程度等因素,确定和发放厂长(经理)报酬的工资制度。厂长(经理)年薪收入包括工资、奖金、各种津贴、补贴等工资性收入,即按国家统计局规定的工资总额组成之和。

本办法适用对象为市属国有企业的厂长(经理)。

二、厂长(经理)年薪收入的构成与计算办法

厂长(经理)年薪收入由以下三部分构成,即基薪收入、国有资产保值增值收入、完成上缴税利收入。其计算公式是:

年薪收入=基薪收入+国有资产保值 收入+完成上缴税利收入

基薪收入=[厂长(经理)个人全年档案工资额+本企业职工当年平均工资额]÷2

国有资产保值增值收入=本企业职工当年平均工资额×国有资产保值增值率×风险调节系数

完成上缴税利收入＝本企业职工当年平均工资额×完成上缴税利率

厂长(经理)个人全年档案工资额即经市劳动局批准认可的个人月工资额×12

本企业职工当年平均工资额由市劳动局据实核定。

国有资产保值增值率＝年末国家所有者权益÷年初国家所有者权益×100％

国有资产保值增值率等于100％,为国有资产保值;国有资产保值增值率大于100％为国有资产增值,大于100％的部分为国有资产增值率,国有资产保值增值率低于100％,即国有资产没有得到保值时,厂长(经理)不享受国有资产保值增值收入。年末国家所有者权益中,必须剔除年内资产重估或评估增加额、国家支持企业的减免税额、因国家对企业各种投资增加的资本金、因国家专项拨款和各项建设基金增加的资本公积金、按国家规定进行清产核资增加或减少的所有者权益、按受捐赠增加的资本公积金,以及因固定资产平均折旧率低于财务规定、应消化而为消化本年度增加的潜亏或亏损引起的资产减少等客观因素。国有资产保值增值率由市国资局核定。

风险调节系数根据企业的不同规模类型、本行业的平均效益水平、所处地理位置等因素的对应系数相加求得。企业的规模类型根据政府有关部门认定的类型确定。本行业的平均效益水平以全市同行业的当年平均效益水平为标准考核。全市不构成一个行业的以全省同行业当年平均效益水平为标准考核。所处理位置以企业所处位置与城区(或县域)交通中心的距离而定。一级位置距离城区(或县域)15公里以内;二级位置在距离城区(或县域)15公里—25公里之间;三级位置在距离城区(或县域)25公里以外。以上项目分别对应的系数如下表:

不同企业风险调节系数对应表

企业规模	大型	中Ⅰ型	中Ⅱ型	小型
	1	0.8	0.7	0.6
本行业平均效益水平	等于	大于		小于
	0.5	0.6		0.4
所处地理位置	一级	二级		三级
	0.2	0.3		0.4

完成上缴税利率＝全年实际上缴税利÷企业应上缴税利×100％。实际上缴税利和应上缴税利由市财政局核定。当完成上缴税利率＜100％时,完成上缴税利收入为0。

三、厂长(经理)年薪制试点工作的组织与实施

1.厂长(经理)年薪制试点工作由调整后的市工资改革领导小组及其办公室负责。

2.厂长(经理)年薪制试点企业原则上选择企业本身自愿且经营潜力较大,经济效益近几年稳定增长的企业,先由企业提出申请,报市工资改革领导小组批准后进行。

3.厂长(经理)年薪收入的审批发放。年初由市工资改革领导小组办公室按企业上年度职工平均工资额和厂长(经理)本人的档案工资水平确定基薪收入预支数,企业按月支付;年终由市工资改革领导小组办公室会同市国资局和企业主管部门按此文件规定的计算办法考核,报市工资改革领导小组审批确认,扣除预支数后一次兑现。

4.厂长(经理)年薪收入从企业成本中列支。

5.厂长(经理)年薪收入按月计算超过个人所得税起征标准的部分,须依法纳税。

四、其他

1.厂长(经理)按本办法领取年薪收入之后,除国家、省、市人民政府另有政策规定外,不得再享受本企业的工资、奖金、津贴、补贴等工资性收入。

2.厂长(经理)实行年薪制后,其档案工资仍按企业职工工资正常升级存档。

3.企业党委书记的年收入可比照厂长(经理)年薪制办法执行。企业领导集团的其他成员的年收入根据各自责任大小、贡献多少,由厂长(经理)提出意见,经职工代表大会确定。

4.各区、县(市)属国有企业厂长(经理)、乡镇企业厂长(经理)年薪制的试点,可参照本办法执行。

5.此文件从1997年1月1日起执行,同时,凡与此文件精神不符的其他有关文件、规定、办法一律停止执行。

1996年9月10日印发

中共常德市委　常德市政府 关于印发《常德市国有企业产权制度改革的若干规定》的通知

常发〔1997〕6号

各区、县(市)委和人民政府,市直有关单位:

现将《常德市国有企业产权制度改革的若干规定》印发给你们,请结合实际贯彻执行。

中共湖南常德市委

常德市人民政府

1997年4月30日

常德市国有企业产权制度改革的若干规定

为了加快我市国有企业改革步伐,建立现代企业制度,根据《中共中央关于建立社会主义市场经济体制若干问题的决定》、《中华人民共和国公司法》等法律法规和有关政策精神,参照外地经验,对我市国有企业产权制度改革作如下规定:

一、改革的目标、范围与形式

1.全市国有企业改革的目标是建立起适应社会主义市场经济要求,产权清晰、权责明确、政企分开、管理科学的现代企业制度。

2.我市国有企业凡具备条件的都要实行产权制度改革,全面转换经营机制。

3.国有企业产权制度改革,要因厂制宜,一厂一策,可采用股份有限公司、有限责任公司、股份合作制等形式。

二、企业资产评估与处置

4.企业改制应由具有评估资格的机构对资产进行评估,并报国资管理部门审核确认。

5.呆账、坏账的处理。对企业资产评估时,从评估基准日上推10年,按每年年末应收账款的1%作为企业坏账准备金,从资产中扣除。

6.改制时按离退休职工人数每人2000元标准,从资产中划出留作医疗基金。

7.改革企业非经营性资产不参股，由国资管理部门委托改制后的企业管理或剥离后交当地政府管理。

8.改制时，允许将企业净资产一部分作为国家股直接出资，另一部分留在企业作为国家股扩股准备金。

9.改制时，企业国有资产出售的收入，经国资管理部门同意，三年内可按银行贷款利率借给改制后的企业使用。

10.改制后的企业资金确有困难的，经国资管理部门同意，国家股红利从企业改制起三年内可按银行贷款利率借给该企业使用。

11.国有划拨土地可不作为资产入股，由改制后的企业租赁使用。

12.出售国有资产的收入和国家股红利，纳入国有资产经营预算，建立国有资产保值增值基金，用于国有资产的再投入。

三、购股原则与股权管理

13.企业内部职工购买股权原则上一次付清股金；一次付清有困难的，可分期付款，但第一次不得少于认购股金的60%，余下部分从改制之日起1年内付清。

14.公司董事会、监事会成员和被聘为公司高级职员的人员，个人所购买的股份应高于职工平均股份，其中董事长购买的股份不少于职工平均股份的二倍。

15.凡购买企业股份的企业内部员工在同等条件下具有优先上岗权。

16.在国有资产经营公司组建前，股份制企业的国家股权由国资部门委托原企业主管部门管理。

四、劳动、人事、工资

17.国家股权代表先由原企业主管部门提名，然后由国资管理部门、组织部门提出意见，按有关法定程序审定后，由国资部门办理委托手续。

18.原有企业中层以上骨干积极投身改革，工作状态好，会经营懂管理的，改制以后，企业应予优先聘任。

19.允许职工实行工龄一次性买断，买断费用标准参照国发(1994)59号文件规定标准执行。职工买断工龄后，即办理与企业解除劳动关系的法律手续。

20.企业改制后，工资总额的提取和职工工资分配，按照“工资总额增长幅度低于本企业经济效益增长幅度，职工平均实际收入增长幅度低于本企业劳动生产率增长幅度”的原则，由企业自主确定并报当地劳动部门备案。

五、各种税收、收费优惠

21.自改制当年起，改制后的企业国有资产由职工买断了的不再缴纳国有资产占用费，国有资产改为国有股的由国资部门明确红利。

22.企业改制后,三年内其所得税采用先征后退办法,税务部门征收后财政按15%收取,超过部分当年返还企业。

23.改制企业职工个人股红利的个人所得税,三年内税务部门征收后由财政全额返还。

24.在改制当年,红利率不足15%的企业应交的土地租赁费,经批准可以缓交。

25.企业改制过程中,有关单位对企业进行资产评估、财务审计、产权交易、法律公证等一律按现行标准减半收费;企业办理验资签证、房屋产权、土地使用权和电力、邮电、供水设施等过户手续,一律只收取工本费;工商登记按变更登记收费。

六、约束措施

26.政府规划改制的企业,不实行改革的不予扶持,财政周转金不予支持,劳动部门原则上不发给救济金,企业部享受当地地优惠政策。同时,对抵触改革或行动迟缓的,要进行必要的教育与处理。

27.企业改制后,要进一步规范政府与企业的关系。政府要切实转变职能,改进管理方式方法,总的是抓好规划、协调、监督、服务,即强化对企业经营活动的监督,引导企业增加投入扩大生产,对企业分配进行宏观调控,支持企业履行应尽的社会义务。改制后的企业是自主经营、自负盈亏、自我发展、自我约束的法人实体和市场竞争的主体,它拥有生产、销售权、采购、定价、资产处理、分配、用工权、机构设置等权利;同时,企业要自觉接受党委和政府的领导,自觉承担各项社会义务,按时足额缴纳应缴纳的各项税费,接受国家统配人员,服从城镇统一规划托义务。

28.对不执行市委、市政府关于国有企业改革政策规定,阻挠国有企业改革的部门,追究其党政一把手的责任。

29.本规定由市体改委组织监督实施。

30.市委、市政府原有文件与本规定有抵触的按本规定执行。本规定从发布之日起执行。

1997年4月30日

中共常德市委　常德市政府
关于国有企业实行股份合作制改革的暂行规定

常发〔1998〕2号

第一章　总则

第一条　为了适应社会主义市场经济发展的要求，使我市国有企业改革按照现代企业制度方向有序推进，促进股份合作制企业健康发展和规范运作，根据国家和省政府有关法律、法规和政策，结合我市实际，制定本规定。

第二条　股份合作制企业，是指以合作制为基础，按照股份制的原则，职工入股，实行劳动合作与资本合作相结合的一种社会主义公有制企业的组织形式。

第三条　股份合作制企业享有独立法人资格，实行独立核算、自主经营、自负盈亏、自我约束、自我发展。企业出资人以出资额为限对企业债务承担责任，企业以其全部资产对债务承担债务。

第四条　股份合作制企业应遵循自愿入股、民主管理、股权平等、按劳分配、按股分红、红利分享、风险共担的原则。

第五条　本规定适用于国有中小型工商企业改制形成股份合作制企业。

第二章　企业改制设立

第六条　全市国有企业改制工作在市企业改革领导小组统一领导下进行；市属国有企业改制设立，由市体改委牵头会同有关部门审查批复；区、县(市)国有企业改制工作在各区、县(市)党委、政府统一部署下进行，企业改制设立，由区、县(市)政府或其授权部门审批。

第七条　改制设立，应当具备下列条件：

(一)股东人数在20人以上；

(二)股东出资总额在10万元以上；

(三)股东共同制定企业章程；

(四)由企业名称和符合要求的企业组织机构；

(五)有股东的生产经营场所和必要的生产经营条件。

新组建设立股份合作制企业也要具备以上基本条件。

第八条　企业改制设立方式有:整体出售改制、部分出售改制、增量扩股改制、负资产零改制等。

第九条　企业改制设立应向审批部门提供以下文件:

(一)企业改制申请书;

(二)企业改制方案;

(三)职代会决议;

(四)企业主管部门意见;

(五)资产评估报告、国资部门对评估结果的确认书和相关产权界定书;

(六)企业章程。

第十条　企业改制方案应包括以下内容:

(一)企业基本情况、改制的理由、条件和基础;

(二)企业改制形式及股本总额、股权结构;

(三)企业存量资产(含土地)处置办法;

(四)职工出资办法;

(五)企业改制后经营范围、经营效益预测及发展方向;

(六)其他需要说明的问题。

第十一条　企业章程应载明下列事项:

(一)企业名称、住所;

(二)企业经营范围;

(三)企业注册资本、股本总额及股权结构;

(四)股权证管理及股权转让办法;

(五)股东权利、义务;

(六)企业组织机构及其产生办法、职权和议事规则;

(七)企业法定代表人;

(八)企业利润分配办法;

(九)劳动管理、工资福利及社会保险;

(十)章程修改;

(十一)企业终止于清算;

(十二)需要明确的其他事项。

第十二条　企业在接到主管部门同意改制批复后,由改制企业组织资产评估,评估结果确认,界定产权,起草报批文件。报企业改制审批机关审批同意后,组织认缴出资,召开职工股东会通过章程、选举董事会、监事会,然后到原工商登记部门办理工商变更登记。

改制企业可保留原有字号和名称，也可称为××公司，企业类型为“股份合作制”。在审批改制企业名称应预先核准。

第三章　股权设置于管理

第十三条　股份合作制企业可设职工个人股、职工集体股、法人股、国有股。

职工个人股：职工以自己合法财产向本企业投资所形成的股份，其股权由出资职工个人持有。

职工集体股：本企业职工以共有的财产折股或向本企业投资所形成的股份，其股权可委托企业工会持有和管理。

法人股：本企业以外的法人单位以其投入的资产折股或新增投资入股形成的股份，其股权由出资的法人持有。

国有股：部分出售改制和增量扩股改制设立的企业，未出售的国有经营性净资产所形成的股份。其股权由国有资产管理部门持有，也可由国有资产管理部门委托原企业主管部门行使股权。

股东可以用货币出资，也可以用实物、工业产权、非专利技术、土地使用权等作价入股。

企业董事会监事会、经理（厂长）层负责人的出资持股比例应高于一般员工的 3 倍。

第十四条　董事会向股东签发出资证明书，作为股权证明和分红依据。

出资证明书应载明企业名称、注册资本、股东姓名或名称、出资额、出资证明书的编号和核发日期。出资证明书由企业保存存根。

股份合作制企业一经设立，任何股东不得退股，但可以继承，经同意刻在企业内部转让。

第四章　企业的组织机构

第十五 t 条　职工股东大会。股份合作制企业实行职工股东大会制度，职工股东大会是企业的权力机构，依照有关法规和本规定行使职权。

第十六条　股东均为个人股且出资额基本均等的企业，职工股东大会一般按一人一票制度行使职权。个人股东出资额悬殊较大，或设立了国有股，法人股的企业，按一股一票制度行使职权。职工股东大会行使下列职权：

（一）选举和更换董事会、监事会成员，决定有关董事、监事的报酬事项；

（二）审议批准董事会、监事会的报告；

（三）决定企业的经营方针和投资计划；

（四）审议批准企业年度财务预算、决算方案；

(五)审议批准企业的利润分配和弥补亏损方案;

(六)对企业增加或者减少注册资本作出决议;

(七)对企业的合并、分立、解散和清算等事项作出决议;

(八)修改企业章程;

(九)企业章程规定应当由职工股东会决定的其他事项。

第十七条　职工股东大会按照企业章程规定召开。职工股东大会一般决议案必须有半数以上股东通过。对增加或减少注册资本、分立、合并、解散或者变更企业形式,或修改企业章程等重大决议案必须三分之二以上股东通过。

第十八条　股份合作制企业可以设立董事会。董事会是职工股东大会的常设机构。董事长是企业的法定代表人。董事会成员由3－7人组成,由职工股东大会选举产生。董事会设董事长1人,可视企业规模大小,设副董事长1－2人,其产生办法由企业章程规定。每届任期2—3年,可连选连任。

第十九条　董事会对职工股东大会负责,行使下列职权:

(一)决定召开职工股东大会并向大会报告工作;

(二)执行职工股东大会的决议;

(三)审定企业发展规划、年度生产经营计划;

(四)审定企业的年度财务预算方案和决算方案、利润分配方案和弥补亏损方案;

(五)制定企业增、减注册资本方案;

(六)拟定企业分立、合并、解散的方案;

(七)聘任和解聘经理(厂长)、副经理(副厂长)、财务负责人等管理人员,决定其报酬;

(八)拟定企业章程修改方案;

(九)制定企业的基本管理制度。

第二十条　董事会会议由董事长负责召集和主持,董事长因故不能履行职务时,由董事长指定副董事长或其他董事召集和主持。董事长认为必要或经三分之一以上董事提议,可以召开董事会会议。

第二十一条　经营规模较大的股份合作制企业可以设立监事会。监事会是企业生产经营活动的监督机构,直接向职工股东大会负责,对董事会和企业经理(厂长)及其他管理人员的工作进行监督,并直接向职工股东大会报告,监事列席董事会会议。规模较小的股份合作制企业可不设监事会,但须设1－2名执行监事。

监事会由职工股东大会依企业章程选举产生,其任期与董事会任期相同,职责范围由企业章程规定。监事会由3—5人组成,设主席1人。企业的董事、经理(厂长)、副经理(副厂长)、财务负责人不得兼任监事。

第二十二条　改制企业党组负责人和工会负责人经职工股东大会选举，可以兼任董事会、监事会成员。企业研究决定生产经营的重大问题，制定重要的规章制度应当听取企业当组织及工会的意见。

第二十三条　股份合作制企业设经理(厂长)。经理(厂长)实行聘任制，由董事会聘任或解聘，董事会成员可以受聘兼任。

第二十四条　经理(厂长)对董事会负责，行使下列职权：

(一)主持企业的生产经营管理工作，组织实施董事会决议；

(二)提出企业的发展规划、生产经营计划方案；

(三)提出企业的经营方针和管理机构设置方案；

(四)提出企业年度财务预算、决算和利润分配方案；

(五)制定企业内部管理制度；

(六)聘任或解聘除应由董事会聘任或解聘以外的其他管理人员，并决定其报酬；

(七)企业章程和董事会授予的其他职权。

经理(厂长)列席董事会会议，并向董事会报告报告工作。

第二十五条　董事、监事、经理(厂长)应当遵循国家法律、法规和企业章程，忠实履行职务，维护企业利益，不得谋取私利，不得私下以本企业资产为其他单位和个人担保债务，不得自营或者为他人经营与本企业同类的业务，一般不得兼任其他经济组织的职务。

第二十六条　董事、监事、经理执行公司职务时违反法律、行政法规和企业章程的规定，给公司造成损害的，应承担赔偿责任。

第二十七条　董事会、监事会成员和企业经理(厂长)，可由企业主管部门提出候选人，也可以只提任职条件，并在其指导下按企业章程选举产生。国有股控股的股份合作制企业依规定选举产生的董事长、副董事长、监事会主席、董事会聘任的经理(厂长)按原企业干部管理权限报组织部或原企业主管部门备案。

第二十八条　改制企业的中国共产党组织、工会共青团、人民武装组织，仍按原来隶属关系和办法进行管理。

第二十九条　股份合作制企业可设立分支机构，其分支机构不具法人资格。

第五章　用工制度

第三十条　国有企业改制为股份合作制企业的原干部职工均改称为企业员工，原有国家干部调出企业后，仍享受国家干部现行政策待遇。

第三十一条　改制企业干部职工必须与原企业解除劳动合同，原企业根据劳动部《违反和解除劳动合同的经济补偿办法》对其给予经济补偿，买断工龄。劳动补偿费按一年工龄补偿一个月档案工资(含每月60元误餐费补助费),医疗补偿费按一年工龄补偿36元的标准执行。

第三十二条 改制企业与干部职工解除劳动合同给干部职工的经济补偿,可作为职工出资入股对待,不发现金。有条件的企业对自谋职业的职工也可发放现金。

第三十三条 股份合作制企业享有用工自主权,实行用工招聘制。是股东的有优先上岗权。招聘员工必须签订劳动合同,确定劳动时限、工资福利、保险等待遇,接受劳动部门监督管理。

第六章 收益分配

第三十四条 股份合作制企业当年税后利润,按照下列顺序分配:

(一)弥补上年度亏损;

(二)提取法定公积金,其比例不得低于税后利润的10%;

(三)提取法定公益金,其比例不得低于税后利润的5%-10%;

(四)提取任意盈余公积金,其比例由企业章程和职工股东大会决定;

(五)支付股东红利,按股东的出资比例分配。

第三十五条 股份合作制企业的公积金用于弥补亏损、发展生产。公益金用于企业员工的集体福利。

第三十六条 股份合作制企业应当按照国家规定实行社会保障制度,缴纳各项社会保险费用。

第三十七条 股份合作制企业要严格按照会计准则和财务通则的要求,建立财务管理制度,接受有关部门的监督和审计。

第七章 变更与清算

第三十八条 股份合作制企业合并,应当由合并各方签订合并协议,合并各方的债权、债务,由合并后的企业继承。

第三十九条 股份合作制企业分立应当由分立各方签订分立协议,划分分立各方的财产、债权、债务。企业分立前的债务按所达成的协议,由分立后的企业承担,并以书面形式通知各债权人,签订清偿债务的协议,债权人要求提供担保的,应当提供担保。

第四十条 股份合作制企业因解散、宣告破产、依法关闭或者其他原因而终止的,应当按照国家有关规定成立清算组进行清算。

企业财产按以下顺序清偿:

(一)清算费用;

(二)所欠职工工资和社会保险费用;

(三)应缴未缴的税款;

(四)企业债务。

企业财产不足以清偿同一顺序的费用或债务时,按比例清偿。

清偿后剩余财产,依法缴纳所得税后,按股东的出资比例进行分配。

第四十一条 职工集体分得的剩余财产,可以直接分配给职工,也可以用于原企业职工的待业、养老救济以及重新就业安置。

第四十二条 股份合作制企业清算结束后,清算组应当制作清算报告,报职工股东大会确认,并向原登记机关申请注销登记,公告企业终止。

第八章 扶持政策

第四十三条 关于资产评估与核销。

企业改制,其资产必须由具有国资部门认证的资产评估机构进行评估。其中,涉及以划拨方式取得土地使用权或改变出让合同条件的土地使用权价值评估的,须由具有土地评估能力的资产评估机构评估,并由土地行政主管部门确认评估结果后,并入整体资产评估结果。

国资管理部门下达确认书之前,应吸收被评估企业、主管部门、有关综合部门意见,尽可能达成共识。符合下列条件的资产应予核销:

(一)通过危房鉴定,确需一年内拆除的厂房(含办公用房等);

(二)经过企业主管部门进行技术鉴定、财政部门核准,超过使用年限,且长期闲置不能利用的设备和科技含量低、不能进入正常生产的设备;

(三)经核查有账无物或评估减值的原材料、在产品、产成品;

(四)欠债方宣告破产、解散、终止、死亡以及拖欠三年(含三年)以上确实难以收回的应收款;

(五)经营性亏损;

(六)资产主管部门认为其他需要核销的资产。

第四十四条 关于非经营性资产。

原有企业非经营性资产如学校、医院、托儿所、幼儿园等的资产应在评估后的企业净资产中划出,由国有资产管理部门委托改制企业代管。企业可将学校移交当地教育部门管理,也可以向社会出租出让,办成私立学校;托儿所、幼儿园、医院可以出租或独立经营、自负盈亏。职工住房按房改政策办理,公房出售收入作为房改基金留归改制企业按政策审批使用,非经营性资产转让、出租等收入,可用作原企业离退休人员养老、医疗费用和买断在职职工工龄等。

第四十五条　关于土地使用权。

鉴于内部员工持股的企业起步时股本金较少,改制时土地使用权可不进入企业资本金。1995 年清产核资时,土地使用权按土地级差价格 50%进入企业资本金的部分在改制时也可以退出。改制后的企业继续视同国有企业按国家有关规定缴纳土地使用税费。

国家以国有土地使用权作价入股的,其股权由国土管理部门委托国有资产管理部门持有。土地管理部门应与国有股权持股单位签订委托持股合同。

第四十六条　关于企业人员负担。

企业改制中下列情况可在净资产中一次性提取,不计入出售资产。但企业改制后,应列专账进行管理。如投入生产经营,应随资本金增值而增值。

(一)根据“允许用一定比例的净资产出售收入或部分国有股分红收入,补充离退休人员社会保险经费的不足”的精神,出售国有净资产的收入,可用于企业补交所欠职工养老、待业、医疗保险费,还可用于一次性缴纳原离退休职工的养老及医疗保险费。离退休人员的医疗费按每人每年 1500 元一次性提取 10 年。凡一次性缴纳原离退休职工养老、医疗保险费的改制企业,其养老金实行社会化发放,医疗保险由相应机构负责。

(二)1962 年精简下放回乡人员,改制前仍在企业拿生活补助费的,按人均 20 元/月标准,共计发 10 年,一次性提足。

(三)经过指定医院鉴定为完全丧失劳动能力的癌症、精神病、严重肾衰、瘫痪、工伤致残等病残人员的生活费、医疗费可按每人买断工龄标准的 2 倍一次性提取。

(四)改制企业可按在职职工人数的 10%匡算富余人员,按本地职工上年人均收入的 3 倍提取再就业扶持费,留在企业用于开放性生产经营,安置富余人员。

第四十七条　对整体或部分购买国有企业净资产的,一次性缴足购买款的,可优惠 10%。一次性缴款确有困难的,可分期付款,但最厂部超过三年,即第一次不少于应付款的 50%,第二年一次性付款的 30%,第三年一次性付完。

第四十八条　对实行工效挂钩的企业,账面工资基金余额,允许在留出以丰补歉的部分后,作为职工集体出资购买企业净资产的资金。

第四十九条　职工出资置换的国有资产收入,一般可借给改制企业有偿使用,在三年内由财政和国有资产管理部门与改制企业按 3%的标准签订有偿使用协议。实行整体出售改制的企业,企业职工个人出资金额少于应置换的国有资产时,其差额部分作为国有股设置。

第五十条 股份合作制企业国有股所得红利由国资部门收取,改制企业资金确有困难的,经国资部门同意,国有股红利可作为国有股扩股准备金或留存企业,按 3%收取有偿使用费。

第五十一条　负资产零改制的国有企业可选择下列办法之一实行改制：

(一)由原国有企业职工出资入股，新设立一个股份制或股份合作制企业，原国有企业以适量的有效资产对新设立的企业入股，其股利用于退休职工养老、医疗等政策性开支和支付银行利息。

(二)由原国有企业职工出资入股，新设立一个股份制或股份合作制企业，租赁原国有企业的有效资产进行生产经营，其租金用于退休职工养老、医疗等政策性开支和支付银行利息。

(三)将国有土地使用权和非经营性资产作价，部分或全部用作国有企业职工解除劳动合同的经济补偿、退休职工的养老医疗、富余人员安置等。原国有企业职工出资入股，新设立一个股份制或股份合作制企业，选择本条第一款或第二款之方式使用原国有企业有效资产。其股利或租金主要用于支付银行利息。

第五十二条　要坚决制止借改制之机向企业伸手要钱要权的错误做法。因改制而必须办理的手续，各部门在规费收取上均应尽量从低；资产评估费减半收取，特困企业还应更优惠一些。公安、税务、环保、国土、供水、供电、卫生、劳动等部门要办理变更手续的，一律只收取工本费。工商登记按变更登记收费。任何单位和个人不得以任何名义借企业改制之机收取其他费用。

第五十三条　各级专业银行对改制企业应从信贷资金上予以支持。对职工出资所募得的股金在三年内不能用于还本付息。原有贷款规模应予保证，企业生产规模扩大后，应适当增加贷款。

第五十四条　改制企业原职工调出和应聘到本市以外国有企事业单位时，可按照全民所有制身份对待。

第五十五条　改制企业中原属民政企业、校办企业、劳服企业、老年福利企业的，通过改制不改变原有企业享受的有关优惠政策。

第九章　附　则

第五十六条　中小型国有企业改制为有限责任公司或股份有限公司的可享受本规定中的有关扶持政策。供销系统和城镇集体所有制企业改制，执行本规定。

第五十七条　乡镇企业改制和新组建的城乡民营股份合作企业，按照本规定第一至第八章条款企业行为。

第五十八条　已经完成股份制或股份合作制改革国有企业(经省里批准改制设立的企业除外)，经市政府批准[区、县(市)属国有企业由区、县(市)政府批准]，可以享受本规定的扶持政策。

第五十九条　改制企业工商登记或变更登记一律到工商部门工商登记科(股)办理。

第六十条　本规定由市体改委负责解释,并监督执行。

第六十一条　本规定自公布之日起执行,本市以前所发有关国有企业改革的文件继续执行,但与本规定不一致的,以本规定为准。

常德市转换市直工交企业国有产权及置换职工身份试行办法

发布部门:湖南省常德市市直工交企业产权改革办公室

发布文号:常政发〔2000〕9号

各区、县(市)人民政府,市直有关单位:

现将《常德市转换市直工交企业国有产权及置换职工身份试行办法》印发给你们,请认真遵照执行。

二〇〇〇年五月十三日

第一章　总　则

第一条　根据《中共中央关于国有企业改革和发展若干重大问题的决定》,国发〔1997〕10号文件及湘政发〔1997〕21号文件精神,参照外地经验,结合本市实际情况制定本试行办法。

第二条　置换企业国有产权,置换职工身份,是从战略上调整国有经济布局的客观需要,是把国有企业推向市场的客观需要,是实现经济管理模式与国际惯例接轨的客观需要,是加速我市经济发展的客观需要,必须坚定不移地稳妥推进。

第三条　坚持有利于推动资产的合理流动和重组,有利于提高资产运营质量,有利于促进工业经济发展的原则,置换企业国有产权,置换职工身份(以下简称“两个置换”);解除企业对政府、职工对企业的依附关系。

第二章 工作机构

第四条 成立“常德市市直工交企业产权改革办公室”。办公室由市人民政府分管副市长任主任，与“两个置换”改革密切相关的经委、劳动、国资、国土、组织、人事、税务、工商、人民银行、民政、工会、体改、房产、就业、社保、医保等有关部门主要领导为成员。市直工交企业产权改革办公室下设政策研究组、情况综合组、方案审核组、职工安置组。工作人员由改革办公室抽调，办公地点设在市经委。

第五条 市直工交企业产权改革办公室的主要职能。

1.负责制定“两个置换”改革的具体办法；

2.负责审查企业“两个置换”工作方案和重组企业重组方案；

3.负责“两个置换”具体办法的宣传及咨询解答；

4.负责协调部门、企业间的关系。

第六条 成立市产权交易中心，规范产权交易行为。成立市土地储备中心，管理处置破产企业的土地(无权属纠纷，无银行抵押)和企业“两个置换”后剩余的国有划拨土地。

第三章 产权处置

第七条 实施“两个置换”企业参与量化置换的有效资产及资产量化序列为：国有股权及国家所有者权益、企业无形资产、土地资产。

第八条 需用土地资产量化置换职工身份的，如属划拨土地，须由具有资格的地价评估机构评估，国土部门确认并办理出让手续，向政府交纳土地出让金后，政府以土地出让金注入企业用于量化置换职工身份。如属已出让的土地，在进行地价评估后，由国土部门确认并办理转让手续，企业以土地转让收入用于量化置换职工身份。

第九条 企业无形资产含商标、专利及其他知识产权等，经具有评估资格的机构评估确认后，作为提供置换的有效资产参与量化。

第十条 对国有产权界定明晰，企业资产大于负债的，用国有股权或国家所有者权益、企业无形资产量化置换职工身份。置换后的剩余资产交市国有资产管理局处置，土地资产交市土地储备中心准备。

第十一条 对国有产权界定明晰，资不抵债，具备重组条件的，用土地资产量化置换职工身份。土地资产量化处置按第八条、第十条执行。

第十二条 对被兼并、控股、赎买的企业，用兼并、控股、赎买资金置换职工身份。剩余部分或不足部分按第八条、第十条执行。

第十三条 对严重资不抵债，符合破产条件的企业，依法实施破产。

1.对不具备重组条件,实行关门走人的企业,用土地使用权转让变现置换职工身份。

2.具备重组条件的企业,用土地使用权出让给企业量化置换职工身份。

第十四条　置换后实施重组的,原企业职工对置换安置费可以采取"认钱、认股、认债"和重组企业形成三种契约关系。认钱则由重组企业一次性付款并解除关系,如一次性付清确有困难的,可在三年之内分期付清。认股则成为重组企业股东,认债则成为重组企业债权人。

第四章　职工安置

第十五条　企业在实施"两个置换"之前,要做好企业办社会的剥离工作。有关企业所在地政府职能部门要按照常政办发〔1998〕38 号文件精神,共同搞好企业自办中小学校的剥离工作。当地教育行政部门应按规定的生师比接收教职员工。

第十六条　实施"两个置换"企业全民所有制职工和全民合同制职工置换标准:

1.企业上年人平均工资收入低于市直国有及国有控股企业职工上年平均工资收入标准的,按市直国有及国有控股企业职工上年人平均工资的 3 倍计算。具体计算公式为:职工个人置换安置费=上年市直国有及国有控股企业年人平均工资×3×企业职工总人数÷企业职工总工龄×职工个人工龄。

2.企业上年人平均工资收入高于市直平均水平的,按本企业上年职工人平均工资标准的 3 倍计算(本企业具备一定经济实力)。具体计算公式为:职工个人置换安置费=上年本企业年人平均工资×3×职人总人数÷企业职工总工龄×职工个人工龄。

3.对获得市以上劳模称号的,除享受国家规定的有关政策优惠外,此次置换给予一次性补偿。其中国家级劳模补偿 5 年工龄,省级劳模补偿 3 年工龄,市级劳模补偿 1 年工龄。同时获得多次或多级别劳模称号的,就高不就低,不重复累加补偿。

4.获得高级职称的人员,按实际任职年限每满一年补偿 0.4 年工龄。在量化置换职工身份后有剩余资产(土地资产除外)的企业,可根据自身实际情况,对中层骨干和获得中级职称的人员给予相应的任职补偿。本条与有关文件补偿重复的,就高不就低,不重复累加补偿。

第十七条　农协工在企业实施置换时,一律解除劳动合同。企业应按其在企业工作年限,每满一年发给相当于本人标准工资一个月的生活补助费,但最多不超过十二个月的本人标准工资。

第十八条　临时工、挂靠工一律清退,不给予经济补偿。

第十九条　实施"两个置换"企业原离退休人员全部由市社保处按政策和标准发放养老金,医疗保险由市医保处承担。依法破产企业和实施"两个置换"后关门走人的企业,由企业在量化置换之前，从有效资产中优先清缴离退休人员10年的养老保险基金，在有效资产量化之前优先清偿缴纳。企业清缴确有困难的，由市政府研究确定清缴额度。属个人缴纳部分由个人缴纳。其他人员的医疗保险按常政发〔1999〕21号文件执行。

第二十条　距正常退休年龄不足5年（含五年）的职工经劳动部门批准，由企业一次性交纳距正常退休年龄所需交纳的基本养老保险费、医疗保险费和提前退休期间的养老金后，提前办理退休手续，其退休养老金由市社保处发放，医疗保险由市医保处承担。享受提前退休待遇人员不再享受置换安置费。

第二十一条　因工伤残、患职业病、特殊工种人员的退休和退休养老金发放按有关政策执行，同时享受第二十条待遇。

第二十二条　实施“两个置换”企业对因工致残、患职业病，但又不具备退休条件；患精神病、绝症或重病丧失劳动能力的职工；因工死亡职工的供养直系亲属的补偿，依据有关政策和实施细则执行。

第二十三条　职工置换身份后重新就业的，由用工单位依法按规定缴纳社保基金和医保基金。属个人缴纳部分由个人缴纳。置换后没有实现再就业的全额由个人缴纳。提倡企业和职工预缴养老保险费。

第二十四条　实施“两个置换”后，现有班子成员的档案移交按有关文件执行。高中级职称人员档案移交市人才交流中心管理。离退休人员档案移交市社保处管理。职工档案移交市劳动力市场管理。实施“两个置换”前企业承担的有关社会职能按属地管理原则，移交所在地居委会实行社会化管理。

第五章　债务处置

第二十五条　实施“两个置换”的企业不得逃避债务。对实施前的债权债务要及时办理变更手续。在“两个置换”前企业资产和土地在银行及其他部门实行抵押、质押的，重组后企业要及时重新办理抵押、质押手续。

第二十六条　按照职工利益优先的原则，企业在实施“两个置换”前拖欠职工的工资、集资款、医药费等，应在有效资产量化之前优先清偿。

第二十七条　对改制企业改制时的职工入股股金，公司有明文规定不予退还的一律不予退还，重组后继续转为重组企业股权，可以转让或由重组企业置换。公司没有明文规定不予退还的，重组企业可依据企业实际情况，采取“认钱、认股、认债”三种形式处置。置换后实行关门走人的企业，应在有效资产量化之前优先清偿。

第二十八条　鼓励和提倡各类债务实行债权转股权，债权人与债权部门享受股东的权利和义务。

第六章　工作程序

第二十九条　具备实施“两个置换”条件的企业应在进行清产资产、界定产权的基础上,制定本企业实施“两个置换”的详细方案。置换后有条件实施重组的企业,还应同时制定企业重组方案,经职工代表大会审议通过,主管部门签署意见后,向市直工交企业产权改革办公室提出书面申请。

第三十条　市直工交企业产权改革办公室在接到企业书面申请、“两个置换”实施方案和重组方案后,组织相关部门进行审查、审核、界定并报市产权改革领导小组审批后实施。

第三十一条　企业在基本完成“两个置换”实施方案后,由市产权改革办公室组织相关部门办理买断手续。

第七章　企业重组

第三十二条　鼓励支持有部分资产优势、产品有市场、生产有效益,或财产不能分割,或分割后影响财产价值的企业,在实施“两个置换”后进行重组。

第三十三条　企业重组形式可以多种多样。可由原企业个人出资持大股重组,可由企业原职工合伙出资重组,可由优势企业兼并、联合、赎买重组,可由社会资本出资重组,也可实行租赁重组或分块重组等一切有效形式。

第三十四条　对各类出资者重组企业给予政策优惠。

1.经重组发起人申请,市产权改革领导小组批准,对原属行政划拨土地或量化买断后的剩余土地可继续采取行政划拨方式。

2.对整体重组企业实行法人代表岗位职能股制度。其股本来源在有效资产量化之前予以提留。提留标准:小型企业 20 万元,中型企业 30 万元,大型企业 50 万元。法人代表岗位职能股只享受股金收益分红权,不具备股本所有权和处置权。

3.对法人代表岗位职能股、各类出资者出资置换的职工股、购买剩余资产形成的股本及职工置换安置费以股金形式进入重组企业的,对股金收益分红五年免收个人所得税。

第三十五条　对各类出资一次性购买原企业剩余资产、置换原企业职工置换量化资产及法人代表岗位职能股的,给予适当优惠。优惠部分由政府从剩余资产及有关渠道予以补偿。

第三十六条　重组企业需使用原企业各类证照的,必须依法办理变更登记手续,有关办证部门一般只收工本费。

第八章　附　则

第三十七条　市直其他战线可参照本试行办法执行。

第三十八条　本试行办法5月15日起执行。

第三十九条　本试行办法由常德市市直工交企业产权改革办公室负责解释。

常德市人民政府办公室
关于印发常德市市直工交企业
置换职工身份实施细则(试行)的通知

常政办法〔2000〕31号

市直有关单位、市属各企业：

《常德市市直工交企业置换职工身份实施细则(试行)》已经市人民政府同意，现印发给你们，请遵照执行。

二〇〇〇年六月八日

常德市市直工交企业置换职工身份实施细则(试行)

第一章　总则

第一条　根据《中华人民共和国劳动法》，市政府《关于置换市直工交企业国有产权及置换职工身份的试行办法》(常政发〔2000〕9号)文件，特制定本实施细则。

第二条　置换市直工交企业职工身份，是建立市场就业机制，深化国有企业改革的重要措施，必须严格规范工作程序，确保市直国有工交企业置换职工身份工作有序进行。

第三条　企业职工工资收入包括计时工资、计件工资、奖金、津贴和补贴(企业自行确定的除外)。

第四条 职工工龄以本人参加革命工作年限连续累计按周年足月计算。

第五条　市直国有公交企业现有在岗职工、下岗职工、与单位办理了停薪留职手续的人员及派往本企业其他经济组织中工作的国有职工均按本实施细则执行。

第二章　养老保险

第六条　实施“两个置换”的企业,应优先以现金形式清偿在职职工历年欠缴的养老保险费。企业清偿欠费后,职工个人账户养老金按规定记录至职工本人置换身份之月时止。

第七条　职工置换身份后从事个体私营经济的,由本人直接到市社保处缴纳养老保险费:

(一)1995 年 10 月 1 日前参加工作的职工,按置换身份前的标准缴纳。

(二)1995 年 10 月 1 日后参加工作的职工,既可按置换身份前的标准缴纳,也可按个体私营企业从业人员标准缴纳。

按置换身份前标准缴纳养老保险费的,享受原规定的退休待遇;按个体私营企业从业人员标准缴纳养老保险费的,享受个体私营企业从业人员养老待遇。

第八条　置换身份的职工,继续按规定缴纳养老保险费,达到正常退休年龄时,由本人到市劳动和社会保障局办理退休审批手续,依法享受基本养老保险待遇。

第九条　距正常退休年龄不足 5 年(含 5 年)的职工,须向市劳动和社会保障局提供档案资料,经审核认定,由市社保处计算出提前退休期间应缴纳的养老保险费和应发的养老金,企业按规定缴费后,办理正式退休手续。提前退休期间缴纳养老保险费的标准是:以职工置换身份时的档案工资为基数,缴费比例为 27%,其中个人缴费比例为 6%。

第十条　实施“两个置换”企业的离退休人员管理服务工作:

(一)实施“两个置换”前,属企业拖欠的离退休人员养老金,由企业一次性予以补发。

(二)置换后关门走人的企业,应一次性为本企业离退休人员缴纳 10 年的养老金。其计算公式为:10 年养老金总额等于本企业离退休人员年离退休费总额×10。

(三)置换后实施重组的企业,在按规定清偿历年欠缴的养老保险费后,其离退休人员养老金由市社保处直接发放。

(四)实施“两个置换”前,因病已提前办理退休手续,但尚未达到正常退休年龄,退休费现由企业支付的人员,其到达正常退休年龄期间应发放的养老金,企业以现金的形式一次性清偿后,退休费由市社保处发放。

第三章　失业保险

第十一条　职工置换身份享受一次性安置费,不再享受失业保险待遇,下岗职工不再享受基本生活保障待遇。

第十二条　实施“两个置换”后，重组或改制的企业要优先录用符合条件的原企业职工。

第十三条　企业实施“两个置换”前，所欠缴的失业保险费必须优先以现金清偿。

第四章　医疗保险

第十四条　置换身份的职工，被重组企业录用的，按常政发〔1999〕21号、22号文件规定，其用人单位和本人应参加基本医疗保险和大病医疗互助。

第十五条　实施“两个置换”企业的离休人员、老红军、二等乙级以上革命伤残军人，由所在企业按每人15000元的标准一次性为其清偿医疗费用交医保中心，不足部分由财政逐年予以补助。

第十六条　实行“两个置换”企业的退休人员，由所在企业按每人6000元的标准一次性清偿基本医疗费和按每人420元的标准一次性清偿大病医疗互助费。

第十七条　实施“两个置换”前，已办理提前病退由企业发放退休费的人员，除执行本细则第十六条规定外，还须由所在单位和个人分别按置换时上年度本单位人平工资总额的6%和2%一次性清偿置换身份后至达到正常退休年龄的期间的基本医疗保险费，由所在单位和个人分别按每人每月3.5元的标准一次性清偿置换身份后至达到正常退休年龄的期间的大病医疗互助费。

第十八条　在实施“两个置换”时，距离正常退休年龄5年以内（含5年）的提前退休人员，其基本医疗保险费和大病医疗互助费按本细则第十七条规定清偿。

第十九条　退休人员本人须在企业实行“两个置换”后，按每月3.5元的标准缴纳大病医疗互助费。

第二十条　离退休人员医疗保险手续的办理程序：按照属地管理原则，由所在企业在实施置换时分类填写《“两个置换”企业离退休人员花名册》，连同退休审批手续报企业所在地医疗保险经办机构审定、核算、缴纳应清偿的医疗保险费，并领取医疗保险手册、病历本和个人账户IC卡。

第五章　伤残职工

第二十一条　企业在实施“两个置换”过程中，需要申报职工因工伤残、职业病认定、鉴定的，须按湘劳〔1996〕282号文件规定，报市劳动鉴定委员会审批。

第二十二条　职工因工伤残、职业病的抚恤待遇：

（一）职工因工致残被鉴定为一级至四级的，可按规定办理退休手续。

（二）职工因工致残被鉴定为五级至十级的，参与置换身份，并按伤残等级由企业发给一次性伤残补助金。标准为:五级伤残职工本人工资16个月,六级14个月,七级12个月,八级10个月,九级8个月,十级6个月。

第二十三条　置换身份的职工因患重病或绝症的,分别发给9个月、12个月本人工资的医疗补助费。

第二十四条　置换身份的职工,其养老保险缴费年限累计满10年而因病或非因工负伤,经市劳动鉴定委员会鉴定为完全丧失劳动能力的,依据本细则第九条第四款规定清偿后可按月发给基本养老金。其基本养老金由基础养老金、个人账户养老金和过渡性养老金三部分组成。

第二十五条　因工死亡职工的供养直系亲属的补偿,按劳部发〔1996〕266号、湘劳人险〔1986〕18号文件规定执行。

第二十六条　对怀孕、产期、哺乳期间的女职工,除享受"两个置换"的有关政策外,此次置换身份时企业要给予一次性补偿。其中:怀孕职工发给相当于18个月的下岗职工基本生活费,产期至哺乳期职工发给相当于12个月的下岗职工基本生活费。

第六章　置换职工身份工作程序

第二十七条　企业实施"两个置换",必须制定置换职工身份的工作方案,经职代会或职工大会讨论通过并报市产权改革办公室审批同意后组织实施。

第二十八条　企业在实施"两个置换"后,职工不论是认钱、认股或认债,只要双方当事人办理安置补偿签字手续,原劳动关系即行解除,市劳动和社会保障局凭此依据办理解除、终止劳动关系的相关手续。

第二十九条　职工置换身份后重新就业的,用人单位应依法与其签订劳动合同,并按规定到劳动争议仲裁机构办理鉴证手续,重新确立劳动关系。

第三十条　企业实施"两个置换"后,应先将企业职工档案移交企业主管部门,进行清理登记后,再由企业主管部门统一移交给市劳动力市场管理。职工再就业时,档案关系可随时转移。

第三十一条　实施"两个置换"企业的离退休人员档案及管理工作暂由原企业主管部门负责,退休人员的档案待社区服务机构建立后,再将其档案移交市社保处管理,日常管理服务工作移交社区,实行社会化管理。

第七章　附则

第三十二条　市直其它国有企业实施"两个置换"的职工安置办法,参照本细则执行。

常德市人民政府办公室
关于印发常德市市直工交企业置换国有产权实施(试行)的通知

常政办发〔2000〕32号

市直有关单位、市属各企业：

《常德市市直工交企业置换国有产权实施细则(试行)已经市人民政府同意，现印发给你们，请遵照执行》。

2000年六月八日

常德市市直工交企业置换国有产权实施细则(试行)

第一章　总　则

第一条　根据湖南省《关于加强国有企业产权交易管理的通知》，常德市《关于置换市直工交企业国有产权及置换职工身份试行办法》、《常德市国有资产管理规定》等有关规定，特制定本细则。

第二条　置换企业产权是企业产权制度改革的重要组成部分，必须规范转让行为，严格操作程序，使我市国有资产合理有序流动，提高资产运营的质量和效益。

第三条　凡市直企业国有产权转让，用量化资产置换企业职工身份，市内外法人和自然人出资购买上述企业的部分和全部产权的行为，均按本细则执行。

第二章　产权处置

第四条　企业产权处置包括：经市政府和国有资产管理部门批准转让的资产；企业置换职工身份量化的资产；破产企业的资产等。

第五条　企业置换职工身份的土地处置，按以下方法管理。

(一)企业产权置换后,新的企业不改变土地原使用用途,可以保留划拨方式;也可以以有偿使用方式(包括出让、租赁和作价出资或入股)处置。

(二)企业产权置换后,新的企业改变原土地使用用途的,必须以有偿使用方式处置土地资产。

(三)破产企业的土地必须以出让的方式处置,政府收回土地使用权后再实行拍卖出让。

(四)企业土地使用权已进行抵押的,由企业向抵押权人作出承诺,经抵押权人同意后,向同级国土部门申请注销原土地登记和土地证书,然后进行处置。

(五)出让方式处置土地使用权的,必须以整宗地或者根据地形切块出让,不得在同宗地内零星挖割地块出让。

第六条　企业房产的处置,经市产权交易中心批准后,到房产管理部门办理转让过户手续。企业房产的处置形式包括:

(一)企业的房产已被司法机关和行政机关依法裁定决定查封或者以其他形式限制房屋产权的。

1.应作出暂缓登记过户。

2.待司法机关和行政机关作出撤销查封或冻结后再予以变更登记过户。

(二)企业的房产已作抵押进行贷款后,其房产处置包括:

1.企业债务履行期满,抵押权人(银行)未受清偿的,债务人(企业)又未能与抵押人达成延期履行协议的,抵押权人有权要求处分抵押的房产。

2.抵押人(企业)被依法宣告解散或破产的,抵押权人(银行)有权要求处分抵押的房产。

3.经企业与银行双方协商可以通过拍卖等合法方式处分抵押房地产。协议不成立,抵押权人可以向法院诉讼。

同一房产设定两个以上抵押权的,以抵押登记的先后顺序受偿。抵押权人处置抵押的房产,应事先书面通知抵押人。

(三)企业的房产权证书遗失或灭失的,企业应向房产管理部门申报并登报声明作废,办理变更登记过户。

第七条　企业的房产有下列情形之一的,房产管理部门不能予以登记过户:

(一)属于违章建筑的;

(二)属于临时建筑的;

(三)法律、法规的情形。

第八条　企业闲置设备,经国资、财政部门批准后,进入产权交易市场进行处置。

第九条　企业置换职工身份后的剩余资产，由国有资产管理部门收回，纳入财政设立的企业改革发展资金专户，用于工交企业改革和发展。

第三章　置换产权的范围和方式

第十条　置换产权是产权在不同主体之间的变换行为，包括出资者所有权和经营权的变换。

第十一条　产权置换必须做到公开、公平、公正，防止国有资产流失，保护企业职工和债权人的利益。

第十二条　本细则所涉及的国有产权范围包括：

(一)非公司制国有企业整体产权或部分产权(含有形资产、无形资产及财产使用权等)；

(二)有限责任公司和非上市的股份有限公司的国家股及国有法人股；

(三)上市公司的非流通股和国家股及国有法人股；

(四)依法进行交易的其他国有产权。

本细则所涉及的产权变动行为包括：

(一)企业兼并；

(二)企业产权(含股权)整体或部分转让；

(三)收购破产企业产权和资产；

(四)国有资产管理部门认定的其他变更产权持有主体的行为。

第十三条　产权交易包括委托交易、协议交易、竞价交易、委托拍卖等。

第十四条　产权交易的主要方式是：出资购买全部资产式、承担债务购买净资产式、兼并式、吸收入股式、控股式等。

第四章　置换产权程序

第十五条　企业国有产权置换，必须在指定的产权交易市场公开进行，严禁场外私下交易。

第十六条　产权交易按申请登记、挂牌上市、查询洽谈、成交签约、结算交割、变更登记的顺序进行。

第十七条　转让方提出交易申请时，须同时提交下列文件资料：

(一)转让产权申请书；

(二)转让资产的资格证明或其他有效证明；

(三)有关产权归属的证明文件；

(四)批准产权转让的有关文件;

(五)产权转让单位情况介绍;

(六)资产评估的有关文件;

(七)其他必要资料。

受让方提出交易申请时,须同时提交下列文件资料:

(一)购买产权申请书;

(二)受让资格证明;

(三)受让方的资信能力证明;

(四)其他必要的资料。

第十八条　置换职工身份的企业,国有产权置换按照以下程序办理:

(一)进行财产清查,申请资产评估、产权界定,弄清资产情况;

(二)制定置换职工身份的方案,交并企业职代会讨论通过;

(三)企业置换职工身份方案经市产权制定改革办公室审查批准实施,需进行产权转让的,由企业或破产清算组持有关资料向市产权交易中心提出申请,经产权交易中心审查批准后公布上市;

(四)交易成功后,由企业到产权交易中心签订《产权交易合同》,办理《产权交割证明书》以及其他法律手续;

(五)产权交易的价款原则上要求一次性付清,特殊情况,受让方人在取得具备担保资格的法人和自然人担保,或者有质押物、抵押物,并办理了法律手续后,经转让方和受让方协商可在三年内分期付清。但交易时第一次付款不得少于总额的50%。未付部分按同期银行贷款率计息。

第五章　产权置换收入管理

第十九条　产权出让收入按规定全额交市国资局专户储存,根据市产权改革领导小组批准的企业改制方案,用于安置职工,支付离退休人员的养老金和在职人员欠交的养老金、失业保险金、集资款、医疗费、偿还债务等。产权转让后的净收入应上缴财政,设立企业改革发展资金专户,用于工交企业改革和发展。

第六章　优惠政策

第二十条　土地置换优惠政策:

(1)土地使用权按法定的最高出让年限出让;

(2)土地证明齐全的企业进行产权交易,免收换证费;

(3)凡企业用地需要重新测绘,由国土局负责组织有证测量单位进行测绘,测图收费标准:中一型以上(含中一型)企业不得超过10000元,中二型一下(含中二型)企业不得超过5000元。

第二十一条 房产交易优惠政策:

(1)房产交易免交交易中的各种收费;

(2)经房产交易中心批准处置的房产,原欠交的所有费用,一律免交,由房产管理部门办理房屋所有权证;

(3)房产权属清楚、证明齐全的企业办理交易手续,由市房产局按每证50元的标准一次性收取换证工本费;

(4)房产权属不清,需补办或完善有关手续的,各有关部门按每证50元的标准收取工本费;企业房产整体需重新测图的收费标准:中一型以上(含中一型)企业不得超过5000元,中二型以下(含中二型)企业不得超过3000元。

第二十二条 新设立企业由产权所有者提供有关资料后,在核发营业执照,进行税务登记及审核纳税资格的过程中,所涉及部门为其办理各类证照,只收取工本费。相关手续统一由产权交易中心办理。

第二十三条 常德电视台、常德广播电台、常德日报社等新闻媒体对企业产权置换,置换职工身份的产权转让项目信息(含公告)实行免费发布。

第二十四条 产权置换的资产,由市产权交易中心组织有资格的评估机构评估。评估费用按大型企业10000元,中型企业8000元,小型企业5000元的标准收取;土地评估费用每宗按600元收取。

第七章 工作机构和职能

第二十五条 常德市产权交易中心是我市产权交易工作的办事机构,直接对市人民政府负责。主要职能是:

1.负责收集、论证、审查、整理产权交易项目;

2.负责产权交易项目的对外宣传、牵线搭桥、联络接待和洽谈签约工作;

3.办理或代办交易过程中的各项手续;

4.协调与产权交易工作有关部门之间的关系;

5.负责产权交易政策的宣传和咨询解答,优惠政策的督促落实以及产权交易后的跟踪反馈和监管。

第二十六条 产权交易中心是我市企业改革中企业产权交易唯一合法场所。产权交易中心实行“一个窗口对外、一站式审批”的工作制度。日常工作人员从市国资、财政、国土、房产、工商、体改、经委、规划等部门抽调专人集中办公,统一办理各项手续。

第八章　附　则

第二十七条　市直其它企业国有产权置换行为,参照本细则执行。

第二十八条　本细则自发文之日起执行。

常德市人民政府办公室关于印发《常德市国资委监管企业重大事项管理办法》的通知

常政办函〔2008〕59 号

市直有关单位:

《常德市国资委监管企业重大事项管理办法》已经市人民政府同意,现印发给你们,请遵照执行。

二〇〇八年五月二十一日

常德市国资委监管企业重大事项管理办法

第一条　为建立科学、有效的国有资产监督管理体制,规范我市监管企业重大事项管理,维护国有资产出资人的合法权益,根据《中华人民共和国公司法》、《企业国有资产监督管理暂行条例》等法律法规,结合我市实际,制定本办法。

第二条　本办法适用于市人民政府授权市人民政府国有资产监督管理委员会(以下简称“市国资委”)所监管的占有、使用市本级经营性国有资产(含经营服务类事业单位国有资产)、城市公用资产和地方金融机构国有资产的企业。

第三条　本办法所称监管企业重大事项管理是指监管企业发生的制定和修改公司章程、股份制改造、上市、重组、合并、分立、破产、解散、增减资本、发行公司债券、产权转让、资产处置、资产抵押、对外担保、投融资、资产损失核销、企业工资总额与薪酬分配方案、年度经营计划、发展规划、财务预(决)算等事项。

第四条 重大事项分为报告和备案事项，报告事项应经市国资委审核批准后方可实施，备案事项为告知事项。

监管企业应规范企业内部决策程序，所有重大事项均由企业董事会会议做出决议（不设董事会的指法定代表人签字的决策会议正式决议），形成书面材料报市国资委，市国资委依照法定程序对监管企业重大事项进行批准或备案。

第五条 监管企业重大事项报告或备案书面材料一般应包括：

（一）股东（大）会决议；

（二）企业董事会决议（不设董事会的指法定代表人签字的决策会议正式决议）；

（三）可行性研究报告；

（四）有关事项的说明；

（五）其他相关文件。

第六条 监管企业中的国有独资企业、国有独资公司、国有控股公司和经营服务类事业单位及其全资子公司、控股子公司发生以下重大事项时向市国资委报告：

（一）制定或修改公司章程、变更注册资本；

（二）股份制改造、上市、重组、合并、分立、破产、解散、增减资本等；

（三）国有产权转让、投资设立子公司；

（四）对下属全资、控股子公司担保；

（五）重大投融资方案、发行公司债券、资产抵押及对全资、控股子公司以外的企业、单位提供担保；

（六）企业年度工资总额、薪酬分配方案、高管薪酬执行标准；

（七）重大资产处置、资产损失核销；

（八）按照干部人事管理规定需市国资委考察、考核、任免事项；

（九）重大投资项目预（决）算方案和审计结果；

（十）其他需要报告的重大事项。

第七条 监管企业中国有独资企业、国有独资公司、国有控股公司和经营服务类事业单位及其全资子公司、控股子公司发生以下重大事项时应报市国资委备案：

（一）中长期发展规划和年度经营计划；

（二）董事会工作报告；

（三）月度财务快报、半年财务分析、年度财务报告；

（四）重大法律诉讼；

（五）内部组织机构设置及其子公司主要负责人、财务负责人的任免；

（六）其他需要备案的事项。

第八条　国有参股公司发生第六条、第七条规定的重大事项时应报市国资委备案。

第九条　监管企业国有产权的转让应向市国资委报告，其中转让全部国有股权或者转让部分国有股权致使市政府不再拥有控股地位的，应报市政府批准。

第十条　监管企业中的国有独资企业、国有独资公司、国有控股公司及经营服务类事业单位的房产、地产处置和其他资产处置金额达注册资本5%以上的向市国资委报告，但自主处置额最高不超50万元，其中国有资产处置300万元以上的由市国资委报市政府批准，批准后按国有产权转让办法等法律法规和相关程序集中在市产权交易机构组织实施。

监管企业中的国有独资企业、国有独资公司、国有控股公司及经营服务类事业单位的资产损失核销必须符合现行会计制度的规定，并在核销前向市国资委报告，其中核销金额在500万元以上的由市国资委报市政府批准。

第十一条　监管企业中国有独资企业、国有独资公司、国有控股公司和经营服务类事业单位及其全资子公司、控股子公司对外投资必须符合国家产业政策和企业发展战略，做好可行性研究，纳入财务预算管理，明确投资项目决策者和实施者应承担的责任，投资额达注册资本5%以上的对外投资向市国资委报告，但自主投资额最高不超过50万元。国有参股企业投资500万元或投资额达注册资本10%以上的对外投资报市国资委备案。

第十二条　国有独资企业、国有独资公司、国有控股公司和经营服务类事业单位及其全资、控股子公司，需对外担保时应依照《中华人民共和国担保法》等法律法规的规定从严把关，严格审查被担保企业单位的资信和偿债能力，落实反担保措施，并应事先向市国资委报告。国有参股企业对外担保额达200万元以上（含200万元)报市国资委备案。

第十三条　国有独资企业、国有独资公司、国有控股公司和经营服务类事业单位及其全资、控股子公司融资、抵押贷款除向市国资委报告外，抵押贷款金额达500万元以上(含500万元)报市政府批准。

第十四条　市国资委监管采取直接监管与授权监管的方式。市国资委对具备条件的监管企业可实行国有资产授权经营，被授权的企业承担国有资产的保值增值责任。市国资委对部分企业可授权相关部门进行管理，被授权部门承担授权企业国有资产保值增值责任。

第十五条　市国资委按照规定委派国有产权代表、董事、监事，根据企业实际情况派出财务负责人。

第十六条　监管企业应建立重大事项管理制度，明确决策者和相关责任人的责任，并在每年3月底以前按规定将企业上年度重大事项执行情况上报市国资委。

第十七条　市国资委定期对所监管企业重大事项报告和备案制度的执行情况进行检查，检查结果作为企业年度考核和评价企业经营管理人员和国有产权代表的重要依据。

第十八条　市国资委接到企业、公司上报事项后，应及时对申报材料和有关手续进行审核，在规定或承诺的时间内办结；审核、核准事项超时未办理的，应将情况和理由书面答复申办人；无正当理由超过时限未予答复的，视同市国资委核准批复。

第十九条　国有独资企业、国有独资公司、国有控股公司和经营服务类事业单位及其全资、控股子公司，未按照本办法规定向市国资委报告的，对直接负责的主管人员和其他直接责任人员依法给予纪律处分；监管企业负责人滥用职权、玩忽职守，造成企业国有资产损失的，应负赔偿责任，并对其依法给予纪律处分，构成犯罪的，依法追究刑事责任。

第二十条　对企业国有资产损失负有责任受到撤职以上纪律处分的国有及国有控股企业的企业负责人，5 年内不得担任任何国有及国有控股企业的负责人；造成企业国有资产重大损失或者被判处刑罚的，终身不得担任任何国有及国有控股企业的负责人。

第二十一条　本办法从公布之日起施行。以前所发文件与本办法不一致的以本办法为准。

常德市人民政府办公室关于印发《常德市城市公用资产经营权管理暂行办法》的通知

常政办发〔2008〕10 号

武陵区、鼎城区人民政府，德山开发区、柳叶湖旅游度假管委会，市直有关单位：

现将《常德市城市公用资产经营权管理暂行办法》印发给你们，请认真贯彻执行。

二〇〇八年七月二十二日

常德市城市公用资产经营权管理暂行办法

第一条　为加强城市公用资产管理，理顺管理关系，优化资产配置，提高使用效益，根据《企业国有资产监督管理暂行条例》和《建立健全省国有资产监督管理体制的若干意见》（湘政办发〔2004〕25 号）等法律法规和文件精神，结合我市实际，制定本办法。

第二条　本办法所称城市公用资产是指市人民政府投资形成的公益性基础设施或通

过其他形式取得的所有权属市人民政府的公用资产。城市公用资产经营权是指由公用资产衍生的一组权益。

城市公用资产经营权包括以下方面：

(一)城市道路、桥梁、码头、广场、体育场馆、公交站亭、会展中心、高层建筑物、公共场地等资产的冠名权、经营权；

(二)城市出租车(客运、货运)、道路公共泊车位等资产的经营权；

(三)城区户外广告公共资源经营权；

(四)公交线路经营权；

(五)其他政府特许经营权和城市公用设施经营权等。

第三条　城市公用资产属国有资产。城市公用资产经营权实行统一经营、规范审批、分类管理。

第四条　城市公用资产经营权按照政企分开原则，实行相关行政管理部门依法行使城市公用资产的行政管理权；市国资委代表市政府履行城市公用资产出资人职责，行使城市公用资产所有权；市国资公司统一经营。

第五条　城市公用资产经营权出让遵循公开、公平、公正、有偿使用和公共利益优先的原则，采取拍卖、招标或市政府批准的其他方式进行。

第六条　通过招标等公平竞争方式，获得城市公用资产经营权，在一定期限、一定地域范围内经营某项城市公用资产的企业(以下简称"经营单位")，依法自主经营，各行政管理部门不干预经营单位正常生产经营活动。经营单位在营运过程中，接受相关行政管理部门的管理。

第七条　市国资委履行下列职责：

(一)负责城市公用资产经营权的登记、界定、纠纷调处和资产评估、划转、处置等工作；

(二)审批城市公用资产经营权出让方案，监督经营权出让；

(三)监督出让收益使用情况及经营权出让协议(合同)履行情况。

第八条　城市公用资产行政管理部门履行下列职责：

(一)拟定城市公用资产行业管理的相关办法及制度；

(二)负责城市公用资产的规划编制、行政审批、设施维护管理等社会公共管理职责；

(三)负责城市公用资产经营与服务的监督、行政执法等行业管理职责。

第九条　市国资公司履行下列职责：

(一)提出城市公用资产经营权出让方案，并报市国资委批准后组织实施；

(二)签订城市公用资产经营权出让协议(合同)；

（三）负责收缴城市公用资产经营权出让收益；

（四）负责报告城市公用资产经营权运营情况。

第十条　经营单位应承担下列责任：

（一）按照国家安全生产法规和行业安全生产标准，组织企业安全生产和营运；

（二）履行协议（合同），为社会提供符合相关标准和要求的产品和服务；

（三）接受有关行政管理部门对产品和服务质量的监督检查；

（四）履行协议（合同）约定的其他责任。

第十一条　经营权出让依照下列程序确定：

（一）相关行政管理部门根据规划编制设立或新增城市公用资产，并在市国资委进行产权登记；

（二）市国资公司制定城市公用资产经营权出让方案，经市国资委审批后，向社会公开拍卖程序或招标条件；

（三）市国资公司按照规定的程序或市国资委批准的其他方式确定经营单位；

（四）市国资公司与经营单位签订经营权出让协议（合同），并报市国资委核准。

第十二条　经营单位凭经营权出让协议（合同）及相关资料到相关行政管理部门办理设立申请、正式运营等手续。经营权出让协议（合同）是在行政管理部门办理手续的必备要件之一。

第十三条　参与经营权出让的竞标者应具备以下条件：

（一）依法注册的企业法人；

（二）有符合经营条件的注册资本金及设备设施；

（三）有良好的银行资信、财务状况及相应的偿债能力；

（四）有符合经营条件的从业经历和良好的经营业绩；

（五）有相应数量和从业资格的技术、财务、经营等关键岗位人员；

（六）有切实可行的经营方案；

（七）符合有关法律、法规、规章规定的其他条件。

第十四条　经营权出让协议（合同）应当包括以下内容：

（一）经营内容、区域、范围、服务标准及有效期限；

（二）经营权的权属及设备设施的维护、更新改造与处置；

（三）经营权出让价款的支付时间和方式；

（四）经营权的变更和终止；

（五）履约担保、违约责任、争议解决方式；

（六）双方约定的其他事项。

第十五条　市国资公司在年度终了的15天内向市国资委报送该年度城市公用资产经营权营运情况的书面材料。市国资委对城市公用资产经营权的保值增值情况进行评估。

第十六条　经营权出让期限根据行业特点、经营规模、经营方式、投资周期等因素确定。出让期限届满前半年,按照本办法规定的程序重新组织拍卖或招标,选择经营单位。在同等条件下,原经营单位优先获得经营权。

第十七条　经营单位确需变更名称、地址、法定代表人的,应提前书面告知市国资公司,并在市国资委备案。

第十八条　城市公用资产经营收益用于城市公用设施建设和原行政、企事业单位的收益分配。纳入市本级国有资本经营预算进行管理,由市政府统筹安排。

第十九条　市国资委、市直相关行政管理部门及其工作人员有下列情形之一的,由市政府或监察局责令改正,对负主要责任的主管人员和其他直接责任人员依照《常德市行政过错责任追究办法》,实行行政问责,市国资公司及其工作人员有下列情形之一的,由市国资委依照相关规定,给予严肃处理,构成犯罪的,移交司法机关依法追究刑事责任:

(一)不依法履行职责,造成严重后果的;

(二)对不符合法定条件的竞标者授予经营权的;

(三)滥用职权、徇私舞弊的。

第二十条　对以欺骗、贿赂等违法手段获得经营权的经营单位,取消其经营权,并向社会公开披露。

第二十一条　经营单位擅自转让经营权的,一经发现,取消其经营权,并向社会公开披露。原经营权按规定程序重新组织拍卖或招标。

第二十二条　市国资公司或经营单位违反协议(合同)的,按《中华人民共和国合同法》解决纠纷。

第二十三条　对未取得经营权擅自从事城市公用资产经营活动的单位或个人,由相关行政管理部门会同市国资委责令其停止经营活动,并依法给予行政处罚;构成犯罪的,移交司法机关依法追究其法律责任。

第二十四条　本办法由市国资委负责解释。

第二十五条　本办法自2008年9月1日起施行。

常德市人民政府办公室关于转发市国资委、市财政局、市住建局市监察局、市审计局等单位《常德市城建投融资公司管理暂行办法》等6个城建投融资工作文件的通知

常政办函〔2010〕61号

市直有关单位：

现将市国资委《常德市城建投融资公司管理暂行办法》、《常德市城建投融资公司经营业绩考核评价暂行办法》，市财政局《常德市城建投融资公司开发建设项目资金管理暂行规定》，市财政局、市住建局《关于加强和规范市本级政府投资项目BT建设管理的规定》，市监察局《关于加强市城建投融资公司监督工作的意见》，市审计局《常德市城建投融资公司审计监督暂行办法》等6个城建投融资工作文件转发给你们，请认真贯彻执行。

二〇一〇年七月一日

常德市城建投融资公司管理暂行办法

市国资委

第一条　为进一步规范市城建投融资公司管理，根据《公司法》、《企业国有资产法》、《企业国有资产监督管理暂行条例》等法律法规，制定本办法。

第二条　本办法适用于由市人民政府出资组建的城建投融资公司（以下简称公司）。

第三条　公司的国有资产由市国资委进行监督管理。

（一）市国资委负责公司的产权界定、产权登记、资产评估监督、清产核资、资产统计、综合评价等基础管理工作。

（二）公司要制定中长期发展规划、重大投融资规划及年度经营计划，并报市国资委审批。

(三)公司的国有资产处置、国有股权转让和资产损失核销应报市国资委审批。其中国有资产处置300万元、资产损失核销500万元以上的由市国资委报市人民政府批准。

第四条　公司资金管理由市财政局牵头,市国资委配合。

(一)公司根据项目建设、土地储备开发、债务偿还等需要,编制年度融资计划、项目资金年度和月使用计划。融资合同文本、项目资金年度和月使用计划报市国资委备案。

(二)公司应对项目资金实行专户存储、专账核算、科学调度、提高效益、确保安全。

(三)市国资委每半年对项目资金使用情况进行一次内部审计。

第五条　公司应加强项目建设管理。

(一)项目的招标:公司负责的工程项目必须依法招标,所有招标信息和中标结果报市国资委备案。

(二)项目建设合同的变更:项目工程建设过程中涉及的合同变更事项,按照《常德市市本级政府投资基本建设项目投资变更管理办法》规定,严格按程序报批和评审。

(三)项目决算审计:公司负责的工程项目竣工后应在15个工作日内向有关部门申请决算审计和办理移交。

第六条　公司的对外担保应按照相关程序,落实反担保措施,并报市国资委审批;担保额300万元以上的由市国资委报市人民政府审批。

第七条　公司自主投资项目必须符合国家产业政策和企业发展战略,并做好可行性研究,纳入财务预算管理,落实相关责任。投资额50万元以上的应报市国资委审批。

第八条　公司年度工资总额(含下属项目公司、子公司)实行总额控制。公司应编制年度工资总额预算和企业负责人薪酬方案,并报市国资委审核。公司每半年向市国资委报告劳动用工情况(含下属项目公司、子公司临时用工及签订劳动合同情况),聘用无固定期限合同员工应向市国资委事前备案。

第九条　公司应加强内部监督和风险控制,建立健全财务、内审、企业法律顾问和职工民主监督等内控制度,市国资委定期或不定期对公司内控制度执行情况进行检查。

第十条　公司董事会应严格按照《公司法》《公司章程》和《公司董事会议事规则》依法行使职权。董事会应以会议方式决定重大事项,出席会议的董事应逐项对所表决的事项作出明确的表决意见。董事会会议记录和决议应保证完整、真实。

第十一条　公司监事会应严格按照《公司法》《公司章程》《国有企业监事会暂行条例》和《监事会议事规则》依法行使职权。市国资委对公司实行外派监事会制度,监事专职专责。监事会对市国资委负责并报告工作。监事会应加强对公司重大事项的当期监督,公司应积极支持配合监事会开展工作。

第十二条　公司负责人管理按照干部管理权限进行管理,市国资委要加强对企业负责人职务消费管理，合理确定定额标准，并加强监督检查。

第十三条　公司及其负责人的考核评价实行一年一审计，一年一评价。市国资委每年要制定科学、有效的经营业绩考核指标体系，配合市委组织部建立年度考核与任期考核相结合、经营业绩考核与综合评价相补充、出资人考核与专业审计相衔接、结果考核与过程评价相统一、考核结果与奖惩相挂钩的考核评价制度。对公司中保留了公务员身份和待遇的负责人由市国资委根据年度考核结果兑现奖惩，奖励经费列入财政预算；公司其他高管人员可参照执行，奖励经费由所在公司承担。

第十四条　市国资委应当建立健全重大决策失误的责任追究制度，明确企业负责人在履行职责时，因玩忽职守、滥用职权或者徇私舞弊等违法行为给企业国有资产造成损失的，应当承担赔偿责任。违反法律法规及《国有企业领导人廉洁从业若干规定》，情节严重的给予党纪政纪处分；触犯刑律的依法移交司法机关处理。

第十五条　本办法自发布之日起施行。

常德市城建投融资公司经营业绩考核评价暂行办法

市国资委

第一条　为加强市城建投融资公司的监管，建立有效的激励和约束机制，促进企业可持续发展，更好地为我市经济社会发展服务，根据《企业国有资产法》、《企业国有资产监督管理暂行条例》等有关法律法规，并参照《中央企业负责人经营业绩考核暂行办法》、《中央企业综合绩效评价管理暂行办法》，制定本办法。

第二条　本办法适用于市人民政府出资组建的城建投融资公司的经营业绩考核评价。

第三条　经营业绩考核评价实行年度考核与任期考核相结合、出资人考核与专业审计相衔接、结果考核与过程评价相统一、考核结果与奖惩相挂钩的考核评价制度。任期考核期限为3年。

第四条　经营业绩考核评价工作由市国资委牵头组织实施，相关指标考核参考市直有关部门意见。

第五条　经营业绩考核评价内容主要包括：

（一）融资任务完成情况，包括融资方式、融资额度、融资期限、融资成本等；

（二）项目建设管理，包括项目建设进度、招标管理、工程质量、安全生产等；

(三)自营业务经济效益,包括实现利润和国有资产保值增值情况等;

(四)项目资金管理,包括内部控制制度建设、资金使用监督和资金使用效益等;

(五)人力资源与薪酬管理,包括人员聘用以及工资总额、企业负责人薪酬管理;

(六)董事会、监事会依法履职情况,包括重大事项董事会决议情况、监事会开展监督检查情况和董事会、监事会向市国资委报告工作情况。

市国资委应建立科学有效的经营业绩考核评价指标体系,并根据年度任务对考核内容和考核指标作相应调整。

第六条　考核工作程序:

(一)确定考核指标。每年1月底前,公司提出考核指标建议值,报市国资委审核确定。

(二)签订责任书。每年3月底前,由市国资委主任与公司法人代表签订经营业绩责任书。

(三)动态管理。市国资委通过召开经济运行调度会、月度财务快报、项目建设月报、专项检查等形式,对经营业绩责任书执行情况实行动态管理。

(四)组织考核。市国资委牵头对经营业绩责任书的执行情况进行考核,并将考核结果报送市委、市人民政府及相关部门。

第七条　考核结果的运用:

(一)作为核定公司职工工资总额和公司负责人薪酬的依据;

(二)作为公司和公司负责人评先评奖的依据;

(三)作为评价公司领导班子绩效的依据;

(四)作为公司改进经营管理的参考资料。

第八条　市国资委根据经营业绩考核结果,兑现公司及公司高级管理人员(含集团公司班子成员和所属项目公司董事长、总经理)奖惩。

第九条　公司中保留了公务员身份和待遇的高级管理人员奖励经费列入财政预算,其他高级管理人员奖励经费由所在公司承担。

上述奖励在年度考核结束后兑现70%,余下30%根据任期考核和离任审计结果兑现。

第十条　公司应依法依规、客观真实地反映经营情况。发现虚报、瞒报财务状况的,追缴公司和公司高级管理人员非正当所得,并依法追究相关人员责任。

第十一条　因违反国家法律法规,导致重大决策失误、重大安全与质量责任事故、重大违纪和法律纠纷损失事件,造成重大不良影响或造成较大国有资产流失的,取消公司评先评奖资格,相应扣减相关人员薪酬和奖励,并交纪检监察、司法部门依纪依法处理。

第十二条　本办法自发布之日起施行。

常德市城建投融资公司开发建设项目资金管理暂行规定

市财政局

为加强市城建投融资公司开发建设项目资金管理，提高资金使用效益，制定本规定。

第一条　项目资金范围

本规定所称市本级城建投融资公司开发建设项目资金，专指市城市建设投资(集团)有限公司、市经济建设投资(集团)有限公司、市金禹水利投资有限公司、市交通建设投资有限公司(以下简称市城建投融资公司)用于政府指定土地前期开发和城市基础设施项目建设的资金(以下简称项目资金)，包括：

(一)投融资公司向金融机构的融资、发行企业债券募集的资金和按 BT、BOT 等方式通过投资业主筹措的建设资金(以下简称融资)；

(二)投融资公司进行前期开发的土地出让后，其收益中留作开发、建设、偿债的资金(以下简称土地收益)；

(三)根据开发、建设、偿债需要，市财政局调度给投融资公司的资金(以下简称调度资金)；

(四)BT 建设中，BT 业主交纳的相当于项目投资 30%的前期费用(以下简称 BT 前期费用)；

(五)投融资公司用于开发、建设、偿债的其他资金。

第二条　项目资金预算

投融资公司根据项目建设、土地前期开发、债务偿还等需要，每年第四季度开始编制下年度项目资金收支预算，经市财政局审核，报市人民政府研究同意后，由市财政局批复执行。项目资金收支预算一经批复下达，不得随意调整，如遇特殊情况需调整的，一律按本条规定的程序批准。

第三条　项目资金筹集

投融资公司设立项目资金专户，用于归集项目资金。投融资公司在各金融机构的贷款账户按项目资金专户管理。

(一)融资

1.投融资公司依据批复的年度项目资金收支预算，与金融机构和BT、BOT等投资业主联系接洽，达成融资方式、融资额度、融资期限、融资利率及担保抵押条件等融资初步意向；

2.投融资公司根据融资初步意向向市融资与债务管理办公室(以下简称市融资办)提出融资立项申请，经同意后向金融机构和投资业主报送相关资料，有关财政收支和政府性债务的资料须经市财政局审核同意后报送。

3.融资审批通过后，市融资办协助投融资公司落实融资审批条件，包括办理人大、政府和财政等部门相关文件。

4.市融资办参与正式融资合同(含融资协议、财务顾问协议及BT、BOT合同等)的洽谈，并对合同文本进行审核，未经审核同意，投融资公司不得签订任何形式的融资合同或协议。

5.市城建投融资公司签订正式融资合同后5个工作日内将合同文本报市融资办备案。

(二)土地收益

1.市城建投融资公司完成指定土地前期开发后，将宗地交由市国土资源局组织招标拍卖挂牌出让。

2.市财政局按宗地对出让收入进行清算，将前期开发成本返还市城建投融资公司，将按比例补贴给市城建投融资公司的土地出让收益拨付至项目资金专户。

(三)BT前期费用

1.市城建投融资公司与市融资办依据BT建设项目的概算投资(市财政投资评审中心的预算评审金额)，确定BT业主应交纳的相当于项目投资30%的前期费用金额。

2.BT业主将BT前期费用存入指定的财政专户。

3.前期费用一并进入项目回购价款，并按银行基准贷款利率的110%计息。项目建设期内，不得向BT业主拨付BT前期费用。

(四)财政预算安排资金、财政调度资金和市城建投融资公司用于开发、建设、偿债的其他资金，由投融资公司根据开发、建设需要提出申请，按相应程序批准后拨付至项目资金专户。

第四条　项目资金使用

项目资金使用以各类合同约定和市财政投资评审中心的评审报告为依据，项目建设施工合同及BT、BOT项目建设合同等签订前须经市融资办对有关资金使用的条款进行审核，并报市财政局同意。

项目资金必须按程序批准后，才能从项目资金专户拨付到市城建投融资公司设立的开发资金专户和项目公司设立的建设资金专户，专项用于征地拆迁补偿安置等前期费用、工程建设费用、BT 项目回购价款、BOT 投资回报、归还融资本息和偿还历年工程项目欠款。具体审批程序如下：

（一）征地拆迁补偿安置等前期费用

1.市城建投融资公司依据征地拆迁补偿安置费用预算评审报告，分次向市融资办提出用款申请；

2.经市融资办审核，并报市财政局批准后，市城建投融资公司从项目资金专户中拨付征地拆迁补偿安置费用。

3.市融资办与市城建投融资公司按建设项目和实施了前期开发的地块对征地拆迁补偿安置费用拨付情况进行平行登记，并定期核对。

4.征地拆迁补偿安置费用办理决算前，其资金拨付进度不得突破预算评审金额。

（二）工程建设费用

1.市城建投融资公司依据《建筑工程施工承包合同》，分次向市融资办提出用款申请。

2.经市融资办审核，报市财政局和市人民政府批准后，市城建投融资公司从项目资金专户中拨付工程建设费用。

3.市融资办与市城建投融资公司按照建设项目名称对工程建设费用拨付情况进行平行登记，并定期核对。

4.严格控制工程建设费用拨付进度：《建筑工程施工承包合同》签订后，工程建设预付款不得超过合同金额的 10%；工程建设过程中，建设费用拨付进度不得超过工程形象进度的 85%；工程完工、办理竣工决算前，建设费用累计拨付额不得超过合同金额的 75%；项目竣工决算后一年内，建设费用累计拨付额不得超过决算评审金额的 95%。

5.工程建设过程中涉及投资变更事项，按照《常德市市本级政府投资基本建设项目投资变更管理办法》规定报批和评审。未经评审的变更事项，市城建投融资公司不得向市融资办申请资金拨付。

（三）BT 项目回购价款

1.BT 项目竣工验收合格后，市城建投融资公司与 BT 业主协商，草拟《BT 项目回购备忘录》，经市财政局审核，报市人民政府同意后进入项目回购期。

2.市城建投融资公司依据《BT 项目回购备忘录》分次向市融资办提出用款申请。

3.经市融资办审核，报市财政局和市人民政府批准后，市城建投融资公司从项目资金专户中支付给 BT 业主回购价款。

4.市融资办与市城建投融资公司对 BT 项目回购价款支付情况进行平行登记，并定期核对。

5.BT项目回购价款应严格按《BT项目回购备忘录》约定时间、金额,分次支付。

(四)BOT项目投资回报

采取BOT方式建设的项目,经营期一般为20—30年。BOT业主委托政府经营的项目,其年均投资回报率不得超过10%(包括按银行贷款基准利率计算的利息),其资金拨付审批程序比照BT项目回购价款执行。

(五)融资本息支出

1.市城建投融资公司依据融资合同(或银行贷款本息催收通知单),向市融资办提出用款申请;

2.经市融资办审核后,市城建投融资公司从项目资金专户中拨付金融机构融资本息支出。

3.市融资办与市城建投融资公司对融资本息拨付情况进行平行登记,并定期核对。

(六)历年工程项目欠款

1.市城建投融资公司根据本年度项目资金收支预算及项目资金使用情况,提出历年工程项目欠款(市城建投融资公司组建前的城建系统工程项目欠款)安排方案,报市融资办。

2.经市融资办审核,并报市财政局和市人民政府批准执行,无项目欠款安排方案的不予支付。

3.市城建投融资公司依据批准的历年工程项目欠款安排方案,从项目资金专户中拨付相关项目建设业主历年工程项目欠款。

4.市融资办与市城建投融资公司按项目名称对历年工程项目欠款拨付情况进行平行登记,并定期核对。

5.历年工程项目欠款拨付,按照竣工决算项目优先、欠款时间优先的原则分批安排,未办理竣工决算的项目欠款累计拨付额不得超过其预算评审额的75%。

按本条规定,从项目资金专户拨付至开发、建设资金专户的项目资金,由市城建投融资公司按公司章程规定的财务审批程序和权限批准后使用或拨付至项目公司使用。未按本条规定审批同意的,市城建投融资公司不得从项目资金专户中拨付、使用项目资金。

第五条　项目资金调度

(一)根据开发、建设和债务偿还的需要,市财政局对市城建投融资公司的项目资金有调度权。

(二)项目资金实行有偿调度使用,按实际占用时间和五年期基准贷款利率计算利息,其中:市财政局调用市城建投融资公司项目资金用于市城建投融资公司建设、开发和债务以外支出的,按五年期贷款基准利率的110%计算利息。

（三）项目资金调度使用需约定期限，按时归还，息随本清。

（四）市城建投融资公司之间不得直接相互调度使用项目资金。

（五）项目资金调度仅限于项目建设、土地开发和债务偿还的临时资金周转需要，不得调度用于项目建设、土地开发和债务偿还以外的其他任何支出事项。

第六条　债务偿还及来源

（一）市城建投融资公司在编制年度项目资金收支预算时，根据融资合同和《BT 项目回购备忘录》约定，将到期债务本息足额列入预算。

（二）市城建投融资公司根据约定债务偿还时间，科学调度资金，保证按时足额归还到期债务。

（三）市城建投融资公司的偿债来源包括：

1.指定开发土地出让净收益的 75%；

2.财政预算安排的补贴资金；

3.项目资金专户利息收入；

4.其他用于偿债的资金。

第七条　市城建投融资公司经费来源

经市融资办审核、市财政局批准，市城建投融资公司从下列渠道中提取运行经费：

（一）从融资理财收入中提取，额度控制在当年实际到账融资的 3‰；

（二）指定土地开发出让净收益的 5%；

（三）财政投资评审确定的项目投资 1%的工程管理费，由市城建投融资公司与项目公司共同使用，具体比例由市城建投融资公司确定；

（四）市城建投融资公司施工的城建项目工程利润；

（五）市城建投融资公司的经营收益。

第八条　财务总监管理及职责

（一）市城建投融资公司财务总监由市财政局选派。

（二）市融资办负责市城建投融资公司财务总监的日常管理，其工资、津补贴、奖励及补助由市财政局统一发放。

（三）财务总监职责如下：

1.负责建立健全市城建投融资公司财务监督管理规章制度；

2.负责组织市城建投融资公司财务核算和管理，不得将公司经营性资金与项目资金混合调剂使用。

3.确保项目资金专款专用，未按本规定相关程序批准，不得审批支付项目资金。

4.严格按本规定第四条有关规定审批支付项目资金，不得签批超项目资金使用范围、超工程进度、超预(决)算评审金额的支出事项。

5.每年年终,向市财政局提交年度述职报告。

第九条　项目清算

项目建设完工后,由项目公司组织项目清算,包括:

(一)办理项目竣工决算;

(二)财政投资评审中心对项目竣工决算进行评审,出具决算评审报告;

(三)市审计局对项目公司财务收支情况和单项工程决算进行审计,出具审计报告;

(四)依据项目决算评审报告、审计报告,项目公司向市城建投融资公司移交项目建设资料和财务收支账目。

第十条　会计报表

市城建投融资公司负责项目资金收支总分类与明细核算,编制会计报表及附注说明,每月5日前向市融资办报送上月项目资金会计报表,包括:融资进度情况表、项目资金收支总表及明细表、建设项目资金拨付情况表、土地前期开发资金拨付情况表和公司财务会计报表 。

第十一条　监督管理

(一)市融资办建立项目资金收支台账,对项目资金筹集与拨付逐笔进行登记,定期与市城建投融资公司对账;同时,加强对项目资金的日常监督与检查,及时掌握年度项目资金收支预算执行情况,督促项目资金筹集到位,监督项目资金使用,及时解决和纠正市城建投融资公司年度项目资金收支预算执行中出现的问题。

(二)市城建投融资公司严格按本规定筹集、使用项目资金,并按照国家有关财经法规做好会计核算与财务管理工作,保证项目资金专款专用和安全有效。

(三)市城建投融资公司会计人员严格按照《会计法》的有关规定,对违反本规定使用项目资金的,应及时提出书面意见,有关领导仍坚持其决定的,应当继续向主管部门和财政部门反映。

第十二条　市人民政府今后成立的市城建投融资公司的资金管理参照本规定执行。

第十三条　本规定自发布之日起施行。

关于加强和规范市本级政府投资项目BT建设管理的规定

市财政局　　市住建局

《国务院关于投资体制改革的决定》实施以来，我市投融资体制改革不断深化，以建设—移交为基本特征的BT(Build—Transfer)投融资模式(以下简称BT)逐步受到重视和采用。为调动非政府资金参与政府投资项目建设的积极性，促进城市基础设施项目提前实施，进一步加强和规范市本级政府投资项目BT建设管理，制定本规定。

一、适用范围

BT建设适用于市城区(含德山开发区、柳叶湖旅游度假区)应由市本级财政投资建设的道路、桥梁、园林绿化等城市基础设施项目。

二、操作方式

(一)实施BT建设的项目由市人民政府授权的项目业主通过招标方式确定BT业主。

(二)项目业主以市人民政府批准的未来收益作为建设项目回购的资金来源与BT业主签定回购合同。

(三)BT业主组织、实施项目建设，项目竣工验收后由项目业主按回购合同约定支付价款。

三、方案审批

(一)项目业主在项目可行性研究报告的基础上编制BT建设方案。建设方案应包括：建设项目内容、范围、数量；BT业主应具备的条件和能力；合同双方的权利和义务；项目资金、工程质量和进度的监控措施；回购条件与程序；项目建设成本分析；回购资金来源等。

(二)市发改委、市国资委、市规划局、市国土资源局、市住建局和市财政局对BT建设方案进行审核并签署意见。

(三)市人民政府对BT建设方案进行研究同意后，由项目业主组织BT建设。

未按上述程序审批的，项目业主不得组织BT建设。

四、项目招标

(一)BT建设项目通过招标确定BT业主。

(二)招标应在完成项目可行性研究报告批复、勘探、初步设计和预算评审等工作程序后进行。

(三)BT业主应将招标公告和招标文件报市发改委、市国资委、市规划局、市国土资源局、市住建局和市财政局审核同意后,才能实施BT项目招标。

(四)BT业主参与投标时应具备下列条件:

1.将相当于项目总投资(包括前期费用)的30%资金存入财政专户作为项目的前期费用。

2.投入项目建设的自有资金不低于项目总投资(包括可研、勘察、设计、征地拆迁、杆线转移等前期费用和工程费用)的60%。同时,由省级以上金融机构提供相应的资信证明。

3.具有工程施工相应的资质。

(五)BT建设项目工程费用实行合理低价中标。招标标的不得高于市财政投资评审中心审定的上限值。

(六)施工监理单位必须由项目业主招标确定。

五、合同签定

招标工作完成后,BT合同文本经市国资委、市住建局、市财政局、市人民政府法制办审核报市人民政府同意后,由项目业主与BT业主签定BT建设合同,除一般合同的内容外,必须明确以下内容:

(一)BT建设项目回购款包括项目工程费用、存入财政专户的30%前期费用和融资成本,其中:工程费用按市财政投资评审中心审定的决算金额;融资成本以BT业主实际支付给施工单位的工程资金和存入财政专户的30%前期费用为金额,从资金到账之日起,按不超过人民银行公布的同期同档贷款基准利率的10%计算,由项目业主审查确认,并报市财政局备案。

(二)BT业主存入财政专户的30%前期费用,按下列标准给予一次性回报:工程费用1亿元以上,2亿元以下的给予2%;工程费用超过2亿元的,给予3%。存入财政专户的30%前期费用的回报,在项目竣工验收后一个月内支付给BT业主。

六、项目建设

(一)项目业主要做好项目建设的各项前期准备工作,监督BT业主资金到位和使用,审查建设计划,加强建设管理,组织项目回购。

(二)BT业主应足额筹集项目建设所需资金,包括自有资金、银行贷款和其他来源资金,并实行专户专账管理和核算;负责办理质监、安监、施工许可、合同备案等手续;负责按设计文件组织工程建设,实施项目管理,严格执行政府投资项目的有关规定,完成合同约定的建设内容;负责组织工程竣工验收、资料归集并移交竣工备案;对工程质量实行终身负责制，负责质量缺陷期内施工、设备材料供应商保修工作的管理，投保建设工程涉及的全部保险险种；完成合同约定的其他事项。

（三）BT 业主应严格按照设计方案组织项目建设，不得擅自变更设计。因涉及项目规模、功能、标准需要变更设计的，必须按照《常德市市本级政府投资基本建设项目投资变更管理办法》规定办理报批和评审。

（四）BT 业主不得未经招投标程序将建设项目全部或部分进行分包或转包，不得让施工、设备材料供应商垫资建设。

（五）市直单位和项目业主不得为 BT 业主提供融资担保，BT 业主不得利用 BT 建设项目作为担保物为其他融资行为提供担保。

七、项目回购

（一）项目完工后，项目业主要按照 BT 合同约定条款对回购条件逐项核查、认定，并报建设部门监督项目验收。工程验收合格符合回购条件的，双方应签订回购备忘录进入回购期，回购备忘录报市财政局、市住建局审定。

（二）BT 建设项目回购期限一般为项目竣工验收后 5 年，其中：工程费用在 5000 万元以内的项目，经市人民政府批准后回购期可少于 5 年，但最短不得少于 3 年。

（三）项目业主应维护 BT 业主的合法权益，不得随意变更回购条件、违约扣减或截留应付合同款。

（四）项目不能达到回购条件的，项目业主不得接受竣工资料、办理验收手续，项目不得进入回购期，项目业主要督促 BT 业主组织整改，直至符合回购条件。对整改后仍不符合回购条件的，双方按合同约定的条款进行处理。

（五）在回购期内，如 BT 业主参与土地招拍挂并竞标摘牌，其应缴纳的土地出让金可与当期回购款等额冲抵。

八、监督管理

（一）市发改委、市财政局、市住建局、市规划局、市国土资源局、市环保局、市审计局、市工商局等部门要按照市委、市人民政府的要求，积极支持 BT 建设模式的推行，按照各自职责加强指导、检查、评估、审计，帮助解决项目实施中的问题。市发改委要会同市财政局指导和监督项目业主做好 BT 业主招标工作；市财政局要参与 BT 业主选择过程中的有关洽谈工作，审核回购资金来源；市住建局等行业管理部门要指导项目业主和 BT 业主办理建设手续，监督项目招标和工程质量。

（二）BT 合同双方要严格遵守有关规定，项目业主及其工作人员在项目实施过程中违纪违法的，由有关部门追究当事人的责任；BT 业主因违法行为被有关行政监督管理部门给予重大行政处罚的，5 年内不得参与本市其他的 BT 项目建设。

关于加强市城建投融资公司监督工作的意见

市监察局

为切实加强对市城建投融资公司的监督工作，确保城建投融资资金安全、透明、高效管理和使用，现提出如下意见：

一、强化监督职责

市监察局要担负起对市城建投融资公司的监督职责，把对城建投融资及项目建设的监督摆在突出位置，与深入学习实践科学发展观、落实党风廉政建设责任制、建立健全惩治和预防腐败体系、加强行政监察等工作紧密结合，加强廉政监察，突出效能监察，严肃查处各类违法违纪违规问题。市监察局明确领导班子成员专门负责对城建投融资及项目建设监督工作的组织协调。对每个市城建投融资公司明确市监察局一个职能室负责联系工作，各室明确联络员，承担相应的监督职责。

二、突出监督重点

(一)加强对城建投融资资金的监督

重点监察有关部门对融资过程是否严格按照有关规定和程序；对BT保证金和前期费用的处理是否遵循了有关资金管理制度；抵押物的管理是否符合国家有关政策；融入资金是否实行了专账管理、单独核算、专款专用；财务管理、资金拨付和账户管理等内控制度是否健全；是否严格执行了投融资预决算；是否按有关规定，严格履行了设计变更、验工计价、项目结算、竣工决算等程序；是否存在滞留、挤占、截留、挪用项目资金等严重违纪违法问题。督促建设单位制定物资采购方面的廉政纪律和制度，加强与质监、审计、财政等部门的协作，强化对物资采购的监督力度。加强对市城建投融资公司资金往来的财务监察，严肃查处相互担保、资金混“笼”的违规行为。

(二)加强对工程评审、财政评审和征地拆迁安置房分配的监督

重点监督工程评审和财政评审是否严格按程序进行，评审结果是否公开；征地拆迁安置房分配是否公平公正。

(三)加强对项目立项审批的监督

重点监督城建投融资项目的规划、立项是否符合科学发展观的要求和市人民政府规定的投向；是否严格履行法律法规明确的有关审批、核准、备案程序；是否严格履行项目可行性研究和初步设计程序；是否严格履行工程规划许可、环境影响评价和土地使用审批等

手续。

（四）加强对项目招投标的监督

重点监督是否严格按照城建投融资项目审批和建设程序实施项目建设；工程招投标、工程监理、工程变更、竣工验收等主要环节，是否严格执行法人责任制、招标投标制、工程监理制和合同管理制；是否存在未按规定招标或招投标不规范问题；是否存在招标合同不规范、不履行问题。坚决查处违反规定弄虚作假、串标、非法挂靠、肢解工程规避招标及转包、违法分包等行为。

（五）加强对项目工程施工的监督

督促有关部门强化项目现场管理，建立项目协调例会制度、项目进展情况通报制度、项目执行督查制度和项目责任主体跟踪考核等制度。重点监察是否严格执行工程施工质量法人责任制、工程监理制和合同管理制；是否存在擅自改变建设内容、提高或降低建设标准、扩大或缩小建设规模的问题；是否建立了工程质量行政领导责任制、工程质量终身负责制等制度，尤其是对工程施工中的重大安全生产责任事故加强监督追责。

（六）加强对有关职能部门履行职责的监督

规划和建设部门要加强对规划方案、建设程序、工程质量、施工安全等行为的监督和管理；发展改革部门要加强对建设项目立项、招投标、债券融资等方面的监管；财政部门要加强对项目资金筹集使用的日常监督与检查，加强对工程合同变更和资金拨付的监管；国有资产监管部门要加强对城市建设投融资主体的监管和考核，保证国有资产的保值增值；国土资源部门要加强对土地资产作为抵押物的监管；审计部门要加强对建设项目的预算执行和决算全过程的跟踪审计和监督，对政府投融资资金的管理使用要一年一审。对职能部门在投融资项目建设中的低效率、不作为、乱作为等行为，要严肃追究主要领导和直接责任人的责任。市城建投融资公司要加强内部廉政建设，完善董事会和监事会等现代企业管理制度，建立科学的投资决策和事前预算、事中管理、事后评估等预防腐败机制。对于投融资主体履行党风廉政建设责任制不到位的，严肃追究企业负责人和行业分管负责人的责任。

三、落实监督措施

（一）建立联席会议制度。市监察局每半年召集发展改革、国有资产监管、财政、审计、国土资源、规划、建设、质监等部门和市城建投融资公司监事会主席召开一次联席会议，听取情况、分析现状、查摆问题、堵塞漏洞，对薄弱环节和突出问题有针对性地加以整改。各负有监管职责职能部门之间要注重加强日常监管工作的沟通协调，重大事项及时告知监察部门，形成工作整体合力。

（二）加强重点检查和随机抽查。通过座谈了解、查阅资料、现场察看和公布举报投诉电话等方法,不定期随机抽查城建投融资资金管理、使用和项目建设情况。对市人民政府重点城建投融资项目和有重大社会影响的城建投融资建设,实施专项监督检查。

(三)开展年度专项检查。每年市监察局对政府投融资资金的管理使用和项目建设情况组织一次专项监督检查。对监督检查中发现的问题,及时向市人民政府报告,并提出整改意见和建议。

(四)严肃查处违纪违法行为。对各种监督检查和信访调查中发现存在的违纪违法问题予以立案查处,并依照《行政监察法》《党纪处分条例》《公务员处分条例》和《国有企业领导人廉洁从业若干规定》给予相应党纪政纪处分,情节严重的,移交司法机关处理。

常德市城建投融资公司审计监督暂行办法

市审计局

第一条　为加强市城建投融资公司及其开发建设项目的审计监督,规范投资行为,提高投资效益,促进廉政建设,根据《中华人民共和国审计法》《湖南省国家建设项目审计监督办法》等法律法规,结合我市实际,制定本办法。

第二条　本办法适用于市人民政府出资组建的城建投融资公司及其下属项目公司(以下统称公司)的审计监督。

第三条　对公司的审计监督实行一年一审计。市审计局于每年3月底前完成对公司上年度的融资任务完成情况、资产负债损益和财务收支的审计,出具综合审计报告报市人民政府,并根据市人民政府批准的审计计划对建设项目的审计实行完工即审和抽查审计。

第四条　对公司融资任务完成情况主要审计下列事项:

(一)融资规模和计划是否按政府规定完成;

(二)融资方式、额度、期限是否真实合法;

(三)融资本息计算是否准确、合规;

(四)债务偿还及来源是否编制预算,资金是否落实;

(五)公司提取的运行经费是否符合规定,收支情况是否真实合规;

(六)其他需要审计的事项。

第五条　对公司资产负债损益和财务收支主要审计下列事项:

(一)会计报表、附注和编制说明反映的内容是否真实、完整、准确、合规;

(二)公司资产类科目余额是否真实存在,收支是否合法,是否充分在会计报表上进行了披露；

（三）公司负债类科目余额是否真实存在，记录是否完整，是否充分在会计报表上进行了披露；

（四）公司所有者权益类科目余额是否正确，增减变动是否符合法律、法规和合同、章程的规定，是否在会计报表上进行了披露；

（五）公司损益类科目记录是否完整、计算是否正确，是否在会计报表上进行了披露。

第六条　对公司项目资金主要审计下列事项：

（一）项目资金的筹集是否合规合法，是否经过有关部门批准，是否设立了专户；

（二）项目资金的使用程序是否合规，支出是否合法，使用额度和进度是否符合规定，资金本息计算是否准确；

（三）项目资金使用效益情况；

（四）各种内部控制制度和管理办法是否健全有效。

第七条　对建设项目主要审计下列事项的真实性、合法性和有效性：

（一）竣工决算报表和竣工决算说明书；

（二）建设项目规模及总投资预算的执行情况，资金到位情况和对项目建设的影响；

（三）征地拆迁、勘察、设计、监理、咨询、代理等费用支出；

（四）招标投标的财务收支情况；

（五）建设项目建筑安装工程投资、设备投资、待摊投资、其他投资的列支内容和分摊、转出、核销情况，建设单位的管理费提取和开支情况；

（六）工程造价及工程价款结算和支付情况；

（七）税费缴纳情况；

（八）现场签证和设计变更情况；

（九）建设项目投资效益情况；

（十）依法应当审计的其他事项。

第八条　公司必须于每月 7 日前向市审计局报送上月会计报表，每年 1 月底前必须完成上年度财务决算，准备相关资料，报送市审计局进行审计。

第九条　公司必须依法依规、客观真实地反映经营状况和资金使用情况，不得虚报、瞒报和弄虚作假。

第十条　公司和与建设项目直接有关的勘察、设计、施工、监理、采购、供货、咨询、代理等被审计单位，应当按照审计机关的要求提供资料，不得拒绝、拖延、谎报。被审计单位及其负责人对本单位所提供资料的真实性、完整性负责。

第十一条　被审计单位及其有关人员有违法违规行为的，属于审计机关职权范围内的，由审计机关依照法律法规和有关规定处理；移送其他有关部门处理处罚的，有关部门应将处理处罚结果书面告知审计机关；构成犯罪的，移送司法机关处理。

第十二条　与公司投融资有关的发展改革、财政、建设、国土、规划、国资、银行、监察等部门应依法配合审计部门开展工作。任何单位和个人不得阻挠审计部门依法审计，不得打击报复审计人员。

第十三条　审计机关和审计人员在审计过程中，应当客观公正、实事求是、廉洁奉公、保守秘密。

第十四条　审计机关审计建设项目，可以聘请社会中介组织和具有与审计事项相关专业知识的人员参加。审计机关应当加强对聘请机构和人员的监督管理。

第十五条　审计人员有下列行为之一的，依法给予行政处分；构成犯罪的，移送司法机关追究刑事责任：

(一)明知与被审计单位或者审计事项有利害关系而不主动回避造成严重后果的；

(二)泄露国家秘密或者被审计单位商业秘密的；

(三)索贿、受贿的；

(四)隐瞒被审计单位重大违法违纪违规行为的；

(五)滥用职权、徇私舞弊、玩忽职守的；

(六)其他影响公正执行公务造成严重后果的。

第十六条　本办法自发布之日起施行。

常德市人民政府关于印发《常德市公共资源交易监督管理暂行办法》的通知

常政发〔2011〕13号

各县市区人民政府，常德经济技术开发区、柳叶湖旅游度假区、西湖管理区、西洞庭管理区管委会，市直有关单位：

现将《常德市公共资源交易监督管理暂行办法》印发给你们，请认真贯彻执行。

二〇一一年六月二十四日

常德市公共资源交易监督管理暂行办法

第一章　总　则

第一条　为加强全市公共资源交易活动的监督管理，促进各类公共资源交易活动健康有序进行，充分维护国家利益、社会公众利益和当事人合法权益，根据《中华人民共和国招标投标法》、《中华人民共和国政府采购法》、《中华人民共和国拍卖法》、《中华人民共和国土地管理法》、《中华人民共和国合同法》、《招标拍卖挂牌出让国有建设用地使用权规定》(国土资源部令第39号)、《企业国有产权转让管理暂行办法》(国资委、财政部令第3号)等法律法规和规章的有关规定，结合我市实际，制定本办法。

第二条　本办法适用于本市行政区域内公共资源交易活动的实施及监督管理。

第三条　公共资源交易应当遵循管办分离、公开透明、公平竞争、公正诚信、廉洁高效的原则。

第四条　各级公共资源交易场所建设必须坚持同城合一的原则。

第五条　任何单位和个人不得设置不合理的条件限制或排斥潜在投标人(竞买人)参加公共资源交易活动，不得以任何方式非法干预交易活动。

第二章　管理及职责分工

第六条　公共资源交易管理委员会是公共资源交易管理的决策机构，负责公共资源交易管理的重大事项决策、协调和领导工作。公共资源交易管理委员会由市县两级人民政府正职领导人任主任，分管副职领导人任副主任，政府办、监察、发展改革、经信、国资、财政、人力资源和社会保障、国土资源、住房城乡建设、交通运输、公路、水利、卫生、房地产管理、审计、政务中心等单位主要负责人为成员。

第七条　公共资源交易管理委员会办公室是公共资源交易管理委员会领导下的综合协调机构，由市人民政府分管副秘书长(县市区政府办副主任)任办公室主任，监察、发展改革部门明确一名负责人任办公室副主任。其主要职责是：

(一)贯彻落实公共资源交易管理委员会决定的事项；

(二)负责公共资源交易的组织、指导、协调；

(三)牵头组织行政监督部门拟订公共资源交易规则、管理制度和配套政策；

(四)督促行政监督部门对举报投诉事项及时作出处理，对行政监督部门的有关监督

执法活动全程实施再监督;

(五)负责公共资源交易管理委员会的其他日常事务。

第八条 公共资源交易中心是进行公共资源交易的有形市场和服务平台,负责交易的场内组织、服务与管理,其主要职责是:

(一)受理交易进场登记并发放交易进场通知书;

(二)依法发布交易活动信息;

(三)依法组织场内交易活动,维护交易秩序;

(四)对进场的交易活动当事人资格进行核验;

(五)收集和发布相关政策法规信息,建立投标人、供应商、中介机构和商品价格等信息库;

(六)设立与维护涉及公共资源交易的法定专家库抽取终端;

(七)建设、管理、维护统一平台的场地和设备设施;

(八)为交易各方提供场所、信息咨询及其他相关服务,维护统一平台现场秩序,按规定收取有关费用,代收代退公共资源交易相关的保证金(资信金);

(九)开展进场交易活动情况的统计、分析及相关资料(含录音录像资料)的存档调阅工作;

(十)对交易场所内发现的违法违纪问题,及时向有关行政监督部门报告。

第九条 监察、发展改革、财政、国资、住房城乡建设、交通运输、水利、国土资源、卫生、经信等行政监督部门根据职责分工,依法对公共资源交易活动实施监督执法和受理相关投诉。

其他项目公共资源交易活动的行政监督执法,分别由有关行政主管部门负责。

第三章 交易范围

第十条 下列公共资源交易项目的交易活动,必须按照本办法规定进入公共资源交易中心,不得在场外交易:

(一)依法依规必须招标的工程建设项目(包括房屋建筑及装修装饰、市政公用设施工程及园林、交通、水利、电力、信息化、土地开发整理、地质灾害治理、农业综合开发、扶贫开发、移民开发等专业工程勘察、设计、施工、监理招投标以及与工程建设项目有关的重要设备、材料等的采购招投标);

(二)依法依规应采取招标、拍卖、挂牌方式出让的国有建设用地使用权、探矿权、采矿权等国有土地、矿产资源出让项目;

(三)列入政府集中采购目录和限额标准以上的政府采购项目;

（四）国有产权的转让，国有及国有控股单位资产的出让、出租；

（五）市政公用事业特许经营权出让，包括城市污水处理、垃圾处理、城市公共客运等；

（六）涉及公共资源配置以及直接关系公共利益的特定行业中国有资产经营权出让，包括大型户外商业广告经营权，城市道路、桥梁、码头、广场、体育场馆等资产的经营权；

（七）行政机关依法没收的物品，充抵税款、罚款的物品和其他物品；人民法院依法没收的物品，充抵罚金、罚款的物品以及无法返还的追回物品；

（八）采用BT、BOT等融资方式的工程建设项目投融资人的招标确定；

（九）全部使用国有资金以及国有资金投资占控股或主导地位的建设项目，需要通过招标及其他竞争方式确定招标代理等相关中介服务机构的；

（十）其他依法依规应当公开交易的公共资源交易项目。

前款所列公共资源交易项目具体范围和规模标准，法律法规有规定的，从其规定。法律法规未作规定的，由公共资源交易管理委员会办公室会同行政监督部门制定具体范围和规模标准，报公共资源交易管理委员会批准后定期公布。

第十一条　其他交易项目，根据自愿的原则，项目业主可以申请进入公共资源交易中心，按照公共资源交易中心的交易规则和程序进行交易。

第十二条　市本级和武陵区、鼎城区、常德经济技术开发区、柳叶湖旅游度假区、西湖管理区、西洞庭管理区管理权限内的公共资源交易项目，跨县市区的公共资源交易项目、县市区公共资源交易项目实行打捆整体招标的，应进入市公共资源交易中心交易。

第十三条　有下列情形之一的，经公共资源交易管理委员会办公室审核，报公共资源交易管理委员会同意，公共资源交易可以在场外进行：

（一）因国家安全、保密、应急及其他特殊原因不能进入公共资源交易中心进行交易的；

（二）因不可抗力不能进入公共资源交易中心进行交易的；

（三）法律、法规规定的其他情形。

第四章　交易程序

第十四条　公共资源交易应采用招标、拍卖、挂牌等法律法规规定的方式。公共资源交易的具体范围、交易方式、交易组织形式、交易程序等事项由相关行政监督部门依法核定并抄送公共资源交易中心。确需变更的，应经原核定机关批准，公共资源交易中心不得擅自变更。公共资源交易项目未完成法定审批、核准、备案等相关前置手续的（水利除险工程除外），公共资源交易中心不得接受申请开展交易活动。

第十五条　交易活动当事人应遵守公共资源交易中心交易规则，接受有关行政监督部门监督。

第十六条　交易活动当事人应对其提供的资料的完整性、真实性负责。公共资源交易行为可以由项目业主向公证机关申请公证。

第十七条　公共资源交易保证金(资信金)账户实行财政专户管理,由公共资源交易中心统一代收代退。

第十八条　公共资源交易中心设置各类公共资源交易的法定专家库抽取终端。所有评标(审)、谈判专家必须从公共资源交易中心法定专家库抽取终端随机抽取产生,且必须在法律法规规定时限内完成。

第十九条　公共资源交易中心应当建立统一的公共资源交易信息网,健全交易信息发布、查询、咨询体系,收集和发布有关公共资源交易政策法规和信息,制定快捷透明的信息发布制度。各类公共资源交易信息除必须由项目业主或中介机构在国家、省指定的报刊、信息网络或其他媒介上发布外,应当同时在公共资源交易信息网发布。任何单位和个人不得强制项目业主或中介机构在其他报刊、信息网络等媒介上发布交易信息。公共资源交易信息网应提供网上投标报名、投标咨询、答疑、下载资格审查文件、招标文件、电子评标等服务。

第二十条　公共资源交易中心应当建立交易现场音视频监控系统,对现场活动进行音视频全过程同步监控;建立档案管理制度,对各类交易活动中产生的文字、音视频、图片资料等相关原始记录收集、整理、立卷和统一管理,按规定程序提供档案查阅服务。

第二十一条　公共资源交易中心应当采取措施,保证评标(评审)活动封闭进行。

第二十二条　有下列情形之一的,公共资源禁止交易:

(一)权属关系不清的;

(二)已实施抵押担保未经抵押人、抵押权人同意的;

(三)未解除查封、扣押等行政、司法强制措施的;

(四)合同约定期限内不得交易,尚未超出期限的;

(五)交易活动当事人提交资料不全或弄虚作假的;

(六)应经相关行政监督部门审核但未履行审核手续的;

(七)法律、法规规定禁止交易的其他情形。

第二十三条　有下列情形之一的,交易行为无效:

(一)违反国家法律、法规的有关规定及交易程序的;

(二)项目交易活动当事人不具备交易资格的;

(三)交易活动当事人相互串通、弄虚作假或故意操纵交易价格的;

(四)交易项目业主以买方的身份或者委托他人受让自己管理的公共资源的;

(五)法律法规规定交易无效的其他情形。

第二十四条　有下列情形之一的,交易应当中止:

(一)因不可抗力致使交易不能进行的;

(二)交易期间第三方对交易标的物权属提出异议尚未裁决的;

(三)出现其他依法应当中止交易情形的。

第二十五条　有下列情形之一的,交易行为应当终止:

(一)人民法院、仲裁机构或行政机关确认交易项目业主对其委托交易的公共资源无处分权的;

(二)交易标的物灭失的;

(三)其他依法应当终止的。

第五章　监督检查

第二十六条　公共资源交易实行行业监督、综合监督、行政监察相结合的多层监督机制。

第二十七条　行政监督部门应督促公共资源交易项目进场交易,依法开展公共资源交易前审批及各类交易文件的审核审查,加强交易活动的现场监督及成交合同执行情况的监督检查。

第二十八条　公共资源交易管理委员会办公室应加强对公共资源交易中心及行政监督部门活动的监督,会同行政监督部门对公共资源交易活动实施全程监督,协调处理公共资源交易活动中的重大问题。

第二十九条　行政监察部门依法对公共资源交易活动开展监察,重点督促各单位依法开展公共资源交易活动,督促公共资源交易中心履行服务职责,督促公共资源交易管理委员会办公室、相关职能部门依法履行监管职责。行政监察部门在公共资源交易中心设立专门监察室,及时发现和处理交易活动中的违法行为。

第三十条　评标(审)专家抽取、资格预审、开标、评标、挂牌、拍卖、竞价、谈判等活动进行时,项目业主或其委托的中介机构必须邀请有关行政监督部门和公共资源交易管理委员会办公室实施现场监督。各行政监督部门和公共资源交易管理委员会办公室可向公共资源交易中心派出常驻监管人员,也可以临时指派人员到公共资源交易中心,代表所在部门履行现场监督职责。

第三十一条　公共资源交易中心应建立投标人、中介代理机构、评标(审)专家等单位和人员的从业信誉档案,发现有不良行为的,应及时报告有关行政监督部门。有关行政监督部门应建立相关从业机构及人员信用评价制度,定期对其资质和信誉等情况进行评定、审核和发布,并将结果报公共资源交易管理委员会办公室备案,同时抄送公共资源交易中心。

第三十二条　交易活动当事人及其他利害关系人认为交易活动侵犯其合法权益的,有权在法定时限内向行政监督部门、公共资源交易管理委员会办公室、行政监察部门提出质疑和投诉。有关部门接到投诉举报后,应按规定及时调查处理或移送有关职能部门处理。

第三十三条　行政机关实施监督检查,不得妨碍正常的交易活动,不得索取或者收受交易活动当事人的财物,不得谋取其他利益。公共资源交易中心工作人员、现场监督人员不得参与评标定标活动,不得推荐投标单位,不得泄露涉密交易信息,不得从事与工作有关的个人经济活动。

第六章　责任追究

第三十四条　任何单位和个人将本办法规定的必须进入公共资源交易中心交易的项目在场所外交易的,由有权机关依法作出处理决定。依法应追究行政责任的,由行政监察部门依法给予行政处分。有权机关和行政监察部门作出处理决定前,有关部门不得办理建设施工、所有权过户和使用权过户登记等后续手续。

第三十五条　在公共资源交易活动中交易活动当事人有违反本办法规定的其他行为,依法应给予行政处罚的,依法给予行政处罚;依法应追究行政责任的,由行政监察部门依法给予行政处分;构成犯罪的,依法追究刑事责任。

第三十六条　公共资源交易中心及其工作人员、行政监督部门及其工作人员有违反本办法规定行为,依法应追究行政责任的,依法给予行政处分;构成犯罪的,依法追究刑事责任。

第七章　附　则

第三十七条　公共资源交易中心对入场交易项目收取必要的服务费,具体收费项目和收费标准由价格管理部门核准。

第三十八条　行政监察部门、行政监督部门应根据本办法分别制定公共资源交易行政监察细则、公共资源交易行政监督细则,报公共资源交易管理委员会办公室审查,经批准后施行。

第三十九条　本办法自 2011 年 7 月 1 日起施行。本市原有规定与本办法不一致的,以本办法为准。

常德市人民政府国有资产监督管理委员会关于印发《常德市国资委监管企业负责人经营业绩考核办法》的通知

常国资通字〔2012〕16号

各监管企业：

为进一步落实国有资产保值增值责任，完善企业负责人激励约束机制，促进企业全面、协调、可持续发展，我们对《常德市国资委监管单位经营业绩考核暂行办法》（常国资〔2008〕37号）进行了修订。现将修订后的《常德市国资委监管企业负责人经营业绩考核办法》印发给你们，请认真遵照执行。《常德市国资委监管单位经营业绩考核暂行办法》（常国资〔2008〕37号）自本通知印发之日废止。

特此通知。

常德市国资委

2012年11月5日

常德市国资委监管企业负责人经营业绩考核办法

第一章　总　则

第一条　为切实履行企业国有资产出资人职责，维护所有者权益，落实国有资产保值增值责任，建立有效的激励和约束机制，根据《中华人民共和国企业国有资产法》《企业国有资产监督管理暂行条例》等有关法律法规，制定本办法。

第二条　本办法适用于对由常德市人民政府国有资产监督管理委员会（以下简称市国资委）履行出资人职责的国有及国有控股企业、经营服务类事业单位（以下简称企业）的下列人员的考核：

（一）国有独资企业和不设董事会的国有独资公司的总经理（矿长）、副总经理（副矿

长)、财务总监、总会计师、总经济师、总工程师;

(二)设立董事会的国有独资公司的董事长、董事(不含职工董事和外部董事)、总经理、副总经理、财务总监、总会计师、总经济师、总工程师;

(三)国有控股公司中由市国资委推荐担任的董事长、董事、总经理、副总经理、总会计师、总经济师、总工程师;

(四)经营服务类事业单位的院长(主任、所长)、副院长(副主任、副所长)、总工程师、总规划师;

(五)国有独资或控股公司所属的重要子公司的董事长、总经理。

第三条　经营业绩考核工作由市国资委组织实施;属于子公司的,由市国资委和集团公司共同负责。

第四条　经营业绩考核实行年度考核与任期考核相结合、出资人考核与专业审计相衔接、结果考核与过程评价相统一、考核结果与奖惩相挂钩的考核制度。

第五条　企业应建立健全全员绩效考核制度,加强对企业负责人副职履行岗位职责情况的绩效考核,并将考核办法和考核结果报市国资委。

第二章　年度经营业绩考核

第六条　年度经营业绩考核以公历年为考核期。

第七条　年度经营业绩考核指标体系:

(一)业绩成果考核指标。企业年度经营业绩考核业绩成果指标体系包括反映经营效益和效果的基本指标,反映资产营运及发展能力的比较指标,以及可根据企业所处行业特点和实际情况选用的行业分类指标。

(二)财务绩效评价指标。主要考核企业盈利能力状况、资产质量状况、债务风险状况和经营增长状况等情况。

(三)科学管理评价指标。主要考核企业中长期发展战略的编制和年度运行计划的实施情况;注重管理创新、决策机制健全、加大科技投入,推进自主创新,加强品牌建设,增强核心竞争力;实施节能减排降耗,促进资源综合利用;加强维稳和安全生产,注重人才引进储备和人才梯队建设等情况。指标还考核企业执行《市国资委监管企业重大事项管理办法》,企业董事会、监事会依法履职,推行司务公开,遵守国家法律法规和财经纪律等情况。

市国资委负责企业经营业绩考核指标体系的确定,并根据国企改革发展和国资监管工作需要以及客观情况的变化,适时对考核内容和考核指标作相应调整。

第八条　年度经营业绩考核工作程序:

(一)确定考核指标。每年2月底前,由企业提出考核指标建议值,报市国资委审定;

属于子公司的,先报集团公司审核,再报市国资委审定。企业年度经营业绩考核指标由市国资委统一下达。

(二)动态管理。市国资委通过召开经济运行调度会、月度财务快报、项目建设月报、监事会监督、专项检查等形式,对企业经营业绩考核指标完成情况实行动态管理。

(三)组织考核。由市国资委牵头对企业经营业绩考核指标完成情况进行考核,并将考核结果报送市委、市政府及相关部门,同时将考核与奖惩意见反馈企业。

第三章　任期经营业绩考核

第九条　任期经营业绩考核以三年为考核期。

第十条　任期经营业绩考核指标包括基本指标和分类指标。

基本指标包括国有资本保值增值率(即任期内各年度国有资本保值增值率的乘积)和三年营业收入平均增长率。

分类指标由市国资委根据企业所处行业特点,综合考虑反映企业技术创新、资源节约和环境保护水平、可持续发展能力及核心竞争力等因素确定,具体指标在下达时确定。

第十一条　任期经营业绩考核工作程序:

(一)确定考核指标。考核期初,企业将考核目标建议值(原则上不低于前一任期的考核指标实际完成值或目标值与实际完成值的平均值)和必要的说明材料,报市国资委审定;属于子公司的,先报集团公司审核,再报市国资委审定。任期经营业绩考核指标由市国资委统一下达。

(二)动态管理。市国资委对企业任期经营业绩考核指标完成情况实施年度跟踪和动态监控。

(三)组织考核。由市国资委牵头对任期经营业绩考核指标完成情况进行考核,并将考核结果报送市委、市政府及相关部门,同时将任期经营业绩考核与奖惩意见反馈企业。

第四章　奖　惩

第十二条　考核结果的运用:

(一)作为考核评价企业领导班子和领导人员的重要内容;

(二)作为核定企业职工工资总额和企业领导人员薪酬的重要依据;

(三)作为指导企业改进经营管理的重要参考。

第十三条　根据经营业绩考核得分,年度经营业绩考核和任期经营业绩考核结果分为优秀、达标、未达标三个等次。

第十四条　市国资委依据年度经营业绩考核结果和任期经营业绩考核结果对企业领

导人员实施奖惩。奖励分为年度绩效薪酬奖励和任期激励;年度经营业绩考核结果连续两年为未达标或任期考核结果为未达标的,市国资委应对企业负责人进行调整或提出调整建议。

第十五条　企业负责人年度薪酬分为基薪和绩效薪酬两部分。绩效薪酬与年度经营业绩考核结果挂钩,并结合企业领导班子和领导人员综合考核评价结果,按干部管理权限审批后兑现。绩效薪酬在年度考核结束后兑现70%,余下30%根据任期考核结果兑现。任期考核达标的,在任期考核结束后兑现全部延期绩效薪酬;任期内在业绩成果、科技创新、管理创新、节能减排等方面取得突出成绩的,除兑现全部延期绩效薪酬外,视情况给予单项特别奖励;任期考核未达标或存在其他应予扣减延期绩效薪酬情形的,根据实际得分与达标分数的差距和其他相关情况扣减延期绩效薪酬。绩效薪酬在任期考核结束后一年内兑现。

第十六条　企业应依法依规、客观、真实地反映经营过程和经营成果。虚报、瞒报经营、财务状况经查实的,扣回多兑现的薪酬和奖励,并追究法定代表人和相关责任人的责任。

第十七条　企业领导人员违反国家法律法规,导致重大决策失误、重大安全与质量责任事故、重大违纪和法律纠纷损失事件,造成重大不良影响或造成较大国有资产流失的,取消企业评先评奖资格,对有关领导人员依据其责任相应扣减绩效薪酬和奖励,并交有关部门依纪依法处理。

第五章　附　则

第十八条　考核期内,企业发生清产核资、改制重组、重大政策变化、不可抗力因素影响等情况,市国资委可以根据具体情况变更考核相关内容。

第十九条　企业党委(党支部)书记、副书记,党委委员,纪委书记,工会主席,内设监事会主席等其他负责人,由企业参照本办法规定,依据其分工、责任、贡献等具体情况进行考核,考核结果报市国资委备案。

第二十条　本办法由市国资委负责解释,自2013年1月1日起实施。

附件:1.年度经营业绩考核指标体系及计分办法

2.任期经营业绩考核指标体系及计分办法

附件 1

年度经营业绩考核指标体系及计分办法

一、年度经营业绩考核指标体系

(一)城建投融资公司经营业绩考核指标

1.业绩成果考核指标(基本分 72 分)

(1)融资(基本分 24 分)

①融资任务(参照城建资金收支预算)

②融资成本控制(融资利率、融资费用等控制在规定标准之内)

(2)项目建设(基本分 24 分)

①项目建设进度(具体建设任务以市委、市政府下达任务为准)

②招标管理(严格按规定实行公开招标,招标过程公开、公平、公正,切实做到优质低价;无化整为零、规避招标的情况;主动接受有关管理部门的监督检查)

③工程质量(由监理公司出具项目建设完成工程量的年度评价,由行业主管部门认可,工程质量达到合格标准或满足验收合格要求)

(3)自营业务经济效益(基本分 12 分)

(4)国有资产保值增值率(基本分 12 分)

2.财务绩效评价指标(基本分 8 分)

(1)盈利能力状况;

(2)资产质量状况;

(3)债务风险状况;

(4)经营增长状况;

3.科学管理评价指标

(二)融资担保公司经营业绩考核指标

1.业绩成果考核指标(基本分 72 分)

(1)业务总量(基本分 16 分)

①新增担保业务总量

②新增贷款总量

(2)经营总收入(基本分 16 分)

(3)提取风险准备及实现利润(基本分 16 分)

(4)国有资产保值增值率(基本分 12 分)

(5)风险控制(基本分 12 分)

①担保代偿率控制在5%以内(基本分6分);

②净损失控制在1%以内(基本分6分)。

2.财务绩效评价指标(基本分8分)

(1)盈利能力状况;

(2)资产质量状况;

(3)债务风险状况;

(4)经营增长状况;

3.科学管理评价指标

(三)煤炭企业经营业绩考核指标

1.业绩成果考核指标(基本分72分)

①年度控亏额(基本分24分)

②上缴税金(基本分16分)

③总资产周转率(基本分8分)

④货款回收率(基本分8分)

⑤安全生产指标(基本分16分)

2.财务绩效评价指标(8分)

(1)盈利能力状况;

(2)资产质量状况;

(3)债务风险状况;

(4)经营增长状况;

3.科学管理评价指标

(四)公益服务性企业经营业绩考核指标

1.业绩成果考核指标(基本分72分)

(1)基本指标(基本分16分)

①年度利润总额(基本分8分)

②净资产收益率(基本分8分)

(2)比较指标(选择其中两个作为考核指标,每个指标基本分8分,共16分)

①盈余现金保障倍数

②销售(营业)收入增长率

③总资产周转率

④成本费用利润率

(3)行业分类指标(选择其中两个作为考核指标,每个指标基本分8分,共16分)

①国有资本保值增值率

②主营业务利润率

③流动资产周转率

④资产负债率

(4)其他指标(基本分24分)

①站场(管网)建设

②优质服务

③安全生产

2.财务绩效评价指标(基本分8分)

(1)盈利能力状况;

(2)资产质量状况;

(3)债务风险状况;

(4)经营增长状况;

3.科学管理评价指标

(五)其他企业经营业绩考核指标体系

1.业绩成果考核指标(基本分72分)

(1)基本指标(基本分24分)

①年度利润总额(基本分16分)

②净资产收益率(基本分8分)

(2)比较指标(选择其中两个作为考核指标,每个指标基本分12分,共24分)

①盈余现金保障倍数

②销售(营业)收入增长率

③总资产周转率

④成本费用利润率

(3)行业分类指标(选择其中两个作为考核指标,每个指标基本分12分,共24分)

①国有资本保值增值率

②主营业务利润率

③流动资产周转率

④资产负债率

⑤粮食储备与轮换

⑥建筑施工合同签约额

2.财务绩效评价指标(基本分8分)

(1)盈利能力状况；

(2)资产质量状况；

(3)债务风险状况；

(4)经营增长状况；

3.科学管理评价指标

说明：在确定企业年度经营业绩考核指标时，市国资委可根据同类企业的不同情况，对具体考核指标及分数设置作适当调整。

二、年度经营业绩财务指标解释

(一)年度利润总额：指经市国资委核定后的企业合并报表利润总额，即以报表利润总额为基数，加减考核、审计调整数额，加上经核准的当期企业消化以前年度潜亏；扣除变卖主业优质资产等取得的非经常性收益以及经市国资委认定应予剔除的政府补助。

(二)净资产收益率：指企业考核当期净利润同平均净资产的比率，计算公式为：

净资产收益率＝净利润/平均净资产×100％

平均净资产＝(期初净资产＋期末净资产)÷2

(三)盈余现金保障倍数：指企业一定时期经营现金净流量同净利润的比值，计算公式为：

盈余现金保障倍数＝经营现金净流量/净利润

(四)营业收入增长率：指企业本年主营业务收入增长额同上年主营业务收入总额的比率，计算公式为：

营业收入增长率＝本年主营业务收入增长额/上年主营业务收入总额×100％

(五)总资产报酬率：指企业一定时期内获得的报酬总额与平均资产总额的比率，计算公式为：

总资产报酬率＝(利润总额＋利息支出)÷平均资产总额×100％

平均资产总额＝(年初资产总额＋年末资产总额)÷2

(六)成本费用利润率：指企业一定期间的利润总额与成本、费用总额的比率，计算公式为：

成本费用利润率＝利润总额/成本费用总额×100％

(七)国有资产保值增值率：

国有资产保值增值率＝考核期末扣除客观因素后的国家所有者权益/考核期初国家所有者权益×100％

客观因素由市国资委根据国务院国资委9号令审核确定。

(八)主营业务利润率：指企业一定时期主营业务利润同主营业务收入净额的比率，计算公式为：

主营业务利润率＝主营业务利润/主营业务收入×100％

（九）流动资产周转率：指企业一定时期内主营业务收入净额同平均流动资产总额的比率，计算公式为：

流动资产周转率＝主营业务收入净额/平均流动资产总额×100％

平均流动资产总额＝（流动资产年初数＋流动资产年末数）/2

（十）资产负债率：指企业负债总额除以资产总额的百分比，计算公式为：

资产负债率＝负债总额/全部资产总额×100％

三、年度经营业绩考核计分办法

年度经营业绩考核的综合得分＝财务绩效评价指标得分＋财务绩效考核指标得分＋科学管理考核指标得分

年度经营业绩考核的综合得分总分值为100分，基本分为80分。

（一）业绩成果考核指标

完成业绩成果考核指标目标值时，得基本分；绝对值指标每超过或低于目标值的10％，增减1分，最多增减该项指标基本分的25％；相对值指标，每超过或低于目标值0.5个百分点，加减0.5分，最多增减该项指标基本分的25％。

（二）财务绩效评价指标

根据盈利能力状况、资产质量状况、债务风险状况、经营增长状况四方面情况分别进行评价。该项指标基本分为8分，最高为10分。对照行业评价标准，处于平均值的得基本分，处于良好值、优秀值的视情况加分，处于较低值、较差值的视情况扣分，最多增减该项指标基本分的25％。

（三）科学管理评价指标

根据科学管理考核指标所属子项目分别进行评价，同时考核企业执行《市国资委监管企业重大事项管理办法》、推行司务公开、遵守国家法律法规和财经纪律、接受职能部门审计、考核或检查监督、落实审计、考核或检查决定等情况。每发现一处问题，该项指标扣0.5—2分，扣分最多不超过10分，每获得市级以上（含市级）表彰一项加0.5—1分，加分最多不超过5分。

剔除重组、结构调整和会计准则调整等因素的影响后，企业提出的基本指标考核目标建议值与实际完成值差异过大的，依据差异程度相应扣减1—3分。

以上各类考核指标具体计分办法在下达的考核指标中明确。

附件 2

任期经营业绩考核指标体系及计分办法

一、任期经营业绩考核指标体系

(一)基本指标

1.国有资本保值增值率(即任期内各年度国有资本保值增值率的乘积)

2.三年营业收入平均增长率

$$营业收入增长率=\left[\sqrt[3]{\frac{考核期内三年营业收入之和}{上一考核期内营业收入之和}}-1\right]\times 100\%$$

(二)分类指标

由市国资委根据企业所处行业特点,综合考虑反映企业技术创新、资源节约和环境保护水平、可持续发展能力及核心竞争力等因素确定,具体指标在责任书中确定。

(三)年度经营业绩考核结果

(四)评价评议指标

二、任期经营业绩考核计分办法

(一)任期经营业绩考核综合计分(总分 100 分、基本分 80 分)

任期经营业绩考核综合得分=基本指标得分+分类指标得分+任期内三年的年度经营业绩考核结果得分—考核扣分

(二)考核计分

1.国有资本保值增值率(基本分 20 分)

国有资本保值增值率分值 25 分,其中基本分 20 分。完成目标值时,得基本分 20 分。国有资本保值增值率完成值每超过目标值 0.5 个百分点,加 1 分,最多加 5 分;完成值每低于目标值 0.5 个百分点,扣 1 分,最多扣 5 分。

2.三年营业收入平均增长率(基本分 20 分)

三年营业收入平均增长率分值 25 分,其中基本分 20 分。完成目标值时,得基本分 20 分。三年营业收入平均增长率完成值每超过目标值 1 个百分点,加 0.5 分,最多加 5 分;完成值每低于目标值 1 个百分点,扣 0.5 分,最多扣 5 分。

3.分类指标(基本分 24 分)

分类指标原则上为 2 个,分值各 15 分,基本分各 12 分。分类指标加分与扣分的上限分别为该项指标基本分的 25%。具体计分办法在下达指标时明确。

4.年度经营业绩考核结果计分(基本分16分)

任期内三年的年度经营业绩考核结果指标的分值20分,基本分16分。任期内三年的年度经营业绩考核结果每得一次优秀得6.7分,每得一次达标得5.4分,其他结果视情况每次得4—5分。

5.评价评议指标

评价评议指标包括:企业负责人履职情况,主要考核企业领导人遵纪守法、廉洁自律、综合绩效等情况,考核时参考经济责任审计结果;企业重大风险的控制及国有资产流失情况,主要考核企业重大风险的防范和管理情况、已产生的重大风险的处理情况,以及国有资产流失情况;企业持续发展能力,包括企业核心竞争能力、企业技术创新能力、企业的行业影响力等;企业履行社会责任情况;企业安全生产和维稳工作等。评价评议指标计分采取扣分制,每发现一处问题扣1—2分。

剔除重组、结构调整和会计准则调整等因素的影响后,企业申报的基本指标考核目标建议值与实际完成值差异过大的,依据差异程度相应扣减1—3分。

以上各类考核指标具体计分办法在下达的考核指标中明确。

常德市人民政府国有资产监督管理委员会
常德市公共资源交易管理委员会办公室
关于印发《常德市国资委企业国有产权交易行政监督细则》的通知

常国资通字〔2012〕17号

各监管企业、各有关单位:

现将《常德市国资委企业国有产权交易行政监督细则》印发给你们,请认真贯彻执行。

常德市国资委　　常德市资管办

2012年10月31日

常德市国资委企业国有产权交易行政监督细则

第一章 总 则

第一条 为加强常德市人民政府国有资产监督管理委员会(简称“市国资委”)监管企业国有产权交易活动的监督管理,规范监管企业的国有产权交易行为,根据《企业国有资产法》、《企业国有产权转让管理暂行办法》(国资委、财政部令第3号)、《企业国有产权交易操作规则》(国资发产权〔2009〕120号)、《常德市公共资源交易监督管理暂行办法》(常政发〔2011〕13号)等法律、法规和规章制度,制定本细则。

第二条 本细则所称企业国有产权交易,是指企业国有产权转让主体(以下统称“转让方”)在履行相关决策和批准程序后,通过市公共资源交易中心发布产权转让信息,公开挂牌竞价转让企业国有产权的活动。

第三条 企业国有产权交易应当遵循等价有偿和公开、公平、公正、竞争的原则。市公共资源交易中心应当按照本细则组织企业国有产权交易,自觉接受市国资委的监督,加强自律管理,维护市场秩序,保证产权交易活动的正常进行。

第四条 市国资委对企业国有产权交易履行下列监督职责:

(一)决定或者批准监管企业国有产权转让事项,研究、审议重大产权转让事项并报市人民政府批准;

(二)负责企业国有产权交易情况的监督检查工作;

(三)负责企业国有产权转让信息的收集、汇总、分析和上报工作;

(四)履行市人民政府赋予的其他监管职责。

第五条 监管企业的下列国有产权交易活动,必须进入市公共资源交易中心,不得在场外交易:

(一)国有股权、权益转让;

(二)国有及国有控股企业的房地产以及价值50万元以上的其他资产转让;

(三)10万元以上的市政公用事业特许经营权、资产经营权等城市公用资产经营权出让(具体范围见《常德市城市公用资产经营权管理暂行办法》常政办发〔2008〕10号文件);

(四)其他依法依规应当公开交易的项目。

第六条 鼓励监管企业的其他产权交易项目进入市公共资源交易中心,按照市公共资源交易中心的交易规则和程序进行交易。

第七条　严格控制场外协议转让。对于国民经济关键行业、领域的结构调整中对受让方有特殊要求，或者监管企业内部资产重组中确需采取直接协议转让的，报省级国资监管机构批准后实施。

第八条　有下列情形之一的，经市公共资源交易管理委员会办公室审核，报市公共资源交易管理委员会同意，企业国有产权交易可以不在市公共资源交易中心进行，但应当在依法设立的其他产权交易场所进行：

（一）因国家安全、保密及其他特殊原因不能进入市公共资源交易中心进行交易的；

（二）法律、法规规定的其他情形。

第二章　受理转让申请

第九条 监管企业发生本细则第五条交易项目时，持申请材料到市政务服务中心委托窗口办理受理手续。申请材料一般应包括下列书面文件：

（一）转让企业国有产权的有关决议文件；

（二）企业国有产权转让方案；

（三）转让方和转让标的的产权登记材料；

（四）律师事务所出具的法律意见书；

（五）受让方应当具备的基本条件；

（六）批准机构要求的其他文件。

第十条　市国资委组织监管企业开展清产核资、财务审计、资产评估等工作后，由转让方向市公共资源交易中心提出转让申请，并签订委托合同。市公共资源交易中心对转让方提供的须保密的资料，未经许可不得披露。

第十一条　转让方应当向市公共资源交易中心提交产权转让公告所需如下材料，并对所提交材料的真实性、完整性、有效性负责。按照有关规定需要在信息公告前进行产权转让信息内容备案的转让项目，由转让方履行相应的备案手续。

（一）《产权交易挂牌转让申请书》；

（二）转让方和转让标的企业法人营业执照副本复印件；

（三）产权登记材料等权属文件；

（四）按照《公司法》相关规定转让标的企业的内部决策文件或证明文件；

（五）同意产权转让的批准文件；

（六）转让标的企业资产评估报告，以及资产评估项目核准或备案文件；

（七）转让标的企业最近一年度审计报告和最近一期财务报表；

（八）律师事务所出具的法律意见书；

(九)转让标的的情况说明;

(十)授权委托书、法定代表人及授权委托人的身份证复印件;

(十一)市公共资源交易中心认为应提交的其他文件。

上述材料应装订成册,若为复印件需在复印件上加盖公章,证明与原件相符。

第十二条　市公共资源交易中心收到本细则第十一条所规定的全部文件后,应在2个工作日内完成对涉及转让标的信息披露的准确性和完整性、交易条件和受让方资格条件设置的公平性与合理性以及竞价方式的选择等内容进行规范性审核。符合信息公告要求的,市公共资源交易中心应当予以受理,并向转让方出具《挂牌转让受理通知书》;不符合信息公告要求的,市公共资源交易中心应当将书面审核意见及时告知转让方。

第十三条　转让方应当在产权转让公告中披露转让标的基本情况、交易条件、受让方资格条件、对产权交易有重大影响的相关信息、竞价方式的选择、交易保证金的设置等内容。

第十四条　产权转让公告应当对转让方和转让标的企业基本情况进行披露,包括:

(一)转让方、转让标的名称;

(二)转让标的企业性质、成立时间、注册地、所属行业、主营业务、注册资本、职工人数;

(三)转让方的企业性质及其在转让标的企业的出资比例;

(四)转让标的企业前十名出资人的名称、出资比例;

(五)转让标的企业最近一个年度审计报告和最近一期财务报表中的主要财务指标数据,包括所有者权益、负债、营业收入、净利润等;

(六)转让标的(或者转让标的企业)资产评估的备案或者核准情况,资产评估报告中总资产、总负债、净资产的评估值和相对应的审计后账面值;

(七)产权转让行为的相关内部决策及批准情况;

(八)《产权交易合同》格式文本。

第十五条　转让方在产权转让公告中应当明确为达成交易需要受让方接受的主要交易条件,包括:

(一)转让标的挂牌价格、价款支付方式和期限要求;

(二)对转让标的企业职工有无继续聘用要求;

(三)产权转让涉及的债权债务处置要求;

(四)对转让标的企业存续发展方面的要求。

第十六条　转让方可以根据标的企业实际情况,合理设置受让方资格条件。受让方资格条件可以包括主体资格、管理能力、资产规模等,但不得出现具有明确指向性或者违反公平竞争的内容。市公共资源交易中心认为必要时,可以要求转让方对受让方资格条件的判断标准提供书面解释或者具体说明,并在产权转让公告中一同公布。

第十七条　转让方应当在产权转让公告中充分披露对产权交易有重大影响的相关信息,包括:

(一)审计报告、评估报告有无保留意见或者重要提示;

(二)管理层及其关联方拟参与受让的,应当披露其目前持有转让标的企业的股权比例、拟参与受让国有产权的人员或者公司名单、拟受让比例等;

(三)有限责任公司的其他股东或者中外合资企业的合营他方是否放弃优先购买权。

第十八条　产权转让公告中应当明确在征集到两个及以上符合条件的意向受让方时,采用何种公开竞价交易方式确定受让方。选择招投标方式的,应当同时披露评标方法和标准。

第十九条　产权转让公告应明确交易保证金的数额、交纳时限和处置方式等,保证金的有关管理事项按照市公共资源交易中心相关规定执行。

第三章　发布转让信息

第二十条　转让方应当委托市公共资源交易中心将产权转让公告刊登在市级以上公开发行的经济或者金融类报刊以及市公共资源交易中心和市国资委的网站上,公开披露有关企业国有产权转让信息,广泛征集意向受让方。其中,转让标的为本细则第五条(一)项内容时,产权转让公告还应刊登在省级以上公开发行的经济或者金融类报刊上。

第二十一条　转让方应当明确产权转让公告的期限。首次信息公告的期限应当不少于20个工作日,并以首次信息公告之日为起始日。市公共资源交易中心网站发布信息的日期不应当晚于报刊公告的日期。

第二十二条　信息公告期间不得擅自变更产权转让公告中公布的内容和条件。因特殊原因确需变更信息公告内容的,应当由市国资委出具文件,由市公共资源交易中心在原信息发布渠道进行公告,并重新计算公告期。

第二十三条　在规定的公告期限内未征集到符合条件的意向受让方,且不变更信息公告内容的,转让方可以按照产权转让公告的约定延长信息公告期限,每次延长期限应当不少于5个工作日。未在产权转让公告中明确延长信息公告期限的,信息公告到期自行终结。

第二十四条　企业国有产权转让首次信息公告时的挂牌价不得低于经市国资委核准或者备案的转让标的资产评估结果。如在规定的公告期限内未征集到意向受让方,转让方可以在不低于评估结果90%的范围内设定新的挂牌价再次进行公告。如新的挂牌价低于评估结果的90%,转让方应当重新获得市国资委批准后,再发布产权转让公告。

第四章　登记受让意向

第二十五条　信息公告期间,意向受让方可以到市公共资源交易中心查阅、复印产权转让标的的相关信息和材料。

第二十六条　意向受让方填写《产权交易意向受让申请书》向市公共资源交易中心提出受让申请,并提交相关材料。意向受让方对向市公共资源交易中心报送的材料的真实性、准确性和完整性负责。

第二十七条　意向受让方应向市公共资源交易中心提交以下材料:

(一)主体资格材料:法人机构需提交营业执照(事业法人证书)、法定代表人资格证明、代理人的授权委托书及两者身份证明、组织机构代码证、税务登记证、章程、近期经审计的财务报表;自然人需提交身份证明;外商需提交经中国认可的鉴证机构鉴证的商业登记证明和法定代表人证明;

(二)股东会(董事会)或总经理办公会决议及上级主管部门同意受让批文;

(三)资信证明(不少于收购价款或首期价款的银行存款证明);

(四)多个意向受让方联合收购委托协议以及委托书;

(五)涉及管理层受让的需提交由律师事务所出具的资金来源证明,如法定代表人参与受让的还须提交经济责任审计报告;

(六)法律、法规规定及市公共资源交易中心认为必要的材料。

上述材料应装订成册,若为复印件需在复印件上加盖公章,证明与原件相符。

第二十八条　市公共资源交易中心应当对意向受让方逐一进行登记,应当对意向受让方提交的申请及材料进行齐全性和合规性审核。

第二十九条　资格审查通过后,市公共资源交易中心应当向意向受让方出具《受让申请受理通知书》,并在信息公告期满后5个工作日内向转让方出具《挂牌转让信息反馈函》。

第三十条　转让方对市公共资源交易中心确认的意向受让方资格有异议,应当与市公共资源交易中心进行协商,必要时可以就有关争议事项征询市国资委意见。

第三十一条　意向受让方应按照信息公告的约定及时足额向市公共资源交易中心交纳交易保证金(以到达市公共资源交易中心指定账户为准)。逾期未交纳保证金的,视为放弃受让意向。

第三十二条　具有经纪资格的市公共资源交易中心会员在同一宗交易项目中,只能为一个意向受让方提供经纪代理服务。

第三十三条　转让方、受让方在项目洽谈、项目推介等活动中派发的资料均应以经市公共资源交易中心和市国资委审查后的资料为准。

第五章　组织交易签约

第三十四条　产权转让信息公告期满后，经公开征集产生两个及以上符合条件的意向受让方的，由市公共资源交易中心按照公告的约定方式组织实施公开竞价或招投标，竞价或招投标的报名截止日期不得早于挂牌公告的截止日期；经公开征集只产生一个符合条件的意向受让方的，由市公共资源交易中心组织交易双方按挂牌价与买方报价孰高原则直接签约。涉及转让标的企业其他股东依法在同等条件下享有优先购买权的情形，按照有关法律规定执行。

第三十五条　产权交易可采取的方式：

（一）拍卖转让。指经公开征集产生两个及以上意向受让方时，转让标的物以单一价格作为决定性因素，采取拍卖的形式，选择报价最高者为受让方的交易方式。采取拍卖方式转让企业国有产权的，应当按照《拍卖法》及有关规定组织实施。

（二）电子竞价转让。指经公开征集产生两个及以上意向受让方时，转让标的物以单一价格作为决定性因素，利用网络系统采取限时、连续、竞争报价的方法，按照价格优先、时间优先的原则，选择报价最高者为受让方的交易方式。采取电子竞价转让企业国有产权的，应当按照市公共资源交易中心有关规定组织实施。

（三）招标转让。指经公开征集产生两个以上意向受让方时，转让的标的物呈系列化组合，除价格外还有其他多种因素起决定作用，应当按照国家有关规定组织实施，以公开竞争的形式，由评标委员会评出最优标者成交的交易方式。

（四）协议转让。指经公开征集只产生一个意向受让方时，转让方应当与意向受让方进行充分协商，依法妥善处理转让中所涉及的相关事项，以协议成交的交易方式。

（五）其他方式。法律、法规、规章规定的其他交易方式。

第三十六条　采取拍卖或招投标方式组织实施交易的，拍卖机构应按市国资委相关规定选择，招投标机构应取得市公共资源交易中心代理资格。

第三十七条　市公共资源交易中心应当在确定受让方后的次日起5个工作日内，组织交易双方签订《产权交易合同》。《产权交易合同》条款包括：

（一）产权交易双方的名称与住所；

（二）转让标的企业的基本情况；

（三）产权转让的方式；

（四）转让标的企业职工有无继续聘用事宜，如何处置；

(五)转让标的企业的债权、债务处理;

(六)转让价格、付款方式及付款期限;

(七)产权交割事项;

(八)合同的生效条件;

(九)合同争议的解决方式;

(十)合同各方的违约责任;

(十一)合同变更和解除的条件。

第三十八条　企业国有产权转让所涉及的企业职工安置方案应依法取得有关政府部门的批准或同意,并作为《产权交易合同》的附件。

经交易双方协商需签订补充协议的,补充协议应报市公共资源交易中心备案。

第三十九条　转让企业国有产权导致转让方不再拥有控股地位的,应当按照有关政策规定处理好与职工的劳动关系,解决转让标的企业拖欠职工的工资、欠缴的各项社会保险费以及其他有关费用,并做好企业职工各项社会保险关系的接续工作。

第四十条　市公共资源交易中心应当依据法律法规的相关规定,按照产权转让公告的内容以及竞价交易结果等,对《产权交易合同》进行审核。

第六章　结算交易资金

第四十一条　产权交易资金包括交易保证金和产权交易价款,一般以人民币为计价单位。产权交易资金由市公共资源交易中心按相关规定管理。

第四十二条　在《产权交易合同》约定的期限内,受让方原则上应当按照本细则的规定将企业国有产权转让的全部交易价款一次性支付到市公共资源交易中心的结算账户。受让方交纳的交易保证金可按照相关约定转为产权交易价款;如金额较大,一次付清确有困难的,可以采取分期付款的方式,受让方首期付款不得低于总价款的30%,并在合同生效之日起5个工作日内支付;其余款项应当提供合法、有效、足额的担保,并应按同期银行贷款利率向转让方支付延期付款期间利息,付款期限不得超过一年。

第四十三条　受让方将产权交易价款交付至市公共资源交易中心结算账户后,市公共资源交易中心应当向受让方出具收款凭证。对符合产权交易价款划出条件的,市公共资源交易中心应当及时向转让方划出交易价款。转让方收到交易价款后,应当向市公共资源交易中心出具收款凭证。市人民政府和市国资委另有规定的,从其规定。

第四十四条　产权交易的收费标准应当符合政府物价部门的有关规定,并在市公共资源交易中心的工作场所和信息平台公示。

交易双方应当按照市公共资源交易中心的收费标准支付交易服务费用。

第七章 出具交易凭证

第四十五条 受让方依据合同约定将产权交易价款交付至市公共资源交易中心资金结算账户，且交易双方支付交易服务费用后，市公共资源交易中心应当在 3 个工作日内出具《产权交易鉴证书》。

第四十六条 产权交易涉及主体资格审查、反垄断审查等情形时，市公共资源交易中心应当在交易行为获得政府相关部门批准后出具《产权交易鉴证书》。

《产权交易鉴证书》应当载明：项目编号、签约日期、挂牌起止日、转让方全称、受让方全称、转让标的全称、交易方式、转让标的评估结果、转让价格、交易价款支付方式、市公共资源交易中心审核结论等内容。《产权交易鉴证书》应当使用统一格式打印，不得手写、涂改。

第四十七条 交易双方凭市公共资源交易中心出具的《产权交易鉴证书》和市国资委复核文件及合同到有关部门办理权证变更手续。交易双方也可委托他人办理有关权证变更手续。

转让产权的交割过程或权证变更过程中发生的相关费用，按国家有关规定执行。

第八章 交易中止和终结

第四十八条 在产权交易过程中，市国资委可以根据实际情况作出中止交易或终结交易的决定。

第四十九条 在产权交易过程中出现下列情形之一，影响交易活动正常进行的，经市国资委审核同意，市公共资源交易中心可以作出中止交易或终结交易的决定：

(一)转让方、受让方或第三方提出正当理由，认为须中止或终结交易的；

(二)转让的产权在法律事项中有争议的；

(三)市公共资源交易中心认为必要的；

(四)依法中止或终结交易的其他情形。

第五十条 产权交易的转让方、受让方以及与产权有直接关系的第三方，可以向市公共资源交易中心提出中止交易或终结交易的书面申请。市公共资源交易中心收到申请后，提出书面意见报送市国资委审批。

第五十一条 中止交易的期限由市公共资源交易中心根据实际情况设定，一般不超过 1 个月。市公共资源交易中心应当在中止期间对相关的申请事由或者争议事项进行调查核实，也可转请相关部门进行调查核实，及时作出恢复或者终结交易的决定。

如恢复交易，在市公共资源交易中心网站上的累计公告期不少于 20 个工作日，且继续公告的期限不少于10个工作日。

如经审查不符合本细则规定的产权交易条件,则经市国资委审核同意后,市公共资源交易中心可以作出终结交易的决定。

第五十二条　中止或终结交易期间,交易双方不得签订《产权交易合同》。

第五十三条　产权交易中出现中止、终结情形的,应当在市公共资源交易中心网站上公告。

第九章　责任追究

第五十四条 在企业国有产权交易过程中,监管企业和受让方有下列行为之一的,市国资委应当要求监管企业终止产权转让活动,必要时应当依法向人民法院提起诉讼,确认转让行为无效。

(一)未按有关规定在市公共资源交易中心进行交易的;

(二)监管企业不履行相应的内部决策程序、批准程序或者超越权限、擅自转让企业国有产权的;

(三)监管企业故意隐匿应当纳入评估范围的资产,或者向中介机构提供虚假会计资料,导致审计、评估结果失真,以及未经审计、评估,造成国有资产流失的;

(四)监管企业与受让方串通,低价转让国有产权,造成国有资产流失的;

(五)监管企业未按规定妥善安置职工、接续社会保险关系、处理拖欠职工各项债务以及未补缴欠缴的各项社会保险费,侵害职工合法权益的;

(六)监管企业未按规定落实债权债务,非法转移债权或者逃避债务清偿责任的;以企业国有产权作为担保的,转让该国有产权时,未经担保权人同意的;

(七)受让方采取欺诈、隐瞒等手段影响监管企业的选择以及产权转让合同签订的;

(八)受让方在产权转让竞价、拍卖中,恶意串通压低价格,造成国有资产流失的。

对以上行为中监管企业负有直接责任的主管人员和其他直接责任人员,由市国资委或者相关企业按照人事管理权限给予警告,情节严重的,给予纪律处分,造成国有资产损失的,应当负赔偿责任;由于受让方的责任造成国有资产流失的,受让方应当依法赔偿转让方的经济损失;构成犯罪的,依法移送司法机关追究刑事责任。

第五十五条 社会中介机构在企业国有产权转让的审计、评估和法律服务中违规执业的,由市国资委将有关情况通报其行业主管机关,建议给予相应处罚;情节严重的,可要求监管企业不得再委托其进行企业国有产权转让的相关业务。

第五十六条 市公共资源交易中心及其工作人员、市国资委工作人员违反本办法相关规定的,依法给予纪律处分;构成犯罪的,依法移送司法机关追究刑事责任。

第十章 附 则

第五十七条 产权交易过程中发生争议时，当事人可以向市公共资源交易中心申请调解。争议涉及市公共资源交易中心时，当事人可以向市国资委申请调解，也可以向仲裁机构申请仲裁或者向人民法院提起诉讼。

第五十八条 《产权交易转让委托合同》《产权交易挂牌转让申请书》《产权交易受让委托合同》《产权交易意向受让申请书》《产权交易合同》及《产权交易鉴证书》的格式文本由市公共资源交易中心统一制订。

第五十九条 根据有关规定，国有及国有控股企业增资扩股、征集战略合作伙伴、大宗商品采购等进入市公共资源交易中心发布信息的，参照本细则执行。

第六十条 本细则自发布之日起施行。原有规定与本细则不一致的，以本细则为准。

常德市人民政府国有资产监督管理委员会关于印发《常德市国资委企业国有资产评估管理实施细则》的通知

常国资通字〔2013〕30 号

各监管企业：

《常德市国资委企业国有资产评估管理实施细则》已经主任办公会议审议通过，现印发给你们，请认真贯彻执行。

常德市国资委

2013 年 11 月 8 日

常德市国资委企业国有资产评估管理实施细则

第一章 总 则

第一条 为规范企业国有资产评估行为，维护国有资产出资人合法权益，促进企业国有产权有序流转,防止国有资产流失,根据《中华人民共和国企业国有资产法》《企业国有资产评估管理暂行办法》等法律、法规、规章和《企业国有资产评估报告指南》,制定本细则。

第二条　本细则适用于市属国有独资企业、国有独资公司、国有资本控股公司以及拥有实际控制权的各级企业资产评估管理。

第二章　资产评估范围

第三条　企业有发生下列行为之一的,应当对相关资产进行评估:

(一)整体或部分改建为有限责任公司或股份有限公司;

(二)以非货币资产对外投资或偿还债务;

(三)合并、分立、破产、解散;

(四)非上市公司国有股东股权比例变动;

(五)国有产权转让;

(六)资产转让、置换;

(七)整体资产或者部分资产租赁给非国有单位;

(八)资产涉讼;

(九)收购非国有单位的资产;

(十)接受非国有单位以非货币资产出资或者抵债;

(十一)法律、法规规定的其他需要进行资产评估事项。

第四条 企业有下列行为之一的,可以不进行资产评估:

(一)经市人民政府或市国资委批准,对企业整体或部分资产、产权实施无偿划转;

(二)国有独资企业(公司)与下属国有全资子企业之间,或同一国有独资企业(公司)下属国有全资子企业之间的合并、产权(资产)置换(转让)和无偿划转。

第三章　资产评估工作要求

第五条　开展资产评估工作前,应当具备下列条件:

(一)评估对应的经济行为已经批准。其中企业发生合并、分立、破产、清算、国有产权(资产)转让以及价值在50万元以上的其他经济行为需经市国资委批准。企业发生其他与评估对应的经济行为由企业批准后报送市国资委备案。

(二)资产占有单位已开展资产清查,确认纳入评估范围的资产权属明晰。

(三)涉及企业价值评估的,需按规定开展专项审计;涉及企业土地、房产、探矿权、采矿权等资产的评估项目,需委托具有相应资质的评估机构进行评估,并按照规定办理相应的手续。

第六条 企业发生评估事项，由其产权持有单位按市国资委有关规定委托具有相应资质的资产评估机构进行评估。

第七条 由市国资委选聘资产评估机构的，市国资委向企业和资产评估机构发出资产评估通知书，明确评估目的、范围、基准日等内容。企业持通知书与资产评估机构签订资产评估业务约定书，明确双方的权利义务。

第八条 企业应如实提供资产权属证明文件、财务会计资料及生产经营管理资料等评估资料，确保资料真实、完整、有效，并按照资产评估准则和《企业国有资产评估报告指南》的要求，做好《企业关于进行资产评估有关事项的说明》的编写和相关的承诺工作。

第九条 资产评估过程中，需市国资委明确或应该告知市国资委的事项，企业需及时报告市国资委。

第十条 企业改制项目，以及市国资委认为需要公示的其他资产评估项目，产权持有单位和资产占有单位应当对资产评估结果在企业内部进行公示，公示时间不少于 7 个工作日。公示结果如有异议，应进行复查；公示结果无异议后，资产评估机构出具正式评估报告。

第四章 资产评估项目核准与备案

第十一条 市国资委对以下企业资产评估项目实行核准制：

（一）市人民政府批准经济行为的资产评估项目；

（二）市国资委认为需要核准的其他资产评估项目。

第十二条 重大资产评估项目，企业应及时报告资产评估项目的工作进展情况。必要时，市国资委可对该项目进行跟踪了解、指导和检查。

第十三条 应核准的资产评估项目，企业收到资产评估机构出具的评估报告后进行审核，审核同意后填写资产评估项目核准申请表，签署初审意见，在评估报告有效期届满 4 个月前，向市国资委申请核准。

第十四条 市国资委收到核准申请后，对符合核准要求的，及时组织有关人员进行审核，在 20 个工作日内（不包括专家评审时间）完成对评估报告的核准；对不符合核准要求的，予以退回。

第十五条 市国资委对核准项目的下列事项进行审核：

（一）资产评估项目所涉及的经济行为是否获得批准；

（二）资产评估机构是否具备相应评估资质，评估人员是否具备相应执业资格；

（三）评估基准日的选择是否适当，评估结果的使用有效期是否明示；

(四)资产评估范围与经济行为批准文件确定的资产范围是否一致;

(五)评估依据是否适当;

(六)企业是否就所提供的资产权属证明文件、财务会计资料及生产经营管理资料的真实性、合法性和完整性做出承诺;

(七)评估过程是否符合相关评估准则的规定;

(八)需专家评审的项目,参与审核的专家是否达成一致意见。

第十六条　除核准以外的国有资产评估项目,均采用备案制。

第十七条　应备案的资产评估项目,企业收到资产评估机构出具的评估报告后,需填写资产评估项目备案表,并逐级上报审核。企业对逐级上报的资产评估报告审核同意后,在评估报告有效期届满3个月前报市国资委备案。

第十八条　市国资委收到备案材料后,对材料齐全的,在20个工作日内(不包括专家评审时间)按本细则第十五条的审核事项进行审核并办理备案手续;对不符合备案要求的,予以退回。

第十九条　企业申请核准或备案,应当报送下列材料:

(一)资产评估项目核准申请文件和《资产评估项目核准申请表》或《国有资产评估项目备案表》;

(二)评估目的对应的经济行为批准文件或有效材料;

(三)资产评估机构提交的资产评估报告(含土地、房产等资产的评估报告),包括评估报告书、附件、评估明细表、评估说明及其电子文档;

(四)资产评估各当事方的承诺函;

(五)经济行为对应的审计报告;

(六)所涉及的资产重组方案或改制方案、发起人协议等材料;

(七)评估报告公示中收到的意见及其相关资料;

(八)市国资委认为需要的其他材料。

第二十条　评估报告中存在下列特别事项的,市国资委要求申报企业妥善解决相关问题后,方予受理:

(一)权属资料不全或者存在瑕疵的;

(二)评估程序受到限制的;

(三)资产评估对应的经济行为中,存在可能对评估结论产生重大影响的瑕疵。

第二十一条　涉及企业价值的资产评估项目,以持续经营为前提进行评估时,原则上应采用两种以上方法进行评估,并在评估报告中列示,依据实际状况充分、全面分析后,确定其中一个评估结果作为评估报告使用结果。

第二十二条　有多个国有股东的企业的资产评估项目，经协商一致，可由国有第一大股东依照其产权隶属关系办理核准或备案手续。国有股东持股比例相等的，经协商一致，可由其中一方依照其产权隶属关系办理核准或备案手续。

第二十三条　市国资委下达的资产评估项目核准文件和经市国资委备案的资产评估项目备案表是企业实施对应经济行为的必备文件。企业进行与资产评估相应的经济行为时，应当以经核准或备案的资产评估结果为作价参考依据。

第五章　资产评估工作监督检查

第二十四条　市国资委定期或者不定期地对资产评估项目进行抽查，抽查的内容重点包括：

（一）企业经济行为的合规性；

（二）资产评估机构选聘的合规性；

（三）评估的资产范围与对应经济行为所涉及的资产范围是否一致；

（四）企业提供的资产权属证明、财务会计资料及生产经营管理资料的真实性、合法性和完整性；

（五）资产评估机构的执业资质和评估人员的执业资格；

（六）资产账面价值与评估结果的差异；

（七）经济行为的实际成交价与评估结果的差异；

（八）评估工作底稿；

（九）评估依据的合理性；

（十）评估报告对重大事项及其对评估结果影响的披露程度，以及该披露与实际情况的差异；

（十一）市国资委认为需要检查的其他情况。

第二十五条　市国资委对资产评估项目的抽查结果通报相关部门和企业。

第六章　资产评估工作责任追究

第二十六条　企业违反本细则，有下列情形之一的，由市国资委通报批评并责令改正，必要时可依法向人民法院提起诉讼，确认其相应的经济行为无效：

（一）应当进行资产评估而未进行评估的；

（二）未按规定选择中介机构进行评估的；

（三）向资产评估机构提供虚假情况和资料，或者与资产评估机构串通作弊导致评估结果失实的；

(四)应当办理核准、备案而未办理的。

第二十七条　企业在国有资产评估中发生违法违规行为或者不正当使用评估报告的，对负有直接责任的主管人员和其他直接责任人员，依法给予处分；涉嫌犯罪的，依法移送司法机关处理。

第二十八条　资产评估机构在资产评估过程中违规执业或对资产评估项目抽查工作不予配合的，由市国资委依据中介机构备选库管理的有关规定处理，并将有关情况通报其行业主管部门，建议给予相应处罚；涉嫌犯罪的，依法移送司法机关处理。

第二十九条　市国资委工作人员违反本细则，造成国有资产损失的，依法给予处分；涉嫌犯罪的，依法移送司法机关处理。

第七章　附　则

第三十条　本细则自发布之日起施行。

常德市人民政府办公室关于印发《常德市市级国有资本经营预算试行办法》的通知

常政办发〔2014〕25号

各区县市人民政府，常德经济技术开发区、柳叶湖旅游度假区、西湖管理区、西洞庭管理区管委会，市直有关单位：

《常德市市级国有资本经营预算试行办法》已经市人民政府同意，现印发给你们，请认真贯彻执行。

常德市人民政府办公室

2014年8月12日

常德市市级国有资本经营预算试行办法

第一章　总　则

第一条　为依法履行出资人职责，维护出资人合法权益，完善政府预算体系，增强政府宏观调控能力，根据《中华人民共和国预算法》、《中华人民共和国企业国有资产法》、《国务院关于试行国有资本经营预算的意见》（国发〔2007〕26 号）、《湖南省人民政府关于试行国有资本经营预算的实施意见》（湘政发〔2010〕32 号）等有关规定，结合我市实际，制定本办法。

第二条　国有资本经营预算，是国家以所有者身份依法取得国有资本收益，并对所得收益进行分配而发生的各项收支预算，是政府预算的重要组成部分。

第三条　市财政局为市级国有资本经营预算的主管部门。市国资委及其他履行出资人职能的部门为市级国有资本经营预算的预算单位（以下简称预算单位）。市政府出资的企业为市级国有资本经营预算的基层单位（以下简称基层单位），是国有资本经营预算的具体执行单位。

第四条　市级国有资本经营预算应遵循以下原则：

（一）统筹兼顾，适度集中。统筹兼顾企业自身积累、自身发展和国有经济结构调整及国民经济宏观调控的需要，适度集中国有资本收益，合理确定预算收支规模。

（二）相对独立，相互衔接。既保持国有资本经营预算的完整性和相对独立性，又保持与政府公共财政预算的相互衔接。

（三）分级编制，逐步实施。国有资本经营预算实行分级管理，分级编制，根据条件逐步实施。

（四）量入为出，收支平衡。国有资本经营预算支出按照当年国有资本经营预算收益规模进行安排，不列赤字。

第五条　市级国有资本经营预算年度为公历 1 月 1 日至 12 月 31 日。国有资本经营预算以人民币元为计算单位。

第二章　国有资本经营预算的职责分工

第六条　市财政局的主要职责：负责制（修）订国有资本经营预算的各项管理制度、预算编制办法；审核国有资本经营预算、决算建议草案；汇总编制国有资本经营预算、决算草案及预算调整方案;报告预算单位国有资本经营预算执行情况;会同有关部门制定企业国有资本收益收取办法,收取企业国有资本收益。

第七条 预算单位的主要职责:参与制(修)订国有资本经营预算有关管理制度;根据所监管企业的经营管理、国有资本投入、资本运营和资本收益等方面内容提出并编制国有资本经营预算建议草案、决算草案;组织和监督国有资本经营预算的执行;负责组织所监管企业上交国有资本收益。

第八条 基层单位的主要职责:负责按规定申报、按时上交国有资本经营收益,提出国有资本经营预算支出项目计划;根据国有资本经营预算批复安排支出;报告国有资本经营预算资金使用情况。

第三章 国有资本经营预算的收支范围

第九条 市级国有资本经营预算由国有资本经营预算收入和国有资本经营预算支出组成。

(一)市级国有资本经营预算收入是指市本级一级企业(公司)上交的国有资本收益,主要包括:

1.国有独资企业按规定上交国家的利润;

2.国有控股、参股企业国有股权(股份)获得的股利、股息;

3.政府出资企业的国有产权(含国有股份)转让收入;

4.国有独资企业清算收入(扣除清算费用),以及国有控股、参股企业国有股权(股份)分享的公司清算收入(扣除清算费用);

5.上级政府补助收入;

6.其他收入,包括监管资产收入以及财政预算安排用于市本级国有资本(经营)投入的资金等。

(二)市级国有资本经营预算的支出主要包括:

1.资本性支出。根据产业发展规划、国有经济布局和结构调整、国有企业发展要求安排的资本性支出,包括向国有独资企业投入或追加资本金;向多元投资主体的公司制企业进行股权投资;收购企业产权(股权)的支出,以及产权变更(划转)而减少的国有权益的支出。

2.费用性支出。用于弥补企业改革成本缺口资金支出和经批准的国有产权(股权)监管成本支出。包括监管工作中委托中介机构进行年报审计、财务审计、清产核资、资产评估及国有资本金变动验资等按规定支付的费用以及按有关规定审定的其他支出等。

3.其他支出。支出范围依据国家宏观经济政策及我市国有企业改革和发展的任务,统筹安排确定。包括国有资产监管机构为履行国有资产监管职能发生的由政府公共预算安排的行政经费以外的必要相关费用性支出。

第四章　国有资本经营预算的编制

第十条　市级国有资本经营预算单独编制，纳入市本级政府预算，经市政府同意后，报市人民代表大会批准。

第十一条　市级国有资本经营预算编制的主要依据：

（一）法律、法规，国家和省、市的经济方针、政策及财务会计制度。

（二）市政府对国有经济布局和结构调整的要求。

（三）国有资产保值增值目标。

（四）企业发展规划，包括企业战略管理规划、体制机制创新规划、组织结构调整和人力资源管理优化规划、产业和产品结构调整规划、投融资规划、技术创新与科研开发规划、生产经营与市场营销计划、企业文化建设及其他规划等。

（五）企业近3年生产经营历史资料，包括年度生产经营资料、经审查通过的各种技术经济指标、年度预算实际执行情况、财务会计资料等相关资料。

第十二条　市级国有资本经营预算按照“分级编制、上下结合、逐级合并（汇总）”的程序进行。

（一）每年8月，布置国有资本经营预算编制工作，预算单位向基层单位下达编制下年度预算的指导意见。

（二）每年9月，各基层单位根据预算单位下达的指导意见，按照国有资本经营预算编制要求，编制本单位下年度预算建议草案，提交预算单位初审。

（三）每年10月，预算单位合并（汇总）编制各基层单位的预算建议草案，提交市财政局审核。

（四）每年12月，市财政局审核和汇总编制预算单位的预算建议草案，并入市财政总预算。

报送市级国有资本经营预算报表的资料包括预算报表、预算说明书及相关附件。

第五章　国有资本经营预算的执行

第十三条　市级国有资本经营预算收入由市财政局、预算单位组织收取、组织上交。企业按规定应当上交的国有资本收益应及时、足额直接上缴财政。

第十四条　市级国有资本经营预算收入的收缴。

（一）国有独资企业应当上交的利润，由预算单位根据企业的实际情况，商市财政局测算后确定具体的上缴额度。各国有企业应在收到该企业上年度财务决算及利润分配方案批复后的30日内,向市财政局指定账户清缴。

(二)国有控股、参股企业分得的当年国有股权(股份)投资收益应实行全额上缴,年度汇缴;各预算企业在股东大会分配方案通过后15日内,向市财政局指定账户清缴。当年不予分配的,应当说明暂不分配的理由和依据,并出具股东大会的决议。

(三)企业国有产权(股权)收入,经预算单位核批后,由交易机构按规定在收到产权受让方支付价款后的7个工作日内转入市财政局指定的专用账户;应缴财政的款项可由受让方直接转入市财政局指定的专用账户。

(四)国有企业清算收入,在清算组编制剩余财产分配方案、报经市国有资产监管机构审批后15日内,将清算收入直接转入市财政局指定账户。

(五)其他国有资本收益,在收益确定后30日内,由有关单位申报,并附送有关经济事项发生和金额确定的资料,经审核确定后,直接转入市财政局指定账户。

第十五条　市级国有资本经营预算支出,由使用单位在经批准的预算范围内提出申请,经预算单位审核后,报市财政局审定。市财政局按照财政国库管理制度的有关规定,办理相关资金拨付手续,直接拨付到使用单位。使用单位应当按照规定用途使用、管理预算资金并依法接受监督。

第十六条　预算单位对市级国有资本经营预算的执行情况应定期或根据需要进行检查、分析,有针对性地提出分析报告或执行情况报告,并采取有效措施,保证国有资本经营预算顺利实施。

第十七条　市级国有资本经营预算收入应按规定及时、足额上缴,支出实行专款专用,不得随意变更或挪用,并依法接受监督。凡发现在国有资本经营预算决算中弄虚作假的,按照国家有关法律、法规对相关责任人进行查处。

第十八条　市级国有资本经营预算在执行过程中原则上不予调整。因国家宏观调控政策、法律、法规制度变更或遇有重大自然灾害等,确需调整的,应按规定程序报经批准。年度国有资本经营预算确定后,企业改变产权或财务隶属关系引起预算级次和关系变化的,应当同时办理预算划转。

第十九条　预算单位应对基层单位国有资本经营预算执行情况进行综合评价,其执行结果与基层单位的绩效考核和薪酬挂钩,作为基层单位绩效考核的重要考核内容之一。

第二十条　财政部门应于每年度结束后编制国有资本经营决算草案,按程序报批。市级国有资本决算按下列程序进行:

(一)市财政局和预算单位在当年12月份布置国有资本决算工作。

(二)基层单位在次年3月将国有资本决算上报预算单位。

（三）预算单位在次年4月初审、汇总（合并）国有资本决算，并报市财政局审核和汇总。

（四）受市政府委托，市财政局在次年6月编制市级国有资本决算草案和国有资本决算报告，向市人大常委会报告。

第六章　监督检查

第二十一条　预算单位要加强基层单位的财务监督，提高会计信息质量，真实反映单位的财务状况和经营成果。对造成国家资本权益损失或隐瞒、挪用、非法转移、拖延缴纳、骗取国有资本收益的单位和个人，有权机关应依法追究相关单位和责任人的经济、法律责任。

第二十二条　国有企业应按规定上交国有资本经营收益，对未按规定期限上交国有资本经营收益的，应按同期银行贷款利率收取占用期间的收益占用费和滞纳金。对拒交国有资本经营收益的，市财政局将依照《财政违法行为处罚处分条例》予以严肃处理。

第二十三条　市审计局应加强对国有资本经营预、决算的专项审计，强化审计监督。市监察局应加强对国有资本经营收益和支出的监察工作，严肃查处违纪违规行为。

第七章　附　则

第二十四条　本办法自发布之日起施行。

常德市人民政府国有资产监督管理委员会关于印发《常德市市属国有企业负责人薪酬管理暂行办法》的通知

常国资通字〔2014〕27号

各监管企业：

现将《常德市市属国有企业负责人薪酬管理暂行办法》印发给你们，请认真贯彻执行。

常德市国资委

2014年7月18日

常德市市属国有企业负责人薪酬管理暂行办法

第一条　为切实履行企业国有资产出资人职责,建立有效的激励与约束机制,促进企业改革发展和国有资产保值增值,根据《中华人民共和国企业国有资产法》、《企业国有资产监督管理暂行条例》等有关法律法规,制定本办法。

第二条　本办法适用于市人民政府授权市人民政府国有资产监督管理委员会(以下简称市国资委)履行出资人职责,并由市委管理企业负责人正职的市属国有及国有控股企业(以下简称企业)负责人薪酬管理。具体包括下列人员:

(一)国有独资公司的董事长、总经理、副总经理、监事会主席、总会计师(财务总监)、总工程师等;

(二)国有控股公司中由市国资委推荐担任的董事长、总经理、副总经理、监事会主席、总会计师(财务总监)、总工程师等。

企业党组织书记、纪委书记(纪检员)、工会主席参照本办法规定管理。

第三条　市国资委履行企业工资总额和企业负责人薪酬管理职责。每年3月底以前,由企业提出薪酬方案,报市国资委审批,其中市委管理的企业负责人的薪酬方案报市委组织部备案。

第四条　企业负责人的薪酬管理应符合国家工资宏观调控政策,并遵循以下原则:

(一)坚持市场调节与出资人监管相结合,建立符合我市实际和市场经济要求的企业负责人薪酬分配制度。

(二)坚持激励与约束相统一,企业负责人薪酬水平要与经营责任、经营风险相适应,要与经营业绩考核结果密切挂钩。

(三)坚持短期激励与长期激励相兼顾,建立健全薪酬制度,探索实施中长期激励,促进企业可持续发展。

(四)坚持企业负责人薪酬增长与职工工资增长相协调,促进形成企业合理的收入分配关系。

(五)坚持完善薪酬制度与规范职务消费等相配套,全面规范企业负责人收入分配。

第五条　对于企业经营发展具有特殊作用的企业负责人,以及向社会公开招聘的企业负责人,可试行协议薪酬、个案薪酬,薪酬结构和水平由双方协商后报市国资委审批。

第六条　企业负责人薪酬由基本薪酬、绩效薪酬两部分构成:

年度薪酬=(基本薪酬+绩效薪酬)×薪酬系数

第七条　基本薪酬是企业负责人年度基本收入。主要根据企业经营难度和负责人承担的经营责任、经营风险以及经营成果,结合企业及所在行业、所在地区企业职工平均工资水平确定。基本薪酬每年核定一次。

第八条　绩效薪酬是与企业当年经营业绩考核结果挂钩的收入。具体以基本薪酬为基数,根据企业当年经营业绩考核分数确定,计算公式为:

绩效薪酬＝基本薪酬×(考核分数－80)×调节系数

调节系数为0.06或0.075,由市国资委根据企业功能分类、投融资额、利润总额等因素确定。

第九条　薪酬系数是指企业负责人薪酬分配所对应的系数。董事长的薪酬系数为1,总经理的薪酬系数为0.9,其他负责人的薪酬系数一般为0.6—0.7。企业应根据岗位、责任、贡献,并结合内部目标责任考核情况等,按照合理拉开差距的原则提出企业负责人薪酬系数方案,事前报市国资委备案。

第十条　企业负责人年度薪酬总水平较上年的增幅原则上不超过效益增幅。当年本企业职工平均工资不增长或企业效益下降,企业负责人年度薪酬不得增长。

第十一条　亏损企业的企业负责人只发放基本薪酬,不发放绩效薪酬。

第十二条　实施了企业领导班子和领导人员综合考核评价的企业,应结合企业领导人员综合考核评价结果兑现企业负责人绩效薪酬。年度综合考核被评为“优秀”的企业负责人,且所在企业年度经营业绩考核结果被评为优秀等次的,其绩效薪酬按照市国资委核定数额的105%兑现;年度综合考核被评为“基本称职”的企业负责人,其绩效薪酬按照市国资委核定数额的90%兑现;年度综合考核被评为“不称职”的企业负责人,取消其当年全部绩效薪酬;其他按市国资委核定数额兑现。

第十三条　薪酬支付实行“先考核、后兑现”的原则。市国资委按照严格考核、客观公正的原则审核、确认企业年度经营业绩考核目标实际完成情况,作为兑现薪酬的主要依据。

第十四条　企业负责人基本薪酬由企业先按上年基本薪酬标准按月预发,待年度财务决算公布后,再按市国资委审核标准调整,多退少补。

企业负责人绩效薪酬由企业一次性提取,分期兑现。其中绩效薪酬的80%在年度综合考评结束后当期兑现,其余20%作为风险抵押金延期到任期考核结束后兑现。任期考核被评为“优秀”“称职”等次的,兑现全部延期薪酬;评为“基本称职”的,兑现90%延期薪酬;评为“不称职”的,取消全部延期薪酬。

第十五条　企业发生未按时足额支付职工工资(历史拖欠除外)、未按时足额缴纳税金及国有资本收益等情况,暂停发放企业负责人绩效薪酬。

第十六条　企业负责人因岗位变动调离企业后,应在组织规定的时间内转移工资关系,除在离任审计后兑现延期支付的绩效薪酬和按当年在企业负责人岗位实际工作月数计提的绩效薪酬外,不得继续在原企业领取薪酬。企业负责人因工作变动离开原岗位,但工资关系需继续留在原企业的,除在离任审计后兑现延期支付的绩效薪酬和按当年在企业负责人岗位实际工作月数计提的绩效薪酬外,不得继续领取绩效薪酬。具体岗位变动时间以企业负责人主管部门的任免文件为依据。

第十七条　企业负责人因公或伤病经组织批准离职的，按任职实际期限兑付薪酬；任职期间未经组织批准离职的，扣发当年全部绩效薪酬。

第十八条　企业负责人年度内因病、因私请假的，按劳动人事相关规定兑付薪酬。

第十九条　企业负责人达到法定退休年龄退休的，除在离任审计后兑现延期支付的绩效薪酬和按当年在企业负责人岗位实际工作月数计提的绩效薪酬外，不得继续在原企业领取薪酬。

第二十条　企业负责人因工作需要，经市国资委批准后在下属企业兼职的，只能在一家企业领取薪酬。

第二十一条　企业负责人的薪酬收入为税前收入，应依法缴纳个人所得税。

第二十二条　企业负责人不得领取经市政府或市国资委批复的收入以外的任何其他货币性收入或变相货币性收入。

第二十三条　企业应建立健全企业负责人职务消费管理制度，加强职务消费预算管理和控制。企业负责人职务消费管理制度、职务消费年度预算及执行情况应及时报市国资委和市委组织部备案。严禁企业负责人以职务消费名义支付或者报销应由个人支付的费用。

第二十四条　企业负责人的薪酬由企业设置明细账，单独核算。经批准的企业负责人薪酬纳入企业工资总额，在企业成本中列支，并在工资统计中单列。

第二十五条　企业应将企业负责人薪酬制度、薪酬水平、职务消费等纳入司务公开范围，在适当范围内予以公布，接受本企业职工民主监督。

第二十六条　企业负责人离任后，其薪酬方案和考核兑现个人收入的原始资料至少保存15年。

第二十七条　市国资委通过财务审计、纪检监察、专项检查等方式对企业薪酬方案执行情况进行监督检查，对弄虚作假、自定薪酬或超标准、超范围发放薪酬、变相提高薪酬标准以及兼职兼酬的，将不符合规定的薪酬予以收回，对企业给予通报批评，并视情节轻重扣发企业法定代表人和企业其他相关负责人10%以上的当年绩效薪酬。

第二十八条　企业负责人因企业发生重大及重大以上生产安全或环境污染事故、重大违纪事件等承担相关责任，未构成犯罪的，按照《常德市国资委监管企业负责人经营业绩考核办法》的有关规定进行考核扣分，并相应扣减企业负责人当年绩效薪酬或延期绩效薪酬；构成犯罪被依法追究刑事责任的，取消其当年全部绩效薪酬，并扣发任期全部延期绩效薪酬。

第二十九条　其他市属国有及国有控股企业负责人的薪酬管理，按程序报市国资委批准后，可参照本办法执行。

第三十条　本办法由市国资委负责解释，自发布之日起实施。

调研报告选

论地方中小国有企业的民有制改造

常德市人民政府常务副市长　陈君文

在我国确立社会主义市场经济这个基本经济制度的新的历史条件下，国有企业改革也随之进入了以建立现代企业制度为目标的攻坚阶段。在这个阶段，中央提出了国有企业改革“抓大放小”的战略方针；经济理论界也一致认为，国有经济应当收缩战线，逐步从相当一部分一般性竞争领域退出来。就地方政府而言，如何科学地把握“放小”的实质和“退出”的历史内涵，选择地方中小国有企业改革的具体形式呢？这是一个具有重要意义的现实问题。我认为对为数众多的地方中小国有企业实行民有制改造，变国有制企业为民有制企业，有一定的实践意义。

民有制是走出现实困境与体制矛盾的重要途径

笔者提出的民有制企业，是指以个人产权制度为核心，按市场经济原则组建并规范运作，以追求利益最大化为组织目标的企业制度的总称。它包括以个人出资为主体的公司制企业、劳动者劳动联合与资本联合为特征的股份合作制企业、合伙企业和个体私营企业。对地方中小国有企业实行民有制改造，就是将这些中小国有企业的国有资产全部出售给民众个人或有偿量化给企业职工，实行彻底的非国有化（供水、供气等特殊行业除外），再在此基础上组建为有民营特征的民有制企业。对地方中小国有企业提出民有制改造的观点，是基于四个方面的认识。

第一，现实困境难以摆脱。地方中小国有企业改革从放权让利起步，到正在进行的现代企业制度建设，已走过了二十年的历程。二十年来，改革虽取得了很大成就，但没有取得整体性、突破性进展，而且许多企业陷入更为困难的境地。一是生产经营难以为继，停产半停产企业逐步增加，亏损额不断扩大。到 1998 年年底，全国地方国有工业企业 33730 家，近半数处于停产半停产状况，经营亏损的面达 47.4%，亏损额达 638.2 亿元，占全部国有工业企业亏损额的 75.1%。二是企业负债居高不下，不良债务比重过大，资产质量每况愈下。1998 年，地方国有工业企业的资产负债率高达 64.7%，如果把潜亏挂账因素考虑进来，资产负债率高达 85%以上，企业资本金严重不足，存量资产中有相当一部分属根本不能运营、不能增值的不良资产和非经营性资产。三是企业设备陈旧落后，更新改造投入严重不足,市场竞争力不断下降。这些年,地方国有企业由于生产经营不景气,自我积累和自我改造能力日益萎缩,融资难度越来越大,技改投入越来越少,创新能力十分低下,在市场竞争中处于越来越不利的境地。四是企业职工观念落后,传统体制下的职工的劳保、劳资、劳工矛盾日益突出,专业技术人才流失十分严重。地方中小国有企业今天的困难境地是多年问题的积累,多种诱因的叠加,单靠自身的力量是难以自拔了。

第二,发展前景难以乐观。如果说地方中小国有企业靠自身的力量难以走出困境的话,还能不能创造其他条件让其脱困并发展壮大呢?从中小国有企业目前的困难和市场经济要求的一般条件来看,要把这些企业搞活,至少要满足这样几个基本条件:即必须基本解除企业的不良债务;全面补充企业资本金;对现有设备进行更新改造;基本清退企业富余人员。要达到这几个基本条件,需要数千亿元的投入,这靠企业积累和财政投入是不可能做到的。常德市是一个国有工业并不发达的地级市,全市177家地方国有工业企业,仅显性的资产负债率就达74.5%,如果在现有的基础上负债率每降1个百分点就需注入7000万资本金,把负债率降低到50%,需注入约18亿资本金,这靠现有的财力几乎是天方夜谭。由此看来,地方中小国有企业发展前景不容乐观。

第三,体制矛盾难以克服。传统国有制与市场经济体制的矛盾在地方中小国有企业上的表现尤为突出。当前中小国有企业的诸多矛盾中,企业制度与市场的矛盾是主要矛盾,而企业制度矛盾中产权制度是显而易见的:市场规则要求,市场主体平等竞争,而国有企业从走向市场开始,就不具备完善的主体资格,它是带着沉重的债务包袱、社会负担和臃肿的机构冗员来参与竞争的;市场规则要求,出资者权利与义务平等,权益与责任对等,而传统国有制企业国家作为唯一的出资者,始终承担无限责任,这种无限责任变现为出资责任无限、承担经营风险责任无限、保障企业职工利益责任无限、而作为受托方的企业管理者(包括企业主管部门)即既不对国有资产的保值增值负责,也很难对企业的生产经营负责,甚至把企业搞亏了的少数行为人还可以从中得好处。据有关调查推断,地方国有企业的亏损60%以上是人为因素造成的。这种权利与义务、权益与责任的严重不对等和实际运作无人负责的状况、是市场经济体制下国有制企业中存在的一种较普遍的现象。如果说国有大企业还可以通过建立现代企业制度来校正这种体制上的弊端,那么对中小国有企业实行民有制改造不失为一个好途径。

第四,功能目标难以统一。国有制作为一种经济形态的存在并不是中国独有的,但各国国有制的存在并不以经济效率目标为主而是以实现社会功能为主。地方中小国有企业广泛存在于一般性竞争领域,它在计划经济体制下形成的执行计划的功能和其他社会性功能与市场经济条件下追求经济效率的目标发生严重碰撞。今天看来,在一般行业再继续保留这些既不能体现社会性功能又不能实现效率目标的中小国有企业已毫无必要。对地方中小国有企业实行民有制改造，是中央“抓大放小”方针和“退出”理论的具体实践，是走出现实困境的重要途径。

民有制改造的内涵与实践意义

对地方中小国有企业实行民有制改造，关键是将国有产权民有化。通过国有资产的出让和有偿量化来实现产权制度的民有化，是一个实际操作性很强而又十分复杂的问题。在改造过程中必须把握好三个环节：首先，要严格进行资产评估。评估时不仅要靠具有资格的中介机构来进行，而且要吸收各有关部门和职工代表来共同审议评估结果，尽可能为国资资产的量化和出售提供真实可靠依据。其次，要严格按市场原则确定转让价格。国有资产转让价格应按公开、公正、公平的原则在市场交易中实现，因为只有市场决定的价格才可能是真实的。尽管交易的价格可能低于资产评估的价格，但这决不能算国有资产的流失。再次，要严格按市场体制的要求规范民有制企业的组织形式，决不能一卖了之，撒手不管。产权民有化后，要尽可能造就与市场经济体制和现阶段生产力水平相适应的新的企业制度。在具体操作中，企业有三种不同的资产状况，应区别对待：一种是资不抵债的企业，一次性拍卖给民众；如果破产暂时难以实施，应先剥离有效资产，并将这部分资产有偿量化给职工或公开出售，原企业的债权债务保留或转给地方国有资产经营公司处置。二是资债相当的，可以债随资走，资产量化，增资改制，也可以将债务转给地方国有资产经营公司处置，将资产公开出售。三种是资大于债的，将净资产全部卖给职工或民众，原企业债务由在此基础上改制而成的民有制企业承担。无论哪一种情况，都必然体现民有制改造的三个内涵特征：第一，产权上的民有化。即国有资产完全从一般竞争企业中彻底退出，即使资产比例过大一时难以完全退出的，也要尽可能将所占份额降低，并只做过渡性的安排。第二，组织形式的市场化。即按市场规则安排企业制度，实行彻底的政企分开，民有民营。第三，职工身份的非国有化。即将原企业国有职工的身份通过养老统筹和工龄买断等形式彻底取消，让其成为平等的企业员工或市场择业者。

在现实情况下，对地方中小国有企业实行民有制改造，其特定的实践意义在于：第一，有利于建立与市场经济体制相符合、与现阶段生产力水平相适应的企业制度。对国有企业实行民有制改造，并不是说民有制比国有制先进，但是民有制比国有制更适合市场经济体制和现阶段生产力水平。国有制是一种先进的企业制度，但目前人们的觉悟程度和生产力水平还没有达到普遍采用这种制度的条件。企业制度是经济体制的微观基础，市场经济体制要求企业应成为市场独立承担民事责任的法人实体和竞争主体，传统国有企业先天就不是真正意义上的法人实体，因此它既不能独立承担民事责任，也不可能成为市场竞争主体。民有制企业是建立在个人产权制度基础上的，它的优越性就在于个人所有者的每一分努力都得到相应的回避，行为人始终都对自己的行为后果承担责任，这正是市场体制和现阶段生产力水平所要求的企业制度的灵魂。第二,有利于国有资产的保值增值和政企分开。对国有企业实行民有制改造,将国有资产由实物资产转变为货币资产,一方面可以最大限度地保全国有资产,遏制国有企业亏损加剧;一方面将可以变现的国有资产配置到基础设施领域,促进整个经济的协调发展,也可以通过资本营运,获取更好的回报。市场经济体制要求政企分开,政企分开的核心是政资分开,对国有企业实行民有制改造,国有资本彻底退出,这就从根本上割断了政府与企业的直接联系,从而有效地促进政企分开和政府职能转变。第三,有利于解决公有制的实现形式问题。对国有企业实行民有制改造,虽然其本质是从产权制度上实现非国有化改造,但更多的则是创造了非国有的公有制新的实现形式,诸如公众直接持股的公司制企业,劳动联合和资本联合相结合的股份合作制企业等。第四,有利于建立社会资本创造财富的新机制。国有企业从一般领域退出,本身就为其他社会资本的进入让出了空间。而且,今后扩大投资,启动消费,必须运用社会资本特别是民众个人资本的力量。对地方国有企业实行民有制改造,不仅直接将一部分社会个人资本变为产业资本,而且有助于建立社会资本不断聚集和持续扩张的新机制;不仅有利于货币资本投融资机制的建立,而且有利于通过货币资本来带动人力资本效能的最大挖掘。这正是我国经济发展迫切需要解决而目前尚没有很好解决的深层次问题。

发展民有制必须突出解决好四个政策问题

国有企业的民有制改造和民有制企业的进一步发展都需要政策的规范和引导。需要突出解决的是国有产权的处置与交易、债权债务的界定与清偿、国有职工安置成本的筹集与支付、民有制企业的保护与支持等四大问题。

1.国有资产的处置与交易。变国有制企业为民有制企业,首先就涉及国有资产的界定与处置问题。地方国有企业的产权是国有的,但这个国有产权的代表者究竟是哪一级政府?是中央政府还是地方政府?这个问题一直不明确。如果产权代表是中央政府,那么地方政府就没有权利对地方国有企业的产权予以处置,如果是这样,则地方政府权益与责任又严重不对等,产权改革也势必寸步难行。因此,中央应将地方国有企业产权代表者明确为地方政府,并由地方政府全权处置所属企业的国有资产。因此,在明确地方政府对地方国有企业资产处置后,还应当支持地方建立区域性的产权交易中心,实现国有资产的市场转让和再交易,支持培育地方产权市场和资本市场。

2.债权债务的界定与清偿。地方国有企业的债务是在计划体制下形成的,债权方主要是国有商业银行。进行民有制改造,既要保证债权人的利益,又要客观务实地处理债务关系调整和销偿中的具体问题。对此,银行要破除抱残守缺的观念,采取更加开明务实的政策。一是对已经严重资不抵债的企业,应当坚决支持破产。对此,国家要破除计划额度控制的办法,实事求是地核销债务。对已符合破产条件但一时又难以实施破产的企业,尽量减少资产损失和亏损增加的状况，资产变现后先安置职工，再销偿债务。二是对资大于债的企业，进行民有制改造时，要支持与产权转让相当的债务的转移，确立新的债务关系。还可以创造条件将一部分一时无法销偿的债权转为股权，支持和参与企业发展。三是可以考虑以地方财政预算为范围，成立国有资产经营公司，一方面处理国有企业资产的转让及变现资产的经营，一方面集中承担预算范围内国有企业的债务和销偿责任，这样既促进了民有制改造，又使难以具体落实到企业的银行债权利益得到有效保护。

3.国有职工安置成本的凑集与支付。国有企业改造为民有制企业后，政府应当赎回原国有职工的国有身份，包括离退休职工的养老保险金、医疗保险费和在职职工的工龄买断，这是政府应当支付的国有企业改革的成本。这个成本怎样凑集和支付呢？光靠国家和地方财政解决是不可能的。应当从国有资产出售收入中去筹集，这有其合理的原因。因为国有企业资产中凝结了企业职工多年来所形成的剩余劳动价值，从国有资产中支付这笔成本，既是政府责任转移所支付的必要代价，也是对国有职工剩余劳动的补偿。基于这样的理由，国有资产转让收入应优先支付这个成本，如有不足，也应由政府从其他渠道筹集，或与职工协议预期支付的办法。

4.民有制企业的保护与支持。如何按市场经济规律来规范政府行为，支持民有制企业发展壮大，将是地方政府的重要任务和崭新的课题。对民有制企业的保护和支持，现在最主要的是投融资政策的支持问题。国家商业银行应当安排一定比例的贷款额度来扶持民有制企业发展；要研究启动和鼓励民间资金转化为民有制企业资本的途径与方式问题；要支持地方组建地方商业银行，增强地方政府的调控手段；要研究支持民有制企业发展的创业资本问题，可以把国有资产转让收入的剩余部分转化为民有制企业的创业基金。

股份制企业发展迅猛规范运作任重道远

常德市股份制企业运作情况调查

随着市场经济体制的逐步建立和企业改革的不断深化，作为市场经济主体的股份制这种企业组织形式，在我市得到快速发展，已具有了一定的数量和规模。为此，市委、市政府不失时机地提出了“一手抓改制，一手抓规范”的方针，并成立了市股份制企业监督管理委员会。监管会第一次会议决定，由市体改委牵头，市工商、地税、工会、财政、国资等部门参加组成调查组，对全市的股份制企业进行调查。调查组从5月15日至6月4日对9个区、县(市)和市直有关局及企业进行了全面调查。调查组采取听、看、座谈和点面结合的方法，听取各区、县(市)政府或体改办负责人、市直相关局、企业负责人关于股份制企业设立运作的文件材料，并深入企业与领导层、中层和职工代表进行了座谈，同时，还发放了股份制企业基本情况调查表，收取了各区县(市)关于股份制改制的书面材料。现将我市股份制企业的运作情况和我们的建议综述如下：

一、基本情况

截至1999年5月，我市共组建发展股份制企业1290家，其中股份有限公司17家，有限责任公司1273家；发起设立的股份制企业1005家，改制设立的285家，其中国有企业改制的有111家，集体企业改制的有112家，乡镇企业改制的62家，其中国有股3.5亿元，占9.6%，法人股16.9亿元，占46.4%，社团股0.99亿元，占2.7%，个人股15.01亿元，占41.3%，募集社会资金达32.9亿(含法人股16.9亿)。

从调查情况看，我市股份制企业的发展状况具有以下特点：

1.起步较早，数量较多，但规模小。我市从1989年津市成立第一家有限责任公司——九澧麻纺有限公司到现在，经过10年的发展，股份制企业已达1290家，其中桃源县达103家。但上市公司仅有金健米业2家，股份公司只有17家，只占股份制企业的1.3%，98.7%的企业为有限责任公司；股本总额达1亿元的也只有2家，股本总额在1000万以上的只有55家，股份制企业股本总额平均只有281.2万元，31%企业的股本总额仅在100万元以下。

2.总体改制速度较快，但发展不平衡。我市企业改制面广，速度较快，公有企业股份制改造已渗透到了各个行业达285家。但发展不平衡。从市直来看，工业企业、流通企业改得多，其他行业相对较少，国有企业改制的比重大，占91.7%，集体企业改制的比例小，只有8.3%;从区县(市)来看,集体企业、乡镇企业改制面较大,分别占改制的46.7%和27%,而国有企业改制面相对较小,仅24.8%。津市、武陵、桃源、临澧、石门企业改制力度较大,效果较好,津市市改制设立的公司达75家。

3.新机制的作用开始显现,但按股份制运作亟待进一步规范。企业改制的目的是建立"产权清晰、权责明确、政企分开、管理科学"的现代企业制度。我市股份制企业正朝这个方向迈进:其作用已开始凸显:一是产权关系得以初步明晰,所有改制企业都进行了清产核资、资产评估、产权界定,摸清了家底。二是扩大了融资渠道,缓解了企业资金匮乏的压力,通过改制,企业募集社会资金达32.9亿元。三是股权结构较为合理,个人股、法人股占的比例大,达到87.7%,员工的积极性明显增强。全市1290家股份制企业股本总额为36.28亿元,国家股只占9.6%,社团股只占2.7%,而法人股占46.4%,个人股15亿,占41.3%。98%的股份制企业都有员工入股,员工真正成为企业的主人,股东意识、忧患意识、积极性明显增强。据调查,全市98.5%的股份制企业员工关心企业的生产经营,自觉地为企业增收节支,为企业的生存发展出谋划策。四是企业效益有所提高,60%的企业改制后出现了扭亏增盈,税费增加,员工收入增加,效益好转的可喜局面。还有10%的改制企业成为我市的经济支柱企业,如金健米业、洞庭药业、德山大曲、国人啤酒公司等。

二、规范运作正在起步,先进机制作用初见端倪

自1989年12月第一家国有企业改制组建为股份制企业以来,我市股份制企业的运作已有11年的历史,在按新机制运作方面已进行一些有益的探索,取得了初步成效。

1.法人治理机构设置基本健全。我市1290家股份制企业中的绝大多数(除极少数因企业规模小只设执行董事外)按照《公司法》和有关法规建立了董事会、监事会,并由董事会聘任组建了经理班子,法人治理结构的框架形成。

2.新三会作用开始发挥,企业经营行为逐步规范。大多数企业董事会决策代替了原企业厂长拍板,权力机构股东大会参与了企业重大决策,使决策随意性大为减少,科学性增强。如石门建新水泥有限公司收购白云分厂,临澧新厦股份公司投资嘉峰分厂、石门玉叶公司技改等都交由股东大会讨论决定,增强了决策的科学性。监事会作用逐步发挥,企业内部机制开始形成。大多数监事会在费用开支、企业内部管理制度的落实上发挥了重要的作用。常德纸业股份有限公司监事会在控制通信费开支、压缩销售成本、降低生产物耗,实施了有效的监督。石门玉叶公司监事会依法履行监督职能,提高了法人资产监控水平,带来了明显经济效益。该公司1997年初,公司经理层对所属二分厂人员定编方案仍按过去的用工模式定编,用工人数286人,在审议时,监事会通过摸底测算,提出减人增效方案,削减了52人,每年减少工资费用近50万元,在公司费用开支,各项工作计划落实和指标任务完成情况考核上,监事会进行定期检查监控,使1997年该公司各个车间的生产成本均低于年初计划,全年节约成本达366万元。由于股东大会、董事会、监事会之间相互制约,企业经营行为得到规范,原先那种为求产值不顾效益的现象明显减少,做到一切以效益为中心,以销定产。我们在深入企业调查中,一些企业领导普遍反映,改制后,他们感到压力大责任很重,许多重大决策都是集体讨论决定,监督机制明显增强。

3.三项制度改革逐步实施,企业管理水平有很大提高。大多数改制企业在人事、用工、分配制度改革上进行了探索。常德滨湖印刷股份公司,按精简高效原则,二层机构由原来11个降为7个,用工方面人员采取定员定编全部先下岗再聘任上岗。现在岗506人,比原来减少176人,减少了25.8%;分配制度打破了大锅饭,高级职员实施了年薪制,通信费开支按不同情况采取不同方法,生产技术部按入库产品及销售量分配工资,市场开发部采取货币回笼各种费用包干,开发部基本工资加定价补贴,逐步实行管理人员能上能下,员工能进能出,分配上拉开档次。这种适应市场经济的企业用工、分配模式在一部分改制企业中开始建立,理顺了企业内部关系,企业管理制度化、科学化。临澧新厦股份有限公司中层骨干通过每年考察和民主测评,实行末尾淘汰制;石门建新水泥有限公司实行全员竞争上岗,上至总经理,下至任何普通操作岗,人人报名参与竞争。竞争上岗后,一旦连续三个月完不成工作任务,是中层骨干和公司级领导岗位的免职,两年内不享有竞争同一岗位的资格;是其他操作岗位的,自动下岗,本年度内无上岗权。在分配上,改制企业在实行按劳分配和按股分红的同时,敢于按岗位责任大小逐步拉开档次,计件制、积分制、领导岗位年薪制开始实行。

4.企业产权逐步清晰,主人翁意识明显增强。改制后,大部分员工既是劳动者,又是所有者,个人收入与企业效益紧密相连,由原先的为国家干活变为为自己干活,充分调动了企业员工的积极性和创造性,员工们开始关心企业的成本管理,产品质量,销售情况,为企业发展献计献策,员工的主人翁责任感明显增强。常德纸业股份有限公司,员工改变身份后,深感老企业浪费严重,在生产环节自发节约成本、降低物耗,出现了建厂以来人人开展废物利用变废为宝的可喜局面。湖南欣运集团股份有限公司的员工,积极参与运输市场竞争,为公司提出合理化建议,根据员工建议,公司成功地对部分区、县(市)运输工具进行更新换代。在火车开通压力下,又适时参与了湘高速的客运运载,使改制后的企业在激烈的市场竞争中站稳了脚跟。

5.改制企业效益逐步提高,显示出股份制强大生命力。我市改制设立的285家股份制企业大多是近两三年内组建起来的,一些企业的转机建制工作尚未完成,改制企业整体效益显现还有一个过程。但有一部分改制企业已脱颖而出,效益比改制前有了明显提高。一是一部分亏损企业通过改制摆脱了困境。市化工厂破产后在此基础上先改制后兼并后经营形式较好。改制的德山大曲酒业、武陵酒业被湘泉集团控股后,出现了可喜的局面。

石门县对国有企业进行了改制，改一个活一个。安乡缝纫机有限公司从1998年3月1日正式营运后，一举扭转从1994年起一直亏损的局面，1998年盈利30.52万元，今年元月至4月已盈利8.9万元，预计今年盈利可达40万元。石门强力塑料、金鸥纺织、燃料、大地矿业有限公司、津市油墨、石化仪器有限公司、临澧新安龙凤水泥有限公司、汉寿恒惠香精、汉寿富强水泥有限公司都通过改制走出了困境。二是一部分企业改制后通过规范运作效益大幅度提高，已成为全市企业盈利排头兵和我市支柱企业。如湖南洞庭药业、德山大曲酒业、石门玉叶、临澧新厦、国人啤酒等。临澧新厦改制后仅一年固定资产增值迅速，生产能力由3万吨增长到30万吨，年利税由10万元增长到500万元。

三、股份制企业设立和运作中存在的问题

我市股份制企业虽然在办求按《公司法》规范运作上做了一些工作，但运作中的不规范现象仍比较突出，特别是改制设立的就更为突出一些，已成为影响股份制企业健康发展的阻力和隐患。主要表现在以下几个方面：

1.公司设立存在不规范现象。

一是审批程序不规范。国家、省、市对国企和集体企业改制审批权限有明文规定，但实际操作中往往出现越权审批的现象。市里有些部门由于是所属企业改制，就企业主管部门批了算，然后直接到工商部门办理手续，有的改制企业不经任何部门审批，就按新设企业直接到有关部门办了手续。县里也有这些情况。如果县工商局审批、注册一家股份有限公司，临澧县工商局未经政府体改部门审批将龙凤山水泥厂、青山水电站改组为有限责任公司直接注册。武陵、汉寿均有越权审批情况。津市市还出现开发区审批股份制企业的现象。二是公司设立没有完全按《公司法》规范。如澧县有的企业股东人数超过50人。注册资金达不到法定要求，还有的企业产权不清晰，汉寿县一家企业章程载明职工现金入股，注册时，这部分现金却没有进入股本总额。

2.注册资本、股本运作不规范。

(1)注册资本虚拟。一是为了达到法定注册资本或国有控股的目的，人为高估存量资产。二是改制企业相互对等现金参股，现金股本实际没有注入，形成虚假出资。三是改制后，投入的资产没有办理相应的财产转让手续，在法律上没有形成实际投入。四是有一部分改制企业内部职工入股实际没有到位。注册资本的虚拟，使公司制改造可以达到的增加筹资能力、实现产权主体多元化的目的难以实现，虚拟的投资主体不可能高度关注企业的发展。

(2)股本运作随意性大。一是有抽退股金现象，企业一旦经营没有起色，企业领导怕担风险，职工怕贴进股金，干脆一退了之；或者采取变相退股方式，改制后一两年里，不管企业有无利润，都采取高分红的办法，把职工入股金额分回去。二是对职工入股保本付息。注册资本与股本运作的不规范,使改制企业实现了旧体制的回归。

3.企业所有权、决策权、经营权不分,法人治理结构建设中"翻牌"现象严重。

我市国有企业改制大多采取原国有存量资产入股,企业职工平均现金入股改造而成,90%以上的国有改制企业仍然由国家控股或相对控股,国有股权代表大多成为公司的董事长。企业在法人治理结构建设中有三种表现:

一是财产所有权与经营权不分,政企没有真正分开。从目前公司制企业的股权代表委派来看,有些是主管部门领导兼任国有股权代表,大多数是主管部门任命的原企业厂长和经理担任股权代表,并成为董事长。

二是董事会与经理层两块牌子。一套班子,决策权与经营权不分。在全市16家发起组建的股份有限公司中,董事长与总经理分设的只有5家,仅占31.25%;董事会与经理层交叉设置的不足50%。董事长、总经理一身二任以及董事会与经理层的重合,使制衡制约机制难以形成。

三是股东大会没有形成真正的权力机构。有的企业一年都没有召开一次股东大会,一些重大决策也没有经过股东会表决。这主要缘于两个方面的原因,一是职工入股过于平均化;二是公司的法定代表人行使国家股的股权,掌握了控制权。这样使股东大会与董事会之间的托管关系变成了由企业法定代表人自己授权自己的自我委托关系,企业的法定代表人拥有不受限制的权力。

4.部分监事会形同虚设,未能真正发挥监督职能。

按照《公司法》要求,监事会由股东大会选举产生并对股东大会负责,监事会对董事和经理层高级管理人员行使监督职能。在调查中我们发现,90%的改制企业监事会没有发挥应用的作用,监事会实际上处于董事会的"领导"之下。监事会在企业中的地位、作用没有达到《公司法》的要求,这主要缘于几个方面的认识:一是强化经营权,弱化监督权。一些人认为经营权是最高权力,所以大多企业决策权与经营权合为一体。二是监事会对自己的地位作用认识不清。监事会的监督主要是对股东负责,对法人财产安全负责,应该理直气壮。而许多监事认为自己监督董事会经理层出于对其负责,既然董事经理不愿意被监督,不如收起好心,做好好先生。三是董事长大多数是国有股权代表,掌握了控制权,从另外一个角度看实际也掌握了监事的任免权。所以监事不敢监督。

5.国有股管理不规范,国有股权益未能充分体现。

在我市改制企业中,国有股虽然占的比例很大,但国有资产的保值增值在一些经营者头脑中远没有职工几千元现金入股保值增值重要。国有股权管理极不规范,保值难以实现。

一是国有股权代表产生具有随意性。国有股权代表的产生在我市尚未有明确具体的办法或规定,国有股权代表资格、代表权力与职责、代表的产生、考核与奖惩都没有相应的制度。代表的产生没有经过严格的把关和考核程序,原国有企业通过组织考察、任命,股份制企业主要应根据对出资者权益维护能力来评判、推荐、任选,由于目前没有形成系统的程序和经营者市场,大都采取原主管部门推荐、国资局行文聘任。主观性、随意性比原国有企业法人代表的产生还大得多。二是参与管理的随意性大,产权代表的权责不明。有的产权代表对自己的权力和职责缺乏深层次的理解。维护出资者权益,是产权代表最重要的职责,但一些国有股权代表自觉不自觉地站到了出资者的对立面,国有股权实质上仍然处于一种缺位的状态。国有资产保值增值难以实现。三是同股同权同利没有严格执行。主要表现在国家股权益受到损害。汉寿县一家公司规定,国家股在第一次股东大会中没有选举权。

6.政策不统一,优惠政策不到位。主要体现在以下几个方面,一是所得税先征后返政策落实不到位,有的地方执行了,有的没执行,有的企业执行了,有的企业没有执行。二是土地管理政策不统一。多数改制企业土地没有进入股本,少数进入了股本,使用不一致,征收税费也不一致。三是国有经营性资产出现萎缩态势。在改制时,原国有非经营性资产没有进入改制资产,采取委托改制企业托管的办法。调查中发现,有的企业随意处置非经营性资产。

7.改制企业劳动关系混乱。有的实行配股,职工增量入股后既变为改制企业股东和员工。有的没有配股,企业改为股份制企业后职工相应变更为员工,有的利用存量资产买断工龄。调查中发现绝大多数改制企业没有到劳动部门办手续,名义上是员工,转变了身份,法律上仍然是国有企业职工。

四、对策建议

为使股份制的优越性得到发挥,使其规范运作。调查组人员通过调查,感触很深,为加强股份制企业的规范运作,特提出如下建议:

1.建立健全股份制企业监督管理机制,确保规范运作。调查组建议市政府以文件形式进一步明确公有企业股份制改革由体改部门牵头,实施从制定方案、审批设立到规范运作的全程监管。一方面,企业改制要根据中央、省、市有关文件精神用足用好用活各项政策,切实以转变机制、提高效益为目的。既要处理好国家、集体、个人的关系,又不能搞“拉郎配”、假股份。另一方面,改制企业和新组建的股份制企业,要按照《公司法》的要求,正确拟定企业章程,精心制作报批材料,经体改部门和工商登记部门严格把关设立。

2.尽快出台股份制企业规范运作文件。建议由体改委牵头,工商、国资、国土、劳动、社保、总工会、税务、银行等部门共同参与制定《常德市股份制企业规范运作的若干意见》。文件主要明确以下问题:(1)股权设置与管理。一是企业设立登记前,股本总额和股东股权要以评估验资机构的资信证明为依据，不允许滥配股、吃配股、吃库存的假股份制企业存在。二是打破评价参股，提倡股权适当集中。三是严格执行同股同权同利的原则。特别是要规范国家股、法人股、集体股等参与经营决策管理的股权代表的行为准则，以确保其享有表决、收益等的真正权利。(2)法人治理机构的设置。一是要解决监事会与经理层完全重合、分工不明、职责不清的问题。二是要解决监事会作用发挥不够充分或形态虚设的问题。三是要建立股东大会、董事会、监事会相互监督促进的制衡机制，充分发挥各自的作用。(3)配套跟进其他改革。(4)创造宽松环境、落实优惠政策。(5)规范审批、设立、登记股份制企业程序问题。在审批上要防止多头、越权、侵权审批现象。

3.尽快出台股份制企业员工劳动关系处置规范性文件。改制前，职工有在岗、离退休、停薪留职、内退、岗外承包、“两不管”、待岗发生活费、买断工龄等多种情况；改制后，员工有的既是股东又是员工，有的是股东不是员工，有的是员工不是股东，也有买断工龄的等等。这种新的旧的、前后左右的复杂关系给企业管理带来很多矛盾，亟须政府出台相应文件予以规范管理。

4.全面清理、整改、规范原有股份制企业。现在已在工商管理部门登记注册的285家改制设立的股份制企业中，有近100家未经省、市、区、县(市)有关部门审批。对越权审批的公司、注册资本达不到法定资本最低额、股东人数达不到法定人数、法人治理机构产生不规范企业，都要进行整顿、清理，有的要注销。

5.切实改善股份制企业的外部环境。一是政策环境。近年来，中央、省、市相继出台了不少企业改革，特别是国有企业改革、股份制改造的文件，各级政府、各职能部门要站在发展和长远的高度支持企业，“放水养鱼”，促进企业进步和社会经济发展。二是经济环境。要坚决杜绝“三乱”现象，健全挂牌保护机制。坚决打击“红眼病”，索拿卡要的现象。三是社会环境。各级各部门，各单位都要积极支持改革、参与改革、营造良好的社会氛围，对那些阻碍改革、破坏改革，给改革抹黑的人，纪检、监察、执法部门要严肃查处，绝不姑息。

6.尽快组建常德市国有资产经营公司。国有企业改革，特别是股份制改造，由于国有股权界定、股权代表的委派和国有股的保值增值还没有一个专门机构来负责和监管。这样，作为国有资产的经营主体国有资产经营公司也就亟待产生。

7.举办股份制企业规范运作培训班。要分期分批地举办一系列股份制企业规范运作培训班，以提高有关人员对股份制企业规范运作、科学管理的知识和能力。

8.统一思想，提高认识，加大宣传股份制企业规范运作的力度。各级部门要统一思想，大力宣传股份制企业规范运作的重要性，报刊、电视、电台等新闻媒体要积极发现典型，推介典型，以实事说话，褒扬先进、鞭策后进，使我市股份制企业健康发展，为我市经济发展和市场经济体制的建立作出贡献。

关于市本级政府投融资公司转型发展的思考

市国资委副主任、副书记　王启武

近年来,县级以上政府多数组建了各种各样的融资平台。这些平台到底运行情况如何?是否存在潜在的金融风险?要实现转型发展究竟有何好的对策?笔者以常德市本级政府投融资公司为例,展开了全面调查,进行了深入思考。

一、现状及存在的问题

目前,市本级政府投融资公司(以下简称"公司")主要有三家,分别为2008年改制组建的市城投集团、市经投集团以及2009年组建的市交建投。公司组建后,科学制定投融资目标,创新思维开展工作.截至2014年10月底,公司累计实现融资572.91亿元,完成重点项目建设近300个,为市政基础设施建设提供了强有力的资金保障,发挥了城市建设主力军作用。经过五六年的运行,公司实力不断增强,管理逐步规范,经营日益科学,但同时也还存在一些问题和不足:

一是公司债务负担重,后续融资难,偿债压力大。截至2014年11月底公司实际负债总额为529.77亿元,资产负债率为54.23%,负债总量偏大,财务状况不理想。据测算,2015年至2017年公司还本付息金额高达385.11亿元,公司将要承受很大的还款压力。靠公司自营收入和财政补贴还账只是杯水车薪,只能借新还旧。公司的土地等资产均已用于抵押,要新增融资,抵押物不足成为最大瓶颈。加上受土地供应指标趋紧、房地产市场不景气、土地成交价格低迷等因素影响,即使土地解抵进入招拍挂程序,能够变现,也未必能够偿还到期债务。

二是公司自主经营滞后,盈利能力不强。近几年,公司除承担融资和项目建设任务外,还积极开展了一些自主经营业务,如涉足园林绿化、物业管理、医疗、旅游、房地产、担保、小额贷款、典当等行业,但基本属于一拥而上、无序竞争的状态。公司长远发展战略不清晰,主业不突出。2013年公司资产总量虽然超过760多亿元,但实现的利润却不到2亿元,经济效益不理想。

三是公司管理体制不顺,市场主体缺位。由于公司与生俱来的政府背景和特殊使命,政府为公司安排项目,对公司放权不够、干预较多,公司的市场主体地位没有得到充分维护。同时,公司以完成政府任务为目标,市场化意识不浓,主体作用发挥不够,公司在履行社会责任的同时,没有把经济效益放在首位。

二、转型发展的原因

一是国家有政策要求。十八届三中全会通过的《中共中央关于全面深化改革若干重大问题的决定》对继续推进国有企业改革提出了新任务新要求,“必须适应市场化、国际化新形势,以规范经营决策、资产保值增值、公平参与竞争、提高企业效率、增强企业活力、承担社会责任为重点,进一步深化国有企业改革”。2014 年 10 月份,国务院颁布的《关于加强地方政府性债务管理的意见》(国发〔2014〕43 号),对地方政府融资行为和债务管理做出了清晰明确的规定,要求公司剥离政府融资职能,不得新增政府债务。这一政策的出台倒逼地方政府转变职能、金融机构调整信贷结构和公司实行转型发展。

二是市里有安排部署。2014 年 8 月份市政府出台的市本级政府投融资公司体制改革方案,要求通过划分政府与公司债务偿还责任,建立和完善偿债机制,完善公司法人治理结构,严格绩效考核挂钩,支持公司开展自主经营,使公司转型成为“自主融资、自主建设、自主开发、自主经营、自主偿债、自负盈亏”的市场化主体。为了认真落实国发〔2014〕43 号文件的精神,结合我市的实际,市委明确提出公司要转变经营理念,实施“三化”(资源资产化、资产资本化、资本证券化)战略,实现转型发展。

三是公司自身发展有需要。目前,公司普遍存在着资源配置分散、股权结构单一、资本金不足、现金流不够、资产结构不优、内控机制不严,市场竞争力弱等问题,公司要健康运行,做优做大做强,亟须转型发展。

三、转型发展的思路与对策

(一)创新融资模式,稳定融资规模,构建公司健康资金链

一是抢抓当前。目前,公司要充分利用国家政策调整的过渡期和缓冲期,抓紧和各金融机构沟通协调,争取对接的融资落实到位。公司储备充足资金,确保在建项目继续完成,保证公司按期还本付息,不发生资金链断裂。

二是争取银行支持。据统计,公司到位资金三年期以下的占 47%,由政府牵头,公司与银行协商一致,延长贷款期限,用时间换空间,减少以新还旧,缓解偿债压力。继续加大银企合作力度,以政策重点支持的棚户区改造、水利设施、现代农业、新型城镇化等方向的项目为突破口,积极争取期限长、利率低的商业银行贷款。

三是拓宽融资渠道。加大对金融创新产品和金融衍生工具的研究和应用,通过首次公开募股(IPO)、定向增发、企业债券、资产证券化等方式融资,提升公司的融资能力,为重点项目的实施提供足够的资金支持。财政注入引导资金,设立城镇化建设基金,吸引社会资本和民间资金参与城市基础设施建设。积极推广政府和社会资本合作的 PPP 模式,规范选择项目合作伙伴,引入社会资本,增强公共产品供给能力。

(二)给予政策支持,凝聚部门合力,齐心协力帮助公司渡过难关

一是合理甄别和处理公司融资债务。公司要转型，首先要处理好存量融资债务的偿还问题。公司债务负担过重，转型则无法轻装上阵。建议将公司的所有公益性项目的融资（以项目总投资为基数）全部纳入政府性债务，由政府建立债务偿还基金，有计划、有步骤地解决公司的债务偿还。

二是给予政策支持，为公司转型发展铺平道路。要出台优惠政策，如不低于5年的税收返还期，在公司发行债券方面，对公司予以优先支持等。要优先配置资源，继续将城市公共资产的所有权和经营权授权给公司，如交通系统的站场、港口码头、物流园区、市本级参与改革的公务用车、加油站、广告位、道路养护以及绿化维护等，进一步充实公司的资产和现金流，以满足后续融资抵押和发债需要。要支持资产处置，特别是土地资产上市交易，给予重点关照，优先安排指标，让公司能够尽可能多地实现资产变现，以确保不发生偿债危机。

三是凝聚部门合力，帮助解决具体问题。市政府办督导落实涉及公司权益、明确资产注入、收益来源的相关会议文件精神，如2010年第53次专题会议、常政办发〔2014〕24号文件等；市国土部门要加大土地报批力度，简化发证手续，尽快将项目建设用地和绿化用地挂牌注入公司，同时对部分融资产品恳请人大尽快出具还本付息同意进入当期财政预算的函，缓解融资抵押物不足的燃眉之急。财政部门增加每年的预算资金安排，将BT工程结算收入、土地使用权转让结算收入、能产生现金流的经营性项目收入等从公司账上体现，以增加公司经营性现金流。

（三）明确目标，加快转型，谋求公司发展的新路子

一是紧跟政策，转为专做政府公益项目的特殊机构。在城市化的进程中，地方政府仍需大量投资用于基础设施建设和公共服务，将公司专门承担市委、市政府项目投资建设任务的分、子公司进行合并，组建成专做政府公益性项目的特殊机构，与政府进行市场化对接。对于可吸引社会资本参与的公益性项目，由该机构联合民间资本、社会资金采取PPP模式进行建设，其债务由新组建项目公司按照市场化原则举债和偿还，政府按照事先约定，承担特许经营权给予、财政补贴、合理定价等责任，不承担偿债责任。

二是改制重组，转为主业突出的实体化企业。在公司近几年开展自主经营性业务的基础上，将目前公司及其下属子公司的经营板块进行清理重组，业务相近、相同的合并，没有业务的关闭分流，业务潜力大的支持扩张，重组为运行良好、经济效益比较突出的实体化企业。按照目前的经营现状，可整合为国有资产经营公司、房地产开发公司、文化旅游公司、医疗发展公司、城市交通运输公司等。

三是实现控股，转为国有资本投资运营公司。具备条件的公司直接改组为国有资本投资运营公司，将市属国有企业的国有股权划转到国有资本投资运营公司持有和管理，公

司通过国有股权的增减进退,实现国有资本布局和结构调整,通过财务投资和战略投资,获取国有股权收益最大化、支持本市战略性产业发展。

(四)健全机制,强化管理,确保国有资产保值增值

一是理顺管理关系。按照湘发〔2014〕7号文件的精神和要求,推进党政机关、承担行政职能的事业单位与下属企业政企分开、政资分开,实现经营性国有资产统一监管。政府及其相关部门不能直接对企业下达指令性任务,要尊重企业的市场主体地位,维护企业的法人财产权、经营自主权和其他合法权益,不得干预企业的日常经营管理活动。加强制度建设,修订完善市政府关于国资监管的制度办法,通过制度约束,减少各方面对国有企业的行政干预。

二是实施科学监管。按照以管资本为主加强国资监管的要求,对监管企业实施分类监管和分层监管。进一步明确国资监管机构的职能职责,不断优化监管方式方法。重点在章程管理、负责人管理、法人治理、业绩考核、薪酬管理、预算管理、股权等六个方面实施监管。

三是完善公司治理。要在监管企业开展规范的董事会建设,确立董事会在法人治理结构中的核心地位,落实董事会职权,逐步推行监管企业外派董事、监事和职业经理人制度。加强重大事项管理,进一步完善企业"三重一大"事项决策程序。在完成企业领导人身份去行政化的基础上,同步实现企业管理的去行政化,真正按市场规律来办事,按市场主体来运作,建立和完善内部"三项"制度,使企业真正成为"独立核算、自负盈亏、自主经营、自我发展"的法人实体和市场主体。